IMPRIMERIE D'HIPPOLYTE TILLIARD,

RUE SAINT-HYACINTHE-SAINT-MICHEL, N° 3o.

RECUEIL COMPLET

DES

TRAVAUX PRÉPARATOIRES

DU

CODE CIVIL

COMPRENANT SANS MORCELLEMENT ; 1° LE TEXTE DES DIVERS PROJETS ;
2° CELUI DES OBSERVATIONS DU TRIBUNAL DE CASSATION ET DES TRIBUNAUX
D'APPEL ; 3° TOUTES LES DISCUSSIONS PUISÉES LITTÉRALEMENT TANT DANS LES
PROCÈS-VERBAUX DU CONSEIL-D'ÉTAT QUE DANS CEUX DU TRIBUNAT, ET
4° LES EXPOSÉS DE MOTIFS, RAPPORTS, OPINIONS ET DISCOURS TELS QU'ILS
ONT ÉTÉ PRONONCÉS AU CORPS LÉGISLATIF ET AU TRIBUNAT ;

Par P. A. FENET,

AVOCAT A LA COUR ROYALE DE PARIS.

TOME TREIZIÈME.

PARIS,

VIDECOQ, LIBRAIRE, PLACE DU PANTHÉON, 6,

PRÈS L'ÉCOLE DE DROIT.

1836.

DISCUSSIONS,

MOTIFS,

RAPPORTS ET DISCOURS.

TOME HUITIÈME.

RECUEIL COMPLET

DES

TRAVAUX PRÉPARATOIRES

DU

CODE CIVIL.

DISCUSSIONS,

MOTIFS, RAPPORTS ET DISCOURS.

LIVRE TROISIÈME.

DES DIFFÉRENTES MANIÈRES DONT ON ACQUIERT LA PROPRIÉTÉ.

TITRE TROISIÈME.

Des Contrats ou des Obligations conventionnelles en général.

DISCUSSION DU CONSEIL D'ÉTAT.

(Procès-verbal de la séance du 11 brumaire an XII. — 3 novembre 1803.)

M. Bigot-Préameneu présente le titre II du livre III du projet de Code civil.

Il est ainsi conçu :

1.

DES CONTRATS OU DES OBLIGATIONS CONVENTIONNELLES EN GÉNÉRAL.

Dispositions préliminaires.

1101   Art. 1er. « Le contrat est une convention par laquelle une
« ou plusieurs personnes s'obligent envers une ou plusieurs
« autres à donner, à faire ou à ne pas faire quelque chose. »

1102   Art. 2. « Le contrat est *synallagmatique* ou *bilatéral* lorsque
« les contractans s'obligent réciproquement les uns envers
« les autres.

1103   « Il est *unilatéral* lorsqu'il n'y a que l'un des contractans
« qui s'oblige envers une ou plusieurs autres personnes. »

1104   Art. 3. « Il est *commutatif* lorsque chacune des parties
« s'engage à donner ou à faire une chose qui est regardée
« comme l'équivalent de ce qu'elle reçoit.

« Dans le contrat *aléatoire*, l'équivalent consiste dans la
« chance de gain ou de perte pour chacune des parties, d'a-
« près un événement incertain. »

1105   Art. 4. « Le contrat de *bienfaisance* est celui dans lequel
« l'une des parties procure à l'autre un avantage purement
« gratuit.

1106   « Le contrat *à titre onéreux* est celui qui assujétit chacune
« des parties à donner ou à faire quelque chose. »

1107   Art. 5. « Il y a des contrats qui ont une dénomination
« propre et particulière, et d'autres qui n'en ont pas.

« Les uns et les autres sont soumis à des règles générales
« qui sont l'objet du présent titre.

« Les premiers sont, en outre, susceptibles de règles par-
« ticulières, qui seront expliquées sous les titres relatifs à
« chacun d'eux. »

CHAPITRE Ier.

Des Conditions essentiellement requises pour la validité des Conventions.

Art. 6. « Quatre conditions sont essentielles pour la vali- 1108
« dité d'une convention :
  « Le consentement de la partie qui s'oblige ,
  « Sa capacité de contracter ,
  « Un objet certain qui forme la matière de l'engagement ,
  « Une cause licite dans l'obligation. »

SECTION Ire. — *Du Consentement.*

Art. 7. « Il n'y a point de consentement valable s'il n'a été 1109
« donné que par erreur, ou s'il a été extorqué par violence,
« dol ou artifice. »

Art. 8. « L'erreur n'annulle la convention que lorsqu'elle 1110
« tombe sur la substance même de la chose qui en est l'objet.
  « Elle ne l'annulle point lorsqu'elle ne tombe que sur la
« personne avec laquelle on a intention de contracter, à moins
« que la considération de cette personne ne soit la cause
« principale de la convention. »

Art. 9. « La violence exercée contre celui qui a contracté 1111
« l'obligation l'annulle, encore qu'elle ait été exercée par
« un tiers autre que celui au profit duquel la convention a
« été faite. »

Art. 10. « La violence n'annulle le contrat que lorsqu'elle 1112
« était de nature à faire impression sur une personne rai-
« sonnable, et qu'elle a pu lui inspirer la crainte d'exposer
« sa personne ou sa fortune à un mal considérable et présent.
  « On a égard, en cette matière, à l'âge, au sexe et à la
« condition des personnes. »

Art. 11. « La violence annulle le contrat non seulement 1113
« lorsqu'elle a été exercée sur la partie contractante, mais
« encore lorsqu'elle l'a été sur son époux ou son épouse, sur
« ses enfans ou ses ascendans. »

1114   Art. 12. « La seule crainte révérentielle envers le père, la « mère, ou un ascendant, sans qu'il y ait eu de violence « exercée, ne suffit point pour annuler le contrat. »

1115   Art. 13. « Un contrat ne peut plus être attaqué pour cause « de violence, si, depuis que la violence a cessé, ce contrat « a été approuvé, soit expressément, soit tacitement, soit « en laissant passer le temps de la restitution fixé par la loi. »

1116   Art. 14. « Le dol annulle la convention lorsque les ma- « nœuvres pratiquées par l'une des parties sont telles qu'il « est évident que sans ces manœuvres l'autre partie n'aurait « pas contracté.

« Il ne se présume pas, et doit être prouvé. »

1118   Art. 15. « La lésion ne vicie pas toujours les conventions ; « on ne la considère que dans certains contrats, et quelque- « fois à l'égard de certaines personnes, ainsi qu'il sera ex- « pliqué à la section IX du chapitre IV du présent titre.

1117   Art. 16. « La convention contractée par erreur, violence « ou dol, n'est point nulle de plein droit ; elle donne seule- « ment lieu à une action en restitution dans les cas et de la « manière expliqués en la même section. »

1119   Art. 17. « On ne peut, en général, s'engager ni stipuler « en son propre nom que pour soi-même. »

1120   Art. 18. « Néanmoins on peut se porter fort pour un tiers, « en promettant le fait de celui-ci, sauf l'indemnité contre « celui qui s'est porté fort, ou qui a promis de faire ratifier, « si le tiers refuse de tenir l'engagement. »

1121   Art. 19. « On peut pareillement stipuler au profit d'un « tiers, lorsque telle est la condition d'une stipulation que « l'on fait pour soi-même, ou d'une donation que l'on fait « à un autre. Celui qui a fait cette stipulation ne peut plus « la révoquer si le tiers en réclame l'exécution. »

1122   Art. 20. « On est censé avoir stipulé pour soi et pour ses « héritiers ou ayant-cause, à moins que le contraire ne soit « exprimé ou ne résulte de la nature de la convention. »

Art. 21. « Les incapables de contracter sont :   1124
« Les impubères,
« Les mineurs,
« Les interdits,
« Les femmes mariées, dans les cas exprimés par la loi,
« Et généralement tous ceux auxquels la loi a interdit cer-
« tains contrats ou l'aliénation de certaines choses. »

Art. 22. « Les engagemens contractés par les impubères   av. 1125
« sont radicalement nuls.   et 1135

« Ceux contractés par les mineurs, les interdits et les fem-
« mes mariées, ne peuvent être attaqués que par eux dans les
« cas prévus par la loi. Ils en peuvent poursuivre l'exécution
« à leur profit, et ne peuvent répéter ce qu'ils ont payé en
« conséquence après que la loi les a rétablis dans la pleine
« capacité de contracter. »

SECTION III. — *De l'Objet et de la matière des contrats.*

Art. 23. « Tout contrat a pour objet une chose qu'une   1126
« partie s'oblige de donner, ou un fait que l'une des parties
« s'oblige de faire ou de ne pas faire. »

Art. 24. « Le simple usage ou la simple possession d'une   1127
« chose peut être, comme la chose même, l'objet du contrat.»

Art. 25. « Il n'y a que les choses qui sont dans le commerce 1128
« qui peuvent être l'objet des conventions. »

Art. 26. « Il faut que l'obligation ait pour objet une chose 1129
« certaine, ou au moins déterminée quant à son espèce.

« Mais sa quotité peut être incertaine, pourvu qu'elle
« puisse être déterminée. »

Art. 27. « Les choses futures peuvent être l'objet d'une   1130
« obligation.

« On ne peut cependant renoncer à une succession non
« ouverte, ni faire aucune stipulation sur une pareille suc-
« cession. »

SECTION IV. — *De la Cause.*

1131   Art. 28. « L'obligation sans cause ou sur une fausse cause
« est nulle.

1132   « La convention n'en est pas moins valable, quoique la
« cause n'en soit pas exprimée. »

ap. 1132   Art. 29. « Il est libre aux parties de faire entre elles toutes
« les conventions qu'elles jugent à propos, pourvu que la
« convention n'ait point une cause illicite. »

1131-
1133   Art. 30. « La cause illicite annulle la convention.

« La cause est illicite quand elle est prohibée par la loi,
« quand elle est contraire aux bonnes mœurs ou à l'ordre
« public. »

CHAPITRE II.

De l'Effet des obligations.

DISPOSITIONS GÉNÉRALES.

1134   Art. 31. « Les conventions légalement formées tiennent
« lieu de loi à ceux qui les ont faites.

« Elles ne peuvent être révoquées que de leur consente-
« ment mutuel, ou par les causes autorisées par la loi.

« Elles doivent être contractées et exécutées de bonne foi. »

1135   Art. 32. « Les conventions obligent non seulement à ce
« qui y est exprimé, mais encore à toutes les suites que l'é-
« quité, l'usage ou la loi donnent à l'obligation d'après sa
« nature. »

SECTION Iᵉ. — De l'Obligation de donner.

1136   Art. 33. « L'obligation de donner emporte celle de livrer
« la chose et de la conserver jusqu'à la livraison, à peine de
« dommages et intérêts envers le créancier. »

1137   Art. 34. « L'obligation de veiller à la conservation de la
« chose, soit que la convention n'ait pour objet que l'utilité
« de l'une des parties, soit qu'elle ait pour objet leur utilité
« commune, oblige celui qui en est chargé à apporter tous
« les soins d'un bon père de famille.

« Cette obligation est plus ou moins étendue relativement
« à certains contrats, dont les effets, à cet égard, sont ex-
« pliqués sous les titres qui les concernent. »

Art. 35. « Le débiteur n'est pas tenu de la perte de la chose   1139
« par cas fortuit ou par force majeure tant qu'il n'est pas en
« demeure de la livrer, à moins qu'il n'en ait été expressé-
« ment chargé.

« Le débiteur n'est réputé en demeure que du moment
« qu'il lui a été fait une sommation. »

Art. 36. « L'obligation de livrer la chose est parfaite par le   1138
« seul consentement des parties contractantes.

« Elle rend le créancier propriétaire, et met la chose à ses
« risques, dès l'instant où elle a dû être livrée, encore que
« la tradition n'en ait point été faite, à moins que le débi-
« teur n'ait été mis en demeure de la livrer, auquel cas la
« chose reste à ses risques. »

Art. 37. « Les effets de l'obligation de donner ou livrer un   1140
« immeuble sont réglés aux titres *du Contrat de vente* et *des*
« *Priviléges et Hypothèques.* »

Art. 38. « Si la chose aliénée à deux personnes successive-   1141
« ment est purement mobilière, celui des deux acquéreurs
« qui en a été mis en possession réelle est préféré, et en de-
« meure propriétaire, encore que son titre soit postérieur
« en date, pourvu toutefois qu'il ait acquis de bonne foi. »

SECTION II. — *De l'Obligation de faire ou ne pas faire.*

Art. 39. « Toute obligation de faire ou ne pas faire se ré-   1142
« sout en dommages et intérêts en cas d'inexécution de la
« part du débiteur. »

Art. 40. « Lorsque ce qui a été fait en contravention à la   1143
« convention peut se détruire, le créancier a le droit d'en
« demander la destruction, et peut se faire autoriser à le
« détruire aux dépens du débiteur, sans préjudice des dom-
« mages et intérêts, s'il y a lieu. »

Art. 41. « Le créancier peut aussi, en cas d'inexécution,   1144

« être autorisé à faire exécuter lui-même l'obligation aux
« dépens du débiteur. »

1146   Art. 42. « Les dommages et intérêts ne sont dus que lors-
« que le débiteur a été mis en demeure de remplir son obli-
« gation, excepté néanmoins lorsque la chose que le débiteur
« s'était obligé de faire ne pouvait l'être utilement que dans
« un certain temps qu'il a laissé passer. »

1145   Art. 43. « Si l'obligation est de ne pas faire, celui qui y
« contrevient doit les dommages-intérêts par le seul fait de
« la contravention. »

1148   Art. 44. « Il n'y a lieu à aucuns dommages et intérêts lors-
« que, par suite d'une force majeure ou d'un cas fortuit, le
« débiteur a été empêché de faire ce à quoi il était obligé,
« ou a été obligé de faire ce qui lui était interdit. »

SECTION III. — *Du Règlement des dommages et intérêts résultant
de l'inexécution de l'Obligation.*

1147   Art. 45. « Le débiteur doit au créancier des dommages et
« intérêts, soit à raison de l'inexécution de l'obligation, soit
« à cause du retard dans l'exécution, toutes les fois qu'il ne
« justifie pas que l'inexécution provient d'une cause étrangère
« qui ne peut lui être imputée, encore qu'il n'y ait aucune
« mauvaise foi de sa part. »

1149   Art. 46. « Les dommages et intérêts dus au créancier sont
« en général de la perte qu'il a faite et du gain dont il a été
« privé, sauf les exceptions et modifications ci-après. »

1150   Art. 47. « Le débiteur n'est tenu que des dommages et
« intérêts qui ont été prévus ou qu'on a pu prévoir lors du
« contrat, lorsque ce n'est point par son dol que l'obligation
« n'est point exécutée. »

1151   Art. 48. « Dans le cas même où l'inexécution de la con-
« vention résulte du dol du débiteur, les dommages et in-
« térêts ne doivent comprendre, à l'égard de la perte éprouvée
« par le créancier et du gain dont il a été privé, que ce qui

« est une suite immédiate et directe de l'inexécution de la
« convention. »

Art. 49. « Lorsque la convention porte que celui qui man— 1152
« quera de l'exécuter paiera une certaine somme, il ne peut
« être alloué à l'autre partie une plus forte somme, quoique
« le dommage se trouve plus grand.

« Le juge peut au contraire modérer celle stipulée, si elle
« excède évidemment le dommage effectif. »

Art. 50. « Dans les obligations qui se bornent au paiement 1153
« d'une certaine somme, les dommages et intérêts résultant
« du retard dans l'inexécution ne consistent jamais que dans
« la condamnation aux intérêts fixés par la loi, sauf les
« règles particulières au commerce et au cautionnement.

« Ces dommages et intérêts sont toujours dus sans que le
« créancier soit tenu de justifier d'aucune perte.

« Ils ne sont dus que du jour de la demande, excepté dans
« les cas où la loi les fait courir de plein droit. »

Art. 51. « Il n'est point dû d'intérêts d'intérêts ;   1154-
« Mais les sommes dues pour des revenus tels que baux à   1155
« ferme, loyers de maison, restitution de fruits, forment
« des capitaux qui peuvent produire des intérêts.

« Il en est de même des intérêts qu'un tiers paie pour un
« débiteur à son créancier, et des sommes provenant des in-
« térêts dont les tuteurs sont tenus de faire emploi, aux
« termes des articles 449 et 450 du présent Code. »

SECTION IV. — *De l'Interprétation des conventions.*

Art. 52. « On doit, dans les conventions, rechercher 1156
« quelle a été la commune intention des parties contrac-
« tantes, plus que le sens grammatical des termes. »

Art. 53. « Lorsqu'une clause est susceptible de deux sens, 1157
« on doit plutôt l'entendre dans celui avec lequel elle peut
« avoir quelque effet, que dans le sens avec lequel elle n'en
« pourrait produire aucun. »

Art. 54. « Les termes susceptibles de deux sens doivent 1158

« être pris dans le sens qui convient le plus à la matière du
« contrat. »

1159   Art. 55. « Ce qui est ambigu s'interprète par ce qui est
« d'usage dans le pays où le contrat est passé.

1160   « On doit suppléer dans le contrat les clauses qui y sont
« d'usage, quoiqu'elles n'y soient pas exprimées. »

1161   Art. 56. « Toutes les clauses des conventions s'interprè-
« tent les unes par les autres, en donnant à chacune le sens
« qui résulte de l'acte entier. »

1162   Art. 57. « Dans le doute, la convention s'interprète contre
« celui qui a stipulé, et à la décharge de celui qui a contracté
« l'obligation. »

1163   Art. 58. « Quelque généraux que soient les termes dans
« lesquels une convention est conçue, elle ne comprend que
« les choses sur lesquelles il paraît que les parties se sont
« proposé de contracter. »

1164   Art. 59. « Lorsque dans un contrat on a exprimé un cas
« pour l'explication de l'obligation, on n'est pas censé avoir
« voulu par là restreindre l'étendue que l'engagement reçoit
« de droit aux cas non exprimés. »

SECTION V. — *De l'Effet des conventions vis-à-vis des tiers.*

1165   Art. 60. « Les conventions n'ont d'effet qu'entre les parties
« contractantes; elles ne nuisent point au tiers, et elles ne
« lui profitent que dans le cas prévu par l'article 19 du pré-
« sent titre. »

1166   Art. 61. « Néanmoins les créanciers peuvent exercer tous
« les droits et actions de leurs débiteurs, à l'exception de
« ceux qui sont exclusivement attachés à la personne. »

1167   Art. 62. « Ils peuvent aussi en leur nom personnel atta-
« quer tous actes faits par leur débiteur en fraude de leurs
« droits. »

sp. 1167   Art. 63. « Lorsqu'un débiteur a renoncé à une succession,
« le créancier peut l'accepter du chef de son débiteur.

« Le créancier peut aussi demander l'exécution à son

« profit d'une donation que son débiteur aurait d'abord ac-
« ceptée et à laquelle ce débiteur aurait ensuite renoncé.

« Dans l'un et l'autre cas le créancier prend sur lui les
« risques et les charges résultant du titre qu'il accepte à la
« place de son débiteur. »

CHAPITRE III.

Des diverses espèces d'Obligations.

SECTION 1re. — Des Obligations conditionnelles.

§ Ier. De la condition en général et de ses diverses espèces.

Art. 64. « La condition est le cas d'un événement futur et [1168]
« incertain dont on fait dépendre l'obligation, soit en la sus-
« pendant jusqu'à ce que l'événement arrive, soit en la rési-
« liant, selon que l'événement arrivera ou n'arrivera pas. »

Art. 65. « La condition *casuelle* est celle qui dépend du [1169]
« hasard et qui n'est nullement au pouvoir du créancier ni
« du débiteur. »

Art. 66. « La condition *potestative* est celle qui fait dé- [1170]
« pendre l'exécution de la convention d'un événement qu'il
« est au pouvoir de l'une ou l'autre des parties contractantes
« de faire arriver ou d'empêcher. »

Art. 67. « La condition *mixte* est celle qui dépend tout à [1171]
« la fois de la volonté de la partie contractante et de la vo-
« lonté d'un tiers. »

Art. 68. « Toute condition d'une chose impossible ou con- [1172]
« traire aux bonnes mœurs, ou prohibée par la loi, est nulle,
« et rend nulle la convention qui en dépend. »

Art. 69. « La condition de ne pas faire une chose impos- [1173]
« sible ne rend pas nulle l'obligation sous laquelle elle a été
« contractée. »

Art. 70. « Toute obligation est nulle lorsqu'elle a été con- [1174]
« tractée sous une condition purement potestative de la part
« de celui qui s'oblige. »

Art. 71. « Toute condition doit s'accomplir de la manière [1175]

« que les parties ont vraisemblablement voulu et entendu
« qu'elle le fût. »

1176 Art. 72. « La condition qui consiste en ce qu'un événe-
« ment arrive, et qui renferme un temps fixe, est censée
« défaillie lorsque le temps est expiré sans que l'événement
« soit arrivé. S'il n'y a point de temps fixe, la condition
« peut toujours être accomplie; et elle n'est censée défaillie
« que lorsqu'il est devenu certain que la chose n'arrivera pas. »

1177 Art. 73. « La condition qui consiste en ce qu'un événe-
« ment n'arrive pas, et qui renferme un temps fixe, est ac-
« complie lorsque ce temps est expiré sans que l'événement
« soit arrivé. Elle l'est également si avant le terme il est cer-
« tain que la chose n'arrivera pas. S'il n'y a pas de temps
« déterminé, elle n'est accomplie que lorsqu'il est certain
« que l'événement n'arrivera pas. »

ap. 1177 Art. 74. « Les conditions apposées aux actes entre-vifs
« peuvent s'accomplir après la mort de celui au profit du-
« quel l'obligation est contractée. »

1178 Art. 75. « La condition est réputée accomplie lorsque
« c'est le débiteur, obligé sous cette condition, qui en a
« empêché l'accomplissement. »

1179 Art. 76. « La condition accomplie a un effet rétroactif au
« jour auquel l'engagement a été contracté; si le créancier
« est mort avant l'accomplissement de la condition ses droits
« passent à son héritier. »

1180 Art. 77. « Le créancier peut, avant que la condition soit
« accomplie, exercer tous les actes conservatoires de son
« droit. »

§ II. *De la Condition suspensive.*

1181 Art. 78. « L'obligation contractée sous une condition sus-
« pensive est celle qui dépend ou d'un événement futur ou
« incertain, ou d'un événement actuellement arrivé, mais
« encore inconnu des parties.

« Dans le premier cas, l'obligation ne produit d'effet
« qu'après l'événement.

« Dans le second cas l'obligation est valable, et le droit
« est acquis au créancier du jour où elle a été contractée. »

Art. 79. « Lorsque l'obligation a été contractée sous une
« condition suspensive, la chose qui fait la matière de la
« convention demeure aux risques du débiteur qui ne s'est
« obligé de la livrer que dans le cas de l'événement de la
« condition.

« Si la chose est entièrement périe sans la faute du débi-
« teur, l'obligation est éteinte.

« Si la chose s'est détériorée sans la faute du débiteur, le
« créancier a le choix, ou de résoudre l'obligation, ou
« d'exiger la chose dans l'état où elle se trouve sans dimi-
« nution du prix. »

§ III. *De la Condition résolutoire.*

Art. 80. « La condition résolutoire est celle qui, lorsqu'elle
« s'accomplit, opère la révocation de l'obligation, et qui
« remet les choses au même état que si l'obligation n'avait
« pas existé.

« Elle ne suspend point l'exécution de l'obligation ; elle
« oblige seulement le créancier à restituer ce qu'il a reçu,
« dans le cas où l'événement prévu par la condition arrive. »

Art. 81. « La condition résolutoire est toujours sous-
« entendue dans les contrats synallagmatiques, pour le cas
« où l'une des deux parties ne satisfera point à son engage-
« ment.

« Dans ce cas le contrat n'est point résolu de plein droit.
« La partie vis-à-vis de laquelle l'engagement n'a point été
« exécuté a le choix ou de forcer l'autre à l'exécution de la
« convention lorsqu'elle est possible, ou d'en demander la
« résolution avec dommages et intérêts.

« La résolution doit être demandée en justice et prononcée
« par le juge, qui peut accorder au défendeur un délai selon
« les circonstances. »

1182

1183

1184

SECTION II. — *Des Obligations à terme.*

1185   Art. 82. « Le terme diffère de la condition en ce qu'il ne
« supend point l'engagement, dont il retarde seulement
« l'exécution. »

1186   Art. 83. « Ce qui n'est dû qu'à terme ne peut être exigé
« avant l'échéance du terme, mais ne peut être répété s'il a
« été payé d'avance. »

1187   Art. 84. « Le terme est toujours présumé stipulé en faveur
« du débiteur, à moins qu'il ne résulte de la stipulation ou
« des circonstances qu'il a été aussi convenu en faveur du
« créancier. »

1188   Art. 85. « Le débiteur ne peut plus réclamer le bénéfice du
« terme lorsqu'il a fait faillite, ou lorsque par son fait il a
« diminué les sûretés qu'il avait données par le contrat à son
« créancier. »

SECTION III. — *Des Obligations alternatives.*

1189   Art. 86. « Le débiteur d'une obligation alternative est
« libéré par la délivrance de l'une des deux choses qui
« étaient comprises dans l'obligation. »

1190   Art. 87. « Le choix appartient au débiteur s'il n'a pas été
« expressément accordé au créancier. »

1191   Art. 88. « Le débiteur peut se libérer en délivrant l'une
« des deux choses promises ; mais il ne peut pas offrir une
« partie de l'une et une partie de l'autre. »

1192   Art. 89. « L'obligation contractée d'une manière alterna-
« tive devient pure et simple si l'une des deux choses pro-
« mises n'était pas susceptible de l'obligation contractée. »

1193   Art. 90. « L'obligation alternative devient également pure
« et simple si l'une des choses promises périt et ne peut plus
« être livrée même par la faute du débiteur. Le prix de cette
« chose ne doit pas être offert à sa place.

« Si toutes deux sont péries, et que le débiteur soit en
« faute à l'égard de l'une d'elles, il doit payer le prix de
« celle qui a péri la dernière. »

Art. 91. « Lorsque, dans les cas prévus par l'article pré- 1194
« cédent, le choix avait été déféré par la convention au
« créancier,

« Ou l'une des choses seulement est périe, et alors, si
« c'est sans la faute du débiteur, le créancier doit avoir
« celle qui reste ; si le débiteur est en faute, le créancier
« peut demander la chose qui reste ou le prix de celle qui
« est périe ;

« Ou les deux choses sont péries, et alors si le débi-
« teur est en faute à l'égard des deux, ou même à l'égard
« de l'une d'elles seulement, le créancier peut demander le
« prix de l'une ou de l'autre, à son choix. »

Art. 92. « Si les deux choses sont péries sans la faute du 1195
« débiteur, et avant qu'il ait été mis en demeure, l'obliga-
« tion est éteinte conformément à l'article 193 du présent
« titre. »

SECTION IV. — *Des Obligations solidaires.*

§ Ier. *De l'Obligation solidaire à l'égard de plusieurs créanciers.*

Art. 93. « L'obligation est solidaire entre plusieurs créan- 1197
« ciers lorsque le titre donne à chacun d'eux le droit de
« demander le paiement du total de la créance, et que le
« paiement fait à l'un d'eux libère le débiteur, encore que
« le bénéfice de l'obligation soit partageable et divisible
« entre les divers créanciers. »

Art. 94. « Il est au choix du débiteur de payer à l'un ou à 1198
« l'autre des créanciers solidaires tant qu'il n'a pas été pré-
« venu par les poursuites de l'un d'eux. »

Art. 95. « La remise faite par l'un des créanciers solidaires Ib.
« libère le débiteur envers l'autre, pourvu qu'il n'ait pas été
« prévenu par les poursuites des autres créanciers ou de
« l'un d'eux. »

Art. 96. « La reconnaissance de la dette faite envers l'un 1199
« des créanciers solidaires interrompt la prescription à l'é-
« gard des autres. »

§ II. De la Solidarité de la part des débiteurs.

1200 Art. 97. « Il y a solidarité de la part des débiteurs toutes
« les fois que l'obligation d'une même chose est contractée
« par plusieurs personnes, de manière que chacune d'elles
« puisse être obligée de la payer en totalité, et que le paie-
« ment fait par une seule libère les autres envers le créancier. »

1201 Art. 98. « L'obligation peut être solidaire quoique l'un
« des deux débiteurs soit obligé différemment de l'autre au
« paiement de la même chose; par exemple, si l'un d'eux
« n'est obligé que conditionnellement ou a pris un terme
« qui n'est point accordé à l'autre. »

1213 Art. 99. « L'obligation contractée solidairement envers le
« créancier se divise de plein droit entre les débiteurs, qui
« n'en sont tenus entre eux que chacun pour sa part et
« portion. »

1202 Art. 100. « La solidarité ne se présume point; il faut
« qu'elle soit expressément stipulée.

« Cette règle ne cesse que dans les cas où la solidarité a
« lieu de plein droit en vertu d'une disposition de la loi. »

1203 Art. 101. « Le créancier d'une obligation contractée soli-
« dairement peut s'adresser à celui des débiteurs qu'il veut
« choisir, sans que celui-ci puisse lui opposer le bénéfice de
« division. »

1204 Art. 102. « Les poursuites faites contre l'un des débiteurs
« n'empêchent pas le créancier d'en exercer de pareilles
« contre les autres. »

1208 Art. 103. « Le codébiteur solidaire poursuivi par le créan-
« cier peut lui opposer toutes les exceptions qui résultent de
« la nature de l'obligation et qui sont communes à tous les
« codébiteurs.

« Il ne peut opposer les exceptions qui sont purement per-
« sonnelles à quelques-uns des coobligés. »

1205 Art. 104. « Si la chose due a péri par la faute ou pendant
« la demeure de l'un des débiteurs solidaires, les codébi-

« teurs ne sont point déchargés de l'obligation de payer le
« prix de la chose ; mais ceux-ci ne sont pas tenus des dom-
« mages et intérêts, qui ne peuvent être répétés par le créan-
« cier que contre celui dont le fait ou la demeure y donne
« lieu. »

Art. 105. « La remise de la dette faite par le créancier à ap. 1205
« l'un des codébiteurs solidaires libère tous les autres, à et 1285
« moins que le créancier n'ait expressément réservé ses
« droits contre les derniers.

« Mais en ce dernier cas il ne peut plus répéter la dette
« que déduction faite de la part de celui auquel il a fait la
« remise. »

Art. 106. « Les poursuites faites contre l'un des débiteurs 1206
« solidaires interrompent la prescription vis-à-vis de tous. »

Art. 107. « La demande d'intérêts formée contre l'un des 1207
« débiteurs solidaires fait courir les intérêts vis-à-vis de
« tous. »

Art. 108. « Lorsque l'un des débiteurs devient héritier 1209
« unique du créancier, ou lorsque le créancier devient l'u-
« nique héritier de l'un des débiteurs, la confusion n'éteint
« la créance solidaire que pour sa part et portion. »

Art. 109. « Le créancier perd toute action solidaire lors- 1211
« qu'il reçoit divisément la part de l'un des débiteurs, à
« moins que la quittance ne porte la réserve de la solidarité
« ou de ses droits en général.

« Le créancier ne perd point son action solidaire lorsqu'il
« a reçu de l'un des codébiteurs une somme égale à la por-
« tion dont celui-ci était tenu si la quittance ne porte pas
« que c'est *pour sa part.* »

Art. 110. « La simple demande formée contre l'un des Ib.
« codébiteurs *pour sa part* n'emporte point l'extinction de
« la solidarité s'il n'a pas acquiescé à la demande ou s'il
« n'est pas intervenu un jugement de condamnation. »

Art. 111. « La réception faite divisément et sans réserve 1212
« de la portion de l'un des codébiteurs dans les arrérages

« ou intérêts de la dette n'anéantit la solidarité que pour
« les arrérages ou intérêts échus, et non pour ceux à échoir,
« ni pour le capital, à moins que le paiement divisé n'ait été
« continué pendant dix ans consécutifs. »

1216   Art. 112. « Si l'affaire pour laquelle la dette a été con-
« tractée solidairement ne concernait que l'un des coobligés
« solidaires, celui-ci est tenu de toute la dette vis-à-vis des
« autres codébiteurs qui ne sont considérés que comme ses
« cautions. »

SECTION V. — *Des Obligations divisibles et indivisibles.*

1217   Art. 113. « L'obligation est divisible ou indivisible, selon
« qu'elle a pour objet une chose qui dans sa livraison, ou un
« fait qui dans l'exécution, est ou n'est pas susceptible de
« division soit matérielle, soit intellectuelle. »

1218   Art. 114. « L'obligation est encore indivisible, quoique la
« chose ou le fait qui en est l'objet soit divisible par sa na-
« ture, si le rapport sous lequel elle est considérée dans
« l'obligation ne la rend pas susceptible d'exécution par-
« tielle. »

1219   Art. 115. « La solidarité stipulée ne donne point à l'obli-
« gation le caractère d'indivisibilité. »

§ Ier. — *Des Effets de l'Obligation divisible.*

1220   Art. 116. « L'obligation qui est susceptible de division doit
« être exécutée entre le créancier et le débiteur comme si
« elle était indivisible. La divisibilité n'a d'application qu'à
« l'égard de leurs héritiers, qui ne peuvent demander la
« dette, ou qui ne sont tenus de la payer que pour les parts
« ou portions dont ils en sont saisis, ou dont ils en sont
« tenus comme représentant le créancier ou le débiteur.

1221   Art. 117. « Le principe établi dans l'article précédent re-
« çoit exception à l'égard des héritiers du débiteur :
    « 1°. Dans le cas où la dette est hypothécaire ;
    « 2°. Lorsqu'elle est d'un corps certain ;

« 3°. Lorsqu'il s'agit de la dette alternative de deux choses
« au choix du créancier, dont l'une est indivisible ;

« 4°. Lorsque l'un des héritiers est chargé seul, par le titre,
« de l'exécution de l'obligation ;

« 5°. Lorsqu'il résulte soit de la nature de l'engagement,
« soit de la chose qui en fait l'objet, soit de la fin qu'on s'est
« proposée dans le contrat, que l'intention des parties a été
« que la dette ne pût s'acquitter par partie ;

« Dans les trois premiers cas l'héritier qui possède la
« chose due ou le fonds hypothéqué à la dette peut être
« poursuivi pour le tout sur la chose due ou sur le fonds
« hypothéqué, sauf le recours contre ses cohéritiers. Dans le
« quatrième cas l'héritier seul est chargé de la dette ; et
« dans le cinquième cas chaque héritier peut aussi être
« poursuivi pour le tout, sauf son recours contre ses cohéri-
« tiers. »

§ II. — *Des Effets de l'Obligation indivisible.*

Art. 118. « Chacun de ceux qui ont contracté conjointe-   1222
« ment une dette indivisible en est tenu pour le total, encore
« que l'obligation n'ait point été contractée solidairement. »

Art. 119. « Il en est de même à l'égard des héritiers de   1223
« celui qui a contracté une pareille obligation. »

Art. 120. « Chaque héritier du créancier peut exiger en   1224
« totalité l'exécution de l'obligation indivisible.

« Il ne peut seul faire la remise de la totalité de la dette ; il
« ne peut recevoir seul le prix au lieu de la chose. Si l'un
« des héritiers a seul remis la dette, ou reçu le prix de la
« chose, son cohéritier ne peut demander la chose indivisi-
« ble que déduction faite de sa valeur, jusqu'à concurrence
« de la portion du cohéritier qui a fait la remise ou qui a reçu
« le prix. »

Art. 121. « L'héritier du débiteur assigné pour la totalité   1225
« de l'obligation peut demander un délai pour mettre en
« cause ses cohéritiers, à moins que la dette ne soit de nature

« à ne pouvoir être acquittée que par l'héritier assigné, qui
« peut alors être condamné seul, sauf son recours en in-
« demnité contre ses cohéritiers. »

SECTION VI. — *Des Obligations avec clauses pénales.*

1226   Art. 122. « La clause pénale est celle par laquelle une per-
« sonne, pour assurer l'exécution d'une convention, s'en-
« gage à quelque chose en cas d'inexécution. »

1227   Art. 123. « La nullité de l'obligation principale entraîne
« celle de la clause pénale.

« La nullité de celle-ci n'entraîne point celle de l'obliga-
« tion principale. »

1228   Art. 124. « Le créancier, au lieu de demander la peine
« stipulée contre le débiteur qui est en demeure, peut pour-
« suivre l'exécution de l'obligation principale. »

1229   Art. 125. « La clause pénale est la compensation des dom-
« mages et intérêts que le créancier souffre de l'inexécution
« de l'obligation principale. »

« Il ne peut demander en même temps le principal et la
« peine, à moins qu'elle n'ait été stipulée pour le simple
« retard. »

ap. 1229   Art. 126. « La peine stipulée pour l'inexécution d'une obli-
« gation d'une somme d'argent, ou d'une chose qui se con-
« sume par l'usage, ne peut excéder l'intérêt au taux de la
« loi. »

1230   Art. 127. « Soit que l'obligation primitive contienne, soit
« qu'elle ne contienne pas un terme dans lequel elle doive
« être accomplie, la peine n'est encourue que lorsque celui
« qui s'est obligé, soit à livrer, soit à prendre, soit à
« faire, a été mis en demeure.

ap. 1230   « Cette règle cesse lorsqu'il a été stipulé que la partie obli-
« gée sera en demeure après l'échéance du terme, sans qu'il
« soit besoin d'acte pour la constituer en demeure. »

1231   Art. 128. « La peine peut être modifiée par le juge lorsque
« l'obligation principale a été exécutée en partie. »

Art. 129. « Lorsque l'obligation primitive contractée avec 1232
« une clause pénale est d'une chose indivisible, la peine
« est encourue par la contravention d'un seul des héritiers
« du débiteur, et elle peut être demandée soit en totalité
« contre celui qui a fait la contravention, soit contre chacun
« des cohéritiers pour leur part et portion, et hypothécaire-
« ment pour le tout, sauf leur recours contre celui qui a
« fait encourir la peine. »

Art. 130. « Lorsque l'obligation primitive contractée sous 1233
« une peine est divisible, la peine n'est encourue que par
« celui des héritiers du débiteur qui contrevient à cette
« obligation, et pour la part seulement dont il était tenu de
« l'obligation principale, sans qu'il y ait d'action contre ceux
« qui l'ont exécutée.

« Cette règle reçoit exception lorsque la clause pénale ayant
« été ajoutée dans l'intention que le paiement ne pût se faire
« partiellement, un cohéritier a empêché l'exécution de l'o-
« bligation pour la totalité. En ce cas, la peine entière peut
« être exigée contre lui, et contre les autres cohéritiers, pour
« leur portion seulement, sauf leur recours. »

CHAPITRE IV.
De l'Extinction des Obligations.

Art. 131. « Les obligations s'éteignent 1234
« Par le paiement,
« Par la novation,
« Par la remise volontaire,
« Par la compensation,
« Par la confusion,
« Par la perte de la chose,
« Par la nullité ou la rescision,
« Par l'effet de la condition résolutoire qui a été expliquée
« au précédent chapitre,
« Et par la prescription, qui fera l'objet d'un titre parti-
« culier. »

SECTION Ire. — *Du Paiement.*

§ Ier. *Du Paiement en général.*

1235   Art. 132. « Tout paiement suppose une dette ; ce qui a été
« payé pour une dette qui n'existait pas est sujet à répéti-
« tion.

« La répétition n'est pas admise à l'égard des obligations
« naturelles qui ont été volontairement acquittées. »

1236   Art. 133. « Une obligation peut être acquittée par toute per-
« sonne qui y est intéressée, telle qu'un coobligé ou une
« caution.

« L'obligation peut même être acquittée par un tiers qui
« n'y est point intéressé, pourvu que ce tiers agisse au nom
« et en l'acquit du débiteur, et que ce ne soit pas en son
« nom propre, en se faisant subroger aux droits du créancier.

1237   « L'obligation de faire ne peut être acquittée par un tiers,
« contre le gré du créancier, lorsque ce dernier a intérêt
« qu'elle soit remplie par le débiteur lui-même. »

1238   Art. 134. « Pour payer valablement il faut être proprié-
« taire de la chose donnée en paiement, et capable de l'aliéner.

« Néanmoins le paiement d'une somme en argent, ou autre
« chose qui se consomme par l'usage, ne peut être répété
« contre le créancier qui l'a consommé de bonne foi, quoi-
« que le paiement en ait été fait par celui qui n'en était pas
« le propriétaire ou capable de l'aliéner. »

1239   Art. 135. « Le paiement doit être fait au créancier ou à
« quelqu'un ayant pouvoir de lui, ou qui soit autorisé par
« justice ou par la loi à recevoir pour lui.

« Le paiement fait à celui qui n'aurait pas pouvoir de rece-
« voir pour le créancier est valable si celui-ci le ratifie, ou
« s'il a tourné à son profit. »

1240   Art. 136. « Le paiement fait de bonne foi à celui qui est
« en possession de la créance est valable, encore que le
« possesseur en soit par la suite évincé. »

1241   Art. 137. « Le paiement fait au créancier n'est pas valable

« s'il était incapable de le recevoir ; à moins que le débiteur
« ne prouve que la chose payée a tourné au profit du créan-
« cier. »

Art. 138. « Le paiement fait par le débiteur à son créan- 1242
« cier, au préjudice d'une saisie ou d'une opposition, n'est
« pas valable à l'égard des créanciers saisissans ou oppo-
« sans ; ceux-ci peuvent, selon leur droit, le contraindre à
« payer de nouveau, sauf, en ce cas seulement, son recours
« contre le créancier. »

Art. 139. « Le créancier ne peut être contraint de recevoir 1243
« une autre chose que celle qui lui est due, quoique la va-
« leur de la chose offerte soit égale ou même plus grande. »

Art. 140. « Le débiteur ne peut point forcer le créancier 1244
« de recevoir en partie le paiement d'une dette, même divi-
« sible.

« Le juge peut néanmoins, en considération de la position
« du débiteur, ou à cause d'une contestation sur une por-
« tion de la dette, autoriser la division du paiement ; le juge
« ne peut, dans le premier cas, user de ce pouvoir qu'avec
« une grande réserve. »

Art. 141. « Le débiteur d'un corps certain et déterminé est 1245
« libéré par la remise de la chose en l'état où elle se trouve
« lors de la livraison, pourvu que les détériorations qui y
« sont survenues ne viennent point de son fait ou de sa faute,
« ni de celle des personnes dont il est responsable, ou qu'a-
« vant ces détériorations il ne fût pas en demeure. »

Art. 142. « Le paiement doit être exécuté dans le lieu dé- 1247
« signé par la convention. Si le lieu n'y est pas désigné, le
« paiement, lorsqu'il s'agit d'un corps certain et déterminé,
« doit être fait dans le lieu où était, au temps de l'obliga-
« tion, la chose qui en a fait l'objet. »

« Hors ces deux cas, le paiement doit être fait au domicile
« du débiteur. »

Art. 143. « Les frais du paiement sont à la charge du débi- 1248
« teur. »

1251 3°   Art. 144. « Tous ceux qui sont tenus d'une dette pour
« d'autres, ou avec d'autres, par lesquels ils en doivent être
« acquittés en tout ou partie, sont de plein droit subrogés
« aux droits et actions du créancier, déduction faite de la
« portion dont ils auraient été personnellement tenus. »

ap. 1251   Art. 145. « Le recours du codébiteur d'une dette solidaire,
et 1214   « qui l'a payée en entier, ne peut s'exercer contre les autres
« que pour les parts et portions de chacun d'eux. »

« Si l'un d'eux se trouve insolvable, la perte qu'occasione
« son insolvabilité se répartit par contribution entre tous les
« autres codébiteurs solvables et celui qui a fait le paiement. »

1252   Art. 146. « La subrogation établie par les articles précé-
« dens ne peut nuire au créancier lorsqu'il n'a été payé
« qu'en partie ; en ce cas il peut exercer ses droits, pour ce
« qui lui reste dû, par préférence à celui dont il n'a reçu
« qu'un paiement partiel. »

§ II. *De l'Imputation des Paiemens.*

1253   Art. 147. « Le débiteur de plusieurs dettes a le droit de
« déclarer, lorsqu'il paie, quelle dette il entend acquitter. »

1254   Art. 148. « Le débiteur d'une dette qui porte intérêt ou
« produit des arrérages ne peut point, sans le consente-
« ment du créancier, imputer le paiement qu'il fait sur le
« capital par préférence aux arrérages ou intérêts ; le paie-
« ment fait sur le capital et intérêts, mais qui n'est point
« intégral, s'impute d'abord sur les intérêts. »

1255   Art. 149. « Lorsque le débiteur de diverses créances a ac-
« cepté une quittance par laquelle le créancier a imputé ce
« qu'il a reçu sur l'une de ces créances spécialement, le dé-
« biteur ne peut plus demander l'imputation sur une créance
« différente, à moins qu'il n'y ait eu dol ou surprise de la
« part du créancier. »

1256   Art. 150. « Lorsque la quittance ne porte aucune imputa-
« tion, le paiement doit être imputé sur celles des créances
« que le débiteur avait pour lors le plus d'intérêt d'acquitter

« entre celles qui sont pareillement échues; sinon, sur celle
« échue, quoique moins onéreuse que celles qui ne le sont
« point.

« Si les dettes sont d'égale nature, l'imputation se fait sur
« la plus ancienne; toutes choses égales, elle se fait propor-
« tionnellement. »

§ III. *Des Offres de paiement et de la Consignation.*

Art. 151. « Lorsque le créancier refuse de recevoir son 1257
« paiement, le débiteur peut lui faire des offres réelles, et,
« au refus du créancier de les accepter, consigner la somme
« ou la chose offerte.

« Les offres réelles suivies d'une consignation libèrent le
« débiteur; elles tiennent lieu, à son égard, de paiement,
« lorsqu'elles sont jugées valablement faites, et la chose ainsi
« consignée demeure au risque du créancier. »

Art. 152. « Pour que les offres réelles soient valables, il 1258
« faut:

« 1°. Qu'elles soient faites au créancier ayant la capacité de
« recevoir, ou à celui qui a pouvoir de recevoir pour lui;

« 2°. Qu'elles soient faites par une personne capable de
« payer;

« 3°. Qu'elles soient de la totalité de la somme exigible,
« des arrérages ou intérêts dus, des frais liquidés et d'une
« somme pour les frais non liquidés, sauf à parfaire;

« 4°. Que le terme soit échu, s'il a été stipulé en faveur
« du créancier;

« 5°. Que la condition sous laquelle la dette a été contractée
« soit arrivée;

« 6°. Que les offres soient faites, ou à la personne du
« créancier, ou à son domicile, ou au domicile élu pour
« l'exécution de la convention;

« 7°. Que les offres soient faites par un officier ministériel
« ayant caractère pour ces sortes d'actes. »

Art. 153. « Il n'est pas nécessaire, pour la validité de la 1259

« consignation, qu'elle ait été autorisée par le juge : il suffit,

« 1°. Qu'elle ait été précédée d'une sommation signifiée
« au créancier, et contenant l'indication du jour, de l'heure
« et du lieu où la chose offerte sera déposée;

« 2°. Que le débiteur se soit dessaisi de la chose offerte,
« en la remettant dans le dépôt indiqué par la loi pour rece-
« voir les consignations;

« 3°. Qu'il y ait eu procès-verbal dressé par l'officier mi-
« nistériel du refus qu'a fait le créancier de recevoir la chose
« offerte, ou de sa non comparution;

« 4°. Qu'en cas de non comparution de la part du créancier,
« le procès-verbal du dépôt lui ait été signifié, avec somma-
« tion de le retirer. »

1261   Art. 154. « Tant que la consignation n'a point été acceptée
« par le créancier, le débiteur peut la retirer; et s'il l'a re-
« tirée, ses codébiteurs ou ses cautions ne sont point libérés. »

1262   Art. 155. « Lorsque le débiteur a lui-même obtenu un ju-
« gement passé en force de chose jugée, qui a déclaré ses
« offres et sa consignation bonnes et valables, il ne peut plus,
« même du consentement du créancier, retirer sa consigna-
« tion au préjudice de ses codébiteurs ou de ses cautions. »

1263   Art. 156. « Le créancier qui a consenti que le débiteur
« retirât sa consignation, après qu'elle a été déclarée valable
« par un jugement qui a acquis force de chose jugée, ne peut
« plus, pour le paiement de sa créance, exercer les privi-
« léges ou hypothèques qui y étaient attachés; il n'a plus
« d'hypothèque que du jour où l'acte par lequel il a consenti
« que la consignation fût retirée aura été revêtu des formes
« requises pour emporter l'hypothèque. »

§ IV. *De la Cession des Biens.*

1265   Art. 157. « La cession de biens est l'abandon qu'un débi-
« teur fait de tous ses biens à ses créanciers pour avoir la
« liberté de sa personne, et pour éviter les poursuites qui

« pourraient être faites contre lui lorsqu'il se trouve hors
« d'état de payer toutes ses dettes. »

Art. 158. « La cession de biens est ou volontaire ou judi- 1266
« ciaire. »

Art. 159. « La cession de biens volontaire est celle que les 1267
« créanciers acceptent volontairement, et qui n'a d'effet que
« celui résultant des stipulations même du contrat passé
« entre eux et le débiteur. »

Art. 160. « La cession judiciaire est un bénéfice que la loi 1268
« accorde au débiteur malheureux et de bonne foi, auquel
« il est permis de faire, en justice, l'abandon de tous ses
« biens à tous ses créanciers. »

Art. 161. « Par la cession judiciaire la propriété n'est 1269
« point conférée aux créanciers ; mais seulement le droit de
« faire vendre les biens à leur profit et d'en percevoir jus-
« qu'alors les revenus. »

Art. 162. « Les créanciers ne peuvent refuser la cession 1270
« judiciaire.

« Elle opère la décharge de la contrainte par corps, si ce
« n'est dans les cas exceptés par la loi.

« Au surplus elle ne libère le débiteur que jusqu'à concur-
« rence de la valeur des biens abandonnés ; et, dans le cas où
« ils auraient été insuffisans, s'il lui en survient d'autres, il
« est obligé de les abandonner jusqu'au parfait paiement. »

Art. 163. « Les règles relatives à la cession des biens sont ap. 1270
« plus amplement expliquées dans le *Code de commerce.* »

SECTION II. — *De la Novation.*

Art. 164. « La novation s'opère de trois manières : 1271
« 1°. Lorsque le débiteur contracte envers son créancier
« une nouvelle dette qui est substituée à l'ancienne, laquelle
« est éteinte ;
« 2°. Lorsqu'un nouveau débiteur est substitué à l'ancien,
« qui est déchargé par le créancier ;

« 3°. Lorsqu'un nouveau créancier est substitué à l'ancien
« envers lequel le débiteur se trouve déchargé. »

1272   Art. 165. « La novation ne peut s'opérer qu'entre per-
« sonnes capables de contracter. »

1273   Art. 166. « La novation ne se présume point ; il faut que la
« volonté de l'opérer résulte clairement de l'acte. »

1274   Art. 167. « La novation par la substitution, soit d'un nou-
« veau créancier, soit d'un nouveau débiteur, peut s'opérer
« sans le concours du premier débiteur. »

1275   Art. 168. « La délégation par laquelle un débiteur donne
« au créancier un autre débiteur, qui s'oblige en sa place en-
« vers le créancier, n'opère point de novation, si le créan-
« cier n'a expressément déclaré qu'il entendait décharger son
« débiteur qui a fait la délégation. »

1276   Art. 169. « Le créancier qui a déchargé le débiteur par qui
« a été faite la délégation n'a point de recours contre ce
« débiteur, si le délégué devient insolvable, à moins que
« l'acte n'en contienne une réserve expresse, ou que le dé-
« légué ne fût déjà en faillite ouverte, ou tombé en déconfi-
« ture au moment de la délégation. »

1277   Art. 170. « La simple indication faite par le débiteur
« d'une personne qui doit payer à sa place n'opère point
« novation.

« Il en est de même de la simple indication faite par le
« créancier d'une personne qui doit recevoir pour lui. »

1278   Art. 171. « Les priviléges et hypothèques de l'ancienne
« créance ne passent point à celle qui lui est substituée, à
« moins que le créancier ne les ait expressément réservés. »

1279   Art. 172. « Lorsque la novation s'opère par la substitution
« d'un nouveau débiteur, les priviléges et hypothèques de
« la créance ne peuvent point passer sur les biens du nouveau
« débiteur. »

1280   Art. 173. « Lorsque la novation s'opère entre le créancier
« et l'un des débiteurs solidaires, les priviléges et hypothè-
« ques de l'ancienne créance ne peuvent être réservés que

« sur les biens de celui qui contracte la nouvelle dette. »

Art. 174. « Par la novation faite entre le créancier et l'un des débiteurs solidaires, les codébiteurs sont libérés. 1281

« La novation opérée vis-à-vis du débiteur principal libère les cautions.

« Néanmoins si le créancier a exigé, dans le premier cas, « l'accession des codébiteurs, ou, dans le second, celle des « cautions, l'ancienne créance subsiste si les codébiteurs « ou les cautions refusent d'accéder au nouvel arrangement.»

SECTION III. — *De la Remise de la Dette.*

Art. 175. « La remise d'une dette est ou conventionnelle, av. 1282 « lorsqu'elle est accordée expressément au débiteur par un « créancier qui a la capacité d'aliéner,

« Ou tacite, lorsque le créancier remet volontairement à « son débiteur le titre de l'obligation. »

Art. 176. « La remise du titre, faite à l'un des débiteurs 1285 « solidaires, libère tous les autres. »

Art. 177. « La remise ou décharge conventionnelle, avec Ib. « expression qu'elle n'est faite qu'à un seul des débiteurs so- « lidaires, n'éteint la dette et la solidarité vis-à-vis des au- « tres, que jusqu'à concurrence de la part de celui à qui elle « est accordée. »

Art. 178. « La remise volontaire de la grosse du titre suffit 1283 « pour faire présumer la remise de la dette ou le paiement.

« La preuve que la remise a été volontaire est à la charge « du débiteur. »

Art. 179. « La remise du gage donné en nantissement ne 1286 « suffit point pour faire présumer la remise de la dette. »

Art. 180. « La remise ou décharge conventionnelle accordée 1287 « au débiteur principal libère les cautions.

« Celle accordée à la caution ne libère pas le débiteur prin- « cipal.

« Celle accordée à l'une des cautions ne libère pas les « autres. »

1288   Art. 181. « Ce que le créancier a reçu d'une caution pour
« la décharger de son cautionnement doit être imputé sur
« la dette et tourner à la décharge du débiteur principal et
« des autres cautions. »

SECTION IV. — *De la Compensation.*

1289   Art. 182. « Lorsque deux personnes se trouvent débitrices
« l'une envers l'autre, il s'opère entre elles une compensa-
« tion qui éteint les deux dettes, dans les cas et de la ma-
« nière ci-après exprimés. »

1291   Art. 183. « La compensation n'a lieu qu'entre deux dettes
« qui ont également pour objet une somme d'argent, ou une
« certaine quantité de choses fongibles de la même espèce,
« et qui sont également liquides et exigibles.

« Les prestations en grains ou denrées non contestées, et
« dont le prix est réglé par les mercuriales, peuvent se com-
« penser avec des sommes liquides et exigibles. »

1293   Art. 184. « La compensation a lieu, quelles que soient les
« causes de l'une ou l'autre des dettes, excepté dans le cas,
« 1°. De la demande en restitution d'une chose dont le
« propriétaire a été injustement dépouillé;
« 2°. De la demande en restitution d'un dépôt et du prêt
« à usage;
« 3°. D'une dette qui a pour cause des alimens déclarés
« insaisissables. »

1294   Art. 185. « La caution peut opposer la compensation de ce
« que le créancier doit au débiteur principal.
« Mais le débiteur principal ne peut opposer la compensa-
« tion de ce que le créancier doit à la caution. »

1295   Art. 186. « Le débiteur auquel on a signifié la cession
« que son créancier a faite de ses droits à un tiers, ou qui a
« accepté purement et simplement cette cession, ne peut plus
« opposer au cessionnaire la compensation qu'il eût pu, avant
« la signification ou l'acceptation, opposer au cédant. »

1296   Art. 187. « Lorsque les deux dettes ne sont pas payables

« au même lieu, on n'en peut opposer la compensation qu'en
« faisant raison des frais de la remise. »

Art. 188. « La compensation s'opère de plein droit par la   1290
« seule force de la loi, même à l'insu des débiteurs : les deux
« dettes s'éteignent réciproquement, à l'instant où elles se
« trouvent exister à la fois, jusqu'à concurrence de leurs quo-
« tités respectives.

« Lorsqu'il y a plusieurs dettes compensables dues par la   1297
« même personne, on suit pour la compensation les mêmes
« règles qui ont été établies ci-dessus pour l'imputation. »

Art. 189. « La compensation n'a pas lieu au préjudice des   1298
« droits acquis à un tiers. Ainsi celui qui, étant débiteur, est
« devenu créancier depuis la saisie-arrêt faite par un tiers
« entre ses mains, ne peut, au préjudice du saisissant, op-
« poser la compensation. »

Art. 190. « Celui qui a payé une dette qui était de droit   1299
« éteinte par la compensation ne peut plus, en exerçant la
« créance dont il n'a point opposé la compensation, se pré-
« valoir, au préjudice des tiers, des priviléges ou hypothè-
« ques qui y étaient attachés, à moins qu'il n'ait eu une juste
« cause d'ignorer la créance qui devait compenser sa dette. »

SECTION V. — *De la Confusion.*

Art. 191. « Lorsque les qualités de créancier et de débi-   1300
« teur se réunissent dans la même personne, il se fait une
« confusion de droit qui éteint les deux créances. »

Art. 192. « La confusion qui s'opère dans la personne du   1301
« débiteur principal profite à ses cautions.

« Celle qui s'opère dans la personne de la caution n'en-
« traîne point l'extinction de l'obligation principale.

« Celle qui s'opère dans la personne du créancier ne pro-
« fite à ses codébiteurs solidaires que pour la portion dont il
« était débiteur. »

SECTION VI. — *De l'Extinction ou de la Perte de la Chose due.*

1302 Art. 193. « Lorsque le corps certain et déterminé qui était « l'objet de l'obligation vient à périr, ou à se perdre de ma- « nière qu'on en ignore absolument l'existence, l'obligation « est éteinte si la chose a péri ou a été perdue sans la faute « du débiteur et avant qu'il ait été mis en demeure, à moins « qu'il ne se soit chargé des cas fortuits, ou que la chose ne « fût également périe chez le créancier, si elle lui eût été « livrée lors de la demande.

« Le débiteur est tenu de prouver le cas fortuit qu'il allègue. « Quelle que soit la cause de la perte de la chose volée, « elle ne dispense pas celui qui l'a soustraite de la restitution « du prix. »

1303 Art. 194. « Lorsque la chose est périe, mise hors du com- « merce, ou perdue, sans la faute du débiteur, il est tenu, « s'il y a quelques droits ou actions en indemnité par rapport « à cette chose, de les céder à son créancier. »

SECTION VII. — *De l'Action en nullité ou en rescision des Conventions.*

1304 Art. 195. « Dans tous les cas où l'action en nullité ou en « rescision d'une convention n'est pas limitée à un moindre « temps par une loi particulière, cette action dure dix ans.

« Ce temps ne court, dans le cas de violence, que du jour « où elle a cessé ; dans le cas d'erreur ou de dol, du jour où « ils ont été découverts; et pour les actes passés par les femmes « mariées non autorisées, du jour de la dissolution du ma- « riage.

« Dans tous les cas, le temps ne court, contre les interdits, « que du jour où l'interdiction est levée, et contre les mi- « neurs, que du jour de la majorité. »

1305 Art. 196. « La simple lésion donne lieu à la rescision en fa- « veur du mineur non émancipé contre toutes sortes de conven-

« tions ; et en faveur du mineur émancipé contre toutes con-
« ventions qui excèdent les bornes de sa capacité, ainsi qu'elle
« est déterminée au titre *des Tutelles*.

« A l'égard des majeurs, la lésion ne donne lieu à resci- 1313
« sion que dans les actes de ventes d'immeubles et dans les
« partages. Les causes qui peuvent autoriser cette rescision ,
« ses conditions et ses effets, sont expliquées aux titres *des*
« *Successions* et *de la Vente.* »

Art. 197. « Le mineur n'est pas restituable pour cause de 1306
« lésion, lorsqu'elle ne résulte que d'un événement casuel et
« imprévu.

« Lorsque la vente de l'immeuble du mineur ou de l'in 1314
« terdit a été précédée des formalités requises par la loi, ils
« ne sont restituables que pour les mêmes causes que le
« majeur. »

Art. 198. « La simple déclaration de majorité, faite par le 1307
« mineur, ne fait point obstacle à sa restitution. »

Art. 199. « Le mineur commerçant, banquier ou artisan , 1308
« n'est point restituable contre les engagemens qu'il a pris à
« raison de son commerce ou de son art. »

Art. 200. « Le mineur n'est point restituable contre les 1309
« conventions portées en son contrat de mariage lorsqu'elles
« ont été faites avec le consentement et l'assistance de ceux
« dont le consentement est requis pour la validité de son
« mariage. »

Art. 201. « Il n'est point restituable contre les obligations 1310
« résultant de son délit ou quasi-délit. »

Art. 202. « Il n'est plus recevable à revenir contre l'enga- 1311
« gement qu'il avait souscrit en minorité lorsqu'il l'a ratifié
« en majorité , soit que cet engagement fût nul en sa forme,
« soit qu'il fût seulement sujet à restitution. »

Art. 203. « Dans tous les cas, la restitution de ce qui aurait 1312
« été payé au mineur, à l'interdit ou à la femme mariée, ne
« peut en être exigée , à moins qu'il ne soit prouvé que ce
« qui a été payé a tourné à son profit, et encore à l'exception

« du cas où les mineurs et les interdits ne sont, suivant le
« § II de l'article 197, restitués que comme les majeurs.

« Dans ce dernier cas, et dans ceux où les majeurs sont
« admis à revenir contre leur engagement, ce qui a été reçu
« doit être remboursé.

CHAPITRE V.

De la Preuve des Obligations et de celle du Paiement.

1315   Art. 204. « Celui qui réclame l'exécution d'une convention
« doit la prouver.

« Réciproquement, celui qui se prétend libéré doit jus-
« tifier le paiement, ou le fait qui a produit l'extinction de
« son obligation. »

1316   Art. 205. « Il y a cinq espèces de preuves : la preuve lit-
« térale, la preuve testimoniale, les présomptions, la con-
« fession de la partie, le serment déféré à l'une d'elles. »

SECTION Iʳᵉ. — De la Preuve littérale.

sec. Iʳᵉ.   Art. 206. « La preuve littérale résulte ou d'un acte authen-
« tique, ou d'un acte sous signature privée. »

§ Iᵉʳ. Du Titre authentique.

1317   Art. 207. « L'acte authentique est celui qui a été reçu par
« officiers publics ayant le droit d'instrumenter dans le lieu
« où l'acte a été rédigé, et avec les solennités requises. »

1318   Art. 208. « L'acte qui n'est point authentique par l'incom-
« pétence ou l'incapacité de l'officier, ou par un défaut de
« forme, vaut comme écriture privée, s'il a été signé des
« parties. »

1319   Art. 209. « L'acte authentique fait pleine foi de la conven-
« tion qu'il renferme entre les parties contractantes et leurs
« héritiers ou ayans-cause.

« Néanmoins, en cas de plainte en faux principal, l'exécu-
« tion de l'acte argué de faux sera suspendue par la mise en
« accusation de celui qui poursuit cette exécution ; et en cas

« d'inscription de faux faite incidemment, les tribunaux
« peuvent, suivant les circonstances, suspendre provisoire-
« ment l'exécution de l'acte. »

Art. 210. « La preuve testimoniale n'est point admise   1320
« contre et outre le contenu dans l'acte.

« Il fait foi entre les parties, même de ce qui n'y est ex-
« primé qu'en termes énonciatifs, pourvu que l'énonciation
« ait un rapport direct à la disposition. Les énonciations
« étrangères à la disposition ne peuvent servir que d'un com-
« mencement de preuve. »

§ II. De l'Acte sous seing privé.

Art. 211. « L'acte sous seing privé, reconnu par celui au-   1322
« quel on l'oppose, ou légalement tenu pour reconnu, a,
« contre ceux qui l'ont souscrit et contre leurs héritiers et
« ayans-cause, la même foi que l'acte authentique. »

Art. 212. « Celui auquel on oppose un acte sous seing privé   1323
« est obligé d'avouer ou de désavouer formellement son
« écriture ou sa signature.

« Ses héritiers ou ayant-cause peuvent se contenter de
« déclarer qu'ils ne connaissent point l'écriture ou la signa-
« ture de leur auteur. »

Art. 213. « Dans le cas où la partie désavoue son écriture   1324
« ou sa signature, et dans le cas où ses héritiers ou ayant-
« cause déclarent ne les point connaître, la vérification en est
« ordonnée en justice.

Art. 214. « Les actes sous seing-privé qui contiennent des   1325
« conventions synallagmatiques ne sont valables qu'autant
« qu'ils ont été faits doubles ou triples, ou en autant d'ori-
« ginaux qu'il y a de parties ayant un intérêt particulier.

« Il suffit d'un original pour toutes les personnes ayant le
« même intérêt.

« Chaque original doit contenir la mention du nombre des
« originaux qui en ont été faits.

« Néanmoins le défaut d'originaux doubles, triples, etc.,

« ne peut être opposé par celui qui a exécuté de sa part la
« convention portée dans l'acte. »

1326   Art. 215. « Quand il y a plusieurs personnes, l'acte sous
« seing privé par lequel une seule partie s'engage envers
« l'autre à lui payer une somme d'argent ou une chose ap-
« préciable doit être écrit en entier de la main de celui qui
« le souscrit, ou du moins il faut qu'outre sa signature il
« ait écrit de sa main un *bon* ou un *approuvé* portant, en
« toutes lettres, la somme ou la quantité de la chose;

« Excepté dans le cas où l'acte émane de commerçans,
« d'artisans et de laboureurs, ou autres gens de campagne. »

1327   Art. 216. « Lorsque la somme exprimée au corps de l'acte
« est différente de celle exprimée au *bon*, l'obligation est res-
« treinte à la somme moindre, lors même que l'acte, ainsi
« que le *bon*, sont écrits en entier de la main de celui qui
« s'est obligé, à moins que l'acte ne prouve de quel côté est
« l'erreur. »

1328   Art. 217. « Les actes sous seing privé n'ont de date contre
« les tiers que du jour où ils ont été enregistrés, ou du jour
« de la mort de celui ou de l'un de ceux qui les ont souscrits. »

1329   Art. 218. « Les registres des marchands ne font point,
« contre les personnes non marchandes, preuve des fourni-
« tures qui y sont portées, sauf ce qui sera dit à l'égard du
« serment. »

1330   Art. 219. « Les livres des marchands font preuve contre
« eux; mais celui qui en veut tirer avantage ne peut les di-
« viser, en ce qu'ils contiennent de contraire à sa prétention. »

1331   Art. 220. « Les registres et papiers domestiques ne font
« point un titre pour celui qui les a écrits : ils font foi contre
« lui, 1° dans tous les cas où ils énoncent formellement un
« paiement reçu; 2° lorsqu'ils contiennent la mention ex-
« presse que la note a été faite pour suppléer le défaut du
« titre, en faveur de celui au profit duquel ils énoncent une
« obligation.

« Ils font foi, conformément à l'article 46, au titre *des*

« *Actes de l'état civil*, à l'égard des naissances, mariages ou
« décès, lorsqu'il n'aura pas existé de registres, ou qu'ils
« seront perdus. »

Art. 221. « L'écriture sous seing privé, mise par le créan-   1332
« cier à la suite, en marge ou au dos d'un titre qui est tou-
« jours resté en sa possession, fait foi, quoique non signée
« ni datée de lui, lorsqu'elle tend à établir la libération du
« débiteur.

« Il en est de même de l'écriture mise par le créancier au
« dos, ou en marge, ou à la suite d'un double d'un titre ou
« d'une quittance, lequel double est entre les mains du dé-
« biteur. »

§ III. *Des Tailles.*

Art. 222. « Les tailles corrélatives à leurs échantillons   1333
« font foi entre les personnes qui sont dans l'usage de cons-
« tater ainsi les fournitures qu'elles font et reçoivent en
« détail. »

§ IV. *Des Copies des Titres.*

Art. 223. « Les copies, lorsque le titre original subsiste,   1334
« ne font foi que de ce qui est contenu au titre, dont la re-
« présentation peut toujours être exigée. »

Art. 224. « Lorsque le titre original n'existe plus, les co-   1335
« pies font foi, d'après les distinctions suivantes :

« 1°. Les grosses ou premières expéditions, ainsi que les
« copies qui ont été tirées par l'autorité du magistrat, parties
« présentes ou dûment appelées, ou celles qui ont été tirées
« en présence des parties et de leur consentement réciproque,
« font la même foi que l'original.

« 2°. Les copies qui, sans l'autorité du magistrat, ou sans
« le consentement des parties, et depuis la délivrance des
« grosses ou premières expéditions, auront été tirées sur la
« minute de l'acte par le notaire qui l'a reçu, ou par l'un de
« ses successeurs, peuvent, en cas de perte de l'original,
« faire foi, quand elles sont anciennes.

« Elles sont considérées comme anciennes quand elles ont
« plus de trente ans.

« 3°. Les copies tirées sur la minute d'un acte par d'autres
« notaires que ceux qui l'ont reçu, ou par leurs successeurs,
« ne peuvent servir, quelle que soit leur ancienneté, que de
« commencement de preuve par écrit.

« 4°. Les copies de copies pourront, suivant les circons-
« tances, être considérées comme simples renseignemens. »

1336 Art. 225. « La transcription d'une donation sur les registres
« publics ne pourra servir que de commencement de preuve
« par écrit; et il faudra même pour cela :

1°. « Qu'il soit constant que toutes les minutes du notaire,
« de l'année dans laquelle la donation paraît avoir été faite,
« soient perdues, ou que l'on prouve que la perte de la mi-
« nute de cette donation a été faite par un accident parti-
« culier;

« Qu'il existe un répertoire en règle du notaire, qui cons-
« tate que l'acte a été fait à la même date.

« Lorsqu'au moyen du concours de ces deux circonstances,
« la preuve par témoins sera admise, il sera nécessaire que
« ceux qui ont été témoins de l'acte, s'ils existent encore,
« soient entendus. »

§ V. *Des Actes récognitifs et confirmatifs.*

1337 Art. 226. « Les actes récognitifs ne dispensent point de la
« représentation du titre primordial, à moins que sa teneur
« n'y soit spécialement relatée;

« Ils n'ont aucun effet dans ce qu'ils contiennent de plus
« ou de différent, que ce qui est porté dans ce titre pri-
« mordial.

« Néanmoins, s'il y avait plusieurs reconnaissances con-
« formes, soutenues de la possession, et dont l'une eût
« trente ans de date, le créancier pourrait être dispensé de
« représenter le titre primordial. »

1338 Art. 227. « Dans la confirmation ou ratification d'un acte

« radicalement nul, on doit, pour qu'elle soit valable, trou-
« ver la substance de l'acte nul, la mention de la nullité et
« l'intention de la réparer.

« La confirmation ou ratification d'un acte nul emporte la
« renonciation aux moyens et exceptions que l'on pouvait
« opposer contre cet acte. »

Art. 228. « Le donateur ne peut réparer par aucun acte 1339
« confirmatif les vices d'une donation entre-vifs nulle en la
« forme ; il faut qu'elle soit refaite en la forme légale. »

Art. 229. « La confirmation ou ratification d'une donation 1340
« par les héritiers ou ayant-cause du donateur, après son
« décès, emporte leur renonciation à opposer, soit les vices
« de forme, soit toute autre exception. »

SECTION II. —*De la Preuve testimoniale.*

Art. 230. « Il doit être passé acte devant notaires, ou sous 1341
« signature privée, de toutes conventions sur choses excédant
« la somme ou valeur de cent cinquante francs, même pour dé-
« pôts volontaires ; et il n'est reçu aucune preuve par témoins
« contre et outre le contenu aux actes, ni sur ce qui serait
« allégué avoir été dit avant, lors ou depuis les actes, encore
« qu'il s'agisse d'une somme ou valeur moindre de cent cin-
« quante francs ;

« Le tout sans préjudice de ce qui est prescrit dans les lois
« relatives au commerce. »

Art. 231. « La règle ci-dessus s'applique au cas où l'action 1342
« contient, outre la demande du capital, une demande d'in-
« térêts qui, réunis au capital, excèdent la somme de cent
« cinquante francs. »

Art. 232. « Celui qui a formé une demande excédant cent 1243
« cinquante francs ne peut plus être admis à la preuve testi-
« moniale, même en restreignant sa demande primitive. »

Art. 233. « La preuve testimoniale, sur la demande d'une 1344
« somme même moindre de cent cinquante francs, ne peut
« être admise, lorsque cette somme est déclarée être le res-

« tant d'une créance plus forte qui n'est point prouvée par
« écrit. »

1345   Art. 234. « Si dans la même instance une partie fait plu-
« sieurs demandes dont il n'y ait point de titre par écrit, et
« que, jointes ensemble, elles excèdent la somme de cent cin-
« quante francs, la preuve par témoins n'en peut être admise,
« encore que la partie allègue que ces créances proviennent de
« différentes causes, et qu'elles se soient formées en différens
« temps, si ce n'était que ces droits procédassent par succes-
« sion, donation ou autrement, de personnes différentes. »

1346   Art. 235. « Toutes les demandes, à quelque titre que ce
« soit, qui ne seront entièrement justifiées par écrit, seront
« formées par un même exploit, après lequel les autres de-
« mandes, dont il n'y aura point de preuves par écrit, ne
« seront reçues. »

1347   Art. 236. « Les règles ci-dessus reçoivent exception lors-
« qu'il existe un commencement de preuve par écrit.

     « On appelle ainsi tout acte par écrit qui est émané de celui
« contre lequel la demande est formée, ou de celui qu'il re-
« présente, et qui rend vraisemblable le fait allégué. »

1348   Art. 237. « Elles reçoivent encore exception toutes les fois
« qu'il n'a pas été possible au créancier de se procurer une
« preuve littérale de l'obligation qui a été contractée en-
« vers lui.

     « Cette seconde exception s'applique, 1° aux obligations
« qui naissent des quasi-contrats et des délits ou quasi-
« délits;

     « 2°. Aux dépôts nécessaires faits en cas d'incendie, ruine,
« tumulte ou naufrage, et à ceux faits, en logeant dans une
« hôtellerie, entre les mains de l'hôte ou de l'hôtesse, le
« tout suivant la qualité des personnes et les circonstances du
« fait;

     « 3°. Aux obligations contractées en cas d'accidens impré-
« vus, où l'on ne pourrait pas avoir fait des actes par écrit;

     « 4°. Au cas où le créancier a perdu le titre qui lui servait

« de preuve littérale, par suite d'un cas fortuit, imprévu, et
« résultant d'une force majeure. »

SECTION III. — *Des Présomptions.*

Art. 238. « La présomption est un jugement que la loi ou   1349
« le magistrat porte sur la vérité d'une chose, par une con-
« séquence tirée de faits et de circonstances, et qui est fondée
« sur ce qui arrive communément et plus ordinairement.

Art. 239. « La présomption légale est celle qui est attachée,   1350
« par une loi spéciale, à certains actes ou à certains faits. Tels
« sont :

« 1°. Les actes que la loi déclare nuls comme présumés faits
« en fraude de ses dispositions d'après leur seule qualité ;

« 2°. Les cas dans lesquels la loi déclare la propriété ou la
« libération résulter de certaines circonstances déterminées ;

« 3°. L'autorité que la loi attribue à la chose jugée ;

« 4°. La force que la loi attache à la confession de la partie
« ou à son affirmation. »

Art. 240. « L'autorité de la chose jugée n'a lieu qu'à l'é-   1351
« gard de ce qui a fait l'objet du jugement. Il faut que la
« chose demandée soit la même ; que la demande soit fondée
« sur la même cause ; que la demande soit entre les mêmes
« parties, et formée par elles et contre elles en la même qua-
« lité. »

Art. 241. « Nulle preuve n'est admise contre la présomption   1352
« de la loi, lorsque, sur le fondement de cette présomption,
« elle annulle certains actes ou dénie l'action en justice, à
« moins qu'elle n'ait réservé la preuve contraire, et sauf ce
« qui sera dit sur l'affirmation et la confession judiciaire. »

Art. 242. « Les présomptions qui ne sont point établies   1353
« par la loi sont abandonnées aux lumières et à la prudence
« du magistrat, qui ne doit admettre que des présomptions
« graves, précises et concordantes, et dans les cas seulement
« où la loi admet la preuve testimoniale, à moins que l'acte
« ne soit attaqué pour cause de fraude ou de dol. »

SECTION IV.—*De la Confession de la Partie.*

1354   Art. 243. « La confession qui est opposée à une partie est
« ou extrajudiciaire ou judiciaire. »

1355   Art. 244. « L'allégation d'une confession extrajudiciaire
« purement verbale est inutile toutes les fois qu'il s'agit
« d'une demande dont la preuve testimoniale ne serait point
« admissible. »

1356   Art. 245. « La confession judiciaire est la déclaration ou
« l'aveu fait en justice.

« Elle fait pleine foi contre celui qui l'a faite.

« Elle ne peut être divisée contre lui.

« Il ne peut la révoquer, à moins qu'il ne prouve qu'elle a
« été la suite d'une erreur de fait. Il ne pourrait la révoquer
« sous prétexte d'une erreur de droit. »

SECTION V. — *De l'Affirmation judiciaire.*

1357   Art. 246. « L'affirmation judiciaire est de deux espèces :

« 1°. Celle qu'une partie défère à l'autre pour en faire dé-
« pendre le jugement de la cause : elle est appelée *litis-*
« *décisoire;*

« 2°. Celle qui est déférée d'office, par le juge, à l'une ou
« l'autre des parties.

§ Ier. *De l'Affirmation* litis-décisoire.

1358   Art. 247. « L'affirmation *litis-décisoire* peut être déférée sur
« quelque espèce de contestation que ce soit. »

1359   Art. 248. « Elle ne peut être déférée que sur un fait per-
« sonnel à la partie à laquelle on la défère. »

1360   Art. 249. « Elle peut être déférée en tout état de cause, et
« encore qu'il n'existe aucun commencement de preuve de la
« demande ou de l'exception sur laquelle elle est provoquée. »

1361   Art. 250. « Celui auquel l'affirmation est déférée, qui la
« refuse ou ne consent pas de la référer à son adversaire, ou
« l'adversaire à qui elle a été référée et qui la refuse, doit
« succomber dans sa demande ou son exception. »

Art. 251. « L'affirmation ne peut être référée quand le fait 1362
« qui en est l'objet n'est point celui des deux parties, mais
« est purement personnel à celui auquel l'affirmation avait
« été déférée. »

Art. 252. « Lorsque l'affirmation déférée ou référée a été 1363
« faite, l'adversaire n'est point recevable à en prouver la
« fausseté. »

Art. 253. « La partie qui a déféré ou référé l'affirmation 1364
« ne peut plus se rétracter lorsque l'adversaire a déclaré qu'il
« est prêt à faire cette affirmation. »

Art. 254. « L'affirmation faite ne forme preuve qu'au profit 1365
« de celui qui l'a déférée ou contre lui, et au profit de ses
« héritiers et ayant-cause ou contre eux.

« Néanmoins l'affirmation déférée par l'un des créanciers
« solidaires à celui qu'il prétend débiteur libère celui-ci
« envers tous les autres créanciers.

« L'affirmation déférée au débiteur principal libère égale-
« ment les cautions ;

« Celle déférée à l'un des débiteurs solidaires profite aux
« codébiteurs ;

« Et celle déférée à la caution profite au débiteur prin-
« cipal.

« Dans ces deux derniers cas, l'affirmation du codébiteur
« solidaire ou de la caution ne profite aux autres codébiteurs
« ou au débiteur principal que lorsqu'elle a été déférée sur
« la dette et non sur le fait de la solidarité ou du cautionne-
« ment. »

§ II. *De l'Affirmation déférée d'office.*

Art. 255. « Le juge peut déférer à l'une des parties l'affir- 1366
« mation, ou pour en faire dépendre la décision de la cause,
« ou seulement pour déterminer le montant de la condam-
« nation. »

« Art. 256. « Le juge ne peut déférer d'office l'affirmation, 1367
« soit sur la demande, soit sur l'exception qui y est opposée,
« que sous les deux conditions suivantes. Il faut :

« 1°. Que la demande ou l'exception ne soit pas pleine-
« ment justifiée ;

2°. « Qu'elles ne soient pas totalement dénuées de preuves.

« Hors ces deux cas, il doit ou adjuger ou rejeter purement
« et simplement la demande. »

1368   Art. 257. « L'affirmation déférée d'office par le juge à l'une
« des parties ne peut être par elle référée à l'autre. »

1369   Art. 258. « L'affirmation sur la valeur de la chose de-
« mandée ne peut être déférée par le juge au demandeur
« que lorsqu'il est d'ailleurs impossible de constater autre-
« ment cette valeur.

« Le juge doit même, en ce cas, déterminer la somme
« jusqu'à concurrence de laquelle le demandeur en sera cru
« sur son affirmation. »

M. Bigot-Préameneu dit que les dispositions du titre qu'il
présente sont puisées presque en entier dans le droit romain, en écartant cependant quelques subtilités qui le dé-
parent.

Les *dispositions préliminaires* sont soumises à la discussion.

1101 à   Les articles 1, 2, 3, 4 et 5 sont adoptés.
1107

M. Bigot-Préameneu fait lecture du chapitre Ier *des Conditions essentiellement requises pour la validité des Conventions.*

1108   L'article 6 est adopté.

La section Ire *du Consentement* est soumise à la discussion.

1109 à   Les articles 7, 8 et 9 sont adoptés.
1111

1112   L'article 10 est discuté.

M. Ségur pense qu'il est dangereux de supposer dans la loi
que la violence n'annulle pas toujours le consentement.

M. Bigot-Préameneu répond que la section n'a pas entendu qu'un contrat formé par la violence pût avoir quelque
effet ; mais qu'elle a cru nécessaire de fixer les caractères de
la violence, afin qu'on ne pût, par de vaines allégations,

ébranler des conventions valables. La section, en conséquence, et d'après le droit romain, n'admet les allégations de violence que quand il y a eu des faits de nature à faire impression sur une personne raisonnable.

M. Tronchet dit que le droit romain ne donne d'effet à la crainte que quand elle a pu intimider ce qu'il appelle *constantem virum*.

M. Lacuée observe que l'expression des lois romaines est plus forte que celle de *personne raisonnable*.

M. Bigot-Préameneu dit que c'est aussi pour mieux développer l'esprit de l'article que la section a ajouté qu'on a égard, en cette matière, à l'âge, au sexe et à la condition des personnes.

M. Portalis dit qu'on se méprend sur le sens des lois lorsqu'on prend leurs expressions dans l'acception qu'elles ont dans le langage ordinaire. C'est ainsi que dans le droit romain *justus* ne signifie pas équitable, mais est synonyme à *solemnis :* on dit *justæ nuptiæ* pour désigner un mariage légalement formé. De même, quand les lois romaines parlent de la crainte capable d'affecter celui qu'elles nomment *constantem virum,* elles veulent dire qu'on ne doit pas avoir égard aux circonstances qui pourraient faire peur à un enfant, mais seulement à celles qui sont de nature à causer à un homme fait une frayeur raisonnable.

M. Maleville dit que l'expression *constantem virum* a toujours été ainsi entendue.

M. Bigot-Préameneu dit qu'on peut cependant déférer à l'observation de M. *Ségur,* en supprimant la négation qui donne à l'article une forme limitative.

M. Portalis adopte cet amendement, mais en ce sens qu'on ne reconnaîtra la violence qu'aux caractères déterminés par la loi. On pourrait donc, après avoir posé le principe général que la violence annulle le contrat, ajouter : « Il y a violence lorsqu'elle est de nature, etc. »

L'article est adopté avec cet amendement.

1113 L'article 11 est adopté.

1114 L'article 12 est adopté avec l'amendement proposé par M. *Gally*, d'ajouter : ou un *autre* ascendant.

1115 L'article 13 est discuté.

M. Miot demande que le mot *tacitement* soit retranché. On pourrait en abuser pour supposer une approbation qui n'aurait pas été réellement donnée.

M. Bigot–Préameneu dit que sans cette expression l'article serait trop absolu. Il exclurait l'approbation tacite qui résulte de l'exécution totale ou partielle du contrat.

L'article est adopté.

1116 L'article 14 est adopté.

1118 L'article 15 est discuté.

Le Consul Cambacérès dit que cet article pourrait préjuger l'importante question de savoir si la restitution pour cause de lésion sera rétablie ; elle mérite un sérieux examen. L'embarras que le papier–monnaie jetait sur l'évaluation des prix a beaucoup contribué au changement qu'a subi l'ancienne législation. Cette cause n'existe plus. La question se présente donc sous un autre aspect. Il est possible que les exceptions annoncées par l'article satisfassent à toutes les difficultés ; mais comme elles ne sont pas encore connues, on peut craindre que la rédaction ne gêne la discussion subséquente.

M. Bigot–Préameneu dit que la section admet la rescision pour cause de lésion d'outre–moitié à l'égard du contrat de vente, et que c'est par ce motif que l'article limite le principe général.

M. Berlier dit que si l'article préjugeait que la restitution pour cause de vilité de prix en contrat de ventes sera rétablie au profit des majeurs, il le combattrait, parce qu'il regarde ce retour aux vieilles règles comme également funeste et à la société et aux particuliers.

Cette discussion se présentera sous la section à laquelle le présent article renvoie ; mais les termes de cet article paraissent à l'opinant tels qu'il n'en résulte aucun préjugé. Au reste, on peut ne l'adopter qu'en réservant à la discussion toute sa latitude, quand on arrivera à l'examen des espèces pour lesquelles la lésion peut être admise.

M. Defermon dit que, dans ce système, la rédaction doit être changée. En effet le projet n'admet que trois causes de la nécessité du consentement ; ainsi il convient de dire : *la lésion ne prouve pas toujours l'erreur, le dol ou la violence.*

M. Bigot-Préameneu répond que la lésion n'est pas considérée comme un caractère indicatif d'une de ces trois causes, qu'elle est elle-même une cause directe de rescision.

M. Defermon dit qu'alors on ne voit pas comment une disposition sur la lésion se trouve placée dans ce titre.

Le Consul Cambacérès dit que tout doit être énoncé dans un titre destiné à devenir l'introduction de la matière des contrats.

On parle ici de la lésion dans un article particulier ; il suppose que la lésion est l'effet de circonstances qui n'ont pas laissé au consentement toute sa liberté.

Cet article, au surplus, est sans inconvénient, puisque la section déclare que la question principale demeure entière et ajournée.

L'article est adopté.

Les articles 16, 17, 18, 19 et 20 sont adoptés.   1117-1119
                                                        à 1122

La section **II**, *de la Capacité des parties contractantes,* est soumise à la discussion.

L'article 21 est discuté.   1124

M. Regnaud (de Saint-Jean-d'Angely) demande qu'au mot *aliénation* on ajoute celui d'*acquisition*, afin que l'article s'étende aux communes qui ne peuvent acquérir sans autorisation.

M. Bigot-Préameneu répond que l'article leur est appliqué par ces mots : *certains contrats.*

M. Regnaud (de Saint-Jean-d'Angely) pense que si ces expressions ont une telle généralité, le mot *aliénation* devient inutile.

M. Bigot-Préameneu admet cette observation.

L'article est adopté avec le retranchement du mot *aliénation*.

1125   L'article 22 est discuté.

M. Lacuée observe qu'aucune disposition du Code civil n'explique ce qu'il faut entendre par *impubères*.

M. Berlier dit qu'en effet le Code ne donne point cette définition, et qu'on a même travaillé à l'éviter, soit parce que sur un vaste territoire la puberté est plus hâtive au midi qu'au nord, soit parce que dans le même lieu elle varie entre les individus.

Pour que la supposition légale ne contrarie point le fait, on a préféré, dans le premier livre du Code, de se régler par tel ou tel âge, ce qui offre une idée précise et toujours juste.

On peut, d'après ces vues, conserver la substance de l'article en changeant sa rédaction.

L'observation de M. *Lacuée* est renvoyée à la section.

ap. 1123
et 1124   M. Regnaud (de Saint-Jean-d'Angely) dit que les engagemens contractés par les communes sans autorisation sont aussi radicalement nuls que ceux contractés par les impubères. Il est nécessaire de l'exprimer.

M. Treilhard rappelle qu'on y a pourvu par l'article 21, en déclarant incapables tous ceux à qui la loi interdit certains contrats.

M. Regnaud (de Saint-Jean-d'Angely) dit que l'objet de l'article est de distinguer ceux dont les engagemens ne seront frappés que d'une nullité relative, et seulement susceptibles d'être annulés sur leur réclamation, de ceux dont les conventions sont nulles radicalement et indépendamment de toute réclamation. On ne peut se dispenser de ranger textuellement les communes dans cette dernière classe, afin que le défaut de réclamation de la part des communes ne gêne pas l'action du gouvernement.

M. Tronchet répond que l'article ne se rapporte qu'aux parties contractantes ; il ne gêne pas le droit qu'a le gouvernement, auquel il est étranger, de faire valoir la nullité ; mais il serait dangereux s'il était trop absolu, car alors on ne pourrait laisser subsister un contrat qui, quoique irrégulier dans la forme, serait avantageux à la commune.

En général la nullité de ces sortes d'engagemens n'est établie que pour l'intérêt des communes, qui, à cet égard, sont assimilées aux mineurs.

M. Lacuée pense que l'article 21 suffit.

M. Regnaud (de Saint-Jean-d'Angely) demande si un maire et un conseil municipal ayant vendu une propriété communale sans autorisation, le gouvernement peut faire valoir la nullité sans attendre la réclamation de la commune.

M. Tronchet répond que le gouvernement a ce droit. L'article ne s'applique pas à lui.

M. Defermon dit que le gouvernement est, à l'égard des communes, comme un tuteur, qui a le droit d'agir indépendamment de la volonté de son pupille.

Le Consul Cambacérès dit qu'il convient d'énoncer que le droit de réclamer accordé aux mineurs, aux femmes, aux interdits, passe à leurs héritiers.

Au surplus, on pourrait se borner à dire que les engagemens contractés par des personnes incapables sont nuls dans les cas déterminés par la loi. Cette rédaction générale répondrait à la difficulté relevée par M. *Regnaud* (de Saint-Jean-d'Angely), et étendrait la disposition aux héritiers.

L'article est adopté avec cet amendement.

La section III, *de l'Objet et de la Matière des Contrats*, est soumise à la discussion.

L'article 23 est discuté.

M. Berlier propose de rédiger ainsi cet article : « Tout

« contrat a pour objet une chose qu'une partie s'oblige de
« donner, ou un fait que l'une des parties s'oblige de faire
« ou de ne pas faire. »

Cette rédaction est adoptée.

1127   L'article 24 est adopté.

1128   L'article 25 est discuté.

M. Réal dit que le mot *commerce* a dans l'usage une acception beaucoup plus limitée que celle qui lui est donnée
par cet article. Cette expression pourrait donc être équivoque.

M. Bigot-Préameneu répond qu'elle est claire lorsqu'elle
est jointe au mot *convention*.

M. Treilhard dit que le sens de ce mot est fixé et généralement entendu dans le langage des lois. On sait ce que
signifie cette locution, *il y a des choses qui sont et d'autres
qui ne sont pas dans le commerce.*

L'article est adopté.

1129   L'article 26 est discuté.

M. Portalis observe qu'on peut vendre une chose incertaine, et qui peut-être n'existera jamais, telle que le produit
d'un coup de filet.

M. Bigot-Préameneu propose de supprimer le mot *certain*, et de se réduire à dire : *Une chose déterminée quant à
son espèce.*

M. Muraire demande que la seconde partie de l'article
soit remplacée par cette rédaction : *et qui puisse l'être quant
à sa quotité.*

L'article est adopté avec ces amendemens.

1130   L'article 27 est adopté.

La section IV, *de la Cause*, est soumise à la discussion.

1131-1132   L'article 28 est discuté.

M. Ségur dit qu'il est difficile de concevoir une obligation
sans cause.

M. Regnaud (de Saint-Jean-d'Angely) cite pour exemple d'une semblable obligation un billet dans lequel il n'est pas dit *valeur reçue*.

M. Fourcroy dit que si la disposition s'applique à un cas semblable, elle paraît contredire celle qui déclare l'obligation valable, quoique la cause ne soit pas exprimée.

M. Bigot-Préameneu explique le sens de l'article. Un citoyen reconnaît devoir une somme sans énoncer la cause de sa dette ; son obligation est valable, parce que la déclaration qu'il doit fait présumer qu'il y a une cause ; la volonté de s'engager a dû en effet être appuyée sur un motif. Cependant si réellement il n'y en a pas, il est admis à le prouver et à faire cesser la présomption.

M. Treilhard dit que ceux qui sont familiarisés avec les principes du droit conçoivent très-bien qu'il y a des obligations sans cause. Par exemple, si je dis : *je dois à Pierre*, on suppose qu'une cause a déterminé mon aveu ; que j'ai reçu la valeur de ce que je m'oblige à rendre, ou que je dois réellement par une raison quelconque. Si je dis au contraire : *je compterai à Pierre une somme de*, il n'y a pas de cause présumée, parce que je ne me suis pas avoué débiteur.

M. Tronchet dit qu'il y a beaucoup de cas où celui qui souscrit une obligation se borne à reconnaître devoir. Tel est, par exemple, celui où l'obligation a pour cause une restitution que le débiteur ne veut pas avouer publiquement. Alors on suppose qu'il y a une cause ; car il n'est pas présumable qu'un homme se constitue débiteur sans l'être en effet. Le défaut d'énonciation de la cause n'est pris en considération que quand l'obligé est mineur, ou qu'étant majeur il justifie qu'on l'a surpris et trompé.

M. Portalis dit qu'un avocat général du parlement de Paris a établi, avec raison, le principe que la déclaration du majeur devient une cause suffisante. Ce n'est que pour les mineurs que la cause doit être prouvée.

L'article est adopté.

Les articles 29 et 30 sont adoptés.

M. Bigot-Préameneu fait lecture du chapitre II : *De l'effet des Obligations*.

Les *dispositions générales* sont soumises à la discussion.

1134   L'article 31 est discuté.

M. Portalis demande qu'on retranche dans le dernier alinéa le mot *contractées*, que les dispositions antérieures rendent inutile.

L'article est adopté avec cet amendement.

1135   L'article 32 est discuté.

M. Lacuée dit que cet article peut entraîner de graves inconvéniens. Il étend les engagemens bien au-delà des bornes que le débiteur a consenti de leur donner. Il soumet même ce débiteur à des obligations qu'il n'a pu prévoir, car personne ne connaît tous les usages.

Le Consul Cambacérès dit que l'article n'énonce qu'un principe généralement reçu. Il a été établi par le droit romain, qui dit : *in contractibus tacite veniunt ea quæ sunt moris et consuetudinis.* Au reste, il ne s'agit pas de permettre que l'usage ajoute aux engagemens, mais seulement de l'en constituer l'interprète. On ne peut tout spécifier dans un acte. Dans un bail à ferme, par exemple, on charge le fermier de cultiver ses terres par sols et saisons, et d'y mettre des engrais ; mais on ne détermine ni en quel temps il les ensemencera, ni avec quels engrais il les rendra fécondes. Tout cela varie suivant les lieux, et est abandonné à l'usage.

M. Regnaud (de Saint-Jean-d'Angely) ajoute qu'il en est de même dans un brevet d'apprentissage. L'usage détermine, dans chaque métier, par quels travaux l'apprenti doit commencer, et comment il passe successivement à d'autres travaux.

M. Tronchet dit que le contrat de vente, par exemple, admet des obligations résultant naturellement du contrat, parce qu'elles tiennent à son essence, et qui ont leur effet quoiqu'elles ne soient point exprimées. Telle est entre autres la garantie.

L'article est adopté.

La section Ire, *de l'Obligation de donner*, est soumise à la discussion.

Les articles 33 et 34 sont adoptés.

1136-
1137

L'article 35 est discuté.

1139

M. BIGOT-PRÉAMENEU dit que la section a retranché la dernière disposition, attendu que le débiteur peut être mis en demeure par d'autres faits non moins probans qu'une sommation.

L'article est adopté.

L'article 36 est discuté.

1138

M. SÉGUR dit qu'en matière de commerce la tradition même ne transfère pas toujours la propriété. L'usage de la revendication doit être maintenu pour les affaires de négoce.

M. BIGOT-PRÉAMENEU dit que cet usage pourra être conservé par le *Code du commerce*, qui fera une exception au principe général. L'article ne préjuge rien sur ce sujet.

L'article est adopté.

Les articles 37 et 38 sont adoptés.

1140-
1141

La section II, *de l'Obligation de faire ou ne pas faire*, est soumise à la discussion.

Les articles 39, 40, 41, 42, 43 et 44 qui la composent sont adoptés.

1142 à
1146 et
1148

La section III, *du Règlement des Dommages et intérêts résultant de l'inexécution de l'Obligation*, est soumise à la discussion.

L'article 45 est discuté.

1147

M. REGNAUD (de Saint-Jean-d'Angely) demande s'il suffit d'une cause qui soit étrangère au débiteur pour justifier son retard, et s'il ne serait pas nécessaire de réduire l'excuse au seul cas de la force majeure.

M. Bigot-Préameneu observe que l'excuse est réduite au cas où la cause étrangère au débiteur ne peut lui être imputée : il serait injuste de le rendre responsable de l'impossibilité absolue.

M. Treilhard dit que si quelqu'un a vendu un cheval qu'on lui ait volé ensuite, sans qu'on puisse lui reprocher de négligence, il ne doit pas de dommages-intérêts.

M. Réal demande s'il en sera de même dans le cas où un marchand aurait vendu du vin qu'il lui serait impossible de livrer.

M. Regnaud (de Saint-Jean-d'Angely) demande si, dans le même cas, le marchand s'étant soumis à livrer le vin dans un délai convenu, son retard sera excusé, parce que la baisse ou la crue des eaux aura empêché le vin d'arriver.

M. Treilhard répond qu'en général les dommages-intérêts ne sont dus que lorsque le débiteur est en faute ; ainsi, dans l'espèce proposée, il en est tenu, s'il a vendu du vin qu'il n'avait pas. Il n'en sera pas tenu si, ayant à sa disposition la chose vendue, des obstacles, qu'il ne dépendait pas de lui de faire cesser, l'ont empêché de la livrer dans le délai convenu.

L'article est adopté.

1149 à 1151   Les articles 46, 47 et 48 sont adoptés.

1152   L'article 49 est discuté.

M. Bigot-Préameneu dit que, dans la section, les opinions se sont d'abord partagées sur cet article.

On disait, d'un côté, que les contrats devant être exécutés de bonne foi, il était juste de réduire la somme à laquelle les parties avaient fixé les dommages-intérêts, si elle excédait évidemment la valeur du dommage ; que le débiteur n'a consenti à en élever la fixation beaucoup au-delà de la juste proportion, que parce qu'il s'est persuadé qu'il pourrait remplir ses engagemens, et qu'il ne serait pas exposé à la peine de l'inexécution; que s'il eût prévu les obstacles qui l'ont arrêté, il ne se serait pas soumis à des dommages-intérêts si considérables; qu'enfin ces principes étaient ceux de la jurisprudence actuelle.

On disait, d'un autre côté, que les parties sont les appréciateurs les plus sûrs du dommage qui peut résulter de l'inexécution d'un engagement; qu'ainsi leur volonté doit être respectée; que si l'on accorde au juge le droit de diminuer les dommages-intérêts qu'elles ont fixés, il faut donc aussi lui donner le pouvoir de les augmenter lorsque les circonstances portent la perte du créancier au-delà de ce qui avait été prévu. On convenait cependant qu'il y avait cette différence, que le créancier qui reçoit moins qu'il n'eût exigé, si, lors de la convention, il eût pu prévoir l'avenir, reçoit cependant tout ce qu'il a stipulé, et a renoncé à recevoir davantage; que si, au contraire, il reçoit tout ce qui a été convenu, et que le dommage soit moindre, il s'enrichit.

Au milieu de ces difficultés, la section s'est arrêtée à une règle simple; elle a pensé que quand les parties ont fixé elles-mêmes le taux des dommages-intérêts, leur prévoyance ne devait pas demeurer sans effet, et qu'il fallait respecter leur convention, d'autant plus que, dans d'autres contrats, on ne corrige pas les stipulations que les circonstances rendent ensuite excessives.

La section propose, en conséquence, la rédaction suivante: « Lorsque la convention porte que celui qui manquera de « l'exécuter paiera une certaine somme, il ne peut être alloué « à l'autre partie une somme plus forte ni moindre. »

Cette rédaction est adoptée.

L'article 50 est discuté.   1153

M. Regnaud (de Saint-Jean-d'Angely) observe qu'il n'y a point de loi qui fixe l'intérêt de l'argent.

M. Treilhard répond qu'à défaut de convention la loi

est suppléée par l'usage , qui fixe l'intérêt à cinq pour cent.

M. Bigot-Préameneu ajoute que l'ancienne loi est toujours le régulateur des tribunaux, mais que quand elle serait entièrement oubliée , la disposition de l'article devrait encore être présentée dans les mêmes termes , parce que l'intérêt de l'argent étant très-variable sur la place , on ne pourra se dispenser de donner à cet égard une règle aux tribunaux.

M. Jollivet dit que la fixation de l'intérêt à cinq pour cent, par rapport aux tribunaux , donne lieu à des fraudes. Le débiteur qui pourrait payer retient ses fonds, et préfère à se voir condamné à cinq pour cent d'intérêt, parce qu'il est certain qu'il placera le capital à un taux beaucoup plus élevé.

M. Tronchet dit que, puisque la stipulation d'intérêt est permise , le créancier a eu la faculté d'en élever le taux à plus de cinq pour cent; s'il ne l'a pas fait, on en doit conclure qu'il s'en est rapporté à l'usage.

M. Jollivet dit que , nonobstant ces sortes de stipulations, les tribunaux ne condamneraient le débiteur qu'à cinq pour cent d'intérêt , parce qu'ils se croiraient liés par la disposition de l'article , qui s'explique d'une manière très-impérative , lorsqu'il dit que *les intérêts ne consistent jamais que*, etc.

M. Miot dit que l'article 31 préviendrait cette méprise.

M. Bigot-Préameneu pense qu'il est utile de laisser l'intérêt au taux qu'il est réglé , et de ne pas avoir égard aux stipulations qui l'élèveraient plus haut.

M. Treilhard observe que ce n'est point là le sens de la disposition. Il a été parfaitement expliqué par M. *Tronchet,* et on ne peut douter que l'article 31 ne valide toutes les stipulations faites de bonne foi.

Le Consul Cambacérès pense que ces mots : *les dommages et intérêts résultant du retard dans l'inexécution ne consistent jamais*, etc., feront naître beaucoup de difficultés, parce qu'ils présentent un sens équivoque. Tout est réglé par l'article 49 : il n'a rien de contraire à l'ordre actuel des choses , et suffit pour empêcher la fraude d'un débiteur qui retient les fonds, dans la vue de les placer à un taux plus élevé que celui de l'intérêt auquel il est condamné ; mais il serait imprudent de se lier par une règle trop absolue. La question de savoir si le taux fixé aux intérêts est usuraire dépend toujours des circonstances. Un jour, peut-être, il y aura usure dans la stipulation d'un demi pour cent d'intérêt par mois. Les conventions doivent être exécutées de bonne foi. Le créancier qui n'est pas payé peut être obligé de prendre de l'argent sur la place, à neuf ou dix pour cent, et cependant le débiteur qui retient ses fonds ne serait condamné qu'à lui en payer cinq pour cent. Il ne serait pas juste d'anéantir indistinctement et dans tous les cas la stipulation par laquelle il aurait essayé de se soustraire à cette perte.

M. Jollivet dit que ces sortes de stipulations sont d'autant plus licites qu'il est au pouvoir du débiteur d'en faire cesser l'effet quand il veut, en remplissant ses engagemens.

M. Tronchet dit que dans l'état actuel des choses il est permis de stipuler des intérêts plus forts que cinq pour cent, parce que sur la place le cours de l'argent s'élève plus haut; mais que le Code civil étant une loi permanente, il est indissable de porter ses regards sur l'avenir. On doit donc supprimer le mot *jamais*, et dire que la condamnation aux intérêts sera réglée sur le taux légalement fixé, s'il n'y a stipulation contraire autorisée par la loi.

M. Defermon demande la suppression des articles 49 et 50.

L'article 49 peut, dans certains cas, placer le juge entre la loi et sa conscience. Les créanciers méritent sans doute une protection spéciale, mais aussi les débiteurs méritent quelque intérêt ; quelquefois leur position les a forcés de souscrire à toutes les conditions qu'on a voulu leur imposer, et ils se trouvent ruinés par les ressources mêmes qu'ils se sont ménagées pour éviter leur ruine.

M. Begouen dit que si cette suppression était adoptée, les contrats ne seraient plus rien ; tout serait abandonné à l'arbitrage du juge.

M. DEFERMON dit qu'il ne propose point d'écarter les stipulations, mais seulement de ne point autoriser formellement celles qui favorisent l'usure, afin que le créancier, n'ayant point l'appui de la loi, écoute la pudeur et n'ose les faire valoir en justice. Tout se réduit à ne point forcer le juge à condamner un débiteur à payer douze pour cent d'intérêt, lorsque dans le commerce le taux serait de six pour cent.

M. TREILHARD ne croit pas l'inconvénient aussi grand que le représente M. *Defermon*. La pudeur empêchera toujours de faire ostensiblement des stipulations d'un intérêt exorbitant. Les personnes qui prêtent avec loyauté stipulent des termes courts et un intérêt raisonnable ; elles ne craignent point d'énoncer leur stipulation dans toute son étendue. Celles qui se permettent l'usure ont grand soin de ne point parler des intérêts dans le contrat ; elles les ajoutent au capital et enveloppent le tout dans la même obligation.

Au surplus, les intérêts doivent être réglés par la loi ou par la convention. Le Code civil déclare illicite tout pacte contraire aux lois. Si donc par la suite une loi fixe l'intérêt de l'argent, la stipulation qui le porterait plus haut serait nulle.

LE CONSUL CAMBACÉRÈS partage cette opinion. Il pense que, pour répondre à ceux qui craignent que le juge ne soit forcé de prononcer une condamnation qui répugnerait à sa conscience, il suffirait de rétablir dans l'article 49 la disposition finale qui en a été retranchée. Cependant, le Consul ne propose cet amendement que comme un moyen de concilier les divers avis ; car, dans son opinion, l'article 49 est préférable tel qu'il a été adopté. Il serait inconvenant que, parce que l'ancienne loi qui fixait le taux des intérêts a perdu de sa force, un débiteur pût se permettre le retard frauduleux dont il a été parlé. La garantie contre cet abus est dans la facilité d'élever par une stipulation le taux des intérêts au cours de la place ; si le créancier se permettait de l'excéder, alors le juge userait de son pouvoir pour le réduire.

M. Treilhard observe que l'article 49 s'étendait à toutes espèces de dommages-intérêts, et n'était pas borné à ceux qui sont dus à défaut de paiement d'une somme d'argent.

Les observations qui ont été faites sont renvoyées à la section.

L'article 51 est discuté.

1154-1155

M. Regnaud (de Saint-Jean-d'Angely) rappelle que dans l'usage on accorde l'intérêt des arrérages qui sont dus pour rente viagère.

Cette exception est adoptée.

M. Pelet demande si cet article abroge l'usage où l'on était de joindre au capital originaire les intérêts liquidés , pour ne faire du tout qu'un seul et même capital. Souvent le créancier employait ce moyen pour épargner au débiteur le désagrément d'une expropriation ; mais quand cet usage n'existait pas , pourquoi les intérêts d'une légitime due en argent auraient-ils moins de faveur que l'article n'en donne aux loyers de fermes et de maisons?

Le Consul Cambacérès pense que la disposition tend seulement à empêcher le juge de prononcer une condamnation d'intérêts des intérêts. Si, par exemple, un créancier demande une somme qui lui est due depuis plusieurs années , et les intérêts à raison du retard de paiement, les tribunaux lui alloueront l'un et l'autre; mais ils ne pourront lui allouer également des intérêts pour le retard de paiement de ceux que le capital a produits. Cependant si, par une convention nouvelle, les parties avaient réglé ensemble, et si, ajoutant au capital primitif les intérêts échus, le créancier avait accordé pour le tout un nouveau crédit au débiteur, avec stipulation d'intérêts qui deviendraient le prix de ce nouveau crédit, il n'y a point de doute que la stipulation ne dût avoir ses effets.

MM. Bigot-Préameneu et Treilhard disent que la section a rédigé l'article dans ce sens.

M. MALEVILLE dit que dans l'ancienne jurisprudence les intérêts ne se cumulaient jamais par jugement avec le capital, à l'effet de produire à leur tour de nouveaux intérêts : on ne souffrait pas davantage que les parties fissent elles-mêmes ce cumul ; cette espèce d'usure, appelée *anatocisme*, était au contraire sévèrement réprimée. Il y avait seulement des exceptions à ce principe, et l'article discuté ne les a pas toutes rappelées. ·

Mais la question est de savoir si l'on doit abroger cet ancien principe, et tolérer indéfiniment la stipulation ou la condamnation judiciaire des intérêts des intérêts : l'opinant soutient hautement la négative. *Vetus urbi fenore malum*, dit *Tacite* : il n'y a pas de plus sûr moyen pour ruiner les familles et l'État même : et l'on peut à peine se faire une idée de l'énorme et rapide progression d'une dette même modique qu'on permettra à un créancier avide de multiplier ainsi, en faisant produire sans cesse de nouveaux intérêts à d'autres intérêts.

Sans doute on ne peut pas empêcher qu'un créancier comptant avec un débiteur, qu'il tient dans les fers, l'oblige à reconnaître des intérêts échus comme un nouveau capital qu'il lui prête. Mais la loi n'a pas besoin de lui indiquer ce moyen ; et surtout elle ne doit pas autoriser formellement et sans détour les intérêts des intérêts.

M. PELET dit qu'il n'a pas entendu parler du cas où la cumulation s'opérait par le fait des parties, mais du cas où les intérêts étaient liquidés judiciairement. Il est évident qu'alors ils se réunissent à la somme principale et forment un capital unique. Dès-lors le retard de paiement doit leur faire produire des intérêts suivant la règle qui vient d'être posée.

M. REGNAUD (de Saint-Jean-d'Angely) demande que toute liquidation faite, soit de gré à gré, soit judiciairement, ait également l'effet de faire produire des intérêts à la totalité des sommes dont elles constituent débiteur.

M. RÉAL dit qu'il en résulterait un abus très-grand. Le

créancier ferait assigner son débiteur à tous les trimestres, afin que les intérêts échus, se réunissant au capital, lui produisissent des intérêts.

M. GALLY propose une autre exception qui, dit-il, a été admise par les jurisconsultes les plus scrupuleux. Il demande que les intérêts des intérêts soient dus toutes les fois qu'il y a transport à une autre personne. Par exemple, *Sextius* doit à *Mevius* une somme de 2000 fr. Le retard du paiement a fait produire à cette somme 500 francs d'intérêts : tant que ces deux sommes sont dues à *Mevius*, les 500 francs d'intérêts ne doivent point rendre d'intérêts. Mais si *Mevius*, pour s'acquitter envers *Titius*, lui transporte la totalité des 2500 francs, qui forment le capital et les intérêts de sa créance sur *Sextius*, ce dernier doit être obligé de payer à *Titius* l'intérêt des 2500 francs du jour du transport.

M. MALEVILLE dit que cette distinction était admise par la jurisprudence, mais qu'il fallait qu'il y eût changement de débiteur.

M. JOLLIVET dit qu'elle paraît comprise dans la troisième partie de l'article.

M. MALEVILLE dit que la disposition dont parle M. *Jollivet* est dans le cas où une caution paie à un tiers les capitaux et les intérêts dus par le principal obligé.

M. TRONCHET dit qu'il n'y a point de rapport entre les deux cas. Tout ce qu'une caution paie pour le principal obligé devient un capital à l'égard de celui-ci. Mais dans le cas dont parle M. *Gally*, il est impossible que celui qui fait le transport donne à celui auquel il est fait plus de droit qu'il n'en a lui-même. Personne ne peut, par son fait seul, changer la condition de son débiteur.

M. JOLLIVET dit que cette dernière règle paraîtrait devoir également s'appliquer à tous les cas où l'on paie des intérêts pour un tiers.

M. TRONCHET dit que si on lui donnait cette étendue, on anéantirait le contrat *negotiorum justorum*, qui est si favorable. Celui qui par pure envie d'obliger paie pour son ami , tire un capital de sa bourse, quelle que soit la nature de la dette qu'il paie.

M. BIGOT-PRÉAMENEU demande que le Conseil se prononce sur la question de savoir s'il sera dû des intérêts des intérêts liquidés.

M. BERLIER observe qu'il ne faut pas confondre dans la même question ce qui est relatif aux intérêts d'intérêts liquidés par les parties, ou adjugés par un jugement ; il demande la division.

M. REGNAUD (de Saint-Jean-d'Angely) demande quelle peut être la différence lorsque la bonne foi est égale. Un créancier en faisant exécuter contre son débiteur le jugement qui le condamne à payer 12,000 francs pour capital et intérêt recouvrerait ses fonds, les placerait et en tirerait un revenu.

M. BERLIER répond que des intérêts liquidés de gré à gré peuvent être considérés comme un nouveau capital produisant de nouveaux intérêts quand les parties en conviennent : c'est comme si le débiteur payait, et qu'au même instant les deniers lui fussent remis avec l'obligation d'en payer les intérêts : c'est un nouveau contrat auquel la volonté du débiteur préside, et dans lequel il trouve l'avantage de se rédimer, au moins jusqu'au nouveau terme, des poursuites qu'on pourrait exercer contre lui.

Ce dernier caractère manque totalement à l'espèce qu'on veut mettre en parallèle ; loin que le jugement rédime le débiteur des poursuites actuelles, il les autorise ; ce n'est point un acte créant de nouveaux intérêts, mais un titre pour exécuter ou exproprier le débiteur relativement aux intérêts dus et adjugés.

Prétendre que l'intérêt de tels intérêts court de plein droit à dater de la signification du jugement, ce serait aggraver la condition du débiteur outre mesure, et sans qu'il en reçût aucun dédommagement.

M. TRONCHET dit que les anciennes lois étaient toutes conçues dans un système de rigueur contre l'usure. Elles n'auraient donc point fait la distinction dont on parle. Il est incontestable qu'à Paris on refusait de condamner à des intérêts pour toute somme dans laquelle on voyait un mélange d'intérêts. Les mœurs ne s'étant point améliorées, le législateur n'a point de motif pour se montrer plus indulgent.

M. Pelet dit qu'il n'y a point d'usure dans l'espèce dont il a parlé.

M. Regnaud (de Saint-Jean-d'Angely) dit que la sévérité extrême, loin de servir les mœurs, conduirait à les outrager ; elle donnerait au débiteur de mauvaise foi un intérêt à éluder le paiement, pour se ménager un placement avantageux ; elle porterait préjudice au créancier et à sa famille.

Ce n'est pas cependant que l'intérêt des intérêts doive courir de plein droit ; mais il est juste qu'il commence du jour de la demande, dont l'effet est de réunir les intérêts échus à la somme principale, et pour ne plus former avec elle qu'un capital unique.

Le Consul Cambacérès dit que tant que l'intérêt de l'argent ne sera pas fixé par une loi, il sera difficile de juger si la plupart des stipulations sont usuraires, car le cours du commerce ne donne sur l'évaluation des intérêts qu'une règle incertaine et souvent illusoire.

La proposition de faire produire intérêt aux intérêts, du jour de la demande, conduirait à une injustice : l'intérêt serait dû forcément et sans le consentement du débiteur. Mais lorsque les deux parties s'étant rapprochées ont consenti à différer le paiement, en joignant les intérêts échus au capital, et stipulant pour le tout un intérêt raisonnable et modéré, alors c'est un nouveau capital que le créancier confie au débiteur. Il serait donc injuste que le serment de ce dernier pût ruiner un tel arrangement, parce qu'au capital se mêleraient des sommes originairement dues pour intérêts.

M. Bigot-Préameneu dit qu'il faudrait du moins pourvoir

à ce que les intérêts des intérêts ne pussent être exigés ou convenus, lorsqu'il ne s'agirait pas d'intérêts dus au moins pour une année entière.

M. Tronchet dit que cette cumulation volontaire des intérêts échus et du capital était le moyen que prenaient les usuriers pour dépouiller les fils de famille.

Le Consul Cambacérès dit qu'on peut, si l'on veut, rétablir le sénatus-consulte macédonien pour sauver les enfans de famille; mais qu'il s'agit ici d'hommes faits et usant de leurs droits.

Veut-on réprimer l'usure, il faut, avant tout, fixer le taux des intérêts, rétablir une peine contre ceux qui l'excèdent; jusque là toute mesure serait illusoire.

M. Lacuée dit qu'en accordant trop d'indulgence au débiteur on force le créancier à emprunter et à devenir débiteur lui-même.

M. Treilhard dit que, par rapport aux intérêts, on a toujours établi une distinction entre le temps qui précède et le temps qui suit la demande : dans tous les cas où les intérêts étaient dus légalement ou avaient pu être légalement stipulés, un créancier qui formait sa demande en condamnation d'intérêts échus pouvait conclure aux intérêts de la somme à laquelle ils montaient, et les tribunaux avaient égard à sa demande ; les intérêts échus formaient, dans ce cas, un capital qui pouvait produire lui-même des intérêts; mais dans les prêts à terme toute stipulation d'intérêts était prohibée, et les tribunaux ne pouvaient en prononcer que comme une peine du retard dans les paiemens : ces intérêts ne pouvaient jamais produire d'autres intérêts. Maintenant le système est changé, le prêt à intérêt est autorisé : il faut donc que les principes adoptés autrefois par les tribunaux sur les intérêts licites soient étendus à ceux que produit le prêt, puisqu'on ne peut admettre le système du prêt à intérêt sans en admettre également toutes les conséquences.

La question est renvoyée à la section.

· La section **IV** , *de l'Interprétation des Conventions* , est soumise à la discussion.

L'article 52 est discuté.   1156

M. Defermon pense que le sens grammatical ne présentant que des idées claires , doit être préféré à une simple présomption d'intention ; en mettant en question une volonté clairement exprimée, on parviendrait souvent à éluder l'intention des parties , sous prétexte de la mieux saisir.

M. Bigot-Préameneu dit que l'article est fait pour les cas où les termes expriment mal l'intention des parties qui se trouve d'ailleurs manifestée.

Le Consul Cambacérès dit que l'article est textuellement copié du Traité des Obligations de *Pothier*.

MM. Treilhard et Maleville disent que M. *Bigot-Préameneu* a exactement expliqué l'esprit de l'article.

M. Tronchet dit que cet article ne peut jamais devenir un moyen de dénaturer l'intention des parties ; car ce ne sera pas sur de simples allégations qu'on s'écartera des termes de l'acte ; ce sera d'après les indices les plus clairs qu'il n'exprime point la volonté des contractans.

M. Defermon demande qu'on substitue les mots *expressions grammaticales* aux mots *sens grammatical*.

L'article est adopté avec cet amendement.

Les articles 53 , 54 , 55 , 56 , 57 , 58 et 59 sont **adoptés.**   1156à1164

La section **V** , *de l'Effet des Conventions vis-à-vis des tiers* , est soumise à la discussion.

Les articles 60, 61, 62 et 63 **qui la composent sont adoptés.**   1165à1167 et ap.

(Procès-verbal de la séance du 18 brumaire an XII. — 10 novembre 1803.)

On reprend la discussion du titre **II** du livre **III**, *des Contrats ou des Obligations conventionnelles en général*.

M. Bigot-Préameneu présente le chapitre **III** , *des diverses Espèces d'Obligations*.

Il fait lecture de la section Ire, *des Obligations conditionnelles.*

Le § Ier, *de la Condition en général et de ses diverses espèces*, est soumis à la discussion.

1168   Le Consul Cambacérès demande pourquoi la section n'a
pas énoncé la distinction des conditions positives et des conditions négatives.

M. Bigot-Préameneu répond que cette distinction a paru
suffisamment énoncée dans l'article 64, qui fait mention des
obligations dépendantes soit d'un événement qui arrive, soit
d'un événement qui n'arrive pas.

1168 à 1180   Les articles 64, 65, 66, 67, 68, 69, 70, 71, 72, 73, 74,
75, 76 et 77, qui composent ce paragraphe, sont adoptés.

Le § II, *de la Condition suspensive*, est soumis à la discussion.

1181   L'article 78 est adopté.

1182   L'article 79 est discuté.

M. Bigot-Préameneu dit que la section propose d'ajouter
à la disposition qui termine cet article, que, lorsque la chose
s'est détériorée par la faute du débiteur, le créancier a le
choix de la prendre dans l'état où elle se trouve, ou d'exiger
des dommages-intérêts.

L'article est adopté avec cet amendement.

Le § III, *de la Condition résolutoire*, est soumis à la discussion.

1183-1184   Les articles 80 et 81 qui le composent sont adoptés.

M. Bigot-Préameneu fait lecture de la section II, *des
Obligations à terme.*

1185 à 1187   Les articles 82, 83 et 84 sont adoptés.

1188   L'article 85 est discuté.

M. Regnaud (de Saint-Jean-d'Angely) dit que dans l'u-
sage la faillite du débiteur ne rend exigibles les obligations à
terme que lorsqu'elles sont chirographaires, attendu que le

domaine engagé répond du paiement des obligations hypothécaires.

MM. Bigot-Préameneu, Treilhard et Réal disent que toutes les obligations, de quelque nature qu'elles soient, deviennent nécessairement exigibles, parce qu'on ne peut se dispenser de procéder à la liquidation générale des dettes du failli.

M. Regnaud (de Saint-Jean-d'Angely) dit qu'il n'est cependant pas juste de faire concourir le créancier hypothécaire dans la distribution du prix des meubles, puisqu'il a d'ailleurs ses sûretés, et d'enlever aux créanciers chirographaires une partie des seuls biens sur lesquels ils puissent prendre leurs créances.

M. Ségur demande s'il ne conviendrait pas de retrancher du Code civil toute disposition relative aux faillites, et de renvoyer cette matière dans son entier au *Code du commerce*.

M. Treilhard répond qu'elle n'appartient pas exclusivement à ce dernier Code, car on peut faillir sans être marchand : à la vérité, la faillite alors est appelée *déconfiture;* mais peu importe la dénomination lorsque la chose est la même.

M. Defermon reprend l'objection de M. *Regnaud* (de Saint-Jean-d'Angely), et l'appuie. Il dit que le créancier hypothécaire ayant toute sûreté pour son paiement dans l'immeuble sur lequel l'hypothèque est assise, il ne peut plus rien prétendre sur le surplus des biens : ils doivent être réservés, sans diminution, aux créanciers chirographaires.

M. Tronchet dit que cette question est subordonnée à ce qui sera décidé sur le régime hypothécaire. Dans l'état actuel des choses, on se trouve très-embarrassé, lorsque, dans une faillite où il y a des créances hypothécaires et des créances chirographaires, les unes à terme, les autres exigibles, les unes et les autres viennent alternativement. L'hypothèque ne prive pas le créancier de son recours sur les autres biens. Il est donc impossible de payer les chirographaires tant que les créances hypothécaires à terme ne sont pas payées.

M. Bigot-Préameneu dit que le paiement du créancier hy-

pothécaire, mais à terme, n'est point l'objet de l'article ; il
ne concerne que le débiteur, auquel il ôte le droit de se prévaloir du terme.

M. Bégouen dit que l'article proposé est d'autant plus nécessaire que, s'il y avait une créance hypothécaire dont l'é-
chéance fût éloignée, et qu'elle ne fût pas déclarée échue
par le fait de la faillite du débiteur, on ne pourrait renvoyer
ce créancier à agir de suite en expropriation de l'immeuble
qui fait son gage. Cependant on ne peut aussi, sans nuire
aux créanciers chirographaires, l'admettre d'abord à concourir sur la masse des autres biens, en le renvoyant, seulement pour le surplus de sa créance, sur l'immeuble engagé. L'article proposé facilite et régularise les liquidations ;
s'il était retranché, elles deviendraient impossibles, ou du
moins elles prendraient presque forcément une direction
contraire aux intérêts et aux droits des créanciers chirographaires.

M. Treilhard dit qu'en effet, sans cette disposition, il
serait impossible d'opérer. Un créancier hypothécaire, tant
qu'il n'a pas reçu son paiement, n'est pas obligé de laisser
vendre son gage. On objectera qu'il est un moyen de le désintéresser ; c'est de faire emploi du prix à son profit jusqu'à
concurrence de sa dette. Mais un gage exactement de la même
valeur que la dette ne donne pas toujours une sûreté suffisante ; du moins la sûreté n'est-elle pas la même que lorsque
le gage excède beaucoup la dette.

L'article est adopté.

M. Bigot-Préameneu fait lecture de la section III , *des
Obligations alternatives.*

1189 à 1192   Les articles 86, 87, 88 et 89 sont adoptés.

1195   L'article 90 est discuté.

M. Defermon propose de limiter la disposition au cas où
il n'y a pas de faute de la part du débiteur.

M. Bigot-Préameneu observe que l'article ne se rapporte

qu'au cas où le choix de la chose appartient au débiteur.

M. Tronchet dit que lorsque le débiteur a laissé périr l'une des deux choses qu'il s'est obligé de livrer, il est réputé avoir usé de son droit d'option, et préféré de donner la chose qui reste.

L'article est adopté.

Les articles 91 et 92 sont adoptés. 1194-1195

M. Bigot–Préameneu fait lecture de la section IV, *des Obligations solidaires.*

Le § Ier, *de l'Obligation solidaire à l'égard de plusieurs créanciers*, est soumis à la discussion.
Les articles 93, 94, 95 et 96 qui le composent sont adoptés. 1197 à 1199

Le § II, *de la Solidarité de la part des débiteurs*, est soumis à la discussion.
Les articles 97, 98 et 99 sont adoptés. 1200-1201-1213

L'article 100 est discuté. 1202

M. Bégouen dit qu'indépendamment des cas de la solidarité conventionnelle et légale dont parle cet article, il existe dans le commerce une solidarité de fait qui s'établit de plein droit entre les négocians qui font un achat en commun. Il pense qu'il est nécessaire de la maintenir.

M. Bigot-Préameneu dit que les usages du commerce seront maintenus par un article général.

L'article est adopté.

L'article 101 est adopté. 1203

L'article 102 est discuté. 1204

M. Defermon dit que cet article peut amener des frais considérables et inutiles ; par exemple, dans les successions, on a fait souvent assigner une multitude de débiteurs solidaires de rentes, lorsqu'on pouvait se borner à des poursuites contre un seul.

M. Tronchet dit que M. *Defermon* confond la solidarité hypothécaire avec la solidarité conventionnelle.

M. Bigot-Préameneu dit que l'observation de M. *Defermon* naît de l'usage fort extraordinaire, et particulier à la ci-devant Bretagne, de réputer les héritiers solidaires.

M. Treilhard dit que l'article est exact dans toutes les hypothèses, car on ne peut limiter le droit qu'a le créancier de se pouvoir contre ceux qui se trouvent solidairement obligés envers lui.

L'article est adopté.

1205 à
1209-1285 Les articles 103, 104, 105, 106, 107 et 108 sont adoptés.

1211 L'article 109 est soumis à la discussion.

M. Bigot-Préameneu propose la rédaction suivante, qui est adoptée.

« Le créancier perd toute action solidaire lorsqu'il consent
« à la division de la dette vis-à-vis l'un des débiteurs ; il en
« est de même lorsqu'il reçoit divisément, etc. »

1211-1212-
1216 Les articles 110, 111 et 112 sont adoptés.

M. Bigot-Préameneu fait lecture de la section V, *des Obligations divisibles et indivisibles.*

1217à1219 Les articles 113, 114 et 115 sont adoptés.

Le § Ier, *des Effets de l'Obligation divisible,* est soumis à la discussion.

1220-1221 Les articles 116 et 117 qui le composent sont adoptés.

Le § II, *des Effets de l'Obligation indivisible,* est soumis à la discussion.

1222à1225 Les articles 118, 119, 120 et 121 qui le composent sont adoptés.

M. Bigot-Préameneu fait lecture de la section VI, *des Obligations avec clauses pénales.*

1226 L'article 122 est discuté.

M. Miot trouve quelque vague dans la rédaction de cet article, surtout quand on le rapproche de l'article 125, qui réduit la clause pénale à la compensation du préjudice que souffre le créancier. Il propose de retrancher l'article 122, et de ne laisser subsister que l'article 125, qui est bien plus précis.

M. Bigot-Préameneu dit que ces deux articles se concilient; qu'en principe, la peine est la compensation du préjudice que souffre le créancier ; mais qu'il est permis aux parties de régler, par une stipulation particulière, la forme de la compensation.

M. Treilhard dit qu'en effet on peut s'engager à fournir la compensation d'une autre manière qu'en donnant une somme d'argent; les parties peuvent convenir, par exemple, que si l'obligation n'est point exécutée, le débiteur fera telle chose, comme d'aller pour le créancier dans un lieu qu'elles déterminent.

M. Ségur pense qu'on corrigerait la rédaction trop vague de l'article si l'on s'exprimait ainsi : *La clause pénale est la compensation convenue du dommage*, etc.

M. Réal dit que l'article qui décide qu'une obligation consiste à donner, à faire ou à ne pas faire, détruit le vague qu'on croit trouver dans l'article 122.

L'article est adopté.

Les articles 123, 124 et 125 sont adoptés. 1227 à 1229

L'article 126 est discuté. ap. 1229

M. Bégouen observe que cet article paraît en opposition avec ce qui a été arrêté sur l'article 50.

M. Regnaud (de Saint-Jean-d'Angely) dit qu'il faut ou revenir sur cette discussion ou supprimer l'article.

L'article est supprimé.

Les articles 127, 128, 129 et 130 sont adoptés. 1230 à 1233

M. Bigot-Préameneu présente le chapitre **IV** , *de l'Extinction des Obligations.*

1254 L'article 131 est adopté.

M. Bigot-Préameneu fait lecture de la section Ire, *du Paiement.*

Le § Ier, *du Paiement en général,* est soumis à la discussion.

1255 à 1258 Les articles 132, 133 et 134 sont adoptés.

1259 L'article 135 est discuté.

M. Ségur dit que la dernière disposition de cet article peut avoir des inconvéniens; si, par exemple, le débiteur paie à celui des créanciers de son créancier qui, dans les arrangemens de ce dernier, ne devait l'être qu'après d'autres créanciers plus urgens, il nuit à celui pour lequel il paie.

M. Bigot-Préameneu répond que dans ce cas le paiement n'ayant point tourné au profit de celui qui se trouve libéré, la personne qui l'a fait ne peut se prévaloir de l'article 135, puisqu'il ne s'applique qu'à l'espèce où la libération a été réellement utile à celui dont elle a anéanti l'obligation.

M. Regnaud (de Saint-Jean-d'Angely) pense que l'observation de M. *Ségur* est fondée. En effet, une personne peut avoir plusieurs créanciers, dont les uns, à raison du titre de leur créance, méritent la préférence sur d'autres : telle serait, par exemple, la créance de celui qui a fourni des choses nécessaires à la vie, par rapport à celui qui n'a fourni que des objets de luxe.

M. Réal dit que MM. *Ségur* et *Regnaud* (de Saint-Jean-d'Angely) ne saisissent point la disposition de l'article sous le rapport qu'elle est présentée. Elle ne prononce en effet que l'extinction de l'obligation; ce qui est relatif à la subrogation sera réglé ailleurs.

M. Defermon dit que si *Pierre* doit une somme de mille francs à *Jacques*, que *Jacques* doive une pareille somme à *Paul*, et que *Paul* soit payé par *Pierre*, celui-ci devient nécessairement créancier de *Jacques*, et qu'alors la compensation est incontestable. Il pourrait y avoir sur ce sujet des débats entre les créanciers du même individu, à raison du droit de préférence ; mais il ne peut y en avoir du créancier au débiteur.

M. REGNAUD (de Saint-Jean-d'Angely) dit que parmi les créanciers, les uns, comme les boulangers, par exemple, ont un droit de préférence sur d'autres créanciers, tels que les bijoutiers, et cependant, par l'effet de l'article, ces derniers pourraient primer les autres.

M. RÉAL observe que dans ce cas le débat ne serait qu'entre les créanciers et que l'article leur est étranger.

M. REGNAUD (de Saint-Jean-d'Angely) dit qu'il reste du moins une difficulté très-grave : un débiteur, en vertu de l'article, devient l'administrateur des affaires de son créancier, par la facilité qu'il a d'intervertir l'ordre que celui-ci a fixé au paiement de ses dettes.

Il est au pouvoir du débiteur d'ôter au créancier un paiement sur lequel il comptait pour acquitter des dettes urgentes et sacrées, telles que les contributions, et d'appliquer la somme à l'extinction d'obligations beaucoup moins pressées.

Il y a plus ; l'article peut donner lieu à des fraudes : rien n'empêcherait un débiteur de mauvaise foi de se libérer à peu de frais. Il lui suffirait d'acheter à vil prix les créances qui existent sur son créancier, et de venir ensuite les compenser pour leur valeur intégrale.

LE CONSUL CAMBACÉRÈS dit que ces raisonnemens ne sont que spécieux. Il est certain que le principe rappelé par la section peut entraîner quelques abus ; mais les tribunaux y porteront remède en prononçant d'après les circonstances. Par exemple, dans l'hypothèse présentée par M. *Regnaud* (de Saint-Jean-d'Angely), si le paiement a empêché le créancier d'éteindre des dettes plus urgentes que celle dont elle le libère, les tribunaux décideront qu'il n'a point tourné à son profit.

En général, les lois ont toujours été et doivent être favorables à la libération ; elles accueillent donc tous les moyens qui l'opèrent, toutes les fois qu'il n'en résulte pas de préjudice pour des tiers. L'article proposé contient cette limitation. Si cependant on désire qu'elle soit plus formellement énoncée, il suffit de dire que *le paiement ne sera valable que lorsqu'il n'aura point porté préjudice au créancier.* Ce ne serait, au surplus, que rendre la même idée par d'autres expressions. Mais il y aurait beaucoup d'inconvéniens à retrancher l'article sans rien mettre à la place ; ce serait renverser les principes reçus.

M. REGNAUD (de Saint–Jean–d'Angely) adopte la rédaction du Consul.

M. BIGOT-PRÉAMENEU observe que l'article est pour le cas où celui qui reçoit n'a pas de pouvoir, et décide qu'alors le paiement sera valable lorsqu'il aura tourné au profit de celui qu'il libère. Ainsi tout se réduira à prouver qu'il a été avantageux au créancier ; preuve moins incertaine que celle qui tendrait à établir que le paiement ne lui a pas été préjudiciable.

M. TREILHARD dit que l'article va même plus loin que ne demande M. *Regnaud* (de Saint–Jean–d'Angely) ; car il ne se borne pas à exiger que le paiement n'ait point été préjudiciable au créancier, il veut encore que le paiement lui ait été avantageux.

M. TRONCHET dit qu'on est hors de la question. Une dette ne peut être éteinte que par le paiement, et le paiement peut être fait par tous ceux qui le veulent ; or, si *A* doit mille francs à *B*, et *B* à *C*, il y a deux dettes différentes. Si donc on paie à *C* la dette de *B*, on ne paie pas celle de *A* ; on paie une autre dette.

LE CONSUL CAMBACÉRÈS dit que l'article proposé par la section est conforme à la doctrine de *Pothier*, dans son Traité des Obligations.

M. RÉAL dit que tel a toujours été l'usage.

Le Consul Cambacérès pense qu'il ne faut rien innover ; que les difficultés qui pourront s'élever dans quelques cas particuliers seront réglées par les tribunaux.

L'article est adopté.

Les articles 136, 137, 138 et 139 sont adoptés. 1240 à 1243

L'article 140 est discuté. 1244

Le Consul Cambacérès demande si cet article autoriserait le juge à prononcer la division du paiement, même lorsqu'il y aurait une stipulation contraire. Il pense que ce serait donner trop de pouvoir aux tribunaux.

M. Regnaud (de Saint–Jean–d'Angely) observe que plus la loi laisse de latitude aux tribunaux pour modifier les conventions, moins il existe de crédit.

M. Bigot–Préameneu dit qu'il n'a pas été dans l'intention de la section de donner à la disposition l'étendue dont a parlé le Consul ; qu'au surplus le projet présenté offre des changemens très-favorables aux créanciers, tels, par exemple, que la disposition qui déclare le débiteur en demeure par le seul effet de la stipulation, et sans qu'il soit besoin de l'y mettre par un acte judiciaire ; qu'ainsi il n'aura pas l'inconvénient d'affaiblir le crédit.

Le Consul Cambacérès dit qu'au surplus l'article peut subsister ; mais la disposition qui le termine autorisera-t-elle le tribunal de cassation à connaître du fond de l'affaire pour examiner si les juges n'ont usé de leur pouvoir qu'avec la réserve qui leur est prescrite par la loi?

M. Treilhard expose l'esprit de l'article : il dit que les offres réelles ne sont pas valides si elles ne sont de la totalité de la dette ; mais que ce n'est pas là l'espèce qu'on a voulu prévoir. On a supposé un débiteur qui, prouvant par le tableau de sa situation qu'il est solvable, demande un court délai pour une partie du paiement. Dans ce cas, d'après l'article, le juge le condamne pour la totalité, mais il gradue les termes du paiement.

L'article est adopté.

1245-1247 Les articles 141 et 142 sont adoptés.

1248 L'article 143 est discuté.

M. Regnaud (de Saint-Jean-d'Angely) demande que les frais de la quittance soient mis à la charge du créancier.

Le Consul Cambacérès, MM. Treilhard, Tronchet, Bigot-Préameneu et Réal répondent que toujours ces frais ont été à la charge du débiteur.

M. Gally demande si le créancier serait obligé d'accepter un paiement qui lui serait offert pour la totalité en monnaie de billon. *Solet senatus pedemontanus uti temperamento ut solutiones magnœ quantitatis fiant pro tertia in auro, pro tertia in argento et pro tertia in moneta minuta.* Gaspare Ksaure, *de Augmento monetœ*, n° 165.

M. Pelet dit qu'à Paris la monnaie de billon ne pouvait entrer dans les paiemens que pour quarantième.

La proposition de M. *Gally* est renvoyée à la section, pour présenter une disposition sur la quotité de billon qui pourra entrer dans les paiemens, lorsque la stipulation n'aura pas réglé les espèces dans lesquelles ils devront être faits.

1251-1214-
1252 Les articles 144, 145 et 146 sont adoptés.

Le § II, *de l'Imputation des paiemens,* est soumis à la discussion.

1253 L'article 147 est adopté.

1254 L'article 148 est discuté.

M. Réal dit que, dans sa généralité, cet article est une innovation, si on l'applique à d'autres prestations que les arrérages de rentes et les intérêts du prix des choses frugifères. A Paris, lorsque des intérêts étaient adjugés par forme de condamnation, on imputait les paiemens partiels sur le capital, c'est-à-dire sur ce qu'on appelait *la partie la plus dure.* Cette opinion est celle de *Pothier.*

M. Treilhard dit que quand des intérêts étaient prononcés

par forme de condamnation, pour le retard de paiement d'une dette qui naturellement ne devait point en produire, on imputait en effet les paiemens partiels sur le capital; mais qu'on les imputait sur les intérêts et sur les arrérages lorsque ces arrérages et intérêts étaient produits naturellement et légalement par la dette. On tenait pour principe qu'une somme d'argent ne devait en aucun cas donner d'intérêts; que ceux qui résultaient d'une condamnation n'avaient pas vraiment ce caractère; qu'ils n'étaient adjugés que par forme de peine et de dédommagement; mais cette jurisprudence était particulière au parlement de Paris. Dans plusieurs parlemens du pays du droit écrit on avait adopté le système inverse. Il importe donc de distinguer ces deux jurisprudences opposées; celle des pays de droit écrit est plus conforme à la législation actuelle, qui considère l'argent comme susceptible de produire des intérêts.

L'article est adopté.

Les articles 149 et 150 sont adoptés.   1255-1256

Le § III, *des Offres de paiement et de la Consignation*, est soumis à la discussion.

Les articles 151 et 152 sont adoptés.   1257-1258

L'article 153 est discuté.   1259

M. Regnaud (de Saint-Jean-d'Angely) demande qu'il soit fixé un terme entre la sommation et le dépôt, afin de prévenir toutes fraudes en assurant au créancier le temps nécessaire pour se présenter.

M. Réal dit que le seul moyen de prévenir les fraudes est de décider qu'une consignation ne sera valable que lorsqu'elle aura été autorisée par un jugement.

M. Treilhard dit que sans doute il doit s'écouler entre la sommation et le dépôt un temps suffisant pour que le créancier puisse se présenter, et qu'il serait dérisoire de le sommer le matin à Paris d'être présent à une consignation qui devrait être faite le soir à Orléans; mais il serait difficile et inutile d'établir à cet égard une règle générale et de fixer un délai uniforme. Dans ces cas tout dépend des circonstances; et lorsqu'elles indiquent de la fraude, le juge tient du droit commun le pouvoir d'annuler la consignation.

M. DEFERMON dit que d'ailleurs le *Code de la procédure* y pourvoira, puisqu'en établissant l'usage des sommations il sera obligé d'en déterminer le délai.

M. TRONCHET dit que le dépôt étant fait au trésor public, le créancier ne peut plus craindre de le perdre. Il n'a donc plus intérêt à être présent que relativement à la cessation des intérêts des arrérages. Or, on ne peut contester au débiteur le droit de les faire cesser.

L'article est adopté.

1261à1263 Les articles 154, 155 et 156 sont adoptés.

Le § IV, *de la Cession des biens*, est soumis à la discussion.

1265à1270 Les articles 157, 158, 159, 160, 161 et 162 sont adoptés.

ap. 1263 L'article 163 est discuté.

LE CONSUL CAMBACÉRÈS ne voit pas l'objet du renvoi au *Code du commerce*, puisqu'il n'existe pas encore.

M. BIGOT-PRÉAMENEU répond que le renvoi aura néanmoins son effet, puisqu'il existe des lois de commerce.

M. SÉGUR dit que l'article est inutile, puisqu'on se propose de soustraire par un article général les matières de commerce à l'application des règles du Code civil.

LE CONSUL CAMBACÉRÈS dit que l'article, en renvoyant à une loi qui n'est point décrétée, pourrait faire croire aux tribunaux qu'ils doivent l'attendre, et que les lois actuelles sur le commerce ont perdu leur force.

L'article est retranché.

(Procès-verbal de la séance du 25 brumaire an XII. — 17 novembre 1803.)

On reprend la discussion du titre II du livre III, *des Contrats ou des Obligations conventionnelles en général.*

M. Bigot–Préameneu fait lecture de la section II du chapitre IV, *de la Novation*.

Les articles 164, 165, 166, 167, 168, 169, 170, 171, 172, 127 à 1281
173 et 174 qui la composent sont adoptés.

M. Bigot–Préameneu fait lecture de la section III, *de la Remise de la dette*.

Les articles 175, 176 et 177 sont adoptés.   av. 1282 et
                                                          1285

L'article 178 est discuté.   1285-1292

M. Tronchet pense qu'il n'est pas juste d'obliger le débiteur à prouver que la remise de la grosse a été volontaire. Il est même difficile de concilier cette condition avec la présomption établie par la première disposition de l'article. La remise de la grosse est toujours supposée volontaire tant que le créancier ne prouve pas que cette pièce est parvenue dans la main du débiteur par dol, par surprise ou parce qu'elle s'était égarée.

M. Treilhard dit que l'article du projet de Code civil était ainsi conçu : « La simple remise de la grosse du titre « ne suffit pas pour faire présumer la remise de la dette ou « le paiement. » La section a pensé que la disposition présentée dans ces termes donnerait lieu à beaucoup de contestations ; elle est partie du principe que la remise de la grosse au débiteur indique l'intention de se libérer, mais qu'il n'y a de remise réelle que celle qui est volontaire : or, comme la grosse peut être tombée au pouvoir du débiteur par beaucoup d'autres causes, il est juste de ne lui permettre de se prévaloir de cette circonstance qu'en justifiant qu'elle est l'effet de la volonté du créancier. Ce fait, au reste, pourra être prouvé de toutes les manières, par témoins, par des lettres, enfin par tous les indices qu'il sera possible de rassembler et de produire.

M. Tronchet dit qu'il ne réclame pas contre le changement que propose la section ; mais il observe que charger le débiteur de prouver que la remise a été volontaire, c'est le réduire à l'impossible : la remise se fait ordinairement de la main à la main et hors de la présence de tiers. Au contraire, les accidens qui ont pu enlever au créancier son titre laissent des traces qui en rendent la preuve possible ; il en est ainsi de la surprise, de la violence. La perte du titre est quelquefois plus difficile à justifier ; mais il suffit d'établir le principe : les tribunaux, pour l'appliquer, se régleront sur les circonstances.

M. MALEVILLE ajoute que les délits ne se présument pas ; celui qui les allègue doit les prouver : or, la soustraction du titre par le débiteur, la violence, la surprise sont des délits.

M. BÉRENGER attaque l'article dans sa totalité comme destructif des avantages que la loi attache aux preuves authentiques, et que celui qui a exigé le titre a voulu se ménager. On ne recourt en effet à ce genre de sûreté que pour se mettre à l'abri de tous les événemens.

D'un autre côté, comment concilier l'article avec le régime actuel sur les hypothèques, car une inscription ne peut être effacée que sur la représentation d'un titre positif de libération ?

Dans tous les systèmes et sous tous les rapports, il est avantageux de ne faire dépendre la preuve que d'une quittance : il n'est pas d'autre moyen de lever les difficultés ; car, soit qu'on charge le débiteur de prouver que la remise de la grosse a été volontaire, soit qu'on charge le créancier de prouver qu'elle ne l'a pas été, la preuve sera impossible dans beaucoup d'hypothèses.

L'article doit donc être supprimé.

M. JOLLIVET appuie cette proposition. L'article proposé lui paraît être en opposition avec les articles 223 et 224 du chapitre V, qui ne placent pas la remise de la grosse au rang des preuves du paiement.

M. BIGOT-PRÉAMENEU dit que jusqu'ici la remise du titre a eu cet effet, et que la sûreté du créancier n'a néanmoins pas été compromise. La grosse est considérée comme un double de l'original ; ainsi, quand le créancier la remet au débiteur, il est présumé avoir voulu anéantir le titre pour opérer la libération.

LE CONSUL CAMBACÉRÈS dit que *Pothier*, dans son Traité des Obligations, fait une distinction entre les actes authentiques dont il reste minute et les simples billets ou titres en brevet ; cet auteur n'admet la présomption de la libération par l'effet de la remise du titre qu'à l'égard des actes de cette dernière espèce, et ne l'étend aux grosses que lorsqu'elle est soutenue de quelque autre fait probant.

M. TRONCHET dit que cette distinction est dans la nature des choses ; qu'elle justifie l'article proposé par la commission pour décider que la remise de la grosse, quand elle est seule, ne libère pas le débiteur.

M. TREILHARD dit que l'opinion de *Pothier* est la base de la disposition que la section présente. Dans la doctrine de cet auteur, la remise d'une obligation sous seing privé est une preuve de libération, parce que le créancier, se dépouillant en entier du seul titre sur lequel il pût établir son action, renonce évidemment à l'exercer.

S'il y a parité de motifs dans le cas où le créancier remet la grosse de l'obligation, point de doute qu'il ne doive aussi y avoir parité de droit. Or, pourquoi prend-on une grosse ? Parce que la minute ne pouvant sortir des mains du notaire, on veut cependant que le créancier en ait un double. La grosse est si bien considérée comme pièce originale, qu'il est défendu au notaire d'en délivrer une seconde sans y être autorisé par le juge, et que la permission du juge n'est accordée que sur la preuve que la dernière grosse s'est égarée et que la créance n'est pas éteinte.

Cependant, comme la grosse peut être parvenue au débiteur par une autre cause que la remise volontaire, et qu'alors il est possible d'en obtenir une seconde, puisque la minute existe, *Pothier* dit avec raison que la libération du débiteur ne résulte pas de la seule circonstance qu'il est en possession de la grosse. La section adopte entièrement cette

6.

opinion, et elle entre parfaitement dans l'esprit 'de *Pothier*
lorsqu'elle exige du débiteur la preuve que la grosse lui a été
volontairement remise.

On ne peut néanmoins se dissimuler la force des objections
qui ont été faites contre cette disposition : dans l'exécution,
elle serait presque illusoire. Cette considération détermine
M. *Treilhard* à appuyer l'avis ouvert d'abord par M. *Tronchet*, et à réputer la libération acquise, si le créancier ne
prouve que la grosse n'est pas sortie de sa main par une remise volontaire.

M. TRONCHET dit qu'on doit s'appliquer à prévenir les
procès ; qu'on atteint ce but en n'attachant aucune conséquence à la possession de la grosse par le débiteur, lorsque
d'autres circonstances ne justifient pas qu'elle est une preuve
de la libération ; qu'au contraire on donne nécessairement
ouverture à des contestations si l'on décide que le débiteur en possession de la grosse est libéré de plein droit, à
moins que le créancier ne prouve qu'il n'y a pas eu remise
volontaire.

LE CONSUL CAMBACÉRÈS dit que le désir d'éviter les procès
ne peut être pour le législateur qu'une considération secondaire, qui deviendrait même funeste si elle le portait à retrancher des dispositions d'ailleurs reconnues utiles. Les lois
ne sont faites que pour régler les rapports entre les hommes ;
le législateur doit donc s'attacher avant tout à établir les
meilleures règles possibles. Il est dans la nature des choses
que dans l'application les dispositions les plus sages fassent
naître des procès. On l'a nécessairement supposé lorsqu'on a
institué des tribunaux : ce remède était le seul possible.

Il faut donc écarter la considération qui vient d'être présentée et examiner la disposition en elle-même.

Si la remise de la grosse établissait de plein droit la présomption que le débiteur est libéré, sauf au créancier à la
détruire par des preuves, il serait à craindre que la plupart
des créanciers, ignorant que la remise doit avoir cet effet,

ne se trouvassent trompés ; qu'ils crussent, en remettant le titre, ne faire qu'un acte sans conséquence ; et que cependant leurs droits ne leur échappassent, aucune circonstance ne balançant la présomption de la libération. Les tribunaux eux-mêmes, quoique bien convaincus que l'intention du créancier n'a pas été de libérer le débiteur, n'oseraient prononcer d'après leur conscience, se regardant comme liés par une disposition absolue.

La distinction de *Pothier* présente une règle plus naturelle et plus sûre.

Elle est d'ailleurs fondée en raison.

Le fait seul de la remise peut avoir tant de causes différentes, qu'on n'est pas nécessairement conduit à la regarder comme la suite d'une convention de libérer le débiteur. Les lois romaines n'y attachaient qu'une simple présomption : il serait souvent injuste et toujours dangereux d'y attacher une certitude.

Mais quel est le caractère de cette présomption? Il varie suivant les circonstances.

Lorsque le titre n'est qu'un simple billet, la présomption est que le créancier qui s'en dessaisit, et qui par là s'ôte le moyen d'établir son action, a libéré le débiteur. C'est au créancier à détruire cette présomption par des faits prouvés.

Quant à la remise de la grosse, seule elle ne décide rien. Le créancier, rassuré par la possibilité de s'en procurer une nouvelle, a pu l'abandonner au débiteur sans vouloir le libérer. Cependant, comme il a pu aussi, en la remettant, vouloir renoncer à l'usage de son titre, il s'élève contre lui une présomption commencée, qui, lorsqu'elle est soutenue d'autres circonstances, peut devenir une présomption complète. Mais alors c'est le débiteur qui l'invoque ; c'est donc le débiteur qui doit l'établir en prouvant les circonstances d'où elle tire sa force.

L'article est adopté avec la distinction établie par *Pothier*.

Les articles 179 et 180 sont adoptés.

L'article 181 est discuté.

M. BIGOT-PRÉAMENEU dit que l'engagement des cautions n'est qu'un accessoire de l'obligation principale : ainsi ce qu'une caution paie en se rachetant n'étant pas donné pour éteindre une dette qui lui soit personnelle, doit nécessairement porter sur la dette principale, la diminuer d'autant, et tourner par là indirectement au profit des autres cautions.

M. PELET dit qu'il ne doit pas être permis au créancier de libérer une seule des cautions, et de reporter par là sur les autres tout le poids de l'engagement commun : la solidarité n'avait été établie entre elles qu'afin qu'il fût partagé.

M. BIGOT-PRÉAMENEU répond que la solidarité ou la division entre les cautions dépend des clauses particulières du contrat; mais que vis-à-vis du créancier chacune s'oblige pour le tout.

M. TRONCHET dit que les cautions ne sont pas toujours solidaires entre elles ; que quand elles le sont, ce qui les concerne se règle par les principes établis au titre *de la Solidarité*.

LE CONSUL CAMBACÉRÈS dit que les cautions ne sont pas cautions entre elles. L'engagement de l'une n'a aucun rapport à l'engagement de l'autre : le créancier peut exercer son recours contre celle qu'il lui plaît ; chacune répond également de la totalité de la dette. S'il relâche l'une, il ne porte aux autres aucun préjudice.

M. DEFERMON pense que s'il y a division entre les cautions, le droit que l'article donne au créancier ne peut souffrir de difficulté, mais qu'on est convenu dans la discussion qu'il pouvait arriver qu'une seule payât pour toutes; il ne serait donc pas juste de permettre qu'une des cautions pût être déchargée.

M. TREILHARD dit que M. *Defermon* suppose les cautions solidaires; mais elles ne le sont pas, par cela seul que le créancier en a pris plusieurs. Il faudrait, pour que la solidarité existât entre elles, qu'elles se fussent respectivement cautionnées; mais alors ce serait un contrat particulier et hors du droit commun.

M. Tronchet dit que trois cautions prises pour le même engagement sont aussi étrangères entre elles que trois immeubles affectés à la même créance.

Le Conseil adopte en principe qu'un créancier a le droit de décharger une seule des cautions lorsqu'elles ne sont pas solidaires entre elles.

Le Consul Cambacérès dit que la disposition qui impute en déduction sur la créance principale ce que l'une des cautions paie pour se racheter est fondée sur un motif louable, mais qu'elle peut entraîner de grands inconvéniens pour le créancier lorsque le débiteur ou les cautions deviennent insolvables.

M. Bigot—Préameneu répond que le créancier obtient réellement une partie de sa créance dans ce qu'il reçoit de la caution; il est donc injuste que les autres en demeurent responsables. Le cautionnement est un service toujours réputé gratuit : l'engagement des cautions doit être interprété en leur faveur.

M. Bérenger dit qu'un créancier prend des cautions pour se ménager des sûretés qui s'évaluent en argent : la considération de ces sûretés décide le créancier à exiger un intérêt moins fort du débiteur; donc, lorsqu'il y renonce, c'est lui et non le débiteur qui doit recevoir le prix de la décharge. Il se peut qu'un pacte semblable offense quelquefois la délicatesse; cependant quelquefois aussi il n'a rien que d'honnête; car, en relâchant la caution, le créancier s'expose dans certaines circonstances à des risques dont il est juste de lui donner l'indemnité.

Au surplus, la caution ne s'engage ordinairement qu'au moyen d'arrangemens particuliers qu'elle prend avec le débiteur; ainsi le créancier seul mérite véritablement la protection de la loi.

M. Treilhard dit que le créancier, en prenant une caution, n'a d'autre objet que de pourvoir à la sûreté de sa créance : or, lorsqu'il reçoit, cet objet est rempli jusqu'à concurrence de la somme qu'il recouvre. Les lois réputent tout cautionnement gratuit et officieux, et par ce motif elles accordent de la faveur aux cautions : la moindre est de faire tourner à leur profit le remboursement partiel qui diminue réellement la dette. La disposition présentée est donc conforme aux principes de la justice et à l'esprit du contrat de cautionnement.

M. SÉGUR dit que cette disposition sera facilement éludée. Si le créancier manque de délicatesse, il recevra le prix moyennant lequel il relâche la caution, et n'exprimera dans l'acte qu'une décharge pure et simple.

M. TREILHARD dit que la loi ne peut rien contre les fraudes que rien ne trahit.

L'article est adopté.

M. BIGOT-PRÉAMENEU fait lecture de la section IV, *de la Compensation.*

1289   L'article 182 est adopté.

1291   L'article 183 est discuté.

M. MALEVILLE propose d'étendre l'article aux créances faciles à liquider. Si la créance était incontestable, et que, pour en fixer le montant précis, il ne fallût plus qu'une estimation qui pût se faire sans difficulté, il serait injuste d'obliger le créancier à payer ce qu'il a dû à son débiteur, quoiqu'on fût bien convaincu qu'il ne lui doit plus rien : par exemple, si j'ai prêté sur billet cent francs à un artisan qui m'ait fourni pour une somme plus forte de choses de son métier, il serait dur de l'obliger à me rendre ma somme lorsqu'il oppose la compensation, et qu'il est si facile de vérifier que c'est moi, au contraire, qui suis son débiteur.

M. BIGOT-PRÉAMENEU dit que cette proposition de M. *Maleville* est conforme aux usages des pays de droit écrit, mais qu'il est difficile de la concilier avec le principe qui veut que la compensation s'opère de plein droit et à l'insu du débiteur : on ne pourrait d'ailleurs l'admettre que pour le petit nombre de cas où l'estimation peut être faite d'après des mercuriales.

M. Treilhard dit que l'amendement proposé multiplierait les difficultés dans les procès. Les débiteurs prétendraient toujours que leurs créances sont faciles à liquider.

Mais la raison qui doit le faire rejeter, c'est que, comme on vient de le dire, il est contraire aux principes de la matière.

Il s'agit en effet de la compensation de droit, qui est fondée sur le principe que la même personne ne peut cumuler les qualités contraires de créancier et de débiteur : elle suppose nécessairement que des deux côtés les créances sont déterminées; car tant qu'il est incertain si l'une des créances existe, ou quelle est sa quotité, il ne peut y avoir de compensation. Le juge n'ordonne pas la compensation de droit, il se borne à déclarer qu'elle s'est opérée : mais lorsque la contestation se présentera dans les circonstances que M. *Maleville* a proposées, le juge, déférant à l'équité, accordera un délai pour le paiement, et donnera ainsi au débiteur le temps de faire liquider sa créance et d'accomplir la compensation.

M. Tronchet dit que l'effet de la compensation de droit est tel qu'au moment où les deux créances se rencontrent, elles s'éteignent réciproquement, et les intérêts qu'elles pourraient produire cessent de courir.

Il ne faut pas confondre la compensation de droit avec la compensation judiciaire que des motifs d'équité font admettre par le motif qui vient d'être expliqué.

M. Maleville dit que du moins il est nécessaire d'exprimer dans l'article ce pouvoir qu'on attribue au juge ; qu'au surplus sa proposition est conforme au texte de la loi romaine, au sentiment de *Dumoulin*, de *Ricard*, des auteurs du Répertoire de jurisprudence; qu'il est permis au débiteur d'opposer sa créance, quoique non encore liquidée, à la demande

de son créancier, pourvu que cette créance soit facile à liquider.

M. Bigot-Préameneu dit que jamais les tribunaux ne font
cesser l'intérêt que depuis la liquidation ; ce qui prouve qu'ils
ne distinguent pas entre le cas où elle est facile et celui où
elle rencontre plus de difficultés.

M. Maleville dit que la jurisprudence dont parle M. *Bigot-
Préameneu* n'est ni générale, ni fondée en principes ; que, de
quelque manière qu'une créance soit payée, il est bien constant qu'elle ne peut plus produire d'intérêts dès qu'elle se
trouve acquittée ; mais qu'il se contente au surplus des explications que donnera le procès-verbal : elles suffiront pour
faire connaître au juge qu'il peut admettre la compensation
d'équité en différant la condamnation.

L'article est adopté.

1293   L'article 184 est discuté.

Le Consul Cambacérès rappelle que jamais la compensation n'a été admise à l'égard des impositions. Peut-être serait-il
utile d'énoncer le principe dans cet article.

M. Bigot-Préameneu répond que la disposition étant dans
l'ordre civil est étrangère aux impositions qui tiennent à
l'ordre public. Rien ne doit en arrêter le paiement : l'intérêt
général exige que l'État ne soit pas privé de ses revenus.

M. Portalis dit qu'il n'y a de compensation avec le trésor
public que lorsqu'il doit à la manière des particuliers et qu'on
lui doit de la même manière, c'est-à-dire lorsque la dette
naît de contrats régis par le droit civil, comme serait, par
exemple, un contrat de vente.

L'article est adopté.

1294 à
1299 et
1290
    Les articles 185, 186, 187, 188, 189 et 190 sont adoptés.

M. Bigot-Préameneu fait lecture de la section V, *de la
Confusion.*

1300-1301   Les articles 191 et 192 qui la composent sont adoptés.

M. Bigot-Préameneu fait lecture de la section VI , *de l'Extinction ou de la Perte de la chose due.*

Les articles 193 et 194 qui la composent sont adoptés. 1502-1503

M. Bigot-Préameneu fait lecture de la section VII , *de l'Action en nullité ou en rescision des Conventions.*

L'article 195 est adopté. 1504

L'article 196 est discuté. 1505-1513 1674 et suivans.

M. Berlier attaque la seconde partie de l'article , en ce qu'elle préjuge que le majeur pourra être restitué pour lésion dans le prix des immeubles par lui vendus , ce qui tend à faire revivre l'ancienne législation au préjudice de la loi du 14 fructidor an III.

L'opinant observe qu'on se ferait une fausse idée de cette dernière loi si l'on ne voulait y voir qu'une loi de circonstance : il est vrai qu'à l'époque où elle fut portée le discrédit des assignats , et, par une conséquence inévitable , l'extrême mobilité des valeurs , appelaient une mesure sans laquelle nulle vente n'offrait de solidité ; mais urgente alors , cette loi n'est-elle pas utile à quelque temps qu'on veuille l'appliquer ? M. *Berlier* prie les partisans de la rescision pour lésion dans le prix d'observer que dès 1793 , c'est-à-dire à l'époque où les assignats avaient le plus de faveur , tous les projets de Code tendaient à l'abolition de cette cause de rescision , et qu'en l'an V , après la réapparition du numéraire, un nouveau projet de Code proposa de confirmer l'abolition prononcée dans l'intervalle. L'opinant lit les motifs de cette proposition dans le discours préliminaire qui fut alors prononcé à la tribune du conseil des Cinq-cents , et conclut de ces observations préliminaires, que l'abolition de la cause de rescision qu'on examine ne fut pas simplement, comme quelques personnes l'ont prétendu , une mesure révolutionnaire et de circonstances , mais une innovation sage et réfléchie , bonne pour tous les temps.

Au surplus, continue M. *Berlier* , si la restitution des ma-

jeurs est tout à la fois contraire à l'essence du contrat de
vente, à l'intérêt public, à celui des créanciers de l'acheteur,
et enfin à la classe même des vendeurs, on aura prouvé, sans
doute, qu'il faut bien se garder de la rétablir; or, telle était
l'action qu'on veut faire renaître.

D'abord, ne répugne-t-il pas à la raison que le majeur qui
n'allègue ni dol personnel ni violence puisse faire rescinder
son propre contrat, sur le seul fondement qu'il a vendu à
trop bon marché? Le devoir du majeur est de contracter avec
prudence, et la loi ne lui doit aucun secours contre ses propres actes, quand il n'y a nul délit ni quasi-délit à imputer
à la partie avec laquelle il a contracté.

Il y a, dit-on, dans le cas posé, un vice radical, *dolus re
ipsa :* mais qu'est-ce que cette métaphysique du droit romain, et que prouve-t-elle quand on l'isole des faits propres
à l'acheteur, sinon que le vendeur s'est lésé lui-même?

La vente, dit-on encore, est un contrat *commutatif*, qui
est blessé dans son essence si le vendeur ne reçoit pas un
prix raisonnable : mais le contrat est-il d'une autre nature
pour l'acheteur, et propose-t-on pour lui le bénéfice de restitution si l'objet vendu est d'une valeur très-inférieure au
prix qu'il en a donné?

Le vendeur et l'acheteur sont-ils, sous ce rapport, de conditions différentes? Oui, peut-être; mais alors cette différence est toute en faveur de l'acheteur : car le vendeur est
présumé connaître la chose qu'il vend et sa valeur, tandis que
l'acheteur n'a souvent, à cet égard, que des documens im-
parfaits. C'était donc un contresens dans la législation romaine, depuis adoptée par nos pères, que de voir, pour lésion d'outre-moitié, le bénéfice de la restitution accordé au
vendeur et refusé à l'acheteur.

Comment a-t-on entrepris de colorer cette bizarre distinction? C'est, dit-on, qu'il y a des prix de convenance, et que
tel fonds qu'un homme achète pour réunir à d'autres posses-
sions a pour lui une plus grande valeur qu'il n'aurait pour

un autre. Mais qu'est-ce que cette objection, quand on veut l'analyser? Si quelquefois la convenance conduit à acheter plus cher, ne peut-elle aussi conduire à vendre meilleur marché? Tel homme, qui, pour éviter un grand dommage ou se livrer à une utile entreprise, trouve aujourd'hui cinquante mille francs du fonds qu'il eût pu vendre quatre-vingt mille francs un an après, fait aussi une chose de convenance, et dont le résultat peut être plus avantageux, quoique au premier aspect il le paraisse moins.

La distinction qu'on veut établir sous ce rapport pèche donc par la base, et ne justifie pas le privilége accordé au vendeur.

Si ce privilége devait exister pour quelqu'un, ce serait pour l'acheteur, qui communément connaît moins ce qu'il achète que le vendeur ne connaît ce qu'il vend; aussi voit-on que les modernes législateurs de la Prusse ont suivi ce parti, et accordé le bénéfice de la restitution à l'acheteur en le refusant au vendeur.

Pour justifier cette proposition, M. *Berlier* fait lecture de plusieurs articles du Code prussien, notamment des articles 59 et 69 du titre XI, Ire partie, *des Titres d'Acquisition de Propriété*, etc., lesquels sont ainsi conçus :

Art. 59. « Si néanmoins la disproportion (entre le prix de « la vente et la valeur de la chose) est si forte que le prix de « vente excède le double de la valeur de la chose, elle établit « en faveur de l'acheteur la présomption légale d'une erreur « qui infirme le contrat. »

Art. 69. « Le vendeur ne peut attaquer l'achat sur le fon- « dement que la chose par lui vendue excède du double le « montant du prix de la vente. »

L'opinant pense que c'est ce qu'il y aurait de plus raisonnable, si la restitution était admise, et que cette action ne fût point réciproque; si la réciprocité avait lieu, la législation serait moins injuste que par le passé.

Mais il est aisé de faire mieux que tout cela, c'est de n'ac-

corder la restitution ni au vendeur ni à l'acheteur quand
l'un et l'autre sont majeurs ; la réciprocité ne sera plus blessée, et le respect dû aux contrats passés sans dol personnel
ni violence entre majeurs sera plus entier lorsque les deux
parties sauront qu'elles ne peuvent ni l'une ni l'autre se jouer
de leurs conventions.

M. *Berlier* examine ensuite tous les inconvéniens de la rescision avant la loi du 14 fructidor an III.

Elle était contraire à l'agriculture et au commerce ; car
durant le délai de la rescision l'acheteur n'osait améliorer
le fonds acquis, et cette stagnation était funeste à l'ordre
social.

La restitution du majeur était nuisible au crédit ; car, par
l'effet d'une expertise juste ou injuste, mais toujours arbitraire dans son application, l'acheteur pouvait perdre son
acquêt, et ses créanciers leur gage.

Cette restitution était contraire même aux vendeurs considérés en général, quoiqu'elle eût été introduite en leur faveur ; car qu'arrivait-il? Que le vendeur un peu lésé se croyait
l'être beaucoup, et se déterminait d'autant plus facilement
à plaider qu'il fondait des chances sur l'arbitraire des expertises et les faiblesses ou l'ignorance des experts. Mais quel
était le résultat de ces innombrables et dispendieux procès?
Que sur vingt demandes en rescision il en échouait au moins
dix-neuf, et qu'ainsi ceux qui avaient fait de mauvais mar-
chés achevaient de se ruiner par de mauvais procès.

Quand un si grand nombre d'argumens militent contre la
restitution des majeurs pour simple cause de lésion en matière de ventes, que peut-on faire valoir pour la rétablir?
l'ancien usage ; mais c'était un abus démontré, et quoique
cette espèce de rescision nous vînt du droit romain, et spécialement de la loi *rem majoris,* ce serait faire dégénérer le
respect pour cette législation en pur esclavage, que de n'oser
y toucher dans des points aussi évidemment défectueux.

Dira-t-on, pour autoriser la rescision dont il s'agit, qu'elle est admise pour lésion du tiers au quart dans les partages entre cohéritiers? Mais d'abord il y a dans cette dernière espèce un motif d'un ordre supérieur, c'est le maintien de l'égalité entre cohéritiers; d'un autre côté, cette action appartient à chacun des cohéritiers, et non, comme dans la rescision pour vente, à un des contractans : ainsi nulle analogie ni dans les causes, ni dans la substance de l'action; et ceci implique si peu contradiction que tous les projets de Code, le dernier excepté, et la loi même du 14 fructidor an III, en rejetant toute rescision pour vente, la maintenaient à l'égard des partages entre cohéritiers.

Opposera-t-on enfin l'intérêt du fisc? Pour écarter cette objection, l'opinant lit les observations du tribunal d'appel de Rouen, et se fortifie des argumens par lesquels ce tribunal repousse l'impolitique proposition des rédacteurs du projet de Code civil.

M. *Berlier* termine en observant que, malgré la propension des hommes à réclamer contre ce qui froisse leurs habitudes, l'on n'entend point dans la société réclamer contre l'abolition de l'action dont il s'agit; ainsi le jugement des citoyens a vaincu la routine, et une telle épreuve mérite le respect du législateur même.

Une réflexion enfin qui mérite aussi d'être appréciée par le Conseil, c'est que la lésion d'outre-moitié ne peut guère exister qu'à l'égard de vendeurs obérés, et qu'alors leurs créanciers hypothécaires peuvent surenchérir, et faire ainsi cesser le grief, soit qu'on maintienne la loi de brumaire an VII, soit qu'on en revienne à l'édit de 1771.

Inutile sous ce rapport, injuste dans son organisation projetée, impolitique dans ses effets, la proposition qu'on discute ne doit donc point reparaître parmi nos institutions civiles.

M. BIGOT-PRÉAMENEU expose les motifs qui ont déterminé la majorité de la section.

Ils sont exprimés dans la loi 8. c. *de rescind. vend.*

Ce n'est pas seulement l'équité qui l'a dictée, c'est l'humanité même : *Rem majoris pretii si tu vel pater tuus minoris distraxerit, humanum est ut vel pretium te restituente emptoribus, fundum venundatum recipias, auctoritate judicis intercedente, vel si emptor elegerit quod deest justo pretio recipias, minus autem pretium esse videtur, si nec dimidia pars veri pretii soluta sit.*

L'équité étant la base de tous les contrats, la loi a dû venir au secours de celui envers lequel le contrat devenait injuste, en le soumettant à une lésion énorme.

Il est vrai qu'elle n'a pas parlé de l'acheteur, *Cujas* en a donné la raison; c'est, dit-il, *quia penes emptorem invidia, penes venditorem inopia.* L'acquéreur assez opulent pour satisfaire des fantaisies a pu faire des sacrifices au désir d'avoir la chose; le vendeur, au contraire, n'a pu sacrifier une partie de son bien qu'à une nécessité pressante.

La loi qui établit la rescision pour lésion entre majeurs est très-ancienne; elle est universellement reçue, et cependant jamais elle n'a troublé l'ordre public. La loi du 14 fructidor an III ne l'abroge pas sous ce rapport, mais parce que sous l'empire du papier-monnaie elle était devenue inexécutable. Au milieu de la décroissance de la monnaie d'alors on ne pouvait plus déterminer exactement la valeur donnée aux choses. Cette raison est la seule que le rapporteur de la loi du 14 fructidor ait présentée.

On a parlé de l'incertitude que le système de la rescision jette, dit-on, sur la propriété. Mais par le passé il n'a pas eu cet effet; et l'inconvénient sera encore moindre pour l'avenir, puisque la section proposera de réduire l'action à quatre ans.

On objecte que peu de ces actions réussissent. C'est un motif de plus de la maintenir. Un vendeur ne s'exposera à une expertise et à l'embarras d'un procès que lorsqu'il aura la conviction intime que sa cause est juste.

L'opinant ne tire aucune induction de ce qui se pratique à l'égard des partages. Il reconnaît que par rapport à ces actes la rescision est fondée sur d'autres principes que par rapport à la vente.

Mais il lui semble qu'une disposition dictée par l'humanité et par la justice, qui devient un frein contre la spoliation de l'homme nécessiteux ; qui, depuis des siècles qu'elle existe, n'a pas troublé l'ordre public ; dont les effets vont être resserrés dans un délai plus court ; contre laquelle il ne s'est élevé de réclamation que de la part d'un seul tribunal ; qui n'a été abrogée que par des raisons de circonstance, doit être rétablie, et qu'il n'y a point de motifs pour ne pas revenir aux principes.

Elle ne serait pas suppléée par la surenchère, car souvent c'est pour réparer des malheurs et pour ne pas avoir recours aux emprunts que l'on est contraint de vendre à tout prix. La surenchère deviendra une garantie de plus pour les cas où elle pourra être un remède à la lésion.

M. Defermon dit que les principes sur lesquels on fonde le rétablissement de la rescision pour lésion d'outre-moitié à l'égard des immeubles obligeraient de l'accorder également contre la vente des meubles. Les motifs d'équité qu'on fait valoir sont les mêmes dans les deux cas. L'intérêt du vendeur n'est pas moins grand dans l'un que dans l'autre. Celui qui vend à vil prix sa manufacture nuit autant et quelquefois plus à sa fortune que celui qui fait des sacrifices sur la valeur de son champ.

Mais entre majeurs, la fraude, la violence, le dol, sont les seules causes qui doivent amener la résolution des contrats.

Avant la révolution on s'écartait de ce principe, et on admettait la rescision pour cause de lésion, parce que le système de toute la législation tendait à maintenir les biens dans les familles, et principalement dans les mains des seigneurs. C'est dans cet esprit qu'elle avait institué aussi le retrait lignager. Le système est maintenant changé. On a supprimé le retrait lignager par respect pour la foi des contrats, et aussi parce que celui qui se défait de son bien est ordinaire-

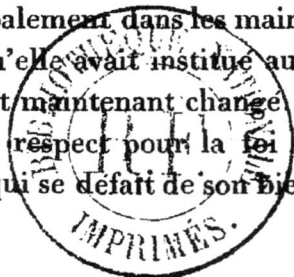

ment moins en état de le bien cultiver que celui qui l'achète. Ces considérations doivent également écarter la rescision pour cause de lésion entre majeurs.

M. PORTALIS dit que la question est de savoir si l'on doit renoncer au droit qui établit la rescision pour cause de lésion, ou si l'on doit le maintenir ; car la législation intermédiaire n'est pas assez affermie pour qu'on puisse regarder l'ancien droit comme irrévocablement aboli.

On soutient que cet ancien droit blesse également les principes des contrats, l'intérêt public et les convenances : c'est ce qu'il faut examiner.

Les Romains nous ont transmis le principe incontestable que tout contrat infecté de dol ou d'erreur est nul, ou du moins sujet à rescision. La restitution pour cause de lésion n'est que l'application de ce principe. Les Romains ont distingué avec raison deux espèces de dol : le dol personnel, qui résulte de faits particuliers, et le dol réel, *dolus re ipsa*, qui est prouvé par les clauses et les conditions du contrat même, lesquelles sont telles qu'elles supposent des faits de dol qu'on ne voit pas.

Cette preuve matérielle est plus certaine que celle qu'on pourrait faire par témoins de quelques faits particuliers. La fraude devient évidente lorsqu'il y a une lésion tellement énorme, que jamais un homme raisonnable n'y eût consenti naturellement.

La rescision pour cause de lésion est donc conforme aux principes des contrats.

Mais, dit-on, pourquoi l'action n'est-elle pas accordée à l'acheteur comme au vendeur ?

Ceci doit être expliqué.

D'abord, quel est le motif de la rescision? L'équité : *humanum est*, dit la loi. Il serait contre toutes les règles de la justice d'admettre qu'un homme pourra impunément tromper un autre homme. Or, comme l'équité doit être réciproque, on avait depuis long-temps corrigé l'ancienne législation, qui réservait la rescision au vendeur, et on l'avait également accordée à l'acheteur. M. *Portalis* ajoute qu'il est en état de prouver que sur ce point la jurisprudence de tous les anciens tribunaux de France était uniforme. Il a eu occasion de les recueillir dans une contestation qui lui fut suscitée personnellement. Aussi ne contesta-t-il pas à l'acheteur le droit de demander la rescision; il ne se défendit que sur le fait, et fit vérifier qu'il n'y avait pas de lésion.

On a dû sans doute accorder plus de faveur au vendeur, parce qu'il est possible que la nécessité lui ait arraché des sacrifices involontaires : cependant, comme la nécessité n'est pas la seule cause de la lésion, et que par des manœuvres le vendeur a pu abuser de la fantaisie de l'acheteur, il est juste qu'en ce cas celui-ci soit également relevé.

On demande quelle raison il y a de distinguer entre les meubles et les immeubles.

C'est parce que la valeur des choses mobiliaires est elle-même très-mobile. Elle varie chaque jour; et alors comme la lésion ne peut plus résulter du contrat même, *re ipsa*, la loi se trouve réduite à l'impuissance de discerner et de secourir la partie lésée. La valeur des immeubles, au contraire, ne change pas si brusquement. La loi accorde donc sa protection là où elle peut.

Mais l'intérêt public repousse-t-il, comme on le prétend, la rescision pour cause de lésion?

On a dit sur ce sujet que l'incertitude des propriétés pendant le laps de plusieurs années empêche de les améliorer et nuit à la culture, et l'on craint que le rétablissement de la restitution pour cause de lésion ne produise cet effet désastreux.

Mais si l'on écoutait de telles craintes il faudrait n'avoir égard à aucune des nullités capables de vicier les contrats, et ainsi l'intérêt des individus serait sacrifié sans réserve au prétendu bien de l'être purement métaphysique qu'on appelle la société. Ici l'on confond, quant à leur objet, les lois civiles avec les lois politiques. Dans le droit politique les individus ne sont rien : il s'agit de sauver la chose publique. Dans le droit civil tout se réduit aux particuliers : chaque individu est considéré comme la société tout entière. Si l'on abolit toutes les nullités on aura la paix sans doute, mais quelle paix! Celle de la mort et le silence des tombeaux : d'un côté des trompeurs impunis, de l'autre des trompés sans protection. Le grand intérêt public, celui qui va au cœur, est d'empêcher l'honnête homme d'être surpris.

On a qualifié la loi de loi féodale, de loi de famille : elle n'est rien de tout cela ; c'est une loi d'équité : *humanum est.* Elle ne bouleverse pas plus la société que l'action du dol ou de l'erreur. Elle la sert, au contraire, en contenant la fraude. Les applaudissemens qu'elle a reçus ont franchi les limites de l'école ; les philosophes aussi, les politiques en ont loué la justice : *Voltaire* fait honneur de cette loi au siècle qui l'a vu naître.

M. REGNAUD (de Saint-Jean-d'Angely) dit que la loi sur la rescision a été admise en France dans d'autres circonstances et dans des mœurs différentes. Alors le nombre des propriétaires était petit, les moyens d'échange peu multipliés, le système général de conserver les biens dans les familles. Aujourd'hui les propriétés sont très-divisées, les moyens d'échange nombreux, la législation sur les propres et sur le retrait est abolie.

La rescision pour lésion n'a donc plus le même objet.

Mais elle aurait, sous le rapport de l'intérêt public, des conséquences désastreuses. Déjà l'on a observé que l'incertitude de la propriété prolongée pendant quatre années empêcherait d'améliorer les biens et diminuerait l'intérêt d'en augmenter les produits. Cette objection est demeurée sans réponse. On pouvait ajouter que les améliorations seront d'autant plus négligées, qu'ajoutant à la valeur du bien, elles peuvent faire illusion sur celles qu'il avait au temps de la vente, et faire croire plus facilement à la lésion ; d'ailleurs elles deviendraient elles-mêmes des sujets de contestation. Il faudra, en effet, distinguer celles dont l'acheteur devra être indemnisé ; il faudra régler la quotité de l'indemnité.

Comment, d'un autre côté, déterminer la lésion ? Autrefois on avait des bases à peu près fixes pour estimer la valeur des immeubles : maintenant cette valeur ne dépend plus que de l'opinion. On a vu certains biens, un parc, un château, par exemple, être regardés dans un temps comme une propriété avantageuse ; dans un autre comme une propriété à charge. On a vu les immeubles de la même espèce réputés d'une valeur très-différente, suivant qu'ils étaient situés dans des contrées paisibles, ou dans des pays ravagés, soit par la guerre civile, soit par les orages de la révolution. On sait enfin que l'opinion distingue les biens en trois ou quatre classes sous le rapport de leur origine. Peut-on avoir des idées fixes sur la valeur des immeubles, lorsqu'elle est soumise à tant de variations et à une si grande mobilité ? Quel moyen reste alors pour exécuter la loi ? Il faut s'abandonner à deux experts, qui, opérant chacun dans des sentimens de bienveillance pour la partie par laquelle il a été nommé, ne se mettent jamais d'accord : on est donc forcé d'appeler un sur-expert, et ainsi, un seul homme finit par décider souverainement de cette valeur du bien, qu'il est si difficile d'apprécier.

Qu'on ne dise pas que les circonstances changeront, que les biens prendront enfin une valeur plus fixe. Il s'écoulera peut-être un siècle avant que le changement s'opère et se consolide.

Les circonstances repoussent donc le rétablissement de la rescision pour lésion.

Voici une autre considération encore, qui touche plus immédiatement à l'intérêt public. N'est-il pas à craindre que l'innovation proposée affaiblisse la confiance des acquéreurs de domaines nationaux ? Sans parler de l'influence qu'elle pourrait avoir dans le commerce sur le prix des domaines déjà vendus, il est naturel de concevoir des inquiétudes pour ceux qui restent à vendre. Si la loi proclame que la lésion peut faire rescinder les ventes, ceux qui se proposent d'acquérir de ces biens redouteront l'application du principe, quoique dans un avenir éloigné, et sous un autre gouvernement : or celui qui achète désire que ses enfans soient aussi assurés que lui-même de conserver leur propriété.

Enfin la loi nouvelle serait en contradiction avec les principes adoptés par le Conseil il y a quelques jours. On a reconnu que, dans les circonstances, il est impossible de fixer le prix de l'argent ; on a donc entendu laisser la plus grande latitude sur la valeur des choses : dès lors il devient impossible d'admettre un système qui suppose qu'il est facile de la déterminer.

Au reste, ce système donnerait lieu à une infinité de fraudes. Par exemple, dans un moment où les rentes sont sur la place à un taux peu élevé, un propriétaire vend son fonds à bas prix pour en acquérir ; il réalise ce placement et se constitue un revenu beaucoup plus fort que celui qu'il tirait de son immeuble : lui permettrait-on ensuite, et quand les rentes ont remonté, de revenir sur l'acquéreur pour exiger un supplément de prix?

Le Consul Cambacérès résume la discussion et émet son opinion individuelle.

Elle n'est point consignée, dit-il, dans le discours qui précéda au Conseil des Cinq-cents la présentation du projet du Code civil. Chacun sait qu'un rapporteur est obligé de se dépouiller de toute opinion personnelle, et de rendre, avec le plus de force qu'il lui est possible, celle de la réunion au nom de laquelle il porte la parole. Au reste, tout ce que prouve le passage qu'on a cité, c'est qu'on était alors trop près de la loi du 19 fructidor pour que les motifs qui l'avaient fait décréter eussent perdu l'importance qu'on y avait attachée.

Mais il faut aborder la question en soi.

Pour en trouver la solution il importe d'écarter d'abord

les considérations d'intérêt public, de convenance et autres raisons seulement spécieuses, produits d'une imagination qui s'alarme trop facilement, et souvent de la crainte d'être évincé de propriétés qu'on voudrait retenir.

C'est par les principes seuls que la question doit être traitée.

Déjà ceux qui doivent la résoudre sont fixés. L'article 3, qui est adopté, porte :

« Le contrat est *commutatif* lorsque l'une des parties s'en-
« gage à donner ou à faire une chose qui est regardée comme
« l'équivalent de ce qu'elle reçoit. »

Or, s'il n'y a contrat commutatif que lorsque l'une des parties reçoit l'équivalent de ce qu'elle donne, comment se-rait-il possible de ne pas rectifier le prétendu contrat où l'un donne tout et où l'autre ne reçoit rien? Quel esprit raison-nable admettra qu'un jeune homme de vingt-un ans qui vend pour mille francs un immeuble de cent mille francs reçoit l'équivalent approximatif de ce qu'il cède? Cependant le con-trat sera valable si l'on décide que la lésion n'est jamais une cause de rescision, et il le sera au mépris des principes qui en déterminent l'essence.

On a parlé de féodalité. Connaissait-on la féodalité chez les Romains, de qui la loi sur la rescision nous est venue? Elle a été rendue parce que la position où les Romains se trouvaient alors ressemblait beaucoup à celle des peuples mo-dernes; alors aussi des gens à argent trompaient les citoyens et spéculaient sur l'embarras des malheureux. La loi a été reconnue si morale, qu'elle a conservé sa force, non seule-ment dans le bas empire, mais encore dans tous les pays qui avaient formé l'empire romain; cependant, comme ses effets étaient trop restreints, la jurisprudence les a, avec raison, étendus à l'acheteur.

A la vérité cette loi a été abolie en France ; mais l'abroga-tion n'en fut d'abord proposée que par suite du système po-litique alors adopté. Le projet était de ne laisser subsister aucune des institutions établies, aucun des principes reçus.

Plusieurs lois furent portées dans ces vues : la loi du 17 nivose sur les successions, celle du 12 brumaire sur les enfans naturels, n'ont pas eu d'autres motifs. Si l'on ne s'est pas occupé de la rescision dans le même temps, c'est que cette matière a paru moins urgente : on l'a donc laissée en suspens jusqu'au 19 fructidor an III.

A cette dernière époque, les vues politiques n'étaient plus les mêmes ; on n'attaqua pas le principe de la loi, mais on pensa que dans les circonstances il était impossible de l'appliquer. Les assignats étaient la seule monnaie dans laquelle il fût permis de stipuler ; leur décroissance journalière en rendait la valeur incertaine : il n'était donc plus possible de fixer le juste prix des immeubles. Ces considérations seules ont décidé à abroger la rescision pour lésion d'outre-moitié.

Ensuite et après le retour du numéraire vinrent les lois sur les stipulations faites en papier-monnaie. On reconnut que certaines ventes entraînaient une lésion énorme, et, malgré que la rescision fût abolie depuis trois années, on permit de l'invoquer pendant un an contre les contrats lésionnaires.

Il fut donc avoué que quand, dans un contrat commutatif, l'une des parties a reçu infiniment moins que ce qu'elle a donné, le contrat est vicié dans son essence. Comment cette maxime serait-elle repoussée dans la même loi où le principe qui lui sert de base est solennellement proclamé ? Comment, dans un moment où l'on s'attache à rendre leur force aux idées morales, pourrait-on légitimer un contrat commutatif où le vendeur ne reçoit que le centième de la valeur de sa chose ?

On peut au surplus modifier la loi ancienne, exiger une lésion plus forte que d'outre-moitié, abréger la durée de l'action, valider les ventes existantes, ne pas étendre la loi aux ventes faites par l'autorité publique ; mais que les principes du contrat commutatif soient respectés.

Qu'on ne craigne pas d'alarmer les acquéreurs de domaines nationaux ; la loi ne s'appliquera qu'aux ventes ordinaires, et non aux ventes faites à l'enchère.

Qu'on n'appréhende pas que les améliorations faites par l'acquéreur tournent à son préjudice ; chacun sait qu'on estime le bien suivant la valeur qu'il avait au temps de la vente.

Mais qu'on craigne plutôt d'abandonner à d'autres le soin de remplir la lacune qu'on laisserait dans le Code civil ; car, il n'en faut pas douter, la rescision pour lésion énorme serait un jour rétablie : les circonstances en feraient sentir le besoin.

Il ne reste plus que la question de savoir si l'acheteur profitera du bénéfice de la loi. *Pothier* la résout affirmativement : mais on peut l'ajourner au titre *de la Vente*.

M. GALLI dit qu'en Italie et dans d'autres États l'acheteur est admis pour cause de lésion à faire rescinder le contrat, par suite même de la loi 2 Cod. *de rescindenda venditione*, dont le bénéfice doit être commun à l'acheteur, puisque dans le langage du droit ces paroles : *emptio, venditio* ont le même sens que celles-ci : *locatio, conductio*, L. 19., et 2 *ff. de actionibus empti;* c'est aussi le sentiment presque général des interprètes.

M. BERLIER croit qu'il y a des réponses directes aux objections qui ont été faites tant par le Consul *Cambacérès* que par M. *Portalis*.

D'abord, l'opinant ne pense point qu'il y ait dans la législation postérieure à la loi du 14 fructidor an III rien qui ait détruit ou modifié cette loi : celle du 16 nivose an VI n'est relative qu'aux transactions faites en papier-monnaie, et accorde des options, selon que les parties se trouveront ou non *lésées* par les règles qu'elle pose ; mais on conçoit aisément combien ces dispositions de circonstances sont étrangères au principe en discussion ; les seules limitations de cette loi, les espèces et les termes dans lesquels elle a circonscrit l'action, sont une preuve assez évidente que les législateurs de l'an VI n'ont point voulu blesser le principe posé par les législateurs de l'an III ; et c'est en ce sens que l'opinant a avancé que l'abolition de la cause de rescision dont il s'agit ne donnait lieu à aucune réclamation : certes, il n'a pas voulu dire que les transactions en papier-monnaie n'eussent pas donné lieu de crier à la lésion ; c'était une crise inévitable en tout état de législation ; mais ce que l'opinant a dit et ce qu'il dit encore, c'est que la voix des citoyens ne s'est point élevée pour demander que la rescision fût rétablie à l'avenir pour la lésion d'outre-moitié.

Passant à l'objection tirée de la nature même du contrat, qui veut que l'on donne l'*équivalent de ce qu'on reçoit*, M. *Berlier* trouve qu'on s'y est arrêté avec trop de complaisance ; car si ce principe était d'une application rigoureuse, la moindre lésion suffirait donc pour annuler les contrats, même entre majeurs. Au surplus, la justice du principe ne fait pas sortir du domaine du législateur l'examen des cas où il convient de l'appliquer, et le jugement des moyens par lesquels on veut y parvenir.

Or, la difficulté est là, et l'on ne peut séparer la théorie de l'exécution sans s'exposer à faire une mauvaise loi, telle que serait, selon l'opinant, celle qui est proposée par les rédacteurs du projet de Code civil, titre *du Contrat de vente*.

A la vérité ces rédacteurs semblent aujourd'hui se diviser, au moins dans les détails, puisque l'un d'eux vient de reconnaître que le principe de la restitution devait être réciproque ; mais quelques concessions partielles que l'on fasse, il reste à examiner si l'on doit admettre une chose dont l'ancienne organisation connue est extraordinairement vicieuse, et à l'égard de laquelle l'esprit ne conçoit pas une bonne organisation possible.

Car on tomberait aisément d'accord si l'action qu'on veut faire revivre pouvait être accompagnée de quelques caractères intrinsèques qui lui imprimassent le sceau de la confiance ; mais le seul moyen pratiqué et connu jusqu'à l'époque où elle fut abolie est loin de rassurer et de satisfaire.

L'un des préopinans a présenté l'*expertise* comme une voie bien meilleure et plus sûre que cette foule de faits qui , en matière de dol personnel, peuvent être admis pour faire rescinder le contrat.

M. *Berlier* combat cette opinion : un fait de la nature de ceux qui servent à prouver le dol a quelque chose de positif et surtout de personnel qui rassure la conscience et peut établir la conviction ; d'ailleurs l'importance et la vraisemblance en sont appréciées avant que la preuve en soit admise, et du moins les tribunaux en sont les véritables juges.

Mais en est-il ainsi d'une expertise ordonnée sur la simple allégation de lésion ? Tout est passif dans le rôle du juge ; et ce ne sont pas des faits positifs et personnels aux parties , et appréciés par le juge, qui forment la base du jugement, c'est l'opinion d'un tiers expert qui prononce seul , d'après le dissentiment habituel des deux premiers : ainsi, en revenant , comme on le propose, aux anciens usages, on fait dépendre le sort de tout contrat de vente entre majeurs de l'opinion d'un seul homme , qui , faillible de sa nature , est de plus environné de tous les piéges que peut lui tendre l'intérêt personnel.

Croit-on avoir répondu à cette effrayante considération en disant que cela s'est ainsi pratiqué pendant des siècles ? Qu'est-ce que cela prouve ? Rien : car cet abus a existé comme beaucoup d'autres. Et si le devoir du législateur est de faire cesser les abus lorsqu'il les aperçoit , à plus forte raison ne doit-il pas faire revivre ceux qui ont perdu par l'abolition leur seul et véritable point d'appui , *l'habitude.*

Croit-on aussi avoir réfuté tout ce qui a été dit touchant l'intérêt public en distinguant entre la loi politique et la loi civile , et en disant qu'à la différence de la première , la seconde s'occupe plus spécialement des individus que de la masse ? Sans doute la loi civile doit voir et peser les intérêts individuels ; car on existe comme individu avant d'exister comme membre de la société : mais en toutes circonstances , et en écartant toutes subtiles distinctions, il est impossible de ne pas considérer comme un des caractères essentiels de la loi, de s'accorder avec les intérêts du plus grand nombre.

Ici, et à la faveur d'une proposition très-louable au fond, *humanum est*, etc., on propose de subvenir au malheur de quelques-uns en compromettant les droits de tous : mais s'il est humain de réprouver un acte qui porterait avec soi les caractères de la fraude, il n'est pas prudent de considérer comme tel celui contre lequel il n'y a encore qu'une vaine allégation de lésion ; et c'est, selon l'opinant, une humanité assez mal entendue que celle qui, dans ces vues, expose tous les acquéreurs de fonds et leurs créanciers à voir leurs titres s'anéantir devant la périlleuse opinion d'un seul homme : en effet, c'est à ce point qu'aboutit toute cette discussion, comme l'a déjà démontré l'opinant.

Au surplus, continue M. *Berlier*, l'on n'a sans doute pas entendu sérieusement répondre aux considérations tirées de l'avantage qu'il y a de stabiliser les conventions humaines, en disant que, pour rendre notre système plus complet, il ne resterait plus qu'à l'étendre aux mineurs : la loi veille et doit veiller aux contrats que passent les mineurs, et ces contrats fort rares ne font qu'une exception : mais c'est à la raison des majeurs à veiller à ceux qui leur sont propres ; une assimilation ironique ne saurait effacer ce principe véritablement élémentaire, et qui, loin de menacer la société dans ces bases, tend, au contraire, à mettre les hommes et les choses à leur vraie place, et à rendre aux contrats faits entre majeurs, sans fraude ni violence, tout le respect qui leur est dû.

LE CONSUL CAMBACÉRÈS dit qu'il ne s'est jamais élevé de réclamation contre la loi romaine qui établit la rescision pour cause de lésion, mais qu'il y en a eu évidemment contre la loi du 14 fructidor, puisqu'en l'an VI il a fallu rétablir la rescision pour quelques cas particuliers.

L'article qui fixe les caractères du contrat commutatif est, dit-on, un article général qui ne règle pas d'une manière particulière les principes de la vente.

Cet article, quoiqu'il ne soit point particulier à la vente, s'y applique cependant de même qu'à l'échange, et en général à tous les contrats commutatifs.

On observe qu'il y a cette différence entre le dol ordinaire et la lésion, que le dol est prouvé par des faits particuliers dont il est possible aux tribunaux de juger la vérité, au lieu que pour reconnaître s'il y a lésion ils sont obligés de s'en rapporter aveuglément à des experts.

La lésion elle-même est quelquefois si évidente, que les tribunaux ont cru pouvoir se dispenser d'interroger des experts. Cependant de ce que ce cas n'est pas le plus ordinaire, il n'en résulte pas qu'on doive repousser la rescision dans tous les autres : tout ce qu'on en peut conclure, c'est qu'il faut chercher des moyens pour corriger les inconvéniens du mode d'estimation pratiqué jusqu'ici, et pour empêcher qu'en définitif un seul homme ne devienne l'arbitre suprême de la valeur de l'immeuble ; mais il faut ou sacrifier le respect dû aux conventions, ou laisser ses effets à l'intention qu'ont eue les parties, lorsqu'elles ont formé un contrat commutatif, de se donner mutuellement l'équivalent de ce qu'elles reçoivent.

M. Berlier dit que dans le cas où il serait matériellement acquis, par exemple, que le prix de la vente n'excède pas une année ou deux du revenu, et où cela résulterait de la simple comparaison de l'acte de vente avec des baux authentiques, il y aurait dans une telle espèce une erreur démontrée par titres, et dont le redressement pourrait être fait par les tribunaux sans le secours très-équivoque des expertises.

Dans ce cas, il y aurait d'autant moins d'inconvéniens à accueillir l'action, qu'une telle espèce, quoique possible, ne s'est peut-être jamais présentée, et que l'homme méchant qui en aurait profité pourrait être atteint sans que cela répandît l'alarme parmi les honnêtes acquéreurs.

Si l'on restreint la restitution à ce cas ou à d'autres semblables et bien précisés, l'opinant adhère à ces nouvelles vues; mais il observe que c'est un système tout différent de celui qu'il a combattu.

Le Consul Cambacérès dit que son opinion ne va pas au-delà; qu'il ne propose point de mettre la validité des ventes à la discrétion d'un expert, ni d'ébranler aussi légèrement la foi des conventions; mais qu'il réclame contre l'injustice et la violation de principes qui déclareraient valable un contrat commutatif dans lequel tout aurait été donné par l'un et rien par l'autre.

M. Tronchet dit qu'on s'est trompé lorsqu'on a pensé que l'appréciation des immeubles dépendait autrefois d'une règle unique. La valeur variait comme aujourd'hui, suivant les lieux; et ils se vendaient, les uns au denier trente, les autres au denier quarante, d'autres au denier cinquante.

Au surplus, l'opinant croit que la discussion est épuisée. Il est évidemment reconnu que l'équité ne permet pas de soutenir un contrat commutatif entaché de lésions énormes. Le danger ne saurait être que dans l'application de cette vérité; or, l'article se borne à poser le principe, c'est au titre *de la Vente* que se placent les règles d'application. On peut donc l'adopter, et sur le surplus renvoyer au titre *de la Vente*.

M. Boulay dit que sa conscience répugnerait à admettre la validité du contrat dans le cas de la lésion très-énorme, mais qu'il répugnerait également à laisser à l'action une durée de quatre ans, comme la section le propose. Il lui semble que pour mieux se déterminer on pourrait ajourner la discussion du tout, afin de ne point séparer le principe de son application.

M. Berlier dit qu'il faut se borner à un renvoi pur et simple à la section, parce que la difficulté ne porte pas seulement sur les détails, mais sur le principe même : en effet, il est incertain qu'on applique même aux actes de la catégorie citée par le Consul *Cambacérès* la rescision pour lésion ; et lui-même a fourni l'idée d'annuler de tels actes pour cause d'erreur démontrée.

Il ne faut pas se lier par les mots quand on n'est point fixé sur la nature des choses.

M. TRONCHET craint que, si l'ajournement du tout est adopté, la discussion qui vient d'avoir lieu ne soit perdue.

LE CONSUL CAMBACÉRÈS pense que, pour ne point se lier, on peut ne point parler de lésion dans le titre dont le Conseil s'occupe.

La première partie de l'article est adoptée.

Les observations qui ont été faites sont renvoyées à la section, pour présenter les cas où la restitution peut avoir lieu entre majeurs.

(Procès-verbal de la séance du 2 frimaire an XII. — 24 novembre 1803.)

On reprend la discussion du titre II du livre III , *des Contrats ou des Obligations conventionnelles en général.*

Les articles 197, 198, 199, 200, 201, 202 et 203, qui terminent la section VII du chapitre IV, ne donnent lieu à aucune observation, et sont adoptés. _{1306 à 1312 et 1314.}

M. BIGOT-PRÉAMENEU présente le chapitre V , *de la Preuve des Obligations et de celle du Paiement.*

Les articles 204 et 205 sont adoptés. ₁₃₁₅₋₁₃₁₆

M. BIGOT-PRÉAMENEU fait lecture de la section Ire , *de la Preuve littérale.*

L'article 206 est discuté. _{section 1}

M. FOURCROY observe que cet article n'énonce que **deux** divisions, qui se trouvent épuisées dans les deux premiers paragraphes ; que l'ordre paraît exiger qu'on donne au paragraphe une autre subdivision.

L'observation de M. *Fourcroy* est admise et renvoyée à la section.

1321   M. Duchatel demande qu'on proscrive d'une manière ab-solue l'usage des contre–lettres qui tendent à déguiser les conventions. Il en résulte des fraudes souvent contre les par-ticuliers, et toujours contre le trésor public.

M. Regnaud (de Saint–Jean–d'Angely) dit qu'un juge-ment vient d'annuler une contre–lettre qui ajoutait au prix d'une vente.

M. Bigot-Préameneu dit que les contre-lettres ne doivent être annulées que lorsqu'elles sont frauduleuses.

M. Berlier dit que la proposition de M. *Duchâtel* lui pa-raît, dans sa généralité, propre à produire un mal plus grand que celui qu'on a voulu éviter.

Il a été, au titre *du Contrat de mariage*, spécialement pourvu au sort des contre–lettres qui pouvaient y être rela-tives ; et c'est en cette matière qu'il importait le plus de parer aux abus, parce que c'est là qu'ils sont le plus fréquens, principalement ceux qui touchent à la substance du pacte.

Mais dans cette foule d'autres contrats qui ont lieu entre les hommes, ne serait–il pas souvent injuste de ne considérer comme valable que l'acte authentique, en rejetant les mo-difications contenues dans la contre-lettre ? Ne serait-ce pas dénaturer les conventions ? Et le législateur le doit-il, lors surtout qu'il peut y avoir des contre-lettres qui n'aient point eu pour objet de déguiser la convention primitive, mais d'en fixer le sens ou d'en réparer les omissions ?

A la vérité, les contre–lettres ont souvent lieu pour éluder ou affaiblir les droits dus au trésor public ; mais c'est par des amendes, et non par la peine de nullité, que cette espèce de fraude doit être atteinte et punie : dans aucun cas, le légis-lateur ne peut mettre sa volonté à la place de celle des par-ties, pour augmenter ou diminuer les obligations respectives qu'elles se sont imposées.

Le Consul Cambacérès dit qu'il existe déjà une disposition

législative contre l'usage des contre-lettres ; mais elle ne lui semble pas juste. Ces actes doivent avoir tout leur effet entre les parties ; il suffit, pour en prévenir l'abus, de les soumettre au droit d'enregistrement lorsqu'ils sont produits.

M. Tronchet dit qu'il faut en effet distinguer. Une contre-lettre doit être valable entre les parties et nulle contre les tiers : or la régie de l'enregistrement est un tiers par rapport à l'acte.

M. Defermon dit qu'il serait contre les principes d'annuler indistinctement les contre-lettres. L'intérêt du fisc serait beaucoup mieux assuré si, lorsqu'elles sont produites, la peine de l'amende était infligée aux parties pour ne les avoir pas fait enregistrer.

M. Duchatel dit que plus la peine sera forte, et plus on s'appliquera à dérober à la régie la connaissance de l'acte.

La proposition de M. *Duchâtel* est renvoyée à la section.

Le § Ier, *du Titre authentique*, est soumis à la discussion. L'article 207 est adopté.   1317

L'article 208 est discuté.   1318

M. Jollivet demande si l'acte sera valable lorsque étant synallagmatique il n'aura pas été fait double entre les parties. A la vérité, l'article 214 ne s'applique point au cas de l'article 208 ; il faudrait donc le rédiger ainsi : *Les actes sous seing privé et ceux qui sont l'objet de l'article 208*, etc.

M. Regnaud (de Saint-Jean-d'Angely) dit que la question est décidée par l'article 68 de la loi du 25 ventose an XI sur le notariat.

M. Tronchet dit que lorsque l'acte est retenu dans un dépôt public il n'y a plus de raison pour exiger qu'il soit double, puisqu'il n'est plus à la disposition d'une seule des parties.

M. Regnaud (de Saint-Jean-d'Angely) fait une autre observation. Il dit que l'article n'énonce pas tous les caractères dont la réunion donne aux actes leur authenticité ; que puisqu'il renvoie à la loi relative au notariat sur l'indication de la plupart de ces caractères, il semble convenable d'y renvoyer indistinctement pour tous. Il n'est pas certain d'ailleurs que l'incompétence ou l'incapacité de l'officier public doive réduire l'acte à n'être plus qu'un écrit sous seing privé.

M. Réal dit que la question est décidée, conformément à la proposition de la section, par l'article 6 de la loi sur le notariat.

L'article est adopté.

1319   L'article 209 est discuté.

M. Defermon dit qu'il est nécessaire de suspendre l'exécution de l'acte toutes les fois qu'il y a inscription de faux, sans réduire l'effet de la disposition au seul cas où l'exécution de l'acte est poursuivie par celui qui est mis en accusation. Il est possible, en effet, que tout autre soit l'auteur du délit ; que ce soit le notaire, par exemple.

M. Regnaud (de Saint-Jean-d'Angely) dit que la loi sur le notariat a pourvu à ce cas.

Le Conseil arrête que l'article proposé sera rédigé dans les mêmes termes que l'article 19 de la loi du 25 ventose an XI sur le notariat.

1320   L'article 210 est adopté.

Le § II, *de l'Acte sous seing privé*, est soumis à la discussion.

1321 à 1325   Les articles 211, 212, 213 et 214 sont adoptés.

1326   L'article 215 est discuté.

Le Consul Cambacérès demande que la dernière disposition de l'article soit étendue aux banquiers.

M. Bégouen dit qu'ils sont compris sous la dénomination générale de commerçans.

M. Regnaud (de Saint-Jean-d'Angely) observe que le commerce a ses règles particulières ; qu'il y a peut-être quelque inconvénient à obliger les négocians à exprimer en toutes lettres la somme au bas des lettres de change. Il propose de renvoyer l'article au *Code du commerce*.

Le Consul Cambacérès dit qu'il a déjà eu occasion d'observer que le *Code du commerce* n'étant pas encore terminé, les tribunaux pourraient inférer de la disposition du Code civil que les lois actuelles sur le commerce sont abrogées ; qu'il faut donc, si on retranche la disposition, exprimer qu'on n'entend point déroger à ces lois : mais le Consul pense qu'il serait préférable de maintenir la disposition.

M. Réal dit qu'elle sera d'autant plus utile que dans l'usage on se borne à approuver l'écriture sans approuver de sa main la somme ; ce qui donne moyen aux créanciers de mauvaise foi de changer le montant de l'obligation.

M. Maleville rappelle que déjà la déclaration de 1733 a tenté de prévenir ces sortes de fraudes par une disposition semblable à celle qui est proposée.

L'article est adopté.

L'article 216 est discuté.   1527

M. Bérenger dit que lorsque le corps de l'acte est d'une main étrangère il n'y a pas de doute que le bon, écrit de la main du débiteur, ne doive l'emporter, s'il se rencontre quelque différence entre les sommes exprimées. Mais lorsque le corps de l'acte et le bon sont également écrits par le débiteur, toute règle absolue pourrait devenir injuste dans l'application, car la méprise a pu tomber sur la somme la moins forte comme sur la plus considérable. C'est donc par les circonstances qu'il faut juger de semblables contestations.

M. Treilhard dit que, dans cette hypothèse, il existe un double titre ; que la présomption doit être pour le moins onéreux.

M. Bérenger répond que l'avantage d'une présomption n'est pas plus pour le débiteur que pour le créancier ; tout dépend des circonstances.

M. Bigot-Préameneu observe que ce serait appeler trop légèrement la preuve testimoniale que de ne poser aucune base.

M. Regnaud (de Saint-Jean-d'Angely) dit que cette preuve

deviendrait nécessaire s'il résultait de registres ou d'autres
renseignemens semblables que c'est la somme la plus forte
qui est due.

M. DEFERMON dit que la discussion ne devient embarrassée
que parce qu'on sort de l'espèce de l'article, lequel se réfère
à l'article précédent. C'est à ce dernier article qu'il faut se
reporter; il paraît établir une fausse règle. En effet, c'est le
corps de l'acte qui est le principal objet de l'attention des
parties; le bon n'est pour l'ordinaire qu'une note indicative :
ainsi, quand l'un et l'autre expriment une somme différente,
l'énonciation écrite dans le corps de l'acte doit l'emporter.
Il conviendrait donc de réformer l'article 215 dans ce sens.

LE CONSUL CAMBACÉRÈS dit que ce serait blesser les principes reçus en matière de libération que de ne pas réduire,
dans le doute, l'obligation à la somme la moins forte. Mais
ce n'est là qu'une simple présomption qui cède à l'évidence
et à la preuve contraire : le vice de la rédaction proposée est
de paraître convertir cette présomption en certitude, tellement que la preuve contraire ne pourrait être admise. L'article 216 n'exprime pas assez exactement l'intention de la section. Les tribunaux y verraient une règle absolue dont ils ne
croiraient pas pouvoir s'écarter. La disposition doit donc n'é-
tablir qu'une simple présomption.

M. RÉAL observe que, dans l'espèce présentée par M. *Defermon*, il y a plus qu'une simple présomption. Le bon, en
effet, devient inutile et ne prouve plus rien quand l'acte est
écrit en entier de la main du débiteur; ce n'est plus alors
qu'un simple contrôle insuffisant pour détruire l'énonciation
de l'acte.

LE CONSUL CAMBACÉRÈS dit qu'il est cependant des hypothèses où l'intention des parties a été de se réduire à la
somme exprimée dans le bon. Par exemple, on aura rédigé
et souscrit d'abord une obligation de deux cents francs; on
reconnaîtra à l'instant même qu'il est dû une moindre somme;
au lieu de recommencer l'acte, les parties se seront bornées

à exprimer dans le bon le véritable montant de la dette :
l'énonciation du bon doit alors être préférée. Il convient donc
ou de supprimer l'article, ou, sans poser de règle absolue,
de le réduire à n'établir qu'une présomption de libération
qui n'exclut pas la preuve contraire.

L'article est adopté avec amendement.

L'article 217 est discuté.

M. Defermon attaque cet article comme incomplet, en ce
qu'il y a d'autres circonstances que l'enregistrement et la
mort qui peuvent donner à l'acte une date certaine contre les
tiers.

Il en demande le renvoi à la section.

M. Berlier dit que, hors le cas d'une apposition de scellés
encore subsistante sur l'écrit sous seing privé, dont la date
en ce cas serait devenue certaine à l'époque même de l'apposition de scellés, il ne conçoit pas d'autres espèces à joindre
à celles exprimées dans l'article; car la simple mention dans
un acte public ne saurait donner une grande consistance à
l'acte sous seing privé dont elle ne ferait point connaître la
teneur : d'ailleurs, on ne mentionne dans un acte public les
écrits sous seing privé qu'autant qu'ils ont été préalablement
enregistrés.

Au surplus, M. *Berlier* ne s'oppose point au renvoi à la
section ; mais il croit que l'on pourrait dès à présent se borner
à l'amendement qu'il a indiqué.

L'article est renvoyé à la section.

Les articles 218 et 219 sont discutés.

M. Bégouen rappelle que, suivant l'ordonnance de 1673,
les livres des marchands ne font jamais preuve que quand
les parties ont déclaré s'y rapporter, et qu'ils ne sont même
produits que d'après cette déclaration.

M. Bigot-Préameneu observe que cette disposition se retrouve dans l'article 219, et qu'elle semble même plus clairement exprimée dans cette rédaction : « Celui qui veut en

« tirer avantage ne peut les diviser en ce qu'ils contiennent
« de contraire à sa prétention. »

M. Treilhard dit que l'article proposé par M. *Bégouen*
serait dangereux. On ne peut être forcé de s'en rapporter indéfiniment aux livres, ni d'admettre comme prouvées les
fausses énonciations qu'ils peuvent contenir. Au surplus,
l'article de la section ne cause aucun préjudice aux marchands : s'il résulte en effet des livres quelque preuve contre
celui qui en demande l'apport, les tribunaux y auront égard.

Le Consul Cambacérès dit qu'il est difficile d'admettre que
lorsqu'on déclarera s'en rapporter aux livres sur les preuves
qu'ils peuvent offrir contre un négociant, on ne se soumettra
pas également à déférer aux preuves qui en résulteront en sa
faveur.

M. Bigot-Préameneu dit qu'ayant exercé les fonctions de
juge d'appel, il a eu occasion de vérifier que la jurisprudence
des tribunaux est d'ordonner d'office l'apport des registres
lorsqu'ils peuvent éclaircir une allégation.

M. Treilhard dit que, dans ces mêmes fonctions, il a été
à portée de se convaincre que peu de ces registres sont en
règle.

M. Ségur dit que les commentateurs pensent que les tribunaux ne doivent pas ordonner l'apport des registres, afin
que les affaires des négocians ne soient pas exposées aux regards du public ; qu'on n'ordonne l'apport de ces registres
que dans les cas de faillite, ou lorsque les parties ont déclaré
qu'elles s'y rapporteraient. Il cite à l'appui de son opinion
l'ordonnance de 1673 et le commentaire de *Jousse*.

M. Treilhard répond que le secret des affaires n'est pas
violé parce que le négociant indique la page et la ligne où
se trouve l'énonciation qui a rapport au procès.

M. Portalis dit qu'on distingue : quand l'exhibition des
registres est ordonnée pour une affaire commune entre deux
négocians, ils font preuve des deux côtés, hors le cas de
fraude : mais s'il s'agit de l'intérêt d'un tiers qui ne soit pas

en société avec le négociant qui les produit, ils ne fournissent plus que de simples documens.

Les livres, en général, sont établis pour que les négocians y inscrivent toutes leurs affaires, et non pour la seule fin de connaître leur situation en cas de faillite. Quand on déclare s'en rapporter à ce qu'ils contiennent, on est lié, à moins qu'il n'y ait fraude. Mais l'article en discussion est plus fort que l'ordonnance pour le cas où il n'y a pas eu de semblable déclaration ; car il supprime l'enquête sur les mœurs et sur la probité du négociant, et il veut que foi soit ajoutée au registre sur ce qu'il prouve réellement, indépendamment de toute déclaration d'ajouter foi.

Les articles sont adoptés.

Les articles 220 et 221 sont adoptés. 1331-1332

Le § III, *des Tailles*, est soumis à la discussion.
L'article 222 qui le compose est adopté. 1333

Le § IV, *des Copies des titres*, est soumis à la discussion.
L'article 223 est adopté. 1334

L'article 224 est discuté. 1335
M. REGNAUD (de Saint-Jean-d'Angely) observe, sur le n° 2 de cet article, que les notaires ne sont pas seuls dépositaires des minutes ; qu'il en existe aussi entre les mains des greffiers.

M. RÉAL dit que la loi du 25 ventose an XI sur le notariat considère alors les greffiers comme successeurs des notaires qui ont reçu l'acte.

L'article est adopté.

L'article 225 est adopté. 1336

Le § V, *des Actes récognitifs et confirmatifs*, est soumis à la discussion.
Les articles 226, 227, 228 et 229 qui le composent sont 1337 à 1340 adoptés.

M. Bigot-Préameneu fait lecture de la section II, *de la Preuve testimoniale.*

1341 à 1348 Les articles 230, 231, 232, 233, 234, 235, 236 et 237 qui la composent sont adoptés.

M. Bigot-Préameneu fait lecture de la section III, *des Présomptions.*

1349 à 1353 Les articles 238, 239, 240, 241 et 242 qui la composent sont adoptés.

M. Bigot-Préameneu fait lecture de la section IV, *de la Confession de la partie.*

1354-1356 Les articles 243, 244 et 245 qui la composent sont adoptés.

M. Bigot-Préameneu fait lecture de la section V, *de l'Affirmation judiciaire.*

1357 L'article 246 est discuté.

M. Miot pense qu'il serait convenable de substituer à l'expression *affirmation judiciaire* le mot *serment*, qui est plus respectable, et que déjà l'on a employé dans d'autres articles.

M. Regnaud (de Saint–Jean–d'Angely) dit qu'en effet, dans l'usage, les mots *fausse affirmation* et les mots *faux serment* ne présentent pas la même idée.

sect. 5. Le Conseil arrête que la section V sera intitulée : *du Serment.*

L'article est adopté avec cet amendement.

Le § Ier, *de l'Affirmation litis–décisoire*, est soumis à la discussion.

1358 à 1364 Les articles 247, 248, 249, 250, 251, 252 et 253 sont adoptés.

1365 L'article 254 est discuté.

Le second alinéa de cet article est renvoyé à la section sur sa demande.

Le § II, *de l'Affirmation déférée d'office*, est soumis à la discussion.

Les articles 255, 256, 257 et 258 qui le composent sont 1366à1369 adoptés.

(Procès-verbal de la séance du 16 frimaire an XII. — 8 décembre 1803.)

M. Bigot-Préameneu présente le titre II du livre III du projet de Code civil, rédigé conformément aux amendemens adoptés dans les séances des 11, 18, 25 brumaire et 2 frimaire.

Le Conseil l'adopte en ces termes :

DES CONTRATS, OU DES OBLIGATIONS CONVENTIONNELLES EN GÉNÉRAL.

Dispositions préliminaires.

Art. 1 et 2 (*tels que sont l'article 1er et le premier alinéa de* 1101-1102 *l'article 2 au procès-verbal du 11 brumaire an XII*).

Art. 3. « Il est *unilatéral* lorsqu'une ou plusieurs per- 1103 « sonnes sont obligées envers une ou plusieurs autres, sans « que de la part de ces dernières il y ait d'engagement. »

Art. 4. « Il est *commutatif* lorsque chacune des parties 1104 « s'engage à donner ou à faire une chose qui est regardée « comme l'équivalent de ce qu'on lui donne, ou de ce qu'on « fait pour elle. »

Art. 5 (*le même que le deuxième alinéa de l'article 3 au* Ib. *procès-verbal ci-dessus énoncé*).

Art. 6 et 7 (*les mêmes que les deux alinéa de l'article 4 au* 1105-1106 *susdit procès-verbal*).

Art. 8. « Les contrats, soit qu'ils aient une dénomination 1107 « propre, soient qu'ils n'en aient pas, sont soumis à des rè- « gles générales qui sont l'objet du présent titre.

« Les règles particulières à certains contrats sont ci-après « établies sous les titres relatifs à chacun d'eux ; et les règles « particulières aux transactions commerciales, dans le Code « du commerce. »

CHAPITRE Ier.

Des Conditions essentielles pour la validité des Conventions.

1108   Art. 9 (*le même que l'article 6 du procès-verbal du 11 brumaire*).

SECTION Ire. — *Du Consentement.*

1109   Art. 10 (*le même que l'article 7 du procès-verbal ci-dessus daté*).

1110   Art. 11. « L'erreur n'est une cause de nullité de la convention que lorsqu'elle tombe sur la substance même de la chose qui en est l'objet.

« Elle n'est point une cause de nullité lorsqu'elle ne tombe que sur la personne avec laquelle on a intention de contracter, à moins que la considération de cette personne ne soit la cause principale de la convention. »

1111   Art. 12. « La violence exercée contre celui qui a contracté l'obligation est une cause de nullité, encore qu'elle ait été exercée par un tiers autre que celui au profit duquel la convention a été faite. »

1112   Art. 13. « Il y a violence lorsqu'elle est de nature à faire impression sur une personne raisonnable, et qu'elle peut lui inspirer la crainte d'exposer sa personne ou sa fortune à un mal considérable et présent.

« On a égard, en cette matière, à l'âge, au sexe et à la condition des personnes. »

1113   Art. 14. « La violence est une cause de nullité du contrat, non seulement lorsqu'elle a été exercée sur la partie contractante, mais encore lorsqu'elle l'a été sur son époux ou son épouse, sur ses enfans ou ses ascendans. »

1114   Art. 15. « La seule crainte révérentielle envers le père, la mère, ou autre ascendant, sans qu'il y ait eu de violence exercée, ne suffit point pour annuler le contrat. »

1115   Art. 16 (*le même que l'article 13 du procès-verbal ci-dessus rapporté*).

Art. 17. « Le dol est une cause de nullité de la convention 1116
« lorsque les manœuvres pratiquées par l'une des parties sont
« telles qu'il est évident que sans ces manœuvres l'autre partie
« n'aurait pas contracté.

« Il ne se présume pas, et doit être prouvé. »

Art. 18. « La convention contractée par erreur, violence 1117
« ou dol, n'est point nulle de plein droit; elle donne seule-
« ment lieu à une action en nullité ou en rescision, dans les
« cas et de la manière expliqués à la section IX du chapitre IV
« du présent titre. »

Art. 19. « La lésion ne vicie les conventions que dans cer- 1118
« tains contrats ou à l'égard de certaines personnes, ainsi
« qu'il sera expliqué en la même section. »

Art. 20, 21, 22 et 23 (*tels que les articles* 17, 18, 19 *et* 20 1119 à 1122
du procès-verbal du 11 *brumaire*).

SECTION II. — *De la Capacité des Parties contractantes.*

Art. 24. « Les incapables de contracter sont :   1124
« Les impubères,
« Les mineurs,
« Les interdits,
« Les femmes mariées, dans les cas exprimés par la loi,
« Et généralement tous ceux auxquels la loi a interdit cer-
« tains contrats. »

Art. 25 (*semblable au premier alinéa de l'article* 22 *dudit* av. 1125
procès-verbal).

Art. 26. « Le mineur, l'interdit et la femme mariée, ne 1125
« peuvent attaquer, pour cause d'incapacité, leurs engage-
« mens, que dans les cas prévus par la loi.

« Les personnes capables de s'engager ne peuvent opposer
« l'incapacité du mineur, de l'interdit ou de la femme ma-
« riée, avec qui elles ont contracté. »

SECTION III. — *De l'Objet èt de la Matière des Contrats.*

Art. 27 et 28 (*tels que sont les articles* 23 *et* 24 *du même* 1126-1127
procès-verbal).

1128   Art. 29. « Il n'y a que les choses qui sont dans le commerce
« qui puissent être l'objet des conventions. »

1129   Art. 30. « Il faut que l'obligation ait pour objet une chose
« au moins déterminée quant à son espèce.

        « Sa quotité peut être incertaine, pourvu qu'elle puisse
« être déterminée. »

1130   Art. 31 (*tel que l'article 27 du même procès-verbal*).

SECTION IV. — *De la Cause.*

1131   Art. 32. « L'obligation sans cause ou sur une fausse cause,
« ou sur une cause illicite, est nulle. »

1132   Art. 33. « La convention n'est pas moins valable, quoique
« la cause n'en soit pas exprimée. »

1133   Art. 34. « La cause est illicite quand elle est prohibée par
« la loi, quand elle est contraire aux bonnes mœurs ou à
« l'ordre public. »

CHAPITRE II.
De l'Effet des Obligations.

DISPOSITIONS GÉNÉRALES.

1134   Art. 35. « Les conventions légalement formées tiennent
« lieu de loi à ceux qui les ont faites.

        « Elles ne peuvent être révoquées que de leur consentement
« mutuel, ou par les causes que la loi autorise.

        « Elles doivent être exécutées de bonne foi. »

1135   Art. 36 (*semblable à l'article 32 du procès-verbal du 11 brumaire*).

SECTION Iʳᵉ. —*De l'Obligation de donner.*

1136-   Art. 37 et 38 (*les mêmes que les articles 33 et 34 du procès-
1137   verbal énoncé*).

1138   Art. 39. « L'obligation de livrer la chose est parfaite par
« le seul consentement des parties contractantes.

        « Elle rend le créancier propriétaire, et met la chose à ses
« risques, dès l'instant où elle a dû être livrée, encore que la
« tradition n'en ait point été faite, à moins que le débiteur

« ne soit en demeure de la livrer, auquel cas la chose reste
« aux risques de ce dernier. »

Art. 40. « Le débiteur est constitué en demeure, soit par   1139
« une sommation ou par autre acte équivalent, soit par l'effet
« de la convention, lorsqu'elle porte que sans qu'il soit be-
« soin d'acte, et par la seule échéance du terme, le débiteur
« sera en demeure. »

Art. 41 et 42 (*les mêmes que les articles* 37 *et* 38 *du procès-*   1140-1141
verbal ci-dessus).

SECTION II. — *De l'Obligation de faire ou ne pas faire.*

Art. 43 (*tel que l'article* 39 *du procès-verbal ci-dessus daté*).   1142

Art. 44. « Néanmoins le créancier a le droit de demander   1143
« que ce qui aurait été fait par contravention à l'engagement
« soit détruit, et il peut se faire autoriser à le détruire aux
« dépens du débiteur, sans préjudice des dommages et inté-
« rêts, s'il y a lieu. »

Art. 45 (*le même que l'article* 41 *du procès-verbal ci-dessus*).   1144

Art. 46. « Les dommages et intérêts ne sont dus que lors-   1146
« que le débiteur est en demeure de remplir son obligation,
« excepté néanmoins lorsque la chose que le débiteur s'était
« obligé de faire ne pouvait l'être utilement que dans un cer-
« tain temps qu'il a laissé passer. »

Art. 47. « Le débiteur est condamné, s'il y a lieu, au paie-   1147
« ment de dommages et intérêts, soit à raison de l'inexécu-
« tion de l'obligation, soit à raison du retard dans l'exécu-
« tion, toutes les fois qu'il ne justifie pas que l'inexécution
« provient d'une cause étrangère qui ne peut lui être imputée,
« encore qu'il n'y ait aucune mauvaise foi de sa part. »

Art. 48 et 49 (*les mêmes que les articles* 43 *et* 44 *du susdit*   1145-1148
procès-verbal).

SECTION III. — *Du Règlement des Dommages et Intérêts résul-*
tant de l'inexécution de l'Obligation.

Art. 50, 51 et 52 (*les mêmes que les articles* 46, 47 *et* 48   1149   1151
du procès-verbal du 11 *brumaire*).

1152　　Art. 53. « Lorsque la convention porte que celui qui man-
« quera de l'exécuter paiera une certaine somme, il ne peut
« être alloué à l'autre partie une somme plus forte ni moindre. »

1153　　Art. 54. « Dans les obligations qui se bornent au paiement
« d'une certaine somme, les dommages et intérêts résultant
« du retard dans l'inexécution ne consistent jamais que dans
« la condamnation aux intérêts fixés par la loi, sauf les règles
« particulières au commerce et au cautionnement.

« Ces dommages et intérêts sont dus sans que le créancier
« soit tenu de justifier d'aucune perte.

« Ils ne sont dus que du jour de la demande, excepté dans
« les cas où la loi les fait courir de plein droit. »

1154　　Art. 55. « Les intérêts échus des capitaux peuvent produire
« des intérêts, ou par une demande judiciaire, ou par une
« convention spéciale, pourvu que, soit dans la demande,
« soit dans la convention, il s'agisse d'intérêts dus au moins
« pour une année entière. »

1155　　Art. 56. « Néanmoins les revenus échus, tels que fermages,
« loyers, arrérages de rentes perpétuelles ou viagères, pro-
« duisent intérêt du jour de la demande ou de la convention.

« La même règle s'applique aux restitutions de fruits, à
« partir du jour de la liquidation, et aux intérêts payés par
« un tiers au créancier en acquit du débiteur. »

SECTION IV. — *De l'Interprétation des Conventions.*

1156　　Art. 57. « On doit, dans les conventions, rechercher quelle
« a été la commune intention des parties contractantes plus
« que l'expression grammaticale. »

1157 à 1161　　Art. 58, 59, 60, 61 et 62 (*les mêmes que les articles* 53,
54, 55 *et* 56 *du procès-verbal énoncé*).

1162　　Art. 63. « Dans le doute, la convention s'interprète contre
« celui qui a stipulé, et en faveur de celui qui a contracté
« l'obligation. »

1163-1164　　Art. 64 et 65 (*tels que les articles* 58 *et* 59 *du procès-verbal
du* 11 *brumaire*).

SECTION V. — *De l'Effet des Conventions vis-à-vis des tiers.*

Art. 66 et 67 (*les mêmes que les articles* 60 *et* 61 *du pro-* 1165-1166
cès-verbal ci-dessus énoncé).

Art. 68. « Ils peuvent aussi, en leur nom personnel, atta- 1167
« quer les actes faits par leur débiteur en fraude de leurs droits.

« Ils doivent néanmoins, quant à leurs droits énoncés aux
« titres *des Successions* et *des Contrats de mariage*, se confor-
« mer aux règles qui y sont prescrites. »

CHAPITRE III.
Des diverses espèces d'Obligations.

SECTION Ire. — *Des Obligations conditionnelles.*

§ Ier. *De la Condition en général, et de ses diverses espèces.*

Art. 69. « L'obligation est conditionnelle lorsqu'on la fait 1168
« dépendre d'un événement futur et incertain, soit en la sus-
« pendant jusqu'à ce que l'événement arrive, soit en la rési-
« liant, selon que l'événement arrivera ou n'arrivera pas. »

Art. 70, 71, 72, 73, 74, 75, 76, 77, 78, 79, 80 et 81 1169 à 1180
(*tels que sont les articles* 65, 66, 67, 68, 69, 70, 71, 72, 73,
75, 76 *et* 77 *du procès-verbal déjà énoncé*).

§ II. *De la Condition suspensive.*

Art. 82. « L'obligation contractée sous une condition sus- 1181
« pensive est celle qui dépend ou d'un événement futur et
« incertain, ou d'un événement actuellement arrivé, mais
« encore inconnu des parties.

« Dans le premier cas l'obligation ne produit d'effet qu'a-
« près l'événement ; dans le second cas l'obligation est va-
« lable, et le droit est acquis au créancier du jour où elle a
« été contractée. »

Art. 83. « Lorsque l'obligation a été contractée sous une 1182
« condition suspensive, la chose qui fait la matière de la con-
« vention demeure aux risques du débiteur qui ne s'est obligé
« de la livrer que dans le cas de l'événement de la condition.

« Si la chose est entièrement périe sans la faute du débi-
« teur, l'obligation est éteinte.

« Si la chose s'est détériorée sans la faute du débiteur, le
« créancier a le choix, ou de résoudre l'obligation, ou d'exiger
« la chose dans l'état où elle se trouve, sans diminution du
« prix.

« Si la chose s'est détériorée par la faute du débiteur, le
« créancier a le droit ou de résoudre l'obligation, ou d'exiger
« la chose dans l'état où elle se trouve, avec des dommages
« et intérêts. »

§ III. *De la Condition résolutoire.*

1183   Art. 84 (*le même que l'article* 80 *du procès-verbal du* 11 *bru-maire*).

1184   Art. 85. « La condition résolutoire est toujours sous-en-
« tendue dans les contrats synallagmatiques, pour le cas où
« l'une des deux parties ne satisfera point à son engagement.

« Dans ce cas, le contrat n'est point résolu de plein droit.
« La partie vis-à-vis de laquelle l'engagement n'a point été
« exécuté a le choix ou de forcer l'autre à l'exécution de la
« convention, lorsqu'elle est possible, ou d'en demander la
« résolution avec dommages et intérêts.

« La résolution doit être demandée en justice, et il peut
« être accordé au défendeur un délai selon les circonstances. »

SECTION II.—*Des Obligations à terme.*

1185   Art. 86 (*tel que l'article* 82 *du procès-verbal énoncé*).

1186   Art. 87. « Ce qui n'est dû qu'à terme ne peut être exigé
« avant l'échéance du terme ; mais ce qui a été payé d'avance
« ne peut être répété. »

1187-1188   Art. 88 et 89 (*les mêmes que les articles* 84 *et* 85 *du procès-verbal ci-dessus daté*).

SECTION III. — *Des Obligations alternatives.*

1189 à 1192   Art. 90, 91, 92 et 93 (*les mêmes que les articles* 86, 87, 88
et 89 *du procès-verbal ci-dessus énoncé*).

Art. 94. « L'obligation alternative devient également pure 1193
« et simple si l'une des choses promises périt, et ne peut
« plus être livrée, même par la faute du débiteur. Le prix de
« cette chose ne peut pas être offert à sa place.

« Si toutes deux sont péries, et que le débiteur soit en
« faute à l'égard de l'une d'elles, il doit payer le prix de
« celle qui a péri la dernière. »

Art. 95 (*tel que l'article* 91 *du procès-verbal du* 11 *brumaire*). 1194

Art. 96. « Si les deux choses sont péries sans la faute du 1195
« débiteur, et avant qu'il soit en demeure, l'obligation est
« éteinte conformément à l'article 198 du présent titre. »

Art. 97. « Les mêmes principes s'appliquent aux cas où il 1196
« y a plus de deux choses comprises dans l'obligation alter-
« native. »

SECTION IV. — *Des Obligations solidaires.*

§ Ier. *De l'Obligation solidaire à l'égard de plusieurs créanciers.*

Art. 98 (*le même que l'article* 93 *du procès-verbal du* 11 *bru-* 1197
maire an XII).

Art. 99. « Il est au choix du débiteur de payer à l'un ou à 1198
« l'autre des créanciers solidaires tant qu'il n'a pas été pré-
« venu par les poursuites de l'un d'eux.

« Néanmoins la remise qui n'est faite que par l'un des
« créanciers solidaires ne libère le débiteur que pour la part
« de ce créancier. »

Art. 100 (*tel que l'article* 96 *du procès-verbal ci-dessus* 1199
énoncé).

§ II. *De la Solidarité de la part des Débiteurs.*

Art. 101. « Il y a solidarité de la part des débiteurs lors- 1200
« qu'ils sont obligés à une même chose, de manière que cha-
« cun puisse être contraint pour la totalité, et que le paie-
« ment fait par un seul libère les autres envers le créancier. »

Art. 102. « L'obligation peut être solidaire, quoique l'un 1201
« des débiteurs soit obligé différemment de l'autre au paie-

« ment de la même chose ; par exemple, si l'un n'est obligé
« que conditionnellement, tandis que l'engagement de l'autre
« est pur et simple, ou si l'un a pris un terme qui n'est point
« accordé à l'autre. »

1213 1202
à 1204

Art. 103, 104, 105 et 106 (*les mêmes que les articles* 99,
100, 101 *et* 102 *du procès-verbal ci-dessus daté*).

1208

Art. 107. « Le codébiteur solidaire poursuivi par le créan-
« cier peut lui opposer toutes les exceptions qui résultent de
« la nature de l'obligation, et qui sont communes à tous les
« codébiteurs.

« Il ne peut opposer les exceptions qui sont purement per-
« sonnelles à quelques-uns des codébiteurs. »

1205 à
1207-1209

Art. 108, 109, 110 et 111 (*les mêmes que les articles* 104,
106, 107 *et* 109 *du procès-verbal rapporté*).

1211

Art. 112. « Le créancier perd toute action solidaire lors-
« qu'il consent à la division de la dette vis-à-vis l'un des dé-
« biteurs ; il en est de même lorsqu'il reçoit divisément la
« part de l'un des débiteurs, à moins que la quittance ne porte
« la réserve de la solidarité ou de ses droits en général.

« Le créancier ne perd point son action solidaire lorsqu'il
« a reçu de l'un des codébiteurs une somme égale à la portion
« dont celui-ci était tenu, si la quittance ne porte pas que
« c'est *pour sa part*. »

1211

Art. 113, 114, et 115 (*tels que les articles* 110, 111 *et* 112
du même procès-verbal).

SECTION V. — *Des Obligations divisibles et indivisibles.*

1217 à 1219

Art. 116, 117 et 118 (*les mêmes que les articles* 113, 114
et 115 *du procès-verbal du* 11 *brumaire*).

§ Ier. *Des Effets de l'Obligation divisible.*

1220

Art 119 (*le même que l'article* 116 *dudit procès-verbal*).

1221

Art. 120. « Le principe établi dans l'article précédent re-
« çoit exception à l'égard des héritiers du débiteur :

« 1°. Dans le cas où la dette est hypothécaire ;

« 2°. Lorsqu'elle est d'un corps certain ;

« 3°. Lorsqu'il s'agit de la dette alternative de choses au « choix du créancier, dont l'une est indivisible ;

« 4°. Lorsque l'un des héritiers est chargé seul, par le titre, « de l'exécution de l'obligation ;

« 5°. Lorsqu'il résulte soit de la nature de l'engagement, « soit de la chose qui en fait l'objet, soit de la fin qu'on s'est « proposée dans le contrat, que l'intention des parties a été « que la dette ne pût s'acquitter par partie ;

« Dans les trois premiers cas, l'héritier qui possède la chose « due ou le fonds hypothéqué à la dette peut être poursuivi « pour le tout sur la chose due ou sur le fonds hypothéqué, « sauf le recours contre ses cohéritiers. Dans le quatrième cas « l'héritier seul est chargé de la dette ; et dans le cinquième « cas chaque héritier peut aussi être poursuivi pour le tout, « sauf son recours contre ses cohéritiers. »

§ II. *Des Effets de l'Obligation indivisible.*

Art. 121, 122, 123 et 124 (*les mêmes que les articles* 118, 1222à1225 119, 120 *et* 121 *du procès-verbal énoncé*).

SECTION VI. — *Des Obligations avec clauses pénales.*

Art. 125, 126, 127 et 128 (*tels que sont les articles* 122, 1226à1229 123, 124 *et* 125 *au procès-verbal du* 21 *brumaire*).

Art. 129. « Soit que l'obligation primitive contienne, soit 1230 « qu'elle ne contienne pas un terme dans lequel elle doive « être accomplie, la peine n'est encourue que lorsque celui « qui s'est obligé, soit à livrer, soit à prendre, soit à faire, « est en demeure. »

Art. 130, 131 et 132 (*tels que les articles* 128, 129 *et* 130 1231à1233 *du même procès-verbal*).

CHAPITRE IV.

De l'Extinction des Obligations.

Art. 133 (*tel que l'article* 131 *du même procès-verbal*). 1234

9·

SECTION Ire. — *Du Paiement.*

§ Ier. *Du Paiement en général.*

1135 à 1143   Art. 134, 135, 136, 137, 138, 139, 140, 141 et 142 (*les mêmes que les articles* 132, 133, 134, 135, 136, 137, 138 *et* 139 *du procès-verbal du* 11 *brumaire*).

1244   Art. 143. « Le débiteur ne peut point forcer le créancier de « recevoir en partie le paiement d'une dette, même divisible.

« Le juge peut néanmoins, en considération de la position « du débiteur, et en usant de ce pouvoir avec une grande « réserve, autoriser la division du paiement : il peut aussi « autoriser cette division en cas de contestation sur une partie « de la dette. »

1245-1247-
1248 ap.
1251 et 1214   Art. 144, 145, 146 et 147 (*tels que les articles* 141, 142, 143 *et* 145 *du procès-verbal ci-dessus rapporté*).

§ II. *Du Paiement avec subrogation.*

1249   Art. 148. « La subrogation dans les droits du créancier au « profit d'une tierce personne qui le paie est ou convention- « nelle ou légale. »

1250   Art. 149. « Cette subrogation est conventionnelle :

« 1°. Lorsque le créancier recevant son paiement d'une « tierce personne la subroge dans ses droits, actions, privi- « lége ou hypothèque contre le débiteur. Cette subrogation « doit être expresse, et faite en même temps que le paiement ;

« 2°. Lorsque le débiteur emprunte une somme à l'effet « de payer sa dette et de subroger le prêteur dans ses droits. « Il faut, pour que cette subrogation soit valable, que l'acte « d'emprunt et la quittance soient passés devant notaires ; « que dans l'acte d'emprunt il soit déclaré que la somme a « été empruntée pour faire le paiement, et que dans la quit- « tance il soit déclaré que le paiement a été fait des deniers « fournis à cet effet par le nouveau créancier. Cette subroga- « tion s'opère sans le concours de la volonté du créancier. »

1250   Art. 150. « La subrogation a lieu de plein droit :

« 1°. Au profit de celui qui étant lui-même créancier paie
« un autre créancier qui lui est préférable à raison de ses pri-
« vilége ou hypothèque ;

« 2°. Au profit de l'acquéreur d'un immeuble qui emploie
« le prix de son acquisition au paiement des créanciers aux-
« quels cet héritage était hypothéqué ;

3°. Au profit de celui qui, étant tenu avec d'autres ou
« pour d'autres au paiement de la dette, avait intérêt de l'ac-
« quitter. »

Art. 151 (*le même que l'article* 146 *du procès-verbal ci-*   1252
dessus énoncé).

§ III.   *De l'Imputation des Paiemens.*

Art. 152 et 153 (*les mêmes que les articles* 147 *et* 148 *du*   1253-1254
procès-verbal énoncé).

Art. 154. « Lorsque le débiteur de diverses dettes a ac-   1255
« cepté une quittance par laquelle le créancier a imputé ce
« qu'il a reçu sur l'une de ces dettes spécialement, le débi-
« teur ne peut plus demander l'imputation sur une dette dif-
« férente, à moins qu'il n'y ait eu dol ou surprise de la part
« du créancier. »

Art. 155. « Lorsque la quittance ne porte aucune imputa-   1256
« tion, le paiement doit être imputé sur la dette que le dé-
« biteur avait pour lors le plus d'intérêt d'acquitter entre
« celles qui sont pareillement échues ; sinon sur celle échue,
« quoique moins onéreuse que celles qui ne le sont point.

« Si les dettes sont d'égale nature, l'imputation se fait sur
« la plus ancienne ; toutes choses égales, elle se fait propor-
« tionnellement. »

§ IV.   *Des Offres de Paiement et de la Consignation.*

Art. 156 (*tel que l'article* 151 *du même procès-verbal*).   1257

Art. 157. « Pour que les offres réelles soient valables, il   1258
« faut :

« 1°. Qu'elles soient faites au créancier ayant la capacité

« de recevoir, ou à celui qui a pouvoir de recevoir pour lui ;

« 2°. Qu'elles soient faites par une personne capable de « payer ;

« 3°. Qu'elles soient de la totalité de la somme exigible, « des arrérages ou intérêts dus, des frais liquidés, et d'une « somme pour les frais non liquidés, sauf à parfaire ;

« 4°. Que le terme soit échu, s'il a été stipulé en faveur du « créancier ;

« 5°. Que la condition sous laquelle la dette a été contrac- « tée soit arrivée ;

« 6°. Que les offres soient faites au lieu dont on est convenu « pour le paiement, et que, s'il n'y a pas de convention spé- « ciale sur le lieu du paiement, elles soient faites, ou à la « personne du créancier, ou à son domicile, ou au domicile « élu pour l'exécution de la convention ;

« 7°. Que les offres soient faites par un officier ministériel « ayant caractère pour ces sortes d'actes. »

1259-1261
à 1265
Art. 158, 159, 160 et 161 (*les mêmes que les articles* 153, 154, 155 *et* 156 *du procès-verbal ci-dessus énoncé*).

§ V. *De la Cession des biens.*

1265
Art. 162. « La cession de biens est l'abandon qu'un débi- « teur fait de tous ses biens à ses créanciers pour avoir la « liberté de sa personne, et pour éviter les poursuites qui « pourraient être faites contre lui, lorsqu'il se trouve hors « d'état de payer ses dettes. »

1266 à 1270
Art. 163, 164, 165, 166 et 167 (*les mêmes que les art.* 158, 159, 160, 161 *et* 162 *du susdit procès-verbal*).

SECTION II.—*De la Novation.*

1271 à 1278
Art. 168, 169, 170, 171, 172, 173, 174 et 175 (*tels que les art.* 164, 165, 166, 167, 168, 169, 170 *et* 171 *du même procès-verbal*).

1279
Art. 176. « Lorsque la novation s'opère par la substitution « d'un nouveau débiteur, les priviléges et hypothèques pri-

« mitifs de la créance ne peuvent point passer sur les biens
« du nouveau débiteur. »

Art. 177 et 178 (*les mêmes que les art. 173 et 174 du procès-* 1280 et
verbal du 11 brumaire). 1281

SECTION III.—*De la Remise de la dette.*

Art. 179. « La remise volontaire du titre original sous si- 1282
« gnature privée par le créancier au débiteur fait preuve de
« la libération. »

Art. 180. « La remise volontaire de la grosse du titre fait 1283
« présumer la remise de la dette ou le paiement, sans préju-
« dice de la preuve contraire. »

Art. 181. « La remise du titre original sous signature 1284
« privée, ou de la grosse du titre à l'un des débiteurs soli-
« daires, a le même effet au profit de ses codébiteurs. »

Art. 182. « La remise ou décharge conventionnelle au 1285
« profit de l'un des codébiteurs solidaires libère tous les
« autres, à moins que le créancier n'ait expressément réservé
« ses droits contre ces derniers.

« Dans ce dernier cas, il ne peut plus répéter la dette que
« déduction faite de la part de celui auquel il a fait la
« remise. »

Art. 183, 184 et 185 (*les mêmes que les art. 179, 180 et 181* 1286 à 1288
dudit procès-verbal).

SECTION IV.—*De la Compensation.*

Art. 186, 187, 188, 189, 190, 191, 192, 193, 194 et 195 1289 à 1291
(*les mêmes que les art. 182, 183, 184, 185, 186, 187, 188,* et 1293
189 et 190 *du procès-verbal énoncé*). à 1299

SECTION V.—*De la Confusion.*

Art. 196 et 197 (*les mêmes que les art. 191 et 192 du procès-* 1300-1301
verbal du 11 brumaire).

SECTION VI.—*De l'Extinction ou de la Perte de la chose due.*

Art. 198. « Lorsque le corps certain et déterminé qui était 1302

« l'objet de l'obligation vient à périr, ou à se perdre de
« manière qu'on en ignore absolument l'existence, l'obliga-
« tion est éteinte si la chose a péri ou a été perdue sans la
« faute du débiteur et avant qu'il fût en demeure, à moins
« qu'il ne se fût chargé des cas fortuits, ou que la chose ne
« fût également périe chez le créancier, si elle lui eût été
« livrée lors de la demande.

« Le débiteur est tenu de prouver le cas fortuit qu'il
« allègue.

« Quelle que soit la cause de la perte de la chose volée,
« elle ne dispense pas celui qui l'a soustraite de la restitution
« du prix. »

1303   Art. 199 (*tel que l'art.* 194 *du même procès-verbal*).

SECTION VII.—*De l'Action en nullité ou en rescision des*
conventions.

1304-1305   Art. 200 et 201 (*tels que l'art.* 195 *et le premier alinéa de*
l'art. 196 *du même procès-verbal*).

1306 à1311   Art. 202, 203, 204, 205, 206 et 207 (*les mêmes que le pre-*
mier alinéa de l'art. 197 *et les art.* 198, 199, 200, 201 *et* 202
du procès-verbal énoncé).

1312   Art. 208. « Lorsque les mineurs, les interdits ou les femmes
« mariées sont admis en ces qualités à se restituer contre leurs
« engagemens, le remboursement de ce qui aurait été, en
« conséquence de ces engagemens, payé pendant la minorité,
« l'interdiction ou le mariage, ne peut en être exigé, à moins
« qu'il ne soit prouvé que ce qui a été payé a tourné à leur
« profit. »

1313   Art. 209. « Les majeurs ne sont restitués pour cause de
« lésion que dans les cas et sous les conditions expliqués au
« titre... »

1314   Art. 210. « Lorsque les formalités requises à l'égard des
« mineurs ou interdits, soit pour aliénation d'immeubles,
« soit dans un partage de succession, ont été remplies, ils

« sont, relativement à ces actes, considérés comme s'ils les
« avaient faits en majorité. »

CHAPITRE V.

De la Preuve des Obligations et de celle du Paiement.

Art. 211 (*le même que l'art. 204 du procès-verbal du 11 bru-*   1315
maire).

Art. 212. « Les règles qui concernent la preuve littérale,   1316
« la preuve testimoniale, les présomptions, la confession de
« la partie et le serment, sont expliquées dans les sections
« suivantes. »

SECTION 1re. — *De la Preuve littérale.*

§ Ier. *Du Titre authentique.*

Art. 213 et 214 (*tels que les art. 207 et 208 du même procès-*   1317-1318
verbal).

Art. 215. « L'acte authentique fait pleine foi de la con-   1319
« vention qu'il renferme entre les parties contractantes et
« leurs héritiers ou ayans-cause.

« Néanmoins, en cas de plainte en faux principal, l'exé-
« cution de l'acte argué de faux sera suspendue par la mise
« en accusation ; et en cas d'inscription de faux faite incidem-
« ment, les tribunaux peuvent, suivant les circonstances,
« suspendre provisoirement l'exécution de l'acte. »

Art. 216. « L'acte authentique fait foi entre les parties,   1320
« même de ce qui n'y est exprimé qu'en termes énonciatifs,
« pourvu que l'énonciation ait un rapport direct à la dispo-
« sition. Les énonciations étrangères à la disposition ne peu-
« vent servir que d'un commencement de preuve. »

Art. 217. « Les contre-lettres ne peuvent avoir leur effet   1321
« qu'entre les parties contractantes : elles n'ont jamais d'effet
« contre les tiers. »

§ II. *De l'Acte sous seing privé.*

15ₐₐ à 15ₐ₄ **Art. 218, 219 et 220** (*tels que les art. 211, 212 et 213 du procès-verbal du 11ᵉ brumaire*).

1325 **Art. 221.** « Les actes sous seing privé qui contiennent des
« conventions synallagmatiques ne sont valables qu'autant
« qu'ils ont été faits en autant d'originaux qu'il y a de par-
« ties ayant un intérêt particulier.

« Il suffit d'un original pour toutes les personnes ayant le
« même intérêt.

« Chaque original doit contenir la mention du nombre des
« originaux qui en ont été faits.

« Néanmoins le défaut d'originaux doubles, triples, etc.,
« ne peut être opposé par celui qui a exécuté de sa part la
« convention portée dans l'acte. »

1326 **Art. 222.** « L'acte sous seing privé par lequel une seule
« partie s'engage envers l'autre à lui payer une somme d'ar-
« gent ou une chose appréciable, doit être écrit en entier de
« la main de celui qui le souscrit, ou du moins il faut
« qu'outre sa signature il ait écrit de sa main un *bon* ou un
« *approuvé* portant en toutes lettres la somme ou la quantité
« de la chose,

« Excepté dans le cas où l'acte émane de commerçans,
« d'artisans et de laboureurs ou autres gens de campagne. »

1327 **Art. 223.** « Lorsque la somme exprimée au corps de l'acte
« est différente de celle exprimée au *bon*, l'obligation est
« présumée n'être que de la somme moindre, lors même
« que l'acte, ainsi que le *bon*, sont écrits en entier de la
« main de celui qui s'est obligé, à moins qu'il ne soit prouvé
« de quel côté est l'erreur. »

1328 **Art. 224.** « Les actes sous seing privé n'ont de date contre
« les tiers que du jour où ils ont été enregistrés, du jour de
« la mort de celui ou de l'un de ceux qui les ont souscrits,
« ou du jour où leur substance est constatée dans des actes

« dressés par des officiers publics, tels que procès-verbaux
« de scellé ou d'inventaire. »

Art. 225, 226, 227 et 228 (*les mêmes que les art.* 218, 219, ¹³²⁹ ᵃ ¹³⁵²
220 *et* 221 *du procès-verbal déjà rapporté*).

§ III. *Des Tailles.*

Art. 229 (*le même que l'art.* 222 *de ce procès-verbal*).   ¹³³³

§ IV. *Des Copies des Titres.*

Art. 230 (*tel que l'art.* 223 *du même procès-verbal*).   ¹³³⁴

Art. 231. « Lorsque le titre original n'existe plus, leso c—   ¹³³⁵
« pies font foi d'après les distinctions suivantes :

« 1°. Les grosses ou premières expéditions, ainsi que les
« copies qui ont été tirées par l'autorité du magistrat, parties
« présentes ou dûment appelées, ou celles qui ont été tirées
« en présence des parties et de leur consentement réciproque,
« font la même foi que l'original.

« 2°. Les copies qui, sans l'autorité du magistrat ou sans
« le consentement des parties, et depuis la délivrance des
« grosses ou premières expéditions, auront été tirées sur la
« minute de l'acte par le notaire qui l'a reçu ou par l'un
« de ses successeurs, peuvent, en cas de perte de l'original,
« faire foi quand elles sont anciennes.

« Elles sont considérées comme anciennes quand elles ont
« plus de trente ans.

« 3°. Les copies tirées sur la minute d'un acte par d'autres
« notaires que ceux qui l'ont reçu, par leurs successeurs ou
« par officiers publics dépositaires des minutes, ne peuvent
« servir, quelle que soit leur ancienneté, que de commence—
« ment de preuve par écrit.

« 4°. Les copies de copies pourront, suivant les circonstan-
« ces, être considérées comme simples renseignemens. »

Art. 232 (*le même que l'art.* 225 *du procès-verbal énoncé*).   ¹³³⁶

§ V. *Des Actes récognitifs et confirmatifs.*

1337 à 1340   Art. 233, 234, 235 et 236 (*les mêmes que les art.* 226, 227, 228 *et* 229 *du procès-verbal du* 11 *brumaire*).

SECTION II. — *De la Preuve testimoniale.*

1341 à 1348   Art. 237, 238, 239, 240, 241, 242, 243 et 244 (*les mêmes que les art.* 230, 231, 232, 233, 234, 235, 236 *et* 237 *du procès-verbal du* 11 *brumaire*).

SECTION III. — *Des Présomptions.*

1349   Art. 245 (*tel que l'art.* 238 *du même procès-verbal*).

§ Ier. *Des Présomptions établies par la loi.*

1350 à 1352   Art. 246, 247 et 248 (*les mêmes que les art.* 239, 240 *et* 241 *du procès-verbal du* 11 *brumaire*).

§ II. *Des Présomptions qui ne sont point établies par la loi.*

1353   Art. 249 (*le même que l'art.* 242 *dudit procès-verbal*).

SECTION IV. — *De l'Aveu de la partie.*

1354   Art. 250. « L'aveu qui est opposé à une partie est ou extra-« judiciaire ou judiciaire. »

1355   Art. 251. « L'allégation d'un aveu extra-judiciaire pure-« ment verbal est inutile toutes les fois qu'il s'agit d'une de-« mande dont la preuve testimoniale ne serait point admis-« sible. »

1356   Art. 252. « L'aveu judiciaire est la déclaration faite en « justice.

« Il fait pleine foi contre celui qui l'a fait.

« Il ne peut être divisé contre lui.

« Il ne peut le révoquer, à moins qu'il ne prouve qu'il a « été la suite d'une erreur de fait. Il ne pourrait le révoquer « sous prétexte d'une erreur de droit. »

SECTION V. — *Du Serment.*

Art. 253. « Le serment judiciaire est de deux espèces :   1357
« 1°. Celui qu'une partie défère à l'autre pour en faire dé-
« pendre le jugement de la cause : il est appelé *décisoire;*
« 2°. Celui qui est déféré d'office par le juge à l'une ou
« l'autre des parties. »

§ Ier. *Du Serment décisoire.*

Art. 254. « Le serment décisoire peut être déféré sur quel-   1358
« que espèce de contestation que ce soit. »

Art. 255. « Il ne peut être déféré que sur un fait personnel   1359
« à la partie à laquelle on le défère. »

Art. 256. « Il peut être déféré en tout état de cause, et   1360
« encore qu'il n'existe aucun commencement de preuve de la
« demande ou de l'exception sur laquelle il est provoqué. »

Art. 257. « Celui auquel le serment est déféré, qui le re-   1361
« fuse ou ne consent pas de le référer à son adversaire, ou
« l'adversaire à qui il a été référé et qui le refuse, doit suc-
« comber dans sa demande ou dans son exception. »

Art. 258. « Le serment ne peut être référé quand le fait   1362
« qui en est l'objet n'est point celui des deux parties, mais
« est purement personnel à celui auquel le serment avait été
« déféré. »

Art. 259. « Lorsque le serment déféré ou référé a été fait,   1363
« l'adversaire n'est point recevable à en prouver la fausseté. »

Art. 260. « La partie qui a déféré ou référé le serment ne   1364
« peut plus se rétracter lorsque l'adversaire a déclaré qu'il
« est prêt à faire ce serment. »

Art. 261. « Le serment fait ne forme preuve qu'au profit   1365
« de celui qui l'a déféré ou contre lui, et au profit de ses hé-
« ritiers et ayans-cause ou contre eux.

« Néanmoins le serment déféré par l'un des créanciers so-
« lidaires au débiteur ne libère celui-ci que pour la part de,
« ce créancier.

« Le serment déféré au débiteur principal libère égale-
« ment les cautions;

   « Celui déféré à l'un des débiteurs solidaires profite aux
« codébiteurs;

   « Et celui déféré à la caution profite au débiteur principal.

   « Dans ces deux derniers cas le serment du codébiteur
« solidaire ou de la caution ne profite aux autres codébi-
« teurs ou au débiteur principal que lorsqu'il a été déféré
« sur la dette, et non sur le fait de la solidarité ou du cau-
« tionnement. »

§ II. *Du Serment déféré d'office.*

1366   Art. 262. « Le juge peut déférer à l'une des parties le ser-
« ment, ou pour en faire dépendre la décision de la cause,
« ou seulement pour déterminer le montant de la condamna-
« tion. »

1367   Art. 263. « Le juge ne peut déférer d'office le serment, soit
« sur la demande, soit sur l'exception qui y est opposée, que
« sous les deux conditions suivantes. Il faut :

   « 1°. Que la demande ou l'exception ne soit pas pleinement
« justifiée;

   « 2°. Qu'elle ne soit pas totalement dénuée de preuves.

   « Hors ces deux cas, il doit ou adjuger ou rejeter pure-
« ment et simplement la demande. »

1368   Art. 264. « Le serment déféré d'office par le juge à l'une
« des parties ne peut être par elle référé à l'autre. »

1369   Art. 265. « Le serment sur la valeur de la chose demandée
« ne peut être déféré par le juge au demandeur que lorsqu'il
« est d'ailleurs impossible de constater autrement cette
« valeur.

   « Le juge doit même, en ce cas, déterminer la somme
« jusqu'à concurrence de laquelle le demandeur en sera cru
« sur son serment. »

Le Consul ordonne que le titre ci-dessus sera communiqué officieusement, par le secrétaire général, du Conseil d'État, à la section de législation du Tribunat, conformément à l'arrêté du 18 germinal an X.

COMMUNICATION OFFICIEUSE

A LA SECTION DE LÉGISLATION DU TRIBUNAT.

Le projet fut communiqué le 21 frimaire an XII (13 décembre 1803), et l'examen de la section eut lieu le 4 nivose (26 décembre) et les jours suivans.

OBSERVATIONS DE LA SECTION.

La section entend un rapport sur un projet de loi dépendant du livre III du Code civil, et intitulé : Titre II. *Des Contrats ou des Obligations conventionnelles en général.*

Elle examine chacun des articles dont ce projet est composé. Il ne sera question ici que de ceux à l'égard desquels elle a cru devoir proposer quelques changemens ou modifications.

Art. 5. On observe que cet article parle du contrat aléatoire sans paraître le définir, et pour dire seulement en quoi son équivalent consiste. 1104

Comme l'article 4 donne la définition du contrat commutatif, et que le contrat aléatoire appartient à cette classe de contrats, la section pense qu'en faisant de l'article 5 un paragraphe de l'article 4, et le rédigeant ainsi qu'il suit, on verra tout à la fois à quelle classe le contrat aléatoire appartient, et ce que c'est que ce contrat.

Nouvelle rédaction de l'article 5, devenu paragraphe de l'article 4.

« Lorsque l'équivalent consiste dans la chance de gain ou « de perte pour chacune des parties, d'après un événement « incertain, le contrat est aléatoire. »

1107   **Art. 8, paragraphe deuxième.** Après les mots *transactions commerciales*, ajoutez *sont établies*. Cette addition est nécessitée par la construction de la phrase.

1109   **Art. 10.** La rédaction du projet est ainsi conçue :

« Il n'y a point de consentement valable, s'il n'a été donné « que par erreur, ou s'il a été extorqué par violence, dol ou « artifice. »

On propose de substituer à la rédaction du projet celle qui suit :

« Il n'y a point de consentement valable, si le consente-« ment n'a été donné que par erreur, ou s'il a été extorqué « par violence ou surpris par dol. »

Cette nouvelle version paraît préférable à la première : dans celle-ci, 1° l'on applique au dol le mot *extorquer*, qui, d'après son acception naturelle, présente l'idée de contrainte, et dès lors n'est applicable qu'aux mots de violence ; 2° le mot *artifice* est inutile et peut même induire en erreur. Tout artifice qui rend le contrat nul renferme nécessairement un dol ; s'il n'existe point de dol, l'artifice ne suffit pas pour que le contrat soit annulé. *Dol* est le mot générique, et comprend toute espèce de ruse et d'artifice.

1113   **Art. 14.** Au lieu de *sur ses enfans ou ses ascendans*, dire *sur ses descendans ou ses ascendans*. Quoiqu'en général par *enfans* on entende aussi les enfans des enfans, et conséquemment les descendans, on a pensé que l'expression la plus claire devait obtenir la préférence.

1117   **Art. 18.** Il y a une erreur typographique : au lieu de *à la section IX*, lisez *à la section VII*. L'erreur est évidente d'après l'objet dont parle l'article.

1121   **Art. 22.** La disposition du projet est conçue en ces termes :

« On peut pareillement stipuler au profit d'un tiers, lors-« que telle est la condition d'une stipulation que l'on fait « pour soi-même, ou d'une donation que l'on fait à un « autre. Celui qui a fait cette stipulation ne peut plus la ré-« voquer si le tiers en réclame l'exécution. »

Au lieu de dire *si le tiers en réclame l'exécution*, on propose de substituer *si le tiers a déclaré vouloir en profiter.*

En laissant subsister ces derniers mots, *si le tiers en réclame l'exécution*, il semblerait que le tiers ne peut rendre la stipulation irrévocable qu'à l'époque où le terme fixé pour son exécution est arrivé. Car ce n'est qu'à cette époque que l'exécution peut être réclamée. L'intention de la loi est sans doute qu'aussitôt après la stipulation faite, l'irrévocabilité soit opérée par la seule déclaration du tiers qu'il veut en profiter, sauf à lui d'attendre, pour en profiter, l'échéance du terme. On a cité, par exemple, le cas où Paul aurait donné une maison à Pierre, à condition, de la part du donataire, de payer une somme à Jacques dans trois ans. Certes, Jacques ne doit pas avoir besoin que les trois ans soient révolus pour avoir le droit de rendre irrévocable la stipulation faite à son profit. Il doit pouvoir la rendre telle à l'instant même de la stipulation, s'il déclare qu'il veut en profiter. Tels sont les motifs d'après lesquels la section s'est déterminée en faveur du changement proposé.

Art. 24. Cet article est précédé d'un intitulé ainsi conçu :   1124-1123
Section II. *De la Capacité des parties contractantes.* Comme dans l'article 24 il n'est question que des incapables, cette disposition, ne correspondant pas exactement au titre, en appelle une première qui pourrait être rédigée ainsi qu'il suit :

« Toute personne capable de consentir est naturellement « capable de contracter.

« Cette capacité de contracter cesse dans certains cas dé-« terminés par la loi. »

Art. 25. Changer la rédaction, et dire : « Les engagemens ap. 1124 « contractés par les impubères ne sont obligatoires en aucun « cas ni pour aucune des parties. »

Ce changement est nécessaire à cause de celui proposé ci-après pour l'article 234 : il rend d'ailleurs beaucoup mieux l'opposition entre l'article 25 et l'article 26.

1266   Art. 27. *Un fait;* supprimer ces mots comme inutiles ; pour éviter de dire *faire un fait.*

1130   Article 31, deuxième paragraphe. Terminer ce deuxième paragraphe par l'addition suivante : *Même avec le consentement de celui de la succession duquel il s'agit.* Cette addition fera cesser la diversité de jurisprudence existant entre les tribunaux, dont quelques-uns admettent, conformément à la loi romaine, les renonciations et stipulations relatives aux successions non ouvertes, pourvu que ceux de la succession desquels il s'agit y aient consenti.

1137   Art. 38. *Oblige;* substituer *soumet,* afin de ne pas dire *l'obligation oblige.*

1141   Art. 42. La section pense que cet article doit être rédigé ainsi qu'il suit :

« Si la chose qu'on s'est obligé de donner ou de livrer à
« deux personnes successivement est purement mobilière,
« celle des deux qui en a été mise en possession réelle est
« préférée et en demeure propriétaire, encore que son titre
« soit postérieur eu date, pourvu toutefois qu'elle en soit
« devenue possesseur de bonne foi. »

La nouvelle rédaction rend la disposition commune à toutes les obligations indistinctement, tandis que celle du projet est incomplète, les termes qu'on y emploie ne pouvant s'appliquer qu'aux contrats de vente.

sect. 3.   Intitulé de la section II. Cet intitulé porte : *De l'Obligation de faire ou ne pas faire :* omission typographique; lisez : *De l'Obligation de faire ou de ne pas faire.*

1142   Art. 43. Même omission; lisez *de faire ou de ne pas faire.*

1146 à 1148   Art. 46, 47 et 49. La section pense que ces articles doivent être retirés de la section II et placés au commencement de la section III. Le motif est qu'ils n'appartiennent pas à la section II; seulement qu'ils appartiennent aussi à la section Iʳᵉ, et que les règles qu'ils établissent étant relatives aux dommages et intérêts, leur place naturelle est dans la section III, qui s'occupe essentiellement de cet objet, et

·dont tous les articles sont également applicables aux deux premières sections.

SECTION III.
sect. 4 •

Les trois premiers articles de cette section seront, comme on vient de le dire, les articles 46, 47 et 49. Alors son intitulé doit porter : *Des Dommages et intérêts résultant de l'inexécution des obligations.* Cette énonciation sera générale : l'intitulé du projet est restrictif. On y lit : *Du Règlement des dommages et intérêts*, etc.

Art. 46. *Obligé de faire;* ajouter *ou de donner.* Il y a 1.46 parité de raison pour ce cas ; l'oubli est évident.

Art. 49. *A été empêché de faire;* ajouter *ou de donner.* Même 1148 raison que ci-dessus.

Art. 53. Après les mots *une certaine somme,* ajouter *à titre* 1.52 *de dommages-intérêts.* L'objet de cette addition est de déterminer la juste application de l'article, et de marquer la différence entre la clause des dommages-intérêts à laquelle le juge ne peut rien changer, et la clause pénale qui est susceptible d'être réduite.

Art. 56, paragraphe deuxième. Retrancher les mots *à* 1155 *partir du jour de la liquidation.* Autrement la mauvaise foi se prévaudra de cette disposition particulière, et les débiteurs malhonnêtes emploieront toutes les ruses que peut suggérer l'esprit de chicane pour retarder la liquidation autant qu'il sera possible. Ils y seront encouragés par l'avantage de conserver un capital dont ils retireront de gros intérêts, tandis qu'ils n'en auraient aucun à payer jusqu'au jour de la liquidation.

Art. 57. Le projet est ainsi conçu : 1156

« On doit, dans les conventions, rechercher quelle a été la « commune intention des parties contractantes plus que l'ex- « pression grammaticale. »

On dit bien *rechercher l'intention ,* mais non pas *rechercher l'expression.* La section est d'avis qu'au lieu de ces mots, *plus que l'expression grammaticale*, il sera mieux de dire *plutôt que de s'arrêter au sens littéral des termes.*

SECTION V.

L'intitulé porte : *De l'Effet des conventions vis-à-vis des tiers.* La section préfère *à l'égard des tiers.*

1171   Art. 72. Au lieu de ces mots, *de la volonté de la partie contractante*, il a paru convenable de dire *de la volonté d'une des parties contractantes.* Dans le cas de l'article, il y a toujours plus d'une partie qui contracte.

1174   Art. 75. Supprimer le mot *purement.* On évitera les difficultés qui pourraient s'élever sur la question de savoir si telle condition, reconnue d'ailleurs pour potestative, est ou n'est pas purement potestative. Cet article serait encore plus satisfaisant rédigé de la manière suivante :

« Toute obligation est nulle lorsqu'elle dépend unique-
« ment d'une condition potestative de la part de celui qui
« s'oblige. »

1175   Art. 76. *Toute condition doit s'accomplir*, etc. Au mot *s'accomplir* substituer *être accomplie*, pour être en harmonie grammaticale avec les mots *qu'elle le fût*, qui terminent l'article.

1176   Art. 77. *La condition qui consiste en ce qu'un événement arrive*, etc...

1177   Art. 78. *La condition qui consiste en ce qu'un événement n'arrive pas*, etc...

La section, en applaudissant à la sagesse de ces deux articles, pense que, avec les légers changemens qui suivent, ils auront acquis pour la rédaction toute la perfection désirable.

Art. 77. « Lorsqu'une obligation est contractée sous la con-
« dition qu'un événement arrivera dans un temps fixe, cette
« condition est censée défaillie, etc. » Le surplus comme dans le projet.

Art. 78. « Lorsqu'une obligation est contractée sous la con-
« dition qu'un événement n'arrivera pas dans un temps fixe,

« cette condition est accomplie lorsque ce temps est expiré
« sans que l'événement soit arrivé. Elle l'est également si ,
« avant le terme, il est certain que l'événement n'arrivera
« pas, etc. » Le surplus comme dans le projet.

Art. 82. Sur le deuxième paragraphe, on observe que ces
mots, *ne produit d'effet*, semblent exclure tout droit de faire,
avant l'événement, des actes conservatoires : car l'acte conservatoire est un des effets des conventions, et l'intention du
paragraphe n'est pas sans doute de prononcer cette exclusion.
La lettre et l'esprit ne laisseront plus rien à désirer en s'exprimant de la manière suivante , qui , de plus , rentre dans
la disposition de l'article 81 :

« Dans le premier cas l'obligation ne peut être exécutée
« qu'après l'événement. »

A l'égard du troisième paragraphe , le mot *valable* est trop
éloigné de ceux-ci , *du jour où elle a été contractée*, pour que
l'intime liaison du tout puisse être facilement sentie ; d'un
autre côté , le mot *valable* , pris isolément, jeterait de l'obscurité dans la disposition , bien loin d'y répandre de la lumière.

La nouvelle rédaction qui suit a paru réunir le double mérite de la clarté et de la simplicité :

« L'obligation a son effet du jour où elle a été contractée.»

Art. 92. A ces mots, *mais il ne peut pas offrir*, substituez :
mais il ne peut pas forcer à recevoir, etc. Le motif de cette
substitution est que celui qui veut offrir ne peut pas être empêché de le faire , mais que celui à qui l'offre est faite a le
droit de répondre qu'il ne recevra pas.

Art. 93. La section préfère la rédaction suivante :

« L'obligation est pure et simple, quoique contractée d'une
« manière alternative, si l'une des deux choses promises ne
« pouvait être le sujet de l'obligation. »

La raison de cette préférence est fondée sur ce que dans la
rédaction du projet on dit que *l'obligation... devient pure et
simple*, ce qui suppose qu'il y a eu un temps où cette obliga-

tion ne l'était pas encore. Le cas prévu par l'article est tel que l'obligation a été pure et simple dès son origine, et n'a jamais cessé de l'être.

1193   Art. 94. *Devient également pure et simple;* supprimer le mot *également;* on l'avait employé parce que le mot *devient* se trouvait déjà dans l'article 93. Le retranchement du mot *devient* dans l'article 93 exige celui du mot *également* dans l'article 94.

sect. 4   SECTION IV. — *Des Obligations solidaires.*

§ Iᵉʳ. *De l'Obligation solidaire à l'égard de plusieurs créanciers.*

La section désire que l'intitulé du § Iᵉʳ soit ainsi conçu : *De la Solidarité entre les créanciers.*

Cet intitulé paraît plus clair. Il offre la même concision que celui du § II.

1197   Art. 98. Après les mots *lorsque le titre donne*, ajoutez *expressément.* Cette addition est commandée par l'article 104, qui porte *que la solidarité ne se présume point, et qu'elle doit être expressément stipulée.* Par ce moyen la corrélation des deux articles sera parfaite dans les termes comme dans le sens de la loi.

1198   Art. 99, paragraphe deuxième. La section a voté la disposition inverse de celle du projet. Voici la rédaction.

« La remise faite par l'un des créanciers solidaires libère le « débiteur envers les autres, pourvu qu'elle soit antérieure à « toute poursuite de la part de l'un d'eux. »

Les motifs suivans ont déterminé la section.

La loi compte parmi les moyens de libération la remise de la dette. L'article 133 le porte expressément. Il est également certain que chaque créancier est, par rapport au débiteur commun contre lequel les autres créanciers n'ont fait encore aucune poursuite, comme s'il était lui-même l'unique créancier. L'obligation de ce débiteur commun peut donc être éteinte par la remise qu'un des créanciers ferait de la dette totale, comme par le paiement intégral qu'il aurait reçu. L'on oppose que l'intention des créanciers, lorsqu'ils conviennent entre eux de la solidarité, est bien que chacun d'eux puisse libérer le débiteur en recevant de lui toute la somme due, mais non pas qu'il puisse faire un acte de générosité aux dépens des autres en remettant la dette pour les parts qui leur reviennent. Il est facile de répondre à cet argument. Sans doute si les créanciers sont convenus dans l'acte qu'aucun d'eux n'aura le droit de faire la remise de la dette, il faudra que la convention soit ainsi exécutée. Mais si l'acte ne le dit point, il faut que la solidarité ait son effet sans aucune exception, puisque les créanciers n'en ont établi aucune. La solidarité ne serait pas complète si chaque moyen de libération n'était pas au pouvoir de chaque créancier. Et d'ailleurs, quand la solidarité serait limitée et ne comprendrait pas la faculté de remettre la dette, celui qui, au lieu de faire cette remise, aurait reçu toute la somme, ne pourrait-il pas la dissiper sur-le-champ, ou même, en la recevant d'une main, la restituer de l'autre à celui qui venait de la lui donner? Ne pourrait-il pas aussi donner quittance, comme s'il eût reçu, sans avoir rien reçu en effet? Dans tous les cas il n'y aurait pas plus d'avantage pour les autres créanciers que si la remise eût été faite franchement. On ne peut donc alléguer aucune raison d'intérêt par rapport aux créanciers pour s'écarter ici du principe général, et, quand les créanciers jugeront à propos d'y déroger, ils le stipuleront.

Art. 100. Cet article est limitatif, vu qu'il ne parle que de la reconnaissance de la dette. Cependant il y a même raison pour tous les autres actes par lesquels la prescription pourrait être interrompue. Il faut donc le généraliser. La section pense que l'article doit être rédigé ainsi qu'il suit : 1199

« Tout acte qui interrompt la prescription à l'égard de l'un « des créanciers solidaires profite aux autres créanciers. »

Art. 106. *N'empéche;* lisez *n'empéchent.* Faute typographique. av. 1206

Art. 107, paragraphe premier. On a oublié de parler des 1208 exceptions personnelles à celui qui les oppose. C'est une lacune à remplir. La rédaction suivante y pourvoit.

« Le codébiteur solidaire poursuivi peut opposer toutes les « exceptions qui résultent de la nature de l'obligation et toutes « celles qui lui sont personnelles, ainsi que celles qui sont « communes à tous les codébiteurs. »

1208   Même article, paragraphe deuxième. Au lieu de *à quelques-uns des codébiteurs*, lisez *à quelques-uns des autres codébiteurs*. L'addition du mot *autres* rendra la construction parfaitement claire.

1205   Art. 108, paragraphe premier. La section pense que la rédaction du projet doit être remplacée par la rédaction suivante :

« Si la chose due a péri par la faute ou pendant la demeure « de l'un ou plusieurs débiteurs solidaires, les autres codé- « biteurs ne sont point déchargés de l'obligation de payer le « prix de la chose; mais ceux-ci ne sont point tenus des « dommages et intérêts qui peuvent être répétés par le créan- « cier, tant contre les débiteurs par la faute desquels la chose « a péri, que contre ceux qui étaient en demeure. »

Cette nouvelle disposition est plus complète que celle du projet, en ce que le projet ne prévoit point le cas où la chose a péri par la faute de l'un ou plusieurs des débiteurs dans le temps même où d'autres codébiteurs étaient en demeure, ce qui rend les uns et les autres passibles des dommages-intérêts.

1206-1207   Art. 109 et 110. A *vis-à-vis* substituer *à l'égard*.

1209   Art. 111. Au lieu de *que pour sa part et portion*, dire *que pour la part et portion du débiteur ou du créancier*. Ce changement est nécessaire pour ne laisser aucun doute que la disposition s'applique à tous deux, tandis que le pronom *sa* ne peut être entendu que d'une seule personne, et même, de la manière dont il est placé dans le projet, il présente une amphibologie.

1210   Art. 112. La section est d'avis que, dans les deux cas prévus par le paragraphe premier, le créancier ne doit point perdre son action solidaire, mais au contraire qu'il doit la conserver. Pour mieux coordonner les articles, la disposition de l'article 112 parlera d'un seul cas où le créancier consent à la division de la dette. Quant à celui où le créancier reçoit divisément la part d'un des débiteurs, la disposition y relative sera placée dans l'article 113. En conséquence, la rédaction serait ainsi conçue :

« Le créancier qui consent à la division de la dette à l'égard « de l'un des codébiteurs conserve son action solidaire contre « les autres, mais sous la déduction de la part du débiteur « qu'il a déchargé de la solidarité. »

Dans une telle matière, le créancier ne doit pas être plus enchaîné par la loi qu'il n'a entendu s'enchaîner lui-même. De ce qu'il a bien voulu renoncer à la solidarité à l'égard de l'un des débiteurs, il n'en résulte pas nécessairement une renonciation en faveur de tous les autres. Si la loi tirait cette conséquence, l'effet inévitable serait que le créancier, pour ne pas être victime de sa complaisance, ne renoncerait à la solidarité en faveur de personne ; de sorte que celui qui aurait le plus grand besoin de cette grâce ne pourrait jamais l'obtenir. Il est à remarquer d'ailleurs qu'en décidant que, lorsqu'elle est accordée, la solidarité ne sera point perdue contre les autres débiteurs, ceux-ci ne peuvent avoir à s'en plaindre : 1° parce que la solidarité ne subsiste que sous la déduction de la part du débiteur déchargé ; 2° parce que, s'il y a des débiteurs insolvables à l'époque où le restant de la dette est demandé à un autre débiteur, le débiteur déchargé n'est pas dispensé pour cela de supporter contributoirement la perte qui résulte de cette insolvabilité ; 3° enfin parce que le débiteur auquel le créancier s'adresse pour payer toute la dette, moins la part du débiteur déchargé, aurait été obligé de payer cette part de plus, si un autre débiteur ne l'eût pas payée, puisque, par l'effet de son obligation solidaire, il s'était engagé au paiement de toutes les parts. Ainsi le nouvel article, en maintenant les droits du créancier, ne nuit en aucune façon à l'intérêt des débiteurs, et même peut leur être utile.

1211   Même article. Le second paragraphe a paru devoir faire partie de l'article 113, comme rentrant dans les divers cas prévus par celui-ci, et dès lors lui appartenant plus particulièrement.

1211   Art. 113. En plaçant dans cet article le deuxième paragraphe de l'article précédent et une partie du premier, l'ordre nécessaire à la clarté de la rédaction paraît demander que les différentes dispositions qu'il contient soient distribuées et conçues ainsi qu'il suit :

« Le créancier qui reçoit divisément la part de l'un des « débiteurs, sans réserver dans la quittance la solidarité ou « ses droits en général, ne renonce à la solidarité qu'à l'égard « de ce débiteur.

« Le créancier n'est pas censé remettre la solidarité au dé- « biteur lorsqu'il reçoit de lui une somme égale à la portion « dont il était tenu, si la quittance ne porte pas que c'est « pour sa part.

« Il en est de même de la simple demande formée contre « l'un des codébiteurs pour sa part, si celui-ci n'a pas acquiescé « à la demande, ou s'il n'est pas intervenu un jugement de « condamnation. »

Le motif du premier paragraphe de cet article est le même que celui de la nouvelle rédaction de l'article 112 ; quant aux deuxième et troisième paragraphes, ils sont conformes au projet.

1212   Art. 114. La rédaction suivante a paru préférable à celle du projet :

« Le créancier qui a reçu divisément et sans réserve la « portion de l'un des codébiteurs dans les arrérages ou inté- « rêts de la dette ne perd la solidarité que pour les arrérages « ou intérêts échus, et non pour ceux à échoir ni pour le « capital, à moins que le paiement divisé n'ait été continué « pendant dix ans consécutifs. »

Cette nouvelle rédaction ne change rien au fond de l'article. On n'y trouve point, comme dans le projet, le mot *réception*, dont l'emploi, au commencement de cet article, donne une forme abstraite à ce qui ne peut être rendu en termes trop simples et trop clairs.

Ici la section examine la question de savoir si, lorsque le créancier a renoncé à l'action solidaire contre un des débiteurs, et qu'il se trouve un ou plusieurs codébiteurs insolvables, l'insolvabilité doit être supportée contributoirement entre les autres débiteurs et celui qui avait été déchargé de la solidarité, ou si la portion contributoire de ce dernier est à la charge du créancier.

Après avoir comparé les motifs pour et contre, l'avis de la section est que la perte qui résulte de l'insolvabilité ne doit nullement regarder le créancier, mais qu'elle doit être supportée par les débiteurs déchargés de la solidarité, comme par ceux qui ne le sont pas. Il suffit de rappeler que l'acte primitif qui a établi la solidarité contient deux obligations bien distinctes, l'une entre le créancier et les débiteurs, l'autre entre chaque débiteur et ses codébiteurs. Lorsque le créancier décharge l'un d'eux de la solidarité, il use d'une faculté résultant de la première convention ; car celui qui peut demander le paiement de tout peut se restreindre au paiement d'une partie. Mais le débiteur qui n'a payé qu'une partie, parce que le créancier a bien voulu s'en contenter, n'est pas déchargé de la seconde obligation formée entre les débiteurs seuls. Cette seconde obligation est absolument étrangère au créancier : elle subsiste toujours tant que les débiteurs n'ont pas compté entre eux ou qu'il reste quelque chose à compter. Or, un des points essentiels de cette obligation est que la portion des insolvables soit répartie entre eux tous : il n'est pas plus permis au créancier d'en dégager le débiteur qu'à celui-ci de s'y soustraire. L'article suivant pourra être placé après l'article 114.

« Dans le cas où le créancier a renoncé à l'action solidaire 1215 « envers l'un des débiteurs, si l'un ou plusieurs des autres

« codébiteurs deviennent insolvables, la portion des insol-
« vables sera contributoirement répartie entre tous les débi-
« teurs, même entre ceux précédemment déchargés par le
« créancier de la solidarité. »

1216   Art. 115. Au lieu de *qui ne sont considérés que comme ses
cautions*, dire *qui ne sont considérés par rapport à lui que
comme des cautions*.

L'addition des mots *par rapport à lui* préviendra toute espèce de doute sur le véritable sens de la disposition : ce n'est
en effet que par rapport à celui pour lequel la dette a été
contractée solidairement que les autres codébiteurs solidaires
sont ainsi considérés. Par rapport au créancier, tous, sans
aucune distinction, sont débiteurs principaux et obligés
comme tels.

1221   Art. 120, paragraphe numéroté 5°. *L'intention des parties ;*
dire *l'intention des contractans*, pour éviter le mot *parties ;* ce
mot se trouvant employé dans tout autre sens, et tous deux
formant par leur extrême proximité une consonnance désa-
gréable.

1224   Art. 123, paragraphe deuxième. Au lieu de dire *que déduction faite de sa valeur, jusqu'à concurrence de la portion du
cohéritier qui a fait la remise ou qui a reçu le prix*, substituer
ces mots, *qu'en tenant compte de la portion du cohéritier qui
a fait la remise ou qui a reçu le prix*.

Le motif de ce changement est fondé sur ce que l'opération, dans le cas prévu par l'article, doit se faire par voie de
numération, et non par voie de déduction.

1235   Art. 134, paragraphe premier. Au lieu de *ce qui a été payé
pour une dette qui n'existe pas*, dire *ce qui a été payé sans
être dû*.

Cette dernière expression a paru plus exacte. On dit bien
il n'y a pas de dette qui existe ; on ne dit pas *il y a une dette
qui n'existe pas*.

1236   Art. 135, paragraphe deuxième. Au lieu de *et que ce ne soit pas en son nom propre, en se faisant subroger aux droits du créancier,* dire *ou que s'il agit en son nom propre, il ne se fasse pas subroger aux droits du créancier.*

La section pense qu'une dette peut être acquittée par un tiers qui n'y est point intéressé, quoiqu'il ait agi en son nom propre : il suffit qu'il n'ait point stipulé de subrogation à son profit. En un mot, s'il y a subrogation, la dette est conservée ; s'il n'y en a point, la dette ne subsiste plus. La nouvelle rédaction rend clairement cette idée : celle du projet est obscure et susceptible de diverses interprétations.

Art. 137, paragraphe deuxième. Au lieu de *par celui qui* 1238 *n'en était pas le propriétaire ou capable de l'aliéner,* dire *par celui qui n'en était pas le propriétaire ou qui n'était pas capable de l'aliéner.*

La construction grammaticale exige ce léger changement.

Art. 138, paragraphe deuxième. Au lieu de *si celui-ci le* 1239 *ratifie, ou s'il a tourné à son profit,* dire *si celui-ci le ratifie, ou s'il en a profité.*

Dans la nouvelle rédaction, les deux membres de la phrase ont le même nominatif, ainsi que cela doit être. La construction est claire.

Dans celle du projet le nominatif n'est point le même : *si celui-ci* se rapporte à une personne ; *ou s'il* se rapporte à une chose. La construction est louche.

Art. 143. La section vote le retranchement du paragraphe 1244 deuxième.

Quant à la première phrase de ce paragraphe, il a paru dangereux de consigner dans le Code une disposition si favorable à l'arbitraire. Ce serait un germe qui ferait éclore une multitude prodigieuse de demandes en termes et délais, toujours fondés sur la prétendue position du débiteur. Enfin cette disposition altérerait la pureté du principe consacré par le premier paragraphe de l'article 35, ainsi conçu :

« Les conventions légalement formées tiennent lieu de lois « à ceux qui les ont faites. »

A l'égard de la deuxième phrase de ce paragraphe, la section désire qu'elle soit supprimée par un motif infiniment simple : ou le titre est exécutoire, ou il ne l'est point. Dans le premier cas, le juge ne peut en arrêter l'exécution; dans le second, l'exécution est suspendue de plein droit dès qu'il y a contestation sur tout ou partie de la dette.

1245-1246 **Art. 144.** Immédiatement après cet article, qui parle de la dette d'un corps certain et déterminé, la section propose de placer un article additionnel conçu en ces termes :

« Si la dette est d'une chose qui ne soit déterminée que par
« son espèce, le débiteur ne sera pas tenu, pour être libéré,
« de la donner de la meilleure espèce, mais il ne pourra
« l'offrir de la plus mauvaise. »

Cette disposition, qui statue sur un cas utile à prévoir, doit souffrir d'autant moins de difficulté qu'elle se lie parfaitement avec celle de l'article 133 du titre *des Donations*.

1250 **Art. 149, n° 2.** Le projet commence ainsi :

« Lorsque le débiteur emprunte une somme à l'effet de
« payer sa dette et de subroger le prêteur *dans ses droits*, il
« faut, etc. »

A ces mots, *dans ses droits*, il est indispensable de substituer ceux-ci, *dans les droits du créancier*. D'après la rédaction du projet, le pronom *ses* ne pourrait s'appliquer qu'au prêteur ou au débiteur, tandis qu'il ne doit s'appliquer ni à l'un ni à l'autre. Ce sont les droits du créancier, et non les droits du débiteur ni du prêteur qui font la matière de la subrogation.

1251 **Art. 150.** Ajouter un n° 4 ainsi conçu :

« 4°. Au profit de l'héritier bénéficiaire qui a payé de ses
« deniers la dette de la succession. »

Il y a même raison pour la subrogation de plein droit dans ce quatrième cas que dans les trois premiers.

1252 **Art. 151.** Changer de la manière suivante le commencement de cet article :

« La subrogation établie par les articles précédens a lieu

« tant contre les cautions que contre les débiteurs ; elle ne
« peut nuire, etc. » Le surplus comme dans le projet.

L'utilité de ce changement consiste à faire cesser la diversité de jurisprudence qui existait autrefois entre certains tribunaux supérieurs ; par exemple, entre le parlement de Paris
et celui de Rouen. Ce dernier décidait que la subrogation
éteignait l'obligation des cautions. La jurisprudence à cet
égard était même consacrée par la disposition formelle de
l'article 132 de l'arrêt de règlement de 1666. Cet arrêt s'observe encore dans les points auxquels la loi n'a pas dérogé.

Art. 156, paragraphe deuxième. Supprimer *jugées*. Il est
incontestable que toutes les fois qu'il y aura difficulté sur la
validité des offres il faudra qu'il y ait un jugement ; mais,
pour que des offres soient valables et qu'elles tiennent lieu
de paiement, il n'est pas nécessaire qu'un jugement soit
rendu. 1257

Art. 157, n° 3. Avant les mots *sauf à parfaire*, supprimer
la virgule, pour qu'il n'y ait aucun doute que ces mots sont
liés uniquement avec ceux-ci, *et d'une somme pour les frais
non liquidés.* 1258

Art. 158, n° 3. Changer la rédaction ainsi qu'il suit : 1259-1264

« 3°. Qu'il y ait eu procès-verbal dressé par l'officier mi-
« nistériel, de la nature des espèces offertes, du refus que le
« créancier a fait de les recevoir, ou de sa non comparution,
« et enfin du dépôt. »

Au moyen de ce changement la disposition sera complète,
vu que, parmi les choses qui doivent être constatées, le procès-
verbal doit aussi comprendre la nature des espèces offertes
et le dépôt de ces espèces ; ce que le projet ne dit pas.

N° 4. Au lieu des mots *de le retirer,* substituer *de retirer la
chose déposée,* pour éviter l'incertitude que la rédaction du
projet pourrait faire naître, celle de savoir si *le* se rapporte
au procès-verbal ou au dépôt.

Le projet n'ayant point prévu le cas où il s'agit d'un corps
certain qui doit être livré au lieu où il se trouve, la section

adopte la disposition suivante, qui formerait un nouvel article, et pourrait être placé après l'article 161.

« Si la chose due est un corps certain qui doit être livré
« au lieu où il se trouve, le débiteur doit faire sommation
« au créancier de l'enlever, par acte notifié à sa personne ou
« à son domicile, où au domicile élu pour l'exécution de la
« convention. Cette sommation faite, si le créancier n'enlève
« point la chose, et que le débiteur ait besoin du lieu dans
« lequel elle est placée, celui-ci pourra obtenir de la justice
« la permission de la mettre en dépôt dans quelque autre
« lieu. »

1265   Art. 162. Substituer au projet la rédaction suivante :

« La cession de biens est l'abandon qu'un débiteur fait de
« tous ses biens à ses créanciers, lorsqu'il se trouve hors
« d'état de payer ses dettes. »

Cette nouvelle rédaction a paru préférable, comme ne
contenant qu'une définition générale de la cession, sans
parler des effets qu'elle produit; ce qui est réglé par les articles suivans. Au contraire, la rédaction du projet est telle,
qu'elle comprend les effets dans la définition, et qu'il semblerait que la cession judiciaire peut avoir lieu non seulement
pour avoir la liberté de la personne, mais même pour éviter
les poursuites sur les biens.

1268   Art. 165. La section pense que cet article doit être rédigé
ainsi qu'il suit :

« La cession judiciaire est un bénéfice que la loi accorde
« au débiteur malheureux et de bonne foi, auquel il est per-
« mis, pour avoir la liberté de sa personne, de faire en jus-
« tice l'abandon de tous ses biens à tous ses créanciers, non-
« obstant toute stipulation contraire. »

1°. Ce n'est que pour éviter l'emprisonnement que les anciennes lois ont établi le remède de la cession judiciaire :
l'origine de cette cession n'a point et ne pouvait avoir d'autre
cause. Lorsque le débiteur n'est point contraignable par
corps, l'abandon de ses biens en justice serait sans objet : il

ne saurait en empêcher la saisie, et pour opérer l'effet d'une simple cession, il n'est pas nécessaire qu'il agisse ; il suffit au contraire qu'il n'agisse point et qu'il laisse saisir et vendre.

2°. Si l'on n'ajoutait pas dans l'article que la cession judiciaire aura lieu, nonobstant toute stipulation contraire, on ne manquerait jamais dans chaque acte de faire renoncer celui qui s'engage au bénéfice de la cession. Ce ne serait plus qu'une clause de style.

Art. 166. Substituer aux deux premières lignes la rédaction suivante :   1269

« La cession judiciaire ne confère point la propriété aux « créanciers ; elle leur donne seulement le droit de faire, etc.» Cette construction a paru plus satisfaisante sous le rapport de l'exactitude grammaticale.

Art. 167. Retirer le dernier membre du second paragraphe   1270 pour le placer à la fin du premier, et dire :

« Les créanciers ne peuvent refuser la cession judiciaire, si « ce n'est dans les cas exceptés par la loi.

« Elle opère la décharge de la contrainte par corps. »

En effet, il y a des cas où la cession judiciaire peut être refusée : mais il n'y en a point où la contrainte par corps puisse avoir lieu, quoique le débiteur ait fait cession et que la cession soit judiciaire.

Art. 168. Substituer à la rédaction du n° 3 celle qui suit :   1271

« 3°. Lorsque, par l'effet d'un nouvel engagement, un « nouveau créancier est substitué à l'ancien, envers lequel le « débiteur se trouve déchargé. »

Il s'agit dans cet article des cas où la novation s'opère. Pour qu'on puisse dire qu'elle a lieu dans le cas du n° 3, le changement proposé est absolument nécessaire. 'D'après] la rédaction du projet, le débiteur pouvant être déchargé envers l'ancien créancier remplacé par un nouveau, sans qu'il y eût eu ni un nouvel engagement de la part de ce débiteur, ni substitution d'un autre, ce serait toujours la même dette, quoique ce ne fût pas le même créancier : or, tant que la même dette existe, il ne s'est point opéré de novation.

1274 Art. 171. Retrancher les mots *soit d'un nouveau créancier, soit*, et dire : *La novation par la substitution d'un nouveau débiteur peut s'opérer sans le concours du premier débiteur.*

Cet article ne doit parler que du cas d'un nouveau débiteur ; à l'égard de celui d'un nouveau créancier, le débiteur doit intervenir en formant un nouvel engagement, sans quoi il n'y aurait pas novation, et c'est ce qu'a dit l'article 168.

1275 Art. 172, ligne 2. Supprimer les mots *en sa place.* Loin d'ajouter à la clarté du sens, ils lui seraient nuisibles par l'amphibologie que présente le pronom *sa*.

1286 Art. 183. Au lieu de *la remise du gage donné en nantissement*, dire *la remise de la chose donnée en nantissement*, pour éviter le pléonasme des mots *nantissement* et *gage*.

1291 Art. 187. Ajouter à cet article un troisième paragraphe ainsi conçu :

« Le terme de grâce n'est point un obstacle à la compen-
« sation. »

La sagesse de cette disposition porte avec elle son évidence : le terme de grâce ne peut être assimilé au terme de rigueur, et ne doit point retarder l'extinction de la dette dès qu'il est possible qu'elle ait lieu.

1294 Art. 189. Ajouter à cet article un troisième paragraphe ainsi conçu :

« Le débiteur solidaire ne peut pareillement opposer la
« compensation de ce que le créancier doit à son codébiteur.»

En effet, si l'on pouvait opposer la compensation de ce qui serait dû à un autre qu'à soi-même, quoique cet autre fût un codébiteur solidaire, ce serait donner lieu à des difficultés sans nombre : ce tiers se trouverait engagé malgré lui dans des procès désagréables : il faudrait examiner contradictoirement avec lui si la dette existe, jusqu'à quel point elle existe, si elle est susceptible de compensation, etc.

Il est naturel que la compensation n'ait lieu entre deux

personnes que pour ce qu'elles se doivent directement l'une
à l'autre. Tels sont les motifs de l'addition proposée.

Art. 190. Les distinctions qui vont être expliquées font ¹²95
désirer que la rédaction du projet cède sa place à la rédaction
suivante :

« Le débiteur qui a accepté purement et simplement la
« cession qu'un créancier a faite de ses droits à un tiers ne
« peut plus opposer au cessionnaire la compensation qu'il eût
« pu, avant l'acceptation, opposer au cédant.

« A l'égard de la cession qui n'a point été acceptée par le
« débiteur, mais qui lui a été signifiée, elle n'empêche que
« la compensation des créances postérieures à cette notifica-
« tion. »

Ces distinctions, qu'on ne trouve point dans la rédaction
du projet, ont paru nécessaires, vu que le cas de l'acceptation et celui de la simple signification sont tout-à-fait différens.

Dans le premier cas, le débiteur, ayant accepté la cession,
a renoncé par cela même à toute espèce de compensation de
ce que le cédant pouvait déjà lui devoir comme de ce qu'il
lui devra par la suite.

Dans le deuxième, il ne peut être privé du droit de compenser ce qui lui était dû par le cédant, il l'est seulement
pour ce qui lui sera dû par lui à l'avenir.

Art. 193, dernière ligne. Au lieu de *qui ont été établies ci-* 1297
dessus pour l'imputation, dire *qui ont été établies pour l'imputation par l'article* 155. Ce renvoi formel à l'article 155 préviendra tout embarras et toute ambiguité.

Intitulé de la section VI. Supprimer les mots *de l'extinc-* sect. 6.
tion ou, et dire seulement *de la perte de la chose due. Perte*
est un mot générique qui comprend dans son acception les
divers cas prévus par les deux articles composant la section VI, et cela répondra parfaitement au sens qu'il présente
dans l'article 133.

Art. 198, paragraphe deuxième. Supprimer les mots : *à* 1302 *moins qu'il ne se fût chargé des cas fortuits, ou que la chose ne fût également périe chez le créancier, si elle lui eût été livrée lors de la demande.*

Mettre à leur place un paragraphe particulier conçu en ces termes :

« Lors même que le débiteur est en demeure, et s'il ne « s'est pas chargé des cas fortuits, l'obligation est éteinte « dans le cas où la chose fût également périe chez le créan- « cier, si elle lui eût été livrée. »

La rédaction supprimée a été trouvée tellement obscure, qu'en cherchant à l'interpréter, on n'a pu s'accorder sur son véritable sens.

Par exemple, on ne voit pas qu'on ait prévu d'une manière bien précise le cas où le débiteur chargé des événemens fortuits et constitué en demeure peut cependant n'être pas responsable de la chose perdue ; et c'est ce que l'on voit clairement dans la nouvelle rédaction.

Paragraphe quatrième. Au lieu de *quelle que soit la cause de la perte de la chose volée*, dire, *de quelque manière que la chose volée ait péri ou ait été perdue, sa perte,* etc.

Par cette énonciation, ceux qui seraient tentés de faire des distinctions sur ce qu'on doit entendre quand la loi parle de la perte d'une chose volée, seront réduits à l'impossibilité d'équivoquer sur le sens du mot *perte.*

1304   Art. 200. La section pense que le paragraphe troisième doit être rédigé de la manière suivante :

« Le temps ne court à l'égard des actes faits par les inter- « dits que du jour où l'interdiction est levée, et à l'égard de « ceux faits par les mineurs que du jour de la majorité. »

La rédaction de ce paragraphe, telle qu'elle est dans le projet, ferait supposer qu'il s'agit d'actes antérieurs à l'interdiction, puisqu'il commence par ces mots : *Dans tous les cas*, ce qui comprendrait les cas de violence, d'erreur et de dol dont parle le paragraphe deuxième. Cependant il est évident que l'acte fait par un interdit n'a pas besoin, pour pouvoir être attaqué, qu'on emploie aucun de ces moyens, et d'un autre côté il n'est pas moins certain que la loi n'entend parler ici que de ce qui s'est passé pendant l'interdiction, comme de ce qui s'est passé pendant la minorité.

Art. 208. *A se restituer*, lisez *à se faire restituer;* faute ty- 1312 pographique.

Art. 211. Au lieu de *l'exécution d'une convention*, dire : 1315 *l'exécution d'une obligation.* Cette expression est plus génériques ; car il peut y avoir des obligations sans convention : elle est d'ailleurs justifiée par l'intitulé même du chapitre V, portant *de la Preuve des Obligations.*

Art. 212. Au lieu de *la confession de la partie*, dire : *l'aveu* 1316 *de la partie.* C'est ainsi qu'est intitulée la section IV du cha- · pitre V.

Art. 217. Terminer cet article en ajoutant : *sauf les cas* 1321 *exprimés par l'article 10 du chapitre premier du titre du contrat de mariage.* Par ce moyen on sera averti de l'exception et du lieu où elle se trouve.

Art. 221, paragraphe premier. Au lieu de *ayant un intérêt* 1325 *particulier*, dire : *ayant un intérêt distinct; distinct* et *particulier* ne sont pas synonymes. Des débiteurs solidaires ont chacun leur intérêt particulier, et cependant n'ont pas un intérêt distinct.

Art. 222, paragraphe premier. Au lieu de *à lui payer une* 1326 *somme d'argent ou une chose appréciable,* dire : *à lui payer une somme d'argent ou à lui délivrer une chose appréciable.* Le mot *délivrer* a été oublié : on paie une somme et on délivre une chose.

Même article, paragraphe deuxième. Substituer à la rédaction du projet celle qui suit : «excepté dans le cas où l'acte « émane de marchands, artisans, laboureurs, vignerons, gens « de journée et de service. »

Cette nomenclature a paru plus exacte et plus complète.

Art. 227, paragraphe deuxième. Supprimer comme inutile 1331 ce second paragraphe. On n'a pas besoin de rappeler l'article 46 du titre *des Actes de l'état civil*, qui d'ailleurs n'a nul rapport à la matière des obligations.

1332　　　Art. 228, paragraphe premier. Supprimer les mots *sous seing privé*. Ils sont inutiles. La loi parlant d'une écriture mise par le créancier, il est impossible que cette écriture ne soit pas sous seing privé.

1335　　　Art. 231. 1°. Commencer le premier paragraphe de la manière suivante :

« Les grosses ou premières expéditions font la même foi
« que l'original : il en est de même des copies qui ont été ti-
« rées, etc. » Le surplus comme dans le projet.

D'après la construction de la phrase dans le projet il semblerait que ces mots : *qui ont été tirées*, etc. , se rapportent également aux grosses et expéditions.

2°. Terminer le deuxième paragraphe, relatif aux copies qui ont plus de trente ans, par une disposition additionnelle ainsi conçue :

« Si elles ont moins de trente ans elles ne peuvent servir
« que de commencement de preuves par écrit. »

Le silence du projet à cet égard est une lacune qui doit être remplie.

3°. Substituer le paragraphe suivant à celui n° 3.

« Lorsque les copies tirées sur la minute d'un acte ne l'au-
« ront pas été par le notaire qui l'a reçu ou par l'un de ses
« successeurs, elles ne pourront servir, quelle que soit leur
« ancienneté, que de commencement de preuves par écrit. »

Cette nouvelle rédaction fait disparaître l'obscurité que contient la rédaction du projet : on a pensé qu'indépendamment de sa clarté elle disait tout ce que la loi devait dire. Aussi l'on ne parle point des officiers publics dépositaires des minutes, parce que leurs droits, pour délivrer des copies qui puissent faire foi, dépendent de la nature et de l'étendue de leurs attributions.

1336　　　Art. 232. Substituer dans les différens paragraphes de cet article le mot *acte* au mot *donation*. Que l'acte soit donation

ou qu'il ne le soit pas, il suffit qu'il soit sujet à transcription sur les registres publics pour que l'article doive
être appliqué. Les donations ne sont pas les seuls actes qui
soient dans le cas de la transcription.

Art. 234. Sur les mots *acte radicalement nul* on observe 1338
que rien n'est plus vague. Cette expression serait une source
d'arbitraire et d'incertitude. Dès lors elle ne doit point trouver place dans le Code. Il faut une disposition conçue de manière que la ligne de démarcation soit bien clairement tracée
entre les nullités irréparables et celles qu'on peut réparer.
C'est l'unique moyen de prévenir tous les inconvéniens. Que
l'on consulte la nouvelle rédaction proposée sur l'article 25.
Elle porte : « Les engagemens contractés par les impubères
« ne sont obligatoires en aucun cas ni pour aucune des par-
« ties. » De cette disposition, parfaitement conforme à l'esprit
de celle dont elle a pris la place, il résulte que la nullité dont
la loi frappe l'acte que l'impubère a souscrit est absolue et
irréparable. Un tel acte est considéré par la loi comme n'ayant
jamais existé non seulement par rapport à l'impubère, mais
aussi par rapport à la personne qui a contracté avec lui, quoique celle-ci fût capable de s'engager. Nul doute que les engagemens contractés pour cause illicite ne doivent être rangés
dans la même classe : le caractère de réprobation dont ils
sont marqués ne peut jamais être effacé. En un mot ces deux
espèces d'engagemens sont entachées d'un vice intrinsèque
qui ne permet pas qu'ils puissent jamais être validés.

Il n'en est pas de même des engagemens contractés par le
mineur, l'interdit ou la femme mariée ; la loi ne les déclare
point nuls de droit. C'est en faveur du mineur, de l'interdit
et de la femme mariée que cette seconde classe de nullité est
établie. Ce sont des nullités relatives à un état particulier de
personnes ; aussi l'article 207 déclare-t-il que le mineur n'est
plus recevable à revenir contre l'engagement qu'il avait souscrit en minorité lorsqu'il l'a ratifié en majorité. Aussi lit-on,
dans l'article 26, paragraphe deuxième, que les personnes

capables de s'engager ne peuvent opposer l'incapacité du mineur, de l'interdit ou de la femme mariée avec qui elles ont
contracté. Ces sortes d'actes ne peuvent donc être annulés
que lorsqu'ils sont attaqués par ceux-là même pour qui la loi
a été faite. Si loin de les attaquer ils les confirment et les ratifient dans un temps où ils ont la capacité de contracter, les
nullités sont couvertes au point que les actes confirmés ou ratifiés sont considérés comme ayant été faits valablement dès
leur origine, et comme n'ayant jamais cessé d'être valables.
Ce raisonnement peut être appliqué aux obligations qui sont
le résultat de la violence, de l'erreur et du dol. Le droit d'en
demander la nullité n'appartient qu'à ceux qui prétendent
avoir été victimes de l'un de ces moyens. Les parties avec qui
ils ont contracté ne pourraient se prévaloir d'un vice qui serait leur propre ouvrage.

Il reste à remarquer que, dans les cas de nullités susceptibles d'être couvertes, la faculté de les couvrir ne doit jamais nuire aux droits des tiers. Si quelque autre que les parties
contractantes est lésé par l'effet de la confirmation ou ratification, il réclamera; et dans le cas où la réclamation serait
fondée, la justice y fera droit.

Ces développemens ont déterminé la section à donner son
assentiment à une nouvelle rédaction de l'article 234, ainsi
conçue :

« Les engagemens contractés par les impubères ou pour
« cause illicite ne peuvent être confirmés ni ratifiés, soit taci-
« tement, soit expressément.

« A l'égard de tous autres actes qui pourraient être frappés
« de quelqu'une des nullités prononcées par la loi, la confir-
« mation, ratification ou exécution volontaire de ces actes
« emporte la renonciation aux moyens et exceptions que l'on
« pourrait opposer contre eux, et dans ce cas l'acte confirmé
« ou ratifié a son effet du jour où il a été passé entre les par-
« ties, sans préjudice du droit des tiers. »

340   Art. 236. Après les mots confirmation ou ratification, ajou-

tez *ou exécution volontaire*. Le surplus comme dans le projet.

Cette addition a paru nécessaire pour annoncer que, dans ce cas particulier comme dans les cas généraux prévus par le deuxième paragraphe de l'article 234, l'exécution volontaire de l'acte produit le même effet que la confirmation ou ratification.

Art. 240. Après les mots *être le restant*, ajoutez *ou faire partie*. Cet article doit être conçu de manière à pouvoir être applicable au cas où il s'agirait d'une somme réclamée par un cohéritier comme faisant partie d'un capital provenant de la succession, lequel capital excéderait cent cinquante francs.   1344

Art. 245. Ici le projet définit la présomption. La section préfère la rédaction suivante :   1349

« Les présomptions sont des conséquences que la loi ou le « magistrat tirent d'un fait certain pour parvenir à la con- « naissance d'un fait incertain. »

Dans la rédaction du projet il est dit que *la présomption est un jugement porté par la loi ou le magistrat* ; on a observé que le magistrat prononçait des jugemens et non pas la loi. Une présomption est d'ailleurs plutôt une conséquence qu'un jugement. Tels sont les motifs de la préférence accordée à la nouvelle rédaction, qui est presque entièrement conforme à la définition donnée par Domat (Lois civiles, liv. III, tit. VI, sect. IV, art. 1er).

Art. 246, n° 4. Au lieu de *la confession de la partie*, dire : *l'aveu de la partie*. Le titre de la section IV justifie ce changement.   1350

Art. 248. Commencer cet article par la disposition suivante, qui formera un premier paragraphe.   1352

Il est utile en effet d'avertir que, dans les cas même où la preuve est réservée contre la présomption légale, celui qui allègue cette présomption ne peut être écarté sur le fondement qu'il ne rapporte aucune preuve.

En admettant ce premier paragraphe, la disposition du projet formera le second : seulement, au lieu des mots *con-*

fession judiciaire qui se trouvent à la dernière ligne, on placera les mots *aveu judiciaire*, par la raison expliquée ci-dessus.

13.6   Art. 252, paragraphe premier. Ajouter à la fin de ce paragraphe *par la partie ou par son fondé de pouvoir spécial.*

Pour faire en justice la déclaration qualifiée d'aveu judiciaire, le fondé de pouvoir doit être admis aussi bien que la
partie; mais il faut que le pouvoir soit spécial, et c'est ce
qu'il convient de dire.

Ib.   Même article, paragraphe quatrième. D'après la construction des trois paragraphes qui précèdent, celle de ce quatrième paragraphe doit être changée de la manière qui suit :
la construction l'exige.

« Il ne peut être révoqué, à moins qu'on ne prouve qu'il a
« été la suite d'une erreur de fait. On ne pourrait le révoquer
« sous prétexte d'une erreur de droit. »

Tel est le résultat de la discussion du projet relatif aux
obligations conventionnelles en général.

RÉDACTION DÉFINITIVE DU CONSEIL D'ÉTAT.

(Procès-verbal de la séance du 5 pluviose an XII. — 26 janvier 1804.)

M. Bigot-Préameneu, d'après la conférence tenue avec
le Tribunat, présente la rédaction définitive du titre II du
livre III, *des Contrats ou des Obligations conventionnelles en
général.*

1211   Il dit que le Tribunat n'a proposé de changement au fond
que sur l'article 112, suivant lequel le créancier perd toute
action solidaire lorsqu'il consent à la division de la dette à
l'égard de l'un des débiteurs, ou lorsque, sans réserve, il
reçoit divisément la part de l'un d'eux.

Le Tribunat a observé que de la division de la dette, à l'é-
gard de l'un des débiteurs, on ne doit pas induire la renonciation à la solidarité contre les co-débiteurs, et que le débi-

teur à l'égard duquel on a divisé la dette n'en doit pas moins être tenu de la contribution, en cas d'insolvabilité d'un ou plusieurs autres codébiteurs.

La section s'est rendue à ces observations.

Les autres articles n'ont subi que des changemens de rédaction.

Le titre est adopté ainsi qu'il suit :

DES CONTRATS OU DES OBLIGATIONS CONVENTIONNELLES
EN GÉNÉRAL.

CHAPITRE Ier.

Dispositions préliminaires.

Art. 1er. « Le contrat est une convention par laquelle une « ou plusieurs personnes s'obligent envers une ou plusieurs « autres à donner, à faire ou à ne pas faire quelque chose. » 1101

Art. 2. « Le contrat est *synallagmatique* ou *bilatéral* lorsque « les contractans s'obligent réciproquement les uns envers « les autres. » 1102

Art. 3. « Il est *unilatéral* lorsqu'une ou plusieurs personnes « sont obligées envers une ou plusieurs autres, sans que de « la part de ces dernières il y ait d'engagement. » 1103

Art. 4. « Il est *commutatif* lorsque chacune des parties « s'engage à donner ou à faire une chose qui est regardée « comme l'équivalent de ce qu'on lui donne ou de ce qu'on « fait pour elle. 1104

« Lorsque l'équivalent consiste dans la chance de gain ou « de perte pour chacune des parties, d'après un événement « incertain, le contrat est *aléatoire*. »

Art. 5. « Le contrat de *bienfaisance* est celui dans lequel « l'une des parties procure à l'autre un avantage purement « gratuit. » 1105

Art. 6. « Le contrat *à titre onéreux* est celui qui assujétit « chacune des parties à donner ou à faire quelque chose. » 1106

Art. 7. « Les contrats, soit qu'ils aient une dénomination 110-

« propre, soit qu'ils n'en aient pas, sont soumis à des règles
« générales qui sont l'objet du présent titre.

« Les règles particulières à certains contrats sont établies
« sous les titres relatifs à chacun d'eux ; et les règles parti-
« culières aux transactions commerciales sont établies par les
« lois relatives au commerce. »

CHAPITRE II.

Des Conditions essentielles pour la validité des Conventions.

1108 Art. 8. « Quatre conditions sont essentielles pour la vali-
« dité d'une convention :
    « Le consentement de la partie qui s'oblige,
    « Sa capacité de contracter,
    « Un objet certain qui forme la matière de l'engagement,
    « Une cause licite dans l'obligation. »

SECTION 1ʳᵉ. — *Du Consentement.*

1109 Art. 9. « Il n'y a point de consentement valable si le con-
« sentement n'a été donné que par erreur, ou s'il a été ex-
« torqué par violence, ou surpris par dol. »

1110 Art. 10. « L'erreur n'est une cause de nullité de la conven-
« tion que lorsqu'elle tombe sur la substance même de la
« chose qui en est l'objet.

« Elle n'est point une cause de nullité lorsqu'elle ne tombe
« que sur la personne avec laquelle on a intention de contrac-
« ter, à moins que la considération de cette personne ne soit
« la cause principale de la convention. »

1111 Art. 11. « La violence exercée contre celui qui a contracté
« l'obligation est une cause de nullité, encore qu'elle ait été
« exercée par un tiers autre que celui au profit duquel la
« convention a été faite. »

1112 Art. 12. « Il y a violence lorsqu'elle est de nature à faire
« impression sur une personne raisonnable, et qu'elle peut

« lui inspirer la crainte d'exposer sa personne ou sa fortune
« à un mal considérable et présent.

« On a égard, en cette matière, à l'âge, au sexe et à la
« condition des personnes. »

Art. 13. « La violence est une cause de nullité du contrat, 1113
« non seulement lorsqu'elle a été exercée sur la partie con-
« tractante, mais encore lorsqu'elle l'a été sur son époux ou
« sur son épouse, sur ses descendans ou ses ascendans. »

Art. 14. « La seule crainte révérentielle envers le père, la 1114
« mère, ou autre ascendant, sans qu'il y ait eu de violence
« exercée, ne suffit point pour annuler le contrat. »

Art. 15. « Un contrat ne peut plus être attaqué pour cause 1115
« de violence, si, depuis que la violence a cessé, ce contrat
« a été approuvé, soit expressément, soit tacitement, soit
« en laissant passer le temps de la restitution fixé par la loi. »

Art. 16. « Le dol est une cause de nullité de la convention 1116
« lorsque les manœuvres pratiquées par l'une des parties
« sont telles qu'il est évident que sans ces manœuvres l'autre
« partie n'aurait pas contracté.

« Il ne se présume pas, et doit être prouvé. »

Art. 17. « La convention contractée par erreur, violence 1117
« ou dol, n'est point nulle de plein droit; elle donne seule-
« ment lieu à une action en nullité ou en rescision dans les
« cas et de la manière expliqués à la section VII du chapi-
« tre V du présent titre. »

Art. 18. « La lésion ne vicie les conventions que dans cer- 1118
« tains contrats ou à l'égard de certaines personnes, ainsi
« qu'il sera expliqué en la même section. »

Art. 19. « On ne peut, en général, s'engager ni stipuler 1119
« en son propre nom que pour soi-même. »

Art. 20. « Néanmoins on peut se porter fort pour un tiers, 1120
« en promettant le fait de celui-ci, sauf l'indemnité contre
« celui qui s'est porté fort, ou qui a promis de faire ratifier,
« si le tiers refuse de tenir l'engagement. »

Art. 21. « On peut pareillement stipuler au profit d'un 1121

« tiers, lorsque telle est la condition d'une stipulation que
« l'on fait pour soi-même, ou d'une donation que l'on fait
« à un autre. Celui qui a fait cette stipulation ne peut plus
« la révoquer si le tiers a déclaré vouloir en profiter. »

1122   Art. 22. « On est censé avoir stipulé pour soi et pour ses
« héritiers et ayant-cause, à moins que le contraire ne soit
« exprimé ou ne résulte de la nature de la convention. »

SECTION II. — *De la Capacité des parties contractantes.*

1123   Art. 23. « Toute personne peut contracter si elle n'en est
« pas déclarée incapable par la loi. »

1124   Art. 24. « Les incapables de contracter sont :
« Les mineurs,
« Les interdits,
« Les femmes mariées, dans les cas exprimés par la loi,
« Et généralement tous ceux auxquels la loi a interdit cer-
« tains contrats. »

1125   Art. 25. « Le mineur, l'interdit et la femme mariée ne
« peuvent attaquer, pour cause d'incapacité, leurs engage-
« mens que dans les cas prévus par la loi.

« Les personnes capables de s'engager ne peuvent opposer
« l'incapacité du mineur, de l'interdit ou de la femme ma-
« riée, avec qui elles ont contracté. »

SECTION III. — *De l'Objet et de la matière des Contrats.*

1126   Art. 26. « Tout contrat a pour objet une chose qu'une
« partie s'oblige de donner, ou qu'une partie s'oblige de faire
« ou de ne pas faire. »

1127   Art. 27. « Le simple usage ou la simple possession d'une
« chose peut être, comme la chose même, l'objet du contrat. »

1128   Art. 28. « Il n'y a que les choses qui sont dans le commerce
« qui puissent être l'objet des conventions. »

1129   Art. 29. « Il faut que l'obligation ait pour objet une chose
« au moins déterminée quant à son espèce.

« La quotité de la chose peut être incertaine, pourvu
« qu'elle puisse être déterminée. »

Art. 30. « Les choses futures peuvent être l'objet d'une 1130
« obligation.

« On ne peut cependant renoncer à une succession non
« ouverte, ni faire aucune stipulation sur une pareille suc-
« cession, même avec le consentement de celui de la succes-
« sion duquel il s'agit. »

SECTION IV. — *De la Cause.*

Art. 31. « L'obligation sans cause ou sur une fausse cause 1131
« ou sur une cause illicite, ne peut avoir aucun effet. »

Art. 32. « La convention n'est pas moins valable, quoique 1132
« la cause n'en soit pas exprimée. »

Art. 33. « La cause est illicite quand elle est prohibée par 1133
« la loi, quand elle est contraire aux bonnes mœurs ou à
« l'ordre public. »

CHAPITRE III.

De l'Effet des Obligations.

SECTION Ire. — *Dispositions générales.*

Art. 34. « Les conventions légalement formées tiennent 1134
« lieu de loi à ceux qui les ont faites.

« Elles ne peuvent être révoquées que de leur consente-
« ment mutuel, ou pour les causes que la loi autorise.

« Elles doivent être exécutées de bonne foi. »

Art. 35. « Les conventions obligent non seulement à ce 1135
« qui y est exprimé, mais encore à toutes les suites que l'é-
« quité, l'usage ou la loi donnent à l'obligation d'après sa
« nature. »

SECTION II. — *De l'Obligation de donner.*

Art. 36. « L'obligation de donner emporte celle de livrer 1136
« la chose et de la conserver jusqu'à la livraison, à peine de
« dommages et intérêts envers le créancier. »

Art. 37. « L'obligation de veiller à la conservation de la 1137
« chose, soit que la convention n'ait pour objet que l'utilité

« de l'une des parties, soit qu'elle ait pour objet leur utilité
« commune, soumet celui qui en est chargé à y apporter tous
« les soins d'un bon père de famille.

« Cette obligation est plus ou moins étendue relativement
« à certains contrats, dont les effets, à cet égard, sont ex-
« pliqués sous les titres qui les concernent. »

1138   Art. 38. « L'obligation de livrer la chose est parfaite par le
« seul consentement des parties contractantes.

« Elle rend le créancier propriétaire, et met la chose à ses
« risques, dès l'instant où elle a dû être livrée, encore que
« la tradition n'en ait point été faite, à moins que le débi-
« teur ne soit en demeure de la livrer, auquel cas la chose
« reste aux risques de ce dernier. »

1139   Art. 39. « Le débiteur est constitué en demeure, soit par
« une sommation ou par autre acte équivalent, soit par l'effet
« de la convention, lorsqu'elle porte que, sans qu'il soit be-
« soin d'acte et par la seule échéance du terme, le débiteur
« sera en demeure. »

1140   Art. 40. « Les effets de l'obligation de donner ou de livrer
« un immeuble sont réglés au titre *de la Vente* et au titre
« *des Priviléges et Hypothèques.* »

1141   Art. 41. « Si la chose qu'on s'est obligé de donner ou de
« livrer à deux personnes successivement est purement mo-
« bilière, celle des deux qui en a été mise en possession réelle
« est préférée, et en demeure propriétaire, encore que son
« titre soit postérieur en date, pourvu toutefois que la pos-
« session soit de bonne foi. »

SECTION III.—*De l'Obligation de faire ou de ne pas faire.*

1142   Art. 42. « Toute obligation de faire ou de ne pas faire se
« résout en dommages et intérêts en cas d'inexécution de la
« part du débiteur. »

1143   Art. 43. « Néanmoins le créancier a le droit de demander
« que ce qui aurait été fait par contravention à l'engagement
« soit détruit; et il peut se faire autoriser à le détruire aux

« dépens du débiteur, sans préjudice des dommages et inté-
« rêts, s'il y a lieu. »

Art. 44. « Le créancier peut aussi, en cas d'inexécution, 1144
« être autorisé à faire exécuter lui-même l'obligation aux
« dépens du débiteur. »

Art. 45. « Si l'obligation est de ne pas faire, celui qui y 1145
« contrevient doit les dommages et intérêts par le seul fait de
« la contravention. »

SECTION IV.—*Des Dommages et intérêts résultant de l'inexécution
de l'Obligation.*

Art. 46. « Les dommages et intérêts ne sont dus que lors- 1146
« que le débiteur est en demeure de remplir son obligation,
« excepté néanmoins lorsque la chose que le débiteur s'était
« obligé de donner ou de faire ne pouvait être donnée ou
« faite que dans un certain temps qu'il a laissé passer. »

Art. 47. « Le débiteur est condamné, s'il y a lieu, au 1147
« paiement de dommages et intérêts, soit à raison de l'inexé-
« cution de l'obligation, soit à raison du retard dans l'exécu-
« tion, toutes les fois qu'il ne justifie pas que l'inexécution
« provient d'une cause étrangère qui ne peut lui être impu-
« tée, encore qu'il n'y ait aucune mauvaise foi de sa part. »

Art. 48. « Il n'y a lieu à aucuns dommages et intérêts lors- 1148
« que, par suite d'une force majeure ou d'un cas fortuit, le
« débiteur a été empêché de donner ou de faire ce à quoi il
« était obligé, ou a fait ce qui lui était interdit. »

Art. 49. « Les dommages et intérêts dus au créancier sont 1149
« en général de la perte qu'il a faite et du gain dont il a été
« privé, sauf les exceptions et les modifications ci-après. »

Art. 50. « Le débiteur n'est tenu que des dommages et 1150
« intérêts qui ont été prévus ou qu'on a pu prévoir lors du
« contrat, lorsque ce n'est point par son dol que l'obligation
« n'est point exécutée. »

Art. 51. « Dans le cas même où l'inexécution de la con- 1151
« vention résulte du dol du débiteur, les dommages et in-

« térêts ne doivent comprendre, à l'égard de la perte éprouvée
« par le créancier et du gain dont il a été privé, que ce qui
« est une suite immédiate et directe de l'inexécution de la
« convention. »

1152   Art. 52. « Lorsque la convention porte que celui qui man-
« quera de l'exécuter paiera une certaine somme à titre de
« dommages-intérêts, il ne peut être alloué à l'autre partie
« une somme plus forte ni moindre. »

1153   Art. 53. « Dans les obligations qui se bornent au paiement
« d'une certaine somme, les dommages et intérêts résultant
« du retard dans l'inexécution ne consistent jamais que dans
« la condamnation aux intérêts fixés par la loi, sauf les
« règles particulières au commerce et au cautionnement.

    « Ces dommages et intérêts sont dus sans que le créancier
« soit tenu de justifier d'aucune perte.

    « Ils ne sont dus que du jour de la demande, excepté dans
« les cas où la loi les fait courir de plein droit. »

1154   Art. 54. « Les intérêts échus des capitaux peuvent produire
« des intérêts, ou par une demande judiciaire, ou par une
« convention spéciale, pourvu que, soit dans la demande,
« soit dans la convention, il s'agisse d'intérêts dus au moins
« pour une année entière. »

1155   Art. 55. « Néanmoins les revenus échus, tels que fermages,
« loyers, arrérages de rentes perpétuelles ou viagères, pro-
« duisent intérêt du jour de la demande ou de la convention.

    « La même règle s'applique aux restitutions de fruits et
« aux intérêts payés par un tiers au créancier en acquit du
« débiteur. »

SECTION V. — *De l'Interprétation des Conventions.*

1156   Art. 56. « On doit, dans les conventions, rechercher
« quelle a été la commune intention des parties contrac-
« tantes, plutôt que de s'arrêter au sens littéral des termes.»

1157   Art. 57. « Lorsqu'une clause est susceptible de deux sens,
« on doit plutôt l'entendre dans celui avec lequel elle peut

« avoir quelque effet, que dans le sens avec lequel elle n'en
« pourrait produire aucun. »

Art. 58. « Les termes susceptibles de deux sens doivent   1158
« être pris dans le sens qui convient le plus à la matière du
« contrat. »

Art. 59. « Ce qui est ambigu s'interprète par ce qui est   1159
« d'usage dans le pays où le contrat est passé. »

Art. 60. « On doit suppléer dans le contrat les clauses qui   1160
« y sont d'usage, quoiqu'elles n'y soient pas exprimées. »

Art. 61. « Toutes les clauses des conventions s'interprè-   1161
« tent les unes par les autres, en donnant à chacune le sens
« qui résulte de l'acte entier. »

Art. 62. « Dans le doute, la convention s'interprète contre   1162
« celui qui a stipulé, et en faveur de celui qui a contracté
« l'obligation. »

Art. 63. « Quelque généraux que soient les termes dans   1163
« lesquels une convention est conçue, elle ne comprend que
« les choses sur lesquelles il paraît que les parties se sont
« proposé de contracter. »

Art. 64. « Lorsque dans un contrat on a exprimé un cas   1164
« pour l'explication de l'obligation, on n'est pas censé avoir
« voulu par là restreindre l'étendue que l'engagement reçoit
« de droit aux cas non exprimés. »

SECTION VI. — *De l'Effet des conventions à l'égard des tiers.*

Art. 65. « Les conventions n'ont d'effet qu'entre les parties   1165
« contractantes ; elles ne nuisent point au tiers, et elles ne
« lui profitent que dans le cas prévu par l'article 21 du pré-
« sent titre. »

Art. 66. « Néanmoins les créanciers peuvent exercer tous   1166
« les droits et actions de leur débiteur, à l'exception de
« ceux qui sont exclusivement attachés à la personne. »

Art. 67. « Ils peuvent aussi en leur nom personnel atta-   1167
« quer les actes faits par leur débiteur en fraude de leurs
« droits. »

« Ils doivent néanmoins, quant à leurs doits énoncés au
« titre *des Successions* et au titre *du Contrat de mariage et des*
« *Droits respectifs des époux*, se conformer aux règles qui y
« sont prescrites. »

CHAPITRE IV.

Des diverses Espèces d'Obligations.

SECTION 1re. — *Des Obligations Conditionnelles.*

§ Ier. *De la Condition en général et de ses diverses Espèces.*

1168   Art. 68. « L'obligation est conditionnelle lorsqu'on la fait
« dépendre d'un événement futur et incertain, soit en la sus-
« pendant jusqu'à ce que l'événement arrive, soit en la rési-
« liant, selon que l'événement arrivera ou n'arrivera pas. »

1169   Art. 69. « La condition *casuelle* est celle qui dépend du
« hasard et qui n'est nullement au pouvoir du créancier ni
« du débiteur. »

1170   Art. 70. « La condition *potestative* est celle qui fait dé-
« pendre l'exécution de la convention d'un événement qu'il
« est au pouvoir de l'une ou de l'autre des parties contrac-
« tantes de faire arriver ou d'empêcher. »

1171   Art. 71. « La condition *mixte* est celle qui dépend tout à
« la fois de la volonté d'une des parties contractantes et de
« la volonté d'un tiers. »

1172   Art. 72. « Toute condition d'une chose impossible ou con-
« traire aux bonnes mœurs, ou prohibée par la loi, est nulle,
« et rend nulle la convention qui en dépend. »

1173   Art. 73. « La condition de ne pas faire une chose impos-
« sible ne rend pas nulle l'obligation contractée sous cette
« condition. »

1174   Art. 74. « Toute obligation est nulle lorsqu'elle a été con-
« tractée sous une condition potestative de la part de celui
« qui s'oblige. »

1175   Art. 75. « Toute condition doit être accomplie de la ma-
« nière que les parties ont vraisemblablement voulu et en-
« tendu qu'elle le fût. »

Art. 76. « Lorsqu'une obligation est contractée sous la 1176
« condition qu'un événement arrivera dans un temps fixe,
« cette condition est censée défaillie lorsque le temps est
« expiré sans que l'événement soit arrivé. S'il n'y a point de
« temps fixe, la condition peut toujours être accomplie ; et
« elle n'est censée défaillie que lorsqu'il est devenu certain
« que l'événement n'arrivera pas. »

Art. 77. « Lorsqu'une obligation est contractée sous la 1177
« condition qu'un événement n'arrivera pas dans un temps
« fixe, cette condition est accomplie lorsque ce temps est
« expiré sans que l'événement soit arrivé. Elle l'est également
« si avant le terme il est certain que l'événement n'arrivera
« pas ; et s'il n'y a pas de temps déterminé, elle n'est accom-
« plie que lorsqu'il est certain que l'événement n'arrivera
« pas. »

Art. 78. « La condition est réputée accomplie lorsque 1178
« c'est le débiteur, obligé sous cette condition, qui en a
« empêché l'accomplissement. »

Art. 79. « La condition accomplie a un effet rétroactif au 1179
« jour auquel l'engagement a été contracté ; si le créancier
« est mort avant l'accomplissement de la condition, ses droits
« passent à son héritier. »

Art. 80. « Le créancier peut, avant que la condition soit 1180
« accomplie, exercer tous les actes conservatoires de son
« droit. »

§ II. *De la Condition suspensive.*

Art. 81. « L'obligation contractée sous une condition sus— 1181
« pensive est celle qui dépend ou d'un événement futur et
« incertain, ou d'un événement actuellement arrivé, mais
« encore inconnu des parties.

« Dans le premier cas, l'obligation ne peut être exécutée
« qu'après l'événement.

« Dans le second cas, l'obligation a son effet du jour où
« elle a été contractée. »

Art. 82. « Lorsque l'obligation a été contractée sous une 1182

« condition suspensive, la chose qui fait la matière de la
« convention demeure aux risques du débiteur qui ne s'est
« obligé de la livrer que dans le cas de l'événement de la
« condition.

« Si la chose est entièrement périe sans la faute du débi-
« teur, l'obligation est éteinte.

« Si la chose s'est détériorée sans la faute du débiteur, le
« créancier a le choix, ou de résoudre l'obligation, ou
« d'exiger la chose dans l'état où elle se trouve sans dimi-
« nution du prix.

« Si la chose s'est détériorée par la faute du débiteur, le
« créancier a le droit ou de résoudre l'obligation, ou d'exiger
« la chose dans l'état où elle se trouve avec des dommages et
« intérêts. »

§ III. *De la Condition résolutoire.*

1183   Art. 83. « La condition résolutoire est celle qui, lorsqu'elle
« s'accomplit, opère la révocation de l'obligation, et qui
« remet les choses au même état que si l'obligation n'avait
« pas existé.

« Elle ne suspend point l'exécution de l'obligation ; elle
« oblige seulement le créancier à restituer ce qu'il a reçu,
« dans le cas où l'événement prévu par la condition arrive. »

1184   Art. 84. « La condition résolutoire est toujours sous-
« entendue dans les contrats synallagmatiques, pour le cas
« où l'une des deux parties ne satisfera point à son engage-
« ment.

« Dans ce cas le contrat n'est point résolu de plein droit.
« La partie envers laquelle l'engagement n'a point été exé-
« cuté a le choix ou de forcer l'autre à l'exécution de la
« convention lorsqu'elle est possible, ou d'en demander la
« résolution avec dommages et intérêts.

« La résolution doit être demandée en justice, et il peut
« être accordé au défendeur un délai selon les circonstances. »

SECTION II. — *Des Obligations à terme.*

Art. 85. « Le terme diffère de la condition en ce qu'il ne   1185
« suspend point l'engagement, dont il retarde seulement
« l'exécution. »

Art. 86. « Ce qui n'est dû qu'à terme ne peut être exigé   1186
« avant l'échéance du terme, mais ce qui a été payé d'avance
« ne peut être répété. »

Art. 87. « Le terme est toujours présumé stipulé en faveur   1187
« du débiteur, à moins qu'il ne résulte de la stipulation ou
« des circonstances qu'il a été aussi convenu en faveur du
« créancier. »

Art. 88. « Le débiteur ne peut plus réclamer le bénéfice du   1188
« terme lorsqu'il a fait faillite, ou lorsque par son fait il a
« diminué les sûretés qu'il avait données par le contrat à son
« créancier. »

SECTION III. — *Des Obligations alternatives.*

Art. 89. « Le débiteur d'une obligation alternative est   1189
« libéré par la délivrance de l'une des deux choses qui
« étaient comprises dans l'obligation. »

Art. 90. « Le choix appartient au débiteur s'il n'a pas été   1190
« expressément accordé au créancier. »

Art. 91. « Le débiteur peut se libérer en délivrant l'une   1191
« des deux choses promises; mais il ne peut pas forcer le
« créancier à recevoir une partie de l'une et une partie de
« l'autre. »

Art. 92. « L'obligation est pure et simple, quoique con-   1192
« tractée d'une manière alternative, si l'une des deux choses
« promises ne pouvait être le sujet de l'obligation. »

Art. 93. « L'obligation alternative devient pure et simple   1193
« si l'une des choses promises périt et ne peut plus être livrée
« même par la faute du débiteur. Le prix de cette chose ne
« peut être offert à sa place.

« Si toutes deux sont péries, et que le débiteur soit en
« faute à l'égard de l'une d'elles, il doit payer le prix de
« celle qui a péri la dernière. »

1194 Art. 94. « Lorsque, dans les cas prévus par l'article pré-
« cédent, le choix avait été déféré par la convention au
« créancier,

« Ou l'une des choses seulement est périe, et alors, si
« c'est sans la faute du débiteur, le créancier doit avoir
« celle qui reste ; si le débiteur est en faute, le créancier
« peut demander la chose qui reste ou le prix de celle qui
« est périe ;

« Ou les deux choses sont péries, et alors si le débi-
« teur est en faute à l'égard des deux, ou même à l'égard
« de l'une d'elles seulement, le créancier peut demander le
« prix de l'une ou de l'autre, à son choix. »

1195 Art. 95. « Si les deux choses sont péries sans la faute du
« débiteur, et avant qu'il soit en demeure, l'obligation est
« éteinte conformément à l'article 201 du présent titre. »

1196 Art. 96. « Les mêmes principes s'appliquent aux cas où il
« y a plus de deux choses comprises dans l'obligation alter-
« native. »

SECTION IV.—*Des Obligations solidaires.*

§ Ier. *De la Solidarité entre les créanciers.*

1197 Art. 97. « L'obligation est solidaire entre plusieurs créan-
« ciers lorsque le titre donne expressément à chacun d'eux
« le droit de demander le paiement du total de la créance,
« et que le paiement fait à l'un d'eux libère le débiteur,
« encore que le bénéfice de l'obligation soit partageable et
« divisible entre les divers créanciers. »

1198 Art. 98. « Il est au choix du débiteur de payer à l'un ou à
« l'autre des créanciers solidaires tant qu'il n'a pas été pré-
« venu par les poursuites de l'un d'eux.

« Néanmoins la remise qui n'est faite que par l'un des
« créanciers solidaires ne libère le débiteur que pour la part
« de ce créancier. »

Art. 99. « Tout acte qui interrompt la prescription à l'égard 1199
« de l'un des créanciers solidaires profite aux autres créan-
« ciers. »

§ II. *De la Solidarité de la part des débiteurs.*

Art. 100. « Il y a solidarité de la part des débiteurs lors- 1200
« qu'ils sont obligés à une même chose, de manière que
« chacun puisse être contraint pour la totalité, et que le paie-
« ment fait par un seul libère les autres envers le créancier. »

Art. 101. « L'obligation peut être solidaire, quoique l'un 1201
« des débiteurs soit obligé différemment de l'autre au paie-
« ment de la même chose; par exemple, si l'un n'est obligé
« que conditionnellement, tandis que l'engagement de l'au-
« tre est pur et simple, ou si l'un a pris un terme qui n'est
« point accordé à l'autre. »

Art. 102. « La solidarité ne se présume point; il faut 1202
« qu'elle soit expressément stipulée.

« Cette règle ne cesse que dans les cas où la solidarité a
« lieu de plein droit en vertu d'une disposition de la loi. »

Art. 103. « Le créancier d'une obligation contractée soli- 1203
« dairement peut s'adresser à celui des débiteurs qu'il veut
« choisir, sans que celui-ci puisse lui opposer le bénéfice de
« division. »

Art. 104. « Les poursuites faites contre l'un des débiteurs 1204
« n'empêchent pas le créancier d'en exercer de pareilles
« contre les autres. »

Art. 105. « Si la chose due a péri par la faute ou pendant 1205
« la demeure de l'un ou de plusieurs des débiteurs soli-
« daires, les autres codébiteurs ne sont point déchargés de
« l'obligation de payer le prix de la chose; mais ceux-ci ne
« sont point tenus des dommages et intérêts.

« Le créancier peut seulement répéter les dommages et

« intérêts tant contre les débiteurs par la faute desquels la
« chose a péri, que contre ceux qui étaient en demeure. »

1206   Art. 106. « Les poursuites faites contre l'un des débiteurs
« solidaires interrompent la prescription à l'égard de tous. »

1207   Art. 107. « La demande d'intérêts formée contre l'un des
« débiteurs solidaires fait courir les intérêts à l'égard de
« tous. »

1208   Art. 108. « Le codébiteur solidaire poursuivi par le créan-
« cier peut opposer toutes les exceptions qui résultent de
« la nature de l'obligation et toutes celles qui lui sont per-
« sonnelles, ainsi que celles qui sont communes à tous les
« codébiteurs.

    « Il ne peut opposer les exceptions qui sont purement per-
« sonnelles à quelques-uns des autres codébiteurs. »

1209   Art. 109. « Lorsque l'un des débiteurs devient héritier
« unique du créancier, ou lorsque le créancier devient l'u-
« nique héritier de l'un des débiteurs, la confusion n'éteint
« la créance solidaire que pour la part et portion du débiteur
« ou du créancier. »

1210   Art. 110. « Le créancier qui consent à la division de la
« dette à l'égard de l'un des codébiteurs conserve son action
« solidaire contre les autres, mais sous la déduction de la
« part du débiteur qu'il a déchargé de la solidarité. »

1211   Art. 111. « Le créancier qui reçoit divisément la part de
« l'un des débiteurs, sans réserver dans la quittance la soli-
« darité ou ses droits en général, ne renonce à la solidarité
« qu'à l'égard de ce débiteur.

    « Le créancier n'est pas censé remettre la solidarité au dé-
« biteur lorsqu'il reçoit de lui une somme égale à la portion
« dont il est tenu, si la quittance ne porte pas que c'est *pour*
« *sa part.*

    « Il en est de même de la simple demande formée contre
« l'un des codébiteurs *pour sa part*, si celui-ci n'a pas ac-
« quiescé à la demande ou s'il n'est pas intervenu un juge-
« ment de condamnation. »

Art. 112. « Le créancier qui reçoit divisément et sans ré- 1212
« serve la portion de l'un des codébiteurs dans les arrérages ou
« intérêts de la dette, ne perd la solidarité que pour les arré-
« rages ou intérêts échus, et non pour ceux à échoir, ni pour
« le capital, à moins que le paiement divisé n'ait été continué
« pendant dix ans consécutifs. »

Art. 113. « L'obligation contractée solidairement envers le 1213
« créancier se divise de plein droit entre les débiteurs, qui
« n'en sont tenus entre eux que chacun pour sa part et
« portion. »

Art. 114. « Le codébiteur d'une dette solidaire qui l'a payée 1214
« en entier ne peut répéter contre les autres que les part
« et portion de chacun d'eux.

« Si l'un d'eux se trouve insolvable, la perte qu'occasione
« son insolvabilité se répartit par contribution entre tous les
« autres codébiteurs solvables et celui qui a fait le paiement. »

Art. 115. « Dans le cas où le créancier a renoncé à l'action 1215
« solidaire envers l'un des débiteurs, si l'un ou plusieurs des
« autres codébiteurs deviennent insolvables, la portion des
« insolvables sera contributoirement répartie entre tous les
« débiteurs, même entre ceux précédemment déchargés de
« la solidarité par le créancier. »

Art. 116. « Si l'affaire pour laquelle la dette a été con- 1216
« tractée solidairement ne concernait que l'un des coobligés
« solidaires, celui-ci serait tenu de toute la dette vis-à-vis des
« autres codébiteurs qui ne seraient considérés par rapport
« à lui que comme ses cautions. »

SECTION V. — *Des Obligations divisibles et indivisibles.*

Art. 117. « L'obligation est divisible ou indivisible, selon 1217
« qu'elle a pour objet ou une chose qui dans sa livraison, ou
« un fait qui dans l'exécution, est ou n'est pas susceptible
« de division soit matérielle, soit intellectuelle. »

Art. 118. « L'obligation est indivisible, quoique la chose 1218
« ou le fait qui en est l'objet soit divisible par sa nature,

« si le rapport sous lequel elle est considérée dans l'obliga-
« tion ne la rend pas susceptible d'exécution partielle. »

1219   Art. 119. « La solidarité stipulée ne donne point à l'obli-
« gation le caractère d'indivisibilité. »

§ Ier. — Des Effets de l'Obligation divisible.

1220   Art. 120. « L'obligation qui est susceptible de division doit
« être exécutée entre le créancier et le débiteur comme si
« elle était indivisible. La divisibilité n'a d'application qu'à
« l'égard de leurs héritiers, qui ne peuvent demander la
« dette, ou qui ne sont tenus de la payer que pour les parts
« dont ils sont saisis, ou dont ils sont tenus comme repré-
« sentant le créancier ou le débiteur. »

1221   Art. 121. « Le principe établi dans l'article précédent re-
« çoit exception à l'égard des héritiers du débiteur :

« 1°. Dans le cas où la dette est hypothécaire ;

« 2°. Lorsqu'elle est d'un corps certain ;

« 3°. Lorsqu'il s'agit de la dette alternative de choses au
« choix du créancier, dont l'une est indivisible ;

« 4°. Lorsque l'un des héritiers est chargé seul, par le titre,
« de l'exécution de l'obligation ;

« 5°. Lorsqu'il résulte soit de la nature de l'engagement,
« soit de la chose qui en fait l'objet, soit de la fin qu'on s'est
« proposée dans le contrat, que l'intention des contractans
« a été que la dette ne pût s'acquitter partiellement.

« Dans les trois premiers cas l'héritier qui possède la
« chose due ou le fonds hypothéqué à la dette peut être
« poursuivi pour le tout sur la chose due ou sur le fonds
« hypothéqué, sauf le recours contre ses cohéritiers. Dans
« le quatrième cas l'héritier seul chargé de la dette, et
« dans le cinquième cas chaque héritier, peut aussi être
« poursuivi pour le tout, sauf son recours contre ses cohéri-
« tiers. »

§ II. — *De l'Effet de l'Obligation indivisible.*

Art. 122. « Chacun de ceux qui ont contracté conjointe- 1222
« ment une dette indivisible en est tenu pour le total, encore
« que l'obligation n'ait pas été contractée solidairement. »

Art. 123. « Il en est de même à l'égard des héritiers de 1223
« celui qui a contracté une pareille obligation. »

Art. 124. « Chaque héritier du créancier peut exiger en 1224
« totalité l'exécution de l'obligation indivisible.

« Il ne peut seul faire la remise de la totalité de la dette; il
« ne peut recevoir seul le prix au lieu de la chose. Si l'un
« des héritiers a seul remis la dette, ou reçu le prix de la
« chose, son cohéritier ne peut demander la chose indivisi-
« ble qu'en tenant compte de la portion du cohéritier qui a
« fait la remise ou qui a reçu le prix. »

Art. 125. « L'héritier du débiteur assigné pour la totalité 1225
« de l'obligation peut demander un délai pour mettre en
« cause ses cohéritiers, à moins que la dette ne soit de nature
« à ne pouvoir être acquittée que par l'héritier assigné, qui
« peut alors être condamné seul, sauf son recours en in-
« demnité contre ses cohéritiers. »

SECTION VI. — *Des Obligations avec clauses pénales.*

Art. 126. « La clause pénale est celle par laquelle une per- 1226
« sonne, pour assurer l'exécution d'une convention, s'en-
« gage à quelque chose en cas d'inexécution. »

Art. 127. « La nullité de l'obligation principale entraîne 1227
« celle de la clause pénale.

« La nullité de celle-ci n'entraîne point celle de l'obliga-
« tion principale. »

Art. 128. « Le créancier, au lieu de demander la peine 1228
« stipulée contre le débiteur qui est en demeure, peut pour-
« suivre l'exécution de l'obligation principale. »

Art. 129. « La clause pénale est la compensation des dom- 1229
« mages et intérêts que le créancier souffre de l'inexécution
« de l'obligation principale.

« Il ne peut demander en même temps le principal et la
« peine, à moins qu'elle n'ait été stipulée pour le simple
« retard. »

1230   Art. 130. « Soit que l'obligation primitive contienne, soit
« qu'elle ne contienne pas un terme dans lequel elle doive
« être accomplie, la peine n'est encourue que lorsque celui
« qui s'est obligé soit à livrer, soit à prendre, soit à
« faire, est en demeure. »

1231   Art. 131. « La peine peut être modifiée par le juge lorsque
« l'obligation principale a été exécutée en partie. »

1232   Art. 132. « Lorsque l'obligation primitive contractée avec
« une clause pénale est d'une chose indivisible, la peine
« est encourue par la contravention d'un seul des héritiers
« du débiteur, et elle peut être demandée soit en totalité
« contre celui qui a fait la contravention, soit contre chacun
« des cohéritiers pour leur part et portion, et hypothécaire-
« ment pour le tout, sauf leur recours contre celui qui a
« fait encourir la peine. »

1233   Art. 133. « Lorsque l'obligation primitive contractée sous
« une peine est divisible, la peine n'est encourue que par
« celui des héritiers du débiteur qui contrevient à cette
« obligation, et pour la part seulement dont il était tenu dans
« l'obligation principale, sans qu'il y ait d'action contre ceux
« qui l'ont exécutée.

« Cette règle reçoit exception lorsque la clause pénale ayant
« été ajoutée dans l'intention que le paiement ne pût se faire
« partiellement, un cohéritier a empêché l'exécution de l'o-
« bligation pour la totalité. En ce cas, la peine entière peut
« être exigée contre lui, et contre les autres cohéritiers, pour
« leur portion seulement, sauf leur recours. »

CHAPITRE V.

De l'Extinction des Obligations.

1234   Art. 134. « Les obligations s'éteignent
« Par le paiement,

« Par la novation,

« Par la remise volontaire,

« Par la compensation,

« Par la confusion,

« Par la perte de la chose,

« Par la nullité ou la rescision,

« Par l'effet de la condition résolutoire qui a été expliquée
« au chapitre précédent,

« Et par la prescription, qui fera l'objet d'un titre parti-
« culier. »

SECTION Ire. — *Du Paiement.*

§ Ier. *Du Paiement en général.*

Art. 135. « Tout paiement suppose une dette; ce qui a été   1235
« payé sans être dû est sujet à répétition.

« La répétition n'est pas admise à l'égard des obligations
« naturelles qui ont été volontairement acquittées. »

Art. 136. «Une obligation peut être acquittée par toute per-   1236
« sonne qui y est intéressée, telle qu'un coobligé ou une
« caution.

« L'obligation peut même être acquittée par un tiers qui
« n'y est point intéressé, pourvu que ce tiers agisse au nom
« et en l'acquit du débiteur, ou que, s'il agit en son nom
« propre, il ne soit pas subrogé aux droits du créancier. »

Art. 137. « L'obligation de faire ne peut être acquittée par   1237
« un tiers, contre le gré du créancier, lorsque ce dernier a
« intérêt qu'elle soit remplie par le débiteur lui-même. »

Art. 138. « Pour payer valablement il faut être proprié-   1238
« taire de la chose donnée en paiement, et capable de l'aliéner.

« Néanmoins le paiement d'une somme en argent, ou autre
« chose qui se consomme par l'usage, ne peut être répété
« contre le créancier qui l'a consommée de bonne foi, quoi-
« que le paiement en ait été fait par celui qui n'en était pas
« propriétaire ou qui n'était pas capable de l'aliéner. »

Art. 139. « Le paiement doit être fait au créancier ou à   1239

« quelqu'un ayant pouvoir de lui, ou qui soit autorisé par
« justice ou par la loi à recevoir pour lui.

« Le paiement fait à celui qui n'aurait pas pouvoir de rece-
« voir pour le créancier est valable si celui-ci le ratifie, ou
« s'il en a profité. »

1240   Art. 140. « Le paiement fait de bonne foi à celui qui est
« en possession de la créance est valable, encore que le
« possesseur en soit par la suite évincé. »

1241   Art. 141. « Le paiement fait au créancier n'est point valable
« s'il était incapable de le recevoir, à moins que le débiteur
« ne prouve que la chose payée a tourné au profit du créan-
« cier. »

1242   Art. 142. « Le paiement fait par le débiteur à son créan-
« cier, au préjudice d'une saisie ou d'une opposition, n'est
« pas valable à l'égard des créanciers saisissans ou oppo-
« sans; ceux-ci peuvent, selon leur droit, le contraindre à
« payer de nouveau, sauf, en ce cas seulement, son recours
« contre le créancier. »

1243   Art. 143. « Le créancier ne peut être contraint de recevoir
« une autre chose que celle qui lui est due, quoique la va-
« leur de la chose offerte soit égale ou même plus grande. »

1244   Art. 144. « Le débiteur ne peut point forcer le créancier
« à recevoir en partie le paiement d'une dette, même divi-
« sible.

« Les juges peuvent néanmoins, en considération de la po-
« sition du débiteur, et en usant de ce pouvoir avec une
« grande réserve, accorder des délais modérés pour le paie-
« ment, et surseoir l'exécution des poursuites, toutes choses
« demeurant en état. »

1245   Art. 145. « Le débiteur d'un corps certain et déterminé est
« libéré par la remise de la chose en l'état où elle se trouve
« lors de la livraison, pourvu que les détériorations qui y
« sont survenues ne viennent point de son fait ou de sa faute,
« ni de celle des personnes dont il est responsable, ou qu'a-
« vant ces détériorations il ne fût pas en demeure. »

Art. 146. « Si la dette est d'une chose qui ne soit déter- 1246
« minée que par son espèce, le débiteur ne sera pas tenu,
« pour être libéré, de la donner de la meilleure espèce; mais
« il ne pourra l'offrir de la plus mauvaise. »

Art. 147. « Le paiement doit être exécuté dans le lieu dé- 1247
« signé par la convention. Si le lieu n'y est pas désigné, le
« paiement, lorsqu'il s'agit d'un corps certain et déterminé,
« doit être fait dans le lieu où était, au temps de l'obliga-
« tion, la chose qui en fait l'objet.

« Hors ces deux cas, le paiement doit être fait au domicile
« du débiteur. »

Art. 148. « Les frais du paiement sont à la charge du débi- 1248
« teur. »

§ II. *Du Paiement avec subrogation.*

Art. 149. « La subrogation dans les droits du créancier au 1249
« profit d'une tierce personne qui le paie est ou convention-
« nelle ou légale. »

Art. 150. « Cette subrogation est conventionnelle, 1250

« 1°. « Lorsque le créancier recevant son paiement d'une
« tierce personne la subroge dans ses droits, actions, privilé-
« ges ou hypothèques contre le débiteur. Cette subrogation
« doit être expresse et faite en même temps que le paiement.

« 2°. Lorsque le débiteur emprunte une somme à l'effet de
« payer sa dette et de subroger le prêteur dans les droits du
« créancier. Il faut, pour que cette subrogation soit valable,
« que l'acte d'emprunt et la quittance soient passés devant
« notaires; que dans l'acte d'emprunt il soit déclaré que la
« somme a été empruntée pour faire le paiement, et que
« dans la quittance il soit déclaré que le paiement a été fait
« des deniers fournis à cet effet par le nouveau créancier.
« Cette subrogation s'opère sans le concours de la volonté du
« créancier. »

Art. 151. « La subrogation a lieu de plein droit, 1251

« 1°. Au profit de celui qui étant lui-même créancier paie

XIII. 13

« un autre créancier qui lui est préférable à raison de ses
« priviléges ou hypothèques ;

« 2°. Au profit de l'acquéreur d'un immeuble qui emploie
« le prix de son acquisition au paiement des créanciers aux-
« quels cet héritage était hypothéqué ;

« 3°. Au profit de celui qui, étant tenu avec d'autres ou pour
« d'autres au paiement de la dette, avait intérêt de l'ac-
« quitter ;

« 4°. Au profit de l'héritier bénéficiaire qui a payé de ses
« deniers les dettes de la succession. »

1252　Art. 152. « La subrogation établie par les articles précé-
« dens a lieu tant contre les cautions que contre les débiteurs :
« elle ne peut nuire au créancier lorsqu'il n'a été payé
« qu'en partie ; en ce cas il peut exercer ses droits, pour ce
« qui lui reste dû, par préférence à celui dont il n'a reçu
« qu'un paiement partiel. »

§ III. *De l'Imputation des Paiemens.*

1253　Art. 153. « Le débiteur de plusieurs dettes a le droit de
« déclarer, lorsqu'il paie, quelle dette il entend acquitter. »

1254　Art. 154. « Le débiteur d'une dette qui porte intérêt ou
« produit des arrérages ne peut point, sans le consente-
« ment du créancier, imputer le paiement qu'il fait sur le
« capital par préférence aux arrérages ou intérêts ; le paie-
« ment fait sur le capital et intérêts, mais qui n'est point
« intégral, s'impute d'abord sur les intérêts. »

1255　Art. 155. « Lorsque le débiteur de diverses dettes a ac-
« cepté une quittance par laquelle le créancier a imputé ce
« qu'il a reçu sur l'une de ces dettes spécialement, le dé-
« biteur ne peut plus demander l'imputation sur une dette
« différente, à moins qu'il n'y ait eu dol ou surprise de la
« part du créancier. »

1256　Art. 156. « Lorsque la quittance ne porte aucune imputa-
« tion, le paiement doit être imputé sur la dette que le dé-
« biteur avait pour lors le plus d'intérêt d'acquitter entre

« celles qui sont pareillement échues; sinon, sur la dette
« échue, quoique moins onéreuse que celles qui ne le sont
« point.

« Si les dettes sont d'égale nature, l'imputation se fait sur
« la plus ancienne; toutes choses égales, elle se fait propor-
« tionnellement. »

§ IV. *Des Offres de Paiement et de la Consignation.*

Art. 157. « Lorsque le créancier refuse de recevoir son 1257
« paiement, le débiteur peut lui faire des offres réelles, et,
« au refus du créancier de les accepter, consigner la somme
« ou la chose offerte.

« Les offres réelles suivies d'une consignation libèrent le
« débiteur; elles tiennent lieu, à son égard, de paiement,
« lorsqu'elles sont valablement faites, et la chose ainsi consi-
« gnée demeure au risque du créancier. »

Art. 158. « Pour que les offres réelles soient valables, il 1258
« faut :

« 1°. Qu'elles soient faites au créancier ayant la capacité de
« recevoir, ou à celui qui a pouvoir de recevoir pour lui ;

« 2°. Qu'elles soient faites par une personne capable de
« payer ;

« 3°. Qu'elles soient de la totalité de la somme exigible,
« des arrérages ou intérêts dus, des frais liquidés et d'une
« somme pour les frais non liquidés, sauf à la parfaire ;

« 4°. Que le terme soit échu, s'il a été stipulé en faveur
« du créancier;

« 5°. Que la condition sous laquelle la dette a été contractée
« soit arrivée ;

« 6°. Que les offres soient faites au lieu dont on est con-
« venu pour le paiement, et que, s'il n'y a pas de convention
« spéciale sur le paiement, elles soient faites ou à la personne
« du créancier, ou à son domicile, ou au domicile élu pour
« l'exécution de la convention;

« 7°. Que les offres soient faites par un officier ministériel
« ayant caractère pour ces sortes d'actes. »

1259   Art. 159. « Il n'est pas nécessaire, pour la validité de la
« consignation, qu'elle ait été autorisée par le juge : il suffit,

« 1°. Qu'elle ait été précédée d'une sommation signifiée
« au créancier, et contenant l'indication du jour, de l'heure
« et du lieu où la chose offerte sera déposée;

« 2°. Que le débiteur se soit dessaisi de la chose offerte,
« en la remettant dans le dépôt indiqué par la loi pour rece-
« voir les consignations, avec les intérêts jusqu'au jour du
« dépôt;

« 3°. Qu'il y ait eu procès-verbal dressé par l'officier mi-
« nistériel de la nature des espèces offertes, du refus qu'a
« fait le créancier de les recevoir ou de sa non comparution,
« et enfin du dépôt;

« 4°. Qu'en cas de non comparution de la part du créancier,
« le procès-verbal du dépôt lui ait été signifié, avec somma-
« tion de retirer la chose déposée. »

1260   Art. 160. « Les frais des offres réelles et de la consignation
« sont à la charge du créancier, si elles sont valables. »

1261   Art. 161. « Tant que la consignation n'a point été acceptée
« par le créancier, le débiteur peut la retirer; et s'il la re-
« tire, ses codébiteurs ou ses cautions ne sont point li-
« bérés. »

1262   Art. 162. « Lorsque le débiteur a lui-même obtenu un ju
« gement passé en force de chose jugée qui a déclaré ses
« offres et sa consignation bonnes et valables, il ne peut plus,
« même du consentement du créancier, retirer sa consigna
« tion au préjudice de ses codébiteurs ou de ses cautions. »

1263   Art. 163. « Le créancier qui a consenti que le débiteur
« retirât sa consignation, après qu'elle a été déclarée valable
« par un jugement qui a acquis force de chose jugée, ne peut
« plus, pour le paiement de sa créance, exercer les privi-
« léges ou hypothèques qui y étaient attachés; il n'a plus
« d'hypothèque que du jour où l'acte par lequel il a consenti

« que la consignation fût retirée aura été revêtu des formes
« requises pour emporter l'hypothèque. »

Art. 164. « Si la chose due est un corps certain qui doit 1264
« être livré au lieu où il se trouve, le débiteur doit faire som-
« mation au créancier de l'enlever par acte notifié à sa per-
« sonne ou à son domicile, ou au domicile élu pour l'exécu-
« tion de la convention. Cette sommation faite, si le créancier
« n'enlève pas la chose, et que le débiteur ait besoin du lieu
« dans lequel elle est placée, celui-ci pourra obtenir de la
« justice la permission de la mettre en dépôt dans quelque
« autre lieu. »

§ V. *De la Cession des Biens.*

Art. 165. « La cession de biens est l'abandon qu'un débi- 1265
« teur fait de tous ses biens à ses créanciers lorsqu'il se
« trouve hors d'état de payer ses dettes. »

Art. 166. « La cession de biens est ou volontaire ou judi- 1266
« ciaire. »

Art. 167. « La cession de biens volontaire est celle que les 1267
« créanciers acceptent volontairement, et qui n'a d'effet que
« celui résultant des stipulations même du contrat passé
« entre eux et le débiteur. »

Art. 168. « La cession judiciaire est un bénéfice que la loi 1268
« accorde au débiteur malheureux et de bonne foi, auquel
« il est permis, pour avoir la liberté de sa personne, de
« faire, en justice, l'abandon de tous ses biens à ses créan-
« ciers, nonobstant toute stipulation contraire. »

Art. 169. « La cession judiciaire ne confère point la pro- 1269
« priété aux créanciers ; elle leur donne seulement le droit
« de faire vendre les biens à leur profit, et d'en percevoir les
« revenus jusqu'à la vente. »

Art. 170. « Les créanciers ne peuvent refuser la cession 1270
« judiciaire, si ce n'est dans les cas exceptés par la loi.

« Elle opère la décharge de la contrainte par corps.

« Au surplus elle ne libère le débiteur que jusqu'à concur-

« rence de la valeur des biens abandonnés ; et, dans le cas où
« ils auraient été insuffisans, s'il lui en survient d'autres, il
« est obligé de les abandonner jusqu'au parfait paiement. »

SECTION II. — De la Novation.

1271   Art. 171. « La novation s'opère de trois manières :

« 1°. Lorsque le débiteur contracte envers son créancier
« une nouvelle dette qui est substituée à l'ancienne, laquelle
« est éteinte ;

« 2°. Lorsqu'un nouveau débiteur est substitué à l'ancien,
« qui est déchargé par le créancier ;

« 3°. Lorsque, par l'effet d'un nouvel engagement, un
« nouveau créancier est substitué à l'ancien envers lequel le
« débiteur se trouve déchargé. »

1272   Art. 172. « La novation ne peut s'opérer qu'entre per-
« sonnes capables de contracter. »

1273   Art. 173. « La novation ne se présume point ; il faut que la
« volonté de l'opérer résulte clairement de l'acte. »

1274   Art. 174. « La novation par la substitution d'un nouveau
« débiteur peut s'opérer sans le concours du premier débi-
« teur. »

1275   Art. 175. « La délégation par laquelle un débiteur donne
« au créancier un autre débiteur, qui s'oblige envers le
« créancier, n'opère point de novation, si le créancier n'a
« expressément déclaré qu'il entendait décharger son débi-
« teur qui a fait la délégation. »

1276   Art. 176. « Le créancier qui a déchargé le débiteur par qui
« a été faite la délégation n'a point de recours contre ce
« débiteur, si le délégué devient insolvable, à moins que
« l'acte n'en contienne une réserve expresse, ou que le dé-
« légué ne fût déjà en faillite ouverte, ou tombé en déconfi-
« ture au moment de la délégation. »

1277   Art. 177. « La simple indication faite par le débiteur
« d'une personne qui doit payer à sa place n'opère point
« novation.

« Il en est de même de la simple indication faite par le
« créancier d'une personne qui doit recevoir pour lui. »

Art. 178. « Les priviléges et hypothèques de l'ancienne 1278
« créance ne passent point à celle qui lui est substituée, à
« moins que le créancier ne les ait expressément réservés. »

Art. 179. « Lorsque la novation s'opère par la substitution 1274
« d'un nouveau débiteur, les priviléges et hypothèques pri-
« mitifs de la créance ne peuvent point passer sur les biens du
« nouveau débiteur. »

Art. 180. « Lorsque la novation s'opère entre le créancier 1280
« et l'un des débiteurs solidaires, les priviléges et hypothè-
« ques de l'ancienne créance ne peuvent être réservés que
« sur les biens de celui qui contracte la nouvelle dette. »

Art. 181. « Par la novation faite entre le créancier et l'un 1281
« des débiteurs solidaires, les codébiteurs sont libérés.

« La novation opérée à l'égard du débiteur principal li-
« bère les cautions.

« Néanmoins si le créancier a exigé, dans le premier cas,
« l'accession des codébiteurs, ou, dans le second, celle des
« cautions, l'ancienne créance subsiste si les codébiteurs ou
« les cautions refusent d'accéder à un nouvel arrangement. »

SECTION III. — *De la Remise de la Dette.*

Art. 182. « La remise volontaire du titre original sous si- 1282
« gnature privée, par le créancier au débiteur, fait preuve
« de la libération. »

Art. 183. « La remise volontaire de la grosse du titre fait 1283
« présumer la remise de la dette ou le paiement sans préju-
« dice de la preuve contraire. »

Art. 184. « La remise du titre original sous signature privée 1284
« ou de la grosse du titre à l'un des débiteurs solidaires a le
« même effet au profit de ses codébiteurs. »

Art. 185. « La remise ou décharge conventionnelle au 1285
« profit de l'un des codébiteurs solidaires libère tous les

« autres, à moins que le créancier n'ait expressément réservé
« ses droits contre ces derniers. »

« Dans ce dernier cas, il ne peut plus répéter la dette que
« déduction faite de la part de celui auquel il a fait la remise.»

1286   Art. 186. « La remise de la chose donnée en nantissement
« ne suffit point pour faire présumer la remise de la dette. »

1287   Art. 187. « La remise ou décharge conventionnelle accordée
« au débiteur principal libère les cautions.

« Celle accordée à la caution ne libère pas le débiteur prin-
« cipal.

« Celle accordée à l'une des cautions ne libère pas les
« autres. »

1288   Art. 188. « Ce que le créancier a reçu d'une caution pour
« la décharge de son cautionnement doit être imputé sur
« la dette et tourner à la décharge du débiteur principal et
« des autres cautions. »

SECTION IV.— *De la Compensation.*

1289   Art. 189. « Lorsque deux personnes se trouvent débitrices
« l'une envers l'autre, il s'opère entre elles une compensa-
« tion qui éteint les deux dettes, de la manière et dans les
« cas ci-après exprimés. »

1290   Art. 190. « La compensation s'opère de plein droit par la
« seule force de la loi, même à l'insu des débiteurs ; les deux
« dettes s'éteignent réciproquement à l'instant où elles se
« trouvent exister à la fois, jusqu'à concurrence de leurs
« quotités respectives. »

1291   Art. 191. « La compensation n'a lieu qu'entre deux dettes
« qui ont également pour objet une somme d'argent, ou une
« certaine quantité de choses fongibles de la même espèce,
« et qui sont également liquides et exigibles.

« Les prestations en grains ou denrées non contestées, et
« dont le prix est réglé par les mercuriales, peuvent se com-
« penser avec des sommes liquides et exigibles. »

Art. 192. « Le terme de grâce n'est point un obstacle à la   1292
« compensation. »

Art. 193. « La compensation a lieu, quelles que soient les   1293
« causes de l'une ou de l'autre des dettes, excepté dans le
« cas ,

« 1°. De la demande en restitution d'une chose dont le
« propriétaire a été injustement dépouillé ;

« 2°. De la demande en restitution d'un dépôt et du prêt
« à usage ;

« 3°. D'une dette qui a pour cause des alimens déclarés
« insaisissables. »

Art. 194. « La caution peut opposer la compensation de ce   1294
« que le créancier doit au débiteur principal.

« Mais le débiteur principal ne peut opposer la compensa-
« tion de ce que le créancier doit à la caution. »

« Le débiteur solidaire ne peut pareillement opposer la
« compensation de ce que le créancier doit à son codébiteur.

Art. 195. « Le débiteur qui a accepté purement et simple-   1295
« ment la cession qu'un créancier a faite de ses droits à un
« tiers ne peut plus opposer au cessionnaire la compensation
« qu'il eût pu, avant l'acceptation, opposer au cédant.

« A l'égard de la cession qui n'a point été acceptée par le
« débiteur, mais qui lui a été signifiée, elle n'empêche que
« la compensation des créances postérieures à cette notifica-
« tion. »

Art. 196. « Lorsque les deux dettes ne sont pas payables   1296
« au même lieu, on n'en peut opposer la compensation qu'en
« faisant raison des frais de la remise. »

Art. 197. « Lorsqu'il y a plusieurs dettes compensables   1297
« dues par la même personne, on suit pour la compensation
« les règles qui ont été établies pour l'imputation par l'ar-
« ticle 156. »

Art. 198. « La compensation n'a pas lieu au préjudice des   1298
« droits acquis à un tiers. Ainsi celui qui, étant débiteur, est
« devenu créancier depuis la saisie-arrêt faite par un tiers

« entre ses mains, ne peut, au préjudice du saisissant, op-
« poser la compensation. »

1299   Art. 199. « Celui qui a payé une dette qui était de droit
« éteinte par la compensation ne peut plus, en exerçant la
« créance dont il n'a point opposé la compensation, se pré-
« valoir, au préjudice des tiers, des priviléges ou hypothè-
« ques qui y étaient attachés, à moins qu'il n'ait eu une juste
« cause d'ignorer la créance qui devait compenser sa dette. »

SECTION V. — *De la Confusion.*

1300   Art. 200. « Lorsque les qualités de créancier et de débi-
« teur se réunissent dans la même personne, il se fait une
« confusion de droit qui éteint les deux créances. »

1301   Art. 201. « La confusion qui s'opère dans la personne du
« débiteur principal profite à ses cautions.

« Celle qui s'opère dans la personne de la caution n'en-
« traîne point l'extinction de l'obligation principale.

« Celle qui s'opère dans la personne du créancier ne pro-
« fite à ses codébiteurs solidaires que pour la portion dont il
« était débiteur. »

SECTION VI. — *De la Perte de la Chose due.*

1302   Art. 202. « Lorsque le corps certain et déterminé qui était
« l'objet de l'obligation vient à périr, est mis hors du com-
« merce ou se perd de manière qu'on en ignore absolument
« l'existence, l'obligation est éteinte si la chose a péri ou a
« été perdue sans la faute du débiteur et avant qu'il fût en
« demeure.

« Lors même que le débiteur est en demeure, et s'il ne
« s'est pas chargé des cas fortuits, l'obligation est éteinte
« dans le cas où la chose fût également périe chez le créan-
« cier si elle lui eût été livrée.

« Le débiteur est tenu de prouver le cas fortuit qu'il allègue.

« De quelque manière que la chose volée ait péri ou ait été
« perdue, sa perte ne dispense pas celui qui l'a soustraite de
« la restitution du prix. »

Art. 203. « Lorsque la chose est périe, mise hors du com- 1303
« merce, ou perdue, sans la faute du débiteur, il est tenu,
« s'il y a quelques droits ou actions en indemnité par rapport
« à cette chose, de les céder à son créancier. »

SECTION VII. — *De l'Action en nullité ou en rescision des Conventions.*

Art. 204. « Dans tous les cas où l'action en nullité ou en 1304
« rescision d'une convention n'est pas limitée à un moindre
« temps par une loi particulière, cette action dure dix ans.

« Ce temps ne court, dans le cas de violence, que du jour
« où elle a cessé ; dans le cas d'erreur ou de dol, du jour où
« ils ont été découverts; et pour les actes passés par les femmes
« mariées non autorisées, du jour de la dissolution du ma-
« riage.

« Le temps ne court, à l'égard des actes faits par les inter-
« dits, que du jour où l'interdiction est levée, et à l'égard
« de ceux faits par les mineurs, que du jour de la majorité.»

Art. 205. « La simple lésion donne lieu à la rescision en fa- 1305
« veur du mineur non émancipé contre toutes sortes de conven-
« tions, et en faveur du mineur émancipé contre toutes con-
« ventions qui excèdent les bornes de sa capacité, ainsi qu'elle
« est déterminée au titre *de la Minorité, de la Tutelle et de*
« *l'Émancipation.* »

Art. 206. « Le mineur n'est pas restituable pour cause de 1306
« lésion lorsqu'elle ne résulte que d'un événement casuel et
« imprévu. »

Art. 207. « La simple déclaration de majorité faite par le 1307
« mineur ne fait point obstacle à sa restitution. »

Art. 208. « Le mineur commerçant, banquier ou artisan, 1308
« n'est point restituable contre les engagemens qu'il a pris à
« raison de son commerce ou de son art. »

Art. 209. « Le mineur n'est point restituable contre les 1309
« conventions portées en son contrat de mariage lorsqu'elles
« ont été faites avec le consentement et l'assistance de ceux

« dont le consentement est requis pour la validité de son
« mariage. »

1310   Art. 210. « Il n'est point restituable contre les obligations
« résultant de son délit ou quasi-délit. »

1311   Art. 211. « Il n'est plus recevable à revenir contre l'enga-
« gement qu'il avait souscrit en minorité lorsqu'il l'a ratifié
« en majorité, soit que cet engagement fût nul en sa forme,
« soit qu'il fût seulement sujet à restitution. »

1312   Art. 212. « Lorsque les mineurs, les interdits ou les fem-
« mes mariées sont admis, en ces qualités, à se faire restituer
« contre leurs engagemens, le remboursement de ce qui au-
« rait été, en conséquence de ces engagemens, payé pendant
« la minorité, l'interdiction ou le mariage, ne peut en être
« exigé, à moins qu'il ne soit prouvé que ce qui a été payé
« a tourné à leur profit. »

1313   Art. 213. « Les majeurs ne sont restitués pour cause de
« lésion que dans les cas et sous les conditions spécialement
« exprimés dans le présent Code. »

1314   Art. 214. « Lorsque les formalités requises à l'égard des
« mineurs ou des interdits, soit pour aliénation d'immeu-
« bles, soit dans un partage de successions, ont été rem-
« plies, ils sont, relativement à ces actes, considérés comme
« s'ils les avaient faits en majorité ou avant l'interdiction. »

CHAPITRE VI.

De la Preuve des Obligations et de celle du Paiement.

1315   Art. 215. « Celui qui réclame l'exécution d'une obligation
« doit la prouver.
     « Réciproquement, celui qui se prétend libéré doit jus-
« tifier le paiement, ou le fait qui a produit l'extinction de
« son obligation. »

1316   Art. 216. « Les règles qui concernent la preuve littérale,
« la preuve testimoniale, les présomptions, l'aveu de la
« partie et le serment, sont expliquées dans les sections
« suivantes. »

SECTION Ire. — *De la Preuve littérale.*

§ Ier. *Du Titre authentique.*

Art. 217. « L'acte authentique est celui qui a été reçu par 1317
« officiers publics ayant le droit d'instrumenter dans le lieu
« où l'acte a été rédigé, et avec les solennités requises. »

Art. 218. « L'acte qui n'est point authentique par l'incom- 1318
« pétence ou l'incapacité de l'officier, ou par un défaut de
« forme, vaut comme écriture privée, s'il a été signé des
« parties. »

Art. 219. « L'acte authentique fait pleine foi de la conven- 1319
« tion qu'il renferme entre les parties contractantes et leurs
« héritiers ou ayans-cause.

« Néanmoins, en cas de plainte en faux principal, l'exécu-
« tion de l'acte argué de faux sera suspendue par la mise en
« accusation ; et en cas d'inscription de faux faite incidem-
« ment, les tribunaux pourront, suivant les circonstances,
« suspendre provisoirement l'exécution de l'acte. »

Art. 220. « L'acte, soit authentique, soit sous seing privé, 1320
« fait foi entre les parties, même de ce qui n'y est exprimé
« qu'en termes énonciatifs, pourvu que l'énonciation ait un
« rapport direct à la disposition. Les énonciations étrangères
« à la disposition ne peuvent servir que d'un commencement
« de preuve. »

Art. 221. « Les contre-lettres ne peuvent avoir leur effet 1321
« qu'entre les parties contractantes : elles n'ont point d'effet
« contre les tiers. »

§ II. *De l'Acte sous seing privé.*

Art. 222. « L'acte sous seing privé, reconnu par celui au- 1322
« quel on l'oppose, ou légalement tenu pour reconnu, a,
« entre ceux qui l'ont souscrit et entre leurs héritiers et
« ayans-cause, la même foi que l'acte authentique. »

Art. 223. « Celui auquel on oppose un acte sous seing privé 1323

« est obligé d'avouer ou de désavouer formellement son
« écriture ou sa signature.

« Ses héritiers ou ayans-cause peuvent se contenter de
« déclarer qu'ils ne connaissent point l'écriture ou la signa-
« ture de leur auteur. »

1324 Art. 224. « Dans le cas où la partie désavoue son écriture
« ou sa signature, et dans le cas où ses héritiers ou ayans-
« cause déclarent ne les point connaître, la vérification en est
« ordonnée en justice. »

1325 Art. 225. « Les actes sous seing privé qui contiennent des
« conventions synallagmatiques ne sont valables qu'autant
« qu'ils ont été faits en autant d'originaux qu'il y a de par-
« ties ayant un intérêt distinct.

« Il suffit d'un original pour toutes les personnes ayant le
« même intérêt.

« Chaque original doit contenir la mention du nombre des
« originaux qui en ont été faits.

« Néanmoins le défaut de mention que les originaux ont
« été faits doubles, triples, etc., ne peut être opposé par celui
« qui a exécuté de sa part la convention portée dans l'acte. »

1326 Art. 226. « Le billet ou la promesse sous seing privé par
« lequel une seule partie s'engage envers l'autre à lui payer
« une somme d'argent ou une chose appréciable doit être
« écrit en entier de la main de celui qui le souscrit, ou du
« moins il faut qu'outre sa signature il ait écrit de sa main
« un *bon* ou un *approuvé* portant, en toutes lettres, la somme
« ou la quantité de la chose;

« Excepté dans le cas où l'acte émane de marchands, arti-
« sans, laboureurs, vignerons, gens de journée et de service. »

1327 Art. 227. « Lorsque la somme exprimée au corps de l'acte
« est différente de celle exprimée au *bon*, l'obligation est pré-
« sumée n'être que de la somme moindre, lors même que
« l'acte, ainsi que le *bon*, sont écrits en entier de la main de
« celui qui s'est obligé, à moins qu'il ne soit prouvé de quel
« côté est l'erreur. »

Art. 228. « Les actes sous seing privé n'ont de date contre   1328
« les tiers que du jour où ils ont été enregistrés, du jour
« de la mort de celui ou de l'un de ceux qui les ont souscrits,
« ou du jour où leur substance est constatée dans des actes
« dressés par des officiers publics, tels que procès-verbaux
« de scellé ou d'inventaire. »

Art. 229. « Les registres des marchands ne font point,   1329
« contre les personnes non marchandes, preuve des fourni-
« tures qui y sont portées, sauf ce qui sera dit à l'égard du
« serment. »

Art. 230. « Les livres des marchands font preuve contre   1330
« eux ; mais celui qui veut en tirer avantage ne peut les di-
« viser, en ce qu'ils contiennent de contraire à sa prétention.»

Art. 231. « Les registres et papiers domestiques ne font   1331
« point un titre pour celui qui les a écrits : ils font foi contre
« lui, 1° dans tous les cas où ils énoncent formellement un
« paiement reçu ; 2° lorsqu'ils contiennent la mention ex-
« presse que la note a été faite pour suppléer le défaut du
« titre, en faveur de celui au profit duquel ils énoncent une
« obligation.

Art. 232. « L'écriture mise par le créancier à la suite, en   1332
« marge ou au dos d'un titre qui est toujours resté en sa
« possession, fait foi, quoique non signée ni datée par lui,
« lorsqu'elle tend à établir la libération du débiteur. »

« Il en est de même de l'écriture mise par le créancier au
« dos, ou en marge, ou à la suite du double d'un titre ou
« d'une quittance, pourvu que ce double soit entre les mains
« du débiteur. »

§ III. *Des Tailles.*

Art. 233. « Les tailles corrélatives à leurs échantillons   1333
« font foi entre les personnes qui sont dans l'usage de cons-
« tater ainsi les fournitures qu'elles font et reçoivent en
« détail. »

§ IV. *Des Copies des Titres.*

1334   Art. 234. « Les copies, lorsque le titre original subsiste ,
« ne font foi que de ce qui est contenu au titre, dont la re-
« présentation peut toujours être exigée. »

1335   Art. 235. « Lorsque le titre original n'existe plus, les co-
« pies font foi, d'après les distinctions suivantes :

« 1°. Les grosses ou premières expéditions font la même
« foi que l'original. Il en est de même des copies qui ont été
« tirées par l'autorité du magistrat, parties présentes ou dû-
« ment appelées , ou celles qui ont été tirées en présence des
« parties et de leur consentement réciproque.

« 2°. Les copies qui , sans l'autorité du magistrat, ou sans
« le consentement des parties, et depuis la délivrance des
« grosses ou premières expéditions, auront été tirées sur la
« minute de l'acte par le notaire qui l'a reçu , ou par l'un de
« ses successeurs, ou par officiers publics qui , en cette qua-
« lité, sont dépositaires des minutes, peuvent, en cas de
« perte de l'original , faire foi, quand elles sont anciennes.

« Elles sont considérées comme anciennes quand elles ont
« plus de trente ans.

« Si elles ont moins de trente ans elles ne peuvent servir
« que de commencement de preuve par écrit.

« 3°. Lorsque les copies tirées sur la minute d'un acte ne
« l'auront pas été par le notaire qui l'a reçu, ou par l'un de
« ses successeurs , ou par officiers publics qui , en cette qua-
« lité, sont dépositaires des minutes, elles ne pourront servir,
« quelle que soit leur ancienneté, que de commencement de
« preuve par écrit.

« 4°. Les copies de copies pourront, suivant les circons-
« tances , être considérées comme simples renseignemens. »

1336   Art. 236. « La transcription d'un acte sur les registres pu-
« blics ne pourra servir que de commencement de preuve
« par écrit; et il faudra même pour cela :

« 1°. Qu'il soit constant que toutes les minutes du notaire,

« de l'année dans laquelle l'acte paraît avoir été fait, soient
« perdues, ou que l'on prouve que la perte de la minute de
« cet acte a été faite par un accident particulier;

« 2°. Qu'il existe un répertoire en règle du notaire, qui
« constate que l'acte a été fait à la même date.

« Lorsqu'au moyen du concours de ces deux circonstances
« la preuve par témoins sera admise, il sera nécessaire que
« ceux qui ont été témoins de l'acte, s'ils existent encore,
« soient entendus. »

§ V. *Des Actes récognitifs et confirmatifs.*

Art. 237. « Les actes récognitifs ne dispensent point de la 1337
« représentation du titre primordial, à moins que sa teneur
« n'y soit spécialement relatée;

« Ce qu'ils contiennent de plus que le titre primordial,
« ou ce qui s'y trouve de différent, n'a aucun effet.

« Néanmoins, s'il y avait plusieurs reconnaissances con-
« formes, soutenues de la possession, et dont l'une eût
« trente ans de date, le créancier pourrait être dispensé de
« représenter le titre primordial. »

Art. 238. « L'acte de confirmation ou ratification d'une 1338
« obligation contre laquelle la loi admet l'action en nullité
« ou en rescision n'est valable que lorsqu'on y trouve la
« substance de cette obligation, la mention du motif de
« l'action en rescision, et l'intention de réparer le vice sur
« lequel cette action est fondée.

« A défaut d'acte de confirmation ou ratification, il suffit
« que l'obligation soit exécutée volontairement après l'époque
« à laquelle l'obligation pouvait être valablement confirmée
« ou ratifiée.

« La confirmation, ratification ou exécution volontaire dans
« les formes et à l'époque déterminées par la loi, emporte la
« renonciation aux moyens et exceptions que l'on pouvait
« opposer contre cet acte sans préjudice néanmoins du droit
« des tiers. »

1339   Art. 239. « Le donateur ne peut réparer par aucun acte
« confirmatif les vices d'une donation entre-vifs nulle en la
« forme; il faut qu'elle soit refaite en la forme légale. »

1340   Art. 240. « La confirmation ou ratification ou exécution
« volontaire d'une donation par les héritiers ou ayans-cause
« du donateur, après son décès, emporte leur renonciation
« à opposer, soit les vices de forme, soit toute autre excep-
« tion. »

SECTION II. — *De la Preuve testimoniale.*

1341   Art. 241. « Il doit être passé acte devant notaires, ou sous
« signature privée, de toutes choses excédant la somme ou va-
« leur de cent cinquante francs, même pour dépôts volon-
« taires; et il n'est reçu aucune preuve par témoins contre et
« outre le contenu aux actes, ni sur ce qui serait allégué
« avoir été dit avant, lors ou depuis les actes, encore qu'il
« s'agisse d'une somme ou valeur moindre de cent cinquante
« francs;
       « Le tout sans préjudice de ce qui est prescrit dans les lois
« relatives au commerce. »

1342   Art. 242. « La règle ci-dessus s'applique au cas où l'action
« contient, outre la demande du capital, une demande d'in-
« térêts qui, réunis au capital, excèdent la somme de cent
« cinquante francs. »

1443   Art. 243. « Celui qui a formé une demande excédant cent
« cinquante francs ne peut plus être admis à la preuve testi-
« moniale, même en restreignant sa demande primitive. »

1344   Art. 244. « La preuve testimoniale, sur la demande d'une
« somme même moindre de cent cinquante francs, ne peut
« être admise, lorsque cette somme est déclarée être le res-
« tant, ou faire partie d'une créance plus forte qui n'est point
« prouvée par écrit. »

1345   Art. 245. « Si dans la même instance une partie fait plu-
« sieurs demandes dont il n'y ait point de titre par écrit, et
« que, jointes ensemble, elles excèdent la somme de cent cin-

« quante francs, la preuve par témoins n'en peut être admise,
« encore que la partie allègue que ces créances proviennent de
« différentes causes, et qu'elles se soient formées en différens
« temps, si ce' n'était que ces droits procédassent par succes-
« sion, donation ou autrement, de personnes différentes. »

Art. 246. « Toutes les demandes, à quelque titre que ce 1346
« soit, qui ne seront pas entièrement justifiées par écrit, se-
« ront formées par un même exploit, après lequel les autres
« demandes, dont il n'y aura point de preuves par écrit, ne
« seront pas reçues. »

Art. 247. « Les règles ci-dessus reçoivent exception lors- 1347
« qu'il existe un commencement de preuve par écrit.

« On appelle ainsi tout acte par écrit qui est émané de celui
« contre lequel la demande est formée, ou de celui qu'il re-
« présente, et qui rend vraisemblable le fait allégué. »

Art. 248. « Elles reçoivent encore exception toutes les fois 1348
« qu'il n'a pas été possible au créancier de se procurer une
« preuve littérale de l'obligation qui a été contractée en-
« vers lui.

« Cette seconde exception s'applique,

« 1°. Aux obligations qui naissent des quasi-contrats et des
« délits ou quasi-délits;

« 2°. Aux dépôts nécessaires faits en cas d'incendie, ruine,
« tumulte ou naufrage, et à ceux faits par les voyageurs en
« logeant dans une hôtellerie, le tout suivant la qualité des
« personnes et les circonstances du fait;

« 3°. Aux obligations contractées en cas d'accidens impré-
« vus, où l'on ne pourrait pas avoir fait des actes par écrit;

« 4°. Au cas où le créancier a perdu le titre qui lui servait
« de preuve littérale, par suite d'un cas fortuit, imprévu, et
« résultant d'une force majeure. »

SECTION III. — *Des Présomptions.*

Art. 249. « Les présomptions sont des conséquences que la 1349
« loi ou le magistrat tire d'un fait connu à un fait inconnu.»

§ Ier. *Des Présomptions établies par la loi.*

1350   · Art. 250. « La présomption légale est celle qui est attachée,
« par une loi spéciale, à certains actes ou à certains faits. Tels
« sont :

« 1°. Les actes que la loi déclare nuls comme présumés faits
« en fraude de ses dispositions d'après leur seule qualité ;

« 2°. Les cas dans lesquels la loi déclare la propriété ou la
« libération résulter de certaines circonstances déterminées ;

« 3°. L'autorité que la loi attribue à la chose jugée ;

« 4°. La force que la loi attache à l'aveu de la partie ou à
« son serment. »

1351   Art. 251. « L'autorité de la chose jugée n'a lieu qu'à l'é-
« gard de ce qui a fait l'objet du jugement. Il faut que la
« chose demandée soit la même ; que la demande soit fondée
« sur la même cause ; que la demande soit entre les mêmes
« parties, et formée par elles et contre elles en la même qua-
« lité. »

1352   Art. 252. « La présomption légale dispense de toute preuve
« celui au profit duquel elle existe.

« Nulle preuve n'est admise contre la présomption de la loi,
« lorsque, sur le fondement de cette présomption elle annulle
« certains actes ou dénie l'action en justice, à moins qu'elle
« n'ait réservé la preuve contraire, et sauf ce qui sera dit
« sur le serment et l'aveu judiciaires. »

§ II. *Des Présomptions qui ne sont point établies par la loi.*

1353   Art. 253. « Les présomptions qui ne sont point établies
« par la loi sont abandonnées aux lumières et à la prudence
« du magistrat, qui ne doit admettre que des présomptions
« graves, précises et concordantes, et dans les cas seulement
« où la loi admet les preuves testimoniales , à moins que l'acte
« ne soit attaqué pour cause de fraude ou de dol. »

SECTION IV. — *De l'Aveu de la Partie.*

Art. 254. « L'aveu qui est opposé à une partie est ou ex-   1354
« trajudiciaire ou judiciaire. »

Art. 255. « L'allégation d'un aveu extrajudiciaire purement   1355
« verbal est inutile toutes les fois qu'il s'agit d'une demande
« dont la preuve testimoniale ne serait point admissible. »

Art. 256. « L'aveu judiciaire est la déclaration que fait en   1356
« justice la partie ou son fondé de pouvoir spécial.

« Il fait pleine foi contre celui qui l'a fait.

« Il ne peut être divisé contre lui.

« Il ne peut être révoqué, à moins qu'on ne prouve qu'il a
« été la suite d'une erreur de fait. Il ne pourrait être révoqué
« sous prétexte d'une erreur de droit. »

SECTION V. — *Du Serment.*

Art. 257. « Le serment judiciaire est de deux espèces :   1357
« 1°. Celui qu'une partie défère à l'autre pour en faire dé-
« pendre le jugement de la cause : il est appelé *décisoire;*
« 2°. Celui qui est déféré d'office, par le juge, à l'une ou
« à l'autre des parties.

§ Ier. *Du Serment décisoire.*

Art. 258. « Le serment décisoire peut être déféré sur quel-   1358
« que espèce de contestation que ce soit. »

Art. 259. « Il ne peut être déféré que sur un fait personnel   1359
« à la partie à laquelle on le défère. »

Art. 260. « Il peut être déféré en tout état de cause, et en-   1360
« core qu'il n'existe aucun commencement de preuve de la
« demande ou de l'exception sur laquelle il est provoqué. »

Art. 261. « Celui auquel le serment est déféré, qui le re-   1361
« fuse ou ne consent pas à le référer à son adversaire, ou
« l'adversaire à qui il a été référé et qui le refuse, doit suc-
« comber dans sa demande ou dans son exception. »

Art. 262. « Le serment ne peut être référé quand le fait   1362

« qui   est l'objet n'est point celui des deux parties, mais
« est purement personnel à celui auquel le serment avait été
« déféré. »

1363   Art. 263. « Lorsque le serment déféré ou référé a été fait,
« l'adversaire n'est point recevable à en prouver la fausseté.»

1364   Art. 264. « La partie qui a déféré ou référé le serment
« ne peut plus se rétracter lorsque l'adversaire a déclaré qu'il
« est prêt à faire ce serment. »

1365   Art. 265. « Le serment fait ne forme preuve qu'au profit de
« celui qui l'a déféré ou contre lui, et au profit de ses héri-
« tiers et ayans-cause ou contre eux.

« Néanmoins le serment déféré par l'un des créanciers
« solidaires au débiteur ne libère celui-ci que pour la part
« de ce créancier;

« Le serment déféré au débiteur principal libère également
« les cautions;

« Celui déféré à l'un des débiteurs solidaires profite aux
« codébiteurs;

« Et celui déféré à la caution profite au débiteur principal. »

« Dans ces deux derniers cas, le serment du codébiteur
« solidaire ou de la caution ne profite aux autres codébiteurs
« ou au débiteur principal que lorsqu'il a été déféré sur
« la dette et non sur le fait de la solidarité ou du cautionne-
« ment. »

§ II. *Du Serment déféré d'office.*

1366   Art. 266. « Le juge peut déférer à l'une des parties le ser-
« ment, ou pour en faire dépendre la décision de la cause,
« ou seulement pour déterminer le montant de la condam-
« nation. »

1367   « Art. 267. « Le juge ne peut déférer d'office le serment,
« soit sur la demande, soit sur l'exception qui y est opposée,
« que sous les deux conditions suivantes. Il faut :

« 1°. Que la demande ou l'exception ne soit pas pleine-
« ment justifiée;

2°. « Qu'elle ne soit pas totalement dénuée de preuves.

« Hors ces deux cas, le juge doit ou adjuger ou rejeter pu-
« rement et simplement la demande. »

Art. 268. « Le serment déféré d'office par le juge à l'une   1368
« des parties ne peut être par elle référé à l'autre. »

Art. 269. « Le serment sur la valeur de la chose de-   1369
« mandée ne peut être déféré par le juge au demandeur
« que lorsqu'il est d'ailleurs impossible de constater autre-
« ment cette valeur.

« Le juge doit même, en ce cas, déterminer la somme
« jusqu'à concurrence de laquelle le demandeur en sera cru
« sur son serment. »

M. Bigot-Préameneu fut nommé par le Premier Consul,
avec MM. Réal et Miot, pour présenter au Corps législatif, dans sa séance du 7 pluviose an XII (28 janvier 1804),
le titre *des Contrats ou des Obligations conventionnelles
en général*, dont la rédaction précède, et pour en soutenir
la discussion dans celle du 17 pluviose.

PRÉSENTATION AU CORPS LÉGISLATIF,

ET EXPOSÉ DES MOTIFS, PAR M. BIGOT-PRÉAMENEU.

Législateurs, le titre du Code civil ayant pour objet les
contrats ou les obligations conventionnelles en général offre
le tableau des rapports les plus multipliés des hommes en
société. Les obligations conventionnelles se répètent chaque
jour, à chaque instant. Mais tel est l'ordre admirable de la
Providence, qu'il n'est besoin, pour régler tous ces rapports,
que de se conformer aux principes qui sont dans la raison et
dans le cœur de tous les hommes. C'est là, c'est dans
l'équité, c'est dans la conscience, que les Romains ont

trouvé ce corps de doctrine qui rendra immortelle leur législation.

Avoir prévu le plus grand nombre de conventions auxquelles l'état des hommes en société donne naissance, avoir balancé tous les motifs de décision entre les intérêts les plus opposés et les plus compliqués, avoir dissipé la plupart des nuages dont souvent l'équité se trouve enveloppée, avoir rassemblé tout ce que la morale et la philosophie ont de plus sublime et de plus sacré; tels sont les travaux réunis dans cet immense et précieux dépôt qui ne cessera de mériter le respect des hommes, dépôt qui contribuera à la civilisation du globe entier, dépôt dans lequel toutes les nations policées se félicitent de reconnaître LA RAISON ÉCRITE.

Il serait difficile d'espérer que l'on pût encore faire des progrès dans cette partie de la science législative. Si elle est susceptible de quelque perfectionnement, c'est en lui appliquant une méthode qui la rende plus facile à ceux qui se livrent à cette étude, et avec laquelle l'usage puisse en devenir familier à ceux qui, pour diriger leur conduite, voudraient en connaître les principales règles.

Les jurisconsultes qui, sous *Justinien*, recueillirent le *Digeste* et rédigèrent les *Institutes*, reconnurent combien il serait utile de rassembler les principes qui avaient dicté le nombre infini de décisions dont le *Digeste* se compose.

Ils réunirent à la fin de cette grande collection, et sous les deux titres *de verborum significatione et de regulis juris*, un assez grand nombre de propositions qui, par leur précision et par leur fréquente application, sont de la plus grande utilité : mais elles ne sont point classées par ordre de matières; elles ne présentent point sur chaque partie du droit des notions suffisantes; il en est même plusieurs qu'il est difficile de concilier ou d'expliquer.

Les *Institutes* sont, comme les précédens ouvrages, dignes des plus grands éloges : mais on regrette, et surtout dans la matière des obligations et des contrats, de ne pas trouver des élémens assez complets. L'objet d'utilité qu'on se proposait n'a pas été entièrement rempli.

Le *Digeste* a d'ailleurs un inconvénient, en ce que des réponses données par les jurisconsultes ou par les empereurs sur des faits particuliers ont été mises au nombre des règles générales; tandis que les solutions ont pu souvent dépendre de circonstances particulières, tandis qu'il était connu que, pendant un long temps, les jurisconsultes ont été divisés dans le système de leur doctrine, dont les résultats ne pouvaient se concilier.

Les auteurs du projet actuel de Code ont cru que ce serait rendre service à la société si on retirait du dépôt des lois romaines une suite de règles qui, réunies, formassent un corps de doctrine élémentaire, ayant à la fois la précision et l'autorité de la loi.

C'est un ouvrage que, dans le siècle dernier, les jurisconsultes les plus célèbres des diverses parties de l'Europe ont désiré, qu'ils ont préparé par de grands travaux. Déjà ce vœu a été réalisé par plusieurs gouvernemens. La France met sous ce rapport au nombre des ouvrages les plus parfaits ceux de *Domat* et de *Pothier*.

Mais il était encore nécessaire de choisir dans ces vastes compilations les principes les plus féconds en conséquences. Il fallait aussi faire cesser les doutes qui, sur plusieurs points importans, n'avaient point encore été levés, et ceux qui, ayant donné occasion à diverses jurisprudences, faisaient regretter qu'il n'y eût pas d'uniformité dans la partie de la législation qui en est le plus susceptible.

Mais ici on doit déclarer qu'en cherchant à remplir cet objet, on n'a point entendu arrêter ou détourner la source abondante de richesses que l'on doit toujours aller puiser dans le droit romain. Il n'aura pas l'autorité de la loi civile de France, il aura l'empire que donne la raison sur tous les peuples. La raison est leur loi commune. C'est un flambeau dont on suit spontanément la lumière. Elles seraient bien mal entendues les dispositions du Code civil relatives aux contrats, si on les envisageait autrement que comme des règles élémentaires d'équité dont toutes les ramifications se trouvent dans les lois romaines. C'est là que sont les développemens de la science du juste et de l'injuste ; c'est là que doivent s'instruire ceux qui voudront y faire quelques progrès, et en général tous ceux qui seront chargés de la défense ou de l'exécution des lois consignées dans le Code français.

Le plan général de la division de ses titres, relativement aux contrats, est celui qui, déjà tracé depuis long-temps, est à la fois le plus simple et le plus méthodique.

Les contrats, soit qu'ils aient une dénomination propre, soit qu'ils n'en aient pas, sont soumis à des règles générales : elles sont l'objet du titre dont je vais, citoyens législateurs, vous exposer les motifs.

On a compris sous les titres relatifs à certains contrats les règles qui leur sont particulières, et on a réservé pour les lois commerciales celles qui concernent spécialement ce genre de transaction.

On a cherché à resserrer dans un cadre étroit, et en évitant l'obscurité ou la confusion, les règles qui sont communes aux contrats et aux obligations conventionnelles en général. Ce sont les bases de l'édifice entier. Il fallait que, malgré son immensité, l'ensemble fût facile à saisir.

Diviser les obligations dans leurs différentes classes, déclarer quelles sont les conditions essentielles pour leur validité, quels doivent en être les effets, quelles sont leurs principales modifications, de combien de manières elles s'éteignent, comment on peut prouver qu'elles ont été formées ou acquittées ; tel est l'ordre dans lequel viennent naturellement se placer les principes qui, dans leur application aux divers contrats, sont le moins susceptibles d'exception.

Division des Obligations.

La division des obligations , telle qu'on la présente , diffère **1101** en plusieurs points de celle qui s'était introduite dans le droit romain. Cette différence exige quelque explication.

Les conventions qui peuvent être multipliées et variées à l'infini ne sauraient par ce motif être toutes prévues et réglées par la loi ; cependant la loi seule avait chez les Romains une autorité coërcitive. Aussi définissent-ils l'obligation , JURIS *vinculum quo necessitate astringimur alicujus rei solvendæ* SECUNDUM NOSTRÆ CIVITATIS JURA.

Les auteurs de la loi des Douze Tables craignirent de multiplier les procès et de troubler la tranquillité publique si l'exécution de toutes les conventions était rigoureusement exigée. Ils eurent encore assez de confiance dans la bonne foi des citoyens, pour que chacun restât son juge : ils exceptèrent seulement les contrats qui , plus fréquens , plus importans , plus nécessaires à l'ordre social, ne devaient pas être impunément violés. Ils furent spécifiés dans la loi, et on les distingua sous le titre de *contrats nommés. Est contractum nominatorum origo quibus legum romanarum conditores vim astringendi dederunt sub certo nomine , quo veluti signo secernerentur ab aliis quibus eadem vis tributa non est.*

Bientôt l'inévitable et le fâcheux inconvénient de la civilisation se fit ressentir ; les rapports des citoyens entre eux se multiplièrent. En vain *Numa Pompilius* avait-il consacré à la Fidélité, sur le Capitole, un temple auprès de celui de *Jupiter:* ce culte religieux ne put subjuguer la mauvaise foi , et le silence des lois lui laissa prendre un libre et funeste essor.

D'abord la voix des jurisconsultes, soutenue par l'opinion publique , s'éleva pour que l'exécution des conventions pût être exigée lorsqu'elles auraient été accomplies par l'une des parties : *Ne alias contingeret , contra naturalem æquitatem , unum cum alterius jactura et detrimento locupletiorem fieri.*

Ce fut alors que l'on voulut comprendre , sous des expressions générales, et régler par des principes communs les obligations qui, n'étant point désignées spécialement dans les lois, étaient, en général, appelées *contrats innommés*. On trouva que tous les genres de contrats se réduisaient à ces formules : *Do ut des, do ut facias, facio ut des, facio ut facias*.

Cependant l'intervention de la loi pour contraindre l'une des parties à remplir son engagement n'ayant lieu que quand l'autre partie l'avait exécuté, cela ne suffisait point encore pour faire triompher la bonne foi. Il n'y avait qu'un seul moyen de la maintenir, celui de rendre obligatoires les contrats du moment qu'ils auraient été formés, et avant même qu'ils fussent exécutés par l'une ou l'autre des parties. Les principes de la législation romaine n'atteignirent à la perfection que quand il fut établi que les contrats auraient entre les parties la force de la loi.

Mais, dans les passages de cette législation d'un état à l'autre, il n'y a point eu d'abolition assez générale ou assez précise des anciens usages, et c'est la principale cause des difficultés que présente l'étude des lois romaines.

Dans les premiers temps, des formules avaient été prescrites pour distinguer les contrats : sans ces formules l'acte était nul, et l'action judiciaire n'était point admise.

Elles furent pour les gens de loi une science aussi utile qu'elle était obscure.

Appius-Claudius, consul en 446, crut prévenir cet abus en faisant publier les formules sous le titre de *Code Flavien*, du nom de *Flavius* son secrétaire, par qui elles furent rédigées. Il paraît que cette mesure ne servit qu'à perpétuer leur usage. Il ne fut aboli que sous le règne de *Constantin*. Ce sont autant de subtilités fatigantes, et dont le droit romain fourmille.

L'autorité des premiers magistrats et l'organisation des tribunaux furent aussi des obstacles à ce que la marche de la justice, relativement aux contrats, devînt uniforme. Le juge qui interprétait les conventions suppléait à la loi, et cette prérogative ne pouvait, dans la constitution romaine, appartenir qu'au premier magistrat. Ce fut une des causes qui fit, en l'an 387, créer un préteur pour le charger du département de la justice exercée jusqu'alors par les consuls. Il était obligé de se conformer aux lois; mais dans tout ce qu'elles n'avaient pas réglé, il avait un pouvoir absolu. Il exerçait sa juridiction soit en rendant seul ou avec des assesseurs ses jugemens sous le nom de *décrets*, soit en renvoyant les parties devant des juges qui, dans certains cas, étaient tenus de se conformer aux formules qu'il prescrivait, et alors les actions étaient appelées *stricti juris*, et qui, dans d'autres cas, pouvaient juger suivant l'équité; c'étaient les actions dites *bonæ fidei*.

Chaque préteur faisait, à son entrée en charge, afficher l'édit par lequel il déclarait la manière dont il rendait la justice. Sous le règne et par les ordres d'*Adrien*, le jurisconsulte *Julien* fit de tous ces édits l'extrait dont fut composé celui qui, sous le nom d'*édit perpétuel*, servit de règle.

Cette autorité des préteurs, égale à l'autorité de la loi dans tout ce qui n'y était pas réglé, le renouvellement annuel de ces magistrats, la différence dans leurs lumières et dans leurs principes, avaient été autant de causes qui s'étaient opposées à ce que les décisions fussent uniformes.

Ainsi les lois romaines relatives aux contrats nous sont parvenues embarrassées de formules et de distinctions sans nombre. Les simples pactes, les stipulations, les contrats, y forment autant de classes séparées. Les obligations sont ou civiles ou prétoriennes : les obligations prétoriennes se subdivisent encore.

Les causes qui ont introduit à Rome et qui y ont maintenu ces formules et ces distinctions, n'existant point en France, les contrats n'ont été considérés dans ce dernier pays que sous les rapports qui naissent de leur nature, et dès lors on a pu les diviser en un petit nombre de classes.

1102   Les parties s'obligent mutuellement, et alors le contrat est *synallagmatique* ou *bilatéral*.

1103   Si entre les contractans il n'y a d'engagement que d'un côté, il est *unilatéral*.

1104   Si l'engagement de l'un est regardé comme l'équivalent de l'engagement de l'autre, le contrat est *commutatif*.

Il est *aléatoire* si l'équivalent consiste dans la chance de gain ou de perte.

1105   Le contrat est de *bienfaisance* si l'une des parties procure à l'autre un avantage gratuit.

1106   Il est à *titre onéreux* si chacune des parties est assujettie à donner ou à faire quelque chose.

Cette division, facile à saisir et qui renferme tous les genres de contrats, était nécessaire à placer à la tête de ce titre, pour faire connoître que le Code rejette ou regarde comme inutiles toutes les autres distinctions et divisions établies par les lois romaines; c'est à la fois un point de doctrine et de législation.

Conditions pour la validité des Obligations.

1108   Après avoir ainsi distingué les divers genres de contrats, les premières règles à établir sont celles qui fixent les conditions essentielles pour leur validité. Ces règles, comme toutes celles qui concernent les conventions, ont été prises dans la nature même des choses, c'est-à-dire dans l'inspiration de l'équité, si on peut s'exprimer ainsi :

L'équité ne peut reconnaître comme obligatoire une convention, si la partie qui s'engage n'y a pas consenti, si elle est incapable de contracter, s'il n'y a pas un objet certain qui forme la matière de l'engagement, si cet engagement n'a pas une cause, et si cette cause n'est pas licite.

Du Consentement.

1109   Le consentement n'est pas valable s'il n'a été donné que par erreur ; il ne doit pas l'être davantage s'il a été extorqué par violence ou surpris par dol.

Pour que l'erreur soit une cause de nullité de la conven— **1110** tion il faut qu'elle tombe , non sur une qualité accidentelle , mais sur la substance même de la chose qui en est l'objet. Il faut, s'il y a erreur sur la personne , que la considération de cette personne ait été la cause principale de la convention : en un mot, il faut que le juge puisse être convaincu que la partie ne se serait point obligée si elle n'avait pas été dans cette erreur.

C'est en suivant cette règle que l'on doit décider, avec *Barbeyrac* et *Pothier*, que l'erreur dans les motifs d'une convention n'est une cause de nullité que dans le cas où la vérité de ces motifs peut être regardée comme une condition dont il soit clair que les parties ont voulu faire dépendre leur engagement.

Celui qui consent doit être libre ; il n'y a point de liberté **1111** pour celui qui est forcé d'agir, soit par la violence de la personne même avec laquelle il contracte, soit par la violence d'une tierce personne.

La violence qui prive de la liberté de contracter est carac— **1112** térisée par la loi romaine , *metus non vani hominis, sed qui in homine constantissimo cadat, metus majoris malitatis , metus presens, metus in se aut in liberis suis.* Leg. V, VI, VIII, IX, ff. *quod Metus causa.*

Ces expressions *in homine constantissimo* ont été rendues dans leur véritable sens, en déclarant qu'il y a violence lorsqu'elle est de nature à faire impression sur une personne raisonnable, et en donnant aux juges pour instruction qu'ils doivent avoir égard à l'âge, au sexe et à la condition des personnes.

Il faut, comme dans la loi romaine, que ce soit une violence qui puisse inspirer la crainte d'exposer sa personne ou sa fortune à un mal considérable et présent.

La loi romaine n'avait égard qu'à la crainte du père pour **1113** ses enfans; la crainte des enfans pour leurs ascendans et des époux l'un pour l'autre est aussi un sentiment trop vif pour qu'on puisse le présumer compatible avec une liberté suffisante.

1114   Mais ce serait en quelque sorte interdire les contrats entre les ascendans et les descendans, si la seule crainte révérentielle des descendans envers les ascendans était une cause suffisante de nullité.

1116   Le dol se compose de toutes les espèces d'artifices qui sont employées pour tromper : *Labeo definit dolum, omnem calliditatem, fallaciam, machinationem, ad circumveniendum, fallendum, decipiendum alterum, adhibitam.* L.I, § II, ff. *de Dolo.* Celui qui a ainsi extorqué le consentement ne doit pas en profiter; mais il faut que les manœuvres pratiquées par l'une des parties soient telles qu'il y ait évidence que sans ces manœuvres l'autre partie n'eût pas contracté.

1117   Quoique dans le consentement il y ait eu erreur, violence ou dol, il n'en est pas moins vrai que le contrat existe avec un consentement apparent, et que dès lors ce contrat conserve la même force que s'il était légitime, jusqu'à ce que ces exceptions aient été prouvées par celui qui les oppose. Ainsi le contrat n'est pas nul de plein droit; il faut que l'acte soit *rescindé*, c'est-à-dire déclaré nul par le juge.

1119-1120   Il résulte de la nécessité du consentement de la personne qui s'oblige que nul ne peut sans un pouvoir exprès en obliger un autre, et que celui auquel on aurait promis le fait d'un tiers n'aurait qu'une action en indemnité contre la personne ayant donné cette promesse, si le tiers refusait d'y accéder.

1121   Mais celui qui consent à s'engager peut contracter l'obligation non seulement envers l'autre partie, mais encore envers une tierce personne. Il suffit que ce soit la condition d'une stipulation que l'un des contractans fait pour lui-même; telle est l'obligation contractée au profit d'un tiers par une donation : alors l'équité ne permet point que la personne ainsi obligée ne remplisse pas la condition de son contrat.

Si la tierce personne a déclaré qu'elle entend profiter de la stipulation, l'engagement devient réciproque, et dès lors il ne peut plus être révoqué.

De la Capacité des parties contractantes.

Ce serait en vain qu'une personne aurait donné son con- 1123 sentement à un contrat, si elle n'avait pas la capacité de s'obliger.

La règle générale à cet égard est que toute personne à qui la loi ne l'interdit pas est capable de contracter.

Les causes d'incapacité sont ou dans la présomption que 1124-1125 ceux qui contractent n'ont pas un discernement suffisant, ou dans des considérations d'ordre public.

Ainsi les mineurs sont regardés, à cause de la faiblesse de leur raison et à cause de leur inexpérience, comme incapables de connaître l'étendue de leurs engagemens : on peut contracter avec eux ; mais s'ils sont lésés, on est censé avoir abusé de leur âge. Leur capacité cesse pour tout acte qui leur est préjudiciable.

L'incapacité du mineur n'étant relative qu'à son intérêt, on n'a pas cru nécessaire d'employer la distinction entre les mineurs impubères et ceux qui ont passé l'âge de la puberté.

C'est à raison du mariage que l'âge de la puberté a été fixé. Suivant la loi romaine, l'homme était regardé comme impubère jusqu'à l'âge de quatorze ans accomplis, et les filles jusqu'à douze. On distinguait même cette puberté, qui suffisait pour rendre le mariage licite, de la pleine puberté, qui le rendait plus conforme à l'honnêteté publique, et qui était pour les hommes de dix-huit ans accomplis et pour les femmes de quatorze. Le mariage n'est pas permis en France aux hommes avant dix-huit ans révolus, aux femmes avant quinze.

Malgré l'incertitude du cours de la nature, il fallait pour le mariage une règle fixe; mais est-il nécessaire, est-il même convenable que cette incapacité résultant de l'âge soit appliquée d'une manière absolue aux obligations?

La loi elle-même reconnaît qu'un mineur peut, avant l'âge de dix-huit ans révolus, avoir un discernement suffisant pour contracter tous les engagemens que comportent l'administration de sa fortune et la libre disposition de ses revenus, puisqu'elle autorise l'émancipation du mineur qui a perdu ses père et mère lorsqu'il est parvenu à cet âge, et puisqu'il peut même être émancipé par son père, ou, au défaut du père, par sa mère, quoiqu'il n'ait encore que quinze ans révolus.

La loi présume aussi dans le mineur âgé de seize ans assez d'intelligence pour disposer par testament de la moitié des biens dont peuvent disposer les majeurs.

Il faudrait donc, si l'on voulait prononcer, à raison de l'âge, une incapacité absolue de contracter, il faudrait fixer une époque de la vie; et comment discerner celle où on devrait présumer un défaut total d'intelligence? Ne faudrait-il point distinguer les classes de la société où il y a moins d'instruction? Le résultat d'une opération aussi compliquée et aussi arbitraire ne serait-il pas de compromettre l'intérêt des impubères, au lieu de le protéger? Dans leur qualité de mineur, la moindre lésion suffit pour qu'ils se fassent restituer : ils n'ont pas besoin de recevoir de la loi d'autres secours, et, dans aucun cas, des gens capables de contracter ne doivent être admis à faire prononcer la nullité d'un acte qui serait avantageux à des mineurs, même impubères.

Supposera-t-on qu'une personne ayant la capacité de s'obliger contracte avec un enfant qui n'ait point encore l'usage de la raison, lorsqu'elle ne pourra en tirer aucun avantage? On n'a point à prévoir dans la loi ce qui est contre l'ordre naturel, et presque sans exemple.

La loi n'admettant l'interdiction que pour cause de démence, il est évident que les interdits sont incapables de s'obliger.

Au nombre des droits et des devoirs respectifs des époux se trouve l'inhibition à la femme, à celle même qui est non commune ou séparée de biens, de donner, d'aliéner, d'hypothéquer ou d'acquérir, soit à titre gratuit, soit à titre onéreux, sans le concours du mari dans l'acte, ou sans son consentement par écrit, et, en cas de refus du mari, sans l'autorisation de la justice. Cette incapacité civile ne s'étend point au-delà de ce qui est exprimé par la loi.

Enfin on a compris dans une expression générale l'incapacité de tous ceux auxquels la loi interdit certains contrats ; tels sont ceux qui peuvent être défendus aux administrateurs des communes, des hospices, etc. C'est l'objet de lois particulières, susceptibles de variations, et qui, par ce motif, ne doivent point faire partie du Code civil.

Au surplus, l'incapacité du mineur, de l'interdit et de la femme mariée, n'a été prononcée que pour protéger et conserver leurs droits : elle ne peut pas leur être opposée par les personnes qui se sont obligées envers eux.

De l'Objet et de la matière des contrats.

Il ne peut y avoir d'obligation sans qu'une chose ou un fait en soit l'objet et la matière. 1126

Si c'est une chose, elle doit être dans le commerce. 1128

Il faut aussi qu'il soit possible de la distinguer, et pour cela il suffit qu'elle soit au moins déterminée quant à son espèce, et que sa quotité puisse, d'après l'obligation, être fixée. Un meuble, en général, ne pourrait être l'objet d'une obligation, lorsqu'on ne pourrait savoir quelle en est l'espèce ; il en serait de même si l'obligation avait pour objet du blé ou du vin, sans que l'intention des parties sur la quantité pût être connue. 1129

Mais si on vend un cheval, l'objet est déterminé quant à l'espèce et quant à la quantité : il est vrai que ce n'est encore

qu'un être intellectuel; le créancier ne peut demander que
d'une manière indéterminée la chose vendue, et le débiteur
a le choix parmi toutes celles du même genre, pourvu
qu'elles soient loyales et marchandes.

1120   Les choses qui n'existent point encore peuvent être l'objet
de l'obligation, qui alors dépend de la condition de leur
future existence. Il faut seulement excepter les conventions
incompatibles avec l'honnêteté publique ; telle serait la renonciation à une succession non ouverte, ou toute autre stipulation sur une pareille succession. Le consentement de
celui sur la fortune duquel on stipulerait ne couvrirait pas
un pareil vice.

Il faut encore excepter les ventes sur lesquelles il y a des
règlemens de police rurale.

Quant aux faits qui peuvent être l'objet d'une obligation,
il faut qu'ils soient possibles, qu'ils puissent être déterminés,
et que les personnes envers qui l'obligation est contractée
aient à ce que les faits s'accomplissent un intérêt appréciable.

De la Cause.

1130 à 1133   Il n'y a point d'obligation sans cause : elle est dans l'intérêt réciproque des parties ou dans la bienfaisance de l'une
d'elles.

On ne peut pas présumer qu'une obligation soit sans cause
parce qu'elle n'y est pas exprimée. Ainsi, lorsque par un
billet une personne déclare qu'elle doit, elle reconnaît par
cela même qu'il y a une cause légitime de la dette, quoique
cette cause ne soit pas énoncée. Mais la cause que l'acte exprime ou fait présumer peut ne pas exister ou être fausse;
et si ce fait est constaté par des preuves que la loi autorise,
l'équité ne permet pas que l'engagement subsiste.

Toute obligation doit être proscrite si elle a été contractée
malgré la défense de la loi, ou si elle est contraire aux
bonnes mœurs ou à l'ordre public.

De l'Effet des obligations.

Après avoir rassemblé les élémens nécessaires pour former une obligation valable, le consentement des parties, leur capacité, une chose ou un fait qui soit l'objet et la matière de l'engagement, une cause légitime, on a eu à régler quels sont les effets des obligations.   1134-1135

C'est ici que se présente d'abord le principe qui sert de base à cette partie du Code civil, et qui s'y trouve exprimé en ces termes clairs et simples.

Les conventions légalement formées tiennent lieu de loi à ceux qui les ont faites.

Elles ne peuvent être révoquées que de leur consentement ou pour les causes autorisées par la loi.

Elles doivent être contractées et exécutées de bonne foi.

Elles obligent non seulement à ce qui y est exprimé, mais encore à toutes les suites que l'équité, l'usage ou la loi donnent à l'obligation d'après sa nature.

Il n'est aucune espèce d'obligations, soit de donner, soit de faire ou de ne pas faire, qui ne repose sur ces règles fondamentales : c'est à ces règles qu'on a recours pour les interpréter, pour les exécuter, pour en déterminer tous les effets.

De l'Obligation de donner.

L'obligation de donner emporte celle de livrer la chose et de la conserver jusqu'à la livraison.   1136

Les soins que le débiteur doit apporter à la conservation de la chose sont plus ou moins rigoureusement exigés, suivant la nature des contrats.   1137

Les Romains avaient cru pouvoir distinguer les différens degrés de fautes qui se commettent dans l'exécution des conventions. La faute la plus grave était nommée *lata culpa et dolo proxima.* Ils distinguaient les autres fautes sous ces noms, *culpa levis, culpa levissima.* Dans les contrats qui ne concernaient que l'utilité des créanciers, tels que le dépôt, le dépositaire était seulement tenu *lata culpa* : si le contrat, tel que la vente, avait été formé pour l'utilité des deux parties, le vendeur était tenu *levi culpa* : si, comme dans le prêt, l'avantage du débiteur avait été seul considéré, il était tenu *culpa levissima.*

Cette division des fautes est plus ingénieuse qu'utile dans la pratique : il n'en faut pas moins sur chaque faute vérifier si l'obligation du débiteur est plus ou moins stricte ; quel est l'intérêt des parties ; comment elles ont entendu s'obliger ; quelles sont les circonstances. Lorsque la conscience du juge a été ainsi éclairée, il n'a pas besoin de règles générales pour prononcer suivant l'équité. La théorie dans laquelle on divise les fautes en plusieurs classes, sans pouvoir les déterminer, ne peut que répandre une fausse lueur, et devenir la matière de contestations plus nombreuses. L'équité elle-même répugne à des idées subtiles. On ne la reconnaît qu'à cette simplicité qui frappe à la fois l'esprit et le cœur.

C'est ainsi qu'on a décidé que celui qui est obligé de veiller à la conservation d'une chose doit apporter tous les soins d'un bon père de famille, soit que la convention n'ait pour objet que l'utilité d'une des parties, soit qu'elle ait pour objet leur utilité commune ; mais que cette obligation est plus ou moins étendue à l'égard de certains contrats, dont les effets sont expliqués sous les titres qui les concernent.

1138   C'est le consentement des contractans qui rend parfaite l'obligation de livrer la chose. Il n'est donc pas besoin de tradition réelle pour que le créancier doive être considéré comme propriétaire aussitôt que l'instant où la livraison doit se faire est arrivé. Ce n'est plus alors un simple droit à la chose qu'a le créancier, c'est un droit de propriété *jus in re* : si donc elle périt par force majeure ou par cas fortuit depuis l'époque où elle a dû être livrée, la perte est pour le créancier, suivant la règle *res perit domino.*

Mais si le débiteur manque à son engagement, la juste peine est que la chose qu'il n'a pas livrée au terme convenu reste à ses risques. Il faut seulement qu'il soit certain que le débiteur est en faute de ne pas l'avoir livrée ; il faut qu'il ait été constitué en demeure.

Lorsqu'à l'époque convenue pour la livraison le créancier 1139 reste dans l'inaction, lorsqu'il ne fait pas au débiteur, pour le provoquer au paiement, une sommation ou un autre acte équivalent, on présume qu'il n'avait pas été dans son intenlion d'exiger cette livraison au terme ; il est considéré comme ayant suivi la foi du débiteur, et la chose doit rester aux risques de ce créancier.

Il avait été établi par la jurisprudence que cette présomption ne doit pas cesser dans le cas même où la convention porte non seulement le terme de la livraison, mais encore que, sans qu'il soit besoin d'acte, et par la seule échéance du terme, le débiteur sera en demeure. Le créancier qui dans ce cas ne remplit à l'échéance aucune formalité pour constituer en demeure celui qui doit ne fait que se conformer à sa convention. On ne peut donc pas présumer qu'il y ait renoncé. Cette convention doit donc être exécutée.

Les effets de l'obligation de donner ou livrer un immeuble 1140 sont réglés aux titres *du Contrat de vente* et *des Priviléges et Hypothèques.*

A l'égard des choses mobilières, quoique respectivement 1141 aux parties le transport de la propriété s'opère à l'époque où la livraison doit se faire, cependant on a dû considérer l'intérêt d'un tiers dont le titre serait postérieur en date, mais qui, ayant acquis de bonne foi, aurait été mis en possession réelle. La bonne foi de cet acquéreur, la nécessité de maintenir la circulation libre des objets mobiliers, la difficulté de les suivre et de les reconnaître dans la main de tierces personnes, ont dû faire donner la préférence à celui qui est en possession, quoiqu'il y ait un titre antérieur au sien.

Il ne faut pas perdre de vue que ces règles du Code civil ne dérogent point à celles du commerce.

Obligation de faire ou de ne pas faire.

1142   L'obligation de faire ou de ne pas faire se résout en dommages et intérêts en cas d'inexécution de la part du débiteur.

Le motif est que nul de peut être contraint dans sa personne à faire ou à ne pas faire une chose, et que, si cela était possible, ce serait une violence qui ne peut pas être un mode d'exécution des contrats.

1143-1144   Mais si ce qui a été fait en contravention de l'engagement est susceptible d'être détruit, et si on peut faire faire par un tiers ce que le débiteur aurait dû faire lui-même, il suffit que ce soient des moyens possibles d'exécution de l'engagement pour qu'il soit juste de les autoriser, et le débiteur devra, outre la dépense, les dommages et intérêts qui pourront avoir lieu.

1146-1147   Les dommages et intérêts peuvent être dus non seulement à raison de l'inexécution, mais encore à raison du simple retard. Il faut, dans ce dernier cas, que le débiteur soit en demeure, et il y est constitué non seulement par une sommation, par un acte équivalent ou par une stipulation formelle, mais encore par l'objet de l'obligation, lorsque la chose que le débiteur devait faire ne pourrait l'être utilement que dans un certain temps qu'il a laissé passer. On ne saurait douter que le débiteur ne soit en faute, lorsque le fait n'a pas été accompli en temps utile.

Règlement des dommages et intérêts.

1149   On entend par ces expressions, *dommages et intérêts*, la perte que le créancier a faite, et le gain dont il a été privé par l'inexécution de l'obligation ; ils ne doivent pas en excéder les bornes.

De là plusieurs conséquences.

1150   Les dommages et intérêts ne doivent pas s'étendre au-delà de ce qui a été prévu ou de ce qu'on a pu prévoir lors du contrat.

Si néanmoins le débiteur s'était rendu coupable de dol en 1151 manquant à son obligation, il devrait indemniser non seulement à raison de ce qu'on eût prévu ou pu prévoir en contractant, mais encore à raison des conséquences particulières que le dol peut avoir entraînées. Le dol établit contre celui qui le commet une nouvelle obligation différente de celle qui résulte du contrat; cette nouvelle obligation n'est remplie qu'en réparant tout le tort que le dol a causé.

Mais dans ce cas-là même les dommages et intérêts n'en ont pas moins leur cause dans l'inexécution de la convention; il ne serait donc pas juste de les étendre à des pertes ou à des gains qui ne seraient pas une suite immédiate et directe de cette inexécution. Ainsi on ne doit avoir égard qu'au dommage souffert par rapport à la chose ou au fait qui était l'objet de l'obligation, et non à ceux que l'inexécution de cette obligation aurait d'ailleurs occasionés au créancier dans ses autres affaires ou dans ses autres biens.

Ces règles suffisent pour guider le juge : il y eût eu de l'inconvénient à dire que les dommages et intérêts doivent, lorsqu'il n'y a point de dol, être taxés avec modération. La modération est un des caractères de l'équité ; mais lorsqu'il est réellement dû des dommages et intérêts au créancier, il ne fallait pas que, contre l'équité, on pût induire de la loi que sa cause est défavorable.

On a prévu le cas où la somme à payer à titre de dom- 1152 mages et intérêts, en cas d'inexécution, aurait été fixée par la convention même. On avait d'abord craint que cette fixation ne fût pas toujours équitable ; on avait craint trop de rigueur de la part du créancier, trop de facilité ou d'imprudence de la part du débiteur, qui, ne prévoyant point d'obstacles à l'exécution de sa convention, n'aurait pas imaginé qu'il eût sérieusement à craindre de payer la somme à laquelle il se serait soumis. Il avait paru prudent de faire intervenir le juge pour réduire la somme qui excéderait évidemment le dommage effectif.

Mais cette évidence, comment la caractériser ? Il faut supposer des conventions déraisonnables. Si on eût donné aux juges le droit de réduire la somme convenue, il eût aussi fallu leur donner celui de l'augmenter en cas d'insuffisance. Ce serait troubler la foi due aux contrats. La loi est faite pour les cas ordinaires, et ce n'est pas pour quelques exceptions que l'on devrait ici déroger à cette règle fondamentale, que les conventions sont la loi des parties.

1153 Il est néanmoins un cas où la loi générale a pu fixer les dommages et intérêts, et les parties sont obligées de s'y conformer ; c'est lorsque l'obligation a pour objet le paiement d'une somme. Dans ce cas on présume toujours que la perte essuyée par le créancier et le bénéfice dont il est privé sont compensés par les intérêts tels que les tribunaux les adjugent conformément à la loi.

Il suffit que le capital n'ait pas été payé pour que le créancier soit privé de ses intérêts ; c'est une perte évidente, il n'a point à la justifier.

Les intérêts ne sont dus que du jour de la demande, si ce n'est dans les cas où la loi les fait courir de plein droit : si néanmoins il a été convenu qu'à défaut de paiement à l'échéance le débiteur devrait les intérêts, celui-ci sera tenu, par la force de la convention, de les payer.

On ne peut nier que la faculté de stipuler l'intérêt ne soit par elle-même juste et avantageuse à la société. On a seulement à craindre l'abus que l'on peut faire de cette faculté.

A Rome, l'intérêt, sous le nom de *fenus* ou *usura*, fut toujours permis : on chercha seulement à en réprimer l'excès par des lois qui en fixaient le taux.

En France, une interprétation trop rigoureuse de textes religieux, et une fausse conséquence de ce que les métaux ne peuvent par eux-mêmes produire aucuns fruits naturels, avaient conduit à une autre extrémité : le créancier ne pouvait stipuler l'intérêt d'une somme, à moins qu'il ne renonçât à exiger son capital ; et pourvu que sa sûreté lui fût conservée, il ne devait être remboursé que quand il plaisait au débiteur. Il est vrai que cette doctrine n'avait pas été appliquée au commerce, et qu'elle avait pu y faire refluer des capitaux. Mais elle nuisait à la circulation générale ; on ne pouvait, par aucun motif d'ordre social, la légitimer : le nombre toujours croissant des transactions de tout genre avait rendu, malgré les lois, le prêt à intérêt d'un usage général, et ces lois n'avaient d'effet que de rendre le débiteur victime de la prohibition, en lui faisant payer un intérêt plus fort. Ainsi, loin de préserver la société des usures excessives, elles en étaient devenues le prétexte.

Il était d'ailleurs facile d'éluder l'autorité du juge en confondant dans le titre le principal et l'intérêt.

Il y avait même en France, à cet égard, diversité de jurisprudence.

Le prêt à intérêt avait été autorisé dans le ressort de quelques parlemens.

Dans tous il était permis en certains cas de stipuler l'intérêt ; ainsi on pouvait en tirer des sommes qui étaient considérées comme représentatives de fruits : telles étaient les sommes dues pour aliénation d'immeubles, pour revenus. On pouvait aussi stipuler les intérêts au profit des mineurs.

Dans d'autres cas l'intérêt des sommes dues courait de plein droit, quoiqu'elles ne fussent pas représentatives de fruits ; tel était l'intérêt des sommes dues aux femmes ou à leurs héritiers pour leurs dots et leurs droits nuptiaux, aux cohéritiers pour les légitimes, pour les rapports, pour les soultes de partage, etc.

Il était d'ailleurs bizarre que l'intérêt de l'argent fût, dans le cas de retard de paiement, considéré comme des dommages et intérêts, et que cette indemnité ne dût avoir lieu que par jugement, sans que les parties pussent éviter ces frais par une convention.

On demandait encore pourquoi, lorsque le débiteur avait Ib.et 154 laissé accumuler des intérêts, il n'était pas regardé comme faisant au créancier par le défaut de paiement un tort également susceptible d'être réparé par une indemnité, comme il y était condamné pour le retard dans le paiement des sommes principales.

Ces règles, quelque diverses et incohérentes qu'elles soient, offrent cependant un résultat; c'est que l'intérêt de l'argent était même considéré comme une chose en soi légitime, puisqu'en cas de retard de paiement les tribunaux ne pouvaient pas se dispenser de l'adjuger, puisque dans plusieurs cas on pouvait le stipuler, et que dans d'autres il courait de plein droit.

Ces motifs, qui déterminèrent en 1789 l'Assemblée constituante à autoriser la stipulation d'intérêt, ont aussi dû faire consacrer cette règle dans le Code civil.

Il n'en est point qui ne soit susceptible d'abus; mais les mesures qui pourraient être prises, soit pour fixer l'intérêt, soit pour réprimer l'usure, sont susceptibles de varier, et dès lors elles ne peuvent ni ne doivent trouver place dans ce Code.

1154 On a regardé comme une conséquence de la faculté généralement accordée de stipuler les intérêts, la faculté de les stipuler ou le droit de les demander en justice, même pour les sommes provenant d'intérêts échus; mais en même temps on a prévenu l'abus dont se rendent coupables les usuriers par des accumulations trop fréquentes des intérêts avec les capitaux, pour faire produire aux sommes provenant de ces intérêts de nouveaux intérêts. On a statué que les intérêts échus des capitaux ne pourraient en produire, soit par convention, soit en justice, à moins qu'il ne fût question d'intérêts dus au moins pour une année entière.

1155 Les revenus, tels que fermages, loyers, arrérages de rentes perpétuelles ou viagères et les fruits à restituer, ne doivent point être assimilés aux intérêts ordinaires de capitaux. Ces revenus peuvent produire intérêt du jour de la demande, quoiqu'ils ne soient pas dus pour une année entière : il suffit qu'ils soient échus.

Quant aux intérêts payés par un tiers en acquit du débiteur, la somme ainsi payée ne peut être considérée relativement à ce tiers que comme un capital qui peut, par demande ou par convention, produire intérêt.

De l'Interprétation des conventions.

La convention sert de loi aux parties; il faut donc, pour interpréter cette loi, rechercher quelle a été l'intention de ceux qui l'ont faite. **1156**

Si elle est mal rendue par les termes qu'ils ont employés, il faut plutôt considérer la volonté que le sens littéral des expressions grammaticales : *In conventionibus contrahentium voluntatem potius quam verba spectari placuit.* L. 219, ff. de verb. signif.

Si la clause est susceptible de deux sens, on doit plutôt l'entendre dans celui avec lequel elle peut avoir quelque effet, que dans le sens avec lequel elle n'en pourrait produire aucun. *Quoties in stipulationibus consuetudinis, ambigua oratio est, commodissimum est id accipi quo res de qua agitur in tuto sit.* L. 80, ff. de verb. oblig. **1157**

Si les termes sont susceptibles de deux sens, ils doivent être pris dans le sens qui convient le mieux à la matière du contrat. **1158**

Ce qui est ambigu s'interprète par ce qui est d'usage dans le pays où le contrat est passé. **1159**

Toutes les clauses des conventions s'interprètent les unes par les autres, en donnant à chacune le sens qui résulte de l'acte entier. **1161**

Semper in stipulationibus et in cæteris contractibus id sequimur quod actum est, aut si non appareat quod actum est, erit consequens ut id sequamur quod in regione in qua actum est frequentatur. Leg. 34, ff. de reg. jur.

On doit suppléer dans le contrat les clauses qui sont d'usage, quoiqu'elles n'y soient pas exprimées. *In contractibus tacite veniunt ea quæ sunt moris et consuetudinis.* Leg. **1160**

1162   Dans le doute la convention s'interprète contre celui qui a stipulé, et en faveur de celui qui a contracté l'obligation. *In stipulationibus cum quæritur quid actum sit, verba contra stipulatorem interpretanda sunt.* L. 38, § 18, ff. de verb. obligat.

1163   Quelque généraux que soient les termes dans lesquels une convention est conçue, elle ne comprend que les choses sur lesquelles il paraît que les parties se sont proposé de contracter. *Iniquum est perimi pacto id de quo cogitatum non docetur.* L. 9, ff. de trans.

1164   Lorsque dans un contrat on a exprimé un cas pour l'explication de l'obligation, on n'est pas censé avoir voulu par là restreindre l'étendue que l'engagement reçoit de droit aux cas non exprimés. *Quæ dubitationis tollendæ causa contractibus inseruntur, jus commune non lædunt.* L. 81, ff. de reg. jur.

Ces axiomes doivent être invariables comme l'équité qui les a dictés. Ils furent à la fois l'ornement et le fondement de la législation romaine : ils ont dû être consignés dans le Code civil.

De l'Effet des conventions à l'égard des tiers.

1165   Après avoir vu comment les conventions doivent s'interpréter, il faut en suivre les conséquences et les effets.

Chacun ne pouvant contracter que pour soi, les obligations ne doivent avoir d'effet qu'entre les parties contractantes et ceux qui les représentent. Il serait injuste qu'un acte auquel une tierce personne n'a point concouru pût lui être opposé. *Non debet alii nocere, quod inter alios actum est.* Leg. 10, ff. de jur.

1166   Mais celui qui contracte des dettes engage tous ses biens. Ce gage serait illusoire si au préjudice de ses créanciers il négligeait d'exercer ses droits. Ils doivent donc être admis à agir directement. Leur intérêt et la crainte des fraudes établissent leur qualité.

Si le débiteur négligeait de faire valoir une exception qui fût exclusivement attachée à sa personne, ils ne pourraient pas la faire valoir. C'est leur action directe que les créanciers intentent : ils ne représentent pas la personne du débiteur.

Il faut encore, pour que les contrats ne puissent nuire aux 1167 tierces personnes, que les créanciers aient le droit d'attaquer en leur nom les actes faits en fraude de leurs droits.

On n'a cependant pas voulu que des créanciers pussent troubler le repos des familles, en attaquant comme frauduleux certains actes qui sont nécessaires, actes qu'ils ne sont point censés avoir ignorés, et dans lesquels on leur donne seulement le droit d'intervenir pour y défendre leurs droits. Ces cas sont prévus dans le Code civil. Tel est celui d'un cohéritier dont les créanciers peuvent s'opposer à ce qu'il soit procédé hors leur présence au partage des biens de la succession qu'il recueille, et y intervenir à leurs frais, mais sans avoir le droit d'attaquer ce partage lorsqu'il est consommé, à moins qu'on eût procédé sans égard à une opposition qu'ils auraient formée.

Des diverses Espèces d'obligations.   ch 4.

Après avoir établi les conditions essentielles pour la validité des obligations, après avoir déclaré leurs effets généraux, il faut, en entrant dans un examen plus détaillé, considérer les principales modifications sous lesquelles on peut les former.

Il ne s'agit point ici de ces modifications qui, dans le droit romain, dépendaient des formules d'actions, ou qui étaient nécessaires pour le lien civil : les modifications à examiner sont celles qui sont inhérentes à la convention, qui en diversifient la nature et les effets ; et quoiqu'elles semblent se multiplier et varier comme les conventions elles-mêmes, il en est cependant plusieurs principales dont les règles doivent être posées.

Ainsi, dans la même obligation on peut trouver les modifications suivantes : elle peut être pure et simple ou conditionnelle, à terme, alternative, solidaire, divisible ou indivisible, sanctionnée par une clause pénale.

Des Obligations conditionnelle.

2168-1181   Il y a des conditions de diverses espèces. En effet, on peut faire dépendre une obligation d'un événement futur et incertain, soit en la suspendant jusqu'à ce que l'événement arrive, et alors elle est nommée *condition suspensive*, soit en la résiliant selon que l'événement arrivera ou qu'il n'arrivera pas, et c'est alors une *condition résolutoire*.

Il est des règles communes à ces deux espèces de conditions.

1170   Et d'abord on prévoit le cas où il serait au pouvoir de l'une ou de l'autre des parties contractantes de faire arriver ou d'empêcher l'événement dont on aurait fait dépendre l'obligation. Cette condition est nommée *potestative*.

1169   Si elle ne dépend que du hasard elle est désignée sous le nom de *casuelle*.

1171   On l'appelle *mixte* si elle dépend tout à la fois de la volonté de l'une des parties contractantes et de la volonté d'un tiers.

1174   Si la condition dépend de l'une des parties contractantes, qui est la maîtresse de rompre ou de maintenir le lien que l'acte semble former, il n'y a point réellement d'obligation ; elle est nulle.

1172   Si la condition est impossible, si elle est contraire aux bonnes mœurs, si elle est défendue par la loi, elle est nulle ; et une convention faite sous une condition nulle ne peut elle-même avoir aucun effet.

Cette règle n'a rien de contraire à celle qui a été établie pour les conditions apposées à un testament. La clause par laquelle le testateur dispose est aux yeux de la loi sa principale volonté ; elle ne présume point qu'il ait réellement voulu la faire dépendre d'une condition impossible, contraire aux bonnes mœurs ou défendue par la loi : la condition n'est alors considérée que comme une simple erreur.

1173   Dans toutes les conventions, si la condition était de ne pas faire une chose impossible, cette condition serait extravagante, mais non pas impossible, puisque c'est l'événement contraire qui serait hors de la possibilité. C'est encore un cas où on ne peut pas présumer que la volonté des parties ait été de faire dépendre la convention d'une pareille condition.

Les autres règles communes aux diverses espèces de conditions sont celles qui sont relatives à leur accomplissement. 1176-1177

On a fait à cet égard dans le droit romain une subdivision des conditions en *négatives* et *positives* : elles sont dites *positives* si la condition est qu'un événement arrive ; *négatives* si la condition est qu'un événement n'arrive pas : mais cette distinction et les décisions nombreuses qui y sont relatives peuvent se simplifier en les réduisant aux propositions suivantes :

« Lorsqu'une obligation est contractée sous la condition « qu'un événement arrivera dans un temps fixe, cette con- « dition est censée défaillie lorsque le temps est expiré sans « que l'événement soit arrivé. S'il n'y a point de temps fixe, « la condition peut toujours être accomplie ; et elle n'est cen- « sée défaillie que lorsqu'il est devenu certain que l'événe- « ment n'arrivera pas.

« Lorsqu'une obligation est contractée sous la condition « qu'un événement n'arrivera pas dans un temps fixe, cette « condition est accomplie lorsque ce temps est expiré sans « que l'événement soit arrivé : elle l'est également si avant le « terme il est certain que l'événement n'arrivera pas ; et s'il « n'y a pas de temps déterminé, elle n'est accomplie que « lorsqu'il est certain que l'événement n'arrivera pas. »

Si c'est le débiteur, obligé sous une condition qui en a empêché l'accomplissement, il doit une indemnité dont l'effet est le même que si la condition avait été accomplie. 1178

On a aussi écarté les subtilités de l'école sur la manière dont les conditions doivent être accomplies. 1175

Doivent-elles être accomplies suivant la lettre de l'obligation *in forma specifica?* Peuvent-elles l'être *per æquipollens et pro subjecta materia?* Il ne peut y avoir à cet égard d'autre règle générale que la recherche de l'intention des parties : il faut que toute condition s'accomplisse de la manière que les parties ont vraisemblablement voulu et entendu qu'elle le fût.

Il résulte aussi de la règle suivant laquelle on contracte pour soi et pour ses héritiers, que les conditions des actes entre-vifs peuvent s'accomplir après la mort de celui au profit duquel est l'obligation. Il en est autrement de celui qui lègue; il n'a en vue que la personne du légataire : d'où il suit que si, avant l'accomplissement de la condition, le testateur décède, le légataire n'a pas encore de droit; si, dans ce cas, c'est le légataire qui meurt, son héritier n'a rien à prétendre, parce que le legs étant personnel ne peut lui être transmis qu'autant qu'il aurait été acquis au légataire.

1179 1180 Un contrat, pour être subordonné à une condition, n'en est pas moins un engagement dont la condition n'est qu'une modification. Il est donc juste que son effet remonte au jour où il a été contracté lorsque la condition a été accomplie : *in stipulationibus id tempus spectatur quo contrahimus*. L. 18, ff. de reg. jur. Cette règle devient un motif pour que celui au profit duquel est l'engagement conditionnel puisse, avant que la condition soit accomplie, faire tous les actes conservatoires de son droit.

De la Condition suspensive.

1181 Les règles particulières aux conditions suspensives et aux conditions résolutoires ne sont que des déductions de ces principes généraux.

Ainsi à l'égard de la condition que les parties ont entendu faire dépendre d'un événement futur et incertain, elle ne produit d'effet qu'après l'événement; mais l'effet qu'elle produit alors remonte au temps de l'engagement.

Si par erreur les contractans avaient cru futur et incertain un événement déjà existant, mais qui n'était point à leur connaissance, la modification qu'ils auraient eu l'intenti de faire à leur engagement se trouverait remplie; conséquemment il serait valable, et il devrait avoir sur-le-champ son exécution.

L'obligation sous une condition suspensive n'étant parfaite que par l'accomplissement de cette condition, il en résulte qu'avant l'accomplissement, la propriété de la chose, qui est la matière de l'engagement, n'est point transportée, et qu'ainsi elle demeure aux risques du débiteur. **1182**

Si donc cette chose est entièrement périe sans sa faute, il ne peut plus y avoir d'obligation lors même que la condition s'accomplirait, puisqu'il ne peut y 'avoir d'obligation sans une chose qui en soit le sujet.

La loi romaine VIII, ff. *de Peric. et com. rei vend.*, décidait que, si avant la condition accomplie il y avait diminution ou détérioration de la chose sans la faute du débiteur, le créancier devait en souffrir, de même qu'il profitait de l'augmentation qui serait survenue.

Cette décision ne s'accorde pas avec le principe suivant lequel, dans le cas de la condition suspensive, il n'y a pas de transport de propriété. Ce doit être aux risques du débiteur encore propriétaire que la chose diminue ou se détériore, par la même raison que ce serait à ses risques qu'elle périrait. Voici seulement la distinction à laquelle conduit l'équité.

Si le débiteur n'est pas en faute, le créancier doit avoir le choix ou de résoudre l'obligation ou d'exiger la chose dans l'état où elle se trouve, mais sans pouvoir demander une diminution de prix : il en doit être autrement si le débiteur est en faute; alors le créancier doit être autorisé à résoudre l'obligation ou à exiger la chose dans l'état où elle se trouve avec des dommages et intérêts.

On ne peut pas argumenter contre cette décision de ce que le créancier profiterait des augmentations qui surviendraient. Le débiteur qui, même sous une condition suspensive, s'est obligé à donner une chose, est par cela même présumé

16.

avoir renoncé aux augmentations accessoires pour le cas où la condition s'accomplirait.

De la Condition résolutoire.

1183   L'intention des contractans, lorsqu'ils stipulent une condition résolutoire, est que cette condition lorsqu'elle s'accomplit opère la révocation de l'engagement, et qu'elle remette les choses au même état que si l'engagement n'avait pas été contracté.

L'exécution de l'obligation n'est point suspendue par cette condition ; il en résulte seulement que le créancier est tenu de rendre ce qu'il a reçu, lorsque ensuite la condition résolutoire s'accomplit.

1184   Dans les contrats synallagmatiques chaque partie n'est présumée s'être engagée que sous une condition résolutoire dans le cas où l'autre partie ne satisferait point à cet engagement.

Mais la partie qui peut réclamer l'effet de cette condition doit être en même temps autorisée à contraindre, par les moyens de droit, l'autre partie d'exécuter la convention : il est alors nécessaire qu'elle ait recours aux tribunaux ; et lors même que la condition résolutoire serait formellement stipulée, il faudrait toujours constater l'inexécution, en vérifier les causes, les distinguer de celles d'un simple retard ; et dans l'examen de ces causes, il peut en être de si favorables que le juge se trouve forcé par l'équité à accorder un délai.

Des Obligations à terme.

1185   Dans une obligation le terme diffère de la condition en ce qu'il ne suspend point l'engagement dont il retarde seulement l'exécution.

1186   Lorsqu'on dit que *celui qui a terme ne doit rien*, c'est en ce sens seulement que ce débiteur ne peut être poursuivi avant le terme : mais l'obligation n'en existe pas moins : et si elle a été acquittée avant l'échéance du terme, le débiteur a li—

brement, et d'avance, satisfait à son engagement; il ne serait pas juste de l'autoriser à en demander la répétition pour ne le payer qu'à l'échéance.

Le créancier ne peut pas même refuser le paiement offert **1187** avant le terme. En effet, on présume que c'est une facilité accordée au débiteur. Mais cette présomption doit cesser lorsqu'il résulte de la stipulation ou des circonstances que le terme a aussi été convenu en faveur du créancier. Cette règle, que le cours variable du papier-monnaie a souvent fait appliquer, est une de celles consacrées dans le droit romain. (L. XVII, ff. *de reg. jur.*)

On ne peut pas induire de la stipulation d'un terme que **1188** le débiteur puisse altérer son obligation, et elle serait altérée s'il avait diminué les sûretés qu'il a données par le contrat. Sur ce fait, comme sur toutes les clauses des contrats, l'équité guidera le juge : mais il est évident qu'en cas de faillite ou de déconfiture le débiteur ne doit plus être autorisé à réclamer le bénéfice du terme.

Des Obligations alternatives.

Une obligation peut être alternative ; et cette modification **1189** est du nombre de celles qui sont susceptibles de règles particulières.

Une obligation est alternative lorsque quelqu'un s'oblige à donner ou à faire une chose ou une autre, de manière qu'en s'acquittant d'une des choses il soit entièrement libéré.

Si le choix de l'une des choses promises n'a pas été expres- **1190-1191** sément réservé au créancier, on présume que le choix a été laissé au débiteur ; celui-ci peut alors invoquer la règle suivant laquelle ce qui, dans un contrat, est incertain doit s'interpréter en faveur de celui qui doit : mais il ne peut pas y avoir de doute sur ce que le débiteur qui a promis l'une des choses ne serait pas libéré en offrant partie de l'une et partie de l'autre. Ce ne serait pas interpréter la convention, ce serait la changer.

1192   Si l'une des deux choses promises n'était pas susceptible d'être l'objet de l'obligation contractée, il ne resterait à cette obligation qu'un seul objet ; et dès lors elle serait pure et simple. Le débiteur ne pourrait pas exciper de ce qu'il comptait sur un choix qui n'existait pas. S'il a regardé comme pouvant être l'un des objets de l'obligation ce qui n'en était pas susceptible, c'est un fait qu'il ne peut imputer au créancier, à moins qu'il n'y ait fraude de la part de ce dernier.

1193   Lorsque l'une ou l'autre de deux choses a été promise il y a incertitude sur celle des choses qui sera délivrée au créancier, et de cette incertitude il résulte qu'aucune propriété n'est transmise au créancier que par le paiement de l'une des choses. Jusqu'alors cette propriété reste sur la tête et conséquemment aux risques du débiteur.

Si l'une des choses ou si les deux périssent, il faut distinguer le cas où, soit par le silence de l'acte, soit par convention, le débiteur a le choix, et le cas où ce choix a été réservé au créancier.

Dans la première hypothèse, celle où le débiteur a le choix, si l'une des deux choses périt ou ne peut plus être livrée, l'obligation devient pure et simple, et n'a plus pour objet que la chose existante. Il en résulte que, dans ce cas, il ne doit pas offrir le prix de la chose périe au lieu de celle qui existe ; et réciproquement le créancier ne pourrait pas exiger qu'au lieu de la chose existante on lui donnât le prix de celle qui est périe : cette prétention ne serait pas fondée, lors même que la perte de l'une de ces choses serait arrivée par la faute du débiteur, parce que celui-ci ayant le choix le créancier ne peut, même dans ce cas, se plaindre de ce que l'obligation, d'alternative qu'elle était, soit devenue pure et simple.

Si lorsque le débiteur a le choix les deux choses sont péries, il est encore indifférent que ce débiteur soit en faute à l'égard de l'une d'elles, ou même à l'égard des deux, puisqu'il résulte également de ce que l'obligation était devenue pure et simple par la perte de la première chose, que c'est le prix de la chose qui est périe la dernière que le débiteur doit payer? comme il eût dû cette chose si elle n'était pas périe.

Le débiteur doit alors payer le prix de la chose qui est périe la dernière, dans le cas même où il ne serait pas en faute à l'égard de cette chose, mais seulement à l'égard de celle qui est périe la première, parce que cette faute causerait un préjudice évident au créancier si cette seconde chose étant périe il n'avait aucun recours. En donnant à celui-ci le prix de la dernière chose périe on maintient à la fois la règle suivant laquelle la convention, d'alternative qu'elle était, est devenue pure et simple, et la règle qui rend chacun responsable de sa faute.

Lorsque le créancier s'étant réservé le choix se trouve dans 194 le cas où l'une des choses seulement est périe, il faut examiner si c'est par la faute ou sans la faute du débiteur.

Si le débiteur n'est pas en faute, et il serait en faute s'il était en demeure, le créancier doit avoir la chose qui reste. Il ne peut pas réclamer le prix de celle qui est périe, parce qu'elle a cessé d'être l'objet de l'obligation sans que le débiteur ait manqué à la bonne foi.

Si celui-ci est en faute le créancier est fondé à demander soit la chose qui reste, comme étant l'objet direct de l'obligation, soit le prix de la chose périe, comme étant la juste indemnité de la faute du débiteur.

Lorsque les deux choses sont péries, et que le débiteur est en faute, soit à l'égard des deux, soit à l'égard de l'une d'elles, le créancier peut demander le prix de l'une ou de l'autre à son choix. Le motif est que, dans le cas même où le débiteur n'est en faute qu'à l'égard de l'une des choses, il doit répondre de ce que cette faute a privé le créancier du choix entre les deux choses, et cette indemnité doit être dans le choix laissé au créancier de demander le prix de l'une ou de l'autre des choses péries.

Dans tous les cas, soit que le débiteur ait le choix, soit 195 qu'il ait été réservé au créancier, si les deux choses sont péries sans la faute du débiteur l'obligation est éteinte, suivant les principes qui seront ci-après expliqués.

1196 Les mêmes principes s'appliquent au cas où il y a plus de deux choses comprises dans l'obligation alternative.

sect. 4 *Des Obligations solidaires.*

Une quatrième modification des obligations est la solidarité soit à l'égard des créanciers, soit de la part des débiteurs.

De la Solidarité entre les créanciers.

1197 Lorsque quelqu'un est obligé à une même chose envers plusieurs personnes, chacune d'elles n'est créancière que pour sa part : tel est l'effet ordinaire d'une pareille obligation. Mais si, par une clause particulière, le titre donne à chacun de ces cocréanciers le droit de demander le paiement du total de la créance, de manière que, par le paiement entier fait à l'un d'eux, le débiteur soit libéré envers les autres, il y a solidarité d'obligation. Ces créanciers sont nommés en droit *correisti pulandi.*

Cette faculté donnée à chacun des créanciers de demander le paiement total, et la convention qu'ils auraient faite en même temps de diviser entre eux le bénéfice de l'obligation, n'ont rien d'incompatible.

1198 Si le débiteur était poursuivi par l'un des créanciers il perdrait la faculté de payer à l'autre. Ce débiteur ne pourrait pas par sa faute intervertir le droit du créancier qui a poursuivi ; et le créancier qui aurait formé sa demande le second ne pourrait pas se prévaloir d'un droit dont l'autre serait déjà dans une sorte de possession par ses poursuites.

Il semble que chacun des créanciers pouvant exiger toute la dette on doive conclure de ce droit qu'il a aussi celui de faire la remise au débiteur. On dit pour cette opinion que la remise de la dette est au nombre des moyens de libération, que chacun des créanciers paraît être relativement au débiteur comme s'il était l'unique créancier, qu'il faudrait pour qu'il ne pût pas user du droit de faire remise que ce droit fût excepté dans l'obligation, et que d'ailleurs le créancier solidaire pouvant recevoir le paiement il lui est toujours facile de donner la quittance d'un paiement qui ne serait pas réel; en un mot, que les cocréanciers suivent respectivement leur foi.

Ces raisons avaient été adoptées par la loi romaine. (Leg. 2, ff. *de duobus reis.*)

Mais cette décision a paru peu conforme à l'équité et trop favorable à la mauvaise foi.

On doit suivre l'intention présumée des parties. Chaque créancier solidaire a droit d'exécuter le contrat. La remise de la dette est autre chose que l'exécution : c'est faire un contrat de bienfaisance d'un contrat intéressé. C'est un acte de libéralité personnel à celui qui fait la remise; il ne peut être libéral que de ce qui lui appartient. S'il est bienfaisant envers le débiteur, il ne doit pas être malfaisant envers ses créanciers, qui, sans la remise entière, auraient eu action contre ce débiteur. Une volonté n'est généreuse que quand elle n'est pas nuisible, et lorsqu'elle a ce dernier caractère l'équité la repousse : elle en conçoit des soupçons de fraude.

Si le cocréancier donne une quittance, le contrat lui a donné le droit de recevoir et conséquemment celui de donner quittance. C'est l'exécution directe et naturelle du contrat, et c'est à cet égard seulement que ses cocréanciers ont suivi sa foi. Ce serait à eux à prouver que la quittance n'est qu'un acte simulé, et que le cocréancier a fait contre son droit la remise de la dette.

Quant à tous les actes conservatoires, celui qui peut recevoir le paiement entier de la dette peut, par la même raison, faire les actes propres à la conserver. Ainsi tout acte qui interrompt la prescription à l'égard de l'un des cocréanciers profite aux autres.

De la Solidarité de la part des débiteurs.

1200   L'espèce de solidarité la plus ordinaire est celle de plu--sieurs codébiteurs envers leur créancier commun. Il y a solidarité de la part des codébiteurs lorsqu'ils sont obligés à une même chose, de manière que chacun puisse être contraint pour la totalité comme s'il était seul débiteur, et que le paiement fait par un seul libère les autres envers le créancier. Ces codébiteurs sont appelés en droit *correi debendi*.

Il ne suffit pas que l'obligation soit contractée envers le même créancier, il faut qu'elle ait pour objet une même chose : si plusieurs étaient obligés à des choses différentes envers la même personne, chacun de ces débiteurs serait séparément tenu de la chose qui serait l'objet de son obligation ; ils ne seraient pas codébiteurs.

1201   Mais lorsque plusieurs débiteurs doivent une même chose ils n'en sont pas moins codébiteurs, quoique l'obligation de chacun d'eux ait été contractée avec des modifications différentes ; tel serait le cas où l'un d'eux ne serait obligé que conditionnellement ou à terme, tandis que l'engagement de l'autre serait pur et simple et sans terme. Il suffit que d'une ou d'autre manière le créancier ait le droit d'exiger d'un seul des débiteurs la totalité de la dette, pour qu'il y ait solidarité ; mais il ne peut exiger que chaque codébiteur acquitte la dette autrement qu'elle n'a été convenue avec lui.

1208   Les exceptions qui résultent de la nature même de l'obligation sont communes à tous les codébiteurs ; mais les exceptions personnelles à l'un deux ne peuvent être opposées par les autres. C'est encore une des conséquences de ce que chacun d'eux est tenu de la manière dont il s'est obligé.

1202   L'obligation solidaire ne doit pas se présumer : lorsque plusieurs débiteurs s'obligent à une même chose envers la même personne sans exprimer la solidarité, l'obligation se trouve remplie par le paiement que chacun fait de sa portion : exiger d'un seul la totalité, c'est supposer une obligation de plus; et lors même qu'à cet égard il y aurait du doute, on a vu que l'interprétation doit être en faveur du débiteur.

Il en serait autrement s'il s'agissait d'obligations pour les-quelles la solidarité serait prononcée par la loi. C'est ainsi qu'elle a été prononcée par l'ordonnance de 1673 (titre VI, art. VII) entre associés en fait de commerce, et, par les lois criminelles contre ceux qui sont condamnés pour le même délit, etc.

Chacun des codébiteurs étant tenu de la totalité de la **1203** dette comme s'il se fût obligé seul, il en résulte que le créan-cier peut s'adresser à celui des débiteurs qu'il veut choisir, sans que celui-ci puisse, en offrant sa part, demander que le créancier soit tenu d'exercer son action contre les autres, chacun pour leur part. La clause de renonciation au bénéfice de division, qui est de style dans les actes des notaires, suppose un droit qui n'existe pas.

Non seulement le créancier n'est point tenu d'accéder à la **1204** demande de division, mais encore, dans le cas même où il aurait fait des poursuites contre un ou plusieurs des codébi-teurs, il n'est point présumé avoir renoncé à son droit d'en exercer de pareilles, et pour la totalité contre les autres, jusqu'à ce qu'il soit entièrement payé.

Le créancier qui interrompt la prescription à l'égard de **1206** l'un des codébiteurs conserve son droit, non seulement à la totalité de la dette, mais encore à la solidarité. Il n'a point alors d'acte conservatoire à faire contre les autres débiteurs. En agissant contre un d'eux il a usé de son droit contre tous : aucun ne peut plus se prévaloir de la prescription.

C'est par le même motif que, quand le créancier forme **1207** une demande d'intérêts contre l'un des débiteurs solidaires, ces intérêts lui sont adjugés pour la totalité de la dette, et dès lors c'est comme si la demande avait été formée contre tous.

1205 Le créancier ayant le droit d'exiger la totalité de chaque codébiteur, comme si celui-ci était seul obligé, on doit encore en conclure que, si la chose due a péri par la faute ou pendant la demeure de l'un des débiteurs solidaires, les codébiteurs ne sont point déchargés de l'obligation de payer le prix de la chose. La faute du codébiteur ne peut être pour les autres un moyen de libération.

Mais aussi de ce que chacun d'eux est tenu comme s'il se fût seul obligé pour le tout, on ne peut pas en induire qu'il se soit engagé à répondre des dommages-intérêts auxquels donnerait lieu la faute ou la demeure de l'un des codébiteurs. Ces dommages et intérêts sont la peine d'une faute qui est personnelle. Si la faute de l'un des débiteurs ne peut pas libérer les autres, il ne peut pas, par la même raison d'équité, aggraver leur sort.

1209 Des difficultés assez fréquentes se sont jusqu'ici élevées sur les différens cas où le créancier doit être présumé avoir renoncé à son droit de solidarité.

On doit admettre comme règle générale que cette renonciation doit être prouvée ou littéralement, ou au moins par un fait assez positif pour qu'on ne puisse pas élever un doute raisonnable sur l'intention du créancier.

L'un des débiteurs devient-il l'héritier unique du créancier, ou le créancier devient-il l'unique héritier de l'un des débiteurs?

La confusion des droits qui s'opère par leur réunion sur la même tête ne doit s'appliquer, dans ces deux cas, qu'à la part du débiteur. On doit dire de cette confusion, avec la loi romaine : *Magis personam debitoris eximit ab obligatione quam extinguit obligationem.*

1210 Si le créancier consent à la division de la dette à l'égard de l'un des débiteurs, doit-on présumer qu'il ait renoncé à la solidarité à l'égard des autres?

Il ne peut pas y avoir de doute si, dans la quittance, le

créancier a fait la réserve de la solidarité, ou si même il y a réservé ses droits en général, puisque, dans ce dernier cas, le droit de solidarité s'y trouve compris.

Mais s'il n'y a pas de réserve, la question peut se présenter sous deux rapports, dont l'un est entre le créancier et le codébiteur, et l'autre entre le créancier et les autres codébiteurs.

Le créancier est-il présumé avoir renoncé à son action 1211-1218 solidaire à l'égard du codébiteur, dont il a reçu une somme égale à la portion dont il était tenu, lorsque la quittance ne porte point que c'est *pour la part* de ce codébiteur?

Il y avait à cet égard diversité d'opinions : on a préféré celle qui maintient la solidarité. Le créancier avait droit au paiement entier. Il résulte sans doute une présomption contre lui de ce que la part reçue est égale à celle du codébiteur; mais une autre présomption résulte aussi en sa faveur de ce qu'aucune expression du créancier ne porte son intention de déroger à son droit, et alors la règle que personne n'est facilement présumé renoncer à son droit doit l'emporter.

Mais de ces expressions, *pour sa part*, employées dans la quittance, on avait conclu avec raison, dans la loi romaine, que le codébiteur avait été reconnu comme étant débiteur d'une part, et dès lors comme n'étant plus débiteur solidaire.

On a vu dans une quittance ainsi motivée une nouvelle convention que rend parfaite le concours du créancier qui donne la quittance et du débiteur qui la reçoit.

C'est par cette dernière considération que l'on ne regarde point le créancier comme étant lié par la demande qu'il aurait formée contre l'un des codébiteurs pour sa part, si celui-ci n'a pas acquiescé à la demande, ou s'il n'est pas intervenu un jugement de condamnation.

Lorsqu'il y a plus de deux codébiteurs solidaires, le créancier qui, à l'égard de l'un d'eux a consenti à la division de la dette, soit en recevant avec la déclaration, *pour sa part,* soit autrement, est-il présumé avoir renoncé à la solidarité contre les autres ?

Il y avait aussi sur ce point partage d'opinions.

On dit, pour les codébiteurs, que la division de la dette sans réserve est un fait positif, et que la renonciation à la solidarité se trouve prouvée tant par ce fait en lui-même que par ses conséquences.

Par le fait, puisqu'il est directement contraire à l'exercice du droit de solidarité. Si, quand on agit contre un des codébiteurs, leur sort est commun, l'équité ne demande-t-elle pas que réciproquement ils profitent de la décharge donnée à l'un d'eux ?

Par les circonstances de ce fait, qui seraient de changer le contrat ; ce qui n'est pas permis au créancier.

En effet, si parmi les codébiteurs il y en a d'insolvables, les autres paient par contributions entre eux la part des insolvables. Si, nonobstant la division de la dette à l'égard de l'un d'eux, on voulait encore faire peser sur les autres la solidarité, au moins ce recours respectif devrait-il leur être conservé.

Il faut donc,

Ou que le créancier lui-même reste responsable des insolvabilités à raison de la part du débiteur acquitté ; mais on ne peut pas présumer qu'il ait entendu, en divisant sa dette, s'exposer à ces risques :

Ou que la contribution aux parts des insolvables continue à peser sur le codébiteur à l'égard duquel la dette a été divisée ; cependant ce codébiteur a une décharge pure et simple : comment ne pas admettre l'exception qu'il fonderait sur ce qu'il n'y a contre lui aucune réserve ?

Les auteurs qui soutiennent l'opinion favorable au créancier, partent de deux principes qui sont justes.

Le premier est que la renonciation à un droit ne peut s'établir par présomption.

Ils soutiennent que, du fait de la division de la dette, il

ne résulte point de renonciation expresse ; que ce n'est point un acte qui détruise le droit de solidarité, puisque le créancier qui pouvait exiger du débiteur la totalité pouvait à plus forte raison n'exiger que la part du codébiteur ; que les conventions ne peuvent faire acquérir de droit qu'aux parties entre lesquelles ces conventions interviennent ; que la bonté d'un créancier pour l'un de ses codébiteurs ne doit pas lui préjudicier à l'égard des autres, et que, s'il n'en était pas ainsi, aucun créancier ne voudrait être victime de sa complaisance ; que l'on ne verrait plus d'exemples de codébiteurs déchargés de la solidarité.

Le second principe dont on part en faveur du créancier est que l'obligation contractée solidairement envers lui se divise de plein droit entre les débiteurs, qui ne sont tenus entre eux que chacun pour sa part et portion.

Soit que des codébiteurs aient contracté l'obligation solidaire par le même contrat, ou que ce soit par des actes différens, l'équité veut que le codébiteur qui paie la part entière ait son recours contre ses codébiteurs. Chacun s'est obligé à payer la totalité au créancier ; aucun ne s'est obligé à payer pour les autres. C'est entre tous les codébiteurs un lien de droit que le créancier n'est pas le maître de rompre ; et s'il divise la dette à l'égard des codébiteurs, on ne doit pas en conclure qu'il ait interverti les recours respectifs des codébiteurs entre eux. La division de la dette n'a pu être consentie ni acceptée que sauf le droit d'autrui ; ainsi le codébiteur déchargé de la solidarité envers le créancier a dû compter qu'il lui restait encore une obligation à remplir à l'égard de ses codébiteurs, en cas d'insolvabilité de quelques-uns d'entre eux.

Les codébiteurs contre lesquels le créancier veut, après cette division de la dette, exercer la solidarité, n'ont point à se plaindre, puisque ce droit, au lieu d'être exercé pour la totalité comme il l'aurait été s'il n'y avait pas un codébiteur déchargé, ne pourrait plus l'être que déduction faite de la portion de ce codébiteur, dont ils n'ont plus d'ailleurs à craindre l'insolvabilité.

Ces considérations en faveur du créancier ont prévalu et par leur justesse au fond, et parce que les créanciers se porteront plus facilement à diviser les obligations solidaires ; ce qui peut avoir une heureuse influence sur des établissemens de tout genre auxquels la dette solidaire de celui qui voudrait les former pourrait mettre obstacle.

Ib.et.214   Il est réglé que, nonobstant la division de la dette faite sans réserve à l'égard de l'un des codébiteurs, le créancier conservera l'action solidaire contre les autres, et que, dans le cas d'insolvabilité d'un ou plusieurs des codébiteurs non déchargés, la part des insolvables sera contributoirement répartie entre tous les débiteurs, même entre ceux précédemment déchargés de la solidarité.

1213-1214   Le recours des codébiteurs entre eux, soit lorsque l'un d'eux a payé la totalité, soit lorsqu'il y en a d'insolvables, ne peut être par action solidaire. La solidarité ne doit pas s'étendre au-delà de ce qui est exprimé par la convention ; et lors même que le débiteur qui a payé la totalité est subrogé dans tous les droits du créancier, il ne doit pas être admis à exercer celui de la solidarité, parce qu'alors il y aurait un circuit d'actions réciproques dont le résultat serait que chacun ne paierait qu'à raison de ce qu'il aurait participé à la cause de la dette.

1212   Lorsque le créancier a reçu divisément et sans réserve la portion de l'un des codébiteurs dans les arrérages ou intérêts de la dette, la solidarité n'est éteinte à l'égard de ce débiteur que pour les arrérages ou intérêts échus, et non pour ceux à échoir, ni pour le capital. Une convention ne doit pas être étendue au-delà de son objet.

Si néanmoins le paiement divisé des arrérages et intérêts avait été continué pendant dix ans consécutifs, cette dérogation à l'exercice de cette partie du droit de solidarité doit faire présumer que le créancier y a renoncé pour l'avenir ; et on en doit aussi conclure que la dette est divisée même pour le capital : en effet, les intérêts sont représentatifs du capital dû. Il ne serait pas conséquent de supposer que le créancier eût renoncé à n'exiger que les intérêts représentatifs d'une partie du capital, et qu'il eût entendu conserver contre ce débiteur son action pour le capital entier.

Des Obligations divisibles et indivisibles.

On donne à une obligation le nom de *divisible* lorsqu'elle a 1217 pour objet une chose qui dans sa livraison, ou un fait qui dans l'exécution est susceptible de division. L'obligation est appelée *indivisible* si son objet ne peut se diviser.

La division dont une chose est susceptible est réelle ou intellectuelle.

Elle est réelle s'il s'agit d'une chose qui, comme un arpent de terre, peut se diviser réellement en plusieurs parties.

Elle est intellectuelle s'il s'agit d'un simple droit; tel serait le droit indivis qu'aurait un cohéritier dans un effet quelconque d'une succession : un pareil droit est mis au nombre des choses divisibles, parce qu'il consiste dans une quotité suscèptible de subdivision. Il faut même observer qu'un droit indivis peut également se subdiviser, soit qu'il s'applique à une chose divisible réellement, soit même qu'il s'applique à une chose qui en soi est indivisible.

Il y a des droits qui ne sont même pas susceptibles de division intellectuelle; telles sont plusieurs espèces de servitudes.

Mais lors même qu'une chose ou un fait serait susceptible 1218 de division, si dans l'intention des parties son exécution ne doit pas être partielle, l'obligation doit être regardée comme indivisible : telle serait l'obligation de construire une maison ; telle serait l'obligation de donner, une chose qui, divisée, ne serait plus propre à sa destination.

Des Effets de l'obligation divisible.

1220   Les questions qui peuvent naître de ce qu'une obligation est divisible ou indivisible ne peuvent s'élever entre les personnes même qui ont contracté. Toute obligation, celle même qui serait susceptible de division, doit s'exécuter entre le créancier et le débiteur comme si elle était indivisible.

Les effets de la divisibilité ou de l'indivisibilité qui exigent des règles spéciales ne concernent que les héritiers du débiteur ou ceux du créancier.

Si l'obligation est divisible, les héritiers du créancier ne peuvent demander la dette que pour les parts et portions dont ils sont saisis comme représentant le créancier; et réciproquement les héritiers du débiteur ne sont tenus de la payer qu'à raison de leurs parts ou portions comme représentant le débiteur.

1221   Mais il peut y avoir d'ailleurs des causes particulières qui empêchent que les héritiers du débiteur ne puissent opposer au créancier la règle générale de la division de la dette entre eux, quoique l'obligation soit divisible.

Ainsi, lorsque la dette est hypothécaire, il résulte de cette obligation une double action : l'action personnelle, qui se divise entre les héritiers, et l'action fondée sur l'hypothèque, par laquelle l'immeuble est devenu le gage indivisible dans quelque main qu'il se trouve.

Si la dette est d'un corps certain qui ait été compris dans le lot de l'un des héritiers, le créancier a le droit de l'exiger de lui en entier; s'il s'adressait aux autres héritiers, il faudrait que ceux-ci revinssent vers le cohéritier qui en serait possesseur. Ce serait un circuit vicieux d'actions.

S'il s'agit de la dette alternative de choses au choix du créancier, et dont l'une soit indivisible, les héritiers ne sauraient réclamer une division qui serait contraire au droit que le créancier a de choisir ou au choix qu'il aurait fait.

Si l'un des héritiers est chargé seul de l'exécution par le

titre de l'obligation ou par un titre postérieur, la volonté qu'a eue le débiteur de dispenser son créancier d'une division incommode doit être remplie.

Enfin s'il résulte, soit de la nature de l'engagement, soit de la chose qui en fait l'objet, soit de la fin qu'on s'est proposée dans le contrat, que l'intention des parties ait été que la dette ne pût s'acquitter partiellement, les héritiers du débiteur ne peuvent se soustraire à cette obligation en demandant la division.

Celui des héritiers qui, dans ces divers cas, a payé plus qu'il n'eût dû en cette qualité, a son recours, ainsi que de droit, vers ses cohéritiers, parce que ce n'est pas l'obligation, mais seulement le paiement, qui a été à sa charge.

Lorsque la chose divisible périt par la faute de l'un des héritiers, il est tenu de l'entière indemnité envers le créancier, sans recours contre ses cohéritiers. Ceux-ci sont libérés, comme l'eût été le défunt lui-même, par la perte de la chose arrivée sans sa faute. Chaque héritier est tenu des faits du défunt; il ne l'est point des faits de ses cohéritiers.

Les effets de la division de la dette entre les cohéritiers deviendront de plus en plus sensibles en observant que la réunion des portions, soit des héritiers du créancier, soit des héritiers du débiteur en une seule personne, fait cesser la faculté de payer la dette par partie. Le motif est que, nonobstant la division entre les héritiers, il n'y a cependant qu'une obligation; conséquemment si avant le paiement il ne se trouve plus qu'un seul débiteur ou un seul créancier de la dette, la cause de la division n'existe plus.

Des Effets de l'obligation indivisible.

Une obligation indivisible étant celle d'une chose ou d'un fait qui n'est susceptible de division ni réelle ni intellectuelle, une pareille obligation ne peut être remplie partiellement; ainsi quiconque en est tenu, l'est pour la totalité. Lorsqu'elle a été contractée par plusieurs, aucun ne peut opposer qu'il

n'y a point eu de solidarité stipulée ; les héritiers du débiteur
ne peuvent se prévaloir de ce qu'ils ne lui succèdent que
pour une portion ; les héritiers de chaque héritier ne pourraient même point dans ce cas opposer cette qualité, comme
ils pourraient le faire si l'obligation était solidaire sans être
indivisible.

1224   Par la même raison que quiconque est tenu de l'obligation
indivisible doit la remplir entièrement, quiconque aussi a
droit à une chose indivisible peut l'exiger en totalité. Ainsi
chacun des héritiers du créancier a ce droit contre le débiteur.

Mais il faut observer que, si, par la nature de l'objet indivisible, l'un des héritiers du créancier peut l'exiger en
entier, il n'a pas seul droit à la propriété. Ainsi, en cas
d'inexécution, les dommages et intérêts qui sont indivisibles
ne lui seraient pas dus en entier.

Il résulte encore de ce que le cohéritier n'a pas seul droit
à la propriété, qu'il ne peut seul ni faire remise de la dette
ni recevoir le prix au lieu de la chose, et que dans ces deux
cas l'autre cohéritier qui n'a pu être dépouillé de son droit
peut l'exercer en demandant la chose entière au débiteur,
pourvu qu'il tienne compte à ce débiteur de la valeur ou du
prix de la chose jusqu'à concurrence de la portion du cohéritier qui en a fait la remise ou qui en a reçu le prix. C'est
ainsi que tous les droits, tant ceux des cohéritiers du créancier que ceux du débiteur, peuvent se concilier avec
équité.

1225   De même que chaque cohéritier du créancier n'est pas
propriétaire de la totalité, de même aussi chaque cohéritier
ne doit pas la totalité, quoiqu'il ne puisse point payer partiellement. Les droits du créancier et ceux du cohéritier assigné seront encore conciliés en accordant à celui-ci, lorsqu'il
le demandera, un délai pour mettre en cause ses cohéritiers.
Si la dette est de nature à ne pouvoir être acquittée que par
l'héritier assigné, la condamnation contre lui seul ne sera

point ainsi différée. Il aura seulement son recours en indemnité contre ses cohéritiers.

Si l'obligation était de nature à ne pouvoir être acquittée que par tous conjointement, il est hors de doute que l'action ne pourrait être dirigée contre un seul.

Des Obligations avec clause pénale.

Il nous reste à considérer dans les obligations une dernière **1226** espèce de modification, qui est la clause pénale.

On nomme ainsi la clause par laquelle une personne, pour assurer que son obligation sera exécutée, s'engage à quelque chose en cas d'inexécution.

La clause pénale n'est donc qu'un accessoire de l'obliga- **1227** tion principale.

Ainsi la nullité de l'obligation principale doit entraîner celle de la clause pénale ; au lieu que la nullité de la clause pénale n'entraîne point celle de l'obligation principale.

La fin qu'on se propose par une clause pénale est d'assurer **1228** l'exécution de l'obligation principale. Le créancier doit donc avoir le droit ou de demander la peine stipulée contre le débiteur qui est en demeure, ou de poursuivre l'exécution de l'obligation principale.

La peine stipulée est la compensation des dommages et **1229** intérêts résultant de l'inexécution de l'obligation principale. Ainsi le créancier ne peut demander et l'exécution de l'obligation principale et la peine.

Si la peine n'avait été stipulée qu'à raison du retard, elle serait l'évaluation des dommages et intérêts résultant de ce retard : le créancier pourrait demander et le principal et la peine.

Suivant les lois romaines, la peine était toujours encourue **1230** par l'échéance du terme. Nos usages avaient modéré cette rigueur : ils ont été en partie maintenus. Ainsi, dans les obligations à terme comme dans celles qui sont sans terme, la peine n'est encourue que lorsque celui qui s'est obligé est en demeure. C'est alors seulement que la faute dont il doit subir la peine est constante. Mais il sera considéré comme étant en demeure par la seule échéance du terme, si telle est la stipulation.

Lorsque la clause pénale est ajoutée à l'obligation de ne pas faire une chose, la peine est due aussitôt que, contre la stipulation, la chose a été faite. La preuve de la faute est alors dans la chose même.

1231   La peine stipulée par les contractans fait la loi entre eux. Le créancier ne doit pas être admis à dire que cette peine est insuffisante, ni le débiteur à prétendre qu'elle est excessive. Quel serait le juge, qui mieux que les parties, pourrait connaître les circonstances et les intérêts respectifs qui ont déterminé la fixation de la peine? On doit appliquer ici les raisonnemens faits sur la fixation d'une somme stipulée pour dommages et intérêts.

L'intervention des juges est nécessaire lorsque l'obligation principale a été exécutée en partie : c'est alors un cas différent de celui qu'elles ont prévu, et auquel la peine a été attachée. Le créancier ne peut pas avoir une partie de la chose, et exiger la peine entière. C'est une évaluation nouvelle pour laquelle le défaut de convention rend indispensable d'avoir recours aux tribunaux.

1232   Les règles établies pour les effets d'une obligation divisible ou indivisible reçoivent leur application à la cause pénale.

Si l'obligation est d'une chose indivisible, la peine entière est encourue par la contravention d'un seul des héritiers du débiteur, puisque seul il empêche l'exécution entière; mais la peine n'étant pas indivisible, c'est seulement à raison de la faute que ce cohéritier peut être poursuivi pour la totalité. A l'égard des cohéritiers qui ne sont point en faute, ils ne peuvent être inquiétés que pour leur portion ou hypothécairement pour le tout, et ils ont leurs recours contre celui qui a fait encourir la peine.

Si l'obligation principale est divisible, chacun des héri- 1233
tiers, celui même qui contreviendrait à l'obligation, n'est
tenu de la peine que jusqu'à concurrence de sa part dans
l'obligation ; et conséquemment il ne doit y avoir aucune
action contre les héritiers qui l'ont exécutée en ce qui les
concerne.

Il en serait autrement si la clause pénale ayant été ajoutée
dans l'intention que le paiement ne puisse se faire partiellement, un cohéritier a empêché l'exécution de l'obligation pour
la totalité. En ce cas, l'obligation est considérée comme indivisible, et conséquemment la peine entière peut être exigée
de lui ; elle ne peut l'être des autres cohéritiers que pour
leur portion seulement et sauf leur recours.

De l'Extinction des obligations.

Après avoir établi quelles sont les conditions essentielles 1234
des obligations, quelles sont leurs diverses espèces, et quels
liens se forment, soit entre les contractans ou leurs héritiers, soit vis-à-vis des tiers, on a posé les principes sur les
diverses manières dont s'éteignent les obligations.

Elles s'éteignent par le paiement, par la novation, par la
remise volontaire, par la compensation, par la confusion,
par la perte de la chose, par la nullité ou la rescision, par
l'effet de la condition résolutoire, qui a déjà été expliquée,
et par la prescription, qui fera l'objet d'un titre particulier.

Du Paiement en général.

Le paiement est réel lorsque le débiteur accomplit réelle- 1235
ment ce qu'il s'est obligée de donner ou de faire.

Tout paiement suppose une dette, et conséquemment ce
qui aurait été payé pour une dette qui n'existerait pas pourrait être répété.

Mais cette répétition doit-elle avoir lieu lorsqu'une obligation naturelle a été volontairement acquittée? La loi qui
n'eût point admis l'action contre le débiteur doit-elle le
regarder comme étant lié civilement lorsqu'il a payé?

Il ne s'agit point ici de ces obligations qui, dans la législation romaine, avaient été mises au nombre des obligations naturelles, parce que, n'ayant ni la qualité du contrat ni la forme des stipulations, elles étaient regardées comme de simples conventions dont une action civile ne pouvait naître. Ces conventions sont dans notre législation au rang des obligations civiles, et on ne regarde comme obligations purement naturelles que celles qui, par des motifs particuliers, sont considérées comme nulles par la loi civile.

Telles sont les obligations dont la cause est trop défavorable pour que l'action soit admise, et les obligations qui ont été formées par des personnes auxquelles la loi ne permet pas de contracter. Telles sont même les obligations civiles, lorsque l'autorité de la chose jugée, le serment décisoire, la prescription ou toute autre exception péremptoire rendraient sans effet l'action du créancier.

Le débiteur qui a la capacité requise pour faire un paiement valable, et qui, au lieu d'opposer ces divers moyens, se porte de lui-même et sans surprise à remplir son engagement, ne peut pas ensuite dire qu'il ait fait un paiement sans cause. Ce paiement est une renonciation de fait aux exceptions sans lesquelles l'action eût été admise ; renonciation que la bonne foi seule et le cri de la conscience sont présumés avoir provoquée ; renonciation qui forme un lien civil que le débiteur ne doit plus être le maître de rompre.

L'obligation naturelle ne devenant un lien civil que par induction tirée du paiement, cette obligation ne peut avoir d'autre effet que celui d'empêcher la répétition de ce qui a été payé. Mais elle ne peut faire la matière d'une compensation, ni avoir les autres effets que leur donnait la loi romaine par suite de cette distinction que nous n'avons point admise entre les pactes et les contrats.

1.36   Il n'est pas nécessaire, pour qu'un paiement soit valable, qu'il soit fait par ceux qui y sont intéressés. L'obligation peut être acquittée par un tiers qui n'y a aucun intérêt, lorsqu'il agit au nom et en l'acquit du débiteur. Si, agissant en son nom propre, il se fait subroger aux droits du créancier, ce n'est plus un paiement, c'est un transport de l'obligation.

Le créancier ne pourrait se refuser à recevoir le paiement de ce tiers, à moins qu'il n'eût un intérêt à ce que l'obligation fût acquittée par le débiteur lui-même. C'est ainsi que l'obligation contractée pour un ouvrage d'art est déterminée par le talent personnel de l'artiste ; un tiers ne doit pas être admis à le suppléer.

Le paiement est un transport de propriété : pour payer 1238 valablement, il faut donc être à la fois propriétaire et capable d'aliéner.

Cette règle souffre une exception dans le cas où, soit une somme d'argent, soit une autre chose qui se consomme par l'usage, aurait été donnée en paiement par celui qui n'en était pas propriétaire ou qui n'était pas capable de l'aliéner. L'équité ne permet pas que le créancier qui de bonne foi l'a consommée puisse être inquiété. Ce serait une revendication, et il ne peut y en avoir que contre le possesseur de mauvaise foi, ou contre celui qui, par fraude, a cessé de posséder.

Un paiement ne serait pas valable s'il n'était pas fait soit 1239 au créancier, soit à quelqu'un ayant pouvoir de lui, ou autorisé par justice ou par la loi à recevoir pour lui.

La ratification du paiement donnée par le créancier équivaut à un pouvoir, et il serait injuste qu'il pût contester le paiement lorsqu'il a tourné à son profit.

L'équité veut encore que le paiement soit valable lors- 1240 qu'ayant été fait de bonne foi par le débiteur à celui qui était en possession de la créance, ce débiteur avait un juste sujet de le regarder comme le véritable créancier ; tel serait un héritier qui, d'abord possesseur légitime de la succession, recevrait le paiement des sommes dues, et serait ensuite évincé par un héritier plus proche.

Le débiteur serait en faute s'il faisait un paiement à celui 1241 qui, par son âge ou par un autre motif, n'aurait pas la capacité de recevoir. La seule ressource de ce débiteur serait de prouver que la chose payée a tourné au profit du créancier. La protection que la loi accorde à ce créancier ne saurait être pour lui un moyen de s'enrichir aux dépens d'autrui.

1242　　Si des tierces personnes envers lesquelles le créancier est lui-même obligé ont formé entre les mains des débiteurs une saisie ou une opposition, le débiteur n'est plus, à l'égard des créanciers saisissans ou opposans, libre de payer. Si dans ce cas il paie à son créancier, le paiement est valable à l'égard de ce créancier : il est nul à l'égard des saisissans ou opposans qui peuvent exiger de ce débiteur un second paiement, sauf son recours contre le créancier.

1243　　Un créancier ne peut être contraint de recevoir en paiement une autre chose que celle qui lui est due; et, s'il l'avait reçue par erreur, il pourrait, en offrant de la rendre, exiger celle qui a été stipulée.

On n'avait admis que dans une très-petite partie de la France la nov. 4, chap. III, qui permet au débiteur n'ayant pas d'argent ou de mobilier, de donner en paiement son héritage sur le pied de l'estimation, à moins que le créancier n'aimât mieux lui trouver un acheteur. C'est soumettre celui-ci à des charges qui ne sont point dans son contrat; et cette mesure n'est ni nécessaire ni juste dans un pays où, par la publicité des ventes d'héritage, on se procure facilement des acheteurs. Il ne peut y avoir aucune bonne raison pour contraindre le créancier de recevoir autre chose que celle due; et lorsqu'on lui en offrirait une autre d'une valeur égale ou plus grande, il doit même en ce cas, puisque ce n'est plus l'exécution de son contrat, rester le maître de refuser.

1244　　Par les mêmes motifs il ne peut être forcé à recevoir partiellement le paiement d'une dette, lors même qu'elle est susceptible de division. Ainsi on ne pourrait pas lui offrir le capital entier, sans payer en même temps les intérêts.

Si néanmoins le débiteur se trouvait dans des circonstances

telles que, par des motifs d'humanité, ou peut-être pour l'intérêt même du créancier, les juges fussent convaincus que, sans porter préjudice à ce créancier, ils feraient un acte d'humanité en accordant des délais modérés pour le paiement, la loi les y autorise, mais en leur rappelant le respect qu'ils doivent aux contrats, et en les avertissant de n'user de ce pouvoir qu'avec la plus grande réserve. Lorsqu'ils prennent sur eux de surseoir ainsi l'exécution des poursuites, ils doivent toujours conserver et les droits et l'effet des procédures du créancier, en ordonnant que toutes choses demeureront en état.

Le débiteur d'un corps certain et déterminé est libéré en 1245 livrant la chose au terme convenu dans l'état où elle se trouve. Il ne répondrait pas de la perte même de la chose, à moins que cette perte ne fût survenue par sa faute ou par la faute de ceux dont il répond, ou à moins qu'il ne fût en demeure. Ainsi, hors ces cas, et par les mêmes motifs, il n'est pas responsable des détériorations.

Si la dette est d'une chose qui ne soit déterminée que par 1246 son espèce, l'équité n'autorise point le créancier à l'exiger de la meilleure qualité ; mais aussi elle ne permet pas au débiteur de l'offrir de la plus mauvaise.

Le contrat fait la loi pour le lieu du paiement comme 1247 sur le reste. Lorsque le lieu n'a pas été désigné, le créancier est présumé avoir voulu, s'il s'agit d'un corps certain et déterminé, qu'il lui fût livré dans le lieu où il était lors de l'obligation ; ou si l'objet de la dette est indéterminé, le débiteur peut invoquer la règle suivant laquelle, dans le silence du contrat ou dans le doute qu'il fait naître, il doit être interprété de la manière la moins onéreuse pour lui. Le paiement doit donc alors être fait à son domicile.

On n'a point admis l'exception du cas où la demeure du débiteur et celle du créancier sont peu éloignées, et où le transport de la chose à livrer est facile : ce serait une source de procès, et l'hypothèse même dans laquelle on place les contractans prouve que le créancier n'aurait pas un intérêt réel à ce que cette distinction fût faite.

1248   C'est le débiteur qui doit remplir son obligation, et qui a besoin d'avoir la preuve qu'il s'est libéré : les frais du paiement doivent donc être à sa charge.

Du Paiement avec subrogation.

1249-1250   L'obligation est éteinte à l'égard du créancier par le paiement que lui fait une tierce personne subrogée dans ses droits, sans que cette obligation soit éteinte à l'égard du débiteur.

La subrogation est conventionnelle ou légale.

Elle peut s'opérer par convention de deux manières.

D'abord lorsque le créancier recevant son paiement d'une tierce personne la subroge dans ses droits, actions, priviléges ou hypothèques contre le débiteur.

Cette convention diffère du contrat de transport de la créance.

Le transport est une aliénation qui de droit emporte la garantie à laquelle le créancier reste obligé.

Par le paiement avec subrogation toute obligation est éteinte vis-à-vis du créancier, et conséquemment il n'en contracte aucune à l'égard du subrogé.

De ce que l'obligation s'éteint à l'égard du créancier par le paiement, on doit tirer les conséquences suivantes :

La première, que la subrogation doit être faite en même temps que le paiement ; le créancier ne pourrait postérieurement exercer aucun droit résultant d'une obligation éteinte à son égard ;

La seconde, que la personne qui a payé ne peut se prévaloir du privilége ou de l'hypothèque dont il n'y aurait pas une réserve expresse à son profit ; autrement le paiement fait au créancier aurait opéré l'extinction des droits qu'il avait tant au fonds que pour sa sûreté.

Il peut encore y avoir subrogation par convention, lorsque

le débiteur emprunte une somme pour payer sa dette et subroger le prêteur dans les droits du créancier. Cette subrogation s'opère sans le concours de la volonté du créancier, qui, obtenant par ce moyen le paiement de la dette, n'a point d'intérêt à s'y opposer.

Mais si la subrogation dans les hypothèques ou priviléges du créancier est un moyen qu'on donne au débiteur pour trouver un créancier moins rigoureux, au moins faut-il, pour que des tiers ayant des hypothèques ou des priviléges postérieurs ne puissent pas se plaindre, qu'il soit certain que la somme a été empruntée pour le paiement et qu'elle y a été employée. Ainsi on exige que l'acte d'emprunt et la quittance soient passés devant notaires ; que dans l'acte d'emprunt il soit déclaré que la somme a été empruntée pour faire le paiement ; ce qui suppose que l'emprunt précède le paiement de l'ancien créancier, ou au moins que cet emprunt est de même date ; enfin on exige que dans la quittance il soit déclaré que le paiement a été fait des deniers fournis à cet effet par le nouveau créancier. Ce mode de subrogation est celui qui avait été consacré par un arrêt de règlement du parlement de Paris du 6 juillet 1690.

Quant à la subrogation de plein droit, elle a lieu dans tous les cas où un codébiteur, une caution, et en général tous ceux qui étaient tenus avec d'autres ou pour d'autres au paiement de la dette, avaient intérêt de l'acquitter. L'équité ne permettrait pas de se prévaloir de ce qu'ils n'ont pas requis la subrogation : ils en avaient le droit ; il ne peut être présumé ni que le créancier qui eût dû consentir à la subrogation, s'il en eût été requis, ait eu l'intention de ne pas mettre celui qui paie en état d'exercer ses recours, ni que le débiteur ait renoncé à un droit aussi important. Cette interprétation doit donc avoir son effet à l'égard des tiers créanciers. Tel avait été le sentiment de *Dumoulin ;* et quoiqu'il fût difficile à concilier avec les textes des lois romaines, il a dû être préféré à l'opinion suivant laquelle la subrogation ne devait être accordée par la loi que dans le cas de refus du créancier sur la réquisition qui lui en aurait été faite.

Les mêmes motifs ont déterminé à regarder également comme subrogé de droit celui qui, étant lui-même créancier, paie un autre créancier qui lui est préférable à raison de ses priviléges ou hypothèques. Il n'y avait pas de doute à cet égard. La loi romaine était expresse. (Leg. IV, Cod. *de his qui in prior. cred.*) Le créancier qui a ainsi payé n'a pu avoir d'autre intérêt ni d'autre objet que celui de jouir des avantages de la subrogation.

L'acquéreur d'un immeuble qui emploie le prix de son acquisition au paiement des créanciers auxquels cet héritage était hypothéqué n'était point subrogé par les lois romaines, ou du moins elles offraient encore à cet égard de l'obscurité. Cependant l'acquéreur ne peut avoir d'autre but, lorsqu'il paie des créanciers ayant hypothèque sur l'héritage acquis, que celui d'éviter les poursuites en délaissement; et sur ce point la justice est si évidente, que nonobstant le défaut de loi expresse, la jurisprudence accordait dans ce cas à l'acquéreur les droits de la subrogation, sinon sur tous les biens du vendeur, du moins sur l'héritage vendu que l'acquéreur avait eu intérêt de libérer de l'hypothèque. On avait reconnu que les créanciers postérieurs ne pourraient, sans se rendre coupables de mauvaise foi, prétendre que ce paiement tournât à leur profit.

Enfin la subrogation s'opère de droit au profit de l'héritier bénéficiaire qui a payé de ses deniers les dettes de la succession. Il n'est jamais présumé avoir voulu, en cette qualité, confondre ses droits personnels avec ceux de la succession.

1252 Lorsqu'un créancier n'a été payé qu'en partie, les personnes qui lui ont fait des paiemens partiels, et qui ont été à cet égard subrogées, ne peuvent venir en concurrence avec ce créancier pour ce qui lui reste dû. La personne qui l'a payé ne doit être à son égard considérée que comme ayant

voulu acquitter la dette, et non comme ayant entendu acquérir un droit contre lui ou en concurrence avec lui.

De l'Imputation des paiemens.

Lorsqu'il se fait un paiement par un débiteur ayant plu- 1253
sieurs dettes, ou ce paiement est imputé sur l'une des dettes,
soit par le débiteur, soit par le créancier, ou il n'y a point
d'imputation.

Le débiteur a le droit de déclarer, lorsqu'il paie, quelle
dette il entend acquitter.

Mais lorsque la loi romaine en donne ce motif : *possumus* 1254
certam legem dicere ei quod solvimus (Leg. 1, ff. *de Solut.*),
l'expression *certam legem* explique que le débiteur ne doit
pas, en usant de ce droit, causer un préjudice au créancier.

Si le débiteur d'une dette qui porte intérêt ou produit des
arrérages pouvait, sans le consentement du créancier, imputer le paiement qu'il fait sur le capital par préférence aux
arrérages ou intérêts, il nuirait au créancier, qui a dû
compter que ces arrérages ou intérêts lui seraient payés avant
qu'on pût lui rembourser le capital.

C'est par ce motif que, dans le cas même où le débiteur
voudrait payer le capital entier, sans comprendre dans le
paiement les intérêts ou arrérages dus, le créancier pourrait
exiger que l'imputation se fît d'abord sur ces intérêts ou
arrérages.

Lorsque dans la quittance acceptée par le débiteur, l'im- 1255
putation a été faite sur l'une des dettes spécialement, il ne
doit plus être admis à revenir contre son acquiescement, à
moins qu'il y ait eu dol ou surprise de la part du créancier.

Lorsque aucune imputation n'a été faite, le débiteur peut 1256
invoquer la règle suivant laquelle on doit, dans le doute,
prononcer ce qui lui est le plus favorable. Ainsi le paiement
doit être imputé sur la dette que le débiteur avait le plus
intérêt d'acquitter. On exige néanmoins que les dettes entre
lesquelles il faut choisir pour l'imputation soient toutes

échues. Celles non échues ne seraient point présumées avoir été l'objet du paiement, lors même qu'elles seraient plus onéreuses.

Si les dettes étaient d'égale nature, la présomption serait que le débiteur a voulu acquitter la plus ancienne.

Si toutes choses étaient égales, l'imputation se ferait sur chacune d'elles proportionnellement au paiement : ni le créancier, ni le débiteur n'auraient intérêt qu'elle se fît autrement.

Des Offres de paiement et de la Consignation.

1257 Le débiteur qui veut s'acquitter doit d'abord offrir le paiement ; il ne serait pas juste que, par le refus de recevoir, le créancier pût priver le débiteur de l'avantage de se libérer. En ce cas, la loi l'autorise à consigner la somme ou la chose offerte, c'est-à-dire à la remettre dans le dépôt qu'elle lui indique.

Cette consignation n'est pas un paiement proprement dit, en ce que le transport de propriété de la chose payée n'est pas accepté par le créancier : mais elle équivaut au paiement ; elle met la chose consignée aux risques du créancier, et elle éteint également la dette. Le consignataire est comme un mandataire que la loi donne au créancier lorsqu'il a fait un refus abusif d'offres légitimes.

1258 Mais elle n'intervient ainsi entre le créancier et le débiteur qu'en prenant toutes les précautions pour qu'il soit certain que le créancier est en faute d'avoir refusé les offres réelles qui lui ont été faites.

Pour que ces offres soient valables, il faut qu'elles soient faites au créancier ayant la capacité de recevoir ou à celui qui a pouvoir de recevoir pour lui ; il faut qu'elles soient faites par une personne capable de payer ; il faut que ce ne soient pas des offres partielles, et on les considère comme telles si elles ne sont pas à la fois et de la totalité de la somme exigible, et des arrérages ou intérêts dus, et des frais liquidés, et d'une somme pour les frais non liquidés, sauf à la parfaire ; il faut que le terme soit échu, s'il a été stipulé en faveur du créancier ; il faut que la condition sous laquelle la dette a été contractée soit arrivée ; il faut que les offres soient faites au lieu dont on est convenu pour le paiement. Toutes ces règles sont celles précédemment établies pour les paiemens ordinaires.

S'il n'y a pas de convention spéciale sur le lieu du paiement, le débiteur ayant à procéder contre le créancier est tenu, suivant la règle *actor sequitur forum rei*, de faire les offres, soit à la personne, soit au domicile du créancier, soit au domicile élu pour l'exécution de la convention.

Il ne faut pas qu'il puisse y avoir sur le fait même des offres aucun doute, et en conséquence on exige qu'elles soient faites par un officier ministériel ayant caractère pour ces sortes d'actes.

Quant aux formes de la consignation, on les a bornées à 1259 celles qui suffisent pour que le créancier, même après son refus de recevoir les offres, soit encore mis à portée d'éviter une consignation par laquelle la chose déposée est mise à ses risques.

Suivant un usage presque général, la consignation devait être autorisée par le juge : cette procédure n'a point été regardée comme nécessaire. Le débiteur ne doit pas souffrir des délais qu'elle entraînerait, et le créancier, averti par les offres réelles, et ensuite par une sommation qui lui indiquera le jour, l'heure et le lieu où la chose offerte sera déposée, est mis à l'abri des surprises. Il peut prévenir la consignation en demandant la nullité des offres réelles. C'est alors seulement qu'un jugement est nécessaire pour autoriser la consignation, s'il est décidé que les offres sont valables.

Telles sont les formes qui précèdent la consignation. Celles qui doivent l'accompagner et la suivre sont que le versement dans le dépôt indiqué par la loi soit effectif; qu'il y ait un procès-verbal dressé par l'officier ministériel, de la nature des espèces offertes, du refus qu'a fait le créancier de les recevoir, ou de sa non-comparution, et enfin qu'en cas de non-comparution de la part du créancier, le procès-verbal du dépôt lui ait été signifié avec sommation de le retirer.

C'est par cette longue suite de précautions que les droits du créancier sont garantis, sans qu'il puisse se plaindre, si la loi ne permet pas qu'un refus arbitraire et injuste nuise au débiteur.

1261   Quoique après la consignation la chose déposée soit, quant aux risques, considérée comme la propriété du créancier, cependant il ne peut pas se plaindre, si, avant qu'il ait acquiescé à la consignation, le débiteur retire la chose déposée. Il doit avoir cette liberté, même à l'égard des codébiteurs ou des cautions. Ils ne peuvent pas prétendre que la consignation ait plus de force à leur égard qu'elle n'en a respectivement au créancier lui-même.

1262   Il en est autrement si le débiteur a fait juger définitivement que ses offres et la consignation sont valables. Ce jugement équivaut à l'acceptation du créancier ; la dette est entièrement éteinte : dès lors le débiteur ne peut plus, même du consentement du créancier, retirer la consignation au préjudice de ses codébiteurs ou de ses cautions.

1263   Il résulte même encore de cette extinction de la dette, que si, depuis le jugement définitif, le créancier a consenti que la chose consignée fût retirée, il perd les droits de privilége ou d'hypothèque qui étaient attachés au titre primitif de la dette. Il n'a plus d'hypothèque que du jour où l'acte par lequel il a consenti que la consignation fût retirée aura été revêtu des formes requises pour emporter hypothèque.

1264   Si la chose due n'est pas une somme d'argent, et que ce soit un corps certain qui doit être livré au lieu où il se trouve, le débiteur qui a fait sommation de l'enlever doit, dans le cas où elle ne serait pas enlevée, être autorisé par la justice à la mettre en dépôt dans quelque autre lieu.

De la Cession de biens.

La cession de biens a été placée au nombre des divers 1265 modes de paiement.

C'est l'abandon qu'un débiteur fait de tous ses biens à ses créanciers lorsqu'il se trouve hors d'état de payer ses dettes.

Si les créanciers acceptent volontairement cette cession, 1267 elle n'a d'autre effet que celui résultant des stipulations mêmes du contrat passé entre eux et le débiteur.

Mais si les créanciers refusent la cession, la loi intervient : 1268 elle fait examiner si les malheurs du débiteur sont réels, si sa bonne foi est sans reproche ; et lorsqu'il paraît que les créanciers n'ont aucun motif raisonnable pour refuser qu'on remette dans leur main le gage entier des créances, la loi regarde comme étant à la fois un acte d'humanité et d'utilité générale d'obliger ces créanciers à recevoir la cession, et de leur interdire les poursuites contre la personne du débiteur.

La cession ainsi autorisée par les juges n'est point un paie- 1269·1270 ment réel : elle ne transporte point la propriété des biens aux créanciers ; elle leur donne seulement le droit de les faire vendre à leur profit et d'en percevoir les revenus jusqu'à la vente. Elle ne libère le débiteur que jusqu'à concurrence de la valeur des biens abandonnés ; et s'ils sont insuffisans, il est obligé de faire un abandon semblable, et jusqu'à parfait paiement, des biens qui lui surviendraient ensuite.

De la Novation.

La deuxième manière dont les obligations peuvent s'é- 1271 teindre est la novation.

On donne le nom de novation à la substitution d'une nouvelle dette à l'ancienne : l'ancienne est éteinte au moyen de ce qu'il y en a une autre contractée à sa place.

Cette novation ou substitution d'une dette à l'autre peut s'opérer de trois manières.

La première est lorsque le débiteur fait lui-même avec son

créancier cette substitution d'une dette à l'autre. C'est ce qu'on appelait en droit simplement *novation.*

La deuxième manière est lorsqu'un débiteur est substitué à l'ancien, qui est déchargé par le créancier. Cette deuxième espèce de novation se nommait *ex promission.*

Enfin la troisième est lorsqu'un nouveau créancier est substitué à l'ancien, envers lequel le débiteur se trouve déchargé.

1273   Toute novation étant un nouveau contrat substitué à l'ancien, il faut que la volonté de former ce contrat résulte clairement de l'acte. La renonciation aux droits que donnait la première obligation ne doit pas dépendre d'une présomption; et si on n'exige pas une déclaration en termes précis et formels, il faut au moins que l'intention ne puisse être révoquée en doute. Ainsi, lorsque la novation s'opère entre le créancier et le débiteur, il faut que l'acte présente des différences suffisantes pour caractériser cette intention.

1274   Dans le cas où la novation se fait par la substitution d'un débiteur à l'autre, ce nouveau contrat peut se former sans le concours du premier débiteur : alors la novation n'est autre chose que l'acquittement de la première dette par la nouvelle que le tiers contracte; et ce tiers n'a point eu, pour payer en acquit du débiteur, besoin de son intervention.

1275   La délégation ne doit pas être confondue avec la simple novation.

La délégation se fait entre trois personnes au moins : l'ancien débiteur, qui donne à son créancier un autre débiteur en sa place; la personne déléguée, qui s'oblige envers le créancier à la place de l'ancien débiteur ou envers la personne indiquée par le créancier, et le créancier, qui accepte l'obligation de la personne déléguée ou indiquée.

Pour que la délégation opère une novation, il faut que le créancier qui accepte la délégation de la personne déléguée ou indiquée décharge le premier débiteur : autrement son obligation ne serait point éteinte.

Mais lorsqu'une fois le créancier a consenti à cette dé- 1276 charge, il ne peut plus avoir de recours contre le débiteur, dont l'obligation est éteinte lors même que la personne déléguée deviendrait insolvable.

S'il avait mis dans l'acte de décharge une réserve en cas d'insolvabilité, ce serait une obligation que le premier débiteur serait tenu de remplir. Cette clause de réserve est considérée dans la loi romaine comme un mandat d'après lequel le créancier aurait, aux risques de son premier débiteur, pris un autre débiteur à sa place.

Le créancier pourrait aussi être admis à revenir contre la décharge donnée, si elle avait été surprise, et on le présumerait si la personne déléguée était déjà en faillite ouverte ou tombée en déconfiture au moment de la délégation. L'équité a dû faire consacrer cette opinion. La délégation est un contrat commutatif dans lequel le créancier qui doit recevoir un équivalent de la décharge qu'il consent au profit du premier débiteur, n'en recevrait cependant aucun, si le débiteur substitué était dès lors notoirement insolvable.

La simple indication faite ou par le débiteur d'une per- 1277 sonne qui doit payer à sa place, ou par le créancier d'une personne qui doit recevoir pour lui, n'opère point de novation. Le créancier, le débiteur et l'obligation restent toujours les mêmes. L'indication est un simple mandat donné par le débiteur à la personne indiquée pour payer à sa place, ou par le créancier à la personne indiquée pour recevoir.

L'effet de la novation étant d'éteindre l'ancienne dette, 1278-1279 cette extinction entraîne celle des hypothèques qui en étaient l'accessoire. Mais il a toujours été permis au créancier de transporter sur la seconde dette, et par l'acte même qui contient la novation, les hypothèques sous lesquelles la première avait été stipulée ; la position des autres créanciers hypothécaires reste la même ; ils n'ont pas de droit, parce qu'ils n'ont pas d'intérêt de s'y opposer. Mais pour que l'ancienne hypothèque soit ainsi transférée, il faut que le débiteur reste le même : on ne pourrait pas faire remonter l'hypothèque sur les biens d'un nouveau débiteur à une date antérieure à la novation, sans s'exposer à nuire aux autres créanciers de ce nouveau débiteur.

1280   On ne peut aussi, dans l'acte de novation, transporter l'hypothèque sur les biens d'un tiers, lors même que ce tiers aurait été un des codébiteurs solidaires de la première dette.

1281   Et en effet c'est encore une des conséquences de l'extinction de la première dette par la novation, que, si cette novation s'opère entre le créancier et l'un des débiteurs solidaires, les codébiteurs sont libérés; si elle s'opère à l'égard d'un débiteur qui ait donné des cautions, le cautionnement cesse avec l'obligation principale.

Si le créancier avait exigé que les codébiteurs ou les cautions accédassent au nouvel arrangement, cette condition devrait être remplie, sinon l'ancienne créance subsisterait.

De la Remise de la dette.

1282   Les obligations s'éteignent encore par la remise que le créancier fait de la dette.

Dans la législation romaine, la remise pouvait, à l'égard des obligations civiles contractées par le seul consentement des parties, se faire par simple convention; mais à l'égard des autres obligations civiles, il fallait remplir les formalités de *l'acceptation simple*, si l'obligation résultait d'une stipulation, et celle de *l'acceptation aquilienne*, si elle résultait d'un contrat réel. Une simple convention n'eût pas éteint de plein droit ces obligations, et n'eût pu servir que d'exception ou de fin de non recevoir au débiteur.

Déjà on a vu que ces distinctions et ces subtilités n'ont point été admises en France : une simple convention entre le débiteur et le créancier suffit pour éteindre de plein droit une dette de quelque nature qu'elle soit.

Cette convention peut être expresse ou tacite.

Elle est tacite si elle résulte de certains faits dont les uns suffisent pour la prouver et les autres la font seulement présumer.

Ainsi la remise volontaire du titre original sous signature privée par le créancier au débiteur fait preuve de la libération. Cette remise du titre équivaut à une quittance. Le créancier s'est lui-même mis hors d'état d'intenter aucune action.

Il faut que la remise ait été volontaire. Il est possible que le titre ait tombé dans les mains du débiteur à l'insu ou contre le gré du créancier, et qu'il y ait eu surprise ou abus de confiance.

La preuve de ces faits est admissible, lors même qu'il s'agit d'une somme de plus de cent cinquante francs. Ce n'est pas une obligation que l'on veuille établir, c'est l'allégation du fait d'une remise volontaire du titre qui est contestée.

Cette preuve ne doit pas être à la charge du débiteur, parce que la remise du titre étant un moyen naturel et usité de se libérer, il faut, pour écarter ce moyen, prouver qu'il n'existe pas réellement, et que la remise n'est pas volontaire.

S'il s'agit d'une obligation passée devant notaires, la grosse 1283 du titre est, sous plusieurs rapports, considérée dans la main du créancier comme le titre original ; cependant, lors même qu'il serait certain que la grosse aurait été volontairement remise au débiteur, sa libération n'en serait pas une conséquence nécessaire.

Le créancier a pu avoir plus de facilité à se dessaisir de la grosse et à la remettre au débiteur, en se reposant sur la minute existante sans quittance. Ainsi, quoique la grosse du titre ait été volontairement remise au débiteur, cette remise n'est considérée que comme une présomption qui peut être écartée par une preuve contraire.

La remise ou décharge conventionnelle de la dette au profit 1285 de l'un des codébiteurs solidaires libère tous les autres, à moins que le créancier n'ait expressément réservé ses droits contre ces derniers.

La remise d'une dette à un des débiteurs solidaires ne doit pas être confondue avec la division de la dette que le créancier consentirait à l'égard de ce débiteur, ou avec le paiement qu'il en recevrait pour sa part.

Lorsque, comme dans ces deux derniers cas, il y a une division certaine de la dette, on a décidé que l'on ne devait pas en conclure l'extinction de la solidarité. Mais dans le cas de la remise ou décharge de la dette au profit de l'un des débiteurs solidaires, la question est de savoir s'il y a division de la dette ; et il ne s'agit pas seulement de l'extinction de la solidarité, mais de l'extinction de la dette même. Or la loi décide que la division n'est point à présumer dans ce cas, et que la dette est entièrement éteinte s'il n'y a une réserve expresse. Le créancier pouvait remettre la dette totale au codébiteur, comme il pouvait l'exiger de lui ; et dans le doute, la faveur de la libération doit l'emporter.

1286 Lorsque le créancier rend au débiteur le gage donné en nantissement, il est plutôt à présumer qu'il a consenti à se désister du gage, qu'il n'est à présumer qu'il ait voulu remettre la dette.

1287 La dette étant éteinte par la remise qu'en fait le créancier, le cautionnement qui en était l'accessoire cesse également. Mais aussi, par la raison que le cautionnement n'est qu'un accessoire de l'obligation, la remise peut en être faite à la caution sans qu'elle serve au débiteur principal ; et s'il y a plusieurs cautions ; la remise peut être faite à l'une d'elles sans que les autres puissent s'en prévaloir.

1288 Les jurisconsultes étaient partagés sur la question de savoir si ce que le créancier a reçu d'une caution pour le décharger de son cautionnement doit être imputé sur la dette, et tourner à la décharge du débiteur principal et des autres cautions.

On dit, en faveur du créancier, que ce qu'il a reçu est le prix du risque auquel la caution était exposée, et que, s'il a

bien voulu prendre sur lui ce risque, on ne doit pas en induire qu'il ait donné décharge d'une partie de la dette.

Cette opinion n'est spécieuse que dans le cas où l'insolvabilité du débiteur principal était à craindre. Mais comment
prouver qu'il y avait des risques d'insolvabilité? et ne doit-on
pas aussi craindre que ce ne soit un moyen de fraude à l'é-
gard des autres cautions, si le créancier et la caution s'entendent pour que la somme payée ne soit pas imputée sur la
dette?

Cette imputation a été ordonnée.

De la Compensation.

Les obligations s'éteignent aussi par la compensation. C'est 1289
la libération respective de deux personnes qui se trouvent
débitrices l'une envers l'autre.

Cette libération est de plein droit. Elle s'opère par la seule 1290
force de la loi, sans qu'il soit besoin du jugement, et même
à l'insu des débiteurs. Ils n'ont pas d'autre intérêt que celui
d'être respectivement quittes, et d'être dispensés d'un circuit de procédures long, inutile et dispendieux. C'est pour
atteindre à ce but qu'il est établi que les deux dettes s'éteignent
réciproquement à l'instant même où elles existent à la fois.

Ces motifs de la loi seraient mal appliqués si toutes choses 1291-1292
n'étaient pas égales entre les deux débiteurs, si l'un d'eux
pouvait avoir par son action des droits différens.

Ainsi la compensation n'a lieu qu'entre deux dettes qui
ont également pour objet une somme d'argent, ou uné certaine quantité de choses *fungibles* de la même espèce.

Il faut que les deux dettes soient exigibles. Celui des débiteurs qui a un terme n'est point jusqu'à l'échéance réputé
devoir. Un terme de grâce qui serait accordé par le juge ou
par le créancier ne serait pas un obstacle à la compensation.

Il faut que les dettes soient liquides. Celle qui est liquide
peut être exigée, tandis que la dette non liquide n'est pas
encore susceptible de paiement.

· ; Dans plusieurs tribunaux, le désir de prévenir les actions judiciaires avait introduit l'usage de regarder comme liquides des dettes susceptibles d'une facile liquidation ; mais il était impossible qu'il n'y eût pas de l'arbitraire, et l'on a fait, pour prévenir l'inconvénient des procédures, ce que permet le maintien des droits respectifs des deux débiteurs, en décidant que des prestations en grains ou denrées non contestées, et dont le prix serait réglé par les mercuriales, peuvent se compenser avec des sommes liquides et exigibles.

1296　On a encore eu le même but en admettant la compensation dans le cas où deux dettes ne sont pas payables au même lieu. Quoique alors toutes choses ne soient pas égales quant au paiement dans lequel les frais de transport peuvent occasioner des différences, et quoique ces frais ne soient pas encore liquides, la compensation ne s'en opère pas moins ; il suffit de faire raison des frais de la remise.

1293-1290　Il n'est pas nécessaire que les deux dettes aient une cause semblable, et qu'elles soient de la même somme ou de la même quantité.

Ce n'est point la cause de la dette que l'on considère ; on n'a égard qu'au paiement réciproque qui en est la fin, et pour lequel il y a un droit égal.

Il n'est pas nécessaire qu'elles soient de la même somme ou de la même quantité. On ne peut être réellement créancier d'une personne que sous la déduction de ce qu'on lui doit. Ainsi la compensation s'opère jusqu'à concurrence de ce qui est respectivement dû.

Ces règles générales souffrent peu d'exceptions.

La compensation ne peut être opposée par celui qui est spoliateur d'une chose à la demande de restitution qui lui en est faite. Le spoliateur ne peut, sous quelque prétexte que ce soit, être autorisé à retenir ce qu'il a volé ; l'ordre public l'exige. De là cette maxime : *Spoliatus ante omnia restituendus*.

La demande en restitution d'un dépôt ou d'un prêt à usage ne saurait aussi être repoussée par la compensation. La chose

déposée ou prêtée est considérée dans les mains du dépositaire ou de l'emprunteur comme si elle était dans celles du
propriétaire. Vouloir la retenir, même sous prétexte de compensation, c'est faire un acte de spoliation.

Le débiteur d'une somme pour alimens qui, par le titre,
sont déclarés insaisissables ne peut en refuser le paiement
par motif de compensation. Une tierce personne ne pourrait
saisir cette somme entre les mains du débiteur : ce serait une
sorte de saisie, s'il voulait retenir cette somme en la com-
pensant.

La compensation a pour but d'éviter le circuit d'actions 1294
entre deux personnes qui se doivent. Chacune d'elles, n'ayant,
pour sa dette, d'action que contre l'autre, il en résulte que
l'une ne peut pas opposer à l'autre la compensation avec ce
qu'un tiers lui devrait.

Ainsi le débiteur principal ne peut opposer la compensation de ce que le créancier doit à la caution. L'action relative
à ce que le créancier doit à la caution ne peut appartenir qu'à
la caution elle-même, et la circonstance du cautionnement
ne donne à cet égard aucun droit au débiteur principal contre
le créancier.

Par le même motif, le débiteur solidaire ne peut opposer
la compensation de ce que le créancier doit à son codébiteur.

Mais la caution peut opposer la compensation qui s'est
opérée de plein droit entre le créancier et le débiteur principal ; l'extinction de l'obligation principale a, dans ce cas,
entraîné celle de l'obligation accessoire de la caution.

La compensation ne s'opérant qu'entre deux personnes qui 1295
se trouvent redevables l'une envers l'autre, elle ne pourrait
pas avoir lieu si la créance de l'une d'elles avoit été transportée à une tierce personne ; mais lorsqu'il s'agit de transport ou de cession de droits, certaines formalités ont été établies pour fixer à quelle époque le débiteur est considéré
comme ayant un nouveau créancier. Ainsi on exige que le
créancier notifie la cession au débiteur ou la lui fasse agréer.

Si le débiteur a accepté la cession qu'un créancier a faite de ses droits à un tiers, ce créancier ne peut plus opposer au cessionnaire la compensation qu'il eût pu, avant l'acceptation, opposer au cédant. Il y a, dans ce cas, renonciation de la part de ce débiteur à proposer l'exception de compensation.

S'il s'agit d'une cession qui n'ait point été acceptée par le débiteur, mais qui lui ait été signifiée, le débiteur ne peut plus compenser avec la créance cédée celle qui lui surviendrait contre le cédant depuis la signification, parce qu'au moyen de cette formalité le cédant a cessé d'être créancier. Mais si le débiteur avait des créances antérieures à la signification, ni la cession faite, ni cette formalité, n'ont pu priver le débiteur d'opposer une compensation qui s'était opérée de plein droit avant la cession.

1297   Si l'une des personnes entre lesquelles se fait la compensation était obligée envers l'autre pour plusieurs dettes plus ou moins onéreuses, quelle est, entre ces dettes, celle que cette compensation doit éteindre? Si, de ces dettes, il n'y en avait qu'une existante au moment où le débiteur est devenu créancier, il n'y aurait pas de question : cette dette aurait été dès lors éteinte de plein droit, et la compensation ne pourrait plus s'appliquer à une dette postérieure. Mais si l'une des deux personnes était obligée pour plusieurs dettes au moment où elle est devenue créancière, la compensation doit être considérée comme un paiement respectif; et ce paiement se trouvant opéré de plein droit, il n'y a pas eu de convention sur l'imputation. Il faut donc alors appliquer les règles établies pour l'imputation dans le cas où il n'y a point eu de convention.

1298   Lorsqu'une saisie-arrêt a été faite entre les mains d'un débiteur il est devenu, quant à la somme due, dépositaire de justice : il ne peut plus payer au préjudice du saisissant. La compensation ne peut donc plus avoir lieu depuis la saisie-arrêt, puisqu'elle équivaudrait à un paiement que ce débiteur se ferait à lui-même.

La compensation s'opérant de plein droit, et éteignant l'ob- 1299
ligation, le privilége ou l'hypothèque qui en étaient l'accessoire sont aussi anéantis. Ce serait donc en vain que le créancier voudrait faire revivre l'obligation en alléguant qu'il n'a
point opposé la compensation. Il ne pourrait plus se prévaloir
de son privilége ou de son hypothèque au préjudice des
autres créanciers.

Cependant si le débiteur, ayant une juste cause d'ignorer
la créance qui devait compenser sa dette, ne s'était point
prévalu de la compensation, l'équité ne permettrait pas qu'il
fût dépouillé de l'avantage du privilége ou de l'hypothèque
attaché à son ancienne créance.

De la Confusion.

Lorsque les deux qualités de débiteur et de créancier se 1300
réunissent dans la même personne, l'une de ces qualités détruit l'autre : elles se confondent et ne peuvent plus se distinguer. Cette confusion de droits est encore une des manières
dont s'éteignent les obligations.

Si les deux qualités de caution et de débiteur principal se 1301
trouvaient confondues, l'obligation accessoire du cautionnement serait éteinte ; mais les qualités de créancier et de débiteur resteraient distinctes, et dès lors l'obligation principale subsisterait.

Si l'un des codébiteurs solidaires devient créancier, cette
confusion de droits ne profite à ses cohéritiers solidaires que
pour la portion dont il était débiteur. C'est l'application des
principes déjà expliqués.

De la Perte de la chose due.

On a vu que l'obligation de livrer mettait la chose aux 1302
risques du créancier devenu propriétaire dès l'instant où elle
aurait dû être livrée, lors même que la tradition n'en aurait
point été faite, et que cette chose ne restait aux risques du
débiteur que dans le cas où il n'aurait pas apporté les soins

d'un bon père de famille pour la conserver, et dans le cas où il serait en demeure.

Plusieurs conséquences naissent de ce principe.

Si la chose périt, si elle est mise hors du commerce, ou si elle se perd sans la faute du débiteur et avant qu'il soit en demeure, l'obligation est éteinte.

Si le débiteur est en faute ou en demeure l'obligation n'est pas éteinte. Ce n'est plus la chose même qui en est l'objet, mais le prix de cette chose. Il faut néanmoins, lorsque le débiteur est en demeure, excepter le cas où la chose fût également ment périe chez le créancier, si elle lui eût été livrée. En effet, malgré le défaut de livraison, le créancier n'en est pas moins propriétaire; si le débiteur est responsable de la perte, c'est à titre de dommages-intérêts : mais on ne peut plus lui imputer la perte, ni le condamner aux dommages-intérêts qui seraient la suite de cette faute, lorsque, ne s'étant pas chargé des cas fortuits, il prouve que la chose fût également périe si elle eût été livrée au créancier.

Si la cause de la dette était un vol, l'ordre public s'opposerait à ce que le débiteur fût admis à proposer contre la demande de restitution aucune exception, pas même celle de la perte de la chose sans sa faute.

1303 Lorsque la chose est périe, lorsqu'elle est mise hors du merce ou perdue sans la faute du débiteur, il n'en répond pas, et à cet égard l'obligation est éteinte ; mais il serait injuste que ces événemens lui profitassent. Si donc il en résulte quelques droits ou actions en indemnité par rapport à cette chose, il ne peut se dispenser d'en faire la cession au créancier. Ainsi l'arpent de terre qu'on devait livrer, et qui a été pris pour un grand chemin, a été mis hors du commerce ; il ne peut plus être l'objet de l'obligation, qui conséquemment est éteinte : mais cet arpent n'ayant pu être pris pour le service public sans une indemnité, celui auquel il devait être livré doit profiter de cette indemnité.

De l'Action en nullité ou en rescision des conventions.

Au nombre des manières dont les conventions s'éteignent 1304 est leur annulation.

Elle se fait toujours par l'autorité du juge, qui prononce sur l'action en nullité ou en rescision.

Un changement important a été fait à l'ancien ordre de choses, quant au délai pendant lequel cette action peut être intentée.

Lorsqu'il s'agissait d'annuler un contrat, ce délai comprenait tout le temps pendant lequel le contrat pouvait être opposé, c'est-à-dire le long espace de trente années, à moins que la loi n'eût fixé un terme moindre.

Il est vrai que, dans la plupart des cas où il pouvait y avoir lieu à de pareilles actions, on avait senti la nécessité de ne pas laisser dans une aussi longue incertitude le sort des contractans, et le délai avait été limité à dix ans.

Le temps de dix années a été regardé comme le plus long délai dont une partie puisse avoir besoin pour recourir à la justice. Ainsi, dans tous les cas où l'action en rescision ou en nullité n'est pas limitée à un moindre temps par une loi particulière, cette action ne durera que dix ans.

On a maintenu les anciennes règles qui fixent de quelles époques ce temps doit commencer.

Il ne commencera, s'il s'agit de violence, que du jour où elle aura cessé. Pendant tout le temps qu'elle dure elle renouvelle et confirme le droit de se pourvoir, et le délai ne serait plus de dix ans s'il commençait plus tôt.

Il faut, pour que le délai dans lequel l'action doit être formée commence, qu'il ait été possible de l'intenter : ainsi, dans le cas d'erreur ou dol, ce ne peut être que du jour où ils ont été découverts.

On regarde comme étant dans l'impossibilité d'agir les personnes qui n'ont pas l'exercice de leurs droits ou la capacité.

Ainsi le temps ne commencera que du jour de la dissolution du mariage, à l'égard des femmes qui reviendront contre les actes passés par elles sans autorisation pendant leur mariage.

Ainsi le temps ne doit courir, à l'égard des actes faits par les interdits, que du jour où l'interdiction est levée, et à l'égard de ceux faits par les mineurs que du jour de leur majorité.

1305   Il résulte de l'incapacité du mineur non émancipé qu'il suffit qu'il éprouve une lésion pour que son action en rescision soit fondée. S'il n'était pas lésé, il n'aurait pas d'intérêt à se pourvoir; et la loi lui serait même préjudiciable, si, sous prétexte de l'incapacité, un contrat qui lui est avantageux pouvait être annulé. Le résultat de son incapacité est de ne pouvoir être lésé, et non de ne pouvoir contracter. *Restituitur tanquam læsus, non tanquam minor.*

Lorsque le mineur est émancipé la loi l'assimile au majeur pour un certain nombre d'actes à l'égard desquels il ne doit plus être admissible à réclamer le privilége de minorité.

1308   Le mineur est encore assimilé au majeur lorsque, étant commerçant, banquier ou artisan, il prend des engagemens à raison de son commerce et de son art. Il ne peut pas faire le commerce sans avoir la capacité de contracter avec toute garantie les engagemens qui en sont la conséquence nécessaire. L'intérêt général du commerce exige que cela soit ainsi.

1306   Le mineur non émancipé ne serait pas admis à se plaindre de lésion, si elle ne pouvait aucunement être attribuée à la personne qui a traité avec lui; tel serait le cas d'un événement casuel et imprévu. On ne l'admet à la restitution contre ses actes que pour empêcher ceux qui traitent avec lui d'abuser de l'inexpérience de son âge.

1307   On a voulu proscrire un moyen souvent employé pour mettre obstacle à la restitution des mineurs; on leur opposait la déclaration de majorité qu'ils avaient faite dans l'acte. La loi présume que cette déclaration, dont la fausseté pouvait facilement être vérifiée sur les registres des actes de l'état civil, a été demandée par le créancier pour exclure l'action en restitution, et elle ne veut pas qu'une pareille déclaration puisse être opposée. Si néanmoins celui qui veut s'en prévaloir prouvait que le mineur l'a trompé; s'il prouvait, par exemple, que ce mineur a représenté des actes faux, ce ne serait plus cette simple déclaration dont il s'agit dans la loi.

Déjà il a été réglé, au titre *des Donations entre-vifs et des* 1309 *Testamens* (art. 384), que le mineur pourrait, avec le consentement et l'assistance de ceux dont le consentement est requis pour la validité de son mariage, donner tout ce que la loi permet à l'époux majeur de donner à l'autre époux. Le motif de cette disposition s'applique aux autres conventions portées dans le contrat de mariage du mineur, et pour lesquelles la même formalité se trouve remplie.

Les obligations qui naissent d'un délit ou d'un quasi-délit 1310 ne sont point au nombre de celles dans lesquelles le mineur puisse se plaindre de lésion; c'est la réparation d'un tort qu'il a lui-même fait. Ce n'est point une convention dans laquelle la personne qui aurait traité avec lui aurait eu un profit à son préjudice : elle ne profite point, elle ne fait que recevoir l'indemnité, et quiconque peut se rendre coupable d'une faute doit en subir la peine.

Celui qui, devenu majeur, ratifie l'engagement qu'il avait 1311 souscrit en minorité n'est plus recevable à revenir contre cet engagement, soit qu'il y eût nullité dans sa forme, soit qu'il y eût seulement lieu à restitution. Lorsque la ratification est donnée en majorité, elle ne fait plus qu'un acte avec l'engagement, qui rentre dans la classe des actes faits par le majeur.

Ce serait en vain que les mineurs, les interdits ou les 1312 femmes mariées, seraient admis à se faire restituer contre leurs engagemens, si le remboursement de ce qui aurait été, en conséquence de ces engagemens, payé pendant la minorité, l'interdiction ou le mariage, ne pouvait pas être exigé. Mais en même temps la bonne foi ne leur permettrait pas de répéter ce qui aurait tourné à leur profit : si la loi ne veut pas qu'ils soient lésés, elle ne veut pas aussi qu'ils s'enrichissent aux dépens d'autrui.

1313   Il est certains cas dans lesquels les majeurs eux-mêmes sont restitués pour cause de lésion : ce sont ceux prévus et expliqués aux titres *de la Vente et des Successions*.

1314   Lorsque les formalités requises à l'égard des mineurs ou interdits, soit pour aliénation d'immeubles, soit dans un partage, ont été remplies, ils doivent, relativement à ces actes, être considérés comme s'ils les avaient faits en majorité ou avant l'interdiction ; ils peuvent conséquemment se faire restituer dans les mêmes cas où la loi donne ce droit aux majeurs. On a voulu par ces formalités mettre le mineur dans la possibilité de contracter, et non le placer dans une position moins favorable que le majeur.

PREUVES.

Titre authentique.

1315-1316   Après avoir ainsi fixé les règles sur la nature des obligations, sur leurs effets, sur leurs diverses espèces, sur leur extinction, il ne reste plus qu'à déterminer par quelles preuves l'obligation dont on réclame l'exécution, et le paiement que la personne obligée prétendrait avoir fait, doivent être justifiés.

Les obligations et leurs paiemens sont des faits sur lesquels, comme sur tous les autres, il peut y avoir ou une preuve littérale, ou une preuve testimoniale, ou des présomptions, ou l'aveu de la personne obligée, ou son serment.

section 1re   La preuve littérale est celle qui, comme le nom l'indique, est fondée sur un écrit. Cet écrit est ou authentique, ou sous signature privée.

1317   Les actes authentiques sont ceux qui ont été reçus par des officiers publics ayant le droit d'instrumenter dans le lieu où ils ont été rédigés, et avec les solennités requises.

Si l'officier public qui a reçu l'acte n'était pas compétent, 1318 s'il n'a pas rempli les formes prescrites, l'acte n'est pas authentique; mais ce défaut d'authenticité n'entraîne pas la nullité, à moins qu'elle ne soit prononcée par la loi. On ne doit pas présumer que l'intention des parties ait été de regarder l'authenticité de l'acte comme une condition essentielle de l'engagement; et dès lors que la volonté des parties est constatée par leur signature, l'acte est une preuve de la seconde classe, celle des écrits privés.

L'acte authentique fait une pleine foi, et nulle cause ne 1319 peut en suspendre l'exécution, à moins qu'il n'y ait inscription de faux.

Dans ce cas-là même la loi romaine voulait que l'acte fût provisoirement exécuté, parce que le crime ne se présume pas. Leg. II, Cod. *ad leg. corn. De fal.*

Sans doute il ne doit pas dépendre de la personne obligée de suspendre son engagement par une plainte en faux : mais si, lorsqu'il s'agit d'un faux principal, le prévenu a été mis en accusation, et si, lorsqu'il s'agit d'une inscription de faux faite incidemment, les juges sont frappés des apparences de fausseté, n'y a-t-il pas trop d'inconvéniens à une exécution provisoire dont l'effet peut être irréparable? Le prévenu doit subir dans le tribunal criminel, sur la vérité de cet acte, un examen dont dépendent son honneur et une peine corporelle très-grave; on ne peut donc plus dire que l'acte ait une foi entière. La suspension de l'exécution provisoire des actes étant limitée à ces cas, on n'a point à craindre que la foi due aux contrats soit troublée.

Un acte authentique ou sous seing privé a pour objet les 1320 obligations qui y sont contenues : il les constate; mais il peut y avoir dans cet acte des faits énoncés de manière qu'il y ait du doute si les parties ont entendu que par cette énonciation ils fussent constatés.

La règle pour lever ce doute est d'examiner si l'énonciation a un rapport direct avec la disposition, c'est-à-dire avec les obligations qui sont l'objet de l'acte. Alors l'énonciation fait foi comme le reste de l'acte. Ainsi, dans le cas où il s'agirait d'un prêt à intérêt, s'il était dit que les intérêts en ont été payés, sans qu'il y ait aveu de la partie qui doit les avoir reçus, ce serait une simple énonciation; mais comme elle aurait un rapport direct avec le prêt qui est l'objet de l'acte, elle ferait preuve du paiement.

Si au contraire le fait énoncé n'a point de rapport avec les obligations qui sont l'objet de l'acte, les parties ne sont point présumées avoir fixé leur attention sur un pareil fait, ni conséquemment avoir entendu qu'il dût être regardé comme reconnu par elles. Une pareille énonciation ne peut alors servir que d'un *commencement de preuves*, et dans la suite on verra ce qu'on entend par ces expressions.

1321   Les contractans peuvent révoquer ou modifier à leur gré leurs obligations : mais le plus souvent lorsqu'ils reviennent ainsi sur leurs engagemens, et surtout lorsque c'est dans le même temps où ils ont été formés, il y a une intention coupable, celle de tromper des tierces personnes par un acte qui est en apparence sérieux. Ce n'est pas un motif pour défendre en général et sans distinction les contre-lettres : les contractans peuvent résoudre ou révoquer leurs engagemens comme ils peuvent les former. Le droit naturel des contractans et celui des tierces personnes sont maintenus en déclarant que les contre-lettres n'ont d'effet qu'entre les parties, et ne peuvent être opposées aux tierces personnes. Il n'y a d'exception que pour les cas exprimés au titre *du Contrat de mariage*.

De l'Acte sous seing privé.

1322 à 1324   Il y a plusieurs espèces d'écritures privées : ce sont ou des actes ordinaires sous seing privé, ou des livres de marchands, ou des registres et des papiers domestiques signés ou non signés.

L'acte sous signature privée ne peut pas avoir aux yeux du juge la même foi que l'acte authentique. Il n'est point intervenu entre les parties un officier public n'ayant d'autre intérêt que celui de la vérité. Le crime ne se présume pas : mais aussi l'obligation n'est point prouvée aux yeux du juge par une signature qu'il ne connaît pas ; il doit donc avant tout appeler la partie qu'on lui présente comme obligée pour qu'elle reconnaisse ou qu'elle conteste la vérité de l'acte.

Si elle ne comparaît pas elle est présumée reconnaître son obligation.

Dans le cas où elle la reconnaît, et dans celui où elle est présumée la reconnaître, l'acte sous seing privé a entre ceux qui l'ont souscrit, leurs héritiers ou ayans-cause, la même foi que s'il était authentique. Si la partie que l'on présente comme obligée désavoue l'écriture ou la signature, si les héritiers ou ayans-cause déclarent qu'ils ne connaissent point l'écriture ou la signature de leur auteur, la foi que l'on doit donner à l'acte est en suspens jusqu'à ce que la vérification en ait été faite.

Pour qu'un acte sous signature privée puisse former un engagement réciproque, il faut que chacun de ceux qui l'ont contracté puisse en demander l'exécution. S'il n'y a qu'une copie de l'acte elle ne peut servir de titre qu'à la partie qui en est saisie. Les autres parties sont comme si elles n'avaient pas de droit, puisqu'elles n'ont aucun titre pour l'exercer : mais lorsqu'elles n'ont pas un droit qu'elles puissent réaliser, l'engagement doit être considéré comme s'il n'était pas réciproque, et dès lors il est nul. Il faut donc, pour la validité des actes sous seing privé qui contiennent des conventions synallagmatiques, qu'ils soient faits en autant d'originaux qu'il y a de parties ayant un intérêt distinct.

Il faut aussi que, dans chaque original, il soit énoncé en

combien de doubles il a été fait, afin que chaque partie ne puisse pas nier qu'elle ait eu le sien.

Celui qui aurait exécuté l'obligation ne pourrait plus opposer que, dans l'acte sur lequel on intente l'action contre lui, il ne soit pas fait mention du nombre des originaux. On n'a pas besoin contre lui de cette preuve lorsqu'il en est une qui résulte de son propre fait.

1326 Les billets ou promesses sous seing privé pour valeur en argent ont toujours été une occasion d'escroquerie. Des signatures sont données à des actes dont on croit connaître le contenu au moment où on le signe : on abuse d'une signature au-dessus de laquelle se trouve quelque blanc, ou même on parvient à supprimer l'écriture qui est au-dessus du nom. La crainte des peines ne suffisant point pour empêcher un genre de crime qui compromet la foi publique, on a cru pouvoir en France arrêter ce mal à sa source : il a été réglé, par une déclaration du roi du 22 septembre 1733, que le paiement de ces billets ou promesses ne pourrait être ordonné en justice si le corps du billet n'est écrit de la main de celui qui l'aura signé, ou du moins si la somme portée au billet n'est reconnue par une approbation écrite en toutes lettres de sa main ; on a excepté les marchands, les artisans, les laboureurs, les vignerons, les gens de journée et de service. Il était sage de ne pas entraver par des peines de nullité la marche simple et rapide du commerce, et de ne pas priver de la facilité de traiter, sans avoir recours aux notaires, un grand nombre de personnes qui ne savent pas suffisamment écrire.

1327 Ces dispositions ont été maintenues, et on a levé les doutes qu'elles avaient fait naître. Ainsi on a prévu le cas où la somme portée au corps de l'acte est différente de celle exprimée au *bon*. On a décidé qu'il n'y a point à distinguer si la somme plus forte se trouve dans le corps de l'acte ou seulement dans le *bon*, et que dans ces deux cas, et lors même que l'acte ainsi que le *bon* seraient écrits en entier de la main de celui qui se serait obligé, on ne peut exiger que la somme moindre. Il n'y a pas de motif pour supposer que celui qui s'oblige ait son attention plus fixée, et qu'il soit moins capable d'erreur quand il écrit le corps du billet que quand il met le *bon*. Il reste dans ce cas, comme dans les autres, un doute suffisant pour que la faveur de la libération doive prévaloir, à moins que ce doute ne soit levé par d'autres circonstances : telle serait l'énonciation faite dans l'acte de la cause de l'obligation, cause qui découvrirait de quel côté est l'erreur.

Il est souvent du plus grand intérêt, soit pour les parties, 1328 soit pour des tierces personnes, que la date des actes sous seing privé soit prouvée. Ceux qui les ont écrits ont la facilité de les écrire une seconde fois sous une autre date. La date portée dans un écrit sous seing privé ne fait donc foi qu'à l'égard de ceux qui ont signé ; il faut qu'à l'égard des autres la date soit d'ailleurs assurée. Ainsi les écrits sous seing privé n'ont, à l'égard des tierces personnes, de date certaine que du jour où ils ont été enregistrés, du jour de la mort de celui ou de l'un de ceux qui l'ont souscrit, du jour où ils sont énoncés en substance dans des actes dressés par des officiers publics.

La foi due aux livres des marchands doit être considérée 1329-1330 respectivement à eux-mêmes et respectivement aux autres citoyens.

Il ne s'agit point dans le Code civil des règles ou des usages particuliers aux marchands entre eux.

Quant aux personnes qui ne sont pas dans le commerce, on a dû maintenir la règle suivant laquelle nul ne peut se faire de titre à lui-même, et l'ordre que les marchands sont tenus de tenir dans leurs registres ne saurait garantir que les fournitures qui y sont portées soient réelles. Ils n'ont à cet égard d'autre droit que celui d'exiger le serment des personnes qui contesteraient leurs demandes.

D'un autre côté, il résulte de ce que la tenue des livres est

leur propre fait, et de ce qu'ils sont obligés de les tenir régulièrement, qu'ils ne sont point recevables à contester ce
qui s'y trouve porté : mais aussi celui qui demande la représentation des livres d'un marchand pour en tirer avantage ne
doit pas être admis à nier ce qui lui serait contraire, en ne
prenant droit que de ce qui lui serait favorable.

1331   Quant aux registres et papiers domestiques, il est sans
difficulté qu'ils ne peuvent faire un titre pour celui qui les a
écrits. Mais dans quel cas font-ils foi contre lui? C'était la
matière de nombreuses controverses. Elles seront au moins
en grande partie terminées par les règles suivantes.

Si les registres et papiers domestiques énoncent formellement un paiement reçu, on doit présumer qu'il y a eu une
quittance donnée, ou que le débiteur s'est contenté de la
mention faite par le créancier : elle fait foi au profit du débiteur.

La mention sur les registres ou papiers domestiques devra
encore être un titre contre celui qui l'aura faite, lorsqu'il y
sera expressément déclaré que c'est pour suppléer au défaut
de titre en faveur de celui au profit de qui est cette mention
expresse de l'obligation : on n'a point admis l'opinion des
auteurs qui regardaient comme suffisante la mention sur le
journal ou sur les tablettes, lorsqu'elle était signée. On ne
doit pas accorder, quand il s'agit d'établir un titre, la même
faveur qu'on donne à la libération.

1332   L'écriture qu'un créancier met à la suite, en marge ou au
dos d'un titre qui est toujours resté en sa possession, fait foi
contre lui, quoiqu'elle ne soit ni datée ni signée par lui,
lorsqu'elle tend à établir la libération du débiteur.

Il en est de même, et à plus forte raison, de l'écriture
qui est mise par le créancier au dos, en marge ou à la suite
du double d'un titre ou d'une quittance, lorsque ce double
est entre les mains du débiteur.

Avoir mis cette écriture sur le titre même, c'est lui en
avoir donné la force : c'est une sorte de déclaration faite à la

justice, sous les yeux de laquelle ce qui a été ainsi écrit sur le titre ne peut plus en être divisé.

Tailles.

Lorsque deux personnes se servent des deux parties d'un morceau de bois pour marquer par des coches correspondantes la fourniture que l'une fait à l'autre, celle des deux parties qui est aux mains du marchand se nomme *taille*, et celle qui est aux mains du consommateur se nomme *échantillon* : ces tailles tiennent lieu d'écritures, et font foi entre les personnes qui sont dans l'usage de constater ainsi les fournitures qu'elles font et reçoivent en détail.   1333

Copies de Titres.

On vient de voir quelle est la foi due aux titres soit authentiques, soit privés : mais si on produit seulement des copies de ces titres, quelle confiance mériteront-elles, et comment sera-t-on assuré de leur exactitude?   1334

Il ne peut y avoir de difficulté lorsque l'acte original subsiste : on peut toujours exiger qu'il soit représenté.

Mais si le titre original n'existe plus, on doit suivre les règles suivantes.   1335

On ne peut révoquer en doute que les grosses ou premières expéditions n'aient été prises sur la minute même; elles sont en quelque sorte considérées dans les mains des contractans comme le titre original; et déjà on a vu que la remise volontaire qui en est faite au débiteur fait présumer le paiement.

On doit encore donner une pleine foi aux copies qui ont été tirées par l'autorité du magistrat en présence des parties, ou après les avoir appelées, et aux copies qui ont été tirées en présence des parties ou de leur consentement. Dans ces cas, les copies tirées sous les yeux des parties sont en quelque sorte leur propre fait; ou si, ayant été appelées, elles ont cru inutile d'être présentes, on peut en induire qu'elles ont regardé comme certaine l'exactitude avec laquelle ces copies seraient faites.

Mais si les copies ont été tirées sous l'autorité du magistrat ou sans le consentement des parties, si elles l'ont été
depuis la délivrance des grosses ou premières expéditions, il
faut distinguer le cas où ces copies auraient été tirées sur la
minute de l'acte, soit par le notaire qui l'a reçu, soit par l'un
de ses successeurs, soit par l'officier public dépositaire des
minutes, et le cas où elles auraient été tirées sur la minute
par d'autres notaires ou officiers publics.

Dans le premier de ces deux cas on a égard à l'ancienneté de la copie. Si le temps où elle a été faite n'était pas
fort éloigné de celui où on s'en sert, l'impossibilité de la vérifier sur une minute qui n'existerait plus laisserait des inquiétudes et mettrait en action toutes les ruses des faussaires.
Il n'y aurait pas de certitude lors même que la copie aurait
été tirée par le notaire qui aurait reçu la minute. En effet,
lorsque, sur la demande des contractans, un notaire atteste
un fait, il mérite une foi entière; mais quand il déclare
qu'une copie a été tirée sur la minute, c'est un fait qui lui
est personnel; et quand il ne peut plus le justifier par la présentation de la minute, il ne peut plus, même comme officier public, mériter le même degré de foi. Mais si la copie
tirée sur la minute par le notaire qui l'a reçue ou par ceux
qui lui ont succédé est ancienne, toute idée de fraude est
hors de vraisemblance, et la vérité d'une pareille copie peut
faire foi. C'est alors que s'applique la règle *in antiquis enun-
tiativa probant.*

On doit regarder comme ancienne une copie qui a plus de
trente ans de date. C'est le plus long délai pendant lequel on
puisse, en vertu d'un contrat, intenter une action. Quand ce
délai s'est écoulé depuis que la copie a été tirée, on doit en
conclure que l'on n'avait point alors en vue l'affaire qui a
donné occasion de la produire. Si ces copies ont moins de
trente ans, elles ne pourront servir que de commencement
de preuve par écrit.

Mais si la copie n'avait pas été tirée sur la minute par le

notaire, ou par ses successeurs, ou par les officiers publics dépositaires des minutes, l'ancienneté de cette copie, à quelque époque que remonte sa date, ne lui donne point la force d'une preuve complète : le notaire qui l'a tirée est sans caractère pour attester la vérité de minutes qui ne sont pas les siennes ou celles de ses prédécesseurs. Il n'a point alors de garanties de n'être point trompé par celui qui lui produit la minute sur laquelle il donne la copie ; il excède les bornes de son ministère, et c'est encore conserver à sa qualité d'officier public une grande confiance que de considérer cette copie comme un commencement de preuve par écrit ; c'est supposer non seulement qu'il a été de bonne foi quand il a délivré cette copie, mais encore qu'il a pris alors les informations et les mesures qui dépendaient de lui pour n'être pas trompé.

Quant aux copies de copies, la qualité de la personne qui les délivre ne saurait leur donner un caractère de vérité ; et lors même que leur conformité au titre original serait vraisemblable, elles ne peuvent servir que de simples renseignemens, auxquels les juges ont tel égard que de raison.

La transcription d'un acte sur les registres publics ne peut pas suppléer à l'acte même. Cette transcription ne se fait que sur une copie, et il pourrait arriver que l'on ferait transcrire une copie infidèle, mais qui passerait pour vraie en supprimant l'original.

Cependant, s'il est constant que toutes les minutes de l'année dans laquelle l'acte paraît avoir été fait soient perdues, ou que la minute de cet acte ait été perdue par un accident particulier, et si en même temps il existe un répertoire en règle du notaire, ces circonstances donnent à la vérité de l'acte transcrit un tel degré de vraisemblance, que l'on doit regarder cette transcription comme un commencement de preuve par écrit, dont l'effet est de rendre admissible la preuve par témoins. Mais, dans ce cas-là même, si les personnes qui ont été témoins de l'acte existent encore, elles ont une connaissance directe des faits. La loi exige qu'elles soient entendues.

Des Actes récognitifs et confirmatifs.

1337 On vient d'exposer les règles sur les titres originaux et sur les copies : il est une troisième classe d'actes ; ce sont ceux qui n'ont point été faits pour établir une obligation, mais seulement pour reconnaître ou confirmer une obligation déjà existante.

Ces actes ne doivent point être assimilés au titre primordial ; ils en supposent la vérité ; ils ne sont obligatoires qu'autant qu'ils y sont conformes, et conséquemment ils ne dispensent point de le représenter.

Si néanmoins il était expressément déclaré dans l'acte récognitif ou confirmatif que la teneur du titre primordial y est relatée, celui qui aurait souscrit cet acte ne pourrait plus démentir son propre témoignage.

Quoiqu'en général les parties ne soient pas liées par les actes récognitifs ou confirmatifs dans tout ce qui diffère du titre primordial, cependant, lorsqu'il y a plusieurs reconnaissances conformes soutenues de la possession, et dont l'une a trente ans de date, le créancier peut être dispensé de représenter le titre primordial. Leur date, qui remonte à des temps plus rapprochés du titre primordial, et l'exécution donnée à ces actes pendant le temps nécessaire pour la plus longue prescription, sont des moyens que le juge appréciera ; car alors même le créancier n'est pas de plein droit dispensé de la représentation du titre.

1338 Lorsqu'on veut confirmer ou ratifier un acte dont la nullité pourrait être prononcée, il faut que l'acte par lequel on confirme ou on ratifie fasse connaître d'une manière certaine celui qui est confirmé ou ratifié, en même temps que la volonté de faire disparaître le vice de nullité. Cette preuve ne peut être complète qu'autant qu'on trouvera dans l'acte de confirmation ou de ratification la substance de l'acte primitif, la mention de la nullité et l'intention de la réparer. La distinction que l'on faisait entre la confirmation et la ratification a paru inutile. Leur effet est le même, celui d'emporter la renonciation aux moyens et exceptions que l'on pouvait opposer contre l'acte confirmé ou ratifié.

Il est dans certains actes des vices qui ne peuvent être ré- 1339
parés par ce moyen ; ce sont les vices de forme qui, dans un acte de donation entre-vifs, entraînent la nullité aux termes de la loi. Ces vices n'existeraient pas moins, quoique l'acte fût confirmé. D'ailleurs ces formes ont été prescrites pour l'intérêt des tiers; elles ne peuvent être suppléées : il est donc indispensable que l'acte de donation soit refait dans la forme légale.

Au nombre des tierces personnes que ces formes intéres- 1340
sent sont les héritiers ou ayans-cause du donateur : ils ne peuvent pendant sa vie renoncer à opposer les vices de forme de la donation; ils n'ont aucun droit ouvert, et ce serait une convention sur une succession non échue : ce qui est défendu. Mais si, après la mort du donateur, ses héritiers ou ayans-cause confirment ou ratifient la donation, ou s'ils l'exécutent volontairement, il en résulte, comme dans tous actes de confirmation ou de ratification, qu'ils renoncent à opposer soit les vices de forme, soit toute autre exception.

De la Preuve testimoniale.

Les actes écrits sont le premier genre de preuve et le plus 1341 à 1346
certain. Le second genre est celui de la preuve testimoniale.

Une première règle depuis long-temps consacrée en France est qu'il doit être passé acte devant notaires ou sous seing privé de toutes choses excédant une somme de cent livres. Cette règle s'applique même aux dépôts volontaires.

Une seconde règle, qui est la suite de la précédente, est que la foi due aux contrats ne peut être détruite par de simples témoignages, quelque modique que soit la somme dont il s'agit, et qu'aucune preuve par témoins n'est admissible

ni contre ce qui est contenu dans les actes, ni pour constater ce qu'on prétendrait y avoir été omis, ni sur ce qui serait
allégué avoir été dit avant, lors, ou depuis les actes.

On avait pris toutes les précautions pour que cette règle
ne fût point éludée.

En vain celui qui aurait formé une demande excédant cent
livres eût ensuite voulu la réduire au-dessous de cette somme
pour être admis à la preuve testimoniale ; on n'aurait point
eu d'égard à cette réduction : il suffisait qu'il fût connu que
l'obligation avait pour objet une somme ou une valeur de
plus de cent livres, pour qu'il fût certain que la loi avait été
violée.

C'est par ce même motif que la preuve testimoniale n'était
point admise sur la demande d'une somme moindre de cent
livres, lorsqu'on avait déclaré que cette somme était le restant
d'une créance plus forte qui n'était point prouvée par écrit.

Si dans la même instance une partie faisait plusieurs demandes dont il n'y avait point de preuve par écrit, et qui
jointes ensemble excédaient la somme de cent livres, en vain
alléguait-elle que ces créances provenaient de différentes
causes, et qu'elles s'étaient formées en différens temps ; on
n'admettait point la preuve de ce fait : les témoins ne méritent pas plus de foi sur la cause ou sur l'époque de la dette
que sur la dette elle-même, et c'eût été un moyen facile
d'éluder la loi.

Si néanmoins il s'agissait de droits procédant par succession, donation ou autrement, de personnes différentes, ces
faits, qui étaient autres que ceux de la dette, pouvaient être
constatés par le genre de preuve dont ils étaient susceptibles.

Enfin il avait été prévu que, pour ne pas se présenter à la
justice comme formant à la fois plusieurs demandes excédant la somme pour laquelle il doit y avoir preuve par écrit,
on parviendrait à diviser la dette en faisant les demandes
successivement et par instances séparées. La loi a encore
prévenu ce subterfuge en déclarant que toutes les demandes,

à quelque titre que ce soit, qui ne seraient pas entièrement justifiées par écrit, seraient formées par un même exploit, après lequel les autres demandes dont il n'y aurait point de preuves par écrit ne seraient pas reçues.

On doit observer que cette exclusion de la preuve testimoniale ne s'étend ni aux cas de fraude ni aux tierces personnes.

Telles sont les règles dont les bases avaient été consignées dans l'ordonnance de Moulins, en 1566, et qui ont été développées dans l'ordonnance rendue en 1667 sur *la procédure civile*.

Il eût été imprudent de ne pas maintenir aujourd'hui des mesures que la mauvaise foi des hommes a depuis si long-temps fait regarder comme indispensables.

On n'a même pas cru devoir, en fixant à cent cinquante francs, au lieu de cent livres, la somme que l'on ne pourrait excéder sans une preuve écrite, avoir égard à toute la différence qui existe entre la valeur de l'argent à l'époque de ces lois et sa valeur actuelle.

Cependant on peut demander pourquoi la loi a pris tant de précautions pour garantir de l'infidélité des témoignages pour des intérêts pécuniaires peu considérables, tandis que pour l'honneur et la vie elle s'en rapporte à ces mêmes témoignages.

On n'admet en justice criminelle les preuves vocales que parce qu'il y a nécessité. Les crimes se commettent dans les ténèbres ; il n'y a le plus souvent d'autres preuves possibles que celles qui sont données par les témoins : le faux témoignage contre un accusé est un forfait si atroce, que la loi a moins à craindre ce dernier degré de la perversité. Si l'humanité gémit des exemples fort rares des victimes de faux témoignages, l'humanité souffrirait bien davantage si, par l'impunité des crimes, nul n'était assuré de sa fortune ni de son existence.

La preuve testimoniale est même admise en matière civile lorsque celui qui fait une demande n'a pu se procurer un 1347-1348 titre pour la justifier. Dans ces cas on a encore moins à craindre l'infidélité des témoins, qui n'ont pas un intérêt personnel, que l'infidélité du débiteur lui-même, s'il lui était loisible de nier sa dette.

C'est ainsi que la preuve testimoniale est admise lorsqu'il s'agit d'obligations qui se sont formées sans convention, comme celles qui résultent de quasi-contrats, de délits et de quasi-délits.

Elle est admise pour les dépôts faits en cas d'incendie, de ruine, de tumulte, de naufrage; pour ceux faits par les voyageurs en logeant dans une hôtellerie.

Dans ces cas, deux faits sont à prouver, celui du dépôt et celui de la quantité de la chose déposée. Il fallait mettre les dépositaires à l'abri des déclarations fausses ou exagérées, en recommandant aux juges d'avoir égard à la qualité des personnes et aux circonstances du fait.

Il peut encore arriver que le créancier ait perdu le titre qui lui servait de preuve littérale : mais la loi qui l'exige serait facilement éludée si cette perte pouvait être autrement constatée que par un fait susceptible d'une preuve positive : tels sont les cas fortuits, imprévus et résultant d'une force majeure, comme l'incendie, le naufrage, le pillage.

Il est enfin une modification importante qui a toujours été faite à la règle exclusive de la preuve testimoniale en matière civile.

Lorsque celui qui n'a point pour établir sa demande un titre formel représente néanmoins un écrit émané de la personne contre laquelle cette demande est formée, ou de celui que cette personne représente; lorsque cet écrit rend vraisemblable le fait allégué, les témoins sont admis pour compléter cette preuve. Alors un premier pas est fait vers la vérité : elle n'est plus entièrement dépendante de simples témoignages.

Des Présomptions.

1349   Au nombre des moyens qui peuvent servir à découvrir la vérité sont les présomptions, c'est-à-dire les conséquences que la loi elle-même ou le magistrat tire d'un fait connu à un fait inconnu.

Dans la législation romaine on avait distingué trois espèces de présomptions :

La présomption dite *juris et de jure*, parce qu'elle était introduite par le droit, et parce que la preuve contraire n'étant pas admissible, elle établissait le droit ;   1350

La présomption de droit, qui est aussi établie par la loi, qui dispense de la preuve, mais qui n'exclut pas la preuve contraire ;

Et enfin la présomption qui, sans être établie par une loi, se présente à la conscience des juges, et à laquelle ils doivent avoir égard.

Cette distinction, fondée sur une analyse exacte des présomptions, est maintenue dans le Code.

On y pose la règle commune à toutes les présomptions établies par la loi, règle suivant laquelle celui au profit duquel une présomption légale existe est dispensé de toute preuve.

On y rappelle les principaux exemples de présomptions légales.

Telle est, à l'égard de certains actes, la nullité que la loi prononce, en présumant, d'après leur seule qualité, qu'ils ont été faits en fraude de ces dispositions.

Tels sont les cas dans lesquels la loi déclare que la propriété ou la libération résulte de certaines circonstances déterminées.

Telle est encore la présomption qui donne à la chose jugée une autorité irrévocable : s'il était permis de remettre en question ce qui aurait déjà été jugé, les contestations seraient interminables.

Le Code judiciaire détermine les jugemens qui ne sont   1351
plus susceptibles d'être attaqués : on a posé dans le Code civil la règle suivant laquelle l'autorité de la chose jugée ne

doit avoir lieu qu'à l'égard de ce qui a fait l'objet du jugement. Il faut que la chose demandée soit la même, que la demande soit fondée sur la même cause, que cette demande soit entre les mêmes parties et formée par elles ou contre elles en la même qualité. Si toutes ces circonstances ne se rencontrent pas, on ne peut pas dire que le second jugement qui serait rendu fût le même que le premier, et la loi n'aurait plus un motif suffisant pour présumer que le premier jugement suffit.

1350   Un quatrième exemple des présomptions de la loi est celui qui résulte de l'aveu de la partie ou de son serment.

1352   Après avoir donné les exemples des présomptions légales, on pose une règle générale pour reconnaître entre ces présomptions celles nommées en droit *juris et de jure*, contre lesquelles nulle preuve n'est admise. Ce sont les présomptions sur le fondement desquelles la loi annule certains actes ou dénie l'action en justice. Lorsque la loi elle-même tire du fait connu une telle conséquence qu'elle prononce la nullité, ou qu'elle dénie l'action, le juge ne doit pas tirer une conséquence différente en admettant une preuve contraire. On ne doit excepter que le cas où la loi, n'ayant pas cru la présomption assez forte pour prononcer d'une manière absolue la nullité de l'acte ou la dénégation de l'action, a réservé la preuve contraire.

On fait cesser, par une règle aussi simple et aussi juste, de longues controverses sur les caractères distinctifs de présomptions du droit.

1353   A l'égard des présomptions qui ne sont point établies par la loi, elle les abandonne aux lumières et à la prudence du magistrat, en l'avertissant que sa religion ne peut être réellement éclairée que par des présomptions graves, précises et concordantes, et en lui rappelant que de pareilles présomptions ne sont admissibles que dans les cas où la preuve par témoins est permise, à moins que l'acte ne soit attaqué pour cause de fraude ou de dol.

De l'Aveu de la partie.

Lorsqu'un fait opposé à une partie a été ou est avoué par elle, la présomption qui résulte de cet aveu est si forte et si directe, qu'il ne doit pas être admis à le rétracter. 1354

Cet aveu est extrajudiciaire ou judiciaire.

S'il est extrajudiciaire, il faut absolument qu'il soit par écrit. Il vaudrait autant admettre directement la preuve par témoins pour sommes et valeurs excédant cent cinquante francs, que d'autoriser à prouver ainsi l'allégation d'un aveu verbal de la dette. 1355

Quant à l'aveu judiciaire que fait en justice la partie ou celui qui est fondé d'une procuration spéciale, cet aveu est consigné dans des écrits signifiés, ou il est fait en présence du juge. Il fait pleine foi contre celui qui l'a fait, et s'il l'a été par procuration, il faut que la partie ait pour le désaveu des moyens valables. 1356

Il ne serait pas juste que l'adversaire de celui qui fait l'aveu profitât de la déclaration en ce qu'elle lui est favorable, sans accorder la même foi à ce qui serait défavorable. L'aveu ne peut pas être divisé contre celui qui le fait.

Cependant la preuve qui résulte de l'aveu n'est pas telle que cet aveu ne puisse être révoqué dans le cas où il serait prouvé qu'il y a erreur, et conséquemment cette présomption n'a pas tout l'effet de celle *juris et de jure*, qui n'admet aucune espèce de preuve contraire. Mais par la même raison que celui qui est dans l'erreur ne donne pas un consentement valable, de même aussi l'aveu de celui qui est dans l'erreur ne doit point être regardé comme réel : *Non fatetur qui errat.* L. II, *de Conf.*

Il n'est ici question que d'erreur de fait : l'erreur de droit n'est autre chose que l'ignorance de la loi, ignorance qui ne doit être ni présumée ni excusée.

Du Serment.

1357   Au nombre des présomptions légales est encore celle qui résulte du serment fait en justice.

On distingue les différens cas dans lesquels le serment est fait.

Ou c'est une partie qui le défère à l'autre pour en faire dépendre le jugement de la cause, et alors il est appelé *décisoire;*

Ou il est déféré d'office par le juge à l'une ou à l'autre des parties.

1358à1361   Lorsqu'une partie se repose sur la probité de l'autre au point de prendre droit par son serment, ou lorsqu'une partie est dénuée de preuves suffisantes pour établir sa demande, il est juste de l'admettre à déférer le serment, quel que soit l'objet de la contestation.

On n'a point suivi l'opinion des jurisconsultes qui pensent que le serment ne peut être déféré par celui qui n'a pas au moins un commencement de preuve par écrit; et quoique l'on n'ait pas établi en France comme à Rome l'usage de faire prêter au demandeur le serment qu'il agit de bonne foi, *juramentum de calumniâ*, on a cru devoir également décider que celui auquel on défère le serment ne peut s'y refuser, parce qu'il n'est censé souffrir aucun préjudice de ce qu'on lui demande la déclaration de la vérité : on a donc admis sans restriction ce principe de morale et d'équité consacré dans la loi romaine, qui met au nombre des actions les plus honteuses le refus du serment, et qui assimile ce refus à un aveu : *Manifestæ turpitudinis et confessionis est nolle jurare nec juramentum referre.* Leg. 38, ff. *de Jur. jur.*

Il résulte encore de ce principe qu'il peut être déféré en tout état de cause : il faut seulement que ce soit sur un fait personnel à la partie à laquelle on le défère. On ne peut plus présumer que le fait soit à sa connaissance, ni qu'elle fasse à la justice une dissimulation coupable, quand ce n'est pas son propre fait.

Si la partie à laquelle on défère le serment croit avoir quelque intérêt de le référer à son adversaire, c'est-à-dire de prendre elle-même droit par la déclaration de cet adversaire, celui-ci ne peut se refuser de rendre à la justice le même témoignage qu'il voulait exiger de l'autre partie.

Il faut seulement, pour que le serment puisse être ainsi référé, que le fait qui en est l'objet soit le fait des deux parties, et qu'il ne soit pas purement personnel à celui auquel il avait été déféré. C'est une conséquence de la règle qui n'assujétit au serment la partie à laquelle on le défère que sur les faits qui lui sont propres. 1362

Ce serment déféré par une partie à l'autre est décisoire : c'est la condition sous laquelle la loi donne le droit de l'exiger. Ainsi de l'exercice de ce droit résulte le consentement de se soumettre à la condition, et dès lors celui qui a déféré le serment ou qui l'a référé n'est plus recevable, lorsqu'il a été fait, à en prouver la fausseté; et même avant le serment prêté, le consentement qui résulte de ce qu'on l'a déféré ou référé ne peut plus être révoqué si l'adversaire a déclaré qu'il est prêt à le faire. 1363-1364

Ce sont ces motifs qui ont fait donner au serment décisoire, respectivement à celui qui l'a déféré ou référé, et respectivement à ses héritiers ou ayans-cause, toute la force d'une présomption *juris et de jure*, contre laquelle aucune preuve, pas même celle de pièces nouvellement recouvrées, n'est admissible. *Adversus exceptionem jurisjurandi replicatio doli mali non debet dari, cum prætor id agere debet, ne de jurejurando quæratur.* L. 15, ff. *de Except.*

Le serment décisoire étant regardé comme une convention entre celui qui prête le serment et celui qui le défère, il en résulte que, comme toute autre convention, il n'a d'effet qu'entre les parties, leurs héritiers ou ayans-cause, et à l'égard de la chose qui en a fait l'objet. 1365

Si le débiteur principal est libéré par le serment, ses cautions le sont également. L'obligation principale cessant, celle des cautions, qui n'est qu'accessoire, doit aussi cesser, puisque autrement les cautions qui seraient forcées de payer auraient leurs recours contre le débiteur, et ce serait de la part du créancier éluder l'effet du serment.

Si c'est à la caution que l'on défère le serment sur l'obligation principale, et si elle fait le serment qu'il n'est rien dû, le débiteur principal est libéré, parce que ce serment équivaut à un paiement, et que le paiement fait par la caution libère le débiteur principal.

Par le même motif, le serment déféré à l'un des débiteurs solidaires profite aux codébiteurs.

Il n'en est pas ainsi du serment déféré par l'un des créanciers solidaires au débiteur : chaque créancier solidaire peut exiger l'exécution entière de l'obligation; mais il n'a pas seul le droit de changer ou d'anéantir cette obligation; ainsi on a déjà vu que le débiteur n'est libéré par la remise de la dette que lui fait un des créanciers solidaires que jusqu'à conconcurrence de la part de ce créancier. Lorsqu'un cocréancier défère le serment au débiteur, c'est également une convention particulière entre eux; elle ne doit pas lier les autres créanciers. Ce serait une occasion de fraudes.

1366   Le serment est au nombre des moyens par lesquels la loi espère que la vérité sera découverte. Ce moyen, comme tous les autres, a dû être confié à la prudence du juge, soit qu'en le déférant il en fasse dépendre la décision de la cause, soit qu'il le défère seulement pour déterminer le montant de la condamnation.

1367   Le juge ne peut pas avoir assez de confiance dans la probité des plaideurs pour regarder le serment comme une preuve suffisante de la demande : il ne doit donc pas le déférer lorsqu'elle est totalement dénuée de preuve.

Il ne peut également exiger le serment lorsqu'il est inutile, et il l'est à son égard lorsque la preuve de la demande est complète.

Lorsque le juge défère le serment à l'une des parties, c'est un choix dans lequel on a présumé qu'il a été déterminé par des motifs qui doivent influer sur la découverte de la vérité. Il ne doit pas dépendre de la partie à laquelle il a été déféré de se soustraire à ce jugement en référant ce serment à son adversaire. 1368

Le droit de déférer le serment n'étant confié au juge que comme une dernière ressource à défaut d'autres moyens d'éclairer sa religion, il en résulte encore qu'il ne doit déférer le serment sur la valeur de la chose demandée que lorsqu'il est d'ailleurs impossible de constater autrement cette valeur. Il ne doit pas même dans ce cas avoir une confiance illimitée dans celui auquel il défère le serment : il doit déterminer la somme jusqu'à concurrence de laquelle ce serment fera foi. 1369

Telles sont, législateurs, les différentes espèces de preuves qu'il est possible d'employer pour constater qu'une obligation existe ou qu'elle a été acquittée.

C'est ici que se termine la série des principes dont se compose le titre *des Contrats ou des Obligations conventionnelles en général*. Ces principes sont susceptibles de modifications et exceptions relativement à plusieurs contrats qui, par ce motif et par le développement qu'exige leur importance, seront la matière des titres qui vous seront successivement présentés, et qui termineront le Code civil.

Le Corps législatif arrêta de suite que ce projet serait, avec l'exposé des motifs, communiqué officiellement au Tribunat, et il y fut transmis par un message le 8 pluviose an XII (29 janvier 1804).

COMMUNICATION OFFICIELLE AU TRIBUNAT.

La section de législation du Tribunat commit deux rapporteurs pour rendre compte, à l'assemblée générale, du titre qui venait de lui être communiqué. M. Favart fit le rapport de quatre premiers chapitres dans la séance du 13 pluviose (3 février); et M. Jaubert, chargé du surplus du projet, présenta son travail sur le chapitre V dans la même séance, et il apporta, dans celle du lendemain, la partie qui concerne le chapitre VI.

RAPPORT FAIT PAR LE TRIBUN FAVART
SUR LES QUATRE PREMIERS CHAPITRES.

Tribuns, la nécessité des bonnes lois se fait plus vivement sentir à mesure que les ressorts politiques d'un État se perfectionnent : c'est alors que ce qui auparavant n'était que des principes doit devenir des lois positives.

C'est alors qu'un gouvernement sage et ferme doit tracer dans un Code bien combiné les règles de tous les contrats, de toutes les conventions, et offrir aux dépositaires, aux gardiens des fortunes des particuliers, aux magistrats, la base sur laquelle ils doivent appuyer toutes leurs décisions.

Quel ouvrage, citoyens tribuns, que celui qui contiendra la morale publique du plus grand peuple de l'Europe! Ce que n'ont osé tenter les rois les plus puissans, le gouvernement actuel l'exécute avec une facilité qui doit paraître naturelle aux contemporains, parce qu'un génie réparateur les y a accoutumés, mais qui étonnera la postérité.

Dans les parties du Code déjà promulguées, le législateur a pu émettre sa volonté; et sa volonté, qui pouvait être différente, est devenue loi générale.

Mais dans la partie qui traite des contrats et des obligations conventionnelles, le législateur se trouve dans l'heureuse impuissance de proclamer une volonté particulière : tout ce qu'il dit doit être l'expression des éternelles vérités sur lesquelles repose la morale de tous les peuples. Le livre où il puise ses lois doit être la conscience ; ce livre où tous les hommes trouvent le même langage quand la passion ne les aveugle pas.

Les Romains ont écrit ces vérités dans leurs lois. Elles ont été recueillies par le savant Domat, et Pothier en fit un traité qui seul aurait fait sa gloire.

C'est dans les ouvrages de ces deux grands hommes que le projet de loi dont je vais vous entretenir a été puisé.

Vous ne vous attendez pas sans doute, citoyens tribuns, que je cherche à discuter chaque article. Les communications du Tribunat avec le Conseil d'État, la manière dont chaque projet se mûrit dans les utiles conférences qui ont lieu entre les sections de ces deux autorités, avant sa présentation officielle au Corps législatif, ne laissent à vos rapporteurs qu'une tâche bien facile à remplir, celle de faire sentir l'esprit des dispositions principales et la justesse des conséquences qui en découlent. Tout autre développement, surtout dans une matière telle que celle qui vous est soumise, peut devenir plus dangereux qu'utile, à moins qu'on ne répète ce qui a déjà été dit dans l'exposé des motifs de la loi.

Le titre des contrats est divisé en deux parties principales : l'une traite de la manière dont se forment les obligations, l'autre de la manière dont elles s'éteignent.

La première partie, dont je vais vous entretenir, se subdivise en trois chapitres.

Des conditions essentielles pour la validité des conventions.

De l'effet des obligations.

Des diverses espèces d'obligations.

La seconde partie forme deux autres chapitres très-importans, et ce sera mon collègue Jaubert qui vous en rendra compte.

ch. 1ᵉʳ.   Le projet commence par des dispositions générales dans lesquelles il donne d'abord les définitions communes à tous les contrats, et il ajoute que, soit qu'ils aient une dénomination propre, soit qu'ils n'en aient pas, ils sont soumis aux règles générales qui sont l'objet de ce titre.

1108   Le second chapitre établit que quatre conditions sont essentielles pour la validité des conventions :

1°. Le consentement de la partie qui s'oblige ;

2°. Sa capacité de contracter ;

3°. Un objet certain qui forme la matière de l'engagement ;

4°. Une cause licite dans l'obligation.

Chacune de ces conditions forme la matière d'une section où ce principe est développé.

1109   Ainsi, pour le consentement, il n'est pas valable s'il n'a été donné que par erreur, s'il a été surpris par dol, ou extorqué par violence.

1110   Mais il faut que l'erreur tombe sur la substance même de la chose qui est l'objet de la convention : si elle tombait sur la personne, elle n'annulerait la convention qu'autant que la considération de la personne en aurait été la cause principale.

1111-1112   Mais la violence, soit qu'elle ait été exercée par le contractant, soit qu'elle l'ait été par un tiers, doit être de nature à faire impression sur une personne raisonnable, et qu'elle fasse craindre pour sa fortune ou sa personne un mal *considérable et présent.*

La réunion de ces deux conditions, que le mal soit *considérable et présent,* peut seule caractériser le genre de violence qui doit faire annuler la convention dont on se plaint. Il faut surtout que ce mal soit présent, c'est-à-dire que la personne ait été menacée de l'endurer sur-le-champ, si elle ne faisait pas ce qu'on lui proposait. Ce n'est que par là qu'elle peut justifier qu'elle a été contrainte, qu'elle n'a pas eu de volonté, et qu'elle a cédé à la volonté d'un autre.

1113   La violence peut annuler un contrat quand elle ne serait pas exercée contre un des contractans, mais contre son époux et ses descendans ou ses ascendans.

Vous sentez, en effet, citoyens tribuns, que le danger d'une épouse doit être aussi puissant, aussi déterminant que celui que nous éprouvons nous-mêmes ; que la nature fait partager au cœur du fils ou du petit-fils les maux qu'ils voient souffrir aux auteurs de leurs jours. Dans un cas, l'amour conjugal, dans l'autre, l'amour paternel et la tendresse filiale, confondent l'existence des chefs et des rejetons des familles : les maux de l'un sont les maux de tous les autres.

Quant au dol, pour annuler un contrat il doit être tel   1116
qu'il soit évident qu'il est la cause de la convention, et que sans lui elle n'aurait pas eu lieu.

Pothier donne plusieurs exemples des cas de dol et de violence. La loi, qui ne peut pas désigner tous les cas, n'en doit désigner aucun : elle laisse aux tribunaux le soin de peser la gravité des circonstances, et de juger de l'effet qu'elles ont dû produire sur tel ou tel individu.

Au surplus, la violence et le dol ne se présument pas ; ils   Ib.et1117
doivent être prouvés.

Et, quand après la cessation de la violence le contrat a été   1115
approuvé, même tacitement ; quand après dix ans on n'a pas réclamé, on n'est plus recevable à l'attaquer.

Dans le premier cas, il y a remise présumée de la violence ; il y a aveu qu'elle n'a pas seule déterminé ce contrat.

Dans le second, il y a présomption que l'on n'a pas voulu s'en prévaloir : et d'ailleurs, il faut que la crainte de se voir troubler dans sa propriété ait un terme ; la tanquillité publique l'exige ; c'est le fondement de toutes les prescriptions.

La lésion vicie-t-elle toujours les conventions ?   1118

Elle est bien ordinairement le fruit de manœuvres adroites approchant du dol ; mais elle ne vicie les conventions que dans certains contrats, et à l'égard de certaines personnes, auxquelles la loi doit une protection particulière à raison de leur âge et de leur inexpérience, ainsi qu'il est expliqué dans une autre partie du projet. .

Il décide ensuite qu'on ne peut s'engager ni stipuler en son propre nom, que pour soi-même.

1120   Cependant si je me porte fort pour un tiers, l'engagement est valable si le tiers ratifie; mais il n'est pas obligé à la ratification, et, s'il la refuse, je suis passible des dommages et intérêts de celui avec qui j'ai traité.

1121   Il en est autrement lorsque je stipule au profit d'un tiers, à la suite d'une stipulation que je fais pour moi-même. Cette stipulation pour un tiers devient obligatoire dès l'instant que le tiers déclare vouloir en profiter, et sa déclaration équivaut à une acceptation; elle en a tous les effets, et rend irrévocable la stipulation.

1123   Une des conditions les plus essentielles pour la validité d'une convention, c'est d'être capable de la contracter.

1124   Le projet considère comme personnes incapables :

Les mineurs, les interdits, les femmes mariées, dans les cas exprimés par la loi,

Et généralement tous ceux auxquels la loi interdit certains contrats.

1125   Mais ils ne peuvent attaquer leurs engagemens pour cause d'incapacité que dans les cas prévus par la loi.

Il existait une assez grande diversité d'opinions sur la question de savoir si les personnes capables de s'engager pouvaient opposer l'incapacité de la femme mariée avec qui elles ont contracté.

Plusieurs jurisconsultes étaient pour l'affirmative, et parmi eux on comptait Pothier : ce dernier se fondait sur l'incapacité de la femme, et sur la puissance maritale, qui, suivant lui, rendait absolue la nullité des engagemens contractés par elle.

Si cette opinion avait pour défenseur un jurisconsulte aussi célèbre, l'opinion contraire avait pour elle des partisans non moins recommandables par leur doctrine, et, par-dessus tout cela, les principes. Il est constant, en effet, que la loi n'a déclaré la femme incapable de s'engager que pour la garantir de sa faiblesse et sauver sa fortune ; d'où il résulte qu'il doit lui être permis de faire sa condition meilleure, et que, tant qu'elle et son mari ne réclament pas contre ses engagemens, les personnes avec qui elle a contracté ne peuvent pas se faire un moyen de son incapacité relative pour les faire annuler : elle doit être traitée de même qu'un mineur ; et Pothier avoue que celui qui a contracté avec un mineur ne peut pas invoquer contre ce dernier l'incapacité qui lui est relative pour rompre le contrat.

Aussi le projet de loi a-t-il consacré ce principe en ces termes :

« Les personnes capables de s'engager ne peuvent opposer « l'incapacité du mineur, de l'interdit, ou de la femme « mariée, avec qui elles ont contracté. »

Dans la troisième section, qui traite de l'objet et de la nature des contrats, on pose pour premier principe de vérité éternelle, que tout contrat a pour objet une chose qu'une partie s'oblige de donner, ou que l'une des parties s'oblige de faire ou de ne pas faire. 1126

Mais il fallait dire quelles étaient les choses qui pouvaient faire la matière d'un contrat. 1127à1130

Or, ce sont les choses qui sont dans le commerce : ce sont celles qui sont déterminées, au moins quant à l'espèce, et dont la quotité, quoique incertaine, puisse être déterminée.

Les choses futures même peuvent être l'objet des conventions ; d'où l'on pourrait conclure qu'il est permis, comme autrefois, de renoncer, au moins dans un contrat de mariage, à une succession future.

Mais le projet de loi ne le permet pas : il défend non seulement d'y renoncer, mais même de faire aucune stipulation sur une succession non ouverte ; et en cela il s'est conformé aux lois des 15 mars 1790, 8 avril 1791, et 18 pluviose an V, qui ont aboli les renonciations aux successions futures.

Il est inutile de remarquer que la défense de faire aucune stipulation sur les successions non ouvertes n'empêche pas les père et mère de stipuler, dans les contrats de mariage de leurs enfans, toutes les conventions autorisées par la loi sur leurs futures successions. On se rappelle que la loi sur les donations et testamens leur permet même de faire entre leurs enfans et descendans la distribution et le partage de leurs biens, par acte entre-vifs ou testamentaire. Ainsi, il n'est rien dérogé à ces dispositions paternelles; et ceci fait sentir que la loi n'interdit les stipulations, sur les successions à venir, qu'aux personnes qui sont appelées à les recueillir : elle ne déroge pas à la loi, qui permet à chacun de disposer de tout ou partie de ses biens, suivant les circonstances, et même d'en régler la division.

1131à1135 Quant à la cause des contrats, qui fait la matière de la quatrième section, elle renferme deux principes invariables.

L'obligation qui n'a pas de cause, ou qui est fondée sur une fausse cause, ou sur une cause illicite, ne peut produire aucun effet; et la cause est illicite quand elle est prohibée par la loi, ou contraire, soit aux bonnes mœurs, soit à l'ordre public. Dans tous ces cas, il n'y a pas d'obligation, ou il faudrait admettre des effets sans cause.

Mais il ne faut pas confondre l'obligation qui n'a pas de cause avec celle où la cause n'est pas exprimée. Dans le premier cas, comme nous venons de le dire, il n'y a pas d'obligation ; dans le second, l'obligation subsiste : elle est valable si la cause est connue, quoique non exprimée. La différence vient de ce que, dans le premier cas, il est reconnu que l'obligation n'a pas de cause, et de ce que, dans le second, il existe une cause, quoique non exprimée.

Les obligations illicites sont dans la même classe que celles contractées sans cause : car une cause illicite est, aux yeux de la loi, comme si elle n'existait pas, ou comme une cause impossible dans son exécution.

Ainsi il faut bien se pénétrer du principe adopté par le projet : il divise les engagemens d'une manière à écarter toute difficulté dans l'application ; il n'en distingue que de deux sortes, savoir : les engagemens auxquels la loi refuse toute existence qui puisse produire un effet, et ceux qui sont seulement susceptibles d'être rescindés.

On doit ranger parmi les premiers ceux qui ont été contractés sans cause, ou pour une fausse cause, ou pour une cause illicite, et on peut dire qu'il n'y en a pas d'autres de cette nature.

On doit compter parmi les seconds les engagemens des mineurs, des interdits, des femmes mariées, et ceux surpris par dol, erreur ou violence.

On verra par la suite que le projet n'autorise pas la confirmation ou ratification des actes de la première espèce, mais qu'il est permis de confirmer ou ratifier les autres dans les cas prévus par la loi.

Après avoir établi les bases des obligations, il était naturel de parler de leurs effets : c'est la matière du troisième chapitre.   1134

Elles tiennent lieu de loi à ceux qui les ont faites.

Déjà le tribunal de cassation avait consacré ce principe : quelques jurisconsultes trop rigoristes improuvaient sa jurisprudence ; ils n'étaient frappés que de la violation faite à la volonté générale, qui est la loi ; ils ne voulaient pas voir que le contrat légalement formé était une émanation de la loi même et non moins sacrée qu'elle.

Mais il n'y aura plus d'incertitude sur ce principe ; il sera désormais fondé sur une loi positive et garante de l'autorité des contrats, garante par conséquent des fortunes des particuliers, et, ce qui est plus précieux encore, garante de la bonne foi qui doit régner dans l'exécution des conventions. Ainsi, toutes les fois qu'une convention aura été légalement formée, et dont les causes seront avouées par la loi, cette convention sera elle-même une loi, et le jugement qui la violera sera soumis à la censure du tribunal chargé par la constitution de les conserver toutes, et de les garantir de l'entreprise de l'arbitraire.

sect. 2 à 5   L'effet de l'obligation de donner n'est pas le même que celui de l'obligation de faire ou de ne pas faire ; ce qui a fait diviser ces deux obligations en deux sections.

Ensuite, l'inexécution des obligations donnant lieu à des dommages et intérêts, il était essentiel de fixer les règles d'après lesquelles ils doivent être déterminés. C'est la matière d'une troisième section.

Et les contrats n'étant pas tous rédigés avec une clarté qui ne laisse rien à désirer, il a fallu diriger le juge qui cherche l'intention des contractans. L'interprétation des contrats a donc dû faire la matière d'une quatrième section.

Enfin les obligations ont des effets à l'égard des tiers : ils sont réglés dans une cinquième section.

Pour saisir l'esprit du droit adopté dans ces diverses sections, il est bon d'en présenter les principales bases.

1136   D'abord, de l'obligation de donner naît celle de livrer la chose.

De l'obligation de livrer la chose naît celle de la conserver jusqu'à la livraison, à peine de dommages et intérêts envers le créancier.

1137   Cette conservation assujettit à apporter tous les soins d'un bon père de famille.

Ils ne sont pas déterminés par le projet, parce qu'ils sont différens selon la nature du contrat.

1138   L'obligation de livrer la chose rend le créancier propriétaire du moment que le consentement a formé le contrat; d'où il résulte que la chose périt pour lui, à moins que le débiteur n'ait été mis en demeure, car, dans ce cas, la chose est à ses risques.

Ces principes ont été consacrés de tout temps parmi nous.

1137   Mais il s'élevait souvent des difficultés sur les effets de la responsabilité de celui qui s'était obligé de donner une chose.

Le droit romain avait établi à cet égard diverses règles qui variaient suivant la nature des contrats ou quasi-contrats contenant l'obligation.

Si le contrat n'avait pour objet que la seule utilité de celui à qui la chose devait être donnée, le débiteur n'était tenu que de la faute grave équivalente au dol.

Si le contrat avait pour objet l'utilité des deux contractans, le débiteur était tenu d'apporter un plus grand soin à la conservation de la chose, et la faute légère suffisait pour le soumettre à la responsabilité.

Enfin, si le contrat était pour la seule utilité du débiteur, il était tenu de la faute la plus légère.

Le projet de loi, en écartant toutes ces distinctions, dont les règles étaient si difficiles à appliquer, s'attache à un principe simple du droit naturel, qui veut que l'on fasse pour les autres ce que nous voudrions qu'ils fissent pour nous-mêmes. De quelque nature que soit le contrat qui remet au débiteur la conservation d'une chose qui appartient à celui auquel il la doit, le soin de la conserver doit être le même : aussi long-temps qu'elle est dans la possession du débiteur, ce dernier doit se considérer comme s'il en était le propriétaire.

Telle est la règle générale sagement consacrée par l'article 38 du projet de loi.

L'obligation du débiteur chargé de conserver la chose qu'il doit donner ne peut être plus ou moins étendue que relativement à ce qui est la matière du contrat, parce que, sous ce rapport, les moyens de conservation varient suivant la nature des objets qui sont confiés à ses soins. La responsabilité du débiteur l'oblige à toute la surveillance d'un bon père de famille ; mais on ne peut pas exiger qu'il aille au-delà en apportant un soin extraordinaire, à moins qu'il n'en ait expressément contracté l'obligation, ou qu'elle ne soit une conséquence nécessaire de son engagement. Mais dans aucun cas il n'est dispensé d'apporter les soins qu'on doit raisonnablement attendre d'un bon père de famille pour la conservation de sa propre chose ; et ce principe, pour lequel la loi ne fixe et ne peut fixer aucune gradation, est la seule règle qu'on ait dû admettre pour apprécier la faute qui doit produire la responsabilité du débiteur.

1141 Le projet fixe les opinions sur une autre question. Si une chose mobilière a été promise successivement à deux personnes, à qui doit-elle appartenir?

L'article 41 décide que c'est à celui qui en a été mis en possession réelle, quand même son titre serait d'une date postérieure; mais il y met la condition qu'il aura été de bonne foi : car s'il avait su la première vente, ou que la mauvaise foi se manifestât d'une autre manière, l'autre acquéreur serait préféré. Le principe est fondé sur ce que les meubles n'ont pas de suite, et sont censés appartenir à celui qui les possède, s'il n'est pas prouvé que sa possession est fondée sur le dol, la fraude ou la mauvaise foi.

1140 Vous remarquerez qu'il ne s'agit ici que des choses purement mobilières. Quant à l'obligation de donner ou livrer un immeuble, elle doit être assujétie à d'autres règles que l'on verra aux titres *du Contrat de vente et des Priviléges et Hypothèques.*

1142 Quel est l'effet de l'obligation de faire ou de ne pas faire? elle se résout en dommages et intérêts en cas d'inexécution de la part du débiteur, parce que, disent les jurisconsultes romains, *nemo ad actum cogi potest.*

1143 Cependant il a fallu laisser au créancier le droit de faire détruire aux dépens du débiteur ce qu'il aurait fait ou fait faire en contravention du contrat : le projet le porte, et il ajoute : « sans préjudice des dommages et intérêts, s'il y a « lieu, ce qui est laissé à l'arbitrage du juge. »

1144 Il a fallu aussi, et par la même raison, laisser au créancier le droit de faire exécuter lui-même l'obligation aux dépens du débiteur. Cela est conforme au principe que celui qui s'est obligé de faire une chose ne peut pas y être contraint, mais qu'on peut la faire faire pour lui et à ses frais, ou demander des dommages et intérêts à raison de son inexécution; car l'objet principal de la loi est que le créancier soit indemnisé d'une manière ou d'une autre.

Le débiteur encourt les dommages et intérêts s'il a été mis en demeure, soit par le créancier, soit par la lettre de son contrat, qui détermine le temps où l'obligation doit être exécutée.

Mais dans l'un et l'autre cas il en est affranchi s'il a été empêché d'exécuter l'obligation, soit par une cause qui lui est étrangère, soit par une force majeure ou un cas fortuit. 1148

Il en est autrement s'il avait agi en contravention de l'obligation; car on sent qu'aucune chose ne l'y a pu contraindre. Ib.et1148

Mais les dommages et intérêts, d'après quelle échelle doivent-ils être réglés? Tous les jurisconsultes sont convenus que la matière est extrêmement difficile à traiter. 1149

Aussi le projet s'est-il borné à présenter quelques principes qui peuvent servir de règles, ou plutôt de préceptes aux juges qui doivent prononcer sur les prétentions toujours exagérées de ceux qui se plaignent de l'inexécution des conventions.

1°. Ces dommages et intérêts doivent se régler sur la perte que le créancier éprouve, et sur le gain dont il est privé, sauf quelques modifications.

Ainsi le débiteur n'est tenu que des pertes et des gains qui ont été prévus ou qu'on a pu prévoir lors du contrat, lorsque ce n'est point par son dol que le contrat n'a pas reçu son exécution. 1150

Ainsi, même dans le cas du dol, les dommages et intérêts ne doivent comprendre, à l'égard de la perte éprouvée et du gain dont le créancier a été privé, que ce qui est une suite immédiate et directe de l'inexécution de la convention. 1151

2°. Lorsque les dommages et intérêts ont été prévus, le juge ne peut accorder que ceux qui sont stipulés; mais aussi 1152 il ne peut pas accorder moins. Ainsi cette disposition écarte toute idée de clause comminatoire, et renferme une excellente morale, en assujétissant les hommes à compter sur l'exécution littérale de ce qu'ils ont stipulé.

1153 3°. Dans les obligations qui n'ont pour objet que le paiement d'une certaine somme, les dommages et intérêts se bornent aux intérêts légaux de cette somme; mais ils sont dus sans que le créancier justifie d'aucune perte, et ne commencent à courir que du jour de la demande.

1154 Dans cette section on remarque l'article 54, qui introduit un droit nouveau ; il est conçu en ces termes :

« Les intérêts échus des capitaux peuvent produire des in-
« térêts, ou par une demande judiciaire, ou par une conven-
« tion spéciale, pourvu que, soit dans la demande, soit dans
« la convention, il s'agisse d'intérêts dus au moins pour une
« année entière. »

On regardait autrefois comme usuraire la perception des intérêts des intérêts.

Aujourd'hui on considérera les intérêts d'un an comme un capital.

Et cela est conforme aux vrais principes. Il ne faut pas qu'il soit au pouvoir du débiteur de reculer, par des chicanes multipliées, le paiement du premier capital, et de nuire au créancier en le privant du droit de se faire un nouveau capital des intérêts civils de ses fonds.

Ce principe forcera encore les hommes à l'exécution de leurs obligations en les punissant du retard qu'ils voudront y porter.

1155 Quant aux revenus échus, tels que fermages ou restitutions de fruits, ils produiront également des intérêts du jour de la demande ou de la convention. On doit observer que pour les fermages, loyers et arrérages de rentes, il suffit qu'un terme soit échu pour qu'il puisse porter intérêt.

Il en sera de même à l'égard des intérêts payés par un tiers au créancier en acquit du débiteur. Cela est fondé sur ce que ce tiers est alors aux droits et à la place du créancier qu'il a payé par une espèce de subrogation naturelle et légale.

Comment doivent s'interpréter les conventions ? sect. 5

L'interprétation de la loi générale appartient au législateur.

L'interprétation de la loi particulière des contractans ne 1156 pouvait appartenir qu'aux juges. Eux seuls peuvent, exempts de passions, lire dans l'intention des parties ; mais ils doivent suivre, dans cette pénible recherche, certaines règles universelles. Le projet de loi leur en présente plusieurs qui ont reçu l'approbation de tous les siècles.

Une clause est-elle susceptible de deux sens, alors on doit 1157 plutôt l'entendre dans celui avec lequel elle peut avoir quelque effet que dans le sens avec lequel elle n'en pourrait produire aucun.

Une clause est-elle ambiguë, alors elle doit s'interpréter 1159 par ce qui est d'usage dans le pays où le contrat est passé.

Enfin, dans le doute, la convention s'interprète contre celui qui a stipulé, et en faveur de celui qui a contracté l'obligation. 1162

Dans tous les cas les clauses doivent s'interpréter les unes 1161 par les autres, en donnant à chacune le sens qui résulte de l'ensemble de l'acte.

A l'égard des tiers, quoique les conventions ne puissent, sect. 6 en général, leur nuire ni leur profiter, il a fallu donner aux créanciers la faculté d'exercer les droits et les actions de leur débiteur. C'est ce qui est établi dans la sixième section.

Tels sont, tribuns, les principes généraux de toutes les conventions.

Mais les obligations sont de diverse nature, et chaque espèce a ses règles particulières. C'est l'objet du quatrième chapitre. ch. 4.

Il est des obligations conditionnelles, il en est qui sont à terme ; d'autres sont alternatives, d'autres solidaires : quelques-unes sont divisibles ou indivisibles ; enfin il en est où l'on fait entrer des clauses pénales.

1169   Dans les conditions on distingue celles qui sont casuelles et qui dépendent du hasard ;

1170   Celles qui sont potestatives, et qui sont au pouvoir de l'une ou de l'autre des parties contractantes ;

1171   Celles qui sont mixtes, et dont l'événement tient à la volonté d'une partie contractante et à la volonté d'un tiers.

1174   Si la condition est au pouvoir de la partie qui s'oblige l'obligation est nulle ; il n'y a pas de lien.

1172   L'obligation de faire est également nulle si elle est contractée sous une condition impossible, contraire aux lois et aux bonnes mœurs.

1178   La condition est réputée accomplie lorsque le débiteur, obligé sous cette condition, en a empêché l'accomplissement.

1179   Au surplus, la condition accomplie a un effet rétroactif au jour auquel l'engagement a été contracté : d'où il résulte que si le créancier meurt avant l'accomplissement, il transmet ses droits à ses créanciers.

1181   Cependant, si la condition est suspensive, il faut distinguer le cas où elle dépend d'un événement futur et incertain, et celui où elle dépend d'un événement actuellement arrivé, mais pas encore connu des parties.

Dans le premier cas l'obligation n'est exécutée qu'après l'événement ; mais le créancier a le droit de faire tous les actes conservatoires qu'il juge convenables.

Dans le second le droit est acquis au créancier du jour où l'obligation a été contractée.

1182   Et comme cette condition suspend l'exécution du contrat, la chose qui en fait la matière demeure aux risques du débiteur, puisqu'il a voulu en rester débiteur jusqu'à l'événement.

Mais si la chose périt sans sa faute, l'obligation est éteinte.

Si elle n'est que détériorée, et toujours sans sa faute, le créancier peut ou la prendre dans l'état où elle se trouve, ou résoudre l'obligation.

Enfin, si la chose est détériorée par la faute du débiteur,

le créancier, s'il veut la prendre, a encore le droit d'exiger des dommages et intérêts.

La clarté de chacune de ces dispositions ne permet pas d'y ajouter le moindre développement.

Examinons maintenant l'effet de la condition résolutoire. 1183

Cette condition ne suspend pas l'exécution de la convention. Dès qu'elle s'accomplit elle remet les parties au même état qu'avant l'obligation.

Elle est toujours sous-entendue dans les contrats synal- 1184
lagmatiques pour les cas où l'une des parties ne satisfera point à ses engagemens. Cependant l'autre partie a le droit d'exiger l'exécution du contrat, si elle est possible, ou d'en demander la résolution avec dommages et intérêts. Dans ce dernier cas il doit être formé une action, et le juge peut, suivant les circonstances, accorder un délai au débiteur.

L'autorisation donnée aux tribunaux de pouvoir, dans ce cas, accorder un délai, ne porte point atteinte au principe déjà consacré, que les conventions tiennent lieu de loi à ceux qui les ont faites. Ici la résolution du contrat est demandée par celui même qui pouvait en poursuivre l'exécution. Le délai qu'il est permis aux juges d'accorder au débiteur pour exécuter l'acte avant que la résolution soit acquise est fondé sur l'humanité. C'est une exception, si l'on veut, à l'article 34, qui porte que la convention légale doit être une loi pour les parties contractantes; mais les articles 34 et 84 subsistant ensemble, tous les contrats seront formés sous l'empire de ces deux dispositions, dont l'une tempère la rigueur de l'autre. C'est ainsi qu'on les concilie, et qu'on donne aux juges un droit précieux, puisqu'il tend à venir au secours de celui que des circonstances malheureuses ont empêché de remplir à jour fixe les engagemens qu'il a contractés.

Quel est l'effet des obligations à terme? 1185

Le projet porte que l'obligation à terme ne fait que retarder l'exécution du contrat.

1187   Le terme est toujours présumé stipulé en faveur du débiteur, si le contraire n'est pas écrit dans le contrat.

1188   Quand le débiteur a fait faillite, ou diminué la sûreté qu'il avait donnée à son créancier, il ne peut plus réclamer le bénéfice du terme : juste sévérité dont on a, de tout temps, reconnu la sagesse.

D'une part, le terme n'a été accordé qu'en faveur des sûretés qu'avait le créancier. Quand sa confiance diminue par la diminution des causes qui l'avaient fondée, il faut que la loi le laisse agir comme il aurait agi s'il n'avait pas eu sa sûreté tout entière au moment du contrat.

D'autre part, quel ménagement mérite le débiteur en faillite? La loi ne peut jamais être trop rigoureuse à son égard, surtout s'il est de mauvaise foi. Les exemples de fraude ne sont devenus que trop communs. S'il était utile d'exprimer un vœu que justifiera bientôt sans doute la sagesse du gouvernement, j'appellerais avec ardeur la loi qui doit ramener la prospérité dans le commerce en forçant les négocians à la probité et à la connaissance de leurs vrais intérêts.

sect. 3.   Quelles sont les règles que l'on doit suivre dans les obligations alternatives?

1190   Le projet veut que le choix de donner l'une ou l'autre des choses promises appartienne au débiteur s'il n'a pas été accordé au créancier.

1191   Mais le débiteur ne peut pas offrir partie de l'une et partie de l'autre.

1193   L'obligation alternative devient simple si l'une des choses a péri, ou n'était pas susceptible d'entrer dans le commerce.

Si les deux choses ont péri, et l'une d'elles par la faute du débiteur, il doit le prix de celle qui a péri la dernière.

1194   Mais il peut arriver que, par le contrat, le choix de deux choses ait été déféré au créancier.

Dans ce cas le droit est différent; si l'une des choses a péri sans la faute du débiteur, le créancier prend celle qui reste : si elle a péri par la faute du débiteur, le créancier peut demander la chose qui reste ou le prix de celle qui a péri.

Enfin les deux choses peuvent périr sans la faute du débiteur : alors l'obligation est éteinte.   1195

Les règles établies pour les obligations alternatives sortent des principes généraux. Ces obligations doivent être exécutées de la manière qu'elles ont été stipulées, et le débiteur doit toujours veiller à la conservation de ce qu'il a promis de donner ou de faire.

Je vais maintenant vous entretenir des obligations solidaires.   sect. 4

Elles se divisent en deux branches ; ou ce sont les créanciers qui sont solidaires, ou ce sont les débiteurs.

Les principes de la première solidarité sont infiniment simples.

Les principes de la seconde paraissent plus compliqués ; mais il est facile de les saisir.

Ceux de la première se réduisent à ceci.   1197-1198

Il est au choix du débiteur de payer à l'un ou à l'autre des créanciers solidaires, tant qu'il n'a pas été prévenu par les poursuites de l'un d'eux : dans ce cas chaque créancier est, par rapport au débiteur commun, comme s'il était lui-même l'unique créancier. Rien ne l'empêche dès lors de recevoir la totalité de la dette, et d'en libérer valablement le débiteur.

Mais la remise que fait l'un des créanciers solidaires de la totalité de la dette libère-t-elle le débiteur envers les autres ?

L'article 98 décide la négative. Il porte que la remise faite par l'un des créanciers ne libère que pour sa part le débiteur qui reste engagé envers les autres pour la leur.

On a observé que d'après l'article 134 la remise de la dette étant au nombre des moyens de libération, l'obligation du débiteur commun devait être éteinte par la remise qu'un des créanciers ferait de la dette totale, comme par le paie-

ment intégral qu'il aurait reçu. La solidarité entre les créanciers, a-t-on ajouté, ne serait pas complète, si chaque
moyen de libération n'était pas au pouvoir de chaque créancier.

On a répondu à cette objection que l'intention des créanciers, lorsqu'ils conviennent entre eux de la solidarité, est
bien que chacun d'eux puisse libérer le débiteur en recevant
de lui toute la somme due ; mais non pas qu'il puisse faire
un acte de générosité aux dépens des autres, en remettant la
dette pour les parts qui leur reviennent.

D'ailleurs si le créancier solidaire pouvait faire la remise
de la totalité de la dette sans y être spécialement autorisé,
ce serait un moyen sur lequel un créancier et un débiteur
de mauvaise foi pourraient s'accorder pour nuire aux autres
créanciers. Il leur serait facile de supposer une remise totale
qui ne serait que partielle, et dont le résultat tournerait à
leur profit. C'est pour prévenir de pareils abus que le projet
a sagement ordonné que la remise faite par l'un des créanciers solidaires n'aurait d'effet que pour sa part dans la dette.

1199   Il n'en est pas de même de l'effet de la reconnaissance de
la dette faite par le débiteur envers l'un des créanciers solidaires. Cette reconnaissance interrompt la prescription à
l'égard des autres créanciers, qui se trouvent représentés par
celui au profit duquel le débiteur l'a faite : si ce dernier a pu
lui payer valablement ce qu'il devait, n'est-il pas juste que
la reconnaissance qu'il lui a faite profite à tous les autres
créanciers?

1200-1202   Les principes qui constituent la solidarité entre les créanciers étant fixés, voyons comment s'établit la solidarité entre
les débiteurs.

Elle existe lorsqu'ils sont obligés à une même chose, de
manière que chacun d'eux puisse être contraint à la totalité :
mais elle ne se présume pas, à moins qu'elle ne soit la conséquence d'une loi positive , comme entre associés. Au surplus,
elle se divise de plein droit entre les débiteurs, qui n'en

sont tenus entre eux que chacun pour ses part et portion.

Quel est l'effet de l'obligation solidaire ? Elle donne le 1205-1206 droit au créancier de s'adresser à celui des débiteurs qu'il veut choisir, ou de les actionner tous, et l'action qu'il forme contre l'un d'eux interrompt la prescription contre tous.

Trois sortes d'exceptions peuvent être opposées par le dé- 1208 biteur solidaire : 1° celles qui résultent de la nature de l'obligation ; 2° celles qui lui sont personnelles ; 3° celles qui sont communes à tous les codébiteurs.

Le projet prévoit le cas où la chose due a péri par la faute 1205 ou pendant la demeure de l'un ou de plusieurs des débiteurs solidaires. Alors, dit-il, le créancier peut demander le prix de la chose contre tous ces codébiteurs ; mais il n'a d'action en dommages et intérêts que contre ceux par la faute desquels la chose a péri, ou qui étaient en demeure de la livrer. Il était juste de ne pas rendre les autres codébiteurs passibles de ces dommages et intérêts, puisqu'ils se trouvent étrangers à la cause qui y donne lieu.

Le créancier doit-il perdre toute action solidaire lorsqu'il 1210-1211 consent à la division de la dette à l'égard de l'un des codébiteurs, soit par une convention *ad hoc*, soit en recevant la portion de ce codébiteur sans réserve ?

Cette question a été très-controversée dans votre section. Il est de mon devoir de vous faire connaître les bases de chaque système.

Les uns pensaient que l'acte qui contient une obligation solidaire pouvait être considéré comme une espèce de société entre les codébiteurs, et à laquelle le créancier n'avait pas le droit de porter atteinte ; que le lien qui unissait les codébiteurs entre eux était aussi indissoluble par le fait du créancier que celui qui les obligeait envers le créancier l'était de la part de ses codébiteurs ; que dès-lors, si les codébiteurs ne pouvaient rien changer à leur obligation envers le créancier, ce dernier devait également se trouver dans

l'impuissance de rompre la chaîne qui les avait liés entre
eux par suite d'une confiance mutuelle.

On ajoutait que tel qui a contracté une obligation solidaire
ne l'a fait que parce qu'il a compté non seulement sur la
solvabilité, mais plus encore peut-être sur la moralité et sur
la surveillance éclairée d'un des codébiteurs. S'il plaît au
créancier d'affranchir ce codébiteur de la solidarité, il en
résultera que l'autre est trompé, et qu'il est privé de la principale garantie qui l'avait déterminé à cette obligation solidaire : d'où l'on tirait la conséquence qu'il était juste que,
dans ce cas, le créancier perdît toute action solidaire contre
les autres codébiteurs.

Si ces raisons ont paru fortes, elles ont été balancées par
d'autres qui ont obtenu la préférence. On a dit : « que dans
cette matière le créancier ne devait pas être plus enchaîné
par la loi qu'il n'avait entendu s'enchaîner lui-même par
l'acte. De ce qu'il a bien voulu renoncer à la solidarité à
l'égard de l'un des codébiteurs, il n'en résulte pas nécessairement une renonciation en faveur de tous les autres. Si la
loi tirait cette conséquence, l'effet inévitable serait que le
créancier, pour ne pas être victime de sa complaisance, ne
renoncerait à la solidarité en faveur de personne; de sorte
que celui qui aurait le plus grand besoin de cette grâce ne
pourrait jamais l'obtenir. »

Il faut faire attention, a-t-on ajouté, que l'acte primitif
qui a établi la solidarité contient deux obligations bien distinctes; l'une entre le créancier et les débiteurs, l'autre
entre chaque débiteur et ses codébiteurs. Lorsque le créancier décharge l'un d'eux de la solidarité il use d'une faculté
résultant de la première convention; car celui qui peut
demander le paiement du tout peut se restreindre au paiement d'une partie.

D'ailleurs le projet décidant que le créancier qui aura
consenti à la division à l'égard d'un de ses codébiteurs con-

servera toujours la solidarité contre les autres débiteurs, ceux-ci ne peuvent avoir à s'en plaindre, 1° parce que la solidarité ne subsistera que sous la déduction de la part du débiteur déchargé; 2° parce que, s'il y a des débiteurs insolvables à l'époque où le restant de la dette est demandé à un débiteur, le débiteur déchargé n'est pas dispensé pour cela de supporter contributoirement la perte qui résulte de cette insolvabilité; 3° enfin, parce que le débiteur auquel le créancier s'adresse pour payer toute la dette, moins la part du débiteur déchargé, aurait été obligé de payer cette part de plus si elle n'eût pas été payée par le débiteur déchargé.

C'est d'après ces motifs qu'on a adopté en principe que le créancier qui consent à la division de la dette à l'égard de l'un des codébiteurs conserve son action solidaire contre les autres, mais sous la déduction de la part du débiteur qu'il a déchargé de la solidarité.

Et prévoyant le cas où, après la remise de la solidarité à l'un des codébiteurs, un autre devient insolvable, on a décidé que la portion de ce dernier sera contributoirement répartie entre tous les débiteurs, même contre celui précédemment déchargé par le créancier. 1215

C'est donc avec raison qu'on a décidé que l'insolvabilité d'un des débiteurs ne doit pas nuire au créancier, et que la remise de la solidarité à l'un des débiteurs ne doit pas nuire aux autres.

Je passe aux obligations divisibles et indivisibles. Je sens qu'il est impossible dans une matière aussi abstraite de vous donner en peu de mots l'esprit de la loi sans vous rapporter ses propres expressions. sect. 5.

Le projet explique les cas dans lesquels une obligation est divisible ou indivisible. C'est, dit-il, selon qu'elle a pour objet une chose qui, dans sa livraison, ou un fait qui, dans son exécution, est ou n'est pas susceptible de division, soit matérielle, soit intellectuelle. 1217

Cependant une chose peut être divisible par sa nature : 1218 mais si le rapport sous lequel elle est considérée dans l'obligation ne la rend pas susceptible d'exécution partielle, l'obligation est indivisible.

Ainsi, pour rendre le principe plus sensible, un testateur charge ses héritiers de bâtir un hôpital dans une certaine ville, et d'y employer une somme qu'il détermine. L'obligation (ainsi que le dit Pothier dont nous tirons l'exemple) qui aurait pour objet la construction de l'hôpital serait indivisible.

1220   Au surplus, toute obligation susceptible de division doit être exécutée comme si elle était indivisible. La divisibilité n'a d'application qu'à l'égard des héritiers, qui ne sont tenus que pour la portion qu'ils prennent dans la succession.

1221   Encore faut-il distinguer ,

Si la dette est hypothécaire ;

Si elle est d'un corps certain ;

S'il s'agit de la dette alternative de choses au choix du créancier, dont l'une est indivisible.

Dans ces trois cas, l'héritier qui possède la chose due ou le fonds hypothéqué à la dette peut être poursuivi pour le tout sur la chose due ou sur le fonds hypothéqué, sauf son recours contre ses cohéritiers.

Il faut distinguer encore :

Si l'un des héritiers est chargé seul, par le titre, de l'exécution de l'obligation, il peut être poursuivi pour le tout, sauf son recours contre les autres ;

Enfin, s'il résulte; soit de la nature de l'engagement, soit de la chose qui en fait l'objet, soit de la fin qu'on s'est proposée dans le contrat, que l'intention a été que la dette ne peut s'acquitter par parties ;

Dans ce cas, le créancier peut poursuivre un des héritiers pour le tout, sauf également le recours de celui-ci contre ses cohéritiers.

Dans les cinq espèces d'exception le fait peut être divisible par sa nature, mais l'obligation a les effets de l'indivisibilité.

D'autres principes viennent éclaircir ceux qui précèdent, §2.
en réglant les effets de l'obligation indivisible.

Ainsi chacun de ceux qui ont contracté conjointement une 1:22
dette indivisible en est tenu pour le total, quoiqu'il n'y ait
pas stipulation de solidarité : d'où il résulte que l'obligation
indivisible a, quant à cet objet, le même effet que l'obligation
solidaire.

Il en est de même à l'égard des héritiers de celui qui a 1223
contracté une pareille obligation.

Quant aux héritiers du créancier, l'un d'eux peut exiger 1224
en totalité l'exécution de l'obligation indivisible, mais il ne
peut pas seul en faire la remise. Cette prohibition est fondée
sur les mêmes motifs qui ont fait admettre la disposition de
l'article 98, qui porte que la remise faite par l'un des
créanciers solidaires ne libère le débiteur que pour la part de
ce créancier.

Cet héritier ne peut pas non plus recevoir seul le prix de
la chose au lieu de toute la chose. Il ne pourrait le faire
qu'autant qu'il y serait autorisé par ses cohéritiers. La loi
l'autorise bien à poursuivre seul l'exécution de l'obligation,
mais non pas à en dénaturer l'objet, qui ne peut l'être que
par la volonté exprimée de tous les héritiers du créancier.

Quant aux héritiers du débiteur, si l'un d'eux est assigné 1225
pour la totalité de l'obligation, il peut demander un délai
pour mettre en cause ses cohéritiers : différence essentielle à
remarquer entre une obligation indivisible et une obligation
solidaire ; car pour celle-ci le débiteur assigné n'a pas le droit
de demander ce délai. Il doit tout : il peut donc être assigné
et poursuivi pour le tout.

Il ne me reste, citoyens tribuns, qu'à vous parler des sect.6.
obligations avec clauses pénales.

La clause pénale est définie ; c'est celle par laquelle une 1226
personne, pour assurer l'exécution d'une convention, s'engage à quelque chose en cas d'inexécution.

La nullité de l'obligation entraîne celle de la clause pénale ; 1227 mais la clause pénale peut être nulle, soit parce qu'elle est impossible dans son exécution, soit parce qu'elle est contraire aux mœurs ; et sa nullité n'emporte pas celle de l'obligation.

Une clause pénale doit-elle être exécutée rigoureusement?

Dans les tribunaux, autrefois, on la modifiait ; quelquefois on la supprimait, quand il n'y avait qu'un retard dans l'exécution, et le juge se contentait de condamner à quelques dommages et intérêts.

Cette jurisprudence, qui prenait sa source dans des sentimens louables, avait pourtant un grand vice : elle accoutumait les hommes à se jouer de leurs engagemens, à promettre plus qu'ils ne voulaient tenir, sûrs que les tribunaux les favoriseraient.

Le projet de loi, plus sévère et plus juste, ne permet plus aux juges d'affranchir le débiteur de mauvaise foi de la peine qu'il a stipulé lui-même et librement. Il est du devoir du législateur de forcer les hommes à voir des lois dans les contrats, et à les exécuter avec ponctualité : moyen infaillible de les ramener à la bonne foi la plus scrupuleuse.

1231   Tout ce que l'article 131 permet aux juges, c'est de modifier la peine lorsque l'obligation principale a été exécutée en partie. Cette modification peut avoir lieu lors même que la peine a été stipulée pour le simple retard. Il ne serait pas juste que deux obligations soumises à la même clause pénale donnassent toujours lieu à la même peine, et contre le débiteur qui a presque exécuté son engagement, et contre celui qui n'a pas commencé à l'exécuter. Dans le premier cas, les juges doivent apprécier la position des parties, et modifier la peine suivant les circonstances ; dans le second cas, au contraire, la clause pénale doit recevoir sa pleine exécution.

1232   Le projet décide ensuite que la clause pénale doit suivre le sort de l'obligation primitive.

Ainsi, si l'obligation primitive est indivisible, la peine stipulée est encourue pour la totalité par la contravention d'un seul des héritiers du débiteur, et elle peut être exigée

contre celui que le créancier voudra actionner, sauf son recours contre ses autres cohéritiers.

Si au contraire l'obligation primitive est divisible, la peine [1233]
n'est encourue que pour celui qui contrevient à l'obligation,
et pour la part seulement dont il était tenu de l'obligation
principale.

On suit, à cet égard, les principes adoptés sur la divisibilité ou l'indivisibilité des obligations. Par là les intérêts
respectifs des parties sont pleinement conservés.

Telle est, citoyens tribuns, l'analyse motivée des trois
premiers chapitres du titre sur les obligations.

La matière était aride par la nature des questions qu'elle
présente ; mais les principes qui y sont consacrés vous sont
familiers : ils sont de droit naturel.

Si les auteurs du projet ont eu à balancer entre des opinions qui ont partagé les tribunaux et les jurisconsultes, je
vous l'ai fait remarquer, et vous avez dû voir qu'on s'est
déterminé à embrasser celle qui était la plus conforme aux
véritables principes.

Je le dis avec la plus intime conviction, jamais le code
d'aucun peuple n'a été plus pur, plus moral, plus édifiant
que cette partie du Code français. Le législateur suprême a
lui-même tracé cette loi dans le cœur de tous les hommes de
bien. Elle sera donc la règle que chaque homme de bien se
prescrit dans ses actions ; elle ne peut donc avoir pour ennemis que les méchans : mais que pourra leur résistance quand
des magistrats éprouvés tiendront dans leurs mains le glaive
et la balance de la justice ?

Votre section de législation a pensé que cette première
partie du projet méritait votre approbation.

RAPPORT FAIT PAR LE TRIBUN JAUBERT,
SUR LE CHAPITRE V, DE L'EXTINCTION DES OBLIGATIONS.

Tribuns, les hommes réunis en société sont tous liés par des devoirs réciproques.

L'intérêt social, le sentiment de l'honneur, le cri de l'humanité, sont l'origine de ces devoirs et la règle de leur accomplissement.

C'est principalement par ses institutions publiques qu'un grand peuple peut étendre l'influence de ce lien sacré qui unit tous les hommes.

La loi civile ne peut s'occuper des rapports de bienveillance naturelle; elle ne doit prononcer que sur les engagemens qui résultent des conventions privées.

Les besoins ont créé les conventions.

Tour à tour nous acquérons des droits et nous devenons obligés. La matière des conventions embrasse chaque famille; elle atteint tous les individus.

Aussi vous avez déjà vu, par l'exposé de notre collègue Favart, avec quel soin la première partie du projet de loi sur *les Contrats ou les Obligations conventionnelles en général* a tracé les règles relatives à la formation des obligations et à leurs effets.

1234 Il était également important de fixer les règles qui ont trait à leur extinction.

La sûreté commune demande que les caractères de la libération soient clairement définis.

L'obligation est un lien de droit. Ce lien existe dans toute sa force jusqu'à ce qu'il soit légalement dissous.

Les moyens d'extinction des obligations sont :

Le paiement, la novation, la remise de la dette, la compensation, la confusion, la perte de la chose, la nullité ou *la rescision de la convention, l'effet de la condition résolutoire*, et *la prescription.*

Premier moyen d'extinction.... Par ce terme *paiement* on §ection 1ᵉ. n'entend communément que la manière dont ceux qui doivent des sommes d'argent s'acquittent en donnant de l'argent.

Dans le langage du droit on appelle en général *paiement* la manière de s'acquitter de toute obligation qui consiste à donner ou à faire quelque chose en donnant ou en faisant cette chose.

Pour savoir quand le paiement éteint l'obligation, il faut considérer la cause du paiement, la personne qui le fait, celle qui le reçoit, ce qui peut être donné en paiement, le lieu où le paiement doit être fait.

La cause du paiement...Tout paiement suppose une dette. 1235 Une dette ne peut subsister qu'en vertu d'une obligation. Ce qui a été payé sans être dû est donc sujet à répétition.

Cette conséquence dérive de la nature des obligations, qui ne peuvent subsister sans cause, et de l'équité naturelle, qui ne permet à personne de s'enrichir aux dépens d'autrui.

Lorsque je fais une donation, je sais que je ne suis pas forcé à me dépouiller de ce que je donne; mais je ne fais un paiement que parce que je m'y crois lié par une obligation. Si donc je n'étais pas engagé, je dois pouvoir réclamer ce que j'ai payé mal à propos.

Toutefois cette faculté de répéter ce qui a été payé est soumise à une limitation remarquable.

La répétition n'est pas admise à l'égard des obligations naturelles qui ont été volontairement acquittées.

L'exception se concilie avec le principe, ou plutôt elle est fondée sur la nature même des obligations.

Les lois civiles ne sont faites que pour les obligations civiles.

Le domaine de la conscience ne peut être du ressort du législateur civil; il ne doit donc s'occuper que des obligations civiles, et, par une conséquence nécessaire, il ne peut donner une action qu'à celui qui est muni d'une obligation civile.

Mais lorsqu'un paiement a eu lieu, serait-il juste d'autoriser celui qui l'a fait à le répéter indistinctement dans tous les cas, par cela seul que celui qui l'a reçu n'aurait pu l'exiger par action civile?

Ne faut-il pas remonter au motif qui a déterminé le paiement pour savoir si c'est une erreur absolue qui l'a occasioné, ou si, placé entre la loi civile et sa conscience, le débiteur a refusé de se prévaloir du secours de la loi civile pour obéir à une loi plus impérieuse, celle de la conscience?

Oui, loin de nous la pensée que les droits de l'équité naturelle puissent être indifférens au législateur civil? La foi intime ne sera-t-elle pas toujours le premier lien de la société?

Le fondement de toute obligation est dans la conscience de celui qui la contracte.

Le droit civil n'intervient que pour les formes; elles sont tutélaires, nécessaires. Que deviendrait la société, si la loi ne fixait les caractères ostensibles des obligations? Mais les formes ne se rapportent qu'à l'action civile. La véritable base de l'obligation est toujours dans la conscience des contractans : si donc cette base primaire apparaît au magistrat, le paiement qui en a été l'effet doit être sanctionné par toute la puissance de la loi.

L'obligation naturelle consiste dans le lien qui dérive de l'équité; différente en cela de l'obligation civile, qui dérive uniquement du lien de droit.

Les exemples sont faciles.

Une femme mariée, qui ne peut s'obliger civilement sans l'autorisation de son mari ou de la justice, est pourtant responsable envers sa conscience de l'inexécution de son engagement.

Elle ne pourrait même, après la dissolution du mariage, être poursuivie civilement, ou du moins elle pourrait se renfermer dans l'exception prise de la nullité de l'obligation; mais si devenue libre elle a payé volontairement, pourrait-elle redemander ce qu'elle a payé? Non, sans doute; elle aurait pu se garantir de l'action, mais elle a renoncé à l'exception. Si donc un regret immoral la portait à vouloir répéter, sous prétexte qu'elle n'aurait pu être civilement contrainte, le magistrat la repousserait en lui rappelant qu'elle avait satisfait à une obligation naturelle.

Il en serait de même d'une obligation contractée par un mineur sans les formes voulues par la loi, et qui aurait volontairement payé au temps de sa majorité.

Nous avons vu ce qui a trait à la cause du paiement; passons à la personne qui le fait. 1236

La première idée qui se présente, c'est que le paiement doit être fait par celui qui doit, ou par son fondé de pouvoir.

Mais un autre que celui qui doit peut-il forcer le créancier à recevoir?

D'une part, il semble que le créancier peut dire au tiers: De quoi vous mêlez-vous? ce n'est pas avec vous que j'ai traité.

De l'autre, ne peut-on pas dire au créancier : Quel est votre intérêt? n'est-ce pas de recevoir ce qui vous est dû? que vous importe que ce soit ou par les mains de votre débiteur ou par celles de tout autre?

Mais si un tiers peut forcer le créancier à recevoir, ce tiers acquiert-il les droits du créancier? entre-t-il à son lieu et place pour les priviléges et les hypothèques?

C'est pour résoudre toutes ces difficultés qu'il faut user de distinction.

Un créancier ne peut refuser de recevoir d'une personne qui a intérêt à ce que l'obligation soit éteinte, d'un coobligé, d'une caution. La loi réglera les droits que ce paiement peut procurer au coobligé, à la caution.

Quoique le tiers qui offre le paiement n'ait pas un intérêt direct et civil à l'acquittement de l'obligation, le créancier ne pourra non plus refuser de recevoir, puisqu'en dernière analyse le créancier n'a d'autre intérêt que d'être payé; mais dans ce cas le tiers ne peut forcer le créancier à le mettre à son lieu et place pour les priviléges, les hypothèques et la contrainte par corps. La loi ne veut pas, avec raison, que contre le gré du créancier un tiers vienne s'interposer pour acquérir le droit de vexer le débiteur; le tiers qui paie n'acquiert alors qu'une action simple contre le débiteur qui est entièrement libéré de l'obligation primitive.

Ce tempérament concilie tout. Le créancier est désintéressé : la condition du débiteur ne peut jamais être aggravée; elle peut au contraire être adoucie. Les affections douces et charitables pourront exercer leur empire. Ne serait-il pas injuste que le créancier pût malicieusement s'obstiner à conserver la faculté de tourmenter son débiteur, qu'un fils ne pût éteindre l'obligation de son père, un père celle de son fils, un ami l'obligation de son ami, un homme bienfaisant celle d'un infortuné ou d'un absent?

Dirait-on que le tiers n'a qu'à remettre l'argent au débiteur qui paiera directement?

Qui ne sent que, si le paiement direct était seul autorisé, les vues du bienfaiteur pourraient souvent être déçues? A l'égard de l'absent le paiement direct serait impossible, et cependant sa fortune pourrait être bouleversée par le créancier.

La législation doit toujours tendre à enchaîner les passions et à favoriser l'expansion des sentimens généreux.

La théorie que nous venons d'exposer se rapporte en général à l'acquittement des obligations, qui consistent toutes ou à donner, ou à faire, ou à ne pas faire quelque chose.

1237   Mais comme les droits du créancier ne peuvent jamais être diminués sans son consentement, il est tout simple que l'obligation de faire ne puisse être acquittée par un tiers contre le gré du créancier, lorsque le créancier a intérêt qu'elle soit remplie par le débiteur lui-même, par exemple s'il s'agit d'un ouvrage d'art.

1238   Pour que l'obligation soit éteinte par le paiement il faut que le paiement soit valable ; il faut donc que celui qui paie soit propriétaire de la chose donnée en paiement, et capable de l'aliéner.

Néanmoins le paiement d'une somme en argent, ou autre chose qui se consomme par l'usage, ne peut être répété contre le créancier qui l'a consommée de bonne foi, quoique le paiement en ait été fait par celui qui n'en était pas le propriétaire, ou qui n'était pas capable de l'aliéner.

L'exception est fondée sur la nécessité de protéger la bonne foi.

Après avoir fixé les règles relatives à la cause du paiement 1239 et à la personne de celui qui le fait, le projet s'occupe de la personne à laquelle il est fait.

Pour que l'obligation soit éteinte, le paiement doit être fait au créancier, ou à quelqu'un ayant pouvoir de lui, ou qui soit autorisé par justice ou par la loi à recevoir pour lui.

Le paiement fait à celui qui n'aurait pas pouvoir de recevoir pour le créancier est valable dans deux cas ;

1°. Si le créancier ratifie le paiement, la ratification équivaut au mandat ;

2°. Si le paiement a tourné au profit du créancier. L'équité naturelle ne souffre pas que personne s'enrichisse aux dépens d'autrui ; c'est le même principe qui avait donné lieu à la fameuse règle des Romains, *de in rem verso.*

Les mêmes considérations ont dû faire décider également 1241 que les paiemens faits au créancier incapable de les recevoir libèrent néanmoins le débiteur qui peut prouver que la chose payée a tourné au profit du créancier.

Toujours les tiers sont l'objet spécial de l'attention de la 1240 loi. Un individu est propriétaire apparent d'une créance ; le débiteur la lui paie de bonne foi ; celui qui a reçu est par la suite évincé de son titre ; la dette a été éteinte. Le véritable propriétaire n'a de recours que contre celui qui a été évincé.

Pierre est débiteur envers la succession de Paul ; cette succession est publiquement possédée par Jean en vertu d'un testament. Pierre paie à Jean ; puis Jean est évincé de la succession, ou par les héritiers naturels qui font déclarer le testament nul, ou par un autre légataire qui a pour lui un testament postérieur. Très-certainement il ne serait pas juste que Pierre pût être de nouveau recherché ; mais il faut que Pierre ait payé de bonne foi ; car s'il y avait eu collusion entre lui et Jean qui a reçu, le véritable propriétaire ne saurait être empêché d'user de ses droits primitifs.

1242   Nous venons de parler du débiteur qui a payé à un tiers, et qui pourtant est libéré à cause de sa bonne foi.

La loi pourvoit aussi à l'intérêt des tiers dans une autre espèce qui se rencontre souvent.

Pierre est débiteur de Paul, Paul est débiteur de Jacques. Jacques notifie un acte à Pierre dans lequel il lui dit : Vous êtes débiteur de Paul, je suis créancier de ce même Paul, je m'oppose à ce que vous le payiez : c'est ce qu'on appelle une saisie-opposition. Pierre ne pourra pas payer à Paul au préjudice de cette opposition, ou, s'il paie, il sera responsable envers Jacques ; car si Jacques fait décider par la justice qu'en effet il était créancier de Paul, il pourra forcer Pierre à lui payer une seconde fois toutes les sommes qu'il avait payées à Paul au mépris de l'opposition, et Paul n'aura d'autre recours que contre Jacques.

C'est l'intérêt de la société qui a nécessairement dû faire attribuer cet effet aux saisies-oppositions ; autrement le débiteur de mauvaise foi soustrairait à ses créanciers le gage de leur créance.

Les saisies-oppositions ne profitent qu'à ceux qui les ont faites. Les créanciers qui n'ont pas pris cette précaution ne peuvent se prévaloir des actes des autres.

1243   *De ce qui doit être payé aux créanciers....* Le créancier ne peut être contraint de recevoir une autre chose que celle qui lui est due, quoique la valeur de la chose offerte soit égale ou même plus grande.

Paul, qui doit à Pierre mille francs, ne peut le forcer à

recevoir cent mesures de blé, quoique ce blé vaille notoirement plus de mille francs.

Paul ne peut dire à Pierre : Je n'ai ni argent ni objets mobiliers ; pour m'en procurer sur-le-champ je n'ai qu'un héritage, une maison, une pièce de terre ; prenez sur le pied de l'estimation la maison, la pièce de terre, ou trouvez-moi un acquéreur. La novelle 4, chap. III, avait accordé cette faculté aux débiteurs : ce point de législation n'a jamais été reçu en France ; il nous a toujours paru contraire à la nature des contrats, qui sont la loi des parties. On ne peut accorder au débiteur un adoucissement qui souvent nuirait au créancier, et qui toujours le livrerait à des embarras et à des difficultés.

Le débiteur d'un corps certain et déterminé est libéré par **1245** la remise de la chose en l'état où elle se trouve lors de la livraison, pourvu que les détériorations qui y sont survenues ne viennent point de son fait ou de sa faute, ni de celle des personnes dont il est responsable, ou qu'avant ces détériorations il ne fût pas en demeure.

Si la dette est d'une chose qui ne soit déterminée que par **1246** son espèce, le débiteur ne sera pas tenu, pour être libéré, de la donner de la meilleure espèce ; mais il ne pourra l'offrir de la plus mauvaise.

Le débiteur ne peut non plus forcer le créancier de rece- **1244** voir en partie le paiement d'une dette même divisible.

Ces diverses règles ne sont que des conséquences du principe : Les conventions tiennent lieu de loi à ceux qui les ont faites.

Mais si le débiteur demande du terme, que devront faire les juges ? Leur sera-t-il permis de s'interposer entre le créancier et le débiteur ?

C'était là un des points les plus délicats à traiter.

Nous reconnaissons, et nous ne pouvions nous empêcher de reconnaître que les conventions tiennent lieu de loi à ceux qui les ont faites. Comment donc les juges pourraient-ils substituer leur volonté à celle de la loi? Qui ne sait que le moindre retard peut causer les plus grands malheurs à un créancier? Le retard ne peut-il pas mettre le créancier lui-même dans l'impossibilité de remplir ses propres engagemens? Le créancier qui n'est pas payé de ce qui lui est dû, et qui ne peut payer ce qu'il doit, n'est-il pas exposé à voir sa réputation compromise, et à être lui-même la cause innocente du malheur de plusieurs familles?

D'autre part, n'est-il pas vrai qu'un débiteur de bonne foi peut se trouver dans de telles circonstances que le retardement ne puisse lui être imputé à crime, et qu'il y aurait une dureté excessive de la part du créancier qui ne lui accorderait pas un délai?

Nous ne parlons pas ici des obligations de commerce, qui doivent avoir leurs règles particulières selon la nature des engagemens.

Eh bien! un débiteur qui n'a que des immeubles, qui notoirement se donne les plus grands mouvemens pour les vendre, doit-il subir toutes les calamités trop souvent attachées à l'expropriation forcée, dans le cas surtout où le créancier n'éprouve pas des besoins pressans? La justice n'est-elle pas aussi l'équité naturelle? L'humanité n'a-t-elle pas ses droits? On craint l'arbitraire des juges; mais la conscience des juges ne doit-elle pas servir de garantie à la loi? La loi n'a-t-elle pas besoin de se reposer sur la responsabilité morale des juges?

Suivant la jurisprudence, les juges étaient autorisés, selon les circonstances, à accorder quelque délai. Aurions-nous pu changer ce point de législation dans notre Code, où le peuple français veut trouver à chaque page l'équité à côté de la justice?

Les juges pourront donc, en considération de la position du débiteur, et en usant de ce pouvoir avec une grande réserve, accorder des délais modérés.

347   Où le paiement doit-il être exécuté?

Dans le lieu désigné par la convention ; à défaut de convention, au domicile du débiteur.

S'il s'agit d'un corps certain et déterminé, le paiement doit être fait dans le lieu où la chose était au temps de l'obligation.

Lorsqu'il n'y a pas de convention, c'est le débiteur pour qui la loi se prononce, et avec raison. Toutes les fois que les parties ne se sont pas expliquées, et qu'il faut interpréter, l'interprétation doit se faire plutôt en faveur du débiteur qu'en faveur du créancier ; ce qui est fondé sur ce que tout est favorable pour la libération, et que le créancier doit s'imputer de n'avoir pas rédigé les conditions avec plus de clarté.

Les frais du paiement sont à la charge du débiteur ; s'il **1248** veut une quittance par-devant notaire, c'est donc à ses dépens qu'elle doit être passée ; par la même raison il doit supporter les frais même du papier timbré d'une simple quittance ; autrement le créancier ne recouvrerait pas tout ce qui lui est dû.

Ce que nous venons de dire sur le paiement n'a trait qu'à celui qui a payé et à celui qui a reçu.

Si la dette n'était due que par celui qui a payé, tout serait **§ 2.** consommé.

Mais s'il n'était que codébiteur solidaire, et qu'il eût payé la dette en entier, quel serait son recours contre les codébiteurs solidaires ?

Il faut distinguer la dette et les priviléges et hypothèques des créanciers.

Quant à la dette, la solidarité n'était que pour le créancier. Chacun des codébiteurs pouvait être poursuivi pour le tout ; mais la dette se divisait de plein droit entre eux. Si donc un codébiteur solidaire a payé l'entière dette, il est bien évident qu'il ne peut répéter contre chacun de ses codébiteurs que leur part dans l'obligation commune, sous la déduction de ce qu'il devait lui-même, et que, par une conséquence nécessaire, s'il y a des insolvables, il doit aussi

supporter proportionnellement la perte résultant de cette insolvabilité.

Quant aux priviléges et hypothèques, le codébiteur solidaire qui a payé pour tous peut les exercer contre chacun de
ses autres codébiteurs, à concurrence de la part de la dette
dont ils sont tenus. Pour cette part, le codébiteur solidaire
est de droit au lieu et place du créancier.

Ceci nous mène naturellement à la subrogation.

Du paiement avec subrogation... Le paiement fait au créancier éteint l'obligation.

Voilà la règle générale.

Nous avons vu que le créancier peut recevoir d'un autre
que du débiteur.

Si le créancier reçoit volontairement d'un tiers, il peut
transporter tous ses droits à ce tiers avec tous les priviléges
attachés à ces mêmes droits, même la contrainte par corps,
si la créance en était susceptible.

Il peut aussi arriver que le paiement se fasse par un tiers
sans le gré du créancier, et simplement d'accord avec le
débiteur.

Il est donc bien important, dans ces divers cas, de savoir
quels sont les droits qu'acquiert celui qui paie s'il acquiert
les hypothèques, les priviléges attachés primitivement à la
créance. Cette recherche est nécessaire sous le rapport du
tiers qui paie sans l'intervention du débiteur, du débiteur
qui paie avec les deniers d'autrui, et des autres créanciers
du débiteur.

Le projet renferme, sur ces points délicats, la théorie la
plus claire et la plus satisfaisante.

1249   La subrogation est ou conventionnelle ou légale.

1250   Conventionnelle, par la concession expresse du créancier
ou du débiteur.... du créancier, lorsque dans la quittance il
subroge dans ses droits le tiers qui devient cessionnaire. Tout
ce que la loi exige, c'est que la subrogation soit expresse et
qu'elle soit faite en même temps que le paiement.

La subrogation qui s'opère par la volonté du débiteur a lieu lorsque le débiteur emprunte une somme à l'effet de payer sa dette et de subroger le prêteur dans les droits du créancier : il faut de plus que l'acte d'emprunt porte que la somme a été empruntée pour faire le paiement , et qu'il soit déclaré dans la quittance que le paiement a été fait des deniers fournis par le prêteur.

Lorsque c'est le débiteur qui subroge , la loi veut que tous les actes qu'elle prescrit se fassent par-devant notaires ; et c'est pour empêcher qu'un débiteur qui se serait déjà libéré ne puisse ensuite créer une subrogation au préjudice des tiers.

La subrogation a aussi lieu de plein droit sans qu'il soit 1251 besoin de stipulation , et par le seul fait, au profit de celui qui , étant lui-même créancier, paie un autre créancier qui lui est préférable, à raison de ses priviléges et hypothèques;

De l'acquéreur d'un immeuble qui emploie le prix de son acquisition au paiement des créanciers auxquels cet héritage était hypothéqué ;

De celui qui , étant tenu avec d'autres ou pour d'autres au paiement de la dette , avait intérêt de l'acquitter comme sa caution ;

De l'héritier bénéficiaire qui a payé de ses deniers les dettes de la succession.

La subrogation , soit conventionnelle , soit légale , a lieu 1252 tant contre les cautions que contre les débiteurs. Cette règle nous a paru juste. Il était nécessaire de l'énoncer, à cause de la diversité de jurisprudence qui existait sur ce point.

Hors les cas exprimés , point de subrogation : celui qui paie fait une nouvelle affaire, mais il n'acquiert pas les droits du créancier ; l'obligation primitive est éteinte.

Le projet prévient une difficulté sérieuse qui se présente lorsque la subrogation n'est que partielle.

Pierre est débiteur de Paul. Jacques a payé la moitié de la dette de Pierre, et il est subrogé pour cette moitié.

Jacques, créancier subrogé pour la moitié, et Paul , créancier primitif et propriétaire de la moitié restante, veulent se faire payer ce qui leur est dû par Pierre. On vend le bien de Pierre : auquel des deux, de Jacques ou de Paul, les premiers deniers doivent-il être remis ?

Le projet décide que ce sera à Paul, créancier primitif, qui est censé avoir réservé d'être payé le premier, s'il n'y a une convention contraire.

§ 3. Nous avons parlé du paiement en général, dans ce sens que la chose payée représentait identiquement toute la chose due.

Il peut arriver qu'un particulier soit débiteur de plusieurs choses envers le même créancier, et qu'il lui fasse un paiement qui ne soit pas égal au montant de toutes les dettes.

Dans ce cas, sur laquelle des dettes doit s'imputer le paiement?

De l'imputation du paiement... Toutes les dettes peuvent n'être pas de la même nature.... Il peut n'y en avoir qu'une qui porte intérêt : l'une peut être privilégiée ou hypothécaire, l'autre peut n'être que chirographaire ; l'une peut entraîner la contrainte par corps, l'autre peut n'être susceptible que des poursuites ordinaires.

Sur cela le projet contient trois règles également précises et équitables.

1253-1254 1°. Le débiteur a le droit de déclarer, lorsqu'il paie, quelle dette il entend acquitter. Seulement, s'il y a des intérêts dus, le débiteur ne peut empêcher que l'imputation se fasse sur les intérêts.

1255 2°. Si le débiteur n'a pas usé de son droit, et que le créancier, sans dol ni surprise, ait fait lui-même l'imputation dans la quittance, le débiteur ne peut plus demander l'imputation sur une dette différente.

1256 3°. Dans le silence des parties le paiement s'impute sur la dette que le débiteur avait, lors du paiement, le plus d'intérêt d'acquitter entre les dettes pareillement échues.

Telles sont les règles sur le paiement volontaire. La loi

n'avait pas besoin de déclarer que les distributions forcées de deniers s'imputaient de droit sur la dette que le débiteur avait le plus d'intérêt d'acquitter.

Si le débiteur est prêt à payer, et que le créancier ne veuille pas recevoir ou qu'il soit absent, le débiteur n'aura-t-il pas un moyen de se libérer? **1257**

Des offres réelles et de la consignation.... Les offres réelles valablement faites suivies d'une consignation régulière libèrent le débiteur. La consignation équivaut au paiement : ce sont là des principes de tous les temps et de toutes les législations ; ils sont fondés sur la faveur de la libération, sur la justice et sur l'équité naturelle.

Mais ce sont les formes, soit des offres, soit de la consignation, qu'il était essentiel de préciser. **1258**

Nous nous souviendrons long-temps de tous les désordres qui ont eu lieu pendant tant d'années par l'effet de l'incertitude et de la variation de la jurisprudence sur les consignations.

Un homme forcé de recevoir ce qui lui était dû dans un lieu ne savait plus comment il pourrait se libérer dans un autre.

Que de débiteurs malheureux ont été victimes de l'incertitude des règles!

Combien de débiteurs de mauvaise foi ont abusé des formes!

Il y avait à la vérité une cause première de toutes ces calamités..... Cette cause ne se représentera plus.

Mais, dans cette matière surtout, des règles doivent être précises, puisque rien n'est plus nécessaire que de savoir si la consignation a libéré le débiteur, ou si au contraire la chose consignée continue de rester à ses risques, si les intérêts ont continué à courir, etc.

Les formes de la consignation doivent être aussi les plus simples, rien n'étant plus favorable que la libération.

1259 Une première base du projet, c'est que le débiteur peut obtenir sa libération sans l'intervention judiciaire.

Il est juste que le débiteur ne soit pas forcé à intenter un procès et à subir tous les degrés de la hiérarchie des tribunaux pour arriver à sa libération.

Le créancier aura sans doute le droit de contester la libération. Il lui sera permis de prouver ou que les offres n'étaient pas valables, ou que la consignation n'était pas régulière : s'il réussit à le prouver, le débiteur n'aura pas été libéré, la chose consignée a resté à ses risques.

Mais ce sera au débiteur à prendre ses précautions, et la loi aura suffisamment pourvu à son intérêt en lui traçant les règles qu'il avait à suivre.

Toutefois il ne sera pas interdit au débiteur de demander judiciairement que ses offres et sa consignation soient déclarées valables, et que le jugement lui tienne lieu de quittance; il ne peut être forcé de rester incertain sur sa libération.

1258 Pour que les offres soient valables il faut qu'elles soient faites au créancier ayant la capacité de recevoir, ou à celui qui a pouvoir de recevoir pour lui, par une personne capable de payer, de la totalité de la somme exigible avec les intérêts dus (si le dépôt devient nécessaire par le refus du créancier de recevoir les offres, le débiteur sera tenu d'ajouter les intérêts qui auront couru jusqu'au dépôt), les frais liquidés et une somme pour les frais non liquidés, sauf à la parfaire; que le terme soit échu, s'il a été stipulé en faveur du créancier; que la condition sous laquelle la dette a été contractée soit arrivée; que les offres soient faites au lieu dont on est convenu pour le paiement, et, à défaut de convention, à la personne du créancier ou à son domicile élu pour l'exécution de la convention.

Finalement les offres ne peuvent être faites que par un officier ministériel et ayant caractère pour ces sortes d'actes.

1259 Quant à la consignation, elle sera précédée d'une sommation signifiée au créancier, et contenant l'indication du jour, de l'heure et du lieu où la chose offerte sera déposée. Le lieu ne peut être que celui indiqué par la loi pour recevoir les consignations.

A l'époque fixée le débiteur se présente au lieu du dépôt avec l'officier ministériel. Si le créancier ne comparaît pas, ou persiste dans son refus, le débiteur dépose la chose offerte; l'officier ministériel dresse un procès-verbal, ou du refus que le créancier a fait de recevoir ou de sa non comparution, de la nature des espèces offertes et du dépôt : dans le cas de non comparution du créancier le procès-verbal lui est signifié avec sommation de retirer la chose déposée; tous les frais, 1260 même ceux des offres, sont à la charge du créancier.

C'était une grande question de savoir si le débiteur pouvait 1261 retirer la consignation tant qu'elle n'avait pas été acceptée par le créancier. Il était indispensable de la décider, et par rapport à l'intérêt du créancier, et surtout par rapport à l'intérêt des codébiteurs et des cautions, et même par rapport à l'intérêt du débiteur, qui peut avoir de justes motifs de retirer une consignation sur la validité de laquelle il a des doutes.

Le projet pourvoit à tout. Tant que la consignation n'a point été acceptée le débiteur peut la retirer. S'il l'a retirée, ses codébiteurs ou cautions ne sont point libérés.

Ils se plaindraient en vain, les droits du créancier sont intacts envers eux ; et si le débiteur est devenu insolvable, ils doivent s'imputer de n'avoir pas fait contre lui les diligences nécessaires, de n'avoir pas formé opposition sur la somme. Ne pouvaient-ils pas, d'après les principes généraux, demander à être autorisés à exercer les droits et actions du débiteur, et faire juger que la consignation avait éteint entièrement le droit du créancier?

Lorsque le débiteur a lui-même obtenu un jugement passé 1262 en force de chose jugée qui a déclaré les offres et la consignation valables, il ne peut plus, même du consentement du créancier, retirer sa consignation au préjudice de ses codébiteurs ou de ses cautions. Dans ce cas, la chose jugée a acquis un droit aux codébiteurs et aux cautions.

1263 Le créancier peut bien renoncer pour ce qui le regarde à la consignation, mais ce n'est qu'à l'égard du débiteur; les tiers ne sauraient être lésés : ainsi les codébiteurs et les cautions sont libérés, et le créancier ne peut plus exercer les priviléges ou hypothèques primitivement attachés à son titre. Il n'aura plus d'hypothèque que du jour où l'acte par lequel il aura consenti que la consignation fût retirée aura été revêtu des formes requises pour emporter hypothèque.

1258 Le paiement de la dette doit comprendre la totalité de la dette : conséquemment, si la consignation n'est pas complète, le créancier n'est pas obligé de retirer la partie consignée ; toute l'obligation subsiste.

1264 Les règles que nous venons de tracer se rapportent en général à toutes les obligations qui consistent à donner quelque chose; mais il fallait une disposition particulière pour les cas où l'obligation consiste non à donner de l'argent, mais à livrer un corps certain.

Si donc la chose due est un corps certain qui doit être livré au lieu où il se trouve, le débiteur doit faire sommation au créancier de l'enlever. Cette sommation faite, si le créancier n'enlève pas la chose, et que le débiteur ait besoin du lieu dans lequel elle est placée, celui-ci pourra obtenir de la justice la permission de la mettre en dépôt dans quelque autre lieu.

§ 5 Tant que le créancier n'est pas entièrement payé il peut agir contre le débiteur par toutes les voies de droit.

Si le débiteur n'a pas les moyens nécessaires pour s'acquitter pleinement, restera-t-il donc toujours exposé aux poursuites de ses créanciers?

La loi prévoit ce cas : alors le débiteur peut trouver un refuge dans la clémence des créanciers ; quelquefois aussi il peut trouver un asile dans les tribunaux.

Nous voulons parler de la cession de biens.

De la cession de biens.... La cession de biens est l'abandon 1265
qu'un débiteur fait de tous ses biens à ses créanciers lorsqu'il
se trouve hors d'état de payer ses dettes.

Elle est ou volontaire ou judiciaire. 1266

La cession de biens volontaire est celle que les créanciers 1267
acceptent volontairement.

Elle ne peut, soit en ce qui concerne le débiteur, soit en
ce qui concerne les créanciers entre eux, avoir d'autre effet
que celui qui résulte des stipulations mêmes du contrat.

Ainsi c'est le contrat qui décide si les créanciers deviennent propriétaires des biens, ou s'ils acquièrent seulement
le droit de les faire vendre, et avec quelles formes; si les
créanciers donnent une décharge absolue, ou s'ils conservent
la faculté de répéter le surplus de leurs créances, dans le cas
où le débiteur acquerrait de nouveaux biens.

C'est le contrat qui règle aussi le sort des créanciers entre
eux.

Il résulte de la nature de cette cession que, pour qu'elle
arrête les poursuites, tous les créanciers doivent être d'accord. Les trois quarts des voix ne pourraient obliger les
créanciers qui n'acceptent pas la cession, sauf ce qui est particulier au commerce, dans la matière des concordats.

Mais lorsque le débiteur n'obtient pas le consentement de 1268
tous les créanciers, il peut encore lui rester une ressource,
la cession judiciaire. Les Romains l'appelaient *flebile auxi-
lium, miserabile beneficium.*

C'est en effet un bénéfice que la loi accorde au débiteur
malheureux et de bonne foi, auquel il est permis de faire en
justice l'abandon de tous ses biens à tous ses créanciers pour
avoir la liberté de sa personne.

Il faut d'abord que le débiteur soit malheureux et de
bonne foi.

La loi ne peut accorder sa protection qu'à celui qui n'a pas
à rougir de la cause de son infortune.

La seconde condition, c'est que le débiteur ne se trouve

23.

pas exclu du bénéfice de la cession par la nature de son obligation : par exemple, les comptables publics n'y ont jamais
été admis.

Mais toujours pour qu'un débiteur malheureux et de
bonne foi et non exclu par la nature de son obligation soit
admis à la cession judiciaire, il faut que par la suite de quelqu'un de ses engagemens il soit sous les liens de la contrainte
par corps. L'insolvabilité seule ne suffirait pas. La cession
judiciaire n'a été introduite que pour libérer la personne du
débiteur.

Il serait injuste, contraire à la foi des conventions, au lien
des contrats, qu'un débiteur dont la personne ne serait pas
exposée pût venir arrêter toutes les poursuites et imposer silence à tous les créanciers, pour les livrer, malgré eux, aux
flammes dévorantes d'une direction.

C'est donc le débiteur malheureux, de bonne foi, contraignable par corps et non exclu par la nature de ses dettes, qui
peut être admis au bénéfice de la cession.

Les créanciers ne peuvent alors refuser la cession judiciaire.

De ce principe et de la nature de la cession judiciaire il
résulte que la renonciation que le débiteur aurait faite au bénéfice de cession ne saurait lui interdire la faculté de l'invoquer.

1270   Quel est l'effet de la cession judiciaire? C'est d'opérer la
décharge de la contrainte par corps, et d'obliger les créanciers à se contenter des biens du débiteur sans continuer
leurs poursuites contre lui.

Les droits des créanciers restent les mêmes entre eux.

1269   Ils ne deviennent pas propriétaires ; ils acquièrent seulement le droit de faire vendre les biens du débiteur.

1270   Les biens que le débiteur aura acquis depuis la cession ne
deviendront-ils pas le gage des créanciers?

Autrefois on avait hésité sur cette question, d'après cette
idée, *afflicto non debet addi afflictio.*

Sans doute l'humanité a ses droits. Il existe entre les

hommes un lien de bienveillance que le malheur ne doit pas rompre ; mais la loi n'a pas dû s'arrêter à cette considération. Indépendamment de la justice stricte qui ne permet pas qu'un débiteur possède des biens au préjudice de ses créanciers, il faut empêcher autant qu'il est possible les fraudes qui pourraient résulter de la cession ; et ce serait souvent les provoquer que d'assurer au débiteur qui aurait fait cession la jouissance des biens qu'il aurait acquis postérieurement.

En un mot, la cession judiciaire ne libère pas le débiteur absolument ; ce ne peut et ce ne doit être que jusqu'à concurrence des biens abandonnés ; et dans le cas où ils auraient été insuffisans, s'il lui en survient d'autres, il est obligé de les abandonner jusqu'au parfait paiement.

La législation ne doit pas être dure, mais elle doit être sévère, surtout elle doit être inflexible contre ceux qui ne remplissent pas leurs engagemens. L'opinion publique saura toujours adoucir la condition d'un débiteur qui, accablé d'un revers inattendu, est empêché de satisfaire ses créanciers. Un tel débiteur serait-il jamais forcé de recourir à la cession judiciaire ?

Que cette espèce de secours porte donc avec elle des caractères qui le rendent redoutable pour celui même qui l'obtient ! Dans l'usage des anciens tribunaux, celui qui l'invoquait devait se constituer préalablement dans les fers, et il n'était admis devant les ministres de la loi que dans l'attitude la plus humble ; ensuite des signes extérieurs annonçaient à tous les citoyens le préjudice qu'il avait porté à la société.

Nous ne nous occupons ici que des lois civiles. Le temps viendra où le législateur examinera s'il ne conviendrait pas de remettre en vigueur des formes qui pourraient servir de préservatif contre la fraude dans un pays où la honte est un des plus grands maux qu'un individu puisse éprouver.

Nous passons au second moyen dont les obligations s'éteignent.

1271   *Second moyen d'extinction, la novation....* Le paiement généralement considéré éteint une obligation sous tous les rapports, soit envers le créancier, soit envers le débiteur.

Il peut arriver néanmoins qu'une obligation considérée en elle-même ne soit anéantie que sous le rapport du débiteur ou sous celui du créancier, ou même que, sans changement de débiteur ou de créancier, il n'y ait de changement que dans la nature de l'obligation, et dans tous ces cas l'obligation primitive est éteinte; mais il en survient une seconde qui prend sa source dans la première. C'est cette substitution d'une dette à une autre, d'un créancier à un autre, ou d'un nouveau débiteur à un ancien débiteur que le droit appelle *novation.*

Par exemple, Pierre est débiteur de Paul. Pierre contracte un nouvel engagement envers Paul, à la charge qu'il sera affranchi du précédent : il n'y a pas changement de personne, il y a seulement changement de dettes. La première se trouve anéantie par la novation.

Pierre est débiteur de Paul ; Jacques se rend débiteur de Paul à la place de Pierre, et en conséquence Paul libère Pierre ; Paul conserve toujours la même créance, il change seulement de débiteur. L'obligation qui subsiste en faveur de Paul se trouve éteinte à l'égard de Pierre par l'effet de la novation.

Pierre est débiteur de Paul, Paul est débiteur de Jacques ; Pierre, du consentement de Paul, s'engage à payer Jacques. Pierre est libéré envers Paul, quoique Pierre continue d'être obligé ; mais il n'est obligé qu'envers le créancier substitué, et il ne peut plus être question de son obligation primitive, attendu la novation.

Cette matière, d'un usage très-familier, est aussi très-importante à connaître.

1273   Très-souvent il se fait des arrangemens entre le débiteur et le créancier, soit entre eux seuls, soit par l'intervention d'un tiers, qui devient ou débiteur ou créancier. Dans tous ces cas il est nécessaire de savoir si l'obligation primitive est éteinte, ou si elle subsiste encore.

La priorité de date de la première obligation pourrait avoir la plus grande influence sur les droits des parties contractantes et des tiers. La première obligation pouvait avoir conféré un privilége ou une hypothèque. Le débiteur substitué a pu devenir insolvable.

Il est donc extrêmement utile de savoir si un traité fait à l'occasion d'une dette préexistante emporte novation.

Voilà pourquoi la loi pose pour principe que la novation ne se présume point.

Mais faut-il que les parties déclarent explicitement qu'elles veulent faire novation?

Une des dernières lois romaines l'avait ainsi prescrit : il nous semble que notre projet a adopté une disposition judicieuse en exigeant seulement que la volonté d'opérer la novation résulte clairement de l'acte.

La loi ne pouvait consacrer une formule. Il ne serait pas raisonnable que l'absence d'un mot pût empêcher les juges de déclarer qu'il y a eu novation dans un acte, lors même que toutes les clauses de l'acte auraient fait éclater la volonté que les parties avaient eue de faire novation.

Reprenons un exemple. Pierre est débiteur de Paul, Jacques s'engage pour Pierre envers Paul.

Pierre ne peut être libéré envers Paul qu'autant qu'il résultera clairement de l'acte que Paul a eu la volonté de le libérer ; car autrement il n'y aurait pas de novation.

Autre chose est la novation, autre chose est la délégation. 1275

Pierre est débiteur de Paul ; Jacques, sur la demande de Pierre, s'oblige à payer Paul, qui accepte l'engagement de Jacques.

Si Paul accepte purement et simplement l'engagement de Jacques, et que Jacques devienne insolvable, Paul conservera le recours contre Pierre, à l'égard duquel l'obligation n'a pas été éteinte.

1276   Mais si en acceptant l'engagement de Jacques, Paul décharge Pierre, Paul n'aura plus de recours contre Pierre, à l'égard duquel l'obligation a été éteinte, quand bien même Jacques deviendrait insolvable, à moins que l'acte n'en contienne une réserve expresse, ou que Jacques, au moment où il a été substitué à Pierre, ne fût déjà en faillite ouverte ou tombé en déconfiture : la bonne foi ne souffrirait pas qu'il fût la victime ou de son erreur ou du dol du débiteur.

1277   Si Pierre, débiteur de Paul, lui indique un tiers qui paiera à sa place, il ne peut y avoir là de novation, pas plus que dans le cas où Paul indiquerait à Pierre un tiers qui recevrait pour lui ; l'indication laisse subsister la première obligation.

     Après avoir posé les règles générales, le projet déduit les conséquences les plus essentielles.

1278   Les priviléges et hypothèques de l'ancienne créance ne passent point à celle qui lui est substituée, à moins que le créancier ne les ait expressément réservés.

1279   Lorsque la novation s'opère par la substitution d'un nouveau débiteur, les hypothèques et priviléges primitifs de la créance ne peuvent passer sur les biens du nouveau débiteur.

1280   Lorsque la novation s'opère entre le créancier et l'un des débiteurs solidaires, les priviléges et hypothèques de l'ancienne créance ne peuvent être réservés que sur les biens de celui qui contracte la nouvelle dette.

1281   Par la novation faite entre le créancier et l'un des débiteurs solidaires, les codébiteurs sont libérés.

     La novation opérée avec le débiteur principal libère les cautions.

     Néanmoins, si le créancier a exigé, dans le premier cas, l'accession des codébiteurs, ou dans le second celle des cautions, l'ancienne créance subsiste si les codébiteurs et les cautions refusent à accéder au nouvel arrangement.

1282   *Troisième moyen d'extinction..... La remise de la dette.* Un débiteur est libéré par le paiement qu'il fait de la dette au créancier, ce qui peut arriver et ce qui arrive souvent sans que le débiteur prenne de quittance.

Il est encore libéré lorsque le créancier lui fait remise de la dette.

Si l'obligation n'est constatée que par un acte d'écriture privée, la remise volontaire du titre au créancier, par le débiteur, fait preuve de la libération.

Si l'obligation avait été contractée par un acte public, la **1283** remise volontaire de la grosse ferait présumer la libération sans préjudice de la preuve contraire.

On sent la raison de la différence que la loi a dû établir **1282-1285** entre la remise du titre original sous seing privé et la remise d'une simple grosse, qui tient bien lieu de titre, mais indépendamment de laquelle l'obligation peut exister.

Un créancier qui n'entend ni donner quittance ni faire remise de la dette ne remet pas le titre original à son débiteur.

Il peut arriver au contraire qu'un créancier qui n'est pas payé, et qui entend l'être, remette la grosse à son débiteur; par exemple, s'il veut lui assurer qu'il ne le poursuivra pas par les voies rigoureuses.

Aussi, le premier cas emporte preuve de la libération, et dans le second, il n'y a que cette présomption de libération.

La preuve contraire, qui n'est réservée qu'en ce qui concerne la grosse, ne peut donc être proposée dans le cas de la remise du titre original.

Dans les deux cas, il faut que la remise ait été volontaire. Le débiteur a-t-il besoin de prouver qu'elle a été volontaire? il ne peut être assujetti à aucune preuve puisqu'il est défendeur : ce serait donc au créancier à prouver que la remise n'a pas été volontaire. Nous reviendrons sur cet objet à l'article des *présomptions*.

Viennent ensuite les conséquences. **1284**

La remise du titre original sous signature privée, ou de la

grosse du titre à l'un des débiteurs solidaires, a le même effet au profit de ses codébiteurs.

1285   La remise ou décharge conventionnelle au profit de l'un des codébiteurs solidaires libère tous les autres, à moins que le créancier n'ait expressément réservé ses droits contre ces derniers.

1286   La remise du gage donné en nantissement ne suffit pas pour faire présumer la remise de la dette.

1287   La remise ou décharge conventionnelle accordée au débiteur principal libère les cautions.

Celle qui est accordée à la caution ne libère pas le débiteur principal.

La remise accordée à l'une des cautions ne libère pas les autres.

1288   Ce que le créancier a reçu d'une caution pour la décharger de son cautionnement doit être imputé sur la dette et tourner à la décharge du débiteur principal et des autres cautions.

sect. 4   *Quatrième moyen d'extinction.... La compensation....*

1289   Lorsque deux personnes se trouvent débitrices l'une envers l'autre, il s'opère entre elles une compensation qui éteint les deux dettes. Rien de plus juste, de plus équitable de plus conforme à l'intérêt commun des parties.

1291   Il faut qu'il s'agisse de dettes de la même espèce : des denrées ne se compenseraient pas avec de l'argent; du vin ne se compense pas avec du blé.

Le projet n'admet qu'une exception : les prestations en grains ou denrées, et dont le prix est réglé par les mercuriales, peuvent se compenser avec de l'argent. Par exemple, un fermier qui est chargé d'acquitter le prix de son bail en prestations en nature, dont le prix toutefois est réglé par les mercuriales, peut compenser avec une somme que son propriétaire lui doit.

Une autre condition pour la compensation, c'est qu'il s'agisse de choses également liquides.

Une dette est liquide lorsqu'il est constant qu'il est dû, et combien il est dû.

Prenons garde cependant que la loi ne dit pas... *également reconnues par les deux parties*... Car si l'une des parties se permettait de faire une mauvaise contestation et de soutenir, contre toute évidence, qu'elle n'est pas débitrice ; si le juge voyait clairement que la dette fût certaine, il ne pourrait s'empêcher de déclarer la compensation. Lors donc que la loi exige que les deux dettes soient également liquides, elle n'a entendu exclure que celles qui pouvaient donner lieu à des discussions : par exemple, si un compte non arrêté était opposé en compensation à un titre.

Il faut aussi que les deux dettes soient également exigibles. Celui qui n'est pas tenu de payer encore une dette ne pourrait être forcé à la compensation ; ce serait le forcer à payer avant le terme.

Il en serait autrement s'il ne s'agissait que d'un terme de grâce. J'ai accordé un délai de trois mois à Jean pour mille francs qu'il me devait, ou bien ce terme lui a été accordé par la justice. Un mois après, ce débiteur est devenu héritier d'un particulier à qui je devais pareille somme de mille francs : peut-il exiger ces mille francs, et se refuser à la compensation, sous le prétexte que le terme qui lui a été accordé pour ce qu'il me devait personnellement n'est pas encore échu ? Non, sans doute : un terme de grâce qui n'a eu d'autre objet que d'arrêter la rigueur des contraintes ne doit pas être un obstacle à la compensation. 1292

Que les dettes soient de la même espèce, qu'elles soient également liquides et exigibles ; voilà tout ce que la loi exige pour la compensation. 1296

Si les deux dettes ne sont pas payables au même lieu, on peut néanmoins opposer la compensation, mais en faisant raison des frais de la remise.

Si une dette est établie par contrat et emporte hypothèque, et que l'autre ne soit établie que par un acte sous seing privé, peu importe : l'authenticité du titre n'a nul rapport avec la compensation.

1293 La cause de la dette est également indifférente : que l'un soit débiteur pour prêt, et l'autre pour prix de vente ou autrement, la compensation s'opère toujours.

Trois causes sont cependant exceptées.

La demande en restitution d'une chose dont le propriétaire a été injustement dépouillé.... L'intérêt de l'ordre public a fait dès long-temps consacrer cette maxime, que *le possesseur dépouillé doit être avant tout réintégré.*

La demande en restitution d'un dépôt et d'un prêt à usage... La foi publique a donné naissance à ces contrats. La restitution identique ne peut être refusée.

Une dette qui a pour cause des alimens déclarés insaisissables....

1290-1297 La compensation s'opère de plein droit par la seule force de la loi, même à l'insu des débiteurs; les deux dettes s'éteignent réciproquement jusqu'à concurrence de leur quotité respective; et s'il y a plusieurs dettes compensables on suit les règles établies pour l'imputation.

ap. 1297 Toutefois si un débiteur qui serait lui-même créancier se laissait contraindre au paiement de sa dette sans opposer la compensation, il ne lui resterait plus que la ressource d'agir lui-même par les voies de droit pour se faire payer de ce qui lui est dû.

1294 Nous avons considéré la compensation sous le rapport des deux débiteurs; il faut aussi parler de l'intérêt des tiers.

La caution peut opposer la compensation de ce que le créancier doit au débiteur principal; le débiteur principal ne peut opposer la compensation de ce que le créancier doit à la caution. Le débiteur solidaire ne peut pareillement opposer la compensation de ce que le créancier doit à son co-débiteur.

1295 La théorie sur les tiers intéressés en fait de compensation se rapporte principalement aux transports et aux saisies-arrêts.

Les transports.... Deux cas généraux à distinguer : ou ils sont acceptés, ou ils ne le sont pas. Je suis débiteur de mille francs envers Pierre ; Pierre devient mon débiteur de pareille somme de mille francs.

Pierre, qui est aussi débiteur de Jacques, lui cède sa créance sur moi, et Jacques me signifie cette cession.

La seule signification de ce transport ne peut nuire à mes droits ; elle ne saurait m'empêcher de me prévaloir de la compensation qui déjà s'est opérée de plein droit. La notification d'un transport ne peut empêcher la compensation que des créances postérieures à cette notification.

Mais si j'ai accepté ce transport, dès lors j'ai renoncé en faveur de Jacques à me prévaloir de la compensation que j'aurais pu, avant l'acceptation, opposer à Pierre. Il faut que je paie les mille francs à Jacques, sauf à moi à poursuivre Pierre.

Les saisies-arrêts.... Je suis débiteur de Pierre ; Pierre est 1298 débiteur de Jacques.

Jacques est porteur d'un titre exécutoire contre Pierre ; en vertu de ce titre Jacques forme dans mes mains une saisie-arrêt sur la somme que je dois à Pierre. Si avant la saisie-arrêt j'étais devenu créancier de Pierre, Jacques ne pourrait pas m'empêcher de me prévaloir de la compensation ; mais si je ne suis devenu créancier de Pierre que postérieurement à la saisie-arrêt, je ne puis me prévaloir de la compensation : car la saisie-arrêt avait acquis un droit à Jacques, et la compensation ne peut avoir lieu au préjudice des droits acquis à un tiers.

Il ne serait pas juste non plus que les tiers souffrissent de 1299 ce qu'un débiteur n'aurait pas opposé la compensation. Je suis créancier de Paul ; et ma créance emporte hypothèque et privilége. Je deviens débiteur de Paul. Paul me demande ce que je lui dois ; je néglige de lui opposer la compensation, et je lui paie ma dette; je veux ensuite recouvrer ce qui m'est dû; je me trouve en concours avec d'autres créanciers de Pierre. Pourrai-je me prévaloir contre eux du privilége et de l'hypothèque qui avaient été attachés à ma créance? Je ne le pourrais pas. Je ne dois pas le pouvoir; car il n'a dépendu que de moi d'obtenir l'effet de ce privilége et de cette hypothèque par le paiement, ou, ce qui est la même chose, par la compensation. Je n'ai pas usé de la compensation; j'ai sans doute pu y renoncer en faveur de Pierre; mais je n'ai pu y renoncer au préjudice des droits des tiers. Il n'y aurait d'exception que dans le cas où j'aurais eu une juste cause d'ignorer la créance qui devait compenser la dette : par exemple, si j'étais devenu créancier de Pierre, en qualité d'héritier de Jean, et que le titre de créance eût été sous le scellé pendant que Pierre m'avait poursuivi pour le paiement de sa créance.

1300 *Cinquième moyen d'extinction.... La confusion....* Elle a lieu lorsque les qualités de créancier et de débiteur se réunissent sur la même personne : alors les deux créances s'éteignent de plein droit. Je suis débiteur de Pierre, je deviens son héritier; confusion, donc extinction.

Mais la confusion peut n'avoir lieu que partiellement. Je suis débiteur de Pierre, je ne lui succède que par tiers; la confusion ne s'opère que pour le tiers de ce que je lui devais; je dois faire raison des deux autres tiers à mes cohéritiers.

Toujours les mêmes règles en ce qui concerne les cautions.

1301 La confusion qui s'opère dans la personne du débiteur principal profite à ses cautions, le cautionnement n'étant qu'un accessoire de l'obligation principale. La confusion qui s'opère dans la personne de la caution n'entraîne pas l'extinction de l'obligation principale.

Enfin la confusion ne profite aux codébiteurs solidaires que pour la portion de celui du chef duquel la confusion s'est opérée : ce qui est fondé sur le principe déjà établi

dans la loi, que, respectivement aux codébiteurs solidaires,
la dette se divise de plein droit entre eux.

Sixième moyen d'extinction..... La perte de la chose due.   1302

Il est de principe que la dette d'un corps certain est
éteinte lorsqu'il a péri ou qu'il s'est perdu de manière qu'on
en ignore absolument l'existence; ce qui est fondé sur cette
ancienne maxime : *res perit domino*, la chose périt pour le
propriétaire.

Et d'abord il faut que la chose ait péri ou ait été perdue
sans la faute du débiteur, et avant qu'il fût en demeure.

S'il y a eu faute de sa part, l'obligation subsiste.

Dans l'ancien droit on faisait de grandes distinctions sur
la faute : faute lourde, légère, très-légère; puis on distinguait aussi les contrats. Les uns emportaient la responsabilité de la faute même très-légère; dans d'autres, ce n'était
que la faute grande qui rendait le débiteur responsable.

Notre loi ne distingue plus au moins en principe général,
et, sauf les exceptions particulières qui ne pourront être
exprimées dans des lois subséquentes pour certains contrats,
en général, toutes les fois qu'il y aura eu faute quelconque
de la part d'un débiteur, il ne pourra, sous prétexte du dépérissement ou de la perte de la chose, se soustraire à son
obligation. Telle serait aussi sa condition, s'il était déjà en
demeure lorsque la chose a péri ou qu'elle a été perdue :
dans ce cas, le créancier ne serait pas même obligé de
prouver qu'il y a eu faute de la part du débiteur. Pourquoi
le débiteur avait-il manqué à son engagement?

L'équité naturelle a néanmoins fait admettre une exception lors même que le débiteur est en demeure : c'est lorsqu'il est certain que la chose serait également périe chez le
créancier, quand bien même elle lui eût été livrée.

Le créancier a un moyen d'éviter toute difficulté, de prévenir toute exception, en chargeant le débiteur des cas fortuits. Alors, que le débiteur soit ou ne soit pas en demeure,
que la chose ait péri ou ait été perdue par la faute ou sans la

faute du débiteur, que la chose eût dû également périr ou se perdre si elle avait été livrée au créancier, rien de cela ne peut plus faire matière à examen. La clause sur les cas fortuits répond à tout : le débiteur reste obligé.

La loi dit..... *Les cas fortuits*.... L'expression est absolue : ainsi, à moins qu'une loi sur une espèce de contrat n'établisse un droit particulier, on ne verra plus ces distinctions qui donnaient lieu à tant de procès. Le cas fortuit était-il ordinaire ou extraordinaire ? avait-il été prévu ? La loi comprend toute espèce de cas fortuits par cela seul qu'elle ne distingue pas.

Lorsque la chose est périe ou perdue sans que le débiteur soit dans les cas de responsabilité détaillée par la loi, il n'est tenu que de céder au créancier les droits ou actions en indemnité à laquelle la perte peut donner lieu.

Les mêmes principes doivent avoir lieu lorsqu'il s'agit d'une chose que l'utilité publique fait mettre hors du commerce.

J'ai vendu à Jean trois arpens de fonds que je ne dois livrer que dans un mois ; avant le mois l'autorité publique destine un des trois arpens pour un grand chemin ; je ne puis pas être obligé de livrer cet arpent.

1303   Quant à cet arpent, l'obligation est éteinte : mais l'indemnité que le gouvernement paie dans ce cas doit revenir à Jean.

Le débiteur n'est tenu de faire ni démarches, ni avances ; il n'est obligé qu'à céder ses droits et actions à son créancier.

1304   *Septième moyen d'extinction....... l'action en nullité ou en rescision des conventions......*

Un acte énonce une convention.

Il faut distinguer le matériel de l'acte et son effet.

Le matériel consiste dans les formes extrinsèques ;

L'effet dépend de la substance de la convention.

Pour qu'une convention soit obligatoire il ne suffit pas qu'elle ait les apparences extérieures d'une convention, qu'elle soit revêtue des formes prescrites en pareille matière ;

il faut aussi qu'on y retrouve tout ce qui est nécessaire pour la réalité d'une convention.

Quatre conditions sont essentielles : le consentement de la partie qui s'oblige, sa capacité de contracter, un objet certain qui forme la matière de l'engagement, une cause licite.

Une cause illicite, c'est-à-dire celle qui serait contraire à la loi, aux bonnes mœurs ou à l'ordre public, vicierait tellement la convention qu'aucun laps de temps ne pourrait la rendre valable : il n'y a pas eu de contrat.

Si la convention n'avait pas d'objet il serait bien impossible qu'en aucun temps elle produisît une obligation; ce ne serait pas non plus un contrat.

Les incapables de contracter sont les mineurs, les interdits, les femmes mariées dans les cas exprimés par la loi, et généralement tous ceux auxquels la loi a interdit certains contrats.

Les incapables ne peuvent être forcés à remplir leurs engagemens malgré eux.

Ils ont la faculté de les faire annuler.

Mais ce n'est qu'une faculté dont l'exercice est limité par la loi.

S'ils renoncent à l'exercer, ou s'ils ne le font pas dans les formes et dans les délais voulus par la loi, l'engagement doit être exécuté.

Enfin il n'y a pas de consentement valable si le consentement n'a été donné que par erreur ou s'il a été extorqué par violence ou surpris par dol.

Mais celui qui prétend avoir été trompé ou forcé ou surpris doit le prouver : c'est donc une exception dont il peut user ; et s'il n'en use pas aux termes des lois l'engagement reste dans toute sa force.

L'action en nullité ou en rescision ne s'applique donc qu'aux cas où la convention peut produire une action, qui néanmoins est susceptible d'être repoussée par une exception;

c'est-à-dire, 1° *au cas de l'incapacité*, 2° *au défaut de consen-*
tement.

Et c'est là la grande matière des demandes en restitution
et des actions rescisoires, qui ont tant occupé les jurisconsultes.

Il a paru à votre section que le projet avait adopté les
principes les plus justes, les plus équitables et les plus analogues à la morale et au repos des familles.

Et d'abord il était impossible de *ne pas conserver l'ancienne*
distinction entre les actes faussement qualifiés de contrats, et
qui ne produisent jamais d'action, et les contrats qui ont contenu une obligation et conséquemment le principe d'une
action, laquelle action peut être seulement repoussée par
une exception.

Lorsqu'il s'agit d'un engagement contracté sans objet ou
sans cause ou pour une cause illicite, il est tout simple que
celui qui a souscrit l'engagement n'ait pas besoin de recourir
à la justice pour se faire dégager, ou que du moins, à quelque époque qu'il soit poursuivi, il soit toujours admis à répondre qu'il n'y a pas d'obligation : mais lorsqu'il s'agit
d'un mineur, d'une femme mariée, ne serait-il pas bien
extraordinaire que le temps de la restitution ne fût pas limité ? Les formes civiles n'avaient pas été observées ; mais
l'obligation en soi pouvait être légitime.

Il en résulte qu'on ne devait pas, dans ce cas, déclarer
d'une manière absolue qu'il n'y avait pas d'obligation,
qu'on devait se borner à dire que celui qui avait souscrit
l'engagement pourrait s'y soustraire.

La nécessité d'un délai était commandée par l'intérêt public : c'est pour que les propriétés ne restent pas long-temps
incertaines.

Pareillement le secours que la loi accorde à ceux dont le
consentement n'a pas été libre doit être invoqué dans un
délai fixé.

Ne serait-il pas attentatoire au repos des familles qu'un

particulier qui serait engagé par un contrat à payer une somme pût indistinctement dans tous les temps être admis à dire qu'il s'était trompé ou qu'il avait été forcé ou surpris? Un laps de temps sans réclamation doit faire présumer la ratification.

C'est d'après ces considérations et la sagesse reconnue de nos anciennes maximes que le temps de la restitution restera limité. Dans tous les cas où l'action en nullité ou en rescision d'une convention n'est pas limitée à un moindre temps par une loi particulière cette action dure dix ans.

Les dix ans doivent être utiles : aussi ce temps ne court dans le cas de violence que du jour où elle a cessé; dans le cas d'erreur ou de dol que du jour où ils ont été découverts.

A l'égard des femmes mariées et non autorisées le délai ne court que du jour de la dissolution du mariage, parce qu'alors seulement elles sont libres d'agir par elles-mêmes et de leur chef, et qu'en principe la prescription ne peut courir contre celui qui ne peut agir.

Par les mêmes motifs, le temps ne court contre les interdits que du jour où l'interdiction est levée, et contre les mineurs que du jour de la majorité.

Certes il ne suffirait pas, même dans les dix ans, qu'un individu vînt dire que son consentement n'a pas été libre ; il faudrait qu'il le prouvât; les règles sont tracées à cet égard dans la section première du projet.

Pour ce qui est des femmes mariées non autorisées et des interdits, ils n'auraient besoin que d'invoquer leur incapacité.

A l'égard des mineurs les explications étaient nécessaires 1305 pour les obligations conventionnelles en général, car, par exemple, ce qui concerne l'aliénation de leurs immeubles a des règles particulières.

Il est bien vrai qu'en règle générale un mineur est déclaré incapable de contracter ; mais un mineur peut être capable de

24.

discernement : le lien de l'équité naturelle peut se trouver dans un contrat passé par un mineur.

Voilà pourquoi la loi a dû distinguer.

S'il s'agit d'un mineur non émancipé, la simple lésion donne lieu à la rescision en sa faveur.

Il ne sera pas restitué comme mineur ; il pourra l'être comme lésé.

La loi dit la *simple lésion* : elle n'en détermine pas la qualité. Cependant ce mot *lésion* emporte avec lui l'idée d'un dommage un peu remarquable : c'est au juge à prononcer sur ce point.

S'il s'agit d'un mineur émancipé, ou il a fait une convention qui rentre dans l'étendue de sa capacité, telle qu'elle est déterminée au titre *des Tutelles*, et alors il n'est pas restituable, même pour cause de lésion. Si la convention excède les bornes de sa capacité, il peut se prévaloir de la simple lésion.

1306　Dans les cas même où le mineur est restituable pour cause de simple lésion, il faut qu'elle résulte de la convention. Si la convention en elle-même n'avait pas contenu de lésion, et que la lésion ne résultât que d'un événement casuel et imprévu, le mineur ne serait pas restituable.

1305　La restitution du mineur pour cause de lésion est fondée sur deux idées principales : la loi protége la faiblesse de l'âge ; voilà pour la personne du mineur ; et à l'égard de l'autre partie qui contracte, c'est à elle seule qu'elle doit imputer l'événement.

1307　Celui qui contracte avec le mineur pourrait-il venir prétendre qu'il le croyait majeur? Non, sans doute. Pourquoi ne s'est-il pas informé de la capacité de celui avec qui il voulait contracter?

Mais si le mineur s'est déclaré majeur, la restitution pourra-t-elle toujours avoir lieu ? La loi ne protége pas la fraude : la bonne foi du tiers est au contraire l'objet de toute sa sollicitude. D'un autre côté, si le mineur était non recevable à réclamer la restitution par cela seul qu'il se serait déclaré majeur, ne serait-ce pas indiquer un moyen d'impunité aux gens de mauvaise foi qui spéculeraient sur ses dépouilles?

Le projet nous a semblé avoir saisi un juste milieu : la simple déclaration de majorité faite par le mineur n'est point un obstacle à sa restitution.

La simple déclaration.... Si donc le contrat porte uniquement ou que Pierre est majeur, ou que Pierre a déclaré être majeur, cette déclaration n'empêchera pas qu'il ne soit restitué.

La raison en est simple. La même faiblesse qui lui aurait fait souscrire une convention lui aurait fait souscrire la déclaration de majorité : la loi n'aurait donc rien fait pour un mineur si on avait pu l'éluder par une simple déclaration de majorité.

Mais si le mineur ne s'était pas borné à une simple déclaration de majorité, s'il avait employé des manœuvres pour persuader à l'autre partie qu'il était majeur, s'il avait produit un faux acte de naissance, pourrait-il, malgré cela, se prévaloir de sa minorité? Les Romains refusaient, dans ce cas, la restitution.... *Cum malitia suppleat ætatem.... Cum errantibus, non etiam fallentibus minoribus publica jura subveniant.*

Notre projet se bornant à dire que la simple déclaration de majorité faite par le mineur ne fait point obstacle à sa restitution, décide par cela seul qu'il y a obstacle à la restitution lorsqu'il y a plus que la simple déclaration de majorité, et laisse aux juges le soin d'appliquer le principe suivant les circonstances.

Il est plusieurs cas où le mineur ne peut se prévaloir de la minorité. 1308

Le mineur commerçant, banquier ou artisan, n'est point restituable contre les engagemens qu'il a pris à raison de son commerce ou de son art.

Le mineur n'est point restituable contre les conventions 1309 portées en son contrat de mariage, lorsqu'elles ont été faites avec le consentement et l'assistance de ceux dont le consentement est requis pour la validité de son mariage.

1310 Il n'est point restituable contre les obligations résultant de son délit ou quasi-délit.

1311 Il n'est plus recevable à revenir contre l'engagement qu'il avait souscrit en minorité lorsqu'il l'a ratifié en majorité.

1312 Une conséquence naturelle des règles posées, et des motifs sur lesquels elles sont fondées, c'est que, lorsque les mineurs, les interdits ou les femmes mariées sont admis en ces qualités à se faire restituer contre leurs engagemens, le remboursement de ce qui aurait été payé pendant la minorité, l'interdiction ou le mariage, en conséquence de ces engagemens, ne peut en être exigé, à moins qu'il ne soit prouvé que ce qui a été payé à tourné à leur profit.

Hors les cas spécialement exprimés, les mineurs ne peuvent être admis à la restitution. La restitution est un bénéfice extraordinaire et une exception. Toute exception doit être fondée sur une loi précise.

1314 Cependant il était convenable de rassurer pleinement ceux qui traiteraient avec des mineurs, en suivant les formalités prescrites. Cette précaution, si elle n'était pas nécessaire, est du moins utile à cause de cette idée si invétérée, et qui s'est si souvent réalisée, qu'il n'y avait pas de sûreté à traiter avec les mineurs.

Pour les partages, l'opinion générale était qu'ils ne pouvaient être que provisoires ; quant aux ventes, toutes les formalités possibles n'empêchaient pas que l'acquéreur ne fût inquiété sous prétexte de la moindre lésion.

Il fallait souvent des demi-siècles pour savoir si une affaire traitée avec un mineur pouvait être regardée comme absolument consommée.

L'intérêt des mineurs, celui des familles, le respect dû à la morale publique, exigeaient que la personne et les biens des mineurs fussent environnés de toute la protection de la loi.

Mais enfin on est souvent forcé de traiter avec les mineurs, et des mineurs ont souvent besoin qu'on traite avec eux ; il faut donc que l'intérêt des tiers soit garanti lorsque les tiers ont suivi les formes prescrites par la loi.

C'est pourquoi le projet a dû avertir que lorsque les formalités requises à l'égard des mineurs ou interdits, soit pour aliénation d'immeubles, soit dans un partage de succession, ont été remplies, ils sont, relativement à ces actes, considérés comme s'ils les avaient faits en majorité.

Quant aux majeurs, ils ne peuvent être restitués pour cause de lésion que dans les cas et sous les conditions expliqués par la loi. 1313

Nous en avons un exemple au titre *des Successions.* Le partage peut être rescindé entre cohéritiers s'il y a eu lésion de plus du quart.

Au titre *du Contrat de vente* il s'agira d'examiner si la rescision pour cause de lésion d'outre moitié du juste prix doit être admise.

Huitième moyen d'extinction.... L'effet de la condition réso- fin du ch.5 *lutoire...* Les obligations s'éteignent aussi par l'effet de la et ch. 4 condition résolutoire. sect.1. § 3

Cette matière a déjà été traitée dans le § III de la section 1re du chapitre IV du présent titre.

Neuvième et dernier moyen d'extinction..... La prescription.... fin du ch.5

Enfin les obligations s'éteignent par la prescription, qui fera l'objet d'un titre particulier.

Tribuns, je vous ai exposé le résultat des méditations de votre section de législation sur la partie du projet relative à *l'extinction des obligations.*

Elle a aussi retrouvé dans cette partie la méthode et la clarté qui sont si nécessaires, surtout dans une matière si importante et aussi abstraite.

Les principes posés sont tous déduits de la nature des conventions.

Les conséquences sont indiquées avec soin, elles serviront

de régulateur aux juges dans les divers cas que la loi ne pouvait prévoir.

Votre section de législation vous propose de voter l'adoption du projet.

RAPPORT FAIT PAR M. JAUBERT

SUR LE CHAPITRE VI, DE LA PREUVE DES OBLIGATIONS ET DE CELLE
DU PAIEMENT.

ch. 6.   Tribuns, le législateur a dû commencer par considérer les
obligations en elles-mêmes, respectivement au lien de droit
qui seul peut les former.

Il a dû ensuite considérer l'extinction des obligations sous
le rapport des principes généraux.

Après avoir posé les règles, soit pour la formation des
obligations, soit sur leur extinction, le législateur devait
s'occuper des signes extérieurs, tant de la formation que de
l'extinction.

Il avait dit ce qui était nécessaire pour que le lien civil
existât, et pour qu'il fût dissous.

Il doit expliquer ce qui a trait à la preuve, et pour celui
qui réclame l'exécution d'une convention, et pour celui qui
se prétend libéré.

La troisième division roule donc sur la preuve des obligations et sur la preuve du paiement.

C'est là surtout que le législateur a dû profondément réfléchir sur les habitudes des hommes, sur l'influence des
faits qui arrivent ordinairement, sur les dangers dont l'intérêt personnel environne trop souvent la conscience, et sur
les précautions qui doivent être prises en faveur de la bonne
foi contre l'immoralité.

Si tous les hommes étaient justes et sincères on n'aurait
pas besoin sans doute de tant de règles.

Mais outre que l'expérience n'a que trop appris tout ce

qu'on doit redouter du vice ou de la faiblesse, ce qui seul justifierait les mesures que la loi prend pour constater les conventions, nous devons aussi reconnaître que les hommes se succédant sur la terre, et les obligations se transmettant d'âge en âge, il est indispensable de fixer les formes qui seules peuvent faire retrouver les traces des obligations et les preuves de la libération.

Le principe fondamental dans cette matière est que celui qui réclame l'exécution d'une obligation doit la prouver, et que celui qui se prétend libéré doit prouver qu'en effet son obligation a été éteinte.   1315

La preuve, tant des obligations que de leur extinction, s'établit, suivant la diversité des cas, *par des écrits*, *par des témoins*, *par des présomptions*, *par l'aveu de la partie*, et *par le serment*.   1316

De la preuve littérale.... La preuve littérale est celle qui doit le plus satisfaire la justice, puisque c'est elle qui peut le mieux être appréciée par les juges, à la différence de la preuve testimoniale, qui ne peut les diriger toujours aussi sûrement.   sect. 1re.

La preuve littérale peut résulter ou d'actes authentiques, ou d'écrits privés.

Respectivement aux parties contractantes, une obligation est également valable du créancier au débiteur, soit qu'elle ait été consentie par acte public, soit qu'elle ait été consentie par écrit privé.

Une quittance sous seing privé libère le débiteur envers le créancier autant qu'une quittance devant notaire.

Mais il existe plusieurs autres rapports importans sous lesquels la différence des effets se fera remarquer.

Du titre authentique..... L'acte authentique est celui qui a été reçu par officiers publics ayant le droit d'instrumenter dans le lieu où l'acte a été rédigé, et avec les solennités requises.   1317-1318

Si l'officier public était suspendu de ses fonctions au moment de l'acte, son ministère ne produirait aucun effet.

«Il en serait de même si l'officier n'avait pas le droit d'instrumenter dans le lieu où l'acte a été rédigé : hors de son ressort il n'est que personne privée.

Pareillement, si les formalités requises n'ont pas été observées, l'intervention de l'officier public n'a pu donner le caractère d'authenticité ; l'acte ne pourrait valoir que comme écriture privée, et seulement dans le cas où l'acte aurait été signé par les parties : sans la signature des parties la pièce ne pourrait même être réputée acte sous seing privé, ce ne serait qu'un écrit informe.

Ces principes sur l'effet de l'incompétence et de l'incapacité de l'officier et du défaut de solennité avaient déjà été posés dans la loi du 25 ventose an XI sur l'organisation du notariat.

Il ne sera plus permis d'équivoquer ni de distinguer comme on le faisait autrefois, lorsqu'il s'agissait de prononcer sur un acte reçu par un officier public hors de son ressort, ou pendant qu'il était suspendu de ses fonctions.

On jugeait que l'officier public encourait une amende ; mais on jugeait en même temps que l'acte devait être maintenu à cause de l'ancienne maxime, *error communis facit jus*.

Tout cela conduisait à l'arbitraire : c'est aux parties à s'assurer que les officiers qu'elles veulent employer sont investis d'un caractère suffisant. Sans doute l'officier qui instrumenterait sans qualité serait puni ; mais l'acte ne serait point authentique. La bonne foi des parties ne pourrait les garantir de cet inconvénient.

En matière de droit public, lorsqu'il s'agit de reconnaître dans un acte l'émanation de la puissance publique, on ne peut avoir égard qu'aux signes indiqués par cette même puissance.

1319   Quel est l'effet principal attaché à l'acte authentique? C'est de faire pleine foi de la convention qu'il renferme entre les parties contractantes et leurs héritiers ou ayans-cause.

L'acte authentique fait foi par lui-même, par lui seul,

sans que celui au profit de qui il est passé ait rien à prouver.

Cet effet de l'authenticité est un des grands fondemens du repos des familles et de la sûreté des transactions.

Il est permis, dans certains cas, de demander qu'une convention soit déclarée nulle : par exemple si elle a été l'ouvrage de la violence ou du dol.

Mais pendant l'instance en restitution la provision est due au titre authentique, à cause de la foi imprimée à l'acte par le caractère de l'officier qui l'a reçu.

Quelle ressource féconde pour les gens de mauvaise foi si la seule demande en restitution pouvait faire suspendre l'exécution de l'acte authentique !

Cette exécution ne pourra donc éprouver aucune entrave tant que l'acte n'aura pas été anéanti par la justice.

Il en doit être autrement dans le cas du faux.

Le projet a dû replacer ici l'exception qui a déjà été consacrée par l'article 19 de la loi du 25 ventose an XI sur l'organisation du notariat.

En cas de plainte en faux principal l'exécution de l'acte argué de faux sera suspendue par la mise en accusation ; et, en cas d'inscription de faux faite incidemment, les tribunaux peuvent, selon les circonstances, suspendre provisoirement l'exécution de l'acte.

Dans le cas de la demande en déclaration de faux il ne s'agit pas seulement d'un vice qui a pu altérer la convention ; il s'agit de plus d'une supposition qui, si elle est prouvée, ôte à l'acte jusqu'à son existence.

Les précautions dont la loi accompagne l'exception préviennent les inconvéniens autant qu'il est possible.

L'acte authentique fait pleine foi ; mais de quoi ? de la convention qu'il renferme. 1320

Par ces termes, *de la convention*, il faut entendre tout le dispositif de l'acte, c'est-à-dire ce que les parties ont eu en vue, et ce qui a fait l'objet de l'acte.

Par exemple, en matière de vente, tout ce qui tient à la

chose et au prix est ce qu'on appelle le dispositif de l'acte, qui en tout cela fait pleine foi.

Quant aux termes simplement énonciatifs, ils ne doivent faire foi dans cette partie qu'autant que l'énonciation a un rapport direct à la disposition.

Pierre reconnaît dans un acte public qu'une telle maison par lui possédée est chargée envers Robert, présent, de tant de rente annuelle, dont les arrérages ont été payés jusqu'à ce jour, et en conséquence s'oblige de les lui continuer. Ces termes, dont les *arrérages ont été payés*, ne sont qu'énonciatifs, puisqu'il n'est pas dit que Robert reconnaisse avoir reçu; néanmoins ils font foi du paiement contre Robert, parce qu'ils ont trait au dispositif de l'acte.

Pour ce qui est des énonciations étrangères à la disposition elles ne peuvent servir que d'un commencement de preuve.

1319 à 1321 A l'égard de quelles personnes l'acte authentique fait-il pleine foi?

Le projet dit : *entre les parties contractantes et leurs héritiers ou ayans-cause.*

Ce résultat ne peut présenter aucune difficulté.

Mais que décider sous le rapport des tiers?

Nous avons déjà vu sur le chapitre premier que les conventions n'ont d'effet qu'entre les parties contractantes, et ne nuisent point aux tiers ni ne leur profitent.

Mais il ne s'agit point ici de l'effet des conventions; il ne s'agit que des preuves, et des preuves qui peuvent résulter d'un titre authentique.

La question est de savoir comment la règle.... *l'acte authentique fait pleine foi....* doit s'entendre à l'égard des tiers.

Notre projet établit, ou plutôt consacre une ancienne maxime que la foi publique a fait admettre; c'est que lorsqu'une convention a été établie par un titre authentique, et que les parties contractantes n'y ont dérogé entre elles que par un acte sous seing privé, l'effet de la contre-lettre se borne aux parties contractantes, sans avoir jamais aucune influence contre les tiers.

Ainsi les actes authentiques font pleine foi, non seulement entre les parties contractantes, mais encore pour les tiers.

Peuvent-ils faire foi contre les tiers?

Il faut distinguer le matériel et le moral de l'acte.

Quant au matériel, c'est-à-dire la date et les faits physiques attestés par l'officier public, les tiers ne peuvent contester la preuve qui résulte de l'authenticité de l'acte.

Dumoulin, qui a traité cette matière avec son érudition et sa sagacité ordinaires, avait réduit la théorie de cette partie importante du droit à ce principe que l'acte public prouve contre les tiers, *rem ipsam;* termes précis, énergiques, qui nous ont conduits à la distinction que nous adoptons entre le matériel et le moral de l'acte.

De l'acte sous seing privé..... On appelle actes sous seing 1322 privé ceux qui ne sont signés que des parties, et qui, étant ainsi passés sans l'intervention d'aucun officier public, ne peuvent présenter par eux-mêmes aucune forme authentique.

Il y a des règles communes à tous les actes sous seing privé; il y en a de particulières aux actes qui contiennent des conventions synallagmatiques, et aux actes par lesquels une seule partie s'engage envers l'autre à lui payer une somme d'argent ou à lui livrer une chose appréciable.

Les règles communes sont 1° qu'il ne peut y avoir d'actes sous seing privé qu'autant que la signature de la partie s'y trouve. La qualification d'acte sous seing privé le dit assez. Une pièce d'écriture, quelque dispositif qu'elle parût contenir, ne pourrait, en règle générale, être réputée acte sous seing privé, si la signature n'y était pas apposée par celui qu'on prétend obligé, quoique la pièce d'écriture ait été écrite entièrement de sa main.

2°. On s'oblige par un acte sous seing privé comme par un titre authentique; mais il y a cette différence que les actes sous seing privé doivent être préalablement reconnus avant qu'on puisse passer à l'exécution.

1323-1324   Et à cet égard il faut distinguer celui qui a souscrit l'acte sous seing privé et ses héritiers ou ayans-cause. Les héritiers ou ayans-cause ne sont point obligés de reconnaître ou de dénier l'écriture ou la signature de leur auteur ; et sur la déclaration qu'ils font qu'ils ne les connaissent pas le juge ordonne la vérification. La personne à qui on oppose un acte sous seing privé qu'on prétend être souscrit par elle ne pouvant ignorer son propre fait, est obligée d'avouer ou de désavouer formellement son écriture ou sa signature.

1325   Un acte sous seing privé peut ne contenir obligation que de la part d'un seul individu en faveur d'un autre ; il peut aussi contenir des obligations réciproques. Nous avons déjà vu la distinction des contrats unilatéraux et des contrats bilatéraux.

Lorsqu'il s'agit d'un contrat unilatéral, comme il n'y a d'obligation qu'en faveur d'un seul, il suffit que l'acte soit fait en simple original.

Mais lorsque l'acte sous seing privé contient des conventions synallagmatiques, la loi a sagement ordonné qu'il ne fût valable qu'autant qu'il aurait été fait en autant d'originaux qu'il y aurait de parties ayant un intérêt distinct.

Les motifs sont évidens : c'est parce qu'il ne peut y avoir de contrat synallagmatique que lorsque les parties sont également liées, et que cette égalité de lien n'existe pas lorsqu'il dépend de l'un des contractans de se soustraire à son gré à l'exécution de l'acte ou d'en réclamer l'accomplissement.

Il ne suffit pas que l'acte ait été fait en autant d'originaux qu'il y a de parties ayant un intérêt distinct ; il faut encore que chaque original contienne la mention du nombre des originaux qui ont été faits. S'il y a deux parties il doit être dit *fait double*; s'il y en a trois il doit être dit *fait triple*, etc., etc.

L'omission de cette mention empêcherait que l'acte ne fût valable.

Dans l'état actuel de la jurisprudence, qui a consacré les mêmes règles, on juge avec grande raison que l'omission du *fait double* rend l'acte nul, quand bien même l'existence des deux originaux ne serait pas équivoque.

Mais le défaut de mention *fait double* pourrait-il être opposé par celui qui a exécuté de sa part la convention portée dans l'acte?

Sur ce point il y avait diversité dans la jurisprudence. Quelques tribunaux avaient cru devoir s'attacher si strictement à la règle, qu'ils déclaraient la nullité, même au profit de celui qui avait exécuté.

Il a paru à votre section que le projet avait adopté une sage limitation en établissant une fin de non recevoir contre celui qui aurait lui-même exécuté. Comment pourrait-il se plaindre, après avoir agi en vertu de l'acte, et conséquemment renoncé au moyen qu'il aurait pu tirer de la nullité?

En général il suffit que celui qui s'oblige, soit par un contrat unilatéral, soit par un contrat synallagmatique, signe l'acte. **1326**

Il importe peu que le corps de l'acte soit écrit de la main d'une seule des parties ou même d'une main étrangère.

Cependant l'expérience a démontré la nécessité d'une exception pour les obligations sous seing privé, par lesquelles une seule partie s'engage envers l'autre à lui payer une somme d'argent. Lorsque l'acte n'est pas écrit en entier de la main de celui qui le souscrit, s'il se contentait d'y apposer sa simple signature, il pourrait arriver que celui qui a fait souscrire l'obligation y insérât une somme plus forte que celle qui est réellement l'objet du contrat.

La surprise pourrait même être d'autant plus facile, que, s'agissant d'actes unilatéraux, qui se font conséquemment en un seul original, le débiteur n'aurait pas de moyen de s'éclairer promptement sur l'erreur ou sur la fraude ; en sorte qu'un moment de préoccupation de la part de celui qui a souscrit, et un peu d'adresse de celui qui a fait souscrire, pourraient entraîner la ruine d'un homme faible ou inattentif. Il fallait aussi prévoir l'abus qu'on pourrait faire des blancs seings.

C'est d'après tous ces motifs qu'il avait été établi que la promesse serait écrite en entier de la main de celui qui la souscrirait, ou que du moins, outre sa signature, il écrirait de sa main l'approbation de la somme en toutes lettres.

Notre projet conserve cette règle et l'étend aux engagemens de livrer une chose appréciable.

Il y a en effet pour ce cas la même raison que pour les sommes d'argent. Si donc il s'agit d'une promesse de livrer une quantité de blé, si celui qui souscrit cette promesse ne l'a pas écrite en entier de sa main, il faut qu'outre sa signature il ait écrit de sa main un *bon* ou un *approuvé* portant en toutes lettres la quantité de blé.

Dans l'un et dans l'autre cas il ne suffirait pas que celui qui a souscrit l'acte eût ajouté à sa signature ces mots : *approuvant l'écriture ci-dessus*. Cette addition, qui se pratique dans l'usage, ou son omission, ne peuvent jamais avoir aucune influence légale.

De deux choses l'une, ou il s'agit d'un acte par lequel une seule partie s'engage envers l'autre à lui payer une somme d'argent ou à lui livrer une chose appréciable, et alors l'approbation de l'écriture ne suffit pas; l'approbation de la somme ou de la quantité de la chose est rigoureusement et indispensablement nécessaire.

Ou il s'agit de tout autre acte sous seing privé, et alors la loi n'exige aucune sorte d'approbation, elle se contente de la signature.

Toujours le législateur doit s'occuper des précautions qui peuvent protéger la bonne foi et éloigner les surprises.

Mais aussi il est obligé de se conformer aux besoins de la

société, et de tolérer un inconvénient plutôt que d'en introduire un plus grand.

La règle qui assujétit à l'approbation de la somme ou de la quantité de la chose, si elle devait être suivie dans tous les cas indistinctement, entraînerait la nécessité de recourir à un acte public pour les obligations de tous ceux qui ne peuvent que signer leur nom.

Il a donc fallu admettre une modification en faveur des individus qui, par leur état, sont présumés ne savoir que signer : autrement ils seraient forcés, pour les plus petits intérêts, de passer des actes publics ; ce qui leur causerait de grands frais qui souvent excéderaient le montant de l'obligation.

La rapidité des opérations du commerce exigeait aussi une modification : ainsi la règle cesse dans le cas où l'acte émane de marchands, artisans, laboureurs, vignerons, gens de journées et de service.

Lorsque la somme exprimée au corps de l'acte est diffé- 1327 rente de celle exprimée au *bon*, l'obligation est présumée n'être que de la somme moindre, lors même que l'acte, ainsi que le bon sont écrits en entier de la main de celui qui s'est obligé, à moins qu'il ne soit prouvé de quel côté est l'erreur.

Cette règle est fondée sur ce que la présomption est toujours en faveur du débiteur.

Examinons maintenant quelle foi doivent faire les actes 1328 sous seing privé qui sont revêtus des formes prescrites et qui ont été suffisamment reconnus.

Sur cela il faut distinguer :

A l'égard des parties qui ont souscrit l'acte et de leurs héritiers et ayans-cause, les actes sous seing privé font contre eux la même foi que les actes authentiques.

Nous ne parlons pas ici des formes exécutoires ; il est bien certain que le créancier qui n'est porteur que d'un acte sous seing privé dont la signature ou l'écriture sont même reconnues ne pourrait se permettre d'agir contre le débiteur par voie d'exécution, et qu'il serait obligé de recourir à la justice pour contraindre le débiteur à remplir son engagement.

Mais autre chose est la foi que fait l'acte, et autre chose est l'exécution dont l'acte est susceptible.

Pour ce qui est de la foi que peut faire un acte, c'est-à-dire pour le titre de l'obligation, pour la vérité et pour la substance de l'obligation, il n'y a absolument aucune différence entre les actes sous seing privé et les actes authentiques, en ce qui concerne ceux qui les ont souscrits, leurs héritiers ou ayans-cause.

Mais que doit-il en être à l'égard des tiers?

Deux choses sont à considérer, la convention en elle-même et la date de l'acte.

Nous avons déjà vu que les conventions n'ont d'effet qu'entre les parties contractantes, et qu'elles ne peuvent ni nuire ni profiter aux tiers. Cette règle est commune à toutes les conventions, quel que soit l'acte qui les contienne. Sous ce rapport il n'y a aucune différence entre les actes authentiques et les actes sous signature privée.

Il en est autrement pour la date.

Ici un exemple est nécessaire. Pierre est débiteur de Jacques.

Jean, porteur d'un titre exécutoire contre Pierre, forme une saisie-arrêt dans les mains d'un débiteur de Pierre; Jacques demande à concourir à la répartition des fonds. Il produit en effet un titre de créance.

Si ce titre consiste dans un acte authentique, la date du titre ne saurait être contestée : cette date avait été assurée par la signature de l'officier public; dans ce cas Jacques concourra avec Jean.

Mais si Jacques n'avait qu'un titre sous seing privé lorsque Jean avait formé la saisie-arrêt, pourra-t-il également l'opposer à Jean? Jean ne pourrait-il pas lui dire qu'il n'est pas prouvé que cet acte ait existé avant la saisie-arrêt; et que conséquemment, quant à lui, Jean, il n'y a pas preuve de l'obligation?

L'exposition de la question prouve que le législateur marchait entre deux écueils.

Déclarer en principe que les actes sous seing privé faisaient foi de leur date contre les tiers, c'eût été ouvrir la porte à toutes sortes de fraudes.

Déclarer en principe que les actes sous seing privé n'ont point de date contre les tiers, n'est-ce pas compromettre en certains cas les intérêts des hommes de bonne foi qui n'ont pas exigé un acte public ou parce qu'ils n'y ont pas songé, ou parce qu'ils n'ont pas voulu en faire les frais?

Cependant ce dernier inconvénient est moindre que celui qui résulterait du système contraire.

La crainte des excès dans lesquels l'intérêt personnel entraîne certains hommes a dû déterminer le législateur.

Au reste, les contractans seront avertis; c'est à eux à prendre leurs précautions.

C'est donc avec une grande sagesse que le projet a rappelé cette ancienne règle, que les actes sous seing privé n'ont point par eux seuls de date contre les tiers.

Les exceptions se présentent naturellement. L'enregistrement d'un acte sous seing privé, le décès de l'un des signataires, ou un acte dressé par des officiers publics, et qui contient la substance du sous seing privé, assurent sa date du jour de l'enregistrement ou du décès, ou de l'acte public contenant relation.

La grande division des titres se fait en titres authentiques et en actes sous seing privé.

La preuve littérale peut néanmoins résulter d'autres écrits 1229-1350 qui ne sont ni titres authentiques ni actes sous seing privé.

Par exemple les livres des marchands font preuve contre eux; mais celui qui en veut tirer avantage ne peut les diviser en ce qu'ils contiennent de contraire à sa prétention.

Les registres des marchands peuvent faire foi entre marchands. Cet objet appartient au Code du commerce.

Le projet a dû se borner à dire que les registres des marchands ne font point, contre les personnes non marchandes, preuve des fournitures qui y sont portées.

Dans ce cas ces registres ne peuvent tout au plus servir qu'à déterminer le juge à déférer le serment.

1331   Il était nécessaire de parler aussi des registres et des papiers domestiques.

Nul ne peut se faire un titre à lui-même.

Il était donc sage de poser pour règle que les registres ou papiers domestiques ne sont point un titre pour celui qui les a écrits.

Mais la justice et la raison veulent qu'ils fassent foi contre celui qui les a écrits, 1° dans tous les cas où ils énoncent formellement un paiement reçu ; 2° lorsqu'ils contiennent la mention expresse que la note a été faite pour suppléer le défaut de titre en faveur de celui au profit duquel ils énoncent une obligation.

1332   Un créancier qui a toujours resté en possession ou d'une expédition d'un acte public, ou d'un acte sous seing privé contenant obligation en sa faveur, écrit en marge ou au dos de l'expédition, ou au dos du billet, qu'il a reçu le montant de l'obligation, ou un à-compte : cette écriture, quoique non signée ni datée, fait foi contre lui.

Il en est de même de l'écriture mise par le créancier au dos, en marge ou à la suite d'un double (d'un titre ou d'une quittance) qui est entre les mains du débiteur.

Dans ces divers cas, qui pourrait se persuader que le créancier n'eût pas réellement reçu ce qu'il a écrit de sa propre main avoir reçu ?

1333   Les tailles ont aussi quelque rapport avec les titres privés.

On appelle *tailles* les deux parties d'un morceau de bois fendu en deux dont deux personnes se servent pour marquer la quantité de fournitures que l'une des deux fait journellement à l'autre.

Pour cet effet, le fournisseur et le consommateur ont chacun un morceau de bois. Le morceau que le marchand qui fait des fournitures a par devers lui s'appelle proprement *taille*, l'autre se nomme *échantillon*.

Lors des fournitures on joint les deux parties du morceau de bois, et, pour employer l'expression usitée, on y fait des coches qui marquent la quantité des fournitures : telles sont les tailles des boulangers.

Les tailles corrélatives à leurs échantillons font foi entre les personnes qui sont dans l'usage de constater ainsi les fournitures qu'elles font et reçoivent en détail.

Jusqu'à présent il ne s'agissait que d'analyser la foi que les actes faisaient par eux-mêmes ; § 4.

Et tout cela se rapportait aux originaux.

Le projet de loi va maintenant tracer les règles relatives aux copies.

Des copies, de quelques formes qu'elles soient revêtues, ne tirent jamais leur force que de l'original. Ainsi il est tout simple que les copies ne fassent foi que de ce qui est contenu au titre. 1334

Une erreur qui se serait glissée dans la copie ne saurait rien changer à la convention.

Voilà pourquoi il est de règle que la représentation du titre peut toujours être exigée.

Il ne se présente aucune difficulté lorsque le titre original subsiste. 1335

Il y en a beaucoup lorsque le titre original n'existe plus, ce qui peut arriver, et ce qui malheureusement n'arrive que trop souvent, ou par la faute des détenteurs, ou par suite d'un cas fortuit, surtout lorsqu'il s'agit d'un acte ancien, dont la minute a successivement passé au pouvoir de plusieurs dépositaires.

Le projet a parfaitement expliqué les divers cas, et saisi toutes les nuances.

Les grosses ou premières expéditions font la même foi que l'original; il en est de même des copies qui ont été tirées par l'autorité du magistrat, parties présentes ou dûment appelées, et de celles qui ont été tirées en présence des parties, et de leur consentement réciproque.

Mais s'il s'agit de copies qui aient été tirées sans l'autorité du magistrat, ou sans le consentement des parties, et depuis la délivrance des grosses ou premières expéditions, quoiqu'elles soient délivrées par le notaire qui avait reçu l'acte, ou par l'un de ses successeurs, il faut distinguer : ou ces copies ont moins de trente ans, et alors elles ne peuvent servir que de commencement de preuve par écrit; ou elles ont plus de trente ans, et alors elles peuvent, en cas de perte de l'original, faire foi : *antiquitas loco cæterarum probationum.... auctoritatem plenæ fidei supplet....* Cette doctrine de Dumoulin a passé en règle.

Lorsque les copies tirées sur la minute d'un acte ne l'auront pas été par le notaire qui l'aura reçu, ou par l'un de ses successeurs, elles ne pourront servir, quelle que soit leur ancienneté, que de commencement de preuve par écrit.

Enfin, les copies de copies ne peuvent jamais être considérées que comme simples renseignemens.

1336 Il y a des actes qui ne peuvent avoir leur effet entier qu'autant qu'ils sont transcrits sur les registres publics : par exemple, dans l'état actuel de la législation, les actes portant vente doivent être transcrits sur le registre du conservateur des hypothèques de l'arrondissement, pour que la propriété soit consolidée envers les tiers.

Cette transcription, qui est faite par un fonctionnaire absolument étranger à la rédaction de l'acte, ne peut faire foi par elle-même dans le cas où le titre original n'existerait plus; mais comme la présomption est que le conservateur des hypothèques n'a pas imprudemment transcrit sur son registre un acte qui n'aurait pas réellement existé, on a pensé avec

raison que cette transcription pourrait servir de commencement de preuve par écrit. Toutefois il faut pour cela qu'il
soit constant que toutes les minutes du notaire de l'année
dans laquelle l'acte paraît avoir été fait sont perdues, ou
que l'on prouve que la perte de la minute de cet acte a eu
lieu par un accident particulier; enfin, qu'il existe un répertoire en règle du notaire qui constate que l'acte a été fait à
la même date.

Lorsqu'au moyen du concours de ces circonstances la
preuve par témoins sera admise, les témoins de l'acte doivent
être entendus s'il y en a eu, et s'ils existent encore.

En traçant les règles sur les copies des actes, la loi n'a
entendu parler que des pièces d'écriture qui rappellent identiquement tout ce qui est dans l'original.

Il fallait bien aussi qu'elle s'occupât des actes qui, sans
retracer entièrement et identiquement tout ce qui est contenu
dans un acte précédent, rappellent néanmoins cet acte, ou
pour reconnaître l'obligation qui y est contenue, ou pour la
confirmer : ce qui nous conduit à la matière des actes récognitifs et confirmatifs.

Des actes récognitifs.... Lorsqu'il s'agit d'une prestation 1337
annuelle et perpétuelle, par exemple d'une rente constituée
à prix d'argent, d'une rente foncière, il arrive souvent, surtout quand la création de la rente remonte à un temps re-
culé, qu'il y a eu entre le créancier et le débiteur, ou leurs
héritiers ou ayans-cause, des actes dans lesquels les parties
ont reconnu l'obligation de la prestation.

Ces actes sont qualifiés récognitifs, en ce sens que les parties ont reconnu elles-mêmes l'existence d'un titre.

Quel sera l'effet de ces actes récognitifs relativement à la
quotité de l'obligation?

Il ne s'agit pas ici des effets qui peuvent en résulter en
matière de prescription, soit pour le débiteur, soit pour le
créancier.

Nous parlons des contrats ou des obligations conventionnelles en général. C'est donc sous ces rapports généraux que nous avons à examiner quel peut être l'effet des actes récognitifs respectivement au titre primordial.

Une règle ancienne, c'est que le titre primordial doit seul régir l'exécution de la convention.

C'est dans le titre primordial que les parties ont déclaré leur volonté ; c'est là seulement qu'elles ont contracté.

Les actes récognitifs n'ont point été faits dans l'intention de contracter. Leur objet n'était que de rappeler une obligation déjà existante.

Si donc il arrivait que des actes récognitifs différassent du titre primordial, il est conforme à la nature des choses que ce qui se trouve différent dans les actes récognitifs n'ait aucun effet.

Et de là il résulte que les actes récognitifs ne dispensent pas de la représentation du titre primordial.

On ne peut excepter que le cas où les actes récognitifs relateraient spécialement la teneur du titre primordial.

Lors donc qu'un créancier vient demander à un débiteur l'exécution de son engagement, et qu'un créancier n'invoque pour preuve de sa créance que des actes simplement récognitifs, le débiteur peut exiger la représentation du titre primordial. Voilà la règle générale.

Cette règle ne pourrait-elle pas être trop gênante, s'il s'agissait d'un titre qui remonterait à une époque reculée ? On sait ce qui se passe le plus souvent dans les familles. Il y en a tant où les expéditions des titres ne se conservent pas ! Les partages, les absences, les déplacemens de papiers, les accidens qui arrivent chez les notaires, tout cela peut empêcher qu'on ne retrouve ni la minute de l'acte ni même son expédition.

La justice et l'équité voulaient donc que la règle générale, qui proscrit la représentation du titre primordial, cessât lorsque les actes récognitifs seraient soutenus par une possession ancienne.

Aussi lorsqu'il y a plusieurs reconnaissances conformes soutenues de la possession, et que l'une de ces reconnaissances a trente ans de date, le créancier peut être dispensé de représenter le titre primordial.

Par actes récognitifs on ne peut entendre que ceux qui rappellent un titre préexistant et contenant une obligation parfaite.

Mais s'il y a eu un premier acte susceptible de l'action en 1338 nullité ou rescision, et que dans un second acte les mêmes parties rappellent le premier, quel doit être l'effet de ce second acte? Nous arrivons ici à la matière importante des actes confirmatifs.

Des actes confirmatifs.... Confirmer un acte ou le ratifier, c'est lui donner une force qu'il n'aurait pas eue par lui seul.

Les jurisconsultes avaient beaucoup disserté sur la nature et les diverses espèces des confirmations ou ratifications.

Quels étaient les actes qui pouvaient être ratifiés? Comment la ratification devait-elle être exprimée? Dans quel cas la ratification faisait-elle remonter l'obligation à la date du premier acte? Quelle était l'influence de la ratification envers les tiers qui avaient acquis des droits sur l'obligé, dans l'intervalle écoulé entre le premier acte et la ratification?

A cette occasion il fallait disserter sur les nullités, distinguer ce qui était nul radicalement, ou ce qui était simplement nul; ce qui était nul absolument ou ce qui ne l'était que relativement, c'est-à-dire ce qui ne produisait pas d'action, ou ce qui simplement donnait une exception.

Et pour cela on était forcé d'entrer dans des abstractions sur l'incapacité des contractans, de faire diverses classes des incapables, d'analyser les vices qui pouvaient résulter de l'objet de la convention ou de la cause de la convention.

Il fallait faire cesser autant d'incertitudes; il fallait surtout bannir de cette matière des termes qui exigeraient des définitions.

Une idée vraie et simple, c'est qu'on ne peut confirmer et ratifier que ce qui a réellement existé, quoique manquant de force par quelque vice.

De là il résulte :

1°. Qu'on ne peut en aucune manière confirmer ni ratifier de prétendues conventions dont la loi n'a jamais reconnu l'existence ;

2°. Que, dans tous les autres cas, la ratification peut avoir lieu ;

3°. Que jamais les droits des tiers ne peuvent en souffrir.

La loi a déclaré qu'il ne pouvait y avoir de convention sans objet ou sans cause licite.

Dans ce cas il ne peut donc y avoir lieu à ratification.

Pour ce qui est des actes contre lesquels la loi n'admet que la voie de la rescision, tels que les engagemens des mineurs, des interdits et des femmes mariées, ils sont susceptibles de ratification.

Dans tous ces derniers cas l'obligé avait la faculté de proposer une exception. S'il renonce à user de son droit, l'obligation reste.

Cette théorie se trouvera tout entière dans la loi. La ratification ou confirmation peut résulter d'un acte formel ou de l'exécution volontaire.

Ce que nous venons de dire se rapporte non seulement aux vices intrinsèques des actes, mais encore aux vices extrinsèques, ceux qui résultent de l'inobservation des formes.

Quoiqu'un acte ne soit pas revêtu des formes voulues par la loi, cela n'empêche pas qu'il n'existe un titre quelconque; si le créancier agit il peut être repoussé; mais toujours faut-il que l'obligé fasse usage de son exception, car s'il y renonce, *volenti non fit injuria.*

Les nullités de forme peuvent donc se couvrir par le silence; d'où il suit que cette espèce de nullité peut aussi être couverte par la ratification.

Mais la loi a dû excepter les donations nulles dans la forme :

il faut qu'elles soient refaites dans la forme légale, le donateur ne peut réparer le vice par aucun acte confirmatif. C'est l'importance de l'acte portant donation, c'est la nature du transport de propriété qui se fait à titre gratuit, qui ont dû porter le législateur à ne pas se contenter en pareil cas d'une simple ratification.

La volonté ne suffit pas non plus pour une donation; il faut encore qu'elle soit manifestée par des signes extérieurs et publics, qui, en consommant l'expropriation du donateur, avertissent aussi de la transmission tous ceux qui peuvent avoir des intérêts à démêler avec lui.

Il n'en doit pas être de même à l'égard de ses héritiers ou ayans-cause. Ils ont sans doute le droit de faire déclarer la donation nulle; mais s'ils la ratifient, ou s'ils l'exécutent, cette ratification ou exécution volontaire emporte leur renonciation à opposer soit les vices de forme, soit toute autre exception. *1340*

Nous venons de parcourir ce qui regarde la preuve littérale; passons à la partie qui traite de la preuve testimoniale. *sect. 2 et 1341*

De la preuve testimoniale.... Deux grands motifs doivent influer sur la détermination des preuves :

1°. La nécessité de constater les conventions;

2°. Le besoin d'en conserver fidèlement la substance.

La nécessité de constater les conventions. Des hommes d'une égale bonne foi ne racontent-ils pas souvent d'une manière différente ce qu'ils ont vu, ce qu'ils ont entendu? Et, sans vouloir calomnier l'espèce humaine, quel est le siècle qui n'a pas été témoin de nombreux exemples de mauvaise foi et de parjure?

Il serait donc dangereux de livrer le sort des conventions aux témoignages humains.

Si nous n'avions que la tradition orale que deviendraient la plupart des conventions lorsque les années en auraient altéré les traces? Que d'erreurs, que d'incertitudes, que de procès, enfin que de sujets de triomphe pour l'injustice!

Il convient donc aux législateurs d'établir, pour la preuve des conventions, des règles qui soient, autant que possible, indépendantes de la moralité individuelle, et qui aident en même temps à surmonter les difficultés que la succession des années amène naturellement.

Aussi la preuve littérale a-t-elle toujours paru la plus sûre.

Quant aux faits il fallait bien le plus souvent se confier à la preuve testimoniale. Les actions purement physiques, presque toujours instantanées, presque toujours l'ouvrage d'un seul, ne peuvent être constatées par des écrits.

A l'égard des conventions, comme elles sont le fruit de la réflexion de plusieurs, et qu'ainsi les contractans peuvent donner une forme à leur rédaction, le législateur peut exiger qu'elles soient rédigées par écrit; il peut déclarer qu'il n'admettra aucune preuve testimoniale; il doit le déclarer pour l'intérêt de tous, pour garantir les uns de leur erreur ou de leur faiblesse, pour empêcher les autres de se prévaloir de leur mauvaise foi, pour prévenir les procès et pour garantir la stabilité des propriétés.

Notre projet, conforme en ce point aux anciennes ordonnances, a consacré ces principes. L'article 241 est ainsi conçu :

« Il doit être passé acte devant notaires ou sous signatures privées de toutes choses excédant la somme ou valeur de 150 francs, même pour dépôts volontaires, et il n'est reçu aucune preuve par témoins contre et outre le contenu aux actes, ni sur ce qui serait allégué avoir été dit avant, lors ou depuis les actes, encore qu'il s'agisse d'une somme ou valeur moindre de 150 francs. »

Il y a plus de deux siècles que la preuve littérale des conventions n'avait été prescrite que pour les objets qui excédaient la valeur de 100 francs, et cependant notre projet ne propose d'excepter que les objets qui excèdent 150 francs. Cette augmentation de 50 francs n'est pas proportionnelle à la valeur relative des espèces ; mais, d'une part, les circonstances morales ne sont pas propres à encourager le législateur à donner plus de latitude à la preuve testimoniale ; de l'autre il a dû considérer que l'usage de l'écriture est devenu plus familier.

De la règle.... *Il doit être passé acte de toutes conventions....* Il résulte qu'il ne doit être reçu aucune preuve par témoins contre et outre le contenu aux actes, ni sur ce qui serait allégué avoir été dit avant, lors ou depuis les actes, encore qu'il s'agisse d'une somme ou valeur moindre de 150 francs. Recevoir une pareille preuve ce serait détruire la règle.

Le projet prend toutes les précautions pour qu'elle ne 1342 puisse jamais être éludée.

Ainsi on ne pourra être admis à la preuve testimoniale lorsque l'action contiendrait, outre la demande d'un capital, une demande d'intérêts qui, réunis au capital, excéderaient la somme de 150 francs.

Ni en restreignant à 150 francs une obligation qui aurait 1343 compris une somme plus forte.

On ne pourrait non plus prétendre à la preuve testimoniale 1344 si la somme de 150 francs n'était que le restant ou partie d'une créance plus forte qui n'aurait pas été prouvée par écrit.

On ne le pourrait pas non plus en joignant plusieurs de- 1345 mandes qui, réunies, excéderaient la somme de 150 francs, encore que la partie alléguât que ces créances proviennent de différentes causes, et qu'elles s'étaient formées en différens temps, si ce n'était que ces droits procédassent par succession, donation ou autrement, de personnes diffé-rentes.

Enfin toutes les demandes, à quelque titre que ce soit, qui 1346 ne seront pas entièrement justifiées par écrit, seront formées par un même exploit, après lequel les autres demandes dont il n'y aura point de preuve par écrit ne seront pas reçues.

La règle, quelque sage qu'elle soit, devait néanmoins ad- 1347 mettre des exceptions. La première est pour les conventions sur choses qui n'excèdent pas la somme ou valeur de 150 francs;

La seconde est relative à ce qui est prescrit dans les lois du commerce ;

La troisième a lieu lorsqu'il existe un commencement de preuve par écrit.

Il était nécessaire de définir ce qu'on doit entendre par commencement de preuve par écrit.

On appelle ainsi tout écrit émané de celui contre lequel la demande est formée, ou de celui qui le représente, lorsque cet écrit rend vraisemblable le fait allégué. Alors la preuve testimoniale peut entraîner moins de dangers.

Mais quoiqu'il y ait un commencement de preuve par écrit, c'est toujours aux juges à apprécier les faits dont on leur demande la preuve : car tout ce qui résulte de l'exception, c'est que la preuve testimoniale n'est pas interdite lorsqu'il y a commencement de preuve par écrit, sauf à juger l'influence des faits avant d'en admettre la preuve.

1348   Enfin, la règle reçoit encore une exception toutes les fois qu'il n'a pas été possible au créancier de se procurer une preuve littérale de l'obligation qui a été contractée envers lui.

Le projet, conforme en cela à toutes les anciennes maximes, énumère les cas :

Les obligations qui naissent des quasi-contrats.

Les obligations qui naissent des délits ou quasi-délits. Le délinquant s'oblige par son seul fait à réparer le dommage qu'il a causé.

Ces deux objets seront traités au titre *des Engagemens sans convention.*

Des dépôts nécessaires..... par exemple ceux faits en cas d'incendie, ruine, tumulte ou naufrage.

Dans ces événemens désastreux le malheureux qui en est la victime n'a ni le temps ni les moyens de prendre des précautions. Ces dépôts d'ailleurs se font sous la foi publique. N'est-ce pas aussi une espèce de délit de la part de celui qui les viole ?

Parmi les dépôts nécessaires on a toujours classé ceux qui

se font en logeant dans une hôtellerie. L'usage et la raison disent assez pourquoi il doit y avoir, dans ce cas, exception à la règle.

Un avertissement qui est commun à toutes les espèces de dépôt nécessaire, c'est que la preuve testimoniale ne peut jamais être accueillie que suivant la qualité des personnes et les circonstances du fait. L'expérience a appris que si un homme incendié pouvait être la victime de ceux qui, sous le voile de l'humanité, ont paru vouloir lui porter secours; que si un voyageur a quelquefois éprouvé des infidélités de la part d'un hôte, il est arrivé aussi et que l'homme incendié et que le voyageur ont voulu abuser du secours de la loi pour s'enrichir aux dépens d'autrui.

Les obligations contractées en cas d'accidens imprévus, où l'on ne pourrait pas avoir fait des actes par écrit, peuvent aussi être prouvées par témoins. Il faut que l'accident imprévu soit d'abord prouvé; le reste appartient à la conscience du juge.

Il en est de même lorsque le créancier a perdu le titre qui lui servait de preuve littérale, mais ce ne peut être que lorsque le titre a été perdu par suite d'un cas fortuit, imprévu, et résultant d'une force majeure.

La preuve des conventions peut donc se faire par la preuve littérale, et, dans certains cas, par la preuve testimoniale : mais si un individu qui se prétend créancier ne peut justifier par écrit de sa créance; si celui qui se prétend libéré n'a pas pris de quittance, ou si les témoins manquent lorsque la preuve testimoniale peut être admise, quelle ressource pourra rester?

C'est ce qui nous conduit à la matière des présomptions.

Des présomptions.... Souvent il s'élève, entre les citoyens, des contestations pour le jugement desquelles ils ne rapportent aucune preuve directe.

Faudrait-il qu'alors la justice refusât de s'entremettre, ou qu'elle s'exposât à livrer l'homme de bien à la merci du mé-

chant? Quoiqu'il n'y ait pas de preuve directe de la convention, ne peut-il pas exister des faits prouvés qui conduisent
à la connaissance des faits qui sont contestés?

Ce n'est qu'à cause des difficultés qui peuvent survenir,
même entre les personnes de bonne foi, que la loi a dû
créer les formes, et il reste toujours comme vérité fondamentale, que toutes les fois que les juges peuvent parvenir
à la vérité, ils doivent la faire triompher : or, ils peuvent
quelquefois y parvenir à l'aide des faits prouvés qui conduisent l'homme intelligent à la découverte des faits qui ne sont
pas constatés.

Seulement les juges ne peuvent substituer leur volonté à
celle de la loi ; et lorsque la loi a établi des règles, qu'elle a
déterminé leur influence, dans tous ces cas il ne peut être
permis aux juges d'être plus sages qu'elle, sous prétexte
qu'ils croient pouvoir pénétrer les cœurs et les intentions.

Les présomptions sont des conséquences que la loi ou les
magistrats tirent d'un fait certain pour parvenir à la connaissance d'un fait incertain.

1350-1351. Elles se divisent en présomptions légales et en présomptions simples.

Les présomptions légales sont la pensée elle-même de la
loi.

La présomption simple n'est que la pensée du juge.

La présomption légale ne peut donc exister que lorsqu'une
loi spéciale l'a attachée à certains actes ou à certains faits.

Le projet indique plusieurs exemples.

1°. Les actes que la loi déclare nuls, comme présumés faits
en fraude de ses dispositions, d'après la seule qualité des
parties.... Par exemple une donation faite au père d'une
personne incapable.

2°. Les cas dans lesquels la loi déclare que la propriété ou
la libération résulte de certaines circonstances déterminées.... Par exemple, certains signes extérieurs caractéri-
sent la mitoyenneté d'un mur de séparation entre deux

héritages. La remise volontaire de la grosse du titre fait présumer la remise de la dette ou le paiement.

3°. L'autorité que la loi attribue à la chose jugée, qui n'a lieu toutefois qu'à l'égard de ce qui a fait l'objet du jugement. Il faut que la chose demandée soit la même ; que la demande soit fondée sur la même cause ; que la demande soit entre les mêmes parties, et formée par elles et contre elles en la même qualité.

4°. La force que la loi attache à l'aveu de la partie ou a son affirmation ; ce qui donnera lieu bientôt à un examen particulier.

Notre projet n'indique que des exemples, mais ils suffisent pour l'explication du principe, qui, au reste, consiste en ce qu'il ne peut y avoir de présomption légale, que celle qui est attachée par une loi spéciale à un acte ou à un fait : ainsi il ne peut jamais y avoir d'embarras pour distinguer la présomption légale.

Quel peut être l'effet de cette présomption ?   1352

La présomption légale dispense de toute preuve celui en faveur de qui elle est établie.

Celui qui a en sa faveur la présomption légale peut-il être exposé à une preuve contraire ?

Sur cela il faut distinguer....

Lorsque la loi se borne simplement à établir une présomption, la preuve contraire peut être admise, quoique la loi ne la réserve pas, parce qu'il est dans la nature des présomptions qu'elles cèdent à la preuve.

Mais si la loi, en établissant une présomption, a déclaré que cette présomption suffisait pour que certains actes fussent annulés, ou si, sur le fondement de cette présomption, elle dénie l'action en justice, alors nulle preuve n'est admise, à moins que la loi n'ait réservé la preuve contraire.

Voyons quelques exemples :

La donation faite au père d'un incapable est déclarée nulle, sur le fondement que la loi répute ce père personne interposée de l'incapable. Nulle preuve ne serait admise contre cette présomption légale.

La remise volontaire du titre original sous signature privée, par le créancier au débiteur, fait preuve de la libération, sur le fondement de la présomption que le créancier n'aurait pas remis volontairement le titre original si le débiteur n'avait pas été libéré ; mais la loi ayant dit que la remise volontaire faisait preuve de la libération, d'où il suit que l'obligation est éteinte, et conséquemment que l'action en justice doit être déniée à l'ancien propriétaire du titre, il en résulte aussi que cet ancien propriétaire ne peut être admis à prouver que la remise volontaire du titre n'a pas opéré sa libération.

La remise volontaire de la grosse du titre fait présumer la remise de la dette ou du paiement, mais la loi ajoute : Sans préjudice de la preuve contraire. Aussi celui à qui la grosse du titre a été volontairement remise n'a pas besoin de prouver que la dette lui a été remise ou qu'il en a payé le montant ; mais celui qui a fait la remise volontaire de la grosse peut prouver que, quoiqu'il ait volontairement remis la grosse, il n'a pas pour cela fait la remise de sa dette, et qu'il n'en a pas reçu le montant.

1353 Passons aux présomptions simples, à celles qui ne sont point établies par la loi, et qui ne dérivent que du raisonnement du juge lui-même.

Il était impossible que la loi fixât ces présomptions, puisqu'elles naissent des circonstances et des faits, qui varient à l'infini.

Tout ce que la loi pouvait faire, c'était de déclarer que les présomptions qui ne sont point établies par elle sont abandonnées aux lumières et à la prudence du magistrat, qui ne doit admettre que des présomptions graves, précises et concordantes.

Toutefois le ministère du juge ne peut pas s'étendre jusqu'au pouvoir de briser la barrière que la loi elle-même aurait posée.

La loi veut qu'il soit passé acte de toute convention pour choses excédant la somme ou la valeur de 15o francs.

De simples présomptions ne pourraient donc autoriser le juge à s'écarter de cette base fondamentale : c'est pourquoi le projet a dit, avec grande raison, que le juge ne doit admettre les présomptions, même graves, précises et concordantes, que dans le cas seulement où la loi admet la preuve testimoniale.

Il n'y aurait qu'une exception..... si l'acte était attaqué pour cause de fraude ou de dol.

La fraude et le dol ne se présument pas, mais celui qui les allègue doit être admis à pouvoir les prouver par témoins; car si la fraude ne se présume pas, ceux qui la commettent ne manquent pas d'employer tous les moyens pour la cacher. La morale publique exige donc que la preuve testimoniale soit admise dans cette matière, et c'est là que le juge doit pouvoir faire usage de toute sa perspicacité pour pénétrer tous les replis de l'homme artificieux.

C'est un grand pouvoir laissé au juge; mais, comme vous l'avez plusieurs fois reconnu, la distribution de la justice serait entravée si les tribunaux ne recevaient une certaine latitude de la loi, qui ne peut tout prévoir, et que dans tant d'occasions on cherche à éluder.

De l'aveu de la partie... **Toujours il faut revenir à l'origine** 1354 des conventions : elles prennent leur véritable source dans le consentement des parties contractantes.

Lors donc que la vérité de la convention se manifeste par le propre aveu des parties contractantes, toute la théorie sur les preuves extérieures doit cesser.

Aussi notre projet a-t-il soigneusement conservé les anciennes maximes sur l'aveu de la partie; mais il faut distinguer.

L'aveu qui est opposé à une partie est ou extrajudiciaire ou judiciaire.

L'aveu extrajudiciaire est purement verbal ou par écrit. 1355

Quant à l'aveu extrajudiciaire purement verbal, il est bien évident que, seul, il ne pourrait produire aucun effet dans une cause où la preuve testimoniale ne serait point admissible; car, dès que je ne puis prouver par témoins que j'ai prêté 3,000 francs à Pierre, je ne dois pas être admis à prouver par témoins qu'il a avoué me devoir cette somme.

L'aveu extrajudiciaire par écrit peut au contraire produire seul quelque effet.

Par exemple, si on fait valoir une lettre d'où on peut conclure qu'un débiteur reconnaît la dette ; ou bien si la lettre peut au moins être regardée comme un commencement de preuve par écrit.

1356   L'aveu judiciaire est la déclaration faite en justice par la partie elle-même ou par son fondé de pouvoir spécial.

Les formes relatives à l'aveu judiciaire appartiennent au *Code de procédure*. C'est là qu'on trouvera la solution de cette question : L'aveu ne lie-t-il la partie qui l'a fait que lorsque l'autre partie en a obtenu acte?

Le Code civil ne peut s'occuper que des effets de l'aveu judiciaire.

Une règle de tous les temps observée, une règle qui est fondée sur le respect dû à la justice, sur la nature primaire des conventions et sur la morale publique, c'est que l'aveu judiciaire fait pleine foi contre celui qui l'a fait.

Pleine foi.... comme un acte entièrement émané de la partie et constitutif d'une véritable obligation ou d'une quittance.

Si un débiteur assigné pour payer une dette confesse devoir la somme qui lui est demandée, le créancier demandeur est déchargé de faire la preuve de la dette, et, sur le fondement de cette confession seule, il peut obtenir contre son débiteur un jugement de condamnation.

Si le créancier qui a un titre de créance est convenu en jugement des paiemens que le débiteur soutient lui avoir faits, ces paiemens demeurent pour constans, et le débiteur est déchargé d'en faire la preuve.

Mais s'il est juste et régulier que l'aveu judiciaire fasse pleine foi contre celui qui l'a fait, il est également juste et régulier (en toutes matières civiles) que l'aveu ne puisse être divisé contre lui.

Paul me demande 1,000 francs; il n'a aucun titre contre moi : je déclare en jugement qu'à la vérité Paul m'a prêté 1,000 francs, mais que je lui ai rendu les 1,000 francs. Paul ne peut tirer de ma confession une preuve du prêt, sans que cette confession ne fasse en même temps foi du paiement. Il ne peut se servir de ma confession contre moi qu'en la prenant telle qu'elle est et dans son entier.

L'aveu judiciaire ne peut être révoqué par celui qui l'a fait, à moins qu'il ne prouvât que son aveu avait été la suite d'une erreur de fait; il ne pourrait le révoquer sous prétexte d'une erreur de droit.

Ceci tient à divers principes généraux.

Le consentement est une condition essentielle pour la validité des conventions; il ne peut y avoir de consentement valable s'il n'a été donné que par erreur. Si donc un consentement formé par l'erreur n'est pas un vrai consentement, de même une confession à laquelle l'erreur a donné lieu n'est pas une vraie confession.

A quelle erreur ces principes s'appliquent-ils?

Par rapport aux conventions, on distingue deux erreurs, l'erreur de fait et l'erreur de droit.

L'erreur de fait annulle l'aveu; l'erreur de droit le laisse subsister en toute sa force.

Deux exemples:

Un testament pèche par quelque vice de forme. Un légataire demande judiciairement le paiement de son legs; l'héritier n'oppose pas la nullité; il reconnaît la dette et se borne à demander du temps.

Cet héritier pourrait-il venir dire ensuite qu'il n'est point lié par son aveu, qu'il s'est trompé quand il l'a fait, qu'il ignorait l'article du Code civil d'après lequel le testament est nul?

On lui répondrait qu'un aveu judiciaire ne peut être révoqué sous prétexte d'une erreur de droit, et cette règle est fondée sur ce que l'ignorance de droit n'excuse personne; tous ceux qui habitent un territoire connaissant ou devant connaître, ou étant censés connaître le droit qui régit ce même territoire.

Mais si, depuis que l'héritier a fait l'aveu de la dette, on a découvert un testament postérieur qui révoquait le premier, c'est alors une erreur de fait, et alors seulement il faut venir au secours de celui qui a fait l'aveu; car l'aveu ne peut lier une partie que par suite de son consentement, et le consentement n'existe pas là où il y a eu une erreur absolue.

Reprenons la marche du projet.... Toutes les conventions peuvent se prouver par écrit; dans certains cas elles peuvent se prouver par témoins. Les présomptions que la loi elle-même a déterminées peuvent tenir lieu de toutes preuves.

Le juge peut aussi, suivant les circonstances, déclarer que l'existence de la convention lui est suffisamment démontrée, pourvu qu'il ne viole pas les règles fondamentales sur l'application de la preuve testimoniale. Enfin, dans l'absence de toute preuve extérieure ou de la conviction du juge, l'aveu judiciaire de la partie fait pleine foi pour la convention.

S'il n'existe aucun de ces moyens, celui qui réclame doit-il être renvoyé de sa demande? celui contre qui la demande est formée serait-il entièrement à l'abri de toute recherche?

Il reste un recours à l'homme de bien et une ressource aux ministres de la loi.

C'est l'appel à la conscience.

Nous voulons parler du serment.

Ne nous arrêtons pas dans cette matière à des idées trop défavorables à l'espèce humaine; n'examinons pas avec une analyse sévère si l'état des sociétés actuelles et les exemples effrayans de corruption qui nous affligent doivent laisser subsister l'antique théorie du serment.

Le législateur d'un grand peuple doit né pas perdre de vue les faiblesses attachées à l'humanité ; mais il lui importe de coordonner ses institutions de telle manière qu'elles consacrent le respect dû à la morale, et que la conscience publique soit la règle des consciences privées.

Que le serment soit donc toujours regardé comme un supplément des lois civiles.

N'est-ce pas la force que le serment avait chez les premiers Romains qui avait le plus attaché ce peuple à ses lois?........ « Il fit, dit Montesquieu, pour observer le serment ce qu'il n'aurait jamais fait ni pour la gloire ni pour la patrie....... Rome était un vaisseau tenu dans la tempête par deux ancres, la religion et les mœurs. »

Le serment judiciaire est de deux espèces ; il est ou déci- 1357 soire ou supplétif.

C'est la partie qui défère le serment décisoire.

Le serment supplétif est déféré d'office par le juge.

Du serment décisoire..... Le serment décisoire a lieu lors- § 1. qu'une partie déclare en justice qu'elle s'en rapporte absolument à la déclaration que l'autre partie fera sous la foi du serment.

L'effet de ce serment est de terminer définitivement et irrévocablement la contestation en conformité du serment prêté.

L'objet et l'effet du serment décisoire produisent plusieurs conséquences.

Le serment décisoire peut être déféré sur quelque espèce 1358 de contestation que ce soit.

Il ne peut être déféré que sur un fait personnel à la partie 1359 à laquelle on le défère. Des héritiers ne peuvent être tenus d'affirmer qu'il était dû ou qu'il n'était pas dû à leur auteur; seulement ils seraient tenus d'accepter le serment sur ce qui peut être parvenu à leur connaissance.

Le serment peut être déféré en tout état de cause, et en- 1360

core qu'il n'existe aucun commencement de preuve de la
demande ou de l'exception sur laquelle il est provoqué. Car
celui à qui il est déféré ne peut se plaindre de ce qu'on le
laisse juge dans sa propre cause ; il serait honteux de refuser
d'affirmer la vérité et la sincérité d'une demande ou d'une
exception dans laquelle on prétendrait persister.

1361   Néanmoins celui auquel le serment est déféré peut le référer à son adversaire, qui, à son tour, ne peut se plaindre
de ce qu'on le rend juge dans sa propre cause.

Aussi une règle bien juste et bien naturelle, c'est que celui
auquel le serment est déféré, qui le refuse ou ne consent pas
à le référer à son adversaire, ou l'adversaire à qui il a été
référé et qui le refuse, doit succomber dans sa demande ou
dans son exception.

1362   Il n'est pas besoin de justifier cette autre maxime, que le
serment ne peut être référé quand le fait qui en est l'objet
n'est point celui des deux parties, mais est purement personnel à celui auquel le serment avait été déféré.

1364   La partie qui a référé ou déféré le serment ne peut plus se
rétracter lorsque l'adversaire a déclaré qu'il est prêt à faire
ce serment. Ce serait se jouer des consciences, et donner
lieu peut-être au scandale le plus effrayant pour la société,
le spectacle d'un homme qui aurait déclaré être prêt à affirmer, sous la religion du serment, qu'il était légitime créancier, et qui néanmoins serait ensuite déchu de sa demande.

1363   Lorsque le serment a été prêté tout est consommé, la
cause est finie, elle ne peut se renouveler. Celui qui a
déféré le serment ne pourrait plus être écouté, quand bien
même il offrirait la preuve que la partie a prêté son serment
de mauvaise foi et s'est parjurée. Il ne pourrait être écouté
quand même il offrirait de faire cette preuve par des pièces
nouvellement recouvrées.

Les jurisconsultes romains avaient dit avec raison : *Jusju-*
randum loco solutionis est... adversus exceptionem jurisjurandi,

replicatio doli mali non debet dari, cum prætor id agere debet ne de jurejurando quæretur.

Le serment fait ne forme preuve qu'au profit de celui qui 1365 l'a déféré, ou contre lui, et au profit de ses héritiers ou ayans-cause, ou contre eux.

Le serment déféré par l'un des créanciers solidaires au débiteur ne libère celui-ci que pour la part de ce créancier.

Le serment déféré au débiteur principal libère également les cautions.

Celui déféré à l'un des débiteurs solidaires profite aux codébiteurs.

Et celui déféré à la caution profite au débiteur principal.

Dans ces deux derniers cas, le serment du codébiteur solidaire ou de la caution ne profite aux autres codébiteurs ou au débiteur principal que lorsqu'il a été déféré sur la dette et non sur le fait de la solidarité ou du cautionnement.

Du serment déféré d'office.... Il est possible que les parties 1366 n'aient pas assez de confiance l'une envers l'autre pour recourir au serment décisoire.

Il peut arriver aussi qu'une demande ou une exception ne soit ni pleinement justifiée ni totalement dénuée de preuve. Le juge est incertain, il hésite ; sa conscience ne sera pas tranquille s'il condamne purement et simplement le défendeur, ou s'il repousse purement et simplement le demandeur.

Ne voyons-nous pas tous les jours des affaires où il est presque impossible à un homme impartial et éclairé de démêler la vérité ?

C'est alors que le juge peut assujettir au serment l'une ou l'autre des parties, pour en faire dépendre la décision de la cause.

Le juge aura du moins fait tout ce qu'il aura pu en appelant la religion au secours de la justice.

Le serment d'office ne peut avoir lieu que lorsque la de- 1367 mande ou l'exception ne sont pas pleinement justifiées et qu'elles ne sont pas totalement dénuées de preuves.

Un individu qui est porteur d'un contrat ne peut être astreint par les juges à faire serment que la chose lui est due.

En un mot, ce n'est que dans les cas douteux que le juge peut déférer le serment. Hors ces cas, il doit ou adjuger ou rejeter purement et simplement la demande.

1368   Le serment déféré d'office par le juge à l'une des parties ne peut être par elle référé à l'autre. Cette faculté est exclusivement attachée au serment décisoire.

1369   Le juge peut déférer à l'une des parties le serment, lors même qu'il ne s'agit que de déterminer le montant de la condamnation ; mais il faut qu'il soit d'ailleurs impossible de constater autrement la valeur de la chose.

Une partie réclame la valeur des effets d'une succession qui ont été soustraits ; il est prouvé qu'il y a eu une soustraction : mais il est impossible de constater quelle était la valeur des effets soustraits ; une somme d'argent a été détournée ; le montant de cette somme ne peut en aucune manière être déterminé : le juge peut, suivant les circonstances, déférer le serment au demandeur ; mais, même dans ce cas, c'est au juge à déterminer la somme jusqu'à concurrence de laquelle le demandeur en sera cru sur son serment.

Les idées judiciaires doivent toujours suivre la même marche que notre projet.

S'agit-il de prouver qu'un individu est obligé ou qu'il est libéré ?

Le premier vœu de la justice est de trouver la base de sa décision dans l'acte qui a dû constater la convention.

Les témoins ne sont appelés que lorsqu'il s'agit des plus petits intérêts, ou lorsque déjà il existe un commencement de preuves par écrit, ou lorsqu'il n'a pas été possible au créancier de se procurer ou de conserver une preuve littérale de la convention.

S'il n'y a eu aucun écrit, s'il n'y a pas eu de témoins, ou s'ils ne peuvent être entendus, il est possible qu'il existe d'autres actes, ou même certains faits auxquels la loi ait attribué l'effet d'une preuve directe.

Il est possible aussi que le juge puisse, par la combinaison des circonstances, apercevoir la vérité et la consacrer par un jugement.

Toute recherche devient inutile lorsqu'une partie s'en rapporte à la conscience de l'autre.

Enfin le juge peut trouver une dernière ressource pour la justice, dans le serment qu'il défère à une partie.

Tribuns, j'ai parcouru les diverses parties du projet qui traite de *la preuve des obligations* et de *celle du paiement.*

Cette troisième division du titre *des Contrats* a paru à votre section de législation digne de votre assentiment, comme les deux premières divisions qui traitent de *la formation* et de *l'extinction des obligations.*

Le peuple français aura donc aussi les lois les plus sages sur les transactions : car ces lois ne sont que des conséquences déduites de la nature des choses, le développement des notions du juste et de l'injuste; elles ne sont que l'équité naturelle appliquée aux divers besoins des hommes.

Pourrions-nous être accusés de méconnaître la part que les jurisconsultes romains auront eue à la rédaction de cette partie importante de notre Code civil? Que notre respect et notre reconnaissance pour ces bienfaiteurs de la société soient aussi connus qu'ils doivent être profonds!

C'est pour nous un devoir de répéter que l'étude des lois romaines sera toujours aussi nécessaire que la distribution de la justice; que c'est toujours aux lois romaines qu'il faudra remonter pour mieux connaître les principes sur les transactions, pour en saisir l'enchaînement, pour en apprécier les conséquences.

Quelques-unes de ces lois étaient restées empreintes de subtilités; celles-là s'étaient ressenties et de la rudesse des premières mœurs, et de l'intérêt que les patriciens avaient eu de créer des difficultés, en même temps qu'ils réservaient

pour eux seuls les magistratures, qui leur donnaient un si
grand avantage sur les plébéiens.

Ces irrégularités n'empêchent pas que le travail des romains dans la partie des contrats ne soit le chef-d'œuvre de
la raison humaine.

Il n'en est pas du droit comme des sciences physiques.

Qui pourrait entrevoir l'époque où la nature aura révélé
tous ses secrets et manifesté tous ses prodiges?

Mais le droit n'est que l'analyse de ce qui est équitable et
bon.

Ce ne sont pas les conventions humaines qui peuvent créer
les idées du juste et de l'injuste. Ces idées sont dans la conscience de l'homme probe et éclairé.

La science du droit consiste donc à discerner les rapports
que les conventions ont avec l'équité.

Et c'est cette science que les romains ont éminemment
possédée.

Oui, tribuns, ce titre *des Contrats*, qui renferme tous les
élémens des obligations conventionnelles, qui devra être le
manuel des jurisconsultes et des juges, c'est aux Romains que
nous le devons presque tout entier.

Seulement il nous est permis de dire que notre recueil sera
plus méthodique, plus complet, en même temps qu'il sera
dégagé de ces subtilités qui, dans certains cas, embarras-
saient le droit écrit.

Qui donc avait préparé un si grand bienfait pour notre
siècle ?

Les Français ont eu aussi leur Paul, leur Papinien.

Cujas avait expliqué les textes romains avec une telle sagacité, que le parlement de Paris, sur le réquisitoire exprès
du procureur-général, lui avait permis de *faire lecture et profession en droit civil dans l'université de Paris, à tels jour et
heure qu'il serait par lui avisé.*

Et Dumoulin, ce jurisconsulte célèbre, qui, au milieu des
troubles civils, était parvenu à réunir toutes les connaissances

du droit coutumier et du droit écrit, quels services n'a-t-il pas rendus à la jurisprudence dans les matières les plus difficiles, par les principes lumineux et féconds qu'il a posés, et dont plusieurs ont passé en maximes?

N'avions-nous pas aussi le grand, le magnifique ouvrage de Domat, qui nous avait si bien développé la filiation des lois?

Enfin le savant, le vertueux Pothier avait publié ses *Pandectes;* et dans son *Traité des Obligations* il a réuni tous les principes fondamentaux du droit et de la morale, que jamais on ne doit séparer.

La doctrine de ces grands hommes, et de plusieurs autres qui ont dignement marché sur leurs traces, sera toujours un riche patrimoine pour ceux qui suivront la carrière de la jurisprudence.

Je vous propose, au nom de la section de législation, de voter l'adoption du projet.

Le Tribunat émit, dans la séance du 16 pluviose an XII (6 février 1804), un vœu d'adoption, qu'il fit porter le lendemain au Corps législatif par MM. Favart, Mouricault et Costé.

DISCUSSION DEVANT LE CORPS LÉGISLATIF.

DISCOURS PRONONCÉ PAR LE TRIBUN MOURICAULT.

Législateurs, le projet de loi dont je viens vous entretenir au nom du Tribunat est formé de la réunion des dispositions relatives aux contrats en général, et aux obligations qui en dérivent; c'est un des titres les plus étendus et les plus importans du Code civil. Que d'idées se présentent à l'esprit en le parcourant! que de développemens on voudrait se permettre en le discutant! mais que de temps et de talens il faudrait pour traiter convenablement ce sujet! Au reste, si je vois tout ce qui me manque, je n'en ai pas moins l'espoir d'atteindre le but de ma mission.

Ce titre, en effet, tient de plus près que tout autre aux principes du droit naturel, et les règles qu'on y a tracées sont la pure expression de ces principes. Aussi ces règles sont-elles depuis long-temps et généralement adoptées : et il est bien remarquable qu'au milieu de la discordance de nos lois, de nos coutumes et de nos usages sur tant d'autres objets, toutes les parties de la France n'aient eu, à l'égard des conventions ou des contrats, qu'une doctrine uniforme, et n'aient reconnu qu'un même législateur. Ce législateur, c'est la raison, dont le droit romain, en cette matière surtout, est regardé comme le fidèle organe. Partout ses décisions avaient entraîné l'assentiment, et dispensé la législation moderne de se faire entendre.

Domat les a toutes recueillies dans ses *Lois civiles* (a), ouvrage profond qui sera toujours utilement médité.

Pothier, après lui, a rassemblé et commenté les mêmes décisions dans des *Traités* qui resteront classiques.

Le projet qui vous est soumis en est la substance; et, par cette seule considération, il est déjà fortement recommandé à votre adoption.

L'orateur du gouvernement, dans un savant discours, en a justifié toutes les parties; elles l'ont été depuis encore par les rapports faits au Tribunat; et vous avez eu le tout sous les yeux, comme le projet même.

Je n'hésite donc pas à me renfermer dans d'étroites limites; et je me borne, sans inquiétude, à vous rappeler la marche générale et les dispositions prédominantes du projet. J'y joindrai peu de réflexions. Ces dispositions sont si raisonnables, leur enchaînement est si naturel, et les consé-

(a) Pag. 1, liv. I, tit. 1 et 18; liv. II, tit. 10: liv. III, tit. 3, 5, 6; liv. IV, tit. 1 à 6.

quences qui en sortent et se pressent sont si aisées à sentir,
qu'un long commentaire serait superflu. Je ne peserai que
sur les innovations en petit nombre qu'on a jugé convenable
d'adopter.

Mais permettez-moi quelques réflexions préliminaires qui
peuvent servir d'introduction à cette matière.

On ne saurait concevoir de *rapprochement entre les hommes,*
en quelque petit nombre que ce soit, sans voir s'établir à
l'instant entre eux des *rapports* d'où naissent inévitablement
des *droits* et des *devoirs* réciproques. Si chacun d'eux a droit
à ce qui est nécessaire à son existence, chacun d'eux doit
respecter le même droit dans les autres.

A mesure que les familles se sont étendues, à mesure
que leurs réunions ont constitué les nations, mais surtout à
mesure que l'industrie, en se développant, a multiplié les
objets de la propriété, les moyens de jouissance et d'échange,
les rapports entre les hommes, et par suite leurs droits et
leurs devoirs mutuels, sont aussi devenus plus nombreux et
plus compliqués. Il a fallu des lois pour régler tant de rapports et des magistrats pour faire exécuter ces lois.

C'est véritablement alors que chacun a été protégé dans
ses droits et contenu dans ses devoirs, au nom, par la volonté et par la force de tous : c'est du moins ainsi que cela
devrait être, car voilà l'objet exprès ou tacite de toute association politique.

Au reste, il y a des devoirs et des droits auxquels la loi
ne pouvait utilement toucher, qu'il a fallu confier à la conscience des hommes et que la morale seule régit : mais la loi
s'est emparée de tout ce qui pouvait avoir des effets extérieurs, et intéresser par eux la sûreté des personnes et des
propriétés, l'ordre public et la tranquillité générale.

Nous n'avons à considérer ici que ce qui concerne les *rap-*
ports civils , et singulièrement ceux *de la propriété.*

Parmi les biens que la propriété peut embrasser sont les *ac-*
tions ; parmi leurs charges sont les *obligations.* Les obligations

sont les devoirs reconnus par la loi civile, et les actions sont les droits civils correspondant aux obligations.

Or les obligations et les actions ont deux sources, le *fait* ou la *convention*.

Celles qui naissent immédiatement de la position ou des faits des personnes sont directement réglées par la loi, sauf les modifications qu'il est permis à ceux qu'elles intéressent d'y apporter par la convention. Les obligations et les actions qui dérivent immédiatement de la convention sont les plus nombreuses, puisque la convention règle toutes les transactions volontaires qui ont lieu journellement entre les hommes; telles que la vente, l'échange, le louage, le prêt, le dépôt, le mandat, le salaire, la donation, etc.

Chacune de ces transactions a ses règles particulières, mais elles en ont de communes : c'est de ces règles communes qu'est formé le titre que je viens discuter, lequel est intitulé *des Contrats ou des Obligations conventionnelles en général*.

1101   Le *contrat* est pris ici pour toute convention que la loi civile avoue (a).

Le projet, après avoir donné du contrat et de ses principaux genres les définitions que tout le monde connaît, se partage, comme vous le savez, en cinq grandes divisions ou chapitres.

I. Le second chapitre traite *des Conditions essentielles pour la validité des conventions*.

1108   1°. Le *consentement* des parties contractantes est mis à la tête et avec raison, puisque toute convention suppose la réunion des volontés de ceux qui y interviennent.

1109   Or la volonté doit être le produit d'une détermination libre autant que réfléchie. Le consentement qui n'a été donné que par l'effet de l'*erreur*, du *dol* ou de la *violence*, n'est donc pas un consentement réel et valable.

1110 à   Mais toute espèce de violence, de dol ou d'erreur ne suffit
1114-1116

_____

(a) *Conventio nomen habens a jure civili, vel causam.*

pas pour infirmer une convention; il serait trop aisé de s'affranchir de ses engagemens. Il faut que l'erreur ait porté sur la substance même de la chose ou sur le motif déterminant de l'engagement; il faut, à l'égard du dol, qu'il soit évident que, sans les manœuvres imputées à l'une des parties, l'autre n'aurait pas contracté; il faut enfin que la violence, quel que soit celui qui l'a exercée, ait été de nature à faire impression sur une personne raisonnable, et qu'elle ait été capable de lui inspirer la crainte d'exposer à un mal considérable et présent sa personne, sa fortune ou celle des objets de ses plus intimes affections.

De la nécessité du consentement il résulte encore que nul 1119 à 1121 ne peut stipuler en son nom que pour lui-même, à moins qu'il ne s'engage personnellement à faire valoir la stipulation qu'il fait pour autrui, ou à moins qu'il ne fasse de cette stipulation pour autrui la condition de la stipulation principale qui le concerne lui-même : mais, dans l'un et l'autre cas, la stipulation accessoire n'oblige le tiers ou ne lui profite qu'autant qu'il y accède.

Si cette stipulation présente au tiers un bénéfice, peut-on le lui enlever après coup et sans sa participation? Les jurisconsultes étaient partagés sur cette question (a). D'une part on invoquait le principe que tout engagement peut se résoudre comme il s'est formé, par la réunion des seules volontés qui y ont concouru; d'autre part on représentait que, quand la stipulation faite pour un tiers lui présente un bénéfice, c'est une espèce de donation fidéicommissaire qui reçoit son complément par la réunion des volontés de celui qui la stipule et de celui qui s'en charge; et Pothier incline pour ce dernier avis. Le projet a tranché la difficulté de la manière la plus simple en statuant seulement que celui qui a fait la stipulation au profit du tiers ne peut plus la révoquer lorsque le tiers a déclaré vouloir en profiter; alors, en effet, son consentement étant réuni à celui des autres parties, le contrat

(a) Pothier, des Obligations, n° 75.

se trouve réellement scellé par trois volontés, sans lesquelles (du moins en ce qui concerne chacune d'elles) il n'y peut plus être dérogé.

1108-1123   2°. La seconde des conditions essentielles à la validité des conventions est la *capacité* des contractans.

Toute personne qui n'est pas déclarée incapable par la loi peut valablement contracter.

1124-1125   Il y a des incapacités qui ne sont relatives qu'à de certains contrats ; mais il y en a de générales ; et telle est celle des mineurs, des interdits, des femmes mariées non autorisées. Au reste, comme cette incapacité est établie en leur faveur, elle ne peut être invoquée contre eux par ceux avec qui ils ont traité ; et quand la minorité, l'interdiction ou la puissance maritale ont cessé, ils peuvent eux-mêmes consolider leurs engagemens par une ratification ou par l'exécution.

Pothier pense que l'incapacité de la femme mariée est absolue, que l'engagement par elle contracté sans l'autorisation de son mari ou de la justice ne peut pas même lier envers elle. Il se fonde sur ce que la puissance maritale est établie en faveur du mari ; sur ce que l'autorisation est nécessaire à la femme, non pour son intérêt, mais comme une déférence due à son mari. Mais cet assujétissement n'a-t-il donc pas aussi pour objet de donner un guide à l'inexpérience de la femme, de lui donner un protecteur contre la surprise? Ne suffit-il pas d'ailleurs à la prééminence et à l'intérêt du mari qu'il ne puisse être lié que par l'autorisation, qu'il ait le droit personnel de faire anéantir à son gré les engagemens de sa femme non autorisée? Faut-il aller jusqu'à interdire à celle-ci l'exécution, sur ce qui se trouvera à sa libre disposition, des engagemens que sa conscience lui recommanderait, jusqu'à lui refuser même la faculté de maintenir un contrat qui lui serait avantageux ; enfin jusqu'à libérer gratuitement la personne qui a cru devoir s'obliger envers elle? De telles conséquences sont trop étranges ; le projet a sagement fait de ne pas les consacrer, et de rendre le sort des femmes, en ce qui concerne des conventions passées avec elles, égal à celui des mineurs et des interdits.

3°. La troisième condition nécessaire à la validité des conventions est qu'elles ne soient pas illusoires ; qu'elles aient un *objet réel*; que l'un des contractans au moins se trouve obligé à livrer, à faire ou à ne pas faire quelque chose ; que cette chose soit licite ; qu'elle soit déterminée dans son espèce, ou qu'elle puisse l'être dans sa quotité. Le projet, à cette occasion, défend toutes conventions sur les successions futures, encore que ceux de qui elles peuvent provenir y consentent. *(1108-1126 à 1130)*

La loi romaine, quand ce consentement intervenait, tolérait ce genre de conventions. Le droit commun de la France les autorisait aussi, du moins dans les contrats de mariage (a). Mais déjà l'article 81-791 du nouveau Code, au titre *des Successions*, a réformé cette jurisprudence en déclarant que : « On ne peut, même par contrat de mariage, renoncer à la « succession d'un homme vivant, ni aliéner les droits éven- « tuels qu'on peut avoir à cette succession. » Le projet, en reprenant cette disposition, lève toute équivoque par la déclaration qu'il fait qu'on ne le pourra même avec le consentement de celui de la succession duquel il s'agit. C'est une prohibition juste, puisque sans elle l'un des principaux objets de notre législation actuelle serait facilement éludé ; la plupart de ces conventions sur les successions futures ayant pour but de porter atteinte à l'égalité des partages.

4°. La quatrième et dernière des conditions essentielles à la validité des conventions est qu'elles présentent une *cause* exprimée ou non, mais réelle et licite. *(1108-1131 à 1133)*

II. Quels sont les *effets des conventions* dont la validité est assurée par l'existence de ces conditions? C'est à l'indication de ces effets que le troisième chapitre est employé. *(ch. 3.)*

D'abord, en général, ces conventions tiennent lieu de loi aux parties qui y ont souscrit ; ensuite elles ne peuvent être *(1134)*

(a) Pothier, n° 132. Lacombe, Dict. de Jur. civile, mot *Renonciation*, sect. I.

révoquées que par la réunion des mêmes volontés qui les ont formées, ou pour des causes spécialement autorisées par la loi ; enfin la bonne foi doit présider à leur exécution.

Mais il y a d'autres effets moins généraux résultant de la diversité d'objets que les conventions peuvent avoir.

1136 à 1138   1°. S'agit-il, par exemple, d'une *obligation de donner un objet déterminé?* elle emporte, non seulement l'engagement de livrer l'objet, mais encore celui de veiller en bon père de famille à sa conservation jusqu'à la livraison : et comme l'obligation est parfaite par le seul consentement des parties, elle constitue immédiatement le créancier propriétaire de la chose; et désormais cette chose est à ses risques, quoique la tradition n'en soit pas faite, à moins que le débiteur ne soit en demeure.

1139   J'observe ici que l'usage s'était abusivement établi parmi nous (a) de ne réputer le débiteur mis en demeure que par une sommation, ou par un acte équivalent, et cela même lorsqu'il y avait un terme stipulé dans la convention, quoiqu'il semblât que l'expiration de ce terme, sans exécution de l'engagement, dût suffire. Il résultait de cet usage des délais et des frais inutiles. Le projet a sagement fait en statuant que la demeure résulte immédiatement de l'expiration du terme fixé par la convention, lorsqu'elle en contient la stipulation expresse.

1144   2°. S'agit-il d'une *obligation de faire quelque chose ?* le créancier peut, en cas d'inexécution, être autorisé à faire lui-même exécuter l'obligation aux dépens du débiteur.

1143   L'obligation, au contraire, est-elle de ne pas faire une certaine chose? le créancier aura le droit de demander que ce qui serait fait par contravention à l'engagement soit détruit; il pourra même se faire autoriser à le détruire aux dépens du débiteur;

1146 à 1148   3°. A défaut d'exécution des unes et des autres obligations, ou seulement en cas de retard, leur effet ultérieur et juste est de soumettre le débiteur aux *dommages et intérêts* du

(a) Voyez Pothier, n° 549.

créancier, à moins que l'inexécution ou le retard ne soit le produit d'une cause étrangère, d'une force majeure, ou d'un cas fortuit.

Ces dommages et intérêts à adjuger au créancier doivent naturellement l'indemniser de tout le tort qu'il éprouve par l'inexécution ou le retard. Aussi le projet déclare-t-il qu'ils sont en général de la perte que le créancier a faite et du gain dont il a été privé. **1149**

Ils seront à l'arbitrage du juge, à moins que la convention ne les ait fixés d'avance. En ce cas il faudrait respecter la loi que les parties se sont faite. **1152**

Pothier, prenant Dumoulin pour guide, fait une longue dissertation tendant à établir que la somme convenue pour ces dommages et intérêts doit être réduite lorsqu'elle est excessive. Ses motifs se bornent à prétendre que le débiteur qui s'est soumis à une peine excessive doit être présumé n'y avoir souscrit que dans la fausse confiance de ne pas s'y exposer, et que, par conséquent, son consentement à cet égard peut être présumé l'effet d'une erreur. Mais la réponse à ce raisonnement est aisée. S'il y a dans l'engagement l'erreur que la loi regarde comme destructive du consentement, si le débiteur l'articule et la prouve, ce sera par ce moyen, et non par l'énormité des dommages et intérêts convenus par la lésion qui semble en résulter, que les juges se décideront : s'il n'y a point d'erreur prouvée, il faudra s'en rapporter à la fixation faite par les parties, croire que leur intérêt les a suffisamment guidées dans cette appréciation dont elles étaient les meilleurs arbitres, et ne jamais oublier que tout contrat est la loi que les parties se sont faite à elles-mêmes, qu'elles ne peuvent se plaindre d'y être soumises, et qu'on ne doit substituer aucune volonté à celle qu'elles ont consacrée.

Quand l'obligation n'aura pour objet que le paiement d'une somme, le créancier ne pourra réclamer en justice, en cas de retard du paiement, que les intérêts au taux fixé par la loi, lesquels ne commenceront même à courir que du jour de la **1153** demande, si ce n'est dans les cas où la loi les fait courir de plein droit.

sect. 5   Voilà les principaux effets que les conventions doivent produire entre les parties. Il est aisé de sentir que, pour être en état de faire une juste application de ces règles, il faut toujours s'assurer avant tout de la véritable intention des contractans. Quelquefois elle n'est pas facile à reconnaître ; mais il y a des maximes qui peuvent guider à cet égard, que le projet a réunies, et dont voici la substance.

1156 à 1162   4°. Il faut, dans l'*interprétation des conventions*, s'attacher plus à la recherche de la commune intention des parties, qu'au sens littéral des expressions. Toutes les clauses d'un même contrat s'interprètent les unes par les autres, en donnant à chacune le sens qui résulte de l'acte entier. Lorsqu'une clause est susceptible de deux sens, on doit plutôt l'entendre dans le sens avec lequel elle peut avoir quelque effet que dans le sens avec lequel elle n'en pourrait produire aucun. Est-ce dans les termes qu'on entrevoit deux sens ? il faut prendre ces termes dans le sens qui convient le plus à la matière du contrat. Ce qui reste ambigu s'interprète par l'usage du pays où le contrat a été passé. Dans le doute enfin la convention doit s'interpréter contre celui qui a stipulé, parce qu'il pouvait exiger une obligation plus claire.

L'équité de ces maximes est manifeste et depuis longtemps reconnue.

sect. 6   5°. Il me reste à parler des *effets des conventions à l'égard des tiers* ; et ceci n'a qu'un mot.

1165 à 1167   Les conventions n'engagent point ceux qui n'y ont pas stipulé, et ne peuvent leur nuire. Les créanciers peuvent même attaquer les actes de leur débiteur qui se trouveraient faits en fraude de leurs droits. S'il n'y a pas de fraude, ils peuvent exercer, pour leurs intérêts, tous ceux des droits de leur débiteur résultant de la convention qui ne sont pas exclusivement attachés à sa personne.

ch. 4   III. Après avoir déterminé en général les conditions nécessaires à la validité des obligations et leurs effets, le projet, dans le chapitre quatrième, traite de *diverses espèces d'obligations* plus compliquées; savoir, les obligations conditionnelles, à terme, alternatives, solidaires, divisibles ou indivisibles et pénales.

1°. Le projet donne des divers genres de *conditions* des définitions inutiles à retracer ici. <small>sect.1. § 1</small>

Ce qu'il est essentiel de rappeler, ce sont les règles générales auxquelles les conditions sont assujéties.

Toutes conditions d'abord ne sont pas également valables. <small>1174</small>

Si l'obligation, par exemple, est subordonnée à une condition, que l'obligé soit laissé le maître de remplir ou de ne pas remplir, la convention se trouve illusoire, et par conséquent nulle et comme non avenue.

La condition de faire une chose impossible, contraire aux mœurs ou prohibée par la loi, est nulle, et rend également nulle la convention qui s'y trouve subordonnée. Mais la condition de ne pas faire une chose impossible ne rend pas l'obligation nulle; cette condition est seulement regardée comme non avenue. <small>1172·1173</small>

A l'égard des conditions valables, voici, pour leur exécution, et d'abord pour celle des conditions suspensives, les règles que la raison indique, et que le projet adopte. <small>1176</small>

L'obligation est-elle contractée sous la condition qu'un événement arrivera? si la condition renferme un temps fixe, elle est censée défaillie lorsque le temps est expiré sans que l'événement soit arrivé; mais s'il n'y a pas de temps déterminé, elle n'est censée défaillie que lorsqu'il est devenu certain que la chose n'arrivera pas.

L'obligation est-elle au contraire contractée sous la condition qu'un événement n'arrivera pas? si la condition renferme un temps fixe, elle est accomplie lorsque ce temps est expiré : mais s'il n'y a pas de temps déterminé, elle n'est accomplie que lorsqu'il est certain que l'événement n'arrivera pas. <small>1177</small>

1178　　Au reste, la condition est toujours réputée accomplie quand c'est le débiteur obligé sous cette condition qui en empêche l'exécution.

1180-1179　　Sans doute, quand l'effet de la condition est de suspendre l'obligation, le créancier n'a rien à exiger jusqu'au terme de la condition; mais il est juste qu'il puisse faire des actes conservatoires, et c'est ce que le projet lui permet. Quand la condition est accomplie, l'effet de l'obligation doit remonter, à l'égard des priviléges ou hypothèques, au jour même de la convention ; et c'est également ce que le projet déclare.

1183　　Si l'obligation n'est soumise qu'à une condition résolutoire, cette obligation n'est point suspendue; il y a lieu seulement à la restitution de ce qui a été reçu par l'effet de la convention, lorsque l'événement qui doit résoudre est arrivé.

1184　　Le projet, ne perdant jamais de vue le principe que les contrats font la loi des parties, statue que la condition résolutoire sera toujours sous-entendue dans les contrats synallagmatiques, pour le cas où l'une d'elles ne satisfera pas à son engagement : mais la résolution, en ce cas, n'aura pas lieu de plein droit ; le créancier devra la demander en justice, et le débiteur pourra même, selon les circonstances, obtenir un délai pour éviter, par l'exécution de son engagement, s'il est encore possible, la résolution du contrat. C'est un adoucissement juste à la disposition.

1185-1188　　2°. Après les obligations conditionnelles viennent celles à terme; à leur égard voici l'essentiel.

Le terme ne suspend pas l'engagement, il en retarde seulement l'exécution ; encore le créancier la peut-il exiger avant le terme, quand ses sûretés se trouvent diminuées par le fait du débiteur, qui ne doit pas abuser du délai pour nuire.

sect. 3.　　3°. Les obligations *alternatives* exigent un peu plus de détails.

1190-1191　　Le choix dans ces obligations appartient naturellement au débiteur, s'il n'a pas été expressément attribué au créancier : mais le débiteur ne peut pas forcer le créancier d'accepter une partie de l'une des deux choses et une partie de l'autre ; il faut qu'il délivre l'une ou l'autre chose entière.

Au reste, il faut observer que l'obligation n'est pas véri- 1192à1195 tablement alternative ; qu'elle se trouve être d'une chose dé- terminée, si l'une des deux choses promises n'était pas dans le principe susceptible de l'obligation ; et que l'obligation vraiment alternative cesse de l'être, et devient une chose dé- terminée, si l'une des deux choses vient à périr, fût-ce par la faute du débiteur. Si toutes deux périssent, l'obligation est éteinte, à moins qu'elles n'aient péri toutes deux par la faute du débiteur : dans ce cas, à la place de la dernière qui a péri, il en doit le prix.

Lorsque le choix appartient au créancier, il faut admettre quelques différences. Les deux choses ont-elles péri sans la faute du débiteur? l'obligation est éteinte, de même que dans le cas où le choix appartient à celui-ci. Une seule des deux choses a-t-elle péri sans la faute du débiteur? le créancier ne peut demander que celle qui reste. Mais les deux choses ont-elles péri, et y a-t-il faute du débiteur à l'égard des deux ou d'une seule? le créancier a le choix entre le prix de l'une et le prix de l'autre.

Observons que tous ces principes s'appliquent au cas où il 1196 y aurait plus de deux choses comprises dans l'obligation alternative.

4°. Ce qui concerne les obligations solidaires n'est pas sect. 4. moins équitablement réglé ; et vous savez combien cette ma- tière est à la fois importante et difficile.

Il peut y avoir solidarité entre plusieurs créanciers ou 1202 entre plusieurs débiteurs. Ni l'une ni l'autre ne se présume ; il faut qu'elle soit expressément stipulée, ou qu'elle résulte de la loi.

Lorsqu'il y a solidarité entre plusieurs créanciers (cas ex- 1197-1198 trêmement rare), le paiement fait par le débiteur à l'un d'eux le libère envers tous ; et le débiteur peut lui-même s'adresser, pour payer, à celui de ces créanciers solidaires qu'il juge à propos de choisir, tant qu'il n'est pas prévenu par les pour-suites de l'un d'eux ; car chaque créancier peut poursuivre seul, contraindre seul à payer, et donner quittance seul, sauf à rendre compte à ses cocréanciers.

Domat et Pothier ont pensé que le créancier solidaire, ayant le droit d'exiger du débiteur toute la dette, devait avoir également le droit d'en faire la remise, sauf contre lui le recours de ses cocréanciers pour leur part ; et l'on peut dire en faveur de cette opinion qu'il semble inutile d'interdire la remise directe à qui peut la faire indirectement, en don-nant quittance sans recevoir. Mais, en y réfléchissant mieux, on reconnaît que la solidarité ne s'établit véritablement entre les créanciers que pour autoriser chacun d'eux à faire au besoin l'affaire de tous, et pour les établir à cet effet manda-taires réciproques : il en faut conclure que la remise étant un acte étranger à l'intérêt commun, un acte de bienfaisance personnel à celui qui le veut exercer, c'est un acte absolu-ment hors de la mission de chacun. On peut ajouter que, de la part du créancier qui ferait la remise, l'obligation de compter à ses cocréanciers de leurs portions pourrait devenir illusoire, puisque, prêt à devenir insolvable, il pourrait la concerter à vil prix avec le débiteur, et profiter seul ainsi de la dette. Or il ne faut pas que la loi lui fournisse un moyen aussi direct et aussi facile de fraude ; et il convenait que le projet le rejetât, comme il l'a fait expressément. Le moyen indirect de la quittance apparente n'en restera pas moins à la disposition de la mauvaise foi : mais il était impossible de parer à cet inconvénient ; et le débiteur, du moins, averti que la loi lui défend de traiter de la remise avec un seul créan-cier ; que, par conséquent, il sera exposé à la recherche et à la preuve de la fraude qui pourrait s'être pratiquée, se prê-tera plus difficilement à celle dont on tenterait de le rendre complice. Quant au créancier de bonne foi qui, dans la re-mise, n'aurait d'autre but que la bienfaisance, il conservera les moyens de l'exercer, puisqu'il pourra ou fournir au débiteur de quoi s'acquitter envers ses cocréanciers, ou s'empresser de les désintéresser lui-même.

Lorsque c'est entre plusieurs débiteurs que la solidarité 1200 est stipulée, chacun d'eux, au choix du créancier, peut être par lui contraint au paiement de la totalité ; et ce paiement les libère tous, sauf le recours de celui qui l'a fait contre chacun des autres codébiteurs, pour le remboursement de leurs portions, et même pour la contribution à la perte qui pourrait résulter de l'insolvabilité de quelqu'un d'eux.

L'obligation peut être solidaire, quoique l'un des débiteurs 1201 soit obligé différemment des autres ; conditionnellement, par exemple, ou à terme. Il en résultera seulement que, si le créancier préfère de s'adresser à ce débiteur-là, il faudra qu'il se soumette à son égard à la condition ou au terme.

Si la chose solidairement due périt par la faute ou pendant 1205 la demeure de l'un des codébiteurs solidaires, il est juste, sans doute, que les autres ne soient pas plus déchargés que lui de l'obligation d'en payer le prix ; mais les dommages et intérêts, s'il en est dû, sont à la charge de lui seul.

Au reste, le codébiteur solidaire poursuivi peut opposer 1208 toutes les exceptions qui lui sont personnelles, comme toutes celles qui sont communes à tous les codébiteurs ; il n'y a que les exceptions personnelles à chacun ou à quelques-uns des autres codébiteurs qui lui soient interdites.

Il en faut conclure qu'il ne peut opposer la compensation des créances qui lui sont étrangères. Domat, cependant, embrasse et défend l'opinion contraire ; mais Pothier, tout en l'adoptant, observe et prouve que les motifs n'en sont pas concluans. C'est donc avec raison que le projet a rejeté cette opinion.

De quelle manière la solidarité peut-elle s'éteindre vis-à- 1204 vis de tous les débiteurs ou de quelques-uns seulement par le fait du créancier? C'est sur cette question que les difficultés s'étaient le plus rassemblées. Le projet a presque sur toutes adopté l'opinion de Pothier, qui, s'attachant au prin-

DISCUSSIONS, MOTIFS, etc.

cipe que la solidarité est stipulée en faveur du créancier, se refuse à lui supposer trop facilement l'intention d'en perdre les avantages dès que leur conservation ne change véritablement rien à la position des codébiteurs.

Ainsi d'abord les poursuites faites contre l'un des débiteurs solidaires ne portent aucune atteinte à la solidarité, et n'empêchent pas le créancier d'en exercer de semblables contre les autres.

1210-1211 Ensuite le créancier qui, sans réserver la solidarité dans sa quittance, mais sans y renoncer formellement, reçoit divisément la part d'un des débiteurs, est bien censé faire remise de la solidarité à ce débiteur ; mais il la conserve à l'égard des autres.

Enfin le créancier n'est pas censé remettre la solidarité, même au débiteur de qui il reçoit seulement une somme égale à sa part, pourvu que la quittance ne porte pas que c'est pour sa part. Il en est de même lorsque le créancier forme contre l'un des débiteurs une demande pour sa part, tant qu'il n'est pas intervenu de jugement conforme, ou que le débiteur n'a pas acquiescé à la demande.

Mais quand le créancier a reçu divisément et sans réserve pendant dix années la portion d'un débiteur dans les arrérages ou intérêts de la dette, il perd la solidarité contre ce débiteur, tant pour le capital que pour les intérêts ou arrérages échus et à échoir.

Pothier, avec qui le projet ne se trouve pas d'accord en ce point, exige, pour anéantir la solidarité dans ce cas, une perception divise des arrérages ou intérêts pendant trente années ; et encore n'admet-il pas alors l'extinction de la solidarité à l'égard du capital. Mais, d'une part, quant aux arrérages ou intérêts, c'est bien assez d'une perception divise soutenue pendant dix ans, sans réserves, pour en inférer la renonciation à la solidarité à l'égard du débiteur en possession de payer ainsi ; et d'autre part il serait trop bizarre de le laisser désormais soumis à la solidarité pour le capital, quand on l'en affranchit pour les arrérages ou intérêts.

Au reste, il est évident que quand le créancier a renoncé à la solidarité à l'égard de l'un des débiteurs, elle ne lui reste contre les autres qu'à la déduction de la part de ce débiteur libéré.

5°. J'ai maintenant à rappeler quelques règles qui sont particulières aux obligations, selon que la chose qu'elles ont pour objet est ou n'est pas susceptible de *division* dans l'exécution. Quand l'obligation est indivisible, chacun de ceux qui l'ont contractée en est tenu pour le total, quoique cette obligation ne soit pas solidaire.

sect. 5,
et 1222

L'obligation, quoique susceptible de division, doit être exécutée entre le débiteur et le créancier comme si elle était indivisible. Ce n'est qu'entre leurs héritiers que la division s'opère : ceux-ci ne peuvent demander la dette, ou ne sont tenus de la payer, que pour les parts et portions dont les uns en sont saisis et les autres tenus, comme représentant le créancier ou le débiteur; il y a cependant plusieurs cas où cette division ne peut avoir lieu.

1220-1221

Ainsi la dette est-elle hypothécaire ? l'héritier qui possède la chose hypothéquée peut être, sauf son recours, poursuivi sur elle pour la totalité. Il en est de même si la dette est d'un corps certain. Il en est de même encore si la dette est alternative, et de choses au choix du créancier, et si l'une des choses est indivisible; lorsque c'est cette chose indivisible que le créancier choisit, l'héritier qui la possède peut être poursuivi seul, sauf son recours. Il en est de même encore si l'un des héritiers est, par le titre, chargé de l'exécution de l'obligation.

Enfin s'il résulte, soit de la nature de l'engagement, soit de la qualité de la chose qui en fait l'objet, soit de la fin qu'on s'est proposée dans le contrat, que l'intention des contractans a été que la dette ne pût s'acquitter par portion, chaque héritier, au choix du créancier, peut être poursuivi seul.

sect. 6   6°. Ce quatrième chapitre du projet est terminé par quelques dispositions relatives aux obligations accompagnées de *clauses pénales.*

1229   Si la peine n'a été stipulée que pour le retard, elle doit être regardée comme de simples dommages et intérêts relatifs à ce retard, et elle peut en conséquence être réclamée avec la chose. Mais, dans tout autre cas, la peine est censée substituée à la chose; en conséquence le créancier n'a que le choix entre la demande du principal ou celle de la peine.

1231   Mais si le créancier a souffert l'exécution partielle de l'obligation principale, la peine peut être modifiée par les juges.

1232-1233   Ici quelques dispositions étaient nécessaires relativement aux obligations indivisibles, accompagnées de clauses pénales; et les voici :

Lorsque l'obligation primitive contractée avec clause pénale est indivisible, ou lorsque la clause pénale a été apposée à une obligation divisible pour empêcher que le paiement ne se fît partiellement, la peine est encourue par la contravention d'un seul des héritiers du débiteur; et elle peut être demandée, soit en totalité contre lui, soit contre chacun des héritiers pour sa part, et hypothécairement pour le tout, sauf le recours. Hors de ces cas la peine n'est encourue que par l'héritier qui a contrevenu à l'obligation primitive, et même seulement en proportion de sa part dans cette obligation.

1227   Au reste, quelle que soit l'obligation, une peine ne peut y être utilement attachée qu'autant que cette obligation est valable, et la nullité de l'obligation entraîne la nullité de la clause pénale; mais la nullité de la clause pénale ne nuit pas à l'obligation principale.

ch. 5.   IV. J'arrive au cinquième chapitre du projet, à celui qui traite *de l'extinction de toutes ces obligations.*

§ 2.   1°. Le moyen le plus direct d'extinction est le *paiement.* Il est pur et simple ou avec subrogation : mais il n'y a que le paiement pur et simple qui éteigne véritablement la dette ; le paiement avec subrogation la laisse subsister, et n'a d'autre effet que de changer le créancier. Je vais d'abord vous entretenir de cette subrogation.

J'observe, avant tout, que, si le paiement fait au créancier avec subrogation n'est que partiel, le créancier est, pour le reste de sa créance, préféré au subrogé. **1252**

Au reste, il y a deux espèces de subrogations, l'une légale, et l'autre conventionnelle. **1249**

La subrogation légale est celle qui n'a pas besoin du consentement du créancier, et qui appartient de droit, 1° à l'individu qui, étant lui-même créancier, en paie un autre qui lui est préférable à raison de ses priviléges ou hypothèques; 2° à l'acquéreur d'un immeuble, qui emploie le prix de son acquisition au paiement des créanciers auxquels cet immeuble est hypothéqué; 3° à l'héritier bénéficiaire qui paie les créanciers de la succession ; 4° à tout individu qui, étant tenu de la dette avec d'autres ou pour d'autres, l'acquitte. Toutes ces personnes qui avaient un intérêt certain à acquitter des dettes sauf leur recours, et qui servent en les acquittant leur débiteur ou leur coobligé comme eux-mêmes, méritaient évidemment cette faveur. **1251**

Tout autre individu qui intervient pour payer le créancier, et désire la subrogation, n'a d'autre motif apparent que d'acquérir la créance. Il faut donc qu'il s'adresse au propriétaire de cette créance, au créancier ; il faut donc qu'il ait recours à la subrogation conventionnelle. **1250**

Il y a cependant un cas où c'est le consentement du débiteur qui est nécessaire ; c'est le cas où le débiteur, pour payer sa dette, emprunte des deniers, sous la condition exigée par le prêteur d'être subrogé au créancier. Il suffit alors que l'acte d'emprunt déclare la destination de la somme empruntée, et que la quittance du créancier payé avec cette somme atteste que cette destination a été remplie.

À l'égard du paiement pur et simple de celui qui vérita- **ch. 5.**

blement éteint la dette, voici les questions qu'on peut se faire. Par qui peut-il être offert? A qui doit-il être fait? De quelle manière, dans quels lieux, et aux frais de qui? Comment l'imputation doit-elle s'en faire lorsqu'il y a plusieurs dettes, et qu'il ne les absorbe pas? Enfin, si le créancier ne peut ou ne veut recevoir, comment le débiteur pourra-t-il se libérer? Le projet fournit réponse satisfaisante à toutes ces questions.

1236-1237   *Par qui le paiement peut-il être fait?* Par toute personne engagée dans l'obligation ; par un tiers même, quel que soit son motif, pourvu qu'en payant il ne soit pas subrogé. S'il s'agissait cependant de l'obligation de faire une chose, le tiers ne pourrait être admis à l'acquitter que du consentement du créancier, qui peut avoir intérêt que le débiteur s'acquitte lui-même.

1239   *A qui le paiement doit-il être fait?* au créancier ou à son fondé de pouvoir, ou à la personne que la justice ou la loi autorise à recevoir à sa place ou pour lui.

1241   Au reste, le paiement fait au créancier incapable, ou à une personne sans pouvoir, ou à celle qui était en possession de la créance sans en être propriétaire, n'en serait pas moins valable, s'il avait tourné au profit du créancier, ou s'il l'avait ratifié.

1243-1244   *Comment le paiement doit-il se faire?* par la prestation de la chose même qui est due. Le créancier ne peut être tenu d'en accepter aucune autre, valût-elle mieux ; ni de la recevoir par partie, fût-elle susceptible de division. Cependant comme le débiteur le plus honnête peut se trouver dans une position où des poursuites inexorables pourraient le ruiner sans utilité pour le créancier lui-même, le projet, conforme en cela à l'humanité comme à la jurisprudence, laisse aux juges la faculté d'accorder au débiteur un délai, en les avertissant seulement de n'user de ce pouvoir qu'avec la plus grande réserve.

1247   *Où le paiement doit-il être fait?* dans le lieu désigné par la convention : à défaut de désignation, au domicile du débiteur, ou, s'il s'agit d'un corps certain et déterminé, dans le lieu où était la chose au temps de l'obligation.

Aux frais de qui doit se faire le paiement? aux frais du dé- 1248 biteur, parce que c'est à lui à se procurer sa décharge.

Comment doit se faire l'imputation d'un paiement incomplet? 1253-1254 le débiteur a naturellement le droit de choisir et de déclarer la dette qu'il entend acquitter. Cependant si la dette qu'il veut éteindre produit des arrérages ou des intérêts, il ne peut, sans le consentement de son créancier, imputer le paiement sur le capital, par préférence aux intérêts échus.

Si la quittance n'énonce point d'imputation, elle doit se 1256 faire sur la dette échue, quoique moins onéreuse que celle non échue ; entre les dettes également échues, sur celle que le débiteur aurait eu le plus d'intérêt d'acquitter ; entre les dettes de même nature sur la plus ancienne ; enfin, si toutes choses sont égales, sur toutes les dettes proportionnellement. Vous remarquerez dans toutes ces règles l'application de la faveur qui, dans le doute, est due à la libération.

Que faire enfin si le créancier ne veut pas recevoir, ou s'il 1257 à 1259 *ne le peut,* dans le cas, par exemple, de saisies faites sur lui? Il faut offrir et consigner : mais il faut le faire valable- ment. Or, le projet indique à cet égard tout ce que le débi- teur doit remplir de formalités pour que le créancier soit bien averti, pour qu'il soit mis en demeure et désintéressé autant qu'il peut l'être; et c'est à l'observation scrupuleuse de ces formalités que la validité des offres et de la consigna- tion est attachée, soit qu'il s'agisse d'une somme à payer, soit qu'il s'agisse d'une chose à livrer.

La consignation régulièrement faite libère le débiteur et 1261 à 1265 les cautions. Le débiteur, il est vrai, doit conserver la faculté de retirer l'objet consigné; mais cette faculté doit aussi avoir son terme. Elle s'éteindra donc quand la consignation aura été acceptée par le créancier, ou quand le débiteur se sera lié lui-même, en obtenant un jugement passé en force de chose jugée, qui déclare ses offres et sa consignation bonnes et valables. Il ne pourra plus alors, même du consentement du créancier, retirer l'objet consigné : il ne le pourra du moins au préjudice ni de ses codébiteurs ni de ses cautions; il ne le pourra même au préjudice de ses autres créanciers, contre lesquels le créancier désintéressé ne sera plus reçu à faire valoir ses priviléges ou hypothèques antérieurs.

1265 Tout ce que je viens de dire s'applique au paiement ordinaire, mais il y a une sorte de paiement incomplet, qui suffit quelquefois, sinon pour libérer absolument le débiteur, du moins pour le mettre à l'abri des poursuites : c'est la *cession de biens*.

1266 Elle est volontaire ou judiciaire.

1267 Il n'y a rien à dire de celle que les créanciers réunis acceptent volontairement; c'est la convention qui en règle les effets.

1268 La cession judiciaire est celle que la loi permet au débiteur d'offrir et de faire autoriser par justice, pour avoir la liberté de sa personne. C'est un bénéfice qui appartient au débiteur reconnu malheureux et de bonne foi, auquel les créanciers ne peuvent s'opposer que dans les cas exceptés par la loi, et dont le débiteur ne peut être privé par aucune stipulation.

1269 Cette cession, au reste, transfère aux créanciers, non la propriété des biens du débiteur, mais le droit de les vendre à leur profit, et d'en percevoir les revenus en attendant.

1270 Quant au débiteur, la cession ne le libère que jusqu'à concurrence de la valeur des biens abandonnés.

sect. 2 2. Un second moyen d'extinction des obligations est la *novation*, qui anéantit une dette en lui en substituant une autre.

1271 Ce changement peut s'opérer de trois manières différentes, savoir :

1°. Lorsque le débiteur contracte envers son créancier une nouvelle dette qui remplace absolument l'ancienne;

2°. Lorsqu'un nouveau créancier est substitué à l'ancien;

3°. Lorsqu'un nouveau débiteur remplace le débiteur ancien.

Dans tous les cas, les priviléges et hypothèques de l'ancienne créance ne passent point de droit à la nouvelle; le créancier ne peut même les conserver par une réserve expresse que dans les deux premiers cas où la novation ne s'opère pas par le changement du débiteur. *1278 à 1280*

Du principe que la novation substitue une autre dette à l'ancienne, il était juste de conclure, comme l'a fait le projet, que la novation opérée entre le créancier et l'un des débiteurs solidaires libère les autres, et que celle opérée vis-à-vis du débiteur principal libère les cautions. *1281*

Observons, 1° que la novation, comme l'obligation, ne peut se faire qu'entre personnes capables; *1272*

2°. Qu'elle ne se présume pas, et qu'il faut que la volonté de la faire résulte clairement de l'acte. *1273*

3°. Un troisième moyen d'éteindre l'obligation ou la dette, est la *remise* qu'en fait le créancier. Cette remise équivaut évidemment au paiement. Aussi, quand elle est faite à l'un de plusieurs codébiteurs solidaires, libère-t-elle tous les autres, si le créancier n'a pas expressément réservé ses droits contre eux, et déclaré par là qu'il n'entendait gratifier que celui à qui il faisait la remise. Quant aux cautions, elles sont libérées de droit par la remise faite au débiteur principal. La remise faite seulement à l'une d'elles ne profite ni aux autres ni au débiteur principal. Le créancier, s'il a reçu quelque chose pour décharger la caution, est seulement tenu de l'imputer sur sa dette. *1282 à 1285* *1287* *1288*

Dumoulin, cité par Pothier, qui, sans le dire expressément, paraît adopter son opinion, n'est pas d'avis de cette imputation. Il prétend que le créancier peut licitement recevoir quelque chose d'une caution, pour la décharger de son cautionnement, sans être obligé de tenir compte de cette somme au débiteur principal et aux autres cautions, pourvu qu'elle puisse être regardée comme une indemnité de l'insolvabilité apparente du débiteur principal, de laquelle le créancier a consenti, à ce prix, de prendre sur lui le risque. Il est aisé de reconnaître l'illusion de ce motif. Tout ce que le créancier reçoit d'une caution, à l'occasion de la dette cautionnée, doit naturellement tourner à la décharge du débiteur et des autres cautions. Si le créancier recevait de la caution toute la dette, à cause de l'insolvabilité réelle du débiteur, il n'aurait plus rien à demander à personne : pourquoi donc, quand il reçoit une partie, fût-ce en vue de l'insolvabilité apparente, n'en tiendrait-il pas également compte ?

1282   La remise de la dette peut s'inférer sans doute de la conduite du créancier, comme d'une déclaration formelle. C'est ainsi que la remise volontaire du titre original faite au débiteur, ou même à l'un de plusieurs débiteurs solidaires, suffit

1283   pour établir la remise de la dette. Mais la remise de la grosse du titre n'opère qu'une présomption qui peut être détruite

1286   par une preuve contraire ; et la remise de la chose donnée en nantissement ne produit ni preuve ni présomption.

sect. 4   4. La *compensation* est un quatrième moyen d'extinction des obligations. Voici les principes relatifs que le projet adopte, et qui étaient déjà consacrés.

1289-1291   Il faut, pour qu'il y ait lieu à compensation, que deux personnes se trouvent à la fois débitrices l'une de l'autre ; que les deux dettes aient également pour objet une somme d'argent on une certaine quantité de choses fongibles de la même espèce, et qu'elles soient également exigibles et liquides. Le projet admet encore la compensation entre la dette d'une somme d'argent et la dette d'une prestation en grains ou denrées non contestée, dont le prix se trouve réglé par les mercuriales. C'est une innovation, mais elle est favorable à la libération. Elle n'est point injuste, puisque le créancier d'une somme déterminée reçoit, en compensation, la libération d'un objet dont la valeur en argent n'est pas moins déterminée; elle n'est pas contraire aux principes, puisque les deux dettes se trouvent ainsi de même nature, en même temps existantes, et également liquides et exigibles.

Quand la compensation a lieu, c'est de plein droit qu'elle s'opère jusqu'à concurrence; elle se fait à l'instant même où les deux dettes se trouvent coexistantes. 1290

Si les deux dettes ne sont pas payables au même lieu, la compensation ne peut être opposée qu'en faisant raison des frais de la remise. 1296

Lorsque la même personne a plusieurs dettes compensables, on suit, pour la compensation, les mêmes règles que pour l'imputation. 1297

La caution peut opposer la compensation de ce que le créancier doit au débiteur principal; mais le débiteur principal ne peut opposer la compensation de ce que le créancier doit à la caution; et l'un de plusieurs débiteurs solidaires ne peut, comme je l'ai déjà dit, opposer la compensation que de sa créance personnelle. 1294

Au reste, la compensation ne peut ni se faire ni être négligée au préjudice des tiers. Ainsi, d'une part, le débiteur qui est devenu créancier depuis la saisie-arrêt faite par un tiers entre ses mains, ne peut éteindre par la compensation sa dette antérieurement saisie. D'autre part, celui qui a payé une dette qui était de droit éteinte par la compensation ne peut plus, en exerçant la créance qui se serait compensée, se prévaloir, au préjudice des tiers, des priviléges et hypothèques qui y étaient attachés. De même le débiteur qui aurait accepté purement et simplement la cession faite de la dette à un tiers par son créancier ne pourrait plus opposer au cessionnaire la compensation qu'il aurait eu le droit d'opposer au cédant avant la cession. 1295-1298-1299

5. La *confusion*, qui est un cinquième moyen d'extinction des obligations, s'opère quand les qualités de débiteur et de créancier viennent à se réunir dans la même personne. La confusion qui s'opère dans la personne du débiteur profite 1300-1301

à ses cautions, puisqu'elle porte sur la dette; mais la confusion qui s'opère dans la personne de la caution n'entraîne
point l'extinction de l'obligation principale. Enfin lorsque
c'est l'un de plusieurs débiteurs solidaires qui devient l'héritier du créancier, ou lorsque le créancier devient l'héritier
de l'un de plusieurs débiteurs solidaires, la confusion n'é-
teint la créance solidaire que pour sa part, puisqu'elle ne
porte que sur cette part.

1302-1303   6. La *perte de la chose due* est une sixième cause d'extinction de l'obligation. Lorsque cette chose vient à périr, à sortir
du commerce, ou à se perdre de manière qu'on en ignore
absolument l'existence, l'obligation est éteinte, si c'est sans
la faute du débiteur, s'il ne s'est pas chargé des cas fortuits,
et s'il n'était pas en demeure. Quand même il serait en demeure, s'il ne s'est pas chargé des cas fortuits, l'obligation
est éteinte lorsque la chose eût également péri chez le créancier. Au reste, c'est au débiteur à prouver le cas fortuit qu'il
allègue ; et quand il n'en serait pas tenu, il ne doit rien garder de ce qui reste de la chose ou des actions et indemnités
qui la remplacent ; tout cela appartient de droit au créancier
comme la chose même qu'il n'est plus possible de lui procurer.

A l'égard de la chose volée, quelle que soit la cause de sa
perte après le vol, celui qui l'avait volée ne peut être dispensé de la restitution du prix.

sect. 7   7. La *nullité* ou *rescision* des obligations est une septième
et dernière cause de leur extinction. Elle n'est pas de droit,
il faut la demander.

1304 à
1306-1308-
1309-1314   Les moyens de nullité et de restitution résultent de l'incapacité des parties, de l'erreur, du dol, ou de la violence,
dont j'ai déjà parlé. Il faut y ajouter la lésion, laquelle, selon
les personnes et les actes, est présumée l'effet de circonstances qui n'ont pas laissé au consentement toute sa liberté.

A l'égard des mineurs, toute lésion, à moins qu'elle ne soit
résultée d'un événement casuel ou imprévu, donne lieu à la

rescision en leur faveur contre toutes les conventions qui excèdent les bornes de leur capacité. Il en faut excepter les actes d'aliénation, de partage ou de conventions matrimoniales, où les formalités prescrites à leur égard ont été remplies, et qui valent en conséquence comme s'ils avaient été passés entre majeurs. Il faut excepter aussi les engagemens que les mineurs commerçans, banquiers ou artisans, ont pris à raison de leur commerce ou de leur art.

Lorsque les mineurs, les interdits et les femmes mariées 1312 sont admis en ces qualités à se faire restituer contre leurs engagemens, le remboursement de ce qui aurait été, en conséquence de ces engagemens, payé pendant la minorité, l'interdiction ou le mariage, ne peut être exigé d'eux, à moins qu'il ne soit prouvé que ces paiemens ont tourné à leur profit.

Quant aux majeurs ils ne sont restituables pour cause de 1313 lésion que dans les cas et sous les conditions spécialement énoncés au Code.

Sur cette dernière cause d'extinction des obligations (la 1304-1311 nullité ou rescision), il se présente une observation essentielle; savoir, que la nécessité de donner de la stabilité aux propriétés exigeait que l'action, quand elle est permise par la loi, pût être couverte par la ratification ou l'exécution, et que la durée même de cette action fût limitée : c'est à quoi le projet a pourvu.

D'une part il dispose en général que la confirmation, ratification ou exécution volontaire, de tous actes contre lesquels la loi admet l'action en nullité ou en rescision, emporte la renonciation aux moyens qu'on pouvait opposer à ces actes; et que tout acte, valablement confirmé ou ratifié, a son effet du jour où il a été passé entre les parties : le tout néanmoins sans préjudice des droits acquis à des tiers.

D'autre part il est statué que l'action en nullité ou en rescision d'une convention ne dure que dix ans; et cette disposition générale maintient même l'exécution des lois particulières, qui peuvent limiter l'action à un moindre temps pour de certaines conventions. Les dix années, à la vérité (comme il est juste), ne courent, dans le cas de violence que du jour où elle a cessé, dans le cas d'erreur ou de dol que du jour où l'un ou l'autre a été découvert, et, pour les femmes mariées non autorisées, que du jour de la dissolution du mariage : et dans tous les cas, le temps ne court contre les interdits que du jour où l'interdiction est levée, et contre les mineurs que du jour de la majorité.

ch. 6   V. Me voilà parvenu au sixième et dernier chapitre du projet, qui traite *de la preuve des obligations et du paiement.*

1315   La preuve de l'obligation est à la charge de celui qui en réclame l'exécution ; la preuve du paiement est à la charge de celui qui se prétend libéré.

section 1re.   1. La preuve la plus sûre de toutes est celle *littérale*, qui peut résulter d'un écrit sous signature privée, comme d'un acte authentique.

1317-1319   On sait que l'*acte authentique* est celui qui a été reçu avec les solennités requises par un officier public ayant le droit d'instrumenter dans le lieu où l'acte a été rédigé. Un tel acte fait pleine foi, entre les parties contractantes et leurs héritiers ou ayans-cause, de la convention qu'il renferme. Cependant, en cas de plainte en faux principal, son exécution est suspendue de droit par la mise en accusation ; et en cas d'inscription de faux incident, cette exécution peut être suspendue selon les circonstances.

Cette disposition est contraire à l'opinion de Pothier et à l'ancienne jurisprudence ; mais elle est déjà consacrée par l'article 19 de la loi sur le notariat par des motifs qui l'ont suffisamment justifiée, et qu'il est inutile de rappeler ici.

1318   Lorsque, par l'incompétence ou l'incapacité de l'officier ou par un défaut de forme, l'acte n'est pas authentique, il vaut comme écrit privé, s'il a été signé par les parties.

1322   A l'égard de l'*écrit sous seing privé*, lorsqu'il est reconnu par celui à qui on l'oppose, ou légalement tenu pour reconnu, il a contre celui qui l'a souscrit et contre ses héritiers ou ayans-cause la même foi que l'acte authentique.

Celui à qui l'on oppose l'écrit sous seing privé est obligé 1323-1324 d'avouer ou de désavouer formellement son écriture ou sa signature, mais ses héritiers ou ayans-cause peuvent se contenter de déclarer qu'ils ne connaissent pas l'écriture ou la signature de leur auteur. S'il y a désaveu de la part de la partie, ou s'il y a déclaration de non connaissance de la part de ses héritiers ou ayans-cause, la vérification doit être ordonnée.

Les écrits sous seing privé qui contiennent des conventions 1325 synallagmatiques ne sont valables qu'autant qu'ils ont été faits en autant d'originaux qu'il y a de parties ayant un intérêt distinct : il suffit d'un original pour toutes les personnes ayant le même intérêt. Chaque original doit contenir la mention du nombre des originaux qui ont été faits; cependant le défaut de mention que les originaux ont été faits doubles, triples, etc., ne peut être opposé par celui qui a exécuté de sa part la convention portée dans l'acte.

Quant à l'écrit sous seing privé par lequel une seule personne 1326 s'engage envers une autre à lui payer une somme d'argent ou à lui délivrer une chose appréciable, s'il n'est pas écrit en entier de la main de celui qui le souscrit, il faut du moins qu'outre sa signature il ait écrit un *bon* ou un *approuvé* portant en toutes lettres la somme ou la quantité de la chose. C'était une précaution nécessaire pour prévenir l'abus qu'on pourrait faire d'une signature en blanc : mais il fallait aussi ne pas nuire à l'activité du commerce, et ne pas soumettre aux frais d'un acte notarié beaucoup d'individus qui ne savent que signer leur nom. C'est dans cette vue que le projet excepte les écrits signés par des marchands, artisans, laboureurs, vignerons, gens de journée et de service : ce sont les dispositions de la déclaration du 22 septembre 1733.

Voilà pour ce qui concerne l'effet des actes sous seing privé entre les parties contractantes.

1328   A l'égard des tiers, ces écrits n'ont de date que du jour
où ils ont été enregistrés, du jour de la mort de celui ou de
l'un de ceux qui les ont souscrits, ou du jour où leur substance se trouve constatée dans des actes dressés par des officiers publics, tels que procès-verbaux de scellés et d'inventaires. Il est évident que, sans cela, le choix de la date au
préjudice des tiers serait à la discrétion des contractans.

1329-1330   Il faut dire à présent un mot de quelques écritures privées
non signées.

D'abord les *registres des marchands* ne font pas contre les
personnes non marchandes preuve des fournitures qui y sont
portées; mais ces livres font preuve contre le marchand qui
les tient, avec cette restriction que celui qui veut en tirer
avantage ne peut les diviser en ce qu'ils contiennent de contraire à sa prétention.

1331   De même les *registres et papiers domestiques* ne font pas foi
pour celui qui les a écrits; mais ils font foi contre lui dans
tous les cas où ils énoncent formellement un reçu, ou lorsqu'ils contiennent la mention expresse que la note a été faite
pour suppléer le défaut de titre en faveur de celui au profit
de qui ils énoncent une obligation.

1332   Le projet admet qu'indépendamment de ces registres et
papiers domestiques, une *écriture*, quoique *non signée*, peut
encore faire preuve quelquefois; mais il est à cet égard et
avec raison plus réservé que Pothier.

Celui-ci va beaucoup trop loin, lorsqu'il prononce qu'une
quittance complète, à la seule exception de la signature,
peut, dans la main du débiteur, faire présumer le paiement;
que des quittances, quoique non signées et quoique écrites
par une main étrangère, peuvent opérer la même présomption lorsqu'elles se trouvent au bas ou au dos d'une promesse
signée par le débiteur, laquelle est en la possession du créancier; que toutes ces écritures non signées, ainsi placées au
bas ou au dos du titre demeuré en la possession du créancier,
doivent faire présumer le paiement, lors même qu'elles se

trouvent barrées ; enfin qu'une écriture non signée, qui tend à ajouter à l'obligation, doit elle-même faire foi' si elle se trouve au bas, en marge ou au dos du titre, lorsqu'elle est en relation avec lui et qu'elle est de la main de l'obligé. Il n'est pas besoin de s'arrêter à démontrer que de telles facilités sont excessives, et qu'elles pourraient entraîner d'étranges méprises et de graves injustices.

Le projet a beaucoup mieux fait de ne favoriser que la libération, et même de n'en attacher la présomption qu'à l'écriture du créancier trouvée intacte sur le titre que lui-même possède, ou bien sur un double demeuré au débiteur, ou bien encore sur une quittance déjà donnée à ce débiteur.

Enfin les *tailles* corrélatives à leurs échantillons font foi 1333 entre les personnes qui sont dans l'usage de constater ainsi les fournitures qu'elles font et reçoivent en détail.

Ici se présente la question de savoir quelles preuves peu- 1334 vent faire des *copies de titres*.

Le projet déclare d'abord, comme il est juste, que, lors-que le titre original subsiste, les copies ne font foi que de ce qui est contenu dans ce titre, dont la représentation peut toujours être exigée.

Mais si le titre original a disparu, il n'y a plus de diffi- 1335 culté. Pothier veut que les copies tirées sur la minute d'un acte fassent foi lorsqu'elles ont plus de trente ans, soit qu'elles aient été tirées par le notaire qui a reçu l'acte, soit qu'elles l'aient été par d'autres notaires. Il est cependant évident que celles-là sont plus authentiques que celles-ci, et cette différence dans l'authenticité devait en entraîner une dans les conséquences. Le projet a saisi et marqué soigneu-sement toutes les nuances.

Lorsque le titre original n'existe plus, les grosses ou pre-mières expéditions feront la même foi. Il en sera de même des copies qui auront été tirées par l'autorité du magistrat, parties présentes ou dûment appelées, et de celles qui au-ront été tirées en présence et du consentement réciproque

des parties. Quant aux copies qui, sans l'autorité du magistrat ou sans le consentement des parties, et depuis la délivrance des grosses ou premières expéditions, auront été tirées
sur la minute de l'acte par le notaire qui l'a reçu ou par
l'un de ses successeurs, elles pourront, en cas de perte de
l'original, faire foi quand elles seront anciennes, si elles ont
plus de trente ans ; mais lorsqu'elles auront moins de trente
ans elles ne pourront servir que de commencement de preuve
par écrit. Les copies tirées sur la minute d'un acte par d'autres
notaires que celui qui l'a reçu ou ses successeurs, ne pourront servir, quelle que soit leur ancienneté, que de commencement de preuve par écrit. Enfin les copies de copies
ne pourront, et suivant les circonstances, être considérées
que comme de simples renseignemens.

1336   Quant à la *transcription* d'un acte *sur les registres publics*,
elle ne pourra servir que de commencement de preuve par
écrit : encore faudra-t-il pour cela, 1° qu'il soit constant
que toutes les minutes du notaire de l'année dans laquelle
l'acte paraît avoir été fait sont perdues, ou que l'on prouve
que la perte de cet acte a été faite par un accident particulier ; 2° qu'il existe un répertoire en règle du notaire qui
constate que l'acte a été fait à la même date ; 3° qu'en admettant alors la preuve par témoins on entende ceux de l'acte,
s'ils existent encore.

1337   Parmi les actes qui peuvent concourir à la preuve il faut
remarquer encore ceux *récognitifs* ou *confirmatifs*.

En général, les actes récognitifs ne dispensent pas de la représentation du titre primordial ; et ce qu'ils contiennent
de plus que ce titre primordial ou ce qui s'y trouve de différent n'a aucun effet. Le créancier n'est dispensé de représenter ce titre primordial que quand sa teneur est spécialement relatée dans l'acte récognitif, ou quand il y a plusieurs
reconnaissances conformes soutenues de la possession et dont
l'une a trente ans de date.

1338   A l'égard de la confirmation ou ratification, elle ne peut jamais valider les conventions dont la loi ne reconnnaît pas l'existence, et qui, en conséquence, ne lient personne : telles sont (ainsi qu'il est aisé de le conclure des diverses dispositions combinées du projet) les conventions qui ont pour objet une chose hors du commerce ; celles qui n'ont point de cause, ou qui n'en ont qu'une fausse, ou qui n'en ont qu'une illicite.

Quant aux actes qu'on a seulement la faculté d'attaquer par voie de nullité ou de rescision, et qui du moins obligent l'une des parties, ils peuvent être utilement ratifiés ou confirmés par un nouvel acte valable, comme par leur exécution volontaire : telles sont les conventions auxquelles on peut reprocher l'erreur, le dol ou la violence ; telles sont celles souscrites par des incapables ; telles sont enfin, dans les cas indiqués par la loi, celles qui font éprouver de la lésion à l'un des contractans. Mais, pour qu'un acte de confirmation ou de ratification soit valable, il faut qu'on y trouve la substance de l'acte vicieux, la mention du motif de l'action en nullité ou en rescision que la loi autorise et l'intention de réparer le vice.

2. Lorsque les écrits manquent ou sont insuffisans, on 1541à1343 pourrait recourir à la *preuve testimoniale* : mais, comme elle a ses dangers, la loi ne doit l'admettre qu'avec une extrême réserve.

Aussi, en général, en matière civile, doit-il être passé acte devant notaires ou sous signature privée de toutes choses excédant la somme ou la valeur de 150 francs, même pour dépôt volontaire ; et il ne peut être reçu aucune preuve par témoins contre et outre le contenu aux actes, ni sur ce qui serait allégué avoir été dit avant, lors ou depuis ces actes, quand même il s'agirait d'une somme ou valeur au-dessous de 150 francs. Pour prévenir même toute infraction indirecte à ces dispositions, la prohibition de la preuve testimoniale est appliquée à toute créance qui peut excéder cette somme de 150 francs ; soit en réunissant le capital et les

intérêts demandés, soit en considérant plutôt le total de la
dette originaire que ce que le créancier en réclame comme le
reste ; soit en joignant plusieurs créances moindres comprises
dans la même demande, quoique le demandeur prétende
qu'elles proviennent de différentes causes et se sont formées
en différens temps, à moins qu'elles ne procèdent par succession, donation ou autrement, de personnes différentes ;
soit en déclarant que celui qui aura formé une demande excédant 150 francs ne pourra la restreindre subséquemment
à cette somme pour être admis à la preuve : enfin le projet
statue qu'après une demande de 150 francs ou au-dessous
non justifiée par écrit, toute demande ultérieure pareille
sera rejetée.

Ces règles, la plupart extraites d'une jurisprudence consacrée, n'ont pas besoin d'apologie. Quant à l'extension
donnée jusqu'à la valeur de 150 francs à l'admission de la
preuve testimoniale, au lieu des 100 livres, où l'ordonnance
de 1667 s'était arrêtée, on sait que cette somme de 150 francs
est encore au-dessous de la proportion qui existe entre la
valeur actuelle du marc d'argent, et celle qu'il avait alors.

1347   Ces règles reçoivent une première exception équitable,
pour les cas où il existe un commencement de preuve par
écrit.

1348   Elles en reçoivent une seconde, qui n'est pas moins juste,
pour le cas où il n'a pas été possible au créancier de se procurer une preuve littérale de l'obligation contractée envers
lui : ce qui s'applique non seulement aux obligations qui
naissent de délits, de quasi-délits, ou de quasi-contrats ;
aux dépôts nécessaires faits en cas d'incendie, de ruine, de
tumulte ou de naufrage ; à ceux faits par les voyageurs en
logeant dans une hôtellerie; et aux obligations contractées,
en général, en cas d'accidens imprévus ; mais encore au cas
où le créancier a perdu, par suite d'un cas fortuit et résultant de force majeure, le titre qui lui fournissait la preuve
littérale.

3. Après la preuve testimoniale viennent les *présomptions*. sect. 3

Il y en a qui tiennent lieu de preuve directe; ce sont 1350à1352
celles attachées à certains actes par des dispositions spéciales
de la loi. Aucune preuve n'est admise contre ces présomptions légales, à moins que la loi ne l'ait réservée par une
disposition également spéciale.

A l'égard des présomptions qui ne sont point établies par 1353
la loi, le projet les abandonne, comme il était juste, à la
prudence du magistrat, en lui recommandant de n'admettre
que des présomptions graves, précises et concordantes, et
dans les cas seulement où la loi permet la preuve testimoniale.

4. Au rang des preuves se place spécialement l'*aveu* de la sect. 4
partie.

Cet aveu peut être extrajudiciaire ou judiciaire. 1354

Il est aisé de sentir que l'allégation d'un aveu extrajudi- 1355
ciaire, purement verbal, est parfaitement inutile, toutes les
fois qu'il s'agit d'une convention dont la preuve testimoniale
ne peut être admise, puisque ce serait offrir au prétendu
créancier un moyen facile d'éluder la loi. Quant à l'aveu fait 1356
en justice, il fait pleine foi contre la personne qui l'a fait,
parce qu'il est toujours constaté; et elle ne peut le révoquer
si elle ne prouve pas qu'il est la suite d'une erreur de fait.
Mais aussi l'on ne peut le diviser contre elle : dès qu'on s'en
fait un titre, il faut le prendre précisément tel qu'il est.

5. La dernière des preuves qu'on peut obtenir de l'obliga- 1357
tion ou de la libération est le *serment judiciaire*. Il est de deux
sortes; savoir : le serment qu'une partie défère volontairement à l'autre pour en faire dépendre le jugement de la
cause, et qu'on appelle *décisoire*; et le serment *déféré d'office*
à l'une ou à l'autre des parties par le juge.

Le serment décisoire peut être déféré sur toute espèce de 1358à1360
contestation en tout état de cause, et encore qu'il n'existe
aucun commencement de preuve de la demande ou de l'exception sur laquelle il est provoqué; mais il ne peut l'être

que sur un fait personnel à la partie à laquelle on le défère.

1361-1362   Il faut que celui à qui le serment est déféré réponde à cet appel fait à sa conscience, et qu'il prête le serment; il faut au moins qu'il réfère le serment à son adversaire : s'il ne fait ni l'un ni l'autre il doit succomber dans sa demande ou dans son exception. Au reste, il faut observer que le serment ne peut être référé qu'autant que le fait sur lequel il porte est également personnel à la partie à laquelle on veut le référer.

1364   Celle qui a déféré ou référé le serment a pris un engagement judiciaire qu'elle ne peut plus rompre, lorsque l'ad-
1363 versaire a déclaré qu'il était prêt à faire ce serment; et quand le serment déféré ou référé a été fait, l'adversaire qui s'y est confié n'est pas recevable à en prouver la fausseté.

1365   Au surplus le serment ne fait preuve qu'au profit de celui qui l'a déféré ou contre lui, et au profit de ses ayans-cause ou contre eux. Le serment déféré par l'un de plusieurs créanciers solidaires au débiteur ne libère même celui-ci que pour la part de ce créancier. Pothier n'est pas de cet avis ; il pense que le débiteur est par ce serment libéré à l'égard de tous les créancier solidaires. Cette opinion n'a pas dû être adoptée par le projet, quand il avait rejeté celle à laquelle elle se lie, quand il avait statué que la remise faite par l'un de plusieurs créanciers solidaires au débiteur commun ne le libérait pas envers les autres.

Mais le serment déféré au débiteur principal libère les cautions ; celui déféré à l'un de plusieurs débiteurs solidaires profite à tous, et celui déféré à la caution profite au débiteur principal, pourvu, dans ces deux derniers cas, que le serment ait été déféré sur la dette et non sur le fait de la solidarité ou du cautionnement.

1366   Quant au serment d'*office*, le juge peut le déférer à l'une des parties, ou pour en faire dépendre la décision de la cause, ou seulement pour déterminer le montant de la condamnation. Mais, dans ce dernier cas, il faut que la valeur de la chose ne puisse être constatée autrement; et même, alors, le juge doit fixer la somme jusqu'à concurrence de laquelle le demandeur en sera cru sur son serment.

Le juge, au reste, ne peut déférer d'office ce serment, soit 1367 sur la demande, soit sur l'exception qui y est opposée, qu'autant que la demande ou l'exception n'est pas pleinement justifiée, et que cependant elle n'est pas totalement dénuée de preuves : hors de ces deux cas, le juge doit admettre ou rejeter purement et simplement la demande ou l'exception.

Enfin le serment déféré d'office par le juge à l'une des 1368 parties ne peut être référé par elle à l'autre.

Voilà, législateurs, la substance entière du projet. Vous voyez que sa marche est méthodique et claire ; que ses dispositions, parfaitement liées entre elles, sont toutes fondées sur la raison et l'équité ; qu'il introduit peu d'innovations, et que toutes sont justifiées ; qu'en un mot, c'est un vrai code de morale, perfectionné d'après l'expérience des siècles, et spécialement appliqué aux *contrats* et aux *obligations conventionnelles en général.*

C'est par ces motifs que le Tribunat, à l'unanimité, en a voté l'adoption, et le présente à votre sanction.

Le Corps législatif rendit son décret d'adoption dans la même séance du 17 pluviose, et la loi fut promulguée le 27 (17 février 1804).

TITRE QUATRIÈME.

Des Engagemens qui se forment sans convention.

DISCUSSION DU CONSEIL D'ÉTAT.

(Procès-verbal de la séance du 2 frimaire an XII. — 24 novembre 1803.)

M. Bigot–Préameneu présente le titre IV du livre III.
Il est ainsi conçu :

DES ENGAGEMENS QUI SE FORMENT SANS CONVENTION.

1370   Art. 1ᵉʳ. « Certains engagemens se forment sans qu'il in–
« tervienne aucune convention, ni de la part de celui qui s'o-
« blige, ni de la part de celui envers lequel il est obligé. Ce
« sont les engagemens qui naissent d'un fait personnel à celui
« qui se trouve obligé. Ils résultent ou des quasi–contrats,
« ou des délits, ou des quasi-délits. »

SECTION Iʳᵉ. — *Des Quasi-contrats.*

1371   Art. 2. « Les quasi–contrats sont les faits purement volon -
« taires de l'homme, dont il résulte un engagement quel–
« conque envers un tiers, et quelquefois un engagement ré–
« ciproque des deux parties. »

ap. 1371
et 1370   Art. 3. « Ne sont point au nombre des quasi-contrats les
« engagemens formés involontairement, tels que ceux entre
« propriétaires voisins, ou ceux des tuteurs et des autres ad-
« ministrateurs qui ne peuvent refuser la fonction qui leur
« est confiée. Dans tous ces cas, l'obligation ne résulte que
« de l'autorité de la loi. »

1372   Art. 4. « Lorsque volontairement on gère l'affaire d'autrui,
« soit que cette gestion soit à la connaissance du propriétaire,
« soit qu'il l'ignore, celui qui gère contracte l'engagement
« tacite de continuer la gestion qu'il a commencée, et de

« l'achever jusqu'à ce que le propriétaire soit en état d'y
« pourvoir lui-même.

« Il se soumet à toutes les obligations qui résulteraient
« d'un mandat exprès que lui aurait donné le propriétaire. »

Art. 5. « Celui qui ne s'est immiscé que dans une affaire ap. 1372
« n'est point obligé de se charger d'une autre, lorsqu'il n'y a
« point de connexité entre les deux. »

Art. 6. « Il est obligé de continuer sa gestion, encore que 1373
« le maître vienne à mourir avant que l'affaire soit con-
« sommée, jusqu'à ce que l'héritier ait pu en prendre la di-
« rection. »

Art. 7. « Il est tenu d'apporter à la gestion de l'affaire tous 1374
« les soins d'un bon père de famille.

« Néanmoins les circonstances d'amitié ou de nécessité qui
« l'ont conduit à se charger de l'affaire peuvent autoriser le
« juge à modérer les dommages et intérêts qui résulteraient
« des fautes ou de la négligence du gérant. »

Art. 8. « Le maître dont l'affaire a été bien administrée 1375
« doit remplir les engagemens que le gérant a contractés en
« son nom, l'indemniser de tous les engagemens personnels
« qu'il a pris, et lui rembourser toutes les dépenses utiles ou
« nécessaires qu'il a faites. »

Art. 9. « Celui qui reçoit par erreur ou sciemment ce qui 1376
« ne lui est pas dû s'oblige à le restituer à celui de qui il l'a
« indûment reçu. »

Art. 10. « Lorsqu'une personne qui, par erreur, se croyait 1377
« débitrice a acquitté une dette, elle a le droit de répétition
« contre le créancier.

« Néanmoins ce droit cesse dans le cas où le créancier a
« supprimé son titre par suite du paiement, sauf le recours
« de celui qui a payé contre le véritable débiteur. »

Art. 11. « S'il y a eu mauvaise foi de la part de celui qui 1378
« a reçu, il est tenu de restituer tant le capital que les in-
« térêts ou les fruits du jour du paiement. »

Art. 12. « Si la chose indûment reçue est un immeuble 1379

29.

« ou un meuble corporel, celui qui l'a reçue est tenu de la
« conserver ; et il est même garant de sa perte par cas for-
« tuit, s'il l'a reçue de mauvaise foi. »

1380   Art. 13. « Si celui qui a reçu de bonne foi a vendu la chose,
« il ne doit restituer que le prix de la vente. »

1381   Art. 14. « Celui auquel la chose est restituée doit tenir
« compte, même au possesseur de mauvaise foi, de toutes
« les dépenses nécessaires et utiles qui ont été faites pour la
« conservation de la chose. »

SECTION II. — *Des Délits et des Quasi-délits.*

1382   Art. 15. « Tout fait quelconque de l'homme, qui cause à
« autrui un dommage, oblige celui par la faute duquel il est
« arrivé à le réparer. »

ap. 1382   Art. 16. « Si d'une maison habitée par plusieurs personnes
« il est jeté sur un passant de l'eau ou quelque chose qui
« cause un dommage, ceux qui habitent l'appartement d'où
« on l'a jeté sont tous solidairement responsables, à moins
« que celui qui a jeté ne soit connu, auquel cas il doit seul
« la réparation du dommage. »

Ib.   Art. 17. « Les hôtes qui n'habitent qu'en passant dans la
« maison d'où la chose a été jetée ne sont point tenus du
« dommage, à moins qu'il ne soit prouvé que ce sont eux qui
« ont jeté ; mais celui qui les loge en est tenu. »

1383   Art. 18. « On est responsable du dommage que l'on a
« causé non seulement par son fait, mais encore par sa né-
« gligence ou par son imprudence. »

1384   Art. 19. « On est responsable, non seulement du dom-
« mage que l'on cause par son propre fait, mais encore de
« celui qui est causé par le fait des personnes dont on doit
« répondre, ou des choses que l'on a sous sa garde.

« Le père et la mère, après le décès du mari, sont res-
« ponsables du dommage causé par leurs enfans mineurs ha-
« bitant avec eux ;

« Les maîtres et les commettans du dommage causé par

« leurs domestiques et préposés dans les fonctions auxquelles
« ils les ont préposés ;

« Les instituteurs et les artisans du dommage causé par leurs
« élèves et apprentis pendant le temps qu'ils sont sous leur
« surveillance.

« La responsabilité ci-dessus a lieu, à moins que les père et
« mère, maîtres, commettans, ne prouvent qu'ils n'ont pu
« empêcher le fait qui donne lieu à cette responsabilité.

« Le propriétaire d'un animal, ou celui qui s'en sert pen— 1385
« dant qu'il est à son usage, est responsable du dommage
« que l'animal a causé, soit que l'animal fût sous sa garde,
« ou qu'il fût égaré ou échappé. »

Art. 20. « Le propriétaire d'un bâtiment est responsable 1386
« du dommage qu'il a causé par sa ruine, lorsqu'elle est ar-
« rivée par une suite du défaut d'entretien, ou par le vice
« de sa construction. »

L'article 1ᵉʳ est adopté. 1370

La section Iʳᵉ, *des Quasi-contrats*, est soumise à la discussion.

Les articles 2 et 3 sont adoptés. 1370-1371 et ap.

L'article 4 est discuté. 1372

M. BÉRENGER trouve l'obligation que cet article impose à
celui qui a pris soin de l'affaire d'un autre beaucoup trop
étendue.

M. BIGOT-PRÉAMENEU observe qu'elle se borne à finir l'affaire commencée.

M. MURAIRE dit que l'article va plus loin : il veut que la
gestion soit continuée jusqu'au retour du propriétaire.

M. LACUÉE dit que cette disposition est dure. Lorsqu'on
fait une action de pure charité on n'entend pas s'imposer des
engagemens ultérieurs aussi considérables. Un citoyen, par
exemple, prendra soin du champ de son voisin qui est à l'ar-
mée, sans se soumettre à le cultiver jusqu'à ce que le propriétaire ait achevé son temps de service.

M. TREILHARD dit que l'obligation dont se charge le *negotiorum gestor* s'interprète toujours par l'équité; elle est réduite à ces termes, qu'il ne peut abandonner l'affaire qu'il a entreprise, intempestivement et de manière à causer du préjudice à celui qu'elle concerne. Ainsi circonscrite, elle est juste; car en se chargeant de suivre l'affaire, il a pu empêcher un autre de s'en charger.

M. FOURCROY observe qu'il peut cependant arriver que, par un changement de circonstances, le *negotiorum gestor* ne puisse plus donner ses soins à l'affaire.

M. TREILHARD dit qu'alors il s'en déchargera en avertissant le propriétaire.

M. DEFERMON dit que cette modification doit être exprimée et mise à la place de la disposition qui fait durer l'obligation jusqu'au retour du propriétaire.

LE CONSUL CAMBACÉRÈS dit que l'article peut effrayer dans la forme qu'il est présenté; mais qu'il faut s'attacher surtout à l'esprit de ses dispositions. On rencontre partout des gens officieux, toujours prêts à se mêler des affaires d'autrui, très-souvent pour les gâter. Le remède contre leur zèle indiscret, et quelquefois intéressé, est de ne pas leur permettre d'abandonner, quand il leur plaît, l'affaire qu'ils ont commencée. Cependant cette règle ne doit pas être appliquée avec une trop grande sévérité : quelques services de bon voisinage ne doivent pas faire supposer qu'on a voulu se constituer *negotiorum gestor*. Mais quand des circonstances plus décisives prouvent qu'on a pris cette qualité, il faut bien qu'on demeure responsable de ce mandat volontaire, et qu'on ne puisse s'en décharger à contre-temps.

La rédaction pourrait exprimer ces distinctions.

L'article est adopté avec les amendemens du Consul *Cambacérès* et de M. *Defermon.*

ap. 1572
et 1573

Les articles 5 et 6 sont adoptés avec les mêmes modifications.

L'article 7 est discuté.   1374

M. Bérenger dit que cet article fait ressortir l'extrême dureté de l'article 4, puisqu'il établit pour tous les cas la peine de dommages–intérêts.

L'article est renvoyé à la section.

Les articles 8 et 9 sont adoptés.   1375-1376

L'article 10 est adopté sauf rédaction.   1377

Les articles 11, 12, 13 et 14 sont adoptés.   1378 à 1388

La section II, *des Délits et des Quasi-délits*, est soumise à la discussion.

L'article 15 est adopté.   1383

Les articles 16 et 17 sont discutés.   ap. 1382

M. Miot dit que l'énonciation du principe suffit ; que les exemples doivent être retranchés.

Les deux articles sont retranchés.

L'article 18 est adopté.   1383

L'article 19 est discuté.   1384-1385

Le Consul Cambacérès propose de substituer le mot *employés* au mot *préposés*, afin que la responsabilité du maître soit réduite au cas où le préposé a causé quelques dommages dans le cours de l'exécution des ordres qu'il a reçus.

L'article est adopté avec cet amendement.

L'article 20 est discuté.   1386

M. Regnaud (de Saint–Jean–d'Angely) propose de se borner à dire *par sa faute*, et de retrancher ces mots *par une suite du défaut d'entretien ou par le vice de la construction*, de peur qu'en énonçant quelques cas, la loi ne paraisse décharger de la responsabilité pour les autres, suivant la règle *inclusio unius est exclusio alterius*.

L'article est adopté.

(Procès-verbal de la séance du 16 frimaire an XII. — 8 décembre 1803.)

M. Bigot-Préameneu présente le titre IV du livre III, rédigé conformément aux amendemens adoptés dans la séance du 2 frimaire. Il observe que les articles 4, 5 et 6 sont demeurés dans les termes de la première rédaction : la section a pensé que l'intention du Conseil y est suffisamment expliquée.

1372, ap. et 1373

Le titre est adopté en ces termes :

DES ENGAGEMENS QUI SE FORMENT SANS CONVENTION.

1370   Art. 1er (*tel que l'article* 1er *de la précédente rédaction*).

SECTION Ire. — *Des Quasi-contrats.*

2370 à 1381   Art. 2, 3, 4, 5, 6, 7, 8, 9, 10, 11, 12, 13, et 14 (*tels que sont les mêmes articles au procès-verbal du 2 frimaire*).

SECTION II. — *Des Délits et des Quasi-délits.*

1382   Art. 15 (*le même que l'art.* 15 *du procès-verbal précédent*).

1383   Art. 16. « Chacun est responsable du dommage qu'il a « causé non seulement par son fait, mais encore par sa né « gligence ou par son imprudence. »

1384   Art. 17. « On est responsable non seulement du dommage « que l'on cause par son propre fait, mais encore de celui « qui est causé par le fait des personnes dont on doit ré « pondre, ou des choses que l'on a sous sa garde.

« Le père et la mère, après le décès du mari, sont respon « sables du dommage causé par leurs enfans mineurs habi « tant avec eux ;

« Les maîtres et les commettans du dommage causé par « leurs domestiques et préposés dans les fonctions auxquelles « ils les ont employés ;

« Les instituteurs et les artisans du dommage causé par « leurs élèves et apprentis pendant tout le temps qu'ils sont « sous leur surveillance.

« La responsabilité ci-dessus a lieu, à moins que les père
« et mère, maîtres, commettans, ne prouvent qu'ils n'ont
« pu empêcher le fait qui donne lieu à cette responsabilité.

« Le propriétaire d'un animal ou celui qui s'en sert, 1385
« pendant qu'il est à son usage, est responsable du dommage
« que l'animal a causé, soit que l'animal fût sous sa garde,
« ou qu'il fût égaré ou échappé. »

Art. 18 (*le même que l'art. 20 du précédent procès-verbal*). 1386

Le Consul ordonne que le titre ci-dessus sera communiqué officiellement, par le secrétaire général du Conseil d'État,
à la section de législation du Tribunat, conformément à
l'arrêté du 16 germinal an X.

COMMUNICATION OFFICIEUSE

A LA SECTION DE LÉGISLATION DU TRIBUNAT.

Le projet fut transmis au Tribunat le 21 frimaire an XII
(13 décembre 1803), et la section procéda à son examen
le 16 nivose (7 janvier 1804).

TEXTE DES OBSERVATIONS.

Un membre, au nom d'une commission, fait un rapport
sur le titre IV du livre III du projet de Code civil, *des différentes Manières d'acquérir la propriété;* lequel titre est ainsi
conçu : *Des Engagemens qui se forment sans convention.*

Art. 1er. La section propose de substituer à cet article la 1370
rédaction suivante :

« Certains engagemens se forment sans qu'il intervienne
« aucune convention, ni de la part de celui qui s'oblige, ni
« de la part de celui envers lequel il est obligé. Les uns ré-
« sultent de l'autorité seule de la loi; les autres naissent
« d'un fait personnel à celui qui se trouve obligé.

« Les premiers sont les engagemens formés involontaire-

« ment, tels que ceux entre propriétaires voisins, ou ceux
« des tuteurs ou autres administrateurs qui ne peuvent re-
« fuser la fonction qui leur est déférée.

« Ceux qui naissent d'un fait personnel à celui qui se
« trouve obligé résultent ou des quasi-contrats, ou des dé-
« lits, ou des quasi-délits. Ces derniers font la matière du
« présent titre. »

Le motif de la rédaction proposée est que les différentes
dispositions du titre, et notamment l'article 1er. ne répondent pas au texte *des Engagemens qui se forment sans convention.*

Les uns naissent d'un fait personnel à celui qui se trouve
obligé; les autres résultent seulement de l'autorité de la loi.

Or, c'est ce qu'il convient d'expliquer en tête du titre,
pour donner des idées nettes; et cette explication rend inutile l'article 3, qui n'était qu'une exception au principe mal
posé dans l'article 1er.

ap. 1371
et 1370 Art. 3. Cet article doit être supprimé, d'après la nouvelle
rédaction proposée pour l'article 1er.

1372 Art. 4. La section propose de dire au premier paragraphe
de l'article 4, pour plus de régularité, *soit que le propriétaire
connaisse cette gestion, soit qu'il l'ignore,* etc.

Elle propose aussi d'ajouter après ce même paragraphe ce
qui suit : *Il doit se charger également de toutes les dépendances de cette même affaire.*

On expliquera les motifs de cette addition sur l'article 5,
tout le reste de cet article 4 devant subsister.

ap. 1372 Art. 5. La section propose de supprimer l'article 5. On a
voulu dire dans le projet de loi que, lorsqu'il y avait connexité entre deux affaires, celui qui en avait géré une volontairement devait aussi se charger de l'autre.

Or, il a paru à la section qu'il eût été plus à propos de
le dire simplement et d'une manière impérative, plutôt que
par forme d'exception, après avoir dit, comme dans l'article, *celui qui ne s'est immiscé que dans une affaire n'est point*

obligé de se charger d'une autre; rédaction qui présente une proposition tellement constante , qu'elle devient inutile.

Et quant à la disposition qui doit être conservée , elle se trouve très-brièvement dans les mots qu'on a proposé d'ajouter au premier paragraphe de l'article 4. L'expression *dépendances* a paru plus propre et plus facile à être saisie que celle de *connexité.*

Art. 7. La section propose de dire au deuxième paragraphe :   1374

Néanmoins les circonstances qui l'ont conduit, etc. Elle est d'avis de supprimer ces mots, *d'amitié ou de nécessité*, comme étant absolument inutiles.

Art. 12. La section propose de substituer à cet article la   1379 rédaction suivante :

« Si la chose indûment reçue est un immeuble ou un
« meuble corporel, celui qui l'a reçue s'oblige à la restituer
« en nature si elle existe, ou sa valeur si elle est périe ou
« détériorée par sa faute ; il est même garant de la perte de
« la chose par cas fortuit, s'il l'a reçue de mauvaise foi. »

Dans le projet de loi, on a sans doute entendu que celui qui a reçu, même de bonne foi, est garant si la chose périt ou si elle est détériorée par sa faute. Cela résulterait de ces termes : *Celui qui l'a reçue est tenu de la conserver.* Mais on croit que l'idée est mieux rendue par la rédaction proposée.

Art. 17. La section propose de supprimer ces deux mots   1384 du cinquième paragraphe, *maîtres et commettans*, et de leur substituer ceux-ci, *instituteurs et artisans.*

Le motif de ce changement proposé est que tout ce qu'il était nécessaire de statuer à l'égard des maîtres et des commettans se trouve dans le paragraphe troisième, dès qu'il y est dit qu'ils ne sont tenus du dommage causé par leurs domestiques et préposés que lorsqu'ils l'ont causé dans les fonctions auxquelles ils ont été employés ; et il serait dangereux, à l'égard des maîtres et commettans, d'admettre l'exception portée par le paragraphe cinquième : car il pourrait en résulter qu'ils ne seraient point tenus du dommage par cela seul qu'ils n'y auraient pas été présens, même quoiqu'il eût été commis à des fonctions auxquelles les domestiques et préposés auraient été employés ; ce qui serait contre l'intention des auteurs du projet.

Mais s'il est à propos de faire disparaître du paragraphe cinquième *les maîtres et commettans*, il est nécessaire d'y rétablir *les instituteurs et artisans*.

L'exception établie dans ce paragraphe en faveur des père et mère concerne aussi *les instituteurs et artisans*, et elle doit leur être commune.

1386   Art. 18. Pour plus de régularité, il est à propos de dire *dommage causé*, au lieu de *dommage qu'il a causé*, etc.

Par suite de ces observations une conférence s'est engagée entre la section de législation du Tribunat et celle du Conseil d'État, pour s'entendre sur les changemens à adopter.

RÉDACTION DÉFINITIVE DU CONSEIL D'ÉTAT.

(Procès-verbal de la séance du 5 pluviose an XII. — 26 janvier 1804.)

M. TREILHARD, d'après la conférence tenue avec le Tribunat, présente la rédaction définitive du titre IV du livre III, *des Engagemens qui se forment sans convention.*

LE CONSEIL l'adopte en ces termes :

DES ENGAGEMENS QUI SE FORMENT SANS CONVENTION.

1370   Art. 1er. « Certains engagemens se forment sans qu'il in- « tervienne aucune convention, ni de la part de celui qui s'o- « blige, ni de la part de celui envers lequel il est obligé.

« Les uns résultent de l'autorité seule de la loi, les autres « naissent d'un fait personnel à celui qui se trouve obligé.

« Les premiers sont les engagemens formés involontaire-

« ment, tels que ceux entre propriétaires voisins, ou ceux
« des tuteurs et des autres administrateurs qui ne peuvent
« refuser la fonction qui leur est déférée.

« Les engagemens qui naissent d'un fait personnel à celui
« qui se trouve obligé résultent ou des quasi-contrats, ou des
« délits ou quasi-délits. Ils font la matière du présent titre.»

CHAPITRE Ier.

Des Quasi-contrats.

Art. 2. « Les quasi-contrats sont les faits purement volon-   1371
« taires de l'homme, dont il résulte un engagement quelcon-
« que envers un tiers, et quelquefois un engagement réci-
« proque des deux parties. »

Art. 3. « Lorsque volontairement on gère l'affaire d'au-   1372
« trui, soit que le propriétaire connaisse la gestion, soit qu'il
« l'ignore, celui qui gère contracte l'engagement tacite de
« continuer la gestion qu'il a commencée, et de l'achever
« jusqu'à ce que le propriétaire soit en état d'y pourvoir lui-
« même ; il doit se charger également de toutes les dépen-
« dances de cette même affaire.

« Il se soumet à toutes les obligations qui résulteraient d'un
« mandat exprès que lui aurait donné le propriétaire. »

Art. 4. « Il est obligé de continuer sa gestion, encore que   1373
« le maître vienne à mourir avant que l'affaire soit consom-
« mée, jusqu'à ce que l'héritier ait pu en prendre la direc-
« tion. »

Art. 5. « Il est tenu d'apporter à la gestion de l'affaire tous   1374
« les soins d'un bon père de famille.

« Néanmoins les circonstances qui l'ont conduit à se char-
« ger de l'affaire peuvent autoriser le juge à modérer les
« dommages et intérêts qui résulteraient des fautes ou de la
« négligence du gérant. »

Art. 6. « Le maître dont l'affaire a été bien administrée   1375
« doit remplir les engagemens que le gérant a contractés en
« son nom, l'indemniser de tous les engagemens personnels

« qu'il a pris, et lui rembourser toutes les dépenses utiles
« ou nécessaires qu'il a faites. »

1376   Art. 7. « Celui qui reçoit par erreur ou sciemment ce qui
« ne lui est pas dû s'oblige à le restituer à celui de qui il l'a
« indûment reçu. »

1377   Art. 8. « Lorsqu'une personne qui, par erreur, se croyait
« débitrice, a acquitté une dette, elle a le droit de répéti-
« tion contre le créancier.

« Néanmoins ce droit cesse dans le cas où le créancier a
« supprimé son titre par suite du paiement, sauf le recours
« de celui qui a payé contre le véritable débiteur. »

1378   Art. 9. « S'il y a eu mauvaise foi de la part de celui qui a
« reçu, il est tenu de restituer, tant le capital que les inté-
« rêts ou les fruits, du jour du paiement. »

1379   Art. 10. « Si la chose indûment reçue est un immeuble ou
« un meuble corporel, celui qui l'a reçue s'oblige à la res-
« tituer en nature, si elle existe, ou sa valeur, si elle est
« périe ou détériorée par sa faute; il est même garant de sa
« perte par cas fortuit, s'il l'a reçue de mauvaise foi. »

1380   Art. 11. « Si celui qui a reçu de bonne foi a vendu la
« chose, il ne doit restituer que le prix de la vente. »

1381   Art. 12. « Celui auquel la chose est restituée doit tenir
« compte, même au possesseur de mauvaise foi, de toutes
« les dépenses nécessaires et utiles qui ont été faites pour la
« conservation de la chose. »

CHAPITRE II.

Des Délits et des Quasi-délits.

1382   Art. 13. « Tout fait quelconque de l'homme, qui cause à
« autrui un dommage, oblige celui par la faute duquel il est
« arrivé à le réparer. »

1383   Art. 14. « Chacun est responsable du dommage qu'il a
« causé non seulement par son fait, mais encore par sa né-
« gligence ou par son imprudence. »

Art. 15. « On est responsable non seulement du dommage 1384
« que l'on cause par son propre fait, mais encore de celui
« qui est causé par le fait des personnes dont on doit répon-
« dre, ou des choses que l'on a sous sa garde.

« Le père et la mère, après le décès du mari, sont respon-
« sables du dommage causé par leurs enfans mineurs habi-
« tant avec eux ;

« Les maîtres et les commettans du dommage causé par
« leurs domestiques et préposés dans les fonctions auxquelles
« ils les ont employés ;

« Les instituteurs et les artisans du dommage causé par
« leurs élèves et apprentis pendant le temps qu'ils sont sous
« leur surveillance.

« La responsabilité ci-dessus a lieu, à moins que les père
« et mère, instituteurs et artisans, ne prouvent qu'ils n'ont
« pu empêcher le fait qui donne lieu à cette responsabilité. »

Art. 16. « Le propriétaire d'un animal, ou celui qui s'en 1385
« sert, pendant qu'il est à son usage, est responsable du
« dommage que l'animal a causé, soit que l'animal fût sous
« sa garde, soit qu'il fût égaré ou échappé. »

Art. 17. « Le propriétaire d'un bâtiment est responsable 1386
« du dommage causé par sa ruine, lorsqu'elle est arrivée par
« une suite du défaut d'entretien ou par le vice de sa cons-
« truction. »

M. Treilhard fut nommé, avec MM. Fourcroy et Lau-
mond, pour présenter au Corps législatif, dans sa séance
du 9 pluviose an XII (30 janvier 1804), le titre IV du
livre III du projet de Code civil, *des Engagemens qui se
forment sans convention,* et pour en soutenir la discussion
dans la séance du 19 pluviose (9 février).

PRÉSENTATION AU CORPS LÉGISLATIF,

ET EXPOSÉ DES MOTIFS, PAR M. TREILHARD.

Législateurs, le titre du Code civil que le gouvernement vous présente aujourd'hui ne contient qu'un petit nombre d'articles : il a pour objet les *Engagemens qui se forment sans convention.*

1370   Une société politique serait bien imparfaite si les membres qui la composent n'avaient entre eux d'autres engagemens que ceux qu'ils auraient prévus et réglés par une convention.

Quel est celui qui pourrait se flatter de lire dans les profondeurs de l'avenir tous les rapports que les événemens établiront entre lui et ses concitoyens? Et quelle opinion devrait-on se former de la sagesse d'un législateur qui laisserait les hommes errans sans guide et sans boussole dans cette vaste mer dont personne ne sonda jamais les abîmes?

Que le philosophe recherche si l'homme est sorti bon des mains de la nature; le législateur ne saurait ignorer que les passions ont trop souvent étouffé la raison et fait taire la bonté.

La loi doit donc vouloir pour nous ce que nous voudrions nous-mêmes si nous étions justes, et elle suppose entre les hommes, dans les cas imprévus, les obligations nécessaires pour le maintien de l'ordre social.

Voilà le principe des *engagemens qui se forment sans convention.*

Ces engagemens peuvent être considérés sous deux rapports : ou ils résultent de la seule autorité de la loi, ou ils ont pour cause un fait personnel à celui qui se trouve obligé.

Les engagemens des tuteurs, obligés en cette qualité, quoiqu'il n'ait pas été en leur pouvoir de la refuser ; les engagemens des voisins, obligés entre eux à raison de leur seule position, et sans aucun acte de leur volonté particulière, sont dans la première classe. Ces obligations et les autres de la même nature prennent leur racine dans les besoins de la société.

Quel serait le sort d'un malheureux privé des soins paternels dans sa plus tendre enfance, si la loi ne réparait pas envers lui les torts de la nature?

Où serait la garantie des propriétés si nos voisins pouvaient jouir de la leur d'une manière qui compromettrait la nôtre? L'autorité du législateur a dû y pourvoir. Mais les engagemens de cette espèce ne sont pas l'objet du présent titre; les règles qui les concernent sont répandues dans les diverses parties du Code : il s'agit dans ce moment des engagemens qui se forment par le fait d'une seule personne. Un projet de loi vous fut présenté, il y a peu de jours, sur les engagemens qui résultent du concours des volontés de toutes les parties intéressées : ici nous ne nous occupons que des engagemens qui naissent d'un fait, et sans qu'il intervienne aucune convention.

Les faits qui peuvent donner lieu à ces engagemens sont ou permis ou illicites.

Les faits permis forment ce qu'on a appelé des *quasi-contrats;* les faits illicites sont des *délits* ou des *quasi-délits :* cette division fournit la matière de deux chapitres.

Dans les contrats, c'est le consentement mutuel des parties contractantes qui produit entre elles l'obligation. 1371-1381

Dans les *quasi-contrats*, au contraire, comme dans les *délits* et les *quasi-délits*, l'obligation, ainsi que je l'ai déjà observé, résulte d'un fait : c'est la loi qui le rend obligatoire. Les engagemens de cette espèce sont fondés sur ces grands principes de morale si profondément gravés dans le cœur de tous les hommes, qu'il faut faire aux autres ce que nous désirerions qu'ils fissent pour nous dans les mêmes circonstances, et que nous sommes tenus de réparer les torts et les dommages que nous avons pu causer.

Les dispositions dont vous entendrez la lecture sont toutes

XIII. 30

des conséquences plus ou moins éloignées, mais nécessaires, de ces vérités éternelles.

1372 à 1374 Ainsi celui qui, volontairement et sans mandat, gère l'affaire d'autrui, s'oblige par ce seul fait à continuer sa gestion jusqu'à ce que l'affaire soit terminée : il est tenu d'y porter les soins d'un bon père de famille.

N'est-ce pas là en effet ce qu'il exigerait pour lui dans la même position? Si c'est une action louable de prendre en main l'affaire d'un absent, cet acte de bienfaisance ne serait-il pas une véritable trahison, si, après avoir commencé de gérer, après avoir peut-être prévenu et écarté, par une diligence apparente, des amis plus éclairés et plus solides, l'on pouvait abandonner l'affaire sans l'avoir terminée, ou si on ne la suivait qu'avec une incurie fatale au propriétaire?

En prenant la gestion d'une affaire, on contracte donc nécessairement l'obligation de la finir; et s'il ne faut pas glacer le zèle des amis par trop d'exigence, il ne convient pas moins de se garantir de ces officieux indiscrets, si actifs quand il s'agit d'offrir des services, si prompts à se mettre en mouvement, mais dont l'ardeur se calme avec la même promptitude, et dont les empressemens seraient une véritable calamité si la loi ne les chargeait pas de toutes les suites de leur légèreté et de leur inconstance.

1375 En forçant celui qui s'est ingéré dans une affaire à la terminer, il est aussi bien juste, lorsqu'il l'aura gérée avec loyauté, qu'il puisse réclamer l'indemnité de tous les engagemens qu'il aura pris, et le remboursement de toutes les dépenses utiles et nécessaires qu'il aura faites.

Cette indemnité, ce remboursement, sont une obligation étroite et sacrée pour celui dont on a géré l'affaire; obligation qui résulte du fait seul de la gestion, et qui se forme sans le consentement et même à l'insu de celui qui est obligé.

1376 à 1381 Je ne m'attacherai pas à prouver la sagesse de dispositions si constamment fondées sur l'équité naturelle; il ne serait pas moins superflu de m'arrêter sur les autres articles du chapitre Ier. Qui pourrait en effet contester que celui qui a reçu une somme, ou toute autre chose qui ne lui était pas due, est obligé par le fait à la rendre ; que celui qui l'a reçue de mauvaise foi est responsable même des cas fortuits ; que celui à qui la chose est restituée doit de son côté tenir compte des dépenses nécessaires et utiles faites pour sa conservation ?

Toutes ces propositions sont d'une évidence à laquelle il n'est permis à personne de se refuser.

Les dispositions du chapitre II, des *délits* et des *quasi-dé-* ch. 2. *lits*, ne sont pas moins nécessaires, moins justes, moins incontestables.

Celui qui par son fait a causé du dommage est tenu de le 1382-1383 réparer ; il est engagé à cette réparation, même quand il n'y aurait de sa part aucune malice, mais seulement négligence ou imprudence : c'est une suite nécessaire de son *délit* ou *quasi-délit*. Il offrirait lui-même cette réparation, s'il était juste, comme il l'exigerait d'un autre, s'il avait éprouvé le dommage.

Dirai-je que de graves docteurs ont mis en question si un interdit pour cause de prodigalité s'oblige de réparer les torts causés par ses délits ? Dirai-je que quelques-uns ont eu le courage de décider qu'il n'était pas tenu de cette réparation; qu'il pouvait, à la vérité, compromettre par son délit sa liberté, même sa vie, mais qu'il ne pouvait pas compromettre sa fortune, parce que toute aliénation lui est interdite ?

Vous croirez sans peine, législateurs, que nous n'avons pas dû supposer qu'une pareille question pût s'élever de nos jours, et vous nous approuverez de n'avoir pas fait à notre siècle l'injure de la décider.

Le principe une fois établi, nous n'avons eu qu'une dispo- 1384 sition à ajouter ; c'est qu'on est responsable non seulement du dommage qu'on a causé par son propre fait, mais encore de celui qui a été causé par le fait des personnes dont on doit répondre, ou des choses que l'on a sous sa garde.

La responsabilité des pères, des instituteurs, des maîtres,

est une garantie, et souvent la seule garantie de la réparation des dommages ; sans doute elle doit être renfermée dans de justes limites. Les pères ne répondront que du fait de leurs enfans mineurs et habitant avec eux ; les maîtres, que du fait des domestiques dans les fonctions auxquelles ils sont employés ; les instituteurs, les artisans, que des dommages causés pendant le temps que les élèves ou les apprentis sont sous leur surveillance.

Ainsi réglée, la responsabilité est de toute justice. Ceux à qui elle est imposée ont à s'imputer, pour le moins, les uns de la faiblesse, les autres de mauvais choix, tous de la négligence : heureux encore si leur conscience ne leur reproche pas d'avoir donné de mauvais principes et de plus mauvais exemples !

Puisse cette charge de la responsabilité rendre les chefs de famille plus prudens et plus attentifs ! Puisse-t-elle faire sentir aux instituteurs toute l'importance de leur mission ! et puissent les pères surtout se pénétrer fortement de l'étendue et de la sainteté de leurs devoirs ! La vie que nos enfans tiennent de nous n'est plus un bienfait si nous ne les formons pas à la vertu, et si nous n'en faisons pas de bons citoyens.

COMMUNICATION OFFICIELLE AU TRIBUNAT.

Le projet et l'exposé des motifs furent transmis au Tribunat le 10 pluviose (31 janvier 1804), et l'assemblée générale en entendit le rapport dans sa séance du 16 pluviose (6 février).

RAPPORT FAIT PAR M. BERTRAND-DE-GREUILLE.

1370   Tribuns, les lois civiles distinguent deux espèces d'engagemens : les uns se forment par la convention expresse de deux ou de plusieurs personnes ; les autres naissent seulement d'un fait personnel à celui qui se trouve obligé. Les premiers, sous le titre *des contrats et des obligations conventionnelles en général*, ont déjà fait la matière d'un rapport que vous avez entendu avec le plus grand intérêt pendant deux séances consécutives; les seconds, sous le titre *des engagemens qui se forment sans convention*, sont l'objet du projet de loi, titre IV, livre III du nouveau Code, et celui sur lequel la section de législation m'a chargé de vous présenter aujourd'hui le résultat de ses réflexions.

Les convenances sociales, les relations de l'amitié, et plus souvent encore les liens de bienveillance qui unissent les hommes entre eux par le besoin qu'ils ont les uns des autres, nous déterminent à faire une chose qui nous oblige envers une personne, et qui oblige quelquefois cette personne envers nous, sans l'intervention d'aucune convention préalable. Alors ce n'est point le consentement qui peut produire cet engagement simple ou réciproque, et c'est uniquement de l'équité naturelle que dérivent les obligations qui résultent du fait dont il s'agit. Ainsi, ce fait étant isolé de tout consentement, de toute convention antécédente, ne peut former un contrat proprement dit; mais il engendre ce que l'on a toujours appelé en droit un *quasi-contrat*, qui n'est pas moins obligatoire que le contrat lui-même.

Les lois romaines reconnaissaient les quasi-contrats, et elles avaient placé dans cette classe tous les engagemens qui n'étaient ni le produit d'une convention ni le résultat d'un délit. Elles n'avaient point distingué ceux qui prennent leur source dans la libre volonté de l'homme d'avec ceux qui appartiennent plus particulièrement à la volonté de la loi. Ainsi les obligations respectives des tuteurs, des curateurs et de leurs mineurs, celles qu'engendre le voisinage de la propriété, celles du légataire universel envers les créanciers du testateur, étaient confondues avec les obligations qui naissent d'un fait purement personnel et volontaire, tel qu'une somme librement payée par un ami à un créancier exigeant, en l'acquit et sans la participation du débiteur menacé des plus rigoureuses poursuites.

Le projet de loi qui vous est soumis s'est garanti de cette erreur que nos plus célèbres jurisconsultes avaient partagée. Il établit une sage et nécessaire distinction : il ne voit de quasi-contrat que là où l'homme est uniquement mu par sa propre volonté. Mais partout où l'autorité de la loi commande, partout où l'on est censé céder plutôt à cette autorité qu'à l'impulsion d'une volonté libre et indépendante, le projet considère l'engagement qui en résulte comme tout légal ; parce que, dans ce cas, c'est à la loi qu'on obéit, c'est pour elle qu'on se dévoue, c'est essentiellement par elle qu'on agit : c'est donc à elle que tout doit se reporter, et non à cette volonté, qui peut-être n'existe pas, ou qui n'est au moins que secondaire, parce qu'on ne peut jamais la supposer pleine et entière que lorsque la loi ne prescrit rien. Cette nuance, facile à saisir, présente plus d'exactitude et de régularité, et elle introduit dans notre nouvelle législation une amélioration qui honore la sagacité des auteurs du projet.

Les engagemens qui naissent de la seule autorité de la loi sont gouvernés par des principes qui sont disséminés dans toutes les parties du Code. Le projet de loi n'avait donc plus qu'à s'occuper des obligations qu'engendrent les faits qui appartiennent à la seule volonté de l'homme ; et à cet égard vous penserez sans doute qu'il eût été difficile de fournir des exemples de tous les quasi-contrats, et d'analyser l'espèce, la nature et l'étendue des engagemens qu'ils produisent divisément. Les exemples appartiennent à la doctrine ; le législateur doit seulement poser les fondemens de la loi, et son application, suivant les circonstances et les faits particuliers, rentre dans le domaine des juges. Aussi le projet qui vous occupe s'est-il borné à déterminer des règles générales, et ces règles deviennent suffisantes pour éclairer sur l'étendue des devoirs qui résultent des faits personnels le plus ordinairement en usage dans la société.

Ainsi celui qui de son propre mouvement gère l'affaire 1373à1374
d'autrui est tenu de la conduire et de la terminer avec tous
les soins d'un bon père de famille; il doit aussi se charger
de toutes les dépendances de cette même affaire; enfin il
doit la continuer, quoique le maître vienne à mourir avant
qu'elle soit entièrement consommée, et il ne peut en abandonner la direction que lorsque l'héritier a eu la faculté de
s'en saisir.

Telles sont les dispositions du projet, et certes rien n'est
plus équitable. En effet, dès que par un sentiment de bienveillance on s'est immiscé dans la gestion de l'affaire d'autrui, il en résulte qu'on s'est volontairement substitué au
maître de cette affaire. On doit donc le représenter dans tous
les détails et toutes les dépendances qu'elle embrasse, on
doit le remplacer dans toutes les démarches qu'elle exige;
car le propriétaire de la chose, s'il ignore la gestion, ne peut
éclairer celui qui s'en est librement chargé; et s'il vient à la
connaître et lui en laisse la direction, c'est par le sentiment
honorable de la confiance qu'il lui inspire. Dans l'un et
l'autre cas, le gérant est toujours considéré comme un pro-
cureur constitué; il en tient lieu. Il doit donc diriger, continuer et consommer l'affaire qu'il a entreprise comme si c'é-
tait la sienne propre, c'est-à-dire avec tous les soins, la
diligence, la surveillance et l'intérêt du père de famille. Il
ne peut même l'abandonner après la mort du maître de la
chose, que lorsque l'héritier a pu s'en charger et se mettre
dans la possibilité de la suivre, parce que le changement de
maître n'altère en rien les premières obligations contractées,
et ne détruit point la nature de l'engagement, qui a toujours
la même origine, et qui doit par conséquent conduire aux
mêmes résultats.

Au reste, il répond sous peine de dommages et intérêts 1374
de l'exactitude et de l'utilité de sa gestion, sauf toutefois la
modération qu'il est convenable d'y apporter, d'après les
circonstances qui auraient pu déterminer le gérant à se char-

ger de l'affaire; car il serait dangereux d'obstruer, pour ainsi
dire , les sources de la bienfaisance , en poussant trop loin la
sévérité des principes en cette partie. Il faut donc avoir égard
à la parenté , à l'affection qui est souvent le principe unique
de ces sortes de gestions , à l'importance de la chose , aux
difficultés qu'il a fallu vaincre ; en un mot, ne pas rendre le
gérant victime de sa bienveillance , ne pas payer le bienfait
par des condamnations décourageantes , et empoisonner ainsi
le plaisir que l'homme honnête et sensible éprouve toujours
quand il oblige. Et sur tous ces points qu'il serait impossible
de priser , le projet de loi, d'accord avec la raison, se repose
sur la discrétion, la sagesse et l'intégrité des magistrats.

1375   Les droits du propriétaire de la chose ainsi conservés, il
est nécessaire de pourvoir aux intérêts de celui qui l'a bien
administrée ; car il y a entre l'un et l'autre réciprocité d'o-
bligations. Le gérant doit donc être dégagé et entièrement
désintéressé des suites de son administration par le maître de
la chose. Ce maître doit remplir tout ce qui a été promis
pour lui , ratifier tous les engagemens qui ont été souscrits
en son nom , et rembourser le gérant de toutes les dépenses
utiles et nécessaires qu'il a été contraint d'avancer pour l'administration de l'affaire. Ce sont là les règles premières de
la justice, consacrées par l'article 6 du projet de loi – 1375 du
Code civil; ce sont des dettes auxquelles il est impossible de
se soustraire , et qui sont indépendantes de celles qu'impose
encore la reconnaissance du service rendu.

1376   On prévoit ensuite le cas où quelqu'un aurait reçu , par
erreur ou sciemment , une chose qui ne lui serait pas due ,
et on lui impose l'obligation de la restituer à l'individu de
qui il l'a indûment reçue , parce que tout ce qui est le fruit
de la mauvaise foi ou d'une erreur reconnue ne peut être
1377   légitime. Le même principe s'applique à celui qui acquitte
une dette dont il se croyait mal à propos tenu. Ce paiement
effectué par suite de la fausse persuasion dans laquelle il
était ne libère pas le débiteur réel; et le créancier conservant

ainsi la faculté de se faire payer deux fois, il est évident qu'il est tenu de restituer la somme qu'il a touchée à la personne qui est reconnue ne pas la lui devoir. Aussi l'article 8 du projet – 1377 conserve à cette personne le droit de répétition contre le créancier ; et l'article suivant veut en outre qu'il soit 1378 tenu des intérêts, à les compter du jour du paiement, s'il est prouvé qu'il ait reçu de mauvaise foi le capital : c'est ainsi que la loi le punit de sa jouissance frauduleuse.

Mais si, au contraire, le créancier étant dans la bonne foi 1377 avait, par suite du paiement, supprimé le titre de sa créance, alors il ne pourrait sans injustice être rendu victime d'une pareille faute ; c'est à celui qui l'a mal à propos payé à s'imputer l'anéantissement du titre : lui seul est responsable des suites. Le créancier, dans cette hypothèse, conservera donc ce qu'il a reçu, et il ne restera à l'homme imprudent qui l'a satisfait, que l'action en recours contre le débiteur principal.

Si la chose indûment reçue est un immeuble ou un meuble 1379 corporel, le détenteur, soit qu'il l'ait reçue de bonne foi, soit qu'il l'ait reçue de mauvaise foi, est tenu de la rendre, parce que c'est le premier devoir de la probité et de la justice de restituer sur-le-champ ce qui est reconnu appartenir à un autre; mais elle ne rentre dans les mains du vérita- 1381 ble propriétaire qu'à la charge de rembourser, même à la personne qui l'a retenue de mauvaise foi, toutes les dépenses d'utilité et de nécessité qui ont été faites pour la conservation de cette chose, parce que ces dépenses sont, dans tous les cas, une des charges de la propriété, et que l'équité ne permet pas que le propriétaire d'une chose puisse s'enrichir aux dépens de celui-là même qui avait manifesté l'intention criminelle de l'en dépouiller. Mais, dans ce cas, le projet le 1579·1580 constitue garant des cas fortuits, c'est la juste punition de son injuste détention : tandis qu'au contraire il environne de la plus grande faveur l'individu qui a reçu la chose de bonne foi ; car il ne l'oblige, lors même qu'il l'aurait aliénée, qu'à restituer le montant du prix de la vente, parce que cette bonne foi le fait justement considérer comme légitime propriétaire de la chose : d'où naît la conséquence qu'il avait le droit d'en disposer de la manière qu'il a jugée la plus convenable à ses intérêts.

Tels sont, tribuns, les principes établis dans la première partie du projet de loi qui vous est soumis, et qui frappent uniquement sur les engagemens qui résultent de certains ch 2. faits que la loi permet; mais il en est d'autres qu'elle réprouve et qu'elle punit, d'autres qu'elle excuse, et qui toutes produisent des obligations sur lesquelles je dois maintenant appeler votre attention : je veux parler des délits et des quasi-délits.

1382 Tout individu est garant de son fait; c'est une des premières maximes de la société : d'où il suit que si ce fait cause à autrui quelque dommage, il faut que celui par la faute duquel il est arrivé soit tenu de le réparer. Ce principe, consacré par le projet, n'admet point d'exception; il embrasse tous les crimes, tous les délits, en un mot tout ce qui 1383 blesse les droits d'un autre; il conduit même à la conséquence de la réparation du tort, qui n'est que le résultat de la négligence ou de l'imprudence. On pourrait, au premier aspect, se demander si cette conséquence n'est pas trop exagérée, et s'il n'y a pas quelque injustice à punir un homme pour une action qui participe uniquement de la faiblesse ou du malheur, et à laquelle son cœur et son intention sont absolument étrangers. La réponse à cette objection se trouve dans ce grand principe d'ordre public ; c'est que la loi ne peut balancer entre celui qui se trompe et celui qui souffre. Partout où elle aperçoit qu'un citoyen a éprouvé une perte, elle examine s'il a été possible à l'auteur de cette perte de ne pas la causer; et si elle trouve en lui de la légèreté ou de l'imprudence, elle doit le condamner à la réparation du mal qu'il a fait. Tout ce qu'il a le droit d'exiger, c'est qu'on ne sévisse pas contre sa personne, c'est qu'on lui conserve l'honneur, parce que les condamnations pénales ne peuvent atteindre que le crime, et qu'il n'en peut exister que là ou l'intention de nuire est établie et reconnue. Mais ce n'est pas trop exiger de lui que de l'astreindre à quelques sacrifices pécuniaires pour l'entière indemnité de ce qu'il a fait souffrir par son peu de prudence ou son inattention. C'est dans ce défaut de vigilance sur lui-même qu'existe la faute, et c'est cette faute, qu'on appelle en droit *quasi-délit*, dont il doit réparation.

Le projet ne s'arrête pas à la personne qui est l'auteur du 1384 dommage, il va plus loin, et pour en assurer de plus en plus la juste indemnité, il autorise le lésé à recourir à ceux de qui cette personne dépend, et contre lesquels il prononce la garantie civile. C'est ainsi qu'il rend le père, et la mère, après le décès du mari, responsables du tort causé par leurs enfans mineurs. Cette obligation se rattache à la puissance, à l'autorité que la loi accorde aux parens sur leurs enfans en minorité, aux devoirs qu'elle leur impose pour la perfection de leur éducation, à la nécessité où ils sont de surveiller leur conduite avec ce zèle, ce soin, cet intérêt qu'inspirent tout à la fois et le désir de leur bonheur, et la tendre affection qu'ils leur portent. Au surplus, cette garantie cesse si les enfans n'habitent pas la maison paternelle, parce que hors de là leur dépendance devient moins absolue, moins directe : l'exercice du pouvoir du père est moins assuré, et sa surveillance presque illusoire.

La même garantie est prononcée par l'article 15 du projet contre les instituteurs et les artisans, pour les dommages causés par leurs élèves ou apprentis pendant le temps qu'ils sont sous leur surveillance. En voici la raison : c'est que les instituteurs ou artisans remplacent alors les parens ; c'est que la loi leur délègue une portion d'autorité suffisante pour retenir les enfans et ouvriers qui sont sous leur direction dans les bornes de la circonspection et du devoir ; c'est qu'ils doivent à ces enfans et ouvriers de bonnes instructions et de bons exemples ; c'est qu'il faut qu'ils se garantissent de toute faiblesse envers eux ; et c'est qu'enfin ils ont la faculté de renvoyer ceux d'entre ces enfans ou ouvriers qui leur paraissent pervers ou incorrigibles.

Mais si les pères, mères, instituteurs ou artisans parviennent à prouver qu'ils ont été dans l'impossibilité d'empêcher le fait dont on se plaint, alors la garantie disparaît, parce que l'impossibilité bien constante équivaut à la force majeure, qui ne donne ouverture à aucune action au profit de celui qui en est la victime.

Il n'en est pas de même des maîtres et des commettans. Ils ne peuvent, dans aucun cas, argumenter de l'impossibilité où ils prétendraient avoir été d'empêcher le dommage causé par leurs domestiques ou préposés dans les fonctions auxquelles ils les ont employés, et le projet les assujetit toujours à la responsabilité la plus entière et la moins équivoque. Cette disposition, qui se rencontre déjà dans le code rural, ne présente rien que de très-équitable. N'est-ce pas en effet le service dont le maître profite qui a produit le mal qu'on le condamne à réparer? N'a-t-il pas à se reprocher d'avoir donné sa confiance à des hommes méchans, maladroits ou imprudens? Et serait-il juste que des tiers demeurassent victimes de cette confiance inconsidérée, qui est la cause première, la véritable source du dommage qu'ils éprouvent? La loi ne fait donc ici que ratifier ce que l'équité commande, ce que de fréquens et trop fâcheux exemples rendent nécessaire, et ce que la jurisprudence de tous les temps et de tous les pays a consacré.

1385   Le projet prévoit ensuite les cas où un animal, guidé par quelqu'un, ou échappé de ses mains, ou simplement égaré, aurait causé quelque tort. Dans les deux premières hypothèses, il veut que celui qui s'en servait, et dans la troisième il ordonne que celui qui en est le propriétaire soit tenu de la réparation du dommage, parce qu'alors ce dommage doit être imputé, soit au défaut de garde et de vigilance de la part du maître, soit à la témérité, à la maladresse ou au peu d'attention de celui qui s'est servi de l'animal, et parce que d'ailleurs, dans la thèse générale, rien de ce qui appartient à quelqu'un ne peut nuire impunément à un autre.

C'est encore par suite de cette incontestable vérité que le 1386 dernier article du projet décide que le propriétaire d'un bâtiment est responsable du dommage qu'il a causé par sa ruine, lorsqu'elle est arrivée par le défaut d'entretien ou par le vice de sa construction. Cette décision est bien moins rigoureuse et plus équitable que la disposition qui se trouve dans la loi romaine. Celle-ci autorisait l'individu dont le bâtiment pouvait être endommagé par la chute d'un autre qui était en péril de ruine, à se mettre en possession de cet héritage voisin, si le propriétaire ne lui donnait des sûretés pour le dommage qu'on était fondé à craindre. Ainsi la seule appréhension du mal donnait ouverture à l'action, et pouvait opérer la dépossession : le projet, au contraire, veut avant tout que le mal soit constant. C'est donc le fait seul de l'écroulement qui peut légitimer la plainte et la demande du lésé et déterminer une condamnation à son profit. C'est après cet écroulement qu'il est permis d'examiner le dommage, de fixer son importance ; et c'est alors enfin que le juge en prononce la réparation, s'il est établi que la négligence du maître à entretenir son bâtiment, ou l'ignorance des ouvriers qu'il a employés à sa construction en ont déterminé la chute.

Tribuns, j'ai parcouru successivement tous les articles du projet de loi ; je vous ai exposé les différentes dispositions qu'il renferme et les motifs qui les ont déterminées. Vous avez dû remarquer que ces dispositions sont toutes puisées dans la raison, la sagesse, l'équité naturelle, et dans les principes de la plus saine morale, bases essentielles d'une bonne et durable législation. Vous n'hésiterez donc pas à lui donner votre assentiment, ainsi que la section vous le propose unanimement par mon organe.

Le Tribunat vota l'adoption de ce projet dans sa séance du 18 pluviose an XII (8 février 1804), et dès le lendemain il fit porter son vœu au Corps législatif par MM. Bertrand-de-Greuille, Tarrible et Leroy ; le discours de présentation fut prononcé par M. Tarrible le même jour.

DISCUSSION DEVANT LE CORPS LÉGISLATIF.

DISCOURS PRONONCÉ PAR LE TRIBUN TARRIBLE.

Législateurs, le titre que je suis chargé de discuter devant vous est encore relatif à la propriété.

Un orateur éloquent et profond a développé dans cette tribune l'origine de ce droit qui fut une des premières causes de la réunion des hommes en société et la première base de leur civilisation. Il en a peint avec le coloris le plus riche les avantages politiques et moraux, les rapports qui le lient à la stabilité des gouvernemens et au bonheur des individus ; il a rendu un hommage solennel au respect qui lui est dû et à la protection dont il doit être appuyé ; et son discours, digne de la loi dont il est le frontispice et le brillant commentaire, se perpétuera comme elle, et partagera les hommages de la postérité.

Je rends grâces à cet orateur d'avoir tout dit dans cette matière, et de nous avoir ainsi dispensés de le suivre dans une carrière où il eût été si dangereux de marcher après lui.

Je n'ai donc, législateurs, que des applications à vous présenter sur les grands principes dont vous avez déjà entendu les développemens. Mais si, me trouvant circonscrit dans les bornes étroites d'une loi qui n'est qu'une faible branche de ces grands principes, je ne puis vous offrir qu'une discussion froide et didactique, je tâcherai au moins de la rendre claire et méthodique.

Après avoir développé dans le second livre les différentes modifications de la propriété, le Code expose dans le troisième les différentes manières dont on l'acquiert.

Parmi ces diverses manières la plus générale et la plus variée méritait le premier rang, et c'est à juste titre qu'on l'a assigné à celle qui prend sa source dans les obligations conventionnelles. Mais une autre manière d'acquérir la propriété dérive des engagemens qui se forment sans convention : elle se place naturellement à la suite des obligations conventionnelles, et elle fait le sujet du projet de loi que je viens discuter.

1390-1371

Le lien des conventions est dans la foi des contractans : c'est un sentiment inné de justice antérieur à toutes les lois positives qui a posé ce premier anneau de la chaîne des obligations. Ce lien est dans le cœur de tous les hommes que le vice n'a pas pervertis ; et la loi civile n'est là-dessus que la garantie de ce qu'ordonne la conscience.

Mais là où il n'y a pas de convention il n'y a pas de foi donnée ; cependant comme il peut y avoir des engagemens formés sans convention, il faut rechercher la cause étrangère qui leur donne l'existence, soit pour en connaître la nature, soit pour en déterminer l'étendue.

Les Romains, qui érigèrent le droit privé en une science vaste et profonde, furent conduits à cette distinction par les raisonnemens que l'on trouve dans leurs lois.

La justice, dirent-ils, avoue et reconnaît des engagemens qui diffèrent essentiellement de ceux qui sont les plus ordinaires. Ils se forment sans convention ; ils n'appartiennent donc pas à la classe des contrats : ils proviennent d'un fait licite, ils ne peuvent donc être rangés parmi les délits. Ces engagemens, revêtus d'un caractère particulier, doivent donc aussi porter une dénomination particulière. Ils les appelèrent *quasi-contrats*, et ils en distinguèrent cinq espèces, la gestion des affaires d'autrui sans ordre ni mandat ; l'engagement que produit la tutelle entre le tuteur et le pupille ; les obligations qui naissent entre des personnes qui ont des biens en commun sans société ; celles dont l'héritier est tenu envers les légataires, et enfin celles qu'engendre la réception ou le paiement d'une chose non due.

Tout en professant le plus profond respect pour ces anciens législateurs du monde, je dois dire que leur doctrine sur ce point avait resté bien au-dessous de la perfection et de la lucidité que les auteurs du projet ont portées dans l'analyse de ces sortes d'engagemens. Elle ne les embrassait pas tous, et elle ne pénétrait pas les causes respectives qui pouvaient servir à les distinguer entre eux.

Parmi les engagemens qui se forment sans convention, on doit en effet comprendre l'obligation de réparer le dommage causé par les délits ou les quasi-délits, l'obligation imposée au possesseur d'une chose de la restituer au propriétaire, les obligations respectives qui naissent du voisinage de deux propriétaires, celles qu'impose le lien du mariage ou celui de la famille, et plusieurs autres qui par leur nature se rattachent à cette classe d'engagemens, et qui cependant ne s'y trouvent pas rangées dans le livre des *Institutes*.

La seconde imperfection consistait à n'avoir pas su saisir dans la diversité des causes d'autres caractères distinctifs de ces mêmes engagemens.

Il est aisé d'apercevoir, par exemple, que l'engagement qui se forme entre le tuteur et le pupille, entre l'héritier et le légataire, n'a pas la même cause que celui qui naît entre le gérant et le propriétaire de l'objet de la gestion, entre celui qui a payé et celui qui a reçu une chose non due.

Les premiers prennent leur source dans la seule autorité de la loi, et les personnes qu'ils regardent s'y trouvent soumises indépendamment de leur volonté.

Les seconds ont pour cause immédiate un fait volontaire, soit de la part de l'un, soit de la part des deux intéressés.

Le projet de loi a parfaitement saisi ces diverses nuances, et les a exposées dans un ordre lumineux.

Certains engagemens, dit l'article premier, se forment sans qu'il intervienne aucune convention ni de la part de celui qui s'oblige, ni de la part de celui envers lequel il est obligé.

Cette définition présente le caractère distinctif des engagemens conventionnels d'avec ceux qui font le sujet de ce titre; elle comprend de plus tous les engagemens de ce dernier genre, quelle que soit leur cause. Mais la différence de ces causes amène à la suite du même article les divisions suivantes :

Parmi les engagemens formés sans convention, les uns résultent de l'autorité seule de la loi, les autres naissent d'un fait personnel à celui qui se trouve obligé.

Ceux de la dernière espèce dérivent ou des quasi-contrats, ou des délits, ou des quasi-délits.

C'est dans ce cadre très-simple que le projet de loi place les dispositions dont son sujet est susceptible.

L'autorité de la loi ne peut être contrariée par ceux à qui elle commande; aussi se trouvent-ils soumis, même contre leur volonté, aux engagemens qu'elle forme par sa seule influence.

Le projet ne fait pas une énumération détaillée de ces sortes d'engagemens; les dispositions qui les règlent sont répandues dans les divers titres du Code civil. Ainsi l'on trouve sous le titre *du Mariage* les devoirs respectifs des époux; sous le titre *des Tutelles* les obligations réciproques du tuteur et du mineur; dans le titre *des Services fonciers* celles qui sont imposées aux propriétaires de deux fonds voisins; dans le titre *des Testamens* celles des héritiers envers les légataires; dans le titre *de la Propriété* celles du possesseur envers le propriétaire qui revendique.

Il était inutile de répéter ici ces dispositions et les autres semblables qui produisent des engagemens sans convention. Il a suffi d'indiquer par quelques exemples les signes auxquels on peut les reconnaître et la place qu'ils doivent occuper sous ce titre.

Les engagemens sans convention qui naissent d'un fait personnel à celui qui se trouve obligé exigeaient de plus grands développemens : ils ont reçu dans le projet ceux qui étaient nécessaires pour éclairer les citoyens et diriger les juges dans l'application de la loi.

Les faits personnels sont licites ou illicites : les premiers forment les quasi-contrats, les seconds forment les délits ou quasi-délits.

1371-1372 Cette analyse ne laisse dans le rang des quasi-contrats proprement dits que deux espèces d'engagemens, celui qui résulte de la gestion des affaires d'autrui et celui qui s'engendre par le paiement d'une chose non due.

Le quasi-contrat résultant de la gestion des affaires d'autrui a lieu lorsque quelqu'un entreprend volontairement de gérer l'affaire d'un tiers sans mandat de la part de celui-ci.

Cette gestion appartient aux actes de bienfaisance, et c'est dans cette source pure qu'il faut puiser les règles propres à concilier les intérêts du gérant et du propriétaire.

La gestion des affaires d'autrui est gratuite par sa nature, lors même qu'elle se fait en exécution d'un mandat exprès de la part du propriétaire; elle doit l'être à plus forte raison lorsqu'elle part d'un mouvement spontané de la part du gérant.

Cette gestion volontaire trouve sa place et son utilité dans les cas où le propriétaire absent, ou empêché par quelque cause, ne peut la faire par lui-même.

Une fois entreprise elle doit être menée à sa fin, non seulement pour ce qui fait l'objet principal de la gestion, mais encore pour toutes ses dépendances.

La loi ne pouvait souffrir que celui qui, par un premier mouvement de générosité, avait entrepris une affaire quelconque, l'abandonnât au milieu de son cours. Un bienfait ne mérite ce nom que lorsqu'il est tout entier ; et il pourrait se faire, que cette entreprise inconsidérée eût suspendu ou détourné le dévouement d'un autre qui, non moins généreux que le premier, mais plus persévérant, aurait achevé l'affaire commencée.

Le premier engagement que contracte celui qui s'immisce volontairement dans une gestion est donc de la continuer jusqu'à ce que le propriétaire soit en état d'y pourvoir lui-même. Tous les actes nécessaires pour la consommation de l'affaire sont autant d'obligations imposées au gérant, tout comme si elles l'eussent été par un mandat exprès et antérieur. Ces obligations sont indépendantes de la connaissance ou de l'ignorance du propriétaire. Le gérant doit administrer ; il doit consommer ce qu'il a commencé.

Les mêmes motifs ont dicté la disposition suivante, qui 1373 oblige le gérant à continuer sa gestion, encore que le maître vienne à mourir avant que l'affaire soit consommée, jusqu'à ce que l'héritier ait pu en prendre la direction.

Le projet de loi oblige le gérant non seulement à ache- 1374 ver sa gestion, mais encore à y apporter tous les soins d'un *bon père de famille.*

Ce mot, consacré par les premières lois des Romains, rappelle la simplicité des mœurs de ces temps antiques ; il exprime des idées de bonté et de perfection ; il présente la sollicitude, la prévoyance, l'activité, la sagesse, la constance, comme autant de devoirs imposés à celui qui entreprend de gérer les affaires d'un autre.

Cependant les sentimens d'affection ou d'humanité qui seuls peuvent inspirer cette entreprise délicate méritent aussi quelque indulgence ; et l'on a dû craindre qu'un excès de sévérité n'en étouffât le germe dans les cœurs bienfaisans. Cette sage circonspection a fait confier au juge le pouvoir de modérer, suivant les circonstances, les dommages et intérêts qui résulteraient des fautes ou de la négligence du gérant.

Après avoir ainsi réglé les obligations du gérant, il était 1375 juste de pourvoir à sa sûreté. Il ne fallait pas que, pour prix de son dévouement, il demeurât exposé aux caprices ou à l'injustice du propriétaire, qui, par un déni de l'utilité de sa gestion, tenterait de se soustraire à l'obligation d'en supporter les dépenses. Ce propriétaire, lorsque l'affaire aura été bien administrée, sera obligé de rembourser au gérant toutes les dépenses utiles ou nécessaires qu'il a faites. Il sera tenu, de plus, de remplir tous les engagemens contractés en son nom, et d'indemniser le gérant de toutes les obligations auxquelles il se sera personnellement soumis.

Tels sont les principes qui constituent et régissent ce premier quasi-contrat.

1576-1577 Le second, appelé la répétition de la chose non due, a lieu lorsque quelqu'un a payé par erreur à une personne de bonne ou de mauvaire foi ce qu'il ne lui devait pas.

Ces deux quasi-contrats se raccordent dans ce point générique qu'ils proviennent l'un et l'autre d'un fait volontaire et licite des quasi-contractans ; mais ils diffèrent dans tous les autres points.

La gestion des affaires d'autrui a pour motif un dévouement généreux : une erreur est la cause du paiement de la chose non due.

Le bienfait et la reconnaissance forment, dans le premier, le lien du double engagement auquel sont soumis le gérant et le propriétaire ; dans le second, celui-là seul qui a reçu est obligé envers celui qui a payé ; et cette obligation prend sa source dans l'équité, qui ne souffre pas qu'une erreur opère chez l'un une perte funeste, et chez l'autre un gain injuste.

Déterminer les cas où la répétition doit avoir lieu et ceux où elle doit cesser, indiquer les obligations qui doivent accompagner ou suppléer la restitution, c'est le but que peut se proposer une loi sur la répétition de la chose non due ; c'est celui que le projet a parfaitement atteint.

Ce quasi-contrat se forme, avons-nous dit, lorsque quelqu'un paie par erreur une chose qu'il ne devait pas.

Cette définition est complète, et embrasse tous les cas où la répétition peut avoir lieu. Cependant la cause de la répétition se modifie de deux manières; et il était utile de les expliquer séparément pour placer une exception qui s'applique à l'une, et qui ne peut s'adapter à l'autre.

Une personne peut recevoir ce qui ne lui est pas dû; elle peut recevoir aussi ce qui lui est réellement dû, mais d'une autre main que celle de son véritable débiteur : dans l'un comme dans l'autre cas, la répétition appartient à celui qui a payé par erreur. Au premier cas, parce que la chose n'étant nullement due à celui qui l'a reçue, il doit la restituer à la personne qui la lui a remise mal à propos; au second cas, parce qu'un créancier, quoique légitime, ne peut s'approprier la somme qui lui a été payée inconsidérément par celui qui ne la lui devait en aucune manière.

L'exception dont nous avons parlé ne s'applique qu'au second cas; elle a lieu lorsque le vrai créancier a supprimé son titre par suite du paiement qu'il a reçu. Alors celui qui a payé, quoiqu'il ne fût pas réellement débiteur, ayant mis par son imprudence le créancier hors d'état de justifier sa créance, doit être privé de la répétition, et se contenter d'un recours contre le véritable débiteur.

La double manière dont se forme cet engagement et l'exception particulière à la seconde sont clairement exprimées par les articles 7 et 8 du projet.

L'erreur de la part de celui qui paie peut seule autoriser la répétition de la chose; il doit avoir cru faussement ou que la chose était due au prétendu créancier, qui n'y avait réellement aucun droit; ou qu'il la lui devait personnellement, tandis que, dans la vérité, elle était due par un autre.

Sans cette fausse opinion, il serait censé, au premier cas, avoir voulu donner ce qu'il savait fort bien ne pas être dû; au second cas, avoir voulu payer une dette légitime à la décharge du véritable débiteur, et toute voie de répétition lui serait justement fermée.

Il n'en est pas de même de celui qui a reçu : qu'il connaisse
ou qu'il ignore la vérité, qu'il sache ou non que la chose ne
lui est pas due, ou bien qu'elle ne l'est pas par celui qui l'a
délivrée, il doit toujours commencer par la restituer. Mais
les obligations secondaires qui accompagnent cette première
doivent varier selon la nature de la chose, selon la bonne ou
la mauvaise foi de celui qui l'a reçue.

Se croyait-il héritier en vertu d'un testament dont il ignorait les vices, ou l'opinion de son droit sur la chose reçue
était-elle fondée sur une cause semblable? il ne doit pas être
soumis à des obligations trop dures.

Lorsqu'il aura reçu de l'argent, il remboursera une somme
pareille ; lorsqu'il aura reçu un corps certain, il le restituera
en nature, s'il existe ; il en paiera la valeur, s'il a péri, ou
s'il a été détérioré par sa faute ; il restituera enfin le prix de
la vente, s'il l'a vendu. Ces obligations indispensables découlent du principe qui ne souffre pas que la propriété d'un
objet soit transférée à un tiers sans une cause légitime, et sans
un acte non équivoque de la volonté du propriétaire. Mais,
dans aucun de ces cas, ce tiers ne sera obligé de restituer les
fruits ou les intérêts qu'à compter du jour de la réclamation.

Ce juste tempérament, adopté par le projet, était le seul
convenable pour réparer une erreur commune aux deux intéressés.

Mais toute la rigueur de la loi civile a dû se déployer contre
celui qui a reçu de mauvaise foi.

Il a reçu une chose qu'il savait ne pas lui être due, du
moins par celui qui la lui a délivrée ; au lieu de l'éclairer sur
son erreur, il en a abusé ; il ne mérite aucun ménagement.

Celui-là, s'il a reçu de l'argent, sera obligé de le rembourser, avec les intérêts, depuis le jour du paiement : s'il a reçu
un corps certain, il sera obligé de le restituer avec les fruits
depuis la même époque.

S'il a laisé périr ou détériorer la chose, il paiera, outre sa
valeur, les profits qu'elle aurait pu donner entre les mains

du propriétaire. Il demeurera garant de la perte arrivée même par cas fortuit ; la vente qu'il aurait pu en faire n'ôtera pas au propriétaire le droit de la revendiquer, et laissera retomber sur lui seul le poids accablant des dommages et intérêts dus à l'acquéreur évincé.

Telles sont les dispositions rigoureuses, mais parfaitement justes, du projet, contre ceux qui reçoivent de mauvaise foi une chose non due.

L'engagement qui naît du paiement d'une chose non due ne lie, par sa nature, que celui qui la reçoit. Cependant les dépenses utiles qui ont pour objet la conservation de la chose doivent toujours être à la charge du propriétaire ; il doit les rembourser même au possesseur de mauvaise foi : cette obligation accidentelle est imposée au propriétaire par l'article 12, qui complète ainsi la législation relative à ce quasi-contrat.

L'ordre et la division établis au commencement de ce titre nous ramènent aux engagemens qui résultent des délits ou quasi-délits. Ils se forment, comme les quasi-contrats, par un fait volontaire de l'homme, mais par un fait illicite.

Il n'entre pas dans les desseins du projet de loi de considérer ici les délits sous leurs rapports avec l'ordre politique. Ils ne sont envisagés que sous le rapport de l'intérêt de la personne lésée.

Tout fait quelconque de l'homme, dit le projet, qui cause à autrui un dommage oblige celui par la faute duquel il est arrivé à le réparer.

Chacun est de plus responsable du dommage qu'il a causé non seulement par son fait, mais encore par sa négligence ou par son imprudence.

Cette disposition, qui donne une garantie à la conservation des propriétés de tout genre, est pleine de sagesse. Lorsqu'un dommage est commis par la faute de quelqu'un, si l'on met en balance l'intérêt de l'infortuné qui le souffre avec celui de l'homme coupable ou imprudent qui l'a causé, un cri soudain de la justice s'élève et répond que ce dommage doit être réparé par son auteur.

1381-1383   Cette disposition embrasse dans sa vaste latitude tous les genres de dommages, et les assujétit à une réparation uniforme qui a pour mesure la valeur du préjudice souffert. Depuis l'homicide jusqu'à la légère blessure, depuis l'incendie d'un édifice jusqu'à la rupture d'un meuble chétif, tout est soumis à la même loi ; tout est déclaré susceptible d'une appréciation qui indemnisera la personne lésée des dommages quelconques qu'elle a éprouvés.

Le dommage, pour qu'il soit sujet à réparation, doit être l'effet d'une faute ou d'une imprudence de la part de quelqu'un : s'il ne peut être attribué à cette cause, il n'est plus que l'ouvrage du sort, dont chacun doit supporter les chances ; mais s'il y a eu faute ou imprudence, quelque légère que soit leur influence sur le dommage commis, il en est dû réparation.

1385-1386   C'est à ce principe que se rattache la responsabilité du propriétaire relativement aux dommages causés par les animaux, ou par la ruine d'un bâtiment mal construit ou mal entretenu.

1384   C'est au même principe que se rattache encore la responsabilité plus importante, prononcée par l'article 15-1384, contre le père, la mère, les maîtres et les commettans, les instituteurs et les artisans, pour les dommages causés par les enfans mineurs, par les domestiques et les préposés, par les élèves et les apprentis.

Les premiers sont investis d'une autorité suffisante pour contenir leurs subordonnés dans les limites du devoir et du respect dû aux propriétés d'autrui. Si les subordonnés les franchissent, ces écarts sont attribués avec raison au relâchement de la discipline domestique qui est dans la main du père, de la mère, du maître, du commettant, de l'instituteur et de l'artisan. Ce relâchement est une faute : il forme une cause du dommage indirecte, mais suffisante pour faire retomber sur eux la charge de la réparation.

Cette responsabilité est nécessaire pour tenir en éveil l'attention des supérieurs sur la conduite de leurs inférieurs, et pour leur rappeler les austères devoirs de la magistrature qu'ils exercent; mais elle exigeait, dans certaines circonstances, des tempéramens qui n'ont pas échappé à la sagacité des rédacteurs du projet.

La surveillance ne peut s'exercer qu'autant que les personnes qui y sont soumises se trouvent placées sous les yeux des surveillans.

Ainsi la responsabilité du père, et, à son défaut, celle de la mère, n'est engagée qu'à l'égard des enfans mineurs qui habitent avec eux.

La responsabilité des maîtres et commettans n'a lieu que pour le dommage causé par leurs domestiques, et préposés dans les fonctions auxquelles ils les ont employés.

Celle des instituteurs et artisans ne s'exerce qu'à l'égard du dommage causé par leurs élèves et apprentis pendant le temps qu'ils sont sous leur surveillance.

Elle cesse à l'égard de tous, s'ils prouvent qu'ils n'ont pu empêcher le fait qui y donne lieu.

La responsabilité ne peut en effet atteindre ceux qui sont exempts de tout reproche; mais cet acte de justice envers eux ne dégage pas le véritable auteur du dommage : mineur ou préposé, élève ou apprenti, il reste toujours obligé de le réparer, quelle que soit sa qualité.

Cette règle constante, invariable, qui veut que celui qui 1382-1363 souffre un dommage par le fait ou la faute de quelqu'un trouve dans tous les cas un moyen d'indemnité, résout une question rappelée par l'orateur du gouvernement, et dont l'objet était de savoir si un prodigue interdit est obligé de réparer les torts causés par ses délits.

L'orateur répond qu'on n'a pas dû supposer qu'une pareille question pût s'élever de nos jours, et qu'on ne doit pas faire à notre siècle l'injure de la décider.

Cet orateur, plein des principes de la justice comme de

ceux du droit positif, a senti en effet que si la loi met le prodigue dans l'impuissance salutaire de dissiper sa fortune, elle
n'a pu lui laisser l'étrange faculté de porter à la propriété du
citoyen paisible des coups inattendus qu'il n'aurait pu ni
prévoir ni éviter; elle n'a pu lui accorder une funeste impunité, ni le soustraire à cette obligation que le droit naturel
impose à tout individu, de réparer le dommage qu'il a causé.

Que le propriétaire, l'artiste, le commerçant se livrent
donc avec confiance et avec sécurité à leurs soins domestiques, à leurs travaux, à leurs spéculations; la loi veille
pour eux; quel que soit l'auteur du dommage qu'ils auront
essuyé, elle leur signalera toujours un réparateur.

tit. 4   Voulez-vous maintenant, citoyens législateurs, réunir
sous un seul point de vue les diverses dispositions du projet?
Vous y trouverez la méthode, la clarté, la justice, la prévoyance que vous pouviez désirer dans une loi de ce genre.

1370   Il embrasse tous les engagemens dans lesquels la convention n'a interposé ni sa foi ni son lien.

Il divise ces engagemens en deux classes. Il met dans la
première ceux que l'autorité seule de la loi fait ressortir de
la situation respective des citoyens et des rapports qu'elle
établit entre eux. Il range dans la seconde ceux qui naissent
d'un fait volontaire. Il en développe les différentes espèces,
et les règles qu'il pose sont puisées dans la nature même des
faits qui produisent ces engagemens.

1372à1375   S'agit-il de la gestion spontanée des affaires d'un absent?
la loi ne peut mieux honorer le sentiment généreux de celui
qui exerce ce bienfait qu'en lui annonçant qu'il doit l'accomplir. Mais en même temps elle rappelle aux juges les ménagemens dus à ce précieux dévouement; et elle prescrit à celui
qui en recueille les fruits les justes devoirs de la reconnaissance.

1576à1581   S'agit-il du paiement d'une chose non due? l'équité ne
pouvant souffrir qu'une erreur dépouille l'un pour enrichir
l'autre, le projet oblige d'abord celui qui a reçu à restituer;

et ses autres obligations sont graduée sur la bonne ou la mauvaise foi qu'il apporte dans cette réception.

S'agit-il enfin de dommages causés ? le projet épuise tous ch. 2 les moyens d'en assurer la réparation ; et dans le nombre de ces moyens il place une responsabilité morale qui doit redoubler la vigilance des hommes chargés du dépôt sacré de l'autorité, et qui préviendra ainsi plus de désordres qu'elle n'en aura à réparer.

Tels sont les motifs qui ont déterminé le Tribunat à voter et à vous proposer l'adoption du projet de loi.

Le Corps législatif décréta ce projet dans la même séance, et il fut ensuite promulgué le 29 pluviose an XII (19 février 1804).

TITRE CINQUIÈME.

Du Contrat de mariage et des Droits respectifs des époux.

DISCUSSION DU CONSEIL D'ÉTAT.

(Procès-verbal de la séance du 6 vendémiaire an XII. — 29 septembre 1803.)

M. BERLIER, au nom de la section de législation, présente le titre X du livre III du projet de Code civil.

Il est ainsi conçu :

DU CONTRAT DE MARIAGE ET DES DROITS RESPECTIFS DES ÉPOUX.

CHAPITRE Ier.

Dispositions générales.

1387   Art. 1er. « La loi ne régit l'association conjugale quant « aux biens qu'à défaut de conventions spéciales que les « époux peuvent faire comme ils le jugent à propos, pourvu « qu'elles ne soient pas contraires aux bonnes mœurs, et en « outre sous les modifications qui suivent :

1390   « 1°. Ils ne peuvent, par une disposition générale, se sou- « mettre à aucune des anciennes lois ou coutumes qui sont « abrogées par la présente.

1388   « 2°. Ils ne peuvent, par aucune disposition générale ou « spéciale, déroger soit aux droits résultant de la puissance « maritale sur la personne de la femme et des enfans, ou qui « appartiennent au mari comme chef, soit aux droits conférés « au survivant des époux par les titres de la Puissance pa- « ternelle et de la Tutelle, soit aux dispositions prohibitives « du Code civil.

« 3°. Ils ne peuvent faire aucune convention ou renoncia- 1389
« tion dont l'objet serait de¹ changer l'ordre légal des suc-
« cessions, soit par rapport à eux–mêmes dans la succession
« de leurs enfans ou descendans, soit par rapport à leurs
« enfans entre eux ; sans préjudice des donations entre–vifs
« ou testamentaires, qui pourront avoir lieu selon les formes
« et dans les cas déterminés par le Code. »

Art. 2. « Toutes conventions matrimoniales doivent être 1394
« rédigées par acte authentique et devant notaire. »

Art. 3. « Elles ne peuvent recevoir aucun changement 1395
« après la célébration du mariage. »

Art. 4. « Les changemens qui y seraient faits avant la célé- 1396
« bration du mariage doivent être constatés par acte au-
« thentique.

« Nul changement ou contre-lettre n'est au surplus va-
« lable sans la présence et le consentement simultané de
« toutes les personnes qui ont été parties dans le contrat de
« mariage. »

Art. 5. « Tout changement, même revêtu des formes 1397
« prescrites par l'article précédent, sera sans effet à l'égard
« des tiers, s'il n'a été rédigé à la suite de la minute du con-
« trat de mariage, si l'expédition n'en est délivrée à la suite
« de l'expédition de ce contrat, et s'il n'en a été fait mention
« expresse sur le registre de l'enregistrement, en marge de
« l'article qui contient l'enregistrement du contrat. »

Art. 6. « Le mineur habile à contracter mariage est habile 1398
« à consentir toutes les conventions dont ce contrat est sus–
« ceptible ; et les conventions et donations qu'il y a faites
« sont valables, pourvu qu'il ait été assisté dans le contrat
« de ceux de ses parens dont le consentement est nécessaire
« pour la validité du mariage. »

CHAPITRE II.

De la Communauté légale.

1393   Art. 7. « Il y a communauté entre les époux, s'il n'y a
« convention contraire.

1399   « Cette communauté se forme à l'instant de la célébration
« du mariage. »

SECTION Ire. — *De ce qui compose la Communauté activement
et passivement.*

§ Ier. *De l'Actif de la communauté.*

1401   Art. 8. « La communauté se compose activement,
« 1°. De tout le mobilier que les époux possédaient au
« jour de la célébration du mariage, ensemble de tout le
« mobilier qui leur échoit pendant le mariage, à titre de
« succession ou même de donation, si le donateur n'a ex-
« primé le contraire ;
« 2°. De tous les fruits, revenus, intérêts et arrérages, de
« quelque nature qu'ils soient, échus ou perçus pendant le
« mariage, et provenant des biens qui appartenaient aux
« époux lors de sa célébration, ou de ceux qui leur sont
« échus pendant le mariage, à quelque titre que ce soit ;
« 3°. De tous les immeubles qui sont acquis pendant le
« mariage. »

1402   Art. 9. « Tout immeuble est réputé acquêt de commu-
« nauté, s'il n'est prouvé que l'un des époux en avait la
« propriété ou possession légale antérieurement au mariage,
« ou qu'il lui est échu depuis à titre de succession ou do-
« nation. »

1403   Art. 10. « Les coupes de bois et les produits des carrières
« et mines tombent dans la communauté pour tout ce qui en
« est considéré comme usufruit, d'après les règles expliquées
« au livre II du Code civil.
« Si les coupes de bois qui, en suivant ces règles, pou-
« vaient être faites durant la communauté, ne l'ont point

« été, il en sera dû récompense à l'époux non propriétaire
« du fonds ou à ses héritiers. »

Art. 11. « Les immeubles que les époux possèdent au jour 1404
« de la célébration du mariage ou qui leur échoient pendant
« son cours à titre de succession n'entrent point en commu-
« nauté : il en est de même des capitaux de rentes.

« Néanmoins, si l'un des époux avait acquis un immeuble
« ou un capital de rente depuis le contrat de mariage con-
« tenant stipulation de communauté, et avant la célébration
« du mariage, l'immeuble ou le capital de rente acquis dans
« cet intervalle entrera dans la communaté, à moins que
« l'acquisition n'ait été faite en exécution de quelque clause
« du mariage; auquel cas elle serait réglée suivant la con-
« vention. »

Art. 12. « Les donations d'immeubles ou de capitaux de 1405
« rentes qui ne sont faites pendant le mariage qu'à l'un des
« deux époux ne tombent point en communauté, et appar-
« tiennent au donataire seul; à moins que la donation ne
« contienne expressément que la chose donnée appartiendra
« à la communauté. »

Art. 13. « L'immeuble abandonné ou cédé par père, mère 1406
« ou autre ascendant à l'un des deux époux, soit pour le
« remplir de ce qu'il lui doit, soit à la charge de payer les
« dettes du donateur à des étrangers, n'entre point en com-
« munauté; sauf récompense ou indemnité. »

Art. 14. « L'immeuble acquis pendant le mariage à titre 1407
« d'échange contre l'immeuble appartenant à l'un des deux
« époux n'entre point en communauté, et est subrogé au lieu
« et place de celui qui a été aliéné ; sauf la récompense s'il y
« a soulte. »

Art. 15. « L'immeuble acquis par licitation sur une suc- 1408
« cession échue à l'un des époux, et dont ce dernier était
« propriétaire par indivis, ne forme point un conquêt; sauf
« à indemniser la communauté de la somme qu'elle a fournie
« pour cette acquisition.

« Néanmoins l'immeuble acquis par licitation et dans le-
« quel la femme avait un droit indivis tombe en commu-
« nauté, si la femme a procédé seule dans la licitation,
« comme autorisée en justice au refus du mari, et si en ce
« cas le mari s'est rendu seul adjudicataire en son nom per-
« sonnel. »

§ II. *Du Passif de la communauté, et des Actions qui en
résultent contre la communauté.*

1409 Art. 16. « La communauté se compose passivement,
« 1°. De toutes les dettes autres que les capitaux de rentes,
« dont les époux étaient grevés au jour de la célébration de
« leur mariage, ou dont se trouvent chargées les successions
« qui leur échoient durant le mariage ; sauf la récompense
« pour celles relatives aux immeubles propres à l'un ou à
« l'autre des époux ;
« 2°. Des dettes, tant en capitaux qu'arrérages ou intérêts,
« contractées par le mari pendant la communauté, ou par la
« femme du consentement du mari ; sauf la récompense dans
« les cas où elle a lieu ;
« 3°. Des arrérages et intérêts seulement des rentes ou
« dettes passives qui sont personnelles aux deux époux ;
« 4°. Des réparations usufructuaires des immeubles qui
« n'entrent point en communauté ;
« 5°. Des alimens des époux, de l'éducation et entretien
« des enfans et de toute autre charge du mariage. »

1410 Art. 17. « La communauté n'est tenue des dettes mobi-
« lières contractées avant le mariage par la femme qu'autant
« qu'elles résultent d'un acte authentique antérieur au ma-
« riage, ou ayant reçu avant la même époque une date cer-
« taine, soit par l'enregistrement, soit par le décès d'un ou
« plusieurs signataires dudit acte.
« Le créancier de la femme, en vertu d'un acte sous seing
« privé, ne peut en poursuivre contre elle le paiement que
« sur la nue propriété de ses immeubles personnels.

« Le mari qui prétendrait avoir payé pour sa femme une
« dette de cette nature n'en peut demander la récompense
« ni à sa femme ni à ses héritiers. »

Art. 18. « Les dettes des successions purement mobilières 1411
« qui sont échues aux époux pendant le mariage sont pour
« le tout à la charge de la communauté. »

Art. 19. « Les dettes d'une succession purement immobi- 1412
« lière qui échoit à l'un des époux pendant le mariage ne
« sont point à la charge de la communauté ; sauf le droit
« qu'ont les créanciers de poursuivre leur paiement sur les
« immeubles de ladite succession.

« Néanmoins, si la succession est échue au mari, les
« créanciers de la succession peuvent poursuivre leur paie-
« ment, soit sur tous les biens propres au mari, soit même
« sur ceux de la communauté ; sauf dans ce second cas la ré-
« compense due à la femme ou à ses héritiers. »

Art. 20. « Si la succession purement immobilière est échue 1413
« à la femme, et que celle-ci l'ait acceptée du consentement
« de son mari, les créanciers de la succession peuvent pour-
« suivre leur paiement sur tous les biens personnels de la
« femme ; mais si la succession n'a été acceptée par la femme
« que comme autorisée en justice au refus du mari, les
« créanciers, en cas d'insuffisance des immeubles de la suc-
« cession, ne peuvent se pourvoir que sur la nue propriété
« des autres biens personnels de la femme. »

Art. 21. « Lorsque la succession échue à l'un des époux 1414
« est en partie mobilière et en partie immobilière, les dettes
« dont elle est grevée ne sont à la charge de la communauté
« que jusqu'à concurrence de la portion contributoire du
« mobilier dans les dettes, eu égard à la valeur de ce mobi-
« lier comparée à celle des immeubles.

« Cette portion contributoire se règle d'après l'inventaire
« auquel le mari doit faire procéder, soit de son chef, si la
« succession le concerne personnellement, soit comme diri-

« geant et autorisant les actions de sa femme, s'il s'agit
« d'une succession à elle échue. »

1415   Art. 22. « À défaut d'inventaire, et dans tous les cas où ce
« défaut préjudicie à la femme, elle ou ses héritiers peu-
« vent, lors de la dissolution de la communauté, poursuivre
« les récompenses de droit, et même faire preuve, tant par
« titres et papiers domestiques que par témoins, et au besoin
« par la commune renommée, de la consistance et valeur du
« mobilier non inventorié.

« Le mari n'est jamais recevable à faire cette preuve. »

1416   Art. 23. « Les dispositions de l'article 21 ne font point
« obstacle à ce que les créanciers d'une succession en partie
« mobilière et en partie immobilière poursuivent leur paie-
« ment sur les biens de la communauté, soit que la succes-
« sion soit échue au mari, soit qu'elle soit échue à la femme,
« lorsque celle-ci l'a acceptée du consentement de son mari;
« le tout sauf les récompenses respectives.

« Il en est de même si la succession n'a été acceptée par la
« femme que comme autorisée en justice, et que néanmoins
« le mobilier en ait été confondu dans celui de la commu-
« nauté sans un inventaire préalable. »

1417   Art. 24. « Si la succession n'a été acceptée par la femme
« que comme autorisée en justice au refus du mari, et
« s'il y a eu inventaire, les créanciers ne peuvent pour-
« suivre leur paiement que sur les biens tant mobiliers
« qu'immobiliers de ladite succession; et en cas d'insuffi-
« sance, sur la nue propriété des autres biens personnels de
« la femme. »

1419   Art. 25. « Les créanciers peuvent poursuivre le paiement
« des dettes que la femme a contractées avec le consentement
« du mari, tant sur tous les biens de la communauté que sur
« ceux du mari ou de la femme; sauf la récompense due à
« la communauté ou l'indemnité due au mari. »

1420   Art. 26. « Toute dette qui n'est contractée par la femme
« qu'en vertu de la procuration générale ou spéciale du mari

« est à la charge de la communauté, et le créancier n'en
« peut poursuivre le paiement ni contre la femme ni sur ses
« biens personnels. »

SECTION II. — *De l'Administration de la communauté, et de
l'Effet des actes de l'un ou de l'autre époux relativement à
la société conjugale.*

Art. 27. « Le mari administre seul les biens de la com-   1421
« munauté.

« Il peut les vendre, aliéner et hypothéquer. »

Art. 28. « Il ne peut disposer entre-vifs, à titre gratuit,   1421
« des immeubles de la communauté, si ce n'est pour l'éta-
« blissement des enfans communs.

« Il ne peut donner par un acte entre-vifs l'universalité
« de son mobilier.

« Il ne peut même faire une donation entre-vifs de partie
« de son mobilier avec réserve d'usufruit. »

Art. 29. « La donation testamentaire faite par le mari ne   1423
« peut excéder sa part dans la communauté.

« S'il a donné en cette forme un effet de la communauté,
« le donataire ne peut le réclamer en nature qu'autant que
« l'effet, par l'événement du partage, tombe au lot des hé-
« ritiers du mari : si l'effet ne tombe point au lot de ces
« héritiers, le légataire a la récompense de la valeur totale
« de l'effet donné, sur la part des héritiers du mari dans la
« communauté et sur les biens personnels de ce dernier. »

Art. 30. « Les amendes encourues par le mari pour crime   1424
« n'emportant pas mort civile peuvent se poursuivre sur
« les biens de la communauté, sauf la récompense due à la
« femme ; celles encourues par la femme ne peuvent s'exé-
« cuter que sur la nue propriété de ses biens personnels,
« tant que dure la communauté. »

Art. 31. « Les condamnations prononcées contre l'un des   1425
« deux époux pour crime emportant mort civile ne frappent
« que sa part de la communauté et ses biens personnels. »

1426 ,. Art. 32. « Les actes faits par la femme sans le consente-
« ment du mari, et même avec l'autorisation de la justice,
« n'engagent point les biens de la communauté, si ce n'est
« lorsqu'elle contracte comme marchande publique et pour
« le fait de son commerce. »

1427   Art. 33. « La femme ne peut s'obliger ni engager les biens
« de la communauté, même pour tirer son mari de prison,
« ou pour l'établissement de ses enfans, en cas d'absence
« du mari, qu'après y avoir été autorisée par justice. »

1428   Art. 34. « Le mari a l'administration de tous les biens
« personnels de la femme.

     « Il peut exercer seul toutes les actions mobilières qui
« appartiennent à la femme.

     « Il ne peut aliéner les immeubles personnels de sa femme
« sans son consentement.

     « Il est responsable de tout dépérissement des capitaux
« de sa femme causé par défaut d'actes conservatoires. »

1429   Art. 35. « Les baux que le mari a faits des biens de sa
« femme pour un temps qui excède neuf ans ne sont, en
« cas de dissolution de la communauté, obligatoires vis-à-
« vis de la femme ou de ses héritiers que pour le temps qui
« reste à courir, soit de la première période de neuf ans, si
« les parties s'y trouvent encore, soit de la seconde, et ainsi
« de suite, de manière que le fermier n'ait que le droit
« d'achever la jouissance de la période de neuf où il se
« trouve. »

1430   Art. 36. « Les baux de neuf ans ou au-dessous que le
« mari a passés ou renouvelés des biens de sa femme, plus
« de trois ans avant l'expiration du bail courant, s'il s'agit
« de biens ruraux, et plus de deux ans avant la même
« époque, s'il s'agit de maisons, sont sans effet, à moins
« que leur exécution n'ait commencé avant la dissolution de
« la communauté. »

1431   Art. 37. « La femme qui s'oblige solidairement avec son
« mari pour les affaires de la communauté ou du mari n'est

« réputée, à l'égard de celui-ci, s'être obligée que comme
« caution ; elle doit être indemnisée de l'obligation qu'elle
« contractée. »

Art. 38. « Le mari qui garantit solidairement ou autre- 143a
« ment la vente que sa femme a faite d'un immeuble per-
« sonnel a pareillement un recours contre elle, soit sur sa
« part dans la communauté, soit sur ses biens personnels,
« s'il est inquiété. »

Art. 39. « S'il est vendu un immeuble ou remboursé un 1433
« capital de rente appartenant à l'un des époux, de même
« que si l'on s'est rédimé en argent de services fonciers dus
« à des héritages propres à l'un d'eux, et que le prix en soit
« tombé dans la communauté, le tout sans remploi, il y a
« lieu au prélèvement de ce prix sur la communauté, au
« profit de l'époux qui était propriétaire soit de l'immeuble
« vendu, soit du capital de la rente remboursée ou des ser-
« vices rachetés. »

Art. 4o. « Le remploi est censé fait à l'égard du mari 1434
« toutes les fois que, lors d'une acquisition, il a déclaré
« qu'elle était faite des deniers provenus de l'aliénation de
« l'immeuble qui lui était personnel, et pour lui tenir lieu
« de remploi. »

Art. 41. « La déclaration du mari que l'acquisition est 1435
« faite des deniers provenus de l'immeuble vendu par la
« femme, et pour lui servir de remploi, ne suffit point, si
« ce remploi n'a été formellement accepté par la femme; si
« elle ne l'a pas accepté, elle a simplement droit, lors de la
« dissolution de la communauté, à la récompense du prix
« de son immeuble vendu. »

Art. 42. « Le remploi du prix de l'immeuble apparte- 1436
« nant au mari ne s'exerce que sur la masse de la commu-
« nauté ; celui de l'immeuble appartenant à la femme s'exerce
« sur les biens personnels du mari, en cas d'insuffisance de
« ceux de la communauté. Dans tous les cas, le remploi n'a

« lieu que sur le pied de la vente, quelque allégation qui soit
« faite touchant la valeur de l'immeuble aliéné. »

1437   Art. 43. « Toutes les fois qu'il est pris sur la communauté
« une somme soit pour acquitter des dettes ou charges per-
« sonnelles à l'un des époux, telles que le prix ou partie du
« prix d'un immeuble à lui propre, le capital d'une rente ou
« le rachat de services fonciers, soit pour le recouvrement, la
« conservation ou l'amélioration de ses biens personnels, et
« généralement toutes les fois que l'un des deux époux a tiré
« un profit personnel des biens de la communauté, il en
« doit la récompense. »

1438   Art. 44. « Si le père et la mère ont doté conjointement
« l'enfant commun sans exprimer la portion pour laquelle ils
« entendaient y contribuer, ils sont censés avoir doté chacun
« pour moitié, soit que la dot ait été fournie ou promise en
« effets de la communauté, soit qu'elle l'ait été en biens per-
« sonnels à l'un des deux époux.

   « Au second cas, l'époux dont l'immeuble ou l'effet per-
« sonnel a été constitué en dot a contre l'autre une action
« d'indemnité pour la moitié de ladite dot, eu égard à la
« valeur de l'effet donné au temps de la donation. »

1439   Art. 45. « La dot constituée par le mari seul à l'enfant
« commun en effets de la communauté est à la charge de la
« communauté ; et dans le cas où la communauté est acceptée
« par la femme, celle-ci doit supporter la moitié de la dot,
« à moins que le mari n'ait déclaré expressément qu'il s'en
« chargeait pour le tout ou pour une portion plus forte que
« la moitié. »

SECTION III. — *De la Dissolution de la communauté, et de
quelques-unes de ses suites.*

1441   Art. 46. « La communauté se dissout, 1° par la mort na-
« turelle, 2° par la mort civile, 3° par le divorce, 4° par la
« séparation de corps, 5° par la séparation de biens. »

Art. 47. « Le défaut d'inventaire après la mort naturelle 1442
« ou civile de l'un des époux ne donne pas lieu à la conti-
« nuation de communauté, sauf les poursuites des parties
« intéressées, relativement à la consistance des biens et
« effets communs, dont la preuve pourra être faite tant par
« titres que par témoins, et même par commune renommée.

« S'il y a des enfans mineurs, le défaut d'inventaire fait
« perdre en outre à l'époux survivant la jouissance de leurs
« revenus, et le subrogé tuteur qui ne l'a point obligé à faire
« inventaire est solidairement tenu avec lui de toutes les
« condamnations qui peuvent être prononcées au profit des
« mineurs. »

Art. 48. « La séparation de biens ne peut être poursuivie 1443
« qu'en justice par la femme dont la dot est mise en péril,
« et lorsque le désordre des affaires du mari donne lieu de
« craindre que les biens de celui-ci ne soient point suffisans
« pour remplir les droits et reprises de la femme.

« Toute séparation volontaire est nulle. »

Art. 49. « La séparation de biens, quoique prononcée en 1414
« justice, est nulle, si elle n'a point été exécutée par le paie-
« ment réel des droits et reprises de la femme, effectué par
« acte authentique, jusqu'à concurrence des biens du mari,
« ou au moins par des poursuites commencées dans la quin-
« zaine qui a suivi le jugement, et non interrompues depuis. »

Art. 5o. « Toute séparation de biens doit être affichée sur 1445
« un tableau à ce destiné dans la principale salle du tribunal
« de première instance ; et de plus, si le mari est marchand,
« banquier ou commerçant, dans celle du tribunal de com-
« merce du lieu de son domicile.

« Le jugement qui prononce la séparation de biens re-
« monte, quant à ses effets, au jour de la demande. »

Art. 51. « Les créanciers personnels de la femme ne peu- 1446
« vent, sans son consentement, demander la séparation de
« biens.

« Néanmoins, en cas de faillite et de déconfiture du mari,

« ils peuvent exercer les droits de leur débitrice jusqu'à con-
« currence du montant de leurs créances. »

1447   Art. 52. « Les créanciers du mari peuvent intervenir dans
« l'instance sur la demande en séparation de biens, et la
« contester si elle est provoquée en fraude de leurs droits. »

1448   Art. 53. « La femme qui a obtenu la séparation de biens
« doit contribuer aux frais du ménage proportionnellement
« à ses facultés et à celles du mari.

« Elle doit les supporter entièrement s'il ne reste rien au
« mari.

« Il en est de même des frais d'inventaire et d'éducation
« des enfans communs. »

1449   Art. 54. « La femme séparée, soit de corps et de biens,
« soit de biens seulement, en reprend la libre administration.

« Elle peut disposer de son mobilier et l'aliéner.

« Elle ne peut aliéner ses capitaux de rentes ni ses immeubles
« sans le consentement du mari, ou sans être autorisée en
« justice à son refus. »

1450   Art. 55. « Le mari n'est point garant du défaut d'emploi
« ou de remploi du prix de l'immeuble ou du capital de
« rente que la femme séparée a aliéné sous l'autorisation de
« la justice, à moins qu'il n'ait concouru au contrat, ou qu'il
« ne soit prouvé que les deniers ont été reçus par lui, ou ont
« tourné à son profit.

« Il est garant du défaut d'emploi ou de remploi, si la
« vente a été faite en sa présence et de son consentement; il
« ne l'est point de l'utilité de cet emploi. »

1451   Art. 56. « La communauté dissoute par la séparation soit
« de corps et de biens, soit de biens seulement, peut être
« rétablie du consentement des deux parties.

« Elle ne peut l'être que par un acte authentique passé de-
« vant notaires, et avec minute.

« En ce cas, la communauté rétablie reprend son effet du
« jour du mariage ; les choses sont remises au même état que
« s'il n'y avait point eu de séparation ; sans préjudice, néan-

« moins, de l'exécution des actes d'administration qui ont
« pu être faits par la femme dans cet intervalle.

« Toute convention par laquelle les époux rétabliraient leur
« communauté sous des conditions différentes de celles qui
« la réglaient antérieurement est nulle. »

Art. 57. « La dissolution de communauté opérée par le 1452
« divorce ou la séparation, soit de corps et de biens, soit de
« biens seulement, ne donne pas ouverture aux droits de
« survie de la femme; mais celle-ci conserve la faculté de
« les exercer lors de la mort naturelle ou civile de son
« mari. »

SECTION IV. — *De l'Acceptation de la communauté, et de la
Renonciation qui peut y être faite avec les Conditions qui y
sont relatives.*

Art. 58. « Après la dissolution de la communauté, la 1453
« femme ou ses héritiers et ayans-cause ont la faculté de
« l'accepter ou d'y renoncer : toute convention contraire est
« nulle. »

Art. 59. « La femme qui s'est immiscée dans les biens de 1454
« la communauté ne peut y renoncer.

« Les actes purement administratifs ou conservatoires n'em-
« portent point immixtion. »

Art. 60. « La femme majeure qui a pris dans un acte la 1455
« qualité de commune ne peut plus y renoncer ni se faire
« restituer contre cette qualité, quand même elle l'aurait
« prise avant d'avoir fait inventaire, s'il n'y a eu dol de la
« part des héritiers du mari. »

Art. 61. « La femme survivante qui veut conserver la fa- 1456
« culté de renoncer à la communauté doit, dans les trois
« mois du jour du décès du mari, faire faire un inventaire
« fidèle et exact de tous les biens de la communauté, con-
« tradictoirement avec les héritiers du mari, ou eux dûment
« appelés.

« Cet inventaire doit être par elle affirmé sincère et véri-

« table, lors de sa clôture, devant l'officier public qui l'a
« reçu. »

1457   Art. 62. « Trois mois et quarante jours après le décès du
« mari, elle doit faire sa renonciation au greffe du tribunal
« de première instance dans l'arrondissement duquel le mari
« avait son domicile ; cet acte doit être inscrit sur le registre
« établi pour recevoir les renonciations à succession. »

1458   Art. 63. « La veuve peut, suivant les circonstances, de-
« mander au tribunal civil une prorogation du délai prescrit
« par l'article précédent pour sa renonciation ; cette proro-
« gation est, s'il y a lieu, prononcée contradictoirement avec
« les héritiers du mari, ou eux dûment appelés. »

1459   Art. 64. « La veuve qui n'a point fait sa renonciation dans
« le délai ci-dessus prescrit n'est pas déchue de la faculté
« de renoncer si elle ne s'est point immiscée et qu'elle ait fait
« inventaire ; elle peut seulement être poursuivie comme
« commune jusqu'à ce qu'elle ait renoncé, et elle doit les frais
« faits contre elle jusqu'à sa renonciation.

« Elle peut également être poursuivie après l'expiration
« des quarante jours depuis la clôture de l'inventaire, s'il a
« été fait et clos avant les trois mois. »

1460   Art. 65. « La veuve qui a diverti ou recélé quelques effets
« de la communauté est déclarée commune, nonobstant sa
« renonciation : il en est de même à l'égard de ses héritiers. »

1461   Art. 66. « Si la veuve meurt avant l'expiration des trois
« mois et quarante jours, ses héritiers peuvent renoncer à la
« communauté dans les formes établies ci-dessus, et y sont
« admis même après ledit délai, et nonobstant le défaut d'in-
« ventaire, tant qu'ils ne se sont point immiscés. »

1462   Art. 67. « Les dispositions des articles 61 et suivans sont
« applicables aux femmes des individus morts civilement, à
« partir du moment où la mort civile a commencé. »

1463   Art. 68. « La femme divorcée ou séparée de corps, qui n'a
« point, dans les trois mois et quarante jours après le divorce
« ou la séparation définitivement prononcés, accepté la com-

« munauté, est censée y avoir renoncé, à moins qu'étant en-
« core dans le délai, elle n'en ait obtenu la prorogation en
« justice, contradictoirement avec le mari, ou lui dûment
« appelé. »

Art. 69. « Les créanciers de la femme peuvent attaquer la   1464
« renonciation qui aurait été faite par elle ou par ses héritiers
« en fraude de leurs créances, et accepter la communauté de
« leur chef. »

SECTION V. — *Du Partage de la communauté après l'ac-*
ceptation.

Art. 70. « Après l'acceptation de la communauté par la   1467
« femme ou ses héritiers, l'actif se partage, et le passif est
« supporté de la manière ci-après déterminée. »

§ Ier. *Du Partage de l'Actif.*

Art. 71. « Les époux ou leurs héritiers rapportent à la   1468
« masse des biens existans tout ce dont ils sont débiteurs
« envers la communauté, à titre de récompense ou d'indem-
« nité, d'après les règles ci-dessus prescrites, section II du
« présent titre. »

Art. 72. « Chaque époux ou son héritier rapporte égale-   1469
« ment les sommes qui ont été tirées de la communauté, ou
« la valeur des biens que l'époux y a pris pour doter un en-
« fant d'un autre lit, ou pour doter personnellement l'enfant
« commun. »

Art. 73. « Sur la masse des biens chaque époux ou son hé-   1470
« ritier prélève :

« 1°. Ceux de ses biens personnels et qui ne sont point
« entrés en communauté, s'ils existent en nature, ou ceux
« qui ont été acquis en remploi;

« 2°. Le prix de ses immeubles ou capitaux de rentes qui
« ont été aliénés pendant la communauté, et dont il n'a point
« été fait remploi;

« 3°. Les indemnités qui lui sont dues par la communauté. »

1471   Art. 74. « Les prélèvemens de la femme s'exercent avant
« ceux du mari.

    « Ils s'exercent pour les biens qui n'existent plus en na-
« ture, d'abord sur l'argent comptant, ensuite sur le mobi-
« lier, et subsidiairement sur les immeubles de la commu-
« nauté : dans ce dernier cas, le choix des immeubles est
« déféré à la femme et à ses héritiers. »

1472   Art. 75. « Le mari ne peut exercer ses reprises que sur les
« biens de la communauté.

    « La femme et ses héritiers, en cas d'insuffisance de la
« communauté, les exercent sur les biens personnels du
« mari. »

1373   Art. 76. « Les remplois et récompenses dus par la commu-
« nauté aux époux, et les récompenses et indemnités par eux
« dues à la communauté, emportent les intérêts de plein
« droit du jour de la dissolution de la communauté. »

1474   Art. 77. « Après que tous les prélèvemens des deux époux
« ont été exécutés sur la masse, le surplus se partage par
« moitié entre les époux ou ceux qui les représentent. »

1475   Art. 78. « Si les héritiers de la femme sont divisés, en sorte
« que l'un ait accepté la communauté à laquelle l'autre a re-
« noncé, celui qui a accepté ne peut prendre que sa portion
« virile et héréditaire dans les biens qui échoient au lot de la
« femme.

    « Le surplus reste au mari, qui demeure chargé, envers
« l'héritier renonçant, des droits que la femme aurait pu
« exercer en cas de renonciation, mais jusqu'à concurrence
« seulement de la portion virile héréditaire du renonçant. »

1476   Art. 79. « Au surplus, le partage de la communauté, pour
« tout ce qui concerne ses formes, la licitation des immeubles
« quand il y a lieu, les effets du partage, la garantie qui en
« résulte, et les soultes, est soumis à toutes les règles qui
« sont établies au titre *des Successions*, pour les partages entre
« cohéritiers. »

1477   Art. 80. « Celui des époux qui aurait diverti ou recélé

« quelques effets de la communauté est privé de sa portion
« dans lesdits effets. »

Art. 81. « Après le partage consommé, si l'un des deux   1478
« époux est créancier personnel de l'autre, comme lorsque
« le prix de son bien a été employé à payer une dette person-
« nelle de l'autre époux, ou pour toute autre cause, il exerce
« cette créance sur la part qui est échue à celui-ci dans la
« communauté, ou sur ses biens personnels. »

Art. 82. « Les créances personnelles que les époux ont à   1479
« exercer l'un contre l'autre ne portent intérêt que du jour
« de la demande en justice. »

Art. 83. « Les donations que l'un des époux a pu faire à   1480
« l'autre ne s'exécutent que sur la part du donateur dans la
« communauté et sur ses biens personnels. »

Art. 84. « Les frais de scellé, inventaire, vente de mobilier,   1481
« licitation ou partage, se supportent en commun ; mais le
« deuil de la femme est aux frais des héritiers du mari
« prédécédé.

« La valeur de ce deuil est réglée selon la fortune du mari.

« Il est dû même à la femme qui renonce à la commu-
« nauté. »

§ II. *Du Passif de la communauté, et du Paiement des Dettes.*

Art. 85. « Les dettes de la communauté sont pour moitié   1482
« à la charge de chacun des époux ou de leurs héritiers : les
« frais de l'inventaire qui a lieu à la dissolution de la com-
« munauté, ainsi que ceux de la liquidation et du partage,
« font partie de ces dettes. »

Art. 86. « La femme n'est tenue des dettes de la commu-   1483
« nauté, soit vis-à-vis du mari, soit vis-à-vis des créanciers,
« que jusqu'à concurrence de son émolument, pourvu qu'il y
« ait eu inventaire, et en rendant compte tant du contenu de
« cet inventaire que de ce qui lui en est échu par le partage. »

Art. 87. « Le mari est tenu indistinctement, et pour la   1484
« totalité, des dettes de la communauté par lui contractées,

« sauf son recours contre la femme ou ses héritiers pour la
« moitié desdites dettes. »

1485 Art. 88. « Le mari n'est tenu que pour moitié des dettes
« de la succession échue à la femme, qui sont tombées à la
« charge de la communauté. »

1486 Art. 89. « La femme peut être poursuivie, pour la totalité,
« des dettes qui procèdent de son chef; sauf son recours
« contre le mari ou son héritier pour la moitié qui était à la
« charge de la communauté. »

1487 Art. 90. « La femme, même personnellement obligée pour
« une dette de communauté, ne peut être poursuivie que
« pour la moitié de cette dette, à moins que l'obligation ne
« soit solidaire. »

1488 Art. 91. « La femme qui a payé une dette de la commu-
« nauté au-delà de sa moitié n'a point de répétition contre
« le créancier pour l'excédant, à moins que la quittance
« n'exprime que ce qu'elle a payé était pour sa moitié. »

1489 Art. 92. « Celui des deux époux qui, par l'effet de l'hypo-
« thèque exercée sur l'immeuble à lui échu en partage, se
« trouve poursuivi pour la totalité d'une dette de commu-
« nauté, a, de droit, son recours pour la moitié de cette dette
« contre l'autre époux ou ses héritiers. »

1490 Art. 93. « Les dispositions précédentes ne font point ob-
« stacle à ce que, par le partage, l'un ou l'autre des copar-
« tageans soit chargé de payer une quotité de dettes autre
« que la moitié, même de les acquitter entièrement.

« Toutes les fois que l'un des copartageans a payé des
« dettes de la communauté au-delà de la portion dont il était
« tenu, il y a lieu au recours de celui qui a trop payé contre
« l'autre. »

1491 Art. 94. « Tout ce qui est dit ci-dessus à l'égard du mari
« ou de la femme a lieu à l'égard des héritiers de l'un ou de
« l'autre, et ces héritiers exercent les mêmes droits et sont
« soumis aux mêmes actions que le conjoint qu'ils représen-
« tent. »

SECTION VI.—*De la Renonciation à la communauté,*
et de ses Effets.

Art. 95. « La femme qui renonce perd toute espèce de droit 1492
« sur les biens de la communauté, et même sur le mobilier
« qui y est entré de son chef.

« Elle retire seulement les linges et hardes à son usage. »

Art. 96. « La femme renonçante a le droit de reprendre : 1493

« 1°. Les immeubles et capitaux de rente à elle apparte-
« nant, lorsqu'ils existent en nature, ou l'immeuble qui a
« été acquis en remploi ;

« 2°. Le prix de ses immeubles et capitaux de rente
« aliénés dont le remploi n'a pas été fait et accepté comme il
« est dit ci-dessus ;

« 3°. Toutes les indemnités qui peuvent lui être dues par
« la communauté. »

Art. 97. « Lorsque la dissolution de la communauté arrive 1465
« par la mort du mari, sa veuve a droit, pendant les trois
« mois et quarante jours qui lui sont accordés pour faire
« inventaire et délibérer, de prendre sa nourriture et celle
« de ses domestiques, soit sur les provisions existantes, s'il
« y en a, soit par emprunt au compte de la masse commune,
« à la charge d'en user modérément.

« Elle ne doit aucun loyer à raison de l'habitation qu'elle
« a pu faire, pendant ces délais, dans une maison dépen-
« dant de la communauté ou appartenant aux héritiers du
« mari ; et si la maison qu'habitaient les époux à l'époque de
« la dissolution de la communauté était par eux tenue à
« titre de bail à loyer, la femme ne contribuera point, pen-
« dant les mêmes délais, au paiement dudit loyer, lequel
« sera pris sur la masse. »

Art. 98. « La femme renonçante est déchargée de toute 1494
« contribution aux dettes de la communauté, tant à l'égard
« du mari que des créanciers : elle reste néanmoins tenue
« envers ceux-ci lorsqu'elle s'est obligée conjointement avec

« son mari, ou lorsque la dette, devenue dette de la commu-
« nauté, provenait originairement de son chef; le tout sauf
« son recours contre le mari ou ses héritiers. »

1495   Art. 99. « Elle peut exercer toutes les actions et reprises
« ci-dessus détaillées, tant sur les biens de la communauté
« que sur les biens personnels du mari.

   « Ses héritiers le peuvent de même, sauf en ce qui con-
« cerne le prélèvement des linges et hardes, ainsi que le
« logement et la nourriture pendant le délai donné pour faire
« inventaire et délibérer, lesquels droits sont purement per-
« sonnels à la femme survivante. »

CHAPITRE III.

Des Conventions qui peuvent modifier la communauté
légale, ou l'exclure totalement.

SECTION Ire.—*De la Communauté conventionnelle, ou des*
Conventions modificatives de la communauté légale.

1497   Art. 100. « Les époux peuvent modifier la communauté
« légale par toute espèce de conventions non contraires à
« l'article 1er du présent titre.

   « Les principales modifications sont celles qui ont lieu en
« stipulant de l'une ou de l'autre des manières qui suivent ;
« savoir :

   « 1°. Que la communauté n'embrassera que les acquêts ;

   « 2°. Que le mobilier présent ou futur n'entrera point en
« communauté, ou n'y entrera que pour une partie ;

   « 3°. Qu'on y comprendra tout ou partie des immeubles
« présens ou futurs, par la voie de l'ameublissement ;

   « 4°. Que les époux paieront séparément leurs dettes an-
« térieures au mariage ;

   « 5°. Qu'en cas de renonciation, la femme pourra repren-
« dre ses apports francs et quittes ;

   « 6°. Que le survivant aura un préciput ;

   « 7°. Que les époux auront des parts inégales ;

« 8°. Qu'il y aura entre eux communauté à titre uni-
« versel. »

§ Iᵉʳ. *De la Communauté réduite aux acquêts.*

Art. 101. « Lorsque les époux stipulent qu'il n'y aura entre   1498
« eux qu'une communauté d'acquêts, ils sont censés exclure
« de la communauté et les dettes de chacun d'eux actuelles
« et futures, et leur mobilier respectif présent et futur.

« En ce cas, et après que chacun des époux a prélevé ses
« apports dûment justifiés, le partage se borne aux acquêts
« faits par les époux, ensemble ou séparément, durant le
« mariage, et provenant tant de l'industrie commune que
« des économies faites sur les fruits et revenus des biens des
« deux époux. »

Art. 102. « Si le mobilier existant lors du mariage, ou   1499
« échu depuis, n'a pas été constaté par inventaire ou état en
« bonne forme, il est réputé acquêt. »

§ II. *De la Clause qui exclut de la communauté le mobilier
en tout ou partie.*

Art. 103. « Les époux peuvent exclure de leur commu-   1500
« nauté tout leur mobilier présent et futur.

« Lorsqu'ils stipulent qu'ils en mettront réciproquement
« dans la communauté jusqu'à concurrence d'une somme ou
« d'une valeur déterminée, ils sont, par cela seul, censés se
« réserver le surplus. »

Art. 104. « Cette clause rend l'époux débiteur envers la   1501
« communauté de la somme qu'il a promis d'y mettre, et
« l'oblige à justifier de cet apport. »

Art. 105. « L'apport est suffisamment justifié quant au   1502
« mari par la déclaration portée au contrat de mariage, que
« son mobilier est de telle valeur.

« Il est suffisamment justifié, à l'égard de la femme, par
« la quittance que le mari lui donne, ou à ceux qui l'ont
« dotée. »

1503   Art. 106. « Chaque époux a le droit de reprendre et de
« prélever, lors de la dissolution de la communauté, la va-
« leur de ce dont le mobilier qu'il a apporté lors du mariage,
« ou qui lui est échu depuis, excédait sa mise en commu-
« nauté. »

1504   Art. 107. « Le mobilier qui échoit à chacun des époux
« pendant le mariage doit être constaté par un inventaire.

« A défaut d'inventaire du mobilier échu au mari, ou d'un
« titre propre à justifier de sa consistance et valeur, déduc-
« tion faite des dettes, le mari ne peut en exercer la reprise.

« Si le défaut d'inventaire porte sur un mobilier échu à la
« femme, celle-ci ou ses héritiers sont admis à faire preuve,
« soit par titres, soit par témoins, soit même par commune
« renommée, de la valeur de ce mobilier. »

§ III. *De la Clause d'ameublissement.*

1505   Art. 108. « Lorsque les époux ou l'un d'eux font entrer en
« communauté tout ou partie de leurs immeubles présens ou
« futurs, cette clause s'appelle *ameublissement.* »

1506   Art. 109. « L'ameublissement peut être déterminé ou in-
« déterminé.

« Il est déterminé quand l'époux a déclaré ameublir et
« mettre en communauté un tel immeuble, en tout ou jusqu'à
« concurrence d'une certaine somme.

« Il est indéterminé quand l'époux a simplement déclaré
« apporter en communauté ses immeubles jusqu'à concur-
« rence d'une certaine somme. »

1507   Art. 110. « L'effet de l'ameublissement déterminé est de
« rendre l'immeuble, ou les immeubles qui en sont frappés,
« biens de la communauté comme les meubles mêmes.

« Le mari en peut disposer comme des autres effets de la
« communauté, et les aliéner en totalité, lorsqu'ils sont
« ameublis en totalité.

« Si l'immeuble n'est ameubli que pour une certaine
« somme, le mari ne peut l'aliéner qu'avec le consentement

« de la femme ; mais il peut l'hypothéquer sans son consen-
« tement, jusqu'à la concurrence seulement de la portion
« ameublie. »

Art. 111. « L'ameublissement indéterminé ne rend point 1508
« la communauté propriétaire des immeubles qui en sont
« frappés ; son effet se réduit à obliger l'époux qui l'a con-
« senti à comprendre dans la masse, lors de la dissolution de
« la communauté, quelques-uns de ses immeubles jusqu'à la
« concurrence de la somme par lui promise. »

Art. 112. « L'époux qui a ameubli un héritage a, lors du 1509
« partage, la faculté de le retenir, en le précomptant sur sa
« part pour le prix qu'il vaut alors; et ses héritiers ont le même
« droit. »

§ IV. *De la Clause de séparation des dettes.*

Art. 113. « La clause par laquelle les époux stipulent qu'ils 1510
« paieront séparément leurs dettes personnelles les oblige à
« se faire, lors de la dissolution de la communauté, respec-
« tivement état des dettes qui sont justifiées avoir été ac-
« quittées par la communauté, à la décharge de celui des
« époux qui en était débiteur.

« Cette obligation est la même, soit qu'il y ait eu inven-
« taire ou non; mais s'il n'y a point eu d'inventaire ou d'é-
« tat, soit du mobilier apporté par les époux, soit de celui
« qui leur serait échu pendant la communauté, les créan-
« ciers de l'un ou de l'autre des époux peuvent, sans avoir
« égard à aucune des distinctions qui seraient réclamées,
« poursuivre leur paiement sur le mobilier non inventorié,
« comme sur tous les autres biens de la communauté. »

Art. 114. « Lorsque les époux apportent dans la commu- 1511
« nauté une somme certaine ou un corps certain, un tel ap-
« port emporte la convention tacite qu'il n'est point grevé de
« dettes antérieures au mariage, et il doit être fait état par
« l'époux débiteur à l'autre de toutes celles qui diminue-
« raient l'apport promis. »

1512   Art. 115. « La clause de séparation des dettes n'empêche
« point que la communauté ne soit chargée des intérêts et
« arrérages qui ont couru depuis le mariage. »

1513   Art. 116. « Lorsque la communauté est poursuivie pour
« les dettes de l'un des époux, déclaré par contrat franc et
« quitte de toutes dettes antérieures au mariage, le conjoint
« a droit à une indemnité qui se prend soit sur la part de
« communauté revenant à l'époux débiteur, soit sur les biens
« personnels dudit époux, et qui, en cas d'insuffisance, peut
« être poursuivie par voie de garantie, contre le père, la
« mère, l'ascendant ou le tuteur qui l'auraient déclaré franc
« et quitte.

« Cette garantie peut même être exercée par le mari du—
« rant la communauté, si la dette provient du chef de la
« femme; sauf, en ce cas, le remboursement dû par la femme
« ou ses héritiers aux garans, après la dissolution de la
« communauté. »

§ V. *De la Faculté accordée à la femme de reprendre son
apport franc et quitte.*

1514   Art. 117. « La femme peut stipuler qu'en cas de renoncia—
« tion à la communauté, elle reprendra tout ou partie de ce
« qu'elle y aura apporté, soit lors du mariage, soit depuis ;
« mais cette stipulation ne peut s'étendre au-delà des choses
« formellement exprimées, ni au profit des personnes autres
« que celles désignées.

« Ainsi la faculté de reprendre le mobilier que la femme a
« apporté lors du mariage ne s'étend point à celui qui serait
« échu pendant le mariage.

« Ainsi la faculté accordée à la femme ne s'étend point aux
« enfans; celle accordée à la femme et aux enfans ne s'étend
« point aux héritiers ascendans ou collatéraux.

« Dans tous les cas, les apports ne peuvent être repris que
« déduction faite des dettes personnelles à la femme, et que
« la communauté aurait acquittées. »

§ VI. *Du Préciput conventionnel.*

Art. 118. « La clause par laquelle l'époux survivant est 1515
« autorisé à prélever, avant tout partage, une certaine somme
« ou une certaine quantité d'effets mobiliers en nature, ne
« donne droit à ce prélèvement au profit de la femme survi-
« vante que lorsqu'elle accepte la communauté, à moins que
« le contrat de mariage ne lui ait réservé ce droit, même en
« renonçant.

« Hors le cas de cette réserve, le préciput ne s'exerce que sur
« la masse partageable, et non sur les biens personnels de
« l'époux prédécédé. »

Art. 119. « Le préciput n'est pas regardé comme un avan- 1516
« tage sujet aux formalités des donations, mais comme une
« convention de mariage. »

Art. 120. « La mort naturelle ou civile donne ouverture 1517
« au préciput. »

Art. 121. « Lorsque la dissolution de la communauté s'o- 1518
« père par le divorce ou par la séparation de corps, il n'y a
« pas lieu à la délivrance actuelle du préciput ; mais l'époux
« qui a obtenu soit le divorce, soit la séparation de corps,
« conserve ses droits au préciput en cas de survie. Si c'est la
« femme, la somme ou la chose qui constitue le préciput
« reste toujours provisoirement au mari, à la charge de
« donner caution. »

Art. 122. « Les créanciers de la communauté ont toujours 1519
« le droit de faire vendre les effets compris dans le préciput,
« sauf le recours de l'époux pour leur valeur dans le partage
« de la communauté. »

§ VII. *Des Clauses par lesquelles on assigne à chacun des époux des parts inégales dans la communauté.*

Art. 123. « Les époux peuvent déroger au partage égal 1520
« établi par la loi, soit en ne donnant à l'époux survivant ou
« à ses héritiers, dans la communauté, qu'une part moindre

« que la moitié, soit en ne lui donnant qu'une somme fixe
« pour tout droit de communauté, soit en stipulant que la
« communauté entière, en certains cas, restera à l'époux sur-
« vivant. »

1521   Art. 124. « Lorsqu'il a été stipulé que l'époux ou ses hé-
« ritiers n'auront qu'une certaine part dans la communauté,
« comme le tiers ou le quart, l'époux ainsi réduit ou ses
« héritiers ne supportent les dettes de la communauté que
« proportionnellement à la part qu'ils prennent dans l'actif.
« La convention est nulle si elle oblige l'époux ainsi réduit
« ou ses héritiers à supporter une plus forte part, ou si elle
« les dispense de supporter une part dans les dettes égale à
« celle qu'ils prennent dans l'actif. »

1522   Art. 125. « Lorsqu'il est stipulé que l'un des époux ou ses
« héritiers ne pourront prétendre qu'une certaine somme
« pour tout droit de communauté, la clause est un forfait
« qui oblige l'autre époux ou ses héritiers à payer la somme
« convenue, soit que la communauté soit bonne ou mau-
« vaise, suffisante ou non, pour acquitter la somme. »

1523   Art. 126. « Si la clause n'établit le forfait qu'à l'égard des
« héritiers de l'époux, celui-ci, dans le cas où il survit, a
« droit au partage légal par moitié. »

1524   Art. 127. « Le mari ou ses héritiers qui retiennent, en
« vertu de la clause énoncée en l'article 123, la totalité de la
« communauté sont obligés d'en acquitter toutes les dettes.
        « Les créanciers n'ont en ce cas aucune action contre la
« femme ni contre ses héritiers.
        « Si c'est la femme survivante qui a, moyennant une
« somme convenue, le droit de retenir toute la communauté
« contre les héritiers du mari, elle a le choix ou de leur
« payer cette somme, en demeurant obligée à toutes les
« dettes, ou de renoncer à la communauté, et d'en aban-
« donner aux héritiers du mari les biens et les charges. »

1525   Art. 128. « Il est permis aux époux de stipuler que la to-
« talité de la communauté appartiendra au survivant ou à

« l'un d'eux seulement, sauf aux héritiers de l'autre à faire
« la reprise des apports de leur auteur.

« Cette stipulation n'est point réputée un avantage sujet
« aux règles relatives aux donations, soit quant au fond, soit
« quand à la forme, mais simplement une convention de
« mariage et entre associés. »

§ VIII. *De la Communauté à titre universel.*

Art. 129. « Les époux peuvent établir par leur contrat de 1526
« mariage une communauté universelle de leurs biens, tant
« meubles qu'immeubles présens et à venir, ou de leurs
« biens présens seulement, ou de tous leurs biens à venir
« seulement. »

*Dispositions communes aux huit paragraphes de la présente
section.*

Art. 130. « Ce qui est dit aux huit paragraphes dont se 1527
« compose la présente section ne limite pas à leurs disposi-
« tions précises les stipulations dont est susceptible la com-
« munauté conventionnelle.

« Les époux peuvent faire toutes autres conventions, ainsi
« qu'il est dit à l'article 1er du présent titre.

« Néanmoins, dans le cas où il y aurait des enfans d'un
« précédent mariage, toute convention qui tendrait dans ses
« effets à donner à l'un des époux au-delà de la portion ré-
« glée par l'article 387 du livre III du Code civil sera sans
« effet pour tout l'excédant de cette portion ; mais les simples
« bénéfices résultant des travaux communs et des économies
« faites sur les revenus respectifs, quoique inégaux, des
« deux époux, ne sont pas considérés comme un avantage
« fait au préjudice des enfans du premier lit. »

Art. 131. « La communauté conventionnelle reste soumise 1528
« aux règles de la communauté légale pour tous les cas aux-
« quels il n'y a pas été dérogé implicitement ou explicitement
« par le contrat. »

SECTION II.— *Des Conventions exclusives de toute communauté et de leurs effets.*

sect. 9   Art. 132. « Il y a exclusion totale de la communauté :

« 1°. Par la clause portant que tous les biens de la femme
« lui seront dotaux ;

« 2°. Par la stipulation qu'ils lui seront tous *paraphernaux;*

« 3°. Par la déclaration formelle que les époux se marient
« sans communauté ;

« 4°. Par la clause exprimant que les époux sont séparés
« de tous biens ;

« 5°. Par la disposition mixte qui, embrassant la totalité
« des biens de la femme, stipule les uns *dotaux* et les autres
« *paraphernaux.* »

§ Ier. *De la Clause qui établit tous les biens de la femme
purement* dotaux.

1530   Art. 133. « La clause portant que tous les biens de la femme
« lui seront *dotaux* ne donne point à celle-ci le droit d'ad-
« ministrer ses biens ni d'en percevoir les fruits : ces fruits
« sont censés apportés au mari pour soutenir les charges du
« mariage. »

1531   Art. 134. « Le mari conserve l'administration des biens
« meubles et immeubles de la femme, et, par suite, le droit
« de percevoir tout le mobilier qu'elle apporte en dot ou qui
« lui échoit pendant le mariage, sauf la restitution qu'il
« doit faire des capitaux après la dissolution du mariage ou
« après la séparation de biens qui serait prononcée par
« justice. »

1532   Art. 135. « Si, dans le mobilier apporté en dot par la
« femme ou qui lui échoit pendant le mariage, il y en a de
« nature à se consumer par l'usage, il en doit être joint un
« état estimatif au contrat de mariage, ou il doit en être
« fait inventaire lors de l'échéance, et le mari en doit rendre
« le prix d'après l'estimation. »

Art. 136. « Le mari est tenu de toutes les charges de l'u—   1533
« sufruit. »

Art. 137. « La stipulation de biens *dotaux* ne fait point   1534
« obstacle à ce qu'il soit convenu que la femme touchera
« annuellement sur ses seules quittances certaine portion de
« ses revenus, pour son entretien et ses besoins personnels. »

Art. 138. « Les immeubles constitués en dot, même dans   1535
« le cas du présent paragraphe, ne sont point inaliénables.

« Toute convention contraire est nulle, sauf la stipulation
« du droit de retour ou de toutes autres dispositions permises
« par le Code, notamment par les articles 337 et suivans du
« troisième livre, ou de la disposition officieuse, selon les
« formes et dans les cas déterminés par le Code. »

§ II. *Des Paraphernaux.*

Art. 139. « Lorsque les époux ont stipulé par leur contrat   1536
« de mariage que tous les biens de la femme lui seraient
« *paraphernaux*, celle-ci conserve l'entière administration de
« ses biens meubles et immeubles et la jouissance libre de
« ses revenus. »

Art. 140. « Chacun des époux contribue aux charges du   1537
« mariage suivant les conventions contenues en leur contrat,
« et s'il n'en existe point à cet égard, la femme contribue à
« ces charges jusqu'à concurrence du tiers de ses revenus. »

Art. 141. « Dans aucun cas, ni à la faveur d'aucune sti—   1538
« pulation, la femme, même celle qui jouit de ses biens
« comme paraphernaux, ne peut aliéner ses immeubles sans
« le consentement spécial de son mari, ou, à son refus, sans
« être autorisée par justice.

« Toute autorisation générale d'aliéner les immeubles
« donnée à la femme, soit par contrat de mariage, soit de—
« puis, est nulle. »

Art. 142. « Lorsque la femme a laissé la jouissance de ses   1539
« biens paraphernaux à son mari, celui-ci n'est tenu, soit
« sur la demande que sa femme pourrait lui faire, soit à la

« dissolution du mariage , qu'à la représentation des fruits
« existans, et il n'est point comptable de ceux qui ont été
« consommés jusqu'alors. »

§ III. *De la Stipulation de mariage sans communauté.*

com. du
ch. 3 et
1392-1530   Art. 143. « La déclaration faite par les époux qu'ils *se
« marient sans communauté* n'exclut point l'administration
« maritale.

« Par l'effet de cette clause, les biens de la femme sont
« réglés comme il est dit pour les biens dotaux au § Ier de la
« présente section. »

§ IV. *De la Clause exprimant que les époux seront séparés
de tous biens.*

Ib.   Art. 144. « La clause par laquelle les époux ont stipulé
« qu'ils seront séparés de tous biens emporte avec soi l'ex-
« clusion de l'administration maritale.

« Par l'effet de cette clause , les biens de la femme sont
« réglés ainsi qu'il est porté pour les biens *paraphernaux* par
« le § II de la présente section. »

§ V. *De la Stipulation mixte.*

ch. 3   Art. 145. « Lorsqu'il a été stipulé qu'une partie des biens
« de la femme lui serait *paraphernale*, et le surplus dotal , le
« mari n'a la jouissance et l'administration que de la partie
« qui a été stipulée *dotale*, sous les charges exprimées au
« § Ier de la présente section. »

Disposition commune à toutes les stipulations de Biens dotaux
ou paraphernaux.

Ib.   Art. 146. « Toutes conventions par lesquelles les époux
« ne déclarent , soit *dotaux* , soit *paraphernaux* , qu'une
« partie de leurs biens présens ou futurs , sont censées laisser
« le surplus au droit commun et sous l'empire de la com-
« munauté légale. »

M. Berlier observe qu'avant de discuter ce titre , article 1391à1393 par article, le Conseil jugera peut-être convenable de se fixer sur la plus importante question du projet, celle de savoir si la communauté sera, ou non, de droit commun, quand il n'y aura pas de stipulation contraire.

La section , d'accord sur ce point avec les rédacteurs du projet de Code civil, a pensé que la communauté devait être de droit commun, et l'influence de cette décision sur le reste du projet paraît telle à l'opinant, que, si elle était rejetée, il faudrait rédiger un nouveau projet sur un nouveau plan ; il y a donc lieu de discuter préliminairement cette grande question.

Dans ces vues, M. *Berlier* commence par examiner les systèmes fort opposés des pays de droit écrit et des pays coutumiers.

Dans les pays de droit écrit, point de communauté sans une convention spéciale pour l'établir ; si la femme se constitue une dot, l'administration et les fruits en appartiennent au mari pour soutenir les charges du mariage ; au surplus, inaliénabilité de la dot et disponibilité absolue laissée à la femme de tout ce qui est *extra-dotal* ou paraphernal , tel est le dernier état du droit romain, formellement exclusif de la communauté d'aucuns biens entre époux, quand il n'y avait pas de stipulation contraire.

Dans les pays coutumiers (sauf quelques localités en très-petit nombre), c'était la règle opposée qui était suivie ; là, en l'absence d'une disposition contraire, la communauté avait lieu, et les coutumes ne variaient entre elles que sur l'étendue des objets qui y entraient ; ainsi quelques coutumes n'y faisaient entrer que les acquêts , tandis que d'autres y portaient aussi le mobilier présent, et plusieurs, telles que celle de Paris, le mobilier présent et futur.

Il ne s'agit pas de régler ici les limites de la communauté, ce soin doit être renvoyé à la discussion des détails , mais de prononcer entre le système des pays de droit écrit et celui des pays de coutumes; or, plusieurs motifs militent en faveur de ce dernier.

1°. Il est plus analogue à la situation des époux ; l'union des personnes ne conduit-elle pas en effet naturellement à l'union des biens?

2°. Il tend à faire prospérer le ménage par l'affection que l'on porte à la chose commune.

3°. Il est plus conforme aux mœurs de la nation française : en effet, la communauté s'y est établie de manière qu'elle peut être regardée aujourd'hui comme le droit commun de la majeure partie du territoire français ; et la tendance à ce système est assez évidente, même dans beaucoup de pays du droit écrit, puisque d'une part on y stipule journellement les sociétés d'acquêts, et que d'une autre part on ne voit qu'un seul tribunal du droit écrit (celui de Montpellier) qui ait fortement réclamé contre la communauté considérée comme *droit commun*.

Au surplus, si l'on examine les objections le plus communément dirigées contre la communauté légale, on en compte trois principales, quoique de diverses espèces.

Les uns trouvent que le système du droit écrit protége bien plus efficacement la femme ; les autres, qu'elle est trop favorisée lorsqu'elle est admise à prendre moitié dans des profits qui souvent appartiennent aux labeurs du mari seul : les uns et les autres se plaisent à voir dans la communauté une société bizarre et embarrassante dans ses suites : il faut répondre à ces objections.

D'abord, il est difficile de comprendre comment la femme était mieux protégée par le droit écrit, à moins que la pensée ne s'arrête à l'*inaliénabilité* de la dot ; mais c'était une protection achetée bien chèrement par l'incapacité qu'elle imprimait à la femme de disposer de son bien dotal, même pour son intérêt évident, et sans qu'elle pût être relevée de cette incapacité par rien ; une telle protection ne serait-elle pas plus exactement définie, une entrave excessive ?

D'un autre côté, si le bien *dotal* était assuré par cette entrave, comment le bien *extra-dotal* l'était-il, lorsque la femme pouvait en disposer selon sa fantaisie et sans le consentement de son mari, ni l'autorisation de la justice?

Qu'est-ce donc qu'un tel système, aussi extrême dans ses deux points opposés, a de préférable à celui qui admet l'aliénabilité sans distinction, mais sous des conditions sages, et qui donne à la femme toutes les actions, même hypothécaires, les plus étendues pour les remplois?

L'objection d'ailleurs ne frappe pas directement sur le principe de la communauté, car on conçoit qu'il pourrait s'appliquer encore même en grevant la dot de cette espèce de substitution que l'on vient d'examiner.

La deuxième objection citée plus haut a un trait plus direct à la communauté, en ce qu'elle tend à la faire considérer comme injuste.

Il ne faut pas, dit-on, que la femme ait la moitié des bénéfices qui appartiennent à la seule industrie du mari.

Mais cette non participation de la femme aux actes qui enrichissent l'union conjugale n'est-elle pas une proposition bien hasardée, et n'est-il pas un grand nombre de femmes qui, soit par leurs mises pécuniaires, soit par leurs travaux personnels et leur économie, ont contribué à l'aisance du ménage autant et quelquefois plus que leurs maris? Cela n'est-il pas vrai, surtout pour les femmes d'artisans et de cultivateurs, partie nombreuse de la société et qui n'en est pas la moins intéressante? Et l'on doit remarquer que c'est dans cette classe principalement qu'il ne se fait pas de contrats de mariage, ou du moins très-peu : c'est donc surtout pour elle qu'il importe d'avoir un droit commun qui supplée aux conventions, et qui le fasse d'une manière équitable; la communauté légale remplira cet objet.

Il reste à répondre à l'objection déduite de ce qu'une société à laquelle l'un des associés peut seul renoncer offre

une situation peu concordante avec les principes de la société ordinaire.

Cela est vrai, dit M. *Berlier*, mais le mariage n'est point
une société ordinaire : il s'agit donc de poser de bonnes règles pour cette société, sans établir de comparaison avec les
sociétés qui ne lui ressemblent point ; et ce qu'on peut dire
touchant l'embarras des liquidations, partages, etc., ne mérite pas une sérieuse réponse : l'on exagérera sans doute cet
embarras ; mais si la communauté est juste, il serait par
trop commode de la repousser sur le seul fondement qu'il
faudra un jour la partager.

Toutes ces objections écartées, que reste-t-il, sinon une
vérité bien sentie ? C'est que la communauté sera un lien de
plus entre les époux.

Au reste, il sera libre aux parties d'y déroger ; mais puisqu'il faut un droit commun pour tous les cas où il n'y aura
pas de conventions spéciales, puisque ce droit commun ne
peut plus varier selon les localités, et puisqu'il faut choisir
entre les règles fort opposées des diverses parties du territoire, la communauté doit obtenir la préférence.

En terminant son opinion, M. *Berlier* observe qu'il a
moins entendu discuter à fond que provoquer la discussion
sur une question aussi grave, et qui doit, selon lui, être
préliminairement décidée, si l'on ne veut pas courir les risques d'être arrêté à chaque pas dans la discussion des points
ultérieurs.

M. Portalis combat la proposition de la section.

Elle pose sur le faux principe que, pour établir le droit
commun, le Conseil est forcé de choisir entre le système
des biens dotaux et celui de la communauté légale. Il est un
troisième système qui fait cesser cette alternative, c'est de
ne soumettre de plein droit les parties ni au système dotal,
ni au système de la communauté, et de leur laisser à elles-
mêmes le choix de la loi sous laquelle elles consentent à se
placer par une stipulation formelle. Il ne s'agit pas d'exa-

miner lequel des deux systèmes est préférable , mais de ne donner à aucun une injuste préférence ; de ne pas gêner la liberté, si précieuse surtout en matière de mariage, de stipuler ou de ne pas stipuler. Rien n'oblige à établir un droit commun qui donne aux époux un contrat de mariage lorsqu'ils n'en ont pas voulu.

On répondra que les parties ne sont pas forcément soumises au droit commun, puisqu'elles auront eu la faculté de l'exclure.

Mais pour user de cette faculté, il faut qu'elles fassent un contrat ; de là des frais qu'elles voulaient peut-être s'épargner. Dans la plupart des pays de droit écrit, les habitans des campagnes se marient sans contrat. Il est d'ailleurs des circonstances où il peut répugner à l'amour-propre de faire un contrat, pour dire qu'on ne veut pas de contrat. Ces obstacles empêcheront plusieurs mariages ; et cependant l'intérêt de l'État est qu'ils se multiplient.

La loi doit donc se borner à établir la communauté comme une institution positive que les parties prennent quand elle leur convient, et qui leur est étrangère quand elles ne croient pas devoir se l'appliquer. Ce principe est admis par le droit écrit; mais il dérive du droit naturel, qui laisse à chacun la liberté de former ou de ne pas former de contrat. Pourquoi priver de cette liberté les habitans des pays qui en ont contracté l'habitude?

La communauté n'était pas de droit commun dans une grande partie de la France. En général, ce qui est arbitraire ne peut être le droit commun. *Dumoulin* donne ce titre au droit romain, mais c'est parce qu'il n'avait pas reçu en France de sanction légale. La loi positive ne peut commander un droit commun : il n'en existe pas d'autre que celui qu'établit l'équité naturelle.

En soi, cette disposition serait une source de procès entre les époux lors de la dissolution du mariage; elle donnerait lieu à des arbitrages et à des frais qui souvent absorberaient les biens de la communauté, pour déterminer quels sont ceux du patrimoine des époux sur lesquels porte la communauté. Elle pouvait n'avoir pas ces inconvéniens lorsque le mariage n'était dissous que par la mort; elle les aurait aujourd'hui que le divorce est admis; elle aurait de plus le désavantage de transmettre à la femme la moitié des fruits dus aux labeurs du mari, et d'en faire ainsi le prix des chagrins que celle qui les recueille a donnés à celui qui les a acquis.

M. Bigot-Préameneu demande que, pour mieux reconnaître si la communauté des biens entre époux est dans l'ordre naturel, les partisans du droit écrit exposent comment les intérêts de chaque époux étaient distingués, surtout dans la classe moins aisée; comment ces intérêts étaient conciliés et ménagés lorsque les parties n'avaient pas fait de contrat, et s'il n'en résultait aucunes difficultés.

M. Maleville répond que chacun des époux administrait ses biens pendant le mariage, et les reprenait après. Les acquêts appartenaient en entier au mari.

M. Treilhard dit qu'il est difficile d'admettre un système intermédiaire entre la communauté et la non communauté. Quand les époux ne se seront pas expliqués, il faudra bien que la loi décide s'ils sont ou ne sont pas communs en biens.

Au surplus, l'essence des choses repousse l'idée d'indépendance qu'on vient de présenter. Les époux sont nécessairement entre eux dans un état de société. Mais conçoit-on une société qui n'ait pas ses règles? Il en faut surtout pour une société aussi étroite que celle du mariage, société de tous les momens, qui agit incessamment sur toutes les circonstances de la vie; *individuam vitæ consuetudinem continens,* et qui fait naître entre ceux qu'elle lie des obligations respectives. Les sociétaires doivent sans doute être libres de fixer eux-mêmes les conditions et les règles de leur union; mais s'ils négligent ce droit, ou s'ils ne veulent pas en user, il appartient à la loi de décider comment, dans leur état de société, les biens seront administrés; quelles obligations réciproques les époux ont à remplir sous ce rapport; comment les biens de chacun contribueront aux besoins de tous deux : à moins de supposer que l'un des époux nourrira et entretiendra l'autre, et en admettant qu'ils doivent contribuer aux charges communes, il existe par le fait une communauté de biens qui embrasse du moins les revenus; il est impossible que les époux aient une habitation à part, une existence à part, ou le mariage ne serait plus une union qui confond entre les époux toutes les habitudes de la vie.

Il est donc nécessaire d'établir un droit commun pour donner des règles à la société du mariage, lorsque les parties elles-mêmes ne s'en sont pas donné.

De là résulte qu'il faut choisir entre le système de la communauté légale et le système du droit écrit, car il n'en est pas d'intermédiaire.

Celui de la communauté paraît le mieux assorti à la nature du mariage : les époux opèrent en commun, mêlent et confondent leurs travaux, pourvoient également à l'éducation et à l'établissement de leurs enfans; il est des positions où les soins et les travaux de l'épouse contribuent beaucoup au bien-être commun : ce serait une injustice de lui disputer sa portion. Dans tous les cas, le meilleur moyen d'exciter l'émulation de la femme, c'est de l'intéresser au succès; on la décourage si on l'y rend étrangère : peu lui importe que les affaires du mari prospèrent, lorsque lui seul doit en profiter. On a été si frappé de ces vérités, que, dans les pays de droit écrit même, on a introduit l'usage de former une société d'acquêts.

Il n'y a donc plus de question que sur la fixation de la première mise en communauté : celle qui est proposée ne paraît pas excessive.

On a objecté qu'il suffit de permettre aux parties de stipuler la communauté. Ce serait faire alors de la non communauté un droit commun : il suffit qu'il soit permis d'exclure la communauté.

On réplique que, pour user de ce droit, on est forcé à des dépenses qui excèdent les facultés du pauvre. Mais c'est entre les pauvres que la communauté doit surtout être formée : dans cette classe surtout les travaux de la femme contribuent à soutenir la famille ; il convient donc de ne pas l'exclure du partage des profits.

LE CONSUL CAMBACÉRÈS dit que cette discussion préalable doit être écartée ; qu'il est plus simple de se fixer sur les articles du projet, attendu que l'organisation de la communauté pourra peut-être simplifier les idées, et entraîner ceux qui résistent à ce qu'elle fasse le droit commun.

M. TRONCHET dit qu'il est impossible qu'il n'y ait pas un droit commun, qui, lorsque les époux n'ont pas établi de règles pour leur société conjugale, supplée à leur silence, et décide s'il y aura communauté entre eux ou s'ils se trouveront sous le régime du droit écrit.

La proposition qu'on a faite est elle-même une preuve de cette nécessité ; car le système intermédiaire qu'elle paraît vouloir établir n'est dans la réalité que l'exclusion de la communauté légale et la conversion du droit écrit en droit commun. En effet, ces habitans de la campagne, qui, dans les pays de droit écrit, ne font pas de contrat de mariage, tombent sous l'empire du système dotal.

Puisqu'on est forcé de choisir entre les deux systèmes, il importe de se rappeler que le système des pays de droit écrit faisait naître encore plus de questions sur la distinction des biens, que le système de la communauté légale.

Au surplus, l'opinion publique, qui est d'une si grande importance en matière de législation, parce que les seules lois qui soient bien exécutées sont celles qui conviennent à la masse des citoyens ; l'opinion publique a prononcé et donné la préférence au système des pays coutumiers. Sur tous les tribunaux des ci-devant pays de droit écrit, un seul, celui de Montpellier, a réclamé contre la disposition du projet de code qui établit la communauté légale ; les autres ont senti que la communauté légale est dans l'essence du mariage.

Le mariage, en effet, est l'union de deux personnes qui s'associent aussi intimement qu'il est possible pour faire réciproquement leur bonheur. Une telle union doit naturellement les conduire à confondre leurs intérêts : la société des biens devient la suite de la société des personnes. L'usage contraire n'est venu que des principes hors de la nature qui, chez les Romains, donnaient au chef de la famille un empire despotique sur sa femme et sur ses enfans. Cette autorité n'est heureusement pas dans nos mœurs. Parmi nous, les époux ne sont que des associés.

Le Consul Cambacérès rappelle la proposition qu'il a faite sur l'ordre de la discussion.

Il dit que la délibération sera vague et incertaine si, faute d'avoir d'abord examiné quelles règles on propose de donner à la société conjugale dans l'un et l'autre système, on prononce sur la question en général, et qu'on adopte ou rejette ainsi ce qu'on ne connaît pas encore : au lieu que, si l'on discute, avant tout, les dispositions du titre, peut-être arrivera-t-on à les concevoir de manière à concilier toutes les opinions. Ce ne sera qu'après avoir fixé les deux systèmes, qu'on pourra avec une entière connaissance régler le droit commun.

M. Regnaud (de Saint-Jean-d'Angely) dit qu'en effet la discussion des articles jetterait beaucoup de jour sur la question générale qu'on a entamée, et qu'il n'est pas nécessaire de décider préalablement. On peut s'occuper d'abord des dispositions générales contenues dans le chapitre Ier ; elles ne préjugent rien. On fixerait ensuite les règles générales des deux systèmes, en discutant la section II du chapitre II ; et lorsqu'on aurait organisé les deux systèmes, on reprendrait la question générale sur le droit commun.

M. BERLIER dit qu'il serait déraisonnable, sans doute, de sanctionner en masse, et sans un examen approfondi, la manière particulière dont le projet constitue la communauté; mais l'opinant n'a fait que proposer d'arrêter un principe, en réservant tout ce qui appartenait à son organisation, et ce principe peut se réduire à ces termes : *Y aura-t-il ou non une communauté (quelconque) entre les époux qui n'auront pas stipulé le contraire?*

Cette question peut assurément être traitée en ce moment; et, à moins que l'on n'intervertisse l'ordre naturel du projet soumis à la discussion, l'article 7, qui est le 1er du chapitre II, en appellera la discussion avant celle des détails; car cet article porte : *Il y a communauté entre les époux s'il n'y a convention contraire.* Veut-on rejeter la décision de cet article après la discussion complète de tout le chapitre II? M. *Berlier* conçoit que cela se peut; mais l'ordre suivi dans le projet lui semble préférable; et si l'opinant a d'abord porté l'attention du Conseil sur cet article 7, c'est que, venant immédiatement après quelques dispositions générales, il était le premier de sa série et le plus important de tout le projet, dont il exprime l'un des points fondamentaux.

M. TREILHARD pense qu'il n'y a pas de difficulté à soumettre dès à présent à la discussion le chapitre Ier. Lorsqu'on sera arrivé à l'article 7, qui commence le chapitre II, et auquel se rattache la question générale, on examinera s'il convient de l'ajourner.

M. BOULAY observe que la question générale naît de l'article 1er du chapitre Ier, qui exclut le système intermédiaire proposé par M. *Portalis.*

M. MALEVILLE dit qu'il est prudent d'ajourner l'article 7 après la discussion des autres articles du chapitre II, afin qu'avant de prononcer on connaisse bien ce qui a été proposé.

M. BIGOT-PRÉAMENEU dit qu'il est aussi d'avis de l'ajournement, afin que l'on puisse donner à cette grande question tout le développement dont elle est susceptible. Il faut rechercher dans la législation de Rome quel a été successivement le sort des femmes. On y verra que tout ce qui concerne leurs droits héréditaires et leur condition pendant le mariage fut d'abord subordonné à l'idée de maintenir sous tous les rapports la puissance absolue du chef de famille. Dans les premiers temps, ce fut sous la formule d'une vente que les femmes passaient de la puissance paternelle sous la puissance maritale. Elles n'apportaient point de dot ; elles ne pouvaient avoir aucune propriété qui ne devînt celle du mari. On reconnut les inconvéniens auxquels la société était exposée en laissant les femmes dans l'indigence. Le régime des dots s'établit : on les admit à succéder. Enfin elles obtinrent, relativement aux biens paraphernaux, une indépendance plus grande que n'ont eu les femmes mariées dans les pays coutumiers.

C'est aujourd'hui une nécessité de choisir entre des règles aussi diverses celles que l'on jugera les plus convenables à l'ordre social. Il faut, dans les pays de coutumes comme dans ceux de droit écrit, donner au mari l'autorité, sans laquelle il n'y aurait ni ordre ni mœurs dans les familles; mais on reconnaîtra que pour y parvenir, loin de lui donner des droits qui répugneraient à l'équité et à la nature d'une société aussi intime que celle du mariage, il vaut mieux intéresser les femmes au succès de cette société, en les admettant à y participer, à moins qu'il n'y ait entre eux d'autres conventions.

L'article 7 est ajourné après la discussion des autres articles du chapitre II.

M. BERLIER fait lecture du chapitre Ier, contenant les *dispositions générales*.

L'article 1er est soumis à la discussion.   1387 à 1390

M. FOURCROY pense que cet article est trop long ; il propose de faire un article séparé de chacun des numéros qui le composent.

Cette proposition est adoptée, et néanmoins l'article est discuté dans sa forme première.

1387　M. REGNAUD (de Saint-Jean-d'Angely) observe que la première partie de l'article préjuge la proposition faite par M. *Portalis*

Cette partie de l'article est ajournée.

1390　Le numéro 1er est discuté.

LE CONSUL CAMBACÉRÈS demande si cette disposition empêchera les parties de déclarer en général par leur contrat qu'elles se marient suivant les principes du droit écrit. Alors, continue le Consul, le projet doit rassembler toutes les règles du droit écrit sur la matière des conventions matrimoniales.

Au reste, il est difficile de concilier cette disposition avec celle qui précède, et qui laisse aux parties une liberté indéfinie dans leurs conventions matrimoniales, pourvu qu'elles ne blessent pas les mœurs.

M. TRONCHET expose les motifs qui ont déterminé la section.

Elle a voulu empêcher les notaires de continuer à insérer dans leurs actes une clause usitée dans les contrats de mariage, lorsque les parties voulaient établir leur communauté sur d'autres principes que sur ceux de la coutume de leur domicile : on exprimait alors qu'elles se mariaient suivant telle ou telle coutume. Cette clause serait nulle après la confection du Code civil : puisqu'il abroge toutes les coutumes, il n'est plus possible de les reconnaître ; ou si on leur conservait une sorte d'existence, le système bienfaisant de l'uniformité des lois civiles serait dérangé.

LE CONSUL CAMBACÉRÈS ne pense pas que les stipulations dont vient de parler M. *Tronchet* seraient nulles. Il ne doit y avoir de stipulations nulles que celles qui blessent les dispositions du Code civil.

M. BERLIER dit que la proposition qu'on discute n'implique nulle contradiction avec la faculté laissée aux époux de régler leurs conventions comme ils le veulent. Cette faculté n'est point ici blessée *quant à la matière ;* elle n'est restreinte que *quant à la forme.* Les époux stipuleront en détail toutes les conditions de leur union ; mais ils ne pourront en termes généraux se référer à telle ancienne loi ou à telle ancienne coutume : voilà ce que dit l'article et ce qu'il devait dire, par respect pour le nouveau Code et pour atteindre les bienfaits qu'il promet. Ne serait-ce pas en effet perpétuer l'existence de quatre cents et quelques lois ou coutumes qui régissaient la France, que de permettre de s'y référer pour les conventions à venir ?

Qui veut la fin, continue M. *Berlier*, doit vouloir les moyens ; or, plus d'uniformité, plus de Code civil proprement dit, si l'on permet cette bizarre alliance : et qu'on ne dise pas que dans les temps les plus orageux de la révolution il ne fut pas défendu de stipuler selon telle ou telle coutume, malgré la défaveur alors attachée à toutes les anciennes institutions; cela est vrai : il y a même plus, car, sans stipulations, ces coutumes ont continué de régir les mariages faits dans leurs ressorts jusqu'à nos jours : mais pourquoi cela? c'est parce que jusqu'à présent il n'y a point eu sur cette matière de nouvelles lois, et que, pour défendre de stipuler d'après les anciennes, *par référé et en termes généraux*, il fallait bien établir un droit nouveau. Ce moment est enfin arrivé, et cette situation nouvelle exige qu'il soit posé une barrière dont la volonté générale ne pourra s'offenser, quand la défense de rappeler les anciennes lois ou coutumes comme règles des conventions futures n'empêchera pas de convertir leurs dispositions en stipulations *spéciales* : s'il en résulte dans les premiers momens un peu d'embarras, c'est le tort de toutes les institutions nouvelles; mais il faut renoncer à celle-ci si l'on veut laisser les anciennes en concours avec elle.

M. RÉAL ajoute que le droit serait hérissé d'autant plus de difficultés, qu'il faudrait étudier à la fois et le droit qui a existé et le droit qui existe.

LE CONSUL CAMBACÉRÈS dit que cet inconvénient existerait

en effet si, par la rédaction, on autorisait expressément
l'usage de rappeler les coutumes; mais qu'il suffit de ne point
l'exclure. Les notaires peu instruits sont dirigés par une
sorte de routine qu'ils ne peuvent perdre qu'avec le temps :
il ne faut pas leur ôter l'avantage de s'exprimer dans une
forme à laquelle ils sont accoutumés. Dans les pays de
droit écrit, ils n'apprendront que par la suite ce qu'est la
communauté. La facilité qu'on leur laissera jusque là ne
nuira point au Code civil, parce que l'usage en donnera insensiblement l'habitude.

M. TREILHARD dit qu'en employant ces clauses générales,
les notaires peu instruits ignorent le sens de ce qu'ils écrivent
dans leurs actes; ils ne peuvent, en conséquence, l'expliquer aux parties. Il est bon cependant que chacun sache positivement ce qu'il stipule. On doit craindre, d'un autre
côté, que dans certains pays la routine ne fasse durer encore
long-temps l'empire des coutumes. Il ne s'agit au surplus
que d'empêcher les citoyens de les rappeler; ce qui ne gêne
la liberté de personne, puisque chacun conserve la faculté
de faire passer dans son contrat de mariage les dispositions
de la coutume qu'il prend pour règle, pourvu qu'il les énonce.

M. REGNAUD (de Saint-Jean-d'Angely) dit que si les contractans pouvaient se soumettre d'une manière générale à
l'empire d'une coutume, quelquefois leurs stipulations porteraient à faux, en s'appliquant à des dispositions qui ne
peuvent plus recevoir leur exécution, et il en résulterait
pour eux des erreurs qui pourraient leur devenir préjudi-
ciables : par exemple, s'ils déclaraient qu'ils se marient suivant la coutume de Normandie, ils croiraient le douaire
assuré par la seule force du contrat et sans inscription hypothécaire. Ainsi, pour ne point se méprendre, ils seraient
obligés de dire qu'ils se marient suivant telle coutume,
moins tel ou tel article, qui se trouve abrogé.

Ces clauses générales pourraient aussi rendre les stipulations incomplètes, car il est des coutumes qui sont muettes

sur certains points, et dont on ne peut remplir les lacunes qu'en recourant à d'autres coutumes.

M. MALEVILLE n'adopte le numéro 1er en discussion que dans le cas où l'on se résoudrait à donner dans le projet plus d'étendue aux dispositions prises du droit écrit, et à les consigner avec autant de développemens qu'on a présenté celles qui concernent la communauté légale.

M. BERLIER dit que ces réflexions pourront être prises en considération lors de la discussion du chapitre III; il observe qu'au surplus M. *Maleville* admet le principe de la section.

Le numéro 1er est adopté.

Le numéro 2 est discuté.   1388-1389

LE CONSUL CAMBACÉRÈS dit que s'il ne trouvait dans la disposition que la prohibition de déroger à certaines dispositions du droit par une clause générale, il croirait que la liberté des conventions matrimoniales n'est point gênée ; mais on propose de défendre même les dérogations spéciales, et alors il est difficile de concevoir comment les époux auront la faculté qu'on accorde au commencement de l'article de donner à leur société les règles qu'ils jugeront à propos. Un père qui ne voudra pas que sa fille soit sous la puissance maritale telle qu'elle est établie dans les pays coutumiers ne pourra lui réserver par le contrat le droit de disposer de ses biens.

M. BERLIER répond que pour les objets traités en ce numéro la section a très-clairement entendu prohiber toutes dispositions, même *spéciales*, qui y porteraient atteinte, parce qu'elle y a vu principalement des règles qui n'appartiennent plus seulement à l'intérêt pécuniaire des époux, mais à l'ordre public.

Un mari pourrait-il, par exemple, se départir de la puissance maritale, telle qu'elle est déjà définie dans le livre Ier du Code, ou renoncer à la puissance paternelle et la conférer à sa femme? Celle-ci pourrait-elle stipuler qu'au cas de veuvage elle resterait sans autorité sur ses enfans? De pareils pactes seraient intolérables sans doute, et la section a dû les proscrire.

A l'égard de ceux qui dérogeraient à une disposition prohibitive du Code, il est évident qu'ils sont sans force.

M. TRONCHET dit qu'il faut distinguer, par rapport au mariage, les règles qui tiennent à l'ordre public, de celles qui ne se rapportent qu'aux intérêts pécuniaires des époux. La liberté de les changer ne doit exister que pour ces dernières; mais les règles qui concernent l'ordre public doivent demeurer invariables, et la loi ne peut permettre aux parties d'y déroger, ni par une stipulation générale, ni par une stipulation spéciale. Le texte en discussion ne se rapporte qu'à ces sortes de règles; il ne gêne point la liberté des stipulations relatives aux intérêts pécuniaires des époux.

Ceci répond à la difficulté qu'on a trouvée à empêcher un père de stipuler que sa fille pourra vendre une partie de ses biens sans l'autorisation de son mari; car c'est pour l'intérêt public, autant que pour son intérêt personnel, que cette faculté lui est interdite.

On confiera sans doute au mari l'administration, soit de la communauté, soit de la dot; or, permettrait-on de changer cette disposition par une clause particulière, et de stipuler que la femme la régira, ou même qu'elle régira les biens de son mari? car il faudrait aller jusque là.

M. PORTALIS convient de la distinction que vient de faire M. *Tronchet* entre les dispositions relatives à l'ordre public et celles qui concernent l'intérêt pécuniaire des époux; il convient également qu'on ne peut permettre aucune dérogation aux premières: mais il est effrayé de ce qu'on paraît envelopper le droit coutumier dans ce qu'on appelle le droit public. Cette stipulation serait sans doute contre l'ordre qui mettrait la femme au-dessus du mari, ou qui changerait de main la puissance sur les enfans. Mais puisqu'on avoue que ce qui touche les intérêts pécuniaires tombe en droit privé, il faut du moins se conformer à ce principe. On veut cependant que la femme ne puisse, en aucun cas, vendre ses biens sans l'autorisation de son mari : mais si on a l'intention de conserver réellement le droit écrit, il faut permettre à la femme de se réserver le droit de vendre ses biens paraphernaux. Cette faculté ne blesse ni les mœurs ni l'ordre public. Si on la refuse, on ramène tout au droit coutumier, en semblant néanmoins laisser sa force au droit écrit. On doit donc interdire toute stipulation contre l'autorité du mari sur la personne de la femme et des enfans ; mais il est juste de laisser toute liberté aux stipulations qui concernent la manière de disposer des biens.

M. Berlier dit que la critique que M. *Portalis* a faite de l'exemple invoqué par M. *Tronchet* ne conclut rien contre le numéro 2 en discussion : en admettant cette critique, tout ce qui en résulterait, c'est que le droit d'autoriser la femme pour l'aliénation de ses biens ne serait pas un attribut essentiel et nécessaire de la puissance maritale. Cette question particulière pourra, au surplus, être traitée sous l'article 141 du projet, qui s'en occupe directement, et qui propose d'interdire à toute femme l'aliénation de ses biens sans le consentement de son mari ou l'autorisation de la justice.

Mais en ce moment on examine un principe, et la question est purement de savoir si l'on peut déroger à la puissance maritale et aux attributions que la loi lui a faites ou lui fera. La négative ne saurait faire un doute.

M. Tronchet dit qu'en pays de droit écrit les biens dotaux étaient inaliénables, même par la femme ; mais elle disposait librement de ses biens paraphernaux dans les pays de droit écrit qui n'étaient point du ressort du parlement de Paris ; car, dans ces derniers, l'autorisation du mari était exigée. Elle est établie, parce que le mari est le premier conseil de la femme, et comme un devoir résultant du respect qui lui est dû. Néanmoins elle ne devient point un obstacle, puisqu'elle n'est point indispensable, et qu'elle peut être suppléée par l'autorisation judiciaire.

On a plus d'une fois reconnu, par le refus qui a été fait à la femme de l'autorisation judiciaire, qu'il était prudent de ne point l'abandonner à elle-même.

Au surplus, permettre d'exclure la nécessité de cette autorisation, ce serait déroger à l'article 211 du titre *du Mariage*, lequel, loin de distinguer entre les femmes, les comprend évidemment toutes dans la disposition, en spécifiant qu'elle s'applique même à la femme non commune et séparée. S'il s'élevait quelques difficultés sur l'application de l'article en discussion, les tribunaux prononceraient; et il est certain qu'en se rapportant à l'article 211, ils proscriraient toute stipulation tendant à affranchir la femme de la nécessité de prendre l'autorisation de son mari pour l'aliénation de ses biens; car la stipulation serait valable s'il ne s'agissait que de l'administration. En effet, l'article 211 porte évidemment sur le cas prévu par la disposition que l'on discute : l'autorisation du mari étant une conséquence de la puissance maritale, toute exception à cet article serait désavantageuse.

Le Consul Cambacérès écarte d'abord l'autorité de l'article 211. Cet article s'applique à la femme commune ou séparée, qui s'est mariée sans se réserver aucun droit; il ne s'applique point à celle qui, étant majeure, se réserve, en réglant les conditions de son mariage, la faculté de disposer de ses biens. D'ailleurs les lois s'expliquent mutuellement. On peut donc, par une loi postérieure, expliquer l'article 211, et déterminer les exceptions qui doivent en fixer les limites.

Le *Consul* passe à la disposition qu'on discute. Il convient qu'on ne peut, par des stipulations particulières, déroger au droit public; mais, dit-il, toutes les dispositions qui sont dans le Code civil n'appartiennent pas à ce droit : celles-là seules s'y rapportent qui règlent l'ordre des successions et les conditions du mariage. Les contrats et même ceux qui contiennent les conventions matrimoniales sont des matières du droit privé. C'est à cet égard que les parties doivent avoir la liberté la plus entière. Par exemple, il n'y aurait aucun motif de défendre la stipulation par laquelle des parens sages, craignant que la femme, jeune encore, ne puisse porter le poids de la tutelle, conviendraient que, dans le cas de la mort du mari, elle ne deviendra pas tutrice avant l'âge de vingt-cinq ans. Si l'on veut limiter la liberté des conventions matrimoniales, du moins convient-il de ne pas la proclamer d'abord comme illimitée : elle deviendrait illusoire ; car les tribunaux n'oseraient lui laisser toute sa latitude, se trouvant gênés par la défense d'avoir égard aux dérogations même spéciales.

On a fait valoir l'intérêt public. Le seul intérêt qu'ait l'État dans cette matière, c'est que les mariages se multiplient, et dès lors il ne faut pas gêner ceux qui les contractent.

M. TREILHARD dit que sans doute il faut faciliter les mariages, et que l'intention de la section n'a pas été d'y mettre des obstacles ; elle laisse aux conventions toute la latitude qu'elles doivent raisonnablement avoir : mais comme cette latitude ne peut pas être sans bornes, et qu'elle doit être limitée par des exceptions, la section a pensé que celles qu'elle propose étaient nécessaires. Il convient d'examiner l'article sous ce rapport, et d'expliquer les intentions des rédacteurs.

Peut-être ces mots *générale* ou *spéciale* étaient-ils inutiles. On peut sans inconvénient les retrancher ; mais les exceptions doivent être conservées.

Le mari est, par la nature même des choses, le maître et le chef de la société ; car, dans toute association, un seul doit commander, et ce doit être celui à qui la nature a donné le plus de moyens pour la bien gouverner. On ne peut donc ôter au mari ses droits sans blesser l'ordre de la nature, et c'est seulement là ce que dit l'article. Il se borne à défendre toute stipulation qui rendrait la femme chef de la société conjugale.

Il ne parle de la puissance paternelle que pour défendre

les stipulations qui priveraient le père de son pouvoir sur la personne de ses enfans et de l'usufruit de leurs biens.

Ce qu'il dit de la tutelle est conforme aux principes qui ont été adoptés. En arrêtant le titre *des Tutelles*, on a repoussé toutes les propositions qui tendaient à priver la mère du titre honorable de *tutrice*, et l'on a pourvu en même temps à ce que sa faiblesse ne rendît pas ses égards funestes aux enfans. C'est dans cet esprit qu'on a autorisé le père à nommer un conseil de tutelle.

Il était nécessaire enfin d'empêcher toutes dérogations aux prohibitions contenues dans le Code civil; il faudra, pour que cette défense n'entraîne aucun inconvénient, discuter avec soin les prohibitions qu'on voudra établir.

Au reste, la question est déjà jugée. L'article 217, au titre *du Mariage*, décide que toute autorisation générale, même stipulée par contrat de mariage, n'est valable que quant à l'administration des biens de la femme; et pour donner à cette disposition un plus grand caractère, on l'a placée au chapitre *des Droits et des Devoirs respectifs des époux*.

L'autorisation du mari est souvent utile; elle n'est jamais dangereuse, puisque la femme peut en référer au juge.

M. MALEVILLE propose de supprimer ces mots *ou qui appartiennent au mari comme chef*, attendu que, sans ajouter rien à la loi, ils peuvent conduire à la fausse conséquence que la femme ne doit, en aucun cas, avoir la libre disposition de ses biens paraphernaux.

M. BÉRENGER dit qu'en général il est inutile de pourvoir à ce que, sous prétexte de la liberté de stipuler sur les biens, on ne déroge aux dispositions qui règlent les rapports personnels entre les époux. La loi a exprimé ailleurs sa volonté sur ce dernier sujet. Le titre qu'on discute n'a que les biens pour objet, et il serait à désirer que dans aucun autre titre on ne trouvât de dispositions sur cette matière.

La disposition relative aux prohibitions est dangereuse. Il est impossible qu'il n'y ait pas quelque défaut d'attention dans un ouvrage aussi immense que le Code civil. On a donc à craindre qu'il ne se glisse dans les articles par lesquels on n'aura point voulu établir de prohibition, quelques expressions qui paraissent ensuite prohibitives et qui donnent lieu à des contestations. La meilleure méthode serait d'énoncer, dans le plus grand détail, les clauses relatives aux biens qu'il serait défendu de stipuler; il en résulterait aussi l'avantage de pouvoir mieux peser les prohibitions qu'il convient de faire.

M. Berlier dit que, bien que l'article 1ᵉʳ, auquel se réfère le numéro qu'on discute, ait principalement trait à l'association conjugale *quant aux biens*, il ne faut pas en conclure que ce numéro soit inutile ni même déplacé; car la connexion entre les hommes et les choses est telle, que le droit sur la personne atteint souvent les biens, et quand on s'en tiendrait à l'exemple qui a été le plus débattu (celui de l'autorisation nécessaire du mari pour l'aliénation des biens de la femme), on aurait la preuve de cette vérité.

Au fond, l'on a combattu l'application de la puissance maritale au cas d'aliénation des biens de la femme, et l'on a soutenu que la libre disposition pouvait en appartenir à celle-ci, *au moins par convention;* mais il semble à l'opinant qu'on a victorieusement répondu à cette prétention par le texte même d'une loi récente faisant partie du Code civil.

Passant à d'autres applications de l'article, notamment à la tutelle, on a trouvé injuste qu'un mari qui épouse une jeune femme dont il redoute l'inexpérience ne pût stipuler qu'elle n'aurait point la tutelle de leurs enfans; mais cette prohibition cesse d'être une entrave, et n'est plus qu'un acte de justice et de respect pour le lien conjugal, quand le mari peut donner un conseil à sa femme : voilà son droit; au-delà commence celui de la femme, et l'un et l'autre sont encore consacrés par une loi récente.

Ne faut-il pas en dire autant de la jouissance des revenus de l'enfant attachée au droit de garde et à l'autorité que la loi donne au survivant des époux? Ce n'est pas là la matière de simples conventions entre époux, c'est l'ordre établi par la loi dans les familles; et il n'y aura rien de fixe si l'on peut y déroger.

Mais ne vaudrait-il pas mieux, a-t-on dit, spécifier les droits auxquels on ne pourrait déroger? Ceux qui ont fait cette objection n'ont pas suffisamment réfléchi à l'étendue de la matière et aux dangers des omissions.

Si la discussion n'a donné que trois ou quatre exemples dont l'application se fît au principe controversé, combien n'en existe-t-il pas d'autres? Par exemple, le mari pourrait-il stipuler qu'après son décès sa veuve n'aurait pas sur les enfans mineurs du mariage le droit de réclusion qui lui est accordé par la loi? Il faudrait donc une disposition *spécialement* prohibitive pour cet objet comme pour une multitude d'autres.

Cela n'est point praticable ; et c'est en général un mode dangereux que de descendre dans trop de détails et d'espèces : ce qui est important, c'est que la règle soit assez clairement posée pour que les juges y trouvent un guide sûr; ce n'est point là de l'arbitraire, dès qu'il y a une règle dont la fausse application peut et doit être réprimée.

M. BIGOT-PRÉAMENEU propose de retrancher ces mots, *ou qui appartiennent au mari comme chef;* ils lui semblent laisser quelques nuages en ce qu'ils ne déterminent pas assez clairement les droits du mari auxquels il ne serait pas permis de déroger : on pourrait les remplacer par une rédaction qui porterait la défense générale de déroger aux dispositions contenues dans le chapitre *des Droits et des Devoirs respectifs des époux.*

M. TRONCHET dit que les droits du mari comme chef seront réglés par le titre qu'on discute.

M. BIGOT-PRÉAMENEU pense comme M. *Bérenger* qu'une expression négative ne constitue pas une prohibition, et que cet effet ne doit être attaché qu'à une clause prohibitive. Il propose de rédiger l'article dans ce sens.

M. Tronchet dit que l'énonciation proposée par M. *Bé-renger* serait beaucoup trop longue, et pourrait donner lieu à des omissions dont les conséquences seraient dangereuses ; que ces considérations ont décidé à donner à l'article la forme sous laquelle il est présenté, en se réservant d'exprimer d'une manière formelle dans les autres les prohibitions qui pourront en résulter.

M. Portalis pense que les maximes générales présentées dans cet article sont inutiles. On est convenu d'ailleurs qu'il serait difficile de les entendre, et qu'il faudra en laisser l'application aux tribunaux.

On peut s'en tenir à la maxime qui a existé jusqu'ici, et qui n'admettait pour limites des conventions matrimoniales que l'ordre public et les mœurs. C'est aussi dans ces bornes qu'il faut se renfermer ; et si l'on ne veut point en sortir, l'article est sans objet. On a prétendu que le titre *du Mariage* contient un préjugé en faveur de l'article ; c'est une erreur. Ce titre frappe sur un cas différent : il considère les personnes indépendamment des biens. Voilà le seul objet du droit public ; voilà comment le mari est le *chef de la société conjugale*. Les biens ne sont point du droit public.

L'opinant demande la suppression de l'article, qui, dit-il, ne sert qu'à élever des doutes, et oblige la femme à être commune en biens malgré elle, en ne lui permettant point de s'affranchir de l'autorisation de son mari.

M. Treilhard dit ou que l'article 217 n'a point de sens, ou qu'il défend dans tous les cas à la femme d'aliéner sans l'autorisation de son mari. Renversera-t-on une disposition qui, comme toutes celles du Code civil, a été reçue avec un applaudissement unanime? Et quel serait donc l'avantage de ce changement dans nos mœurs actuelles? d'exposer les femmes à plus d'attaques et de séductions, et peut-être de leur attirer souvent pour résultat la honte et la misère. Il y a une connexion si étroite entre l'autorité sur la personne et

l'autorité sur les biens, qu'il est réellement impossible de les
séparer.

M. Réal dit que le sens de l'article 217 a été fixé lors de la
discussion. En recourant aux procès-verbaux, on voit que le
Conseil a eu intention de ne point permettre à la femme
d'aliéner même ses biens paraphernaux sans l'autorisation de
son mari.

M. Berlier dit qu'on énoncera que cette maxime est susceptible de modifications.

Les amendemens proposés par MM. *Maleville, Bigot-Préameneu* et *Bérenger* sont rejetés.

Les numéros 2 et 3 sont adoptés.

1394   L'article 2 est discuté.

M. Maleville observe qu'en pays de droit écrit on était
dans l'usage de rédiger les contrats sous seing privé. Il pense
qu'il pourrait être nécessaire de déclarer valables tous ceux
qui auraient été passés jusqu'à la publication de la loi, à la
charge par les contractans de les faire enregistrer dans un
délai fixé. Cet enregistrement devrait être sans frais.

M. Tronchet répond que le Code civil, comme toute
autre loi, ne pouvant avoir d'effet que pour l'avenir, il ne
peut y avoir de difficultés sur ces sortes d'actes.

M. Fourcroy demande si l'on peut faire des conventions
matrimoniales après le mariage.

M. Tronchet répond que non.

M. Regnaud (de Saint-Jean-d'Angely) pense qu'il est
nécessaire de s'en expliquer. Il propose d'ajouter à la rédaction, *avant le mariage et par acte authentique.*

Cette rédaction est adoptée.

1395   L'article 3 est discuté.

M. Bérenger demande si les changemens qui seraient faits
aux conventions matrimoniales depuis la célébration du mariage, mais avant la publication du Code civil, auront leur
effet.

M. Tronchet répond que leur validité sera jugée d'après le droit commun qui existait alors.

M. Maleville demande si, nonobstant l'article, on pourra, après la célébration du mariage, ajouter à la dot suivant l'usage établi en pays de droit écrit.

M. Treilhard répond que cette addition ne produit pas une convention nouvelle.

M. Regnaud (de Saint-Jean-d'Angely) dit que l'augment de dot était en usage même sous l'empire de la coutume de Paris.

L'article est adopté.

L'article 4 est discuté.

1396

M. Jollivet demande qu'on ajoute dans la deuxième partie de l'article, à ces mots, *sans la présence des personnes qui ont été parties dans le contrat*, ceux-ci, *ou elles dûment appelées*. Cette précaution lui paraît nécessaire pour empêcher que la mauvaise volonté d'une de ces personnes ne nuise aux contractans.

M. Berlier répond que l'article ne concerne que les contractans eux-mêmes, et non les témoins et les tiers.

M. Jollivet observe qu'un tiers peut avoir été partie au contrat; tel serait, par exemple, un donateur étranger à la famille.

M. Berlier répond que lorsqu'on a exigé le consentement simultané de toutes les parties qui ont stipulé en cette qualité dans le contrat, l'on a bien entendu appliquer cette disposition à tous donateurs, même étrangers à la famille.

Qui ne sent d'ailleurs la corrélation et l'indivisibilité qui existent en cette matière? Le mari reçoit 20,000 francs d'une personne qui peut-être ne les lui eût pas donnés si pareil avantage n'avait été fait à la femme par une autre personne : s'il était permis de révoquer ou de modifier cette dernière disposition sans que l'auteur de la première fût présent, ne serait-ce pas souvent une fraude envers lui? Il faut donc, en

35.

cas de changemens, que toutes les parties y concourent, et les donateurs, quels qu'ils soient, ne sauraient être considérés comme des tiers ou de simples témoins.

L'article est adopté.

1397 L'article 5 est discuté.

Le Consul Cambacérès dit que cet article a l'inconvénient de faire dépendre la validité du changement fait aux conventions matrimoniales de la négligence ou de la mauvaise volonté d'un simple employé de l'enregistrement.

M. Treilhard dit que la formalité prescrite par l'article est nécessaire pour empêcher qu'un tiers ne soit trompé par une dérogation cachée.

Le Consul Cambacérès dit qu'alors il convient d'imposer des peines à la négligence ou à la mauvaise volonté de l'employé de l'enregistrement ; que d'ailleurs on peut supprimer cette précaution, parce que le tiers dont il vient d'être parlé aura la facilité d'aller consulter l'acte chez le notaire qui l'aura reçu.

M. Tronchet dit que la publicité des contre-lettres est indispensable pour prévenir les surprises, quoique peut-être il serait préférable d'en abroger l'usage.

L'article est adopté avec le retranchement de ces mots : *et s'il n'en a été fait mention expresse sur le registre de l'enregistrement en marge de l'article qui contient l'enregistrement du contrat.*

1398 L'article 6 est adopté.

(Procès-verbal de la séance du 13 vendémiaire an XII. — 6 octobre 1803.)

On reprend la discussion du titre X du livre III, *du Contrat de mariage et des Droits respectifs des époux.*

M. Berlier fait lecture du chapitre II, *de la Communauté légale.*

1398-1399 M. *Berlier* observe que l'article 7, qui est le premier de ce

chapitre, ayant été ajourné dans la dernière séance jusqu'a-
près la discussion totale du même chapitre, il convient de
passer aux articles suivans, qui organisent la communauté
conjugale considérée abstraction faite de l'article 7; la question de savoir si elle formera le droit commun restant encore indécise.

Quelque décision que l'on prenne à ce sujet, M. *Berlier*
pense que l'organisation proposée peut convenir, et sera en
harmonie avec les habitudes des pays coutumiers, qui tous
admettaient la communauté, à l'exception de ceux régis par
les coutumes de Normandie, Reims et Auvergne.

Quant aux règles de la communauté, l'on n'a point cherché
à innover, mais à améliorer, et surtout à recueillir et simplifier des préceptes épars et souvent obscurs.

La section Iʳᵉ, *de ce qui compose la communauté activement
et passivement*, est soumise à la discussion.

L'article 8 est discuté.　　1401

M. MALEVILLE présente des observations sur cet article.

Il ne les propose que dans l'hypothèse où la communauté
légale deviendrait le droit commun des pays qui n'y ont pas
été soumis jusqu'à présent; car, si elle ne doit avoir lieu
qu'en vertu d'une stipulation, il ne s'oppose pas à ce que ceux
qui sont habitués à ce régime le conservent.

Suivant l'article en discussion, les époux sont non seulement associés aux acquêts qui se font pendant le mariage,
mais à tous les biens mobiliers qu'ils ont en se mariant, et,
par voie de conséquence, à toutes leurs dettes.

Ainsi, par le fait seul de leur mariage, les négocians, les
manufacturiers, les capitalistes, les artistes, les artisans,
dont toute la fortune se compose du mobilier, sont censés
donner à leur femme, et lui donnent réellement la moitié de
leur bien.

D'un autre côté, un père de famille croit donner sa fille à
un homme aisé avec lequel elle pourra passer des jours tran-

quilles, et cependant tout-à-coup il apparaît des dettes dont sa fille est obligée de payer la moitié.

Ce n'est pas encore tout ; d'après cet article, les successions et les donations mobilières qui adviennent à l'un des époux se p rtagent avec l'autre. Mais cette communication, qui transporte ainsi les biens d'une famille dans l'autre est-elle donc une suite naturelle du mariage? Personne n'osera le prétendre.

Ce principe est si extraordinaire, que, dans les coutumes mêmes qui admettent la communauté, il est d'usage de stipuler que les époux ne seront pas tenus aux dettes l'un de l'autre ; que leur mobilier leur demeurera propre en tout ou en partie ; qu'il en sera de même des successions ou donations qui pourront leur advenir : en sorte que, sur cent contrats de mariage qui se passent à Paris même, il n'en est pas dix où l'on se tienne à la communauté légale telle qu'elle est ici présentée. Et l'on voudrait la donner pour règle à ceux qui l'ont toujours rejetée !

On dit qu'il faut intéresser les femmes à la prospérité du ménage ; mais le vrai moyen d'atteindre ce but, c'est l'amour maternel et l'habitude des soins domestiques, qui se trouvent partout où il y a des mœurs, et ce ne sont pas les calculs de l'intérêt personnel.

Cependant la communauté favorise-t-elle ces deux puissans ressorts? Son résultat est d'accumuler les richesses sur la tête des femmes, puisqu'elles ne peuvent qu'y gagner et jamais y perdre, au moyen de la renonciation qu'elles sont toujours libres de faire, et de la reprise de leur apport qu'elles peuvent stipuler : mais les femmes riches sont-elles moins dissipées, plus subordonnées à leurs maris, plus attachées à leur ménage? Il y a pour la négative une grande autorité, celle de *Montesquieu.* Laissons cependant pour le moment cette question indécise ; il est bien constant au moins que, pour intéresser les femmes au soin de la famille, il n'est pas nécessaire de rendre communs les biens et les dettes des époux ; il suffit de les associer aux acquêts qu'ils feront pendant le mariage : voilà un moyen direct et seul correspondant à la fin qu'on se propose.

On dit encore : comment distinguer le mobilier que chacun des époux apporte en se mariant? Il est bien plus simple de le rendre commun. Mais est-il donc plus difficile de faire des états respectifs en se mariant que dans tant d'autres occasions où le régime de la communauté l'exige? D'ailleurs, dans les pays de droit écrit, il y a des règles qui dispensent, dans la plupart des cas, de ces inventaires qui, sous l'empire des coutumes, sont ruineux pour les familles.

Ce régime ne s'y serait jamais établi si, lors de la formation des coutumes, le mobilier avait eu l'importance qu'il a aujourd'hui ; mais alors cette espèce de biens n'avait presque aucune valeur ; c'est l'extension prodigieuse que l'industrie et le commerce ont reçue depuis qui fait que la fortune d'une grande partie des familles est toute mobilière. Si, malgré cette différence énorme de position, l'habitude rend la communauté chère aux pays qui l'ont reçue, qu'il leur soit libre de la stipuler telle que l'article discuté la présente : mais si elle doit être de droit commun, M. *Maleville* demande que, lorsqu'il n'y aura pas de stipulation, elle soit réduite aux acquêts qui se font pendant le mariage.

M. Berlier répond qu'en réduisant la communauté conjugale à une simple société d'acquêts, M. *Maleville* propose de déroger aux habitudes les plus générales du pays coutumier : car la coutume de Paris, dont le ressort était immense, et le plus grand nombre des autres, confondaient le mobilier respectif des époux dans la communauté ; et cette considération est déjà de quelque poids, car il ne faut pas innover sans de graves motifs.

Mais il y a de fortes raisons pour maintenir la règle et adopter l'article : en effet, pour qui cette règle existera-t-elle ? Pour les parties qui ne feront pas de stipulations contraires ; et quels sont ces individus? Ceux qui se contenteront du droit établi ou ceux qui ne feront point de contrats.

Or, cette dernière classe est nombreuse ; et de qui se compose-t-elle ? Des membres de la société qui ont le moins de fortune : et l'on conçoit que l'on ne fait grief ni à l'un ni à l'autre des époux en mettant en communauté leur mince mobilier.

D'un autre côté, ceux qui ne font point de contrats feront-ils un inventaire ? Et comment reconnaître, à la dissolution de la communauté, ce qui appartenait à l'un et à l'autre ? Si les meubles dépérissent totalement, et qu'ils n'aient pas été estimés, comment s'en fera-t-on respectivement état ? Si donc il n'y a point eu de conventions spéciales pour exclure le mobilier de la communauté, il y tombe de sa nature : établir le contraire, ce serait exposer les époux ou leurs héritiers à des difficultés inextricables.

M. Bérenger propose une autre modification.

Il observe qu'il s'agit d'établir un droit commun qui règle la société conjugale, lorsqu'il n'y a pas de contrat de mariage, et même lorsqu'il y en a un, mais qu'il ne contient point de dérogation.

Il faut se fixer sur la jouissance des biens des époux qui, en pays de droit écrit, n'étaient pas communs, sur la constitution dotale, enfin sur la communauté légale. Un de ces systèmes exclut l'autre : on est donc forcé de choisir.

On a dit en faveur de la communauté qu'elle est plus conforme à la nature de la société conjugale ; que l'union entre les personnes, en confondant les charges, les intérêts et les besoins, conduit naturellement à rendre les biens communs. Mais il ne suffit pas d'envisager le mariage dans les rapports qu'il forme entre les époux ; il importe de le considérer aussi par rapport aux enfans, à la famille, aux créanciers. Les intérêts de ceux-ci seraient bien mieux ménagés si les intérêts des époux étaient entièrement confondus. Alors on ne craindrait plus les fraudes qui se pratiquent à l'aide de fausses collocations dotales, de fausses reconnaissances de dot ; fraudes dont on se sert trop souvent pour dépouiller les créanciers ou les familles.

La communauté universelle serait donc bien plus utile, si elle était érigée en droit commun, que la communauté partielle proposée par la section. En prévenant des abus, elle donnerait un crédit que la crainte des fraudes affaiblit. Elle est simple et dégagée de toute question ; avantage très-précieux lorsqu'il s'agit de répandre l'usage de la communauté dans des pays où elle est inconnue.

L'opinant termine en proposant de faire de la communauté universelle la base du droit commun, en permettant néanmoins les stipulations qui auraient pour objet de la limiter.

M. Tronchet examine les deux propositions contraires qui viennent d'être faites, et dont une tend à limiter la communauté, l'autre à la rendre indéfinie.

On fonde la première sur la possibilité que la communauté devienne le droit commun. Mais si on la réduit aux conquêts, alors ce sera le système du droit écrit qui formera le droit commun.

On a déjà exposé les considérations qui ont dicté la disposition qui est présentée, soit sur la communauté légale, soit sur la communauté contractuelle.

D'abord, la section a évité de proposer des règles nouvelles : elle s'est attachée à ne présenter que les règles consacrées par l'usage.

Ensuite, c'est aller contre le but de la loi que d'exclure de la communauté les biens meubles. La loi établit la communauté pour ceux qui ne font pas de contrat de mariage, ou qui, dans celui qu'ils font, s'en réfèrent à cet égard au droit commun ; ces précautions sont destinées à prévenir les difficultés. La loi manquerait donc son objet si elle laissait hors de la communauté les biens meubles que les époux possédaient au moment du mariage et ceux qui leur sont échus depuis. Comment, après trente ans, distinguer jusqu'aux effets à son usage que chaque époux a apportés ? Les difficultés seraient interminables, et s'étendraient au patrimoine entier dans les campagnes où le mobilier compose souvent toute la fortune des époux : ceci concerne les personnes qui ne font pas de contrats de mariage. Celles qui en font peuvent stipuler comme elles voudront sur leurs biens-meubles si elles les trouvent trop considérables pour les laisser tomber en totalité dans leur communauté.

Sur la seconde proposition, il importe de se bien pénétrer de l'importance de ne pas rompre les habitudes. Le projet proposé les respecte ; car les immeubles ne devenaient pas communs entre les époux, même dans les pays coutumiers, encore moins dans les pays de droit écrit.

D'ailleurs l'un des obstacles les plus communs aux mariages, qu'il est de l'intérêt de l'État de multiplier, est la crainte qu'ils ne fassent passer les biens des époux d'une famille dans l'autre. On augmenterait cet obstacle si l'on faisait entrer de plein droit dans la communauté des propriétés aussi précieuses que les immeubles. Cette considération les en avait toujours fait exclure, en laissant cependant aux parties la faculté de déroger à cette règle générale.

M. MALEVILLE dit qu'il n'a pas proposé une chose inusitée et inconnue en demandant que la communauté fût réduite aux acquêts, mais ce qui s'est toujours pratiqué sans entraîner les difficultés qu'on craint tant dans les pays de droit écrit que dans un grand nombre de coutumes, notamment celle des duché et comté de Bourgogne. Là, on fait très-facilement la distinction qu'on vient de représenter comme impossible. A défaut de renseignemens, les meubles sont censés appartenir à celui dans l'habitation duquel les époux se sont établis ; si chacun avait son domicile meublé, ils sont présumés propres par moitié ; si aucun n'avait de domicile meublé, ils sont censés acquêts. Qu'on compulse les registres des tribunaux de chaque pays, et l'on verra si c'est dans ceux du droit écrit que les mariages occasionent plus de procès.

M. Berlier réplique que la coutume du ci-devant duché de Bourgogne faisait entrer les meubles dans la communauté conjugale, et que ce point de fait serait aisé à vérifier s'il pouvait être ici de quelque influence, mais cela paraît inutile pour décider la question.

La proposition de M. *Maleville* est rejetée.

Celle de M. *Bérenger* n'est pas appuyée.

L'article est adopté.

Les articles 9 et 10 sont adoptés.   1401-1403

L'article 11 est discuté.   1404

M. Defermon demande si, par cet article, on entend mobiliser les capitaux de rentes.

Autrefois, dit-il, les rentes étaient réputées immeubles, et alors il était facile de les connaître, parce que le prêt à intérêt étant défendu, elles seules faisaient produire un revenu à des capitaux. Mais ces sortes de prêts étant maintenant permis, même d'une manière si indéfinie que le taux de l'intérêt n'est pas réglé par la loi, il devient indispensable d'expliquer positivement ce qu'on appelle capitaux de rentes.

M. Berlier dit que ces mots *capitaux de rentes* ont une acception qui a semblé rendre inutile toute explication ultérieure ; c'est une somme principale, aliénée de telle sorte, que le créancier n'en peut demander le remboursement à aucune époque, bien que le débiteur puisse se libérer toujours.

Au surplus, l'opinant observe que si, par amendement au projet des rédacteurs du Code, la section a cru devoir refuser aux capitaux de rentes la qualité de meubles en communauté, ç'a été d'abord parce que de tels capitaux sont souvent importans, et en second lieu parce qu'il n'est pas difficile de connaître de quel chef ils proviennent.

M. Jollivet pense que la définition demandée est cependant nécessaire pour faire cesser la confusion d'idées que l'usage a introduite; car on considère assez généralement comme un capital de rente le prix d'un immeuble dont le paiement est fixé à un terme, mais qui, jusque là porte intérêt.

M. TRONCHET dit que dans l'ancienne jurisprudence il n'y avait pas de doute sur la nature des rentes : elles étaient réputées immeubles, et n'entraient pas dans la communauté légale. Au reste, le caractère distinctif de ces sortes de biens n'est pas incertain. Le capital d'une rente est la somme donnée par le créancier comme prix de sa rente, que ce créancier ne peut jamais répéter, puisqu'elle est aliénée ; mais que le débiteur peut rendre pour racheter la rente.

On a depuis mobilisé les capitaux de rente ; ils entreraient donc de plein droit dans la communauté légale, si l'on n'avait égard qu'à leur nature : mais ces biens sont trop importans pour n'en être pas exceptés. Cette exception s'accorde d'ailleurs avec les motifs qui ont déterminé la désignation des biens auxquels la communauté légale doit s'étendre. On n'a eu intention, en effet, d'y comprendre que les biens qui se confondent nécessairement, parce que rien n'en indique l'origine : or, les rentes reposent sur un titre qui en fait connaître le propriétaire.

LE CONSUL CAMBACÉRÈS dit qu'il adopte cette règle ; mais il voudrait qu'on lui donnât, dans ses conséquences, toute l'étendue dont elle est susceptible, en l'appliquant aux capitaux dont l'origine est attestée par des titres authentiques.

M. BIGOT–PRÉAMENEU dit que le remboursement des capitaux de rentes n'étant jamais certain, la section n'a pas cru qu'ils dussent tomber dans la communauté, comme les sommes d'argent dont les époux ont ou doivent, à une époque déterminée, avoir la disposition. Mais cette raison ne pouvant s'appliquer aux obligations à terme, la section les a considérées comme devant entrer dans la communauté. La différence entre les sommes n'en changeait pas la nature.

Cependant comme les obligations à terme forment souvent

la plus grande partie du patrimoine, M. *Bigot-Préameneu*
partage l'opinion du Consul.

M. Treilhard dit que la section n'avait pas excepté de la
communauté les capitaux de rentes ; que c'est lui qui a proposé de les y soustraire, parce qu'il les regarde comme des
fonds qui, donnant un revenu, doivent être placés dans la
classe des immeubles ; mais si on étendait la disposition jusqu'aux autres capitaux dont l'origine et la propriété sont
établies par un titre authentique, il faudrait supprimer l'article 8, car il ne resterait plus de fonds pour former la communauté. Elle ne doit pas être prise sur les immeubles,
parce qu'il est naturel de les conserver pour la famille. Mais
la famille n'a aucun droit sur les sommes comprises dans les
obligations à termes ; elles sont ordinairement le résultat de
l'économie, et ne constituent qu'un patrimoine mobile et
momentané. Ces sortes de capitaux sont mobiliaires de leur
nature, et souvent ils sont moins précieux que certains meubles, tels que des diamans, de l'argenterie, des tableaux,
dont il est tout aussi facile de connaître l'origine.

Le Consul Cambacérès dit que depuis que la loi a déclaré
toutes les rentes rachetables, et permis le prêt à intérêt, il
n'y a plus de différence bien marquée entre les capitaux de
rentes constituées et les obligations à termes, et que même
l'usage des constitutions de rentes est presque entièrement
tombé ; on ne les employait autrefois que parce que c'était
la seule manière de tirer un intérêt de ses fonds. Maintenant qu'on obtient le même avantage des simples obligations,
et de plus celui de reprendre son capital à une époque déterminée, on préfère cette dernière manière de prêter.
Quelle serait donc la difficulté d'assimiler les obligations
portées dans un acte authentique aux capitaux de rentes, et
de les exclure également de la communauté?

La difficulté, répond-on, est qu'on ne trouvera plus de
mise en communauté.

Elle sera composée du mobilier qu'on avoue être aujourd'hui très-considérable, de l'argent dû par billets et par acte sous seing privé.

M. Tronchet dit qu'en effet l'usage des rentes constituées est entièrement tombé depuis que le prêt à intérêt est permis ; qu'il n'en existe presque pas d'autres que celles dues par l'État. Cependant, peut-être n'est-ce pas un motif d'exclure de la communauté les obligations à terme constatées par acte authentique. Il serait, au contraire, plus simple de reprendre la première idée de la section, et retranchant l'exception proposée par M. *Treilhard*, de confondre également dans la communauté légale et les capitaux de rentes et les capitaux des obligations. Les parties les en excepteront par des stipulations particulières, lorsqu'elles les jugeront trop considérables.

La proposition de M. *Tronchet* obtient la priorité, et est adoptée.

1405 à 1407   Les articles 12, 13 et 14 sont adoptés.

1408   L'article 15 est discuté.

M. Regnaud (de Saint-Jean-d'Angely) observe qu'il serait plus juste d'ordonner le remploi, dans le cas prévu par la seconde partie de cet article. La mobilisation tournerait toujours au profit du mari.

M. Tronchet dit qu'il importe de bien saisir les motifs de l'article.

Il décide d'abord que, quand l'un des deux époux se rend adjudicataire d'un immeuble compris dans une succession ouverte à son profit, l'immeuble lui demeure propre, non seulement pour la part qu'il y aurait eue, s'il eût été partagé, mais pour la totalité, et qu'il ne doit à la communauté que la récompense de ce qui en a été tiré pour solder le prix de l'adjudication.

Cette disposition est fondée sur le principe général, admis en matière de succession, que tout ce qui est recueilli à titre d'hérédité est propre, et que tout corps héréditaire adjugé à l'un des héritiers est censé avoir passé dans sa main pour la totalité à ce titre ; et c'est pour cette raison que les portions qui appartenaient par indivis aux autres héritiers ne sont pas chargées de l'hypothèque de leurs dettes.

Quand le mari s'est rendu adjudicataire au nom de sa femme héritière, l'adjudication est réputée faite à elle-même.

La seconde partie de l'article est pour le cas où la femme ayant concouru à la licitation, d'après une autorisation judiciaire accordée au refus de celle du mari, celui-ci s'est rendu adjudicataire. On a pensé que le mari ne doit pas avoir la faculté d'acquérir pour sa femme malgré elle. Si, par exemple, la succession à laquelle elle est appelée se compose presque en entier d'une maison de plaisance qui soit plus onéreuse qu'utile, et que la femme refuse de s'en charger, il ne faut pas que le mari puisse lui imposer un fardeau qu'elle a sagement repoussé.

L'ancienne jurisprudence donnait en ce cas à la femme, lors de la dissolution de la communauté, le choix de retirer l'héritage comme propre, ou de le laisser dans la classe des conquêts.

M. REGNAUD (de Saint-Jean-d'Angely) dit qu'il n'attaque pas la seconde partie de l'article ; que son objection ne porte que sur la première, et qu'il trouve injuste que l'immeuble adjugé à l'un des époux lui devienne propre au préjudice de la communauté. Cette disposition, en effet, tournera presque toujours au profit du mari, parce qu'étant maître de la communauté, il s'en appliquera seul les avantages. Il retirera, par exemple, un immeuble de la valeur de 100,000 francs, dans lequel la femme n'avait qu'une portion de 5,000 francs ; les 95,000 francs restant, il les prendra dans la communauté, et s'assurera ainsi, avec le secours des fonds communs, le bénéfice que l'acquisition pourra présenter. Le mari ne sera obligé qu'à récompenser la communauté, lors de la dissolution, des sommes qu'il en aura tirées. Les bénéfices qu'il aura pu faire sur son acquisition lui demeureront en entier; la femme en sera irrévocablement exclue.

La facilité de faire de semblables spéculations sera, au surplus, un privilége réservé au mari; jamais elle ne sera au pouvoir de la femme, lorsqu'il s'ouvrira une succession à son profit, car elle ne peut disposer des fonds de la communauté.

M. TRONCHET répond qu'en admettant la proposition de M. *Regnaud* (de Saint-Jean-d'Angely), et en déclarant conquêt de communauté l'immeuble ainsi acquis, on tombe dans l'inconvénient de l'hypothéquer aux dettes des cohéritiers, au lieu qu'on l'en affranchit si l'époux le retire à titre d'hérédité. Cette considération doit faire maintenir l'ancienne règle.

A l'égard de la seconde partie de l'article, M. *Tronchet* observe qu'on n'y a pas exprimé le principe de l'option laissée à la femme, lors de la dissolution de la communauté.

Il propose de réparer cette omission.

L'article est adopté avec l'amendement de M. *Tronchet.*

On passe à la discussion du § II, *du Passif de la communauté, et des actions qui en résultent contre la communauté.*

1409 à 1420   Les articles 16, 17, 18, 19, 20, 21, 22, 23, 24, 25 et 26 sont adoptés.

La section II, *de l'Administration de la communauté, et de l'Effet des actes de l'un ou de l'autre époux, relativement à la société conjugale,* est soumise à la discussion.

1421 à 1428   Les articles 27, 28, 29, 30, 31, 32, 33 et 34 sont adoptés.

1429   L'article 35 est discuté.

M. DEFERMON demande si cet article ne doit s'entendre que des baux faits par le mari seul, ou s'il s'étend aux baux faits conjointement par le mari et par la femme.

M. TREILHARD répond qu'il ne peut pas y avoir de doute. L'article dit textuellement qu'il ne s'agit que des baux faits par le mari. Au surplus on peut ajouter le mot *seul* pour rendre la loi encore plus claire.

L'article est adopté avec cet amendement.

Les articles 36, 37, 38, 39 et 40 sont adoptés.   1434 à 1435

L'article 41 est discuté.   1435

M. JOLLIVET dit que l'objet de cet article est évidemment de pourvoir aux intérêts de la femme, et que cependant, dans l'application, il lui deviendrait préjudiciable, si, lors de la dissolution de la communauté, les biens du mari se trouvaient insuffisans pour fournir la récompense du prix de l'immeuble vendu. Il conviendrait donc, au lieu de renvoyer dans tous ces cas la femme à ces biens, de lui permettre d'accepter le remploi, même après que la communauté est dissoute.

M. TREILHARD dit que l'article est en effet dans l'intérêt de la femme : il ne faut pas qu'elle soit forcée d'accepter une mauvaise acquisition ; mais il ne faut pas aussi qu'elle ait le droit de venir prendre arbitrairement l'immeuble destiné au remploi, lorsqu'après avoir laissé à la charge du mari tous les risques et toutes les avances, tant que la communauté a subsisté, elle se présente après la dissolution pour profiter seule des améliorations. La condition doit être égale entre des associés. La loi doit exiger que la femme s'explique sur son acceptation, au moment où l'immeuble est acquis, et décider que, si la femme refuse le remploi, l'immeuble tombe irrévocablement dans la communauté, qui profitera de l'augmentation de valeur qu'il aura reçue, comme elle aurait supporté la perte de la diminution, s'il y en avait eu.

M. JOLLIVET dit qu'il peut arriver que la femme ait été empêchée de s'expliquer, soit par la mort inopinée du mari, soit parce qu'elle n'a pas été instruite de la déclaration de remploi, et qu'alors il serait injuste de la déclarer déchue d'une faculté qu'il n'a pas été en son pouvoir d'exercer.

Il y a plus : le droit d'accepter le remploi appartient certainement à la femme tant que la communauté subsiste, c'est-à-dire jusqu'à ce que l'état en ait été constaté par un inventaire, car elle n'est dissoute qu'alors. De là résulte que la femme perdrait la faculté d'accepter au seul moment où elle pourrait en user avec discernement. En effet, jusqu'à l'inventaire, elle ignore les forces et les charges de la communauté : peut-être tous les biens qui la composent sont-ils absorbés par les dettes ; c'est cependant dans cet état d'incertitude que, d'après le système proposé, elle serait obligée d'opter, et, au contraire, à l'instant où elle acquerrait assez de lumières pour se déterminer avec connaissance, l'option lui serait interdite.

M. Treilhard pense qu'on pourrait décider que la femme sera admise à accepter le remploi, même après la dissolution de la communauté, lorsque la déclaration de remploi faite par le mari ne lui a pas été connue. Mais si elle a été présente et partie au contrat, il convient de lui refuser cet avantage. Elle a dû s'expliquer au moment même, parce que, sous aucun rapport, et surtout pour que les créanciers de la communauté ne soient pas trompés, la propriété de l'immeuble acquis et la nature de cette propriété ne peuvent pas demeurer incertaines.

M. Jollivet admet cette distinction.

M. Tronchet la rejette. Il dit que, dans aucun cas, la propriété ne peut demeurer incertaine par rapport aux créanciers. Il serait contre le bon ordre de permettre aux époux de se jouer de l'intérêt de tiers, et de remettre, après la dissolution de la communauté, à fixer la nature de l'immeuble.

M. Treilhard répond qu'il est impossible d'opposer le défaut d'acceptation à la femme qui n'a pu s'expliquer. On dira qu'elle a pu le faire postérieurement ; mais elle a pour elle la présomption que le temps lui a manqué, ou qu'elle a été empêchée d'une autre manière.

M. Berlier dit que la faculté réclamée par M. *Jollivet* au profit de la femme aurait pour désavantage de laisser la propriété long-temps incertaine ; et que deviendraient, dans l'intervalle, les actions des tiers? Que deviendraient aussi les droits par eux acquis à l'époque où il plairait à la femme d'accepter le remploi? Si le contrat ne s'est point formé avec elle dès l'origine, il doit lui rester pour toujours étranger.

M. TRONCHET dit qu'il faudrait encore amender cet amendement par la condition que l'immeuble existera encore en nature dans la communauté, et n'aura pas été hypothéqué ; car il est conquêt de communauté tant que l'acceptation de la femme ne lui a pas donné la qualité de propre.

LE CONSUL CAMBACÉRÈS et M. TREILHARD disent que l'article doit être ainsi entendu.

M. BERLIER observe que tous ces amendemens et sous-amendemens sont peut-être la meilleure preuve de la bonté de l'article ; car si la femme, à l'égard de laquelle il n'existe point de vrai contrat, ne peut se prévaloir de la déclaration de son mari que sauf le droit d'autrui, le remploi ne lui offre pas plus d'avantages que l'action ordinaire pour ses reprises, qu'elle peut exercer sur cet immeuble comme sur tous autres.

L'article est renvoyé à la section.

Les articles 42, 43, 44 et 45 sont adoptés. 1436 à 1439

La section III, *de la Dissolution de la communauté, et de quelques-unes de ses suites*, est soumise à la discussion.

L'article 46 est adopté. 1441

L'article 47 est discuté. 1442

M. RÉAL dit que cet article indique le danger que courent les intérêts du mineur, mais qu'il n'indique pas également le remède.

La coutume de Paris l'avait trouvé dans la continuation de communauté.

M. TRONCHET dit que c'était là un remède inutile et même dangereux, parce qu'il était la source de procès innombrables.

La coutume ne donnait aux enfans qu'une simple option entre la continuation de communauté et l'inventaire par commune renommée. Cette précaution était indispensable ; car en prononçant invariablement la continuation de communauté , on pouvait engager les enfans dans une communauté onéreuse.

Au surplus, il y avait une foule de questions ; d'abord sur les droits respectifs des enfans quand les uns étaient majeurs, les autres mineurs, au moment de la mort de l'époux : les majeurs profitaient-ils du privilége accordé aux mineurs ? ce point était controversé : ensuite sur la part que les majeurs devaient prendre. Le résultat le plus ordinaire de ces débats longs et multipliés était la renonciation des enfans à la continuation de la communauté. C'est ainsi que par le fait l'inventaire par commune renommée devenait la règle la plus générale : il est donc plus simple de l'établir directement.

Le Consul Cambacérès dit qu'il voit, à la vérité, les inconvéniens de la continuation de communauté , mais qu'il ne voit pas qu'on y ait suppléé par un autre remède.

M. Regnaud (de Saint-Jean-d'Angely) dit que le remède est dans la garantie du subrogé tuteur , qui, pour s'y soustraire , forcera le père de faire inventaire.

Le Consul Cambacérès objecte que le subrogé tuteur peut être insolvable.

M. Réal ajoute que d'ailleurs le subrogé tuteur ne répond que des condamnations qui sont prononcées contre le père , et qu'il est très-difficile d'en établir le montant après un laps de temps considérable.

M. Berlier dit que beaucoup de coutumes qui admettaient la communauté n'en admettaient pas également la continuation à défaut d'inventaire; qu'au surplus il faut examiner si cette règle , suivie dans la coutume de Paris et quelques autres , doit être maintenue.

L'opinant ne le pense pas ; toute société se rompt par la mort : voilà le principe auquel il faut se tenir, sauf les précautions à prendre pour assurer les droits des héritiers de l'associé mort ; et l'article en discussion fait assez à ce sujet, soit par la peine qu'il inflige au survivant des époux, soit par la responsabilité qu'il impose au subrogé tuteur.

D'ailleurs M. *Tronchet* a très-justement objecté les embarras de cette continuation de communauté ; mais ils deviendraient plus grands encore si le survivant des époux se remariait, car le nouvel époux entrerait aussi dans la société ; c'est ce qui avait lieu dans le ressort de la coutume de Paris et de celles qui avaient admis la continuation de la communauté : or, l'on conçoit qu'une telle institution est essentiellement mauvaise.

Le Consul Cambacérès dit qu'il ne prétend pas défendre la continuation de la communauté, quoiqu'elle ait pour elle le préjugé de l'ancienneté, et que toute innovation ne soit ordinairement qu'un essai, souvent dangereux, mais qu'il demande qu'on pourvoie du moins aux intérêts des mineurs.

M. Cretet dit qu'on pourrait, en modifiant le droit existant, imposer au père d'enfans mineurs l'obligation de faire inventaire, et charger la partie publique de tenir la main à ce que ce devoir soit rempli.

M. Treilhard répond que l'inventaire ne peut pas être forcé, parce que souvent la succession serait absorbée par les frais qu'il entraîne.

Quant à la continuation de communauté, on a toujours réclamé contre cette institution. La section saisira avec avidité les moyens qui pourront être proposés pour suppléer à ce remède dangereux ; mais elle a pensé que les garanties qu'elle propose mettent l'intérêt des mineurs à couvert. Le père qui ne fait pas inventaire est déchu de l'usufruit des biens de ses enfans mineurs ; le subrogé tuteur est responsable ; s'il est sans fortune, les enfans ont du moins leur action contre le père ; que si l'on suppose le père également insolvable, il n'est, dans aucun système, de moyens d'assurer leurs intérêts ; la continuation de communauté ne serait pas plus efficace que l'inventaire par commune renommée.

M. Jollivet propose de charger, en outre, le père de payer aux enfans une indemnité égale au quart en sus de la valeur que la commune renommée donnera au mobilier.

L'article est adopté.

1443   L'article 48 est discuté.

M. Bérenger demande si cet article est applicable au cas où il n'y a pas de communauté.

M. Tronchet répond qu'il n'y a pas de doute que, même dans le système des pays de droit écrit, la femme ne puisse faire exclure le mari de l'administration de la dot, lorsqu'il a mal géré.

M. Berlier dit que, quoique l'article ne se rapporte qu'à la femme commune, néanmoins partout où il y a une dot la gestion n'en est pas conservée au mari qui a mal administré.

L'article est adopté.

1444 à 1446   Les articles 49, 50 et 51 sont adoptés.

1447   L'article 52 est discuté.

M. Maleville observe que, dans les pays de droit écrit, non seulement les créanciers pouvaient intervenir, mais que la femme était encore obligée de les appeler.

MM. Tronchet et Treilhard répondent que cette condition est inadmissible, parce que la femme peut ne pas connaître tous les créanciers.

M. Maleville réplique que les séparations ne sont jamais demandées qu'à l'occasion de quelques poursuites faites contre le mari : ce sont ces créanciers poursuivans que la femme doit être forcée d'appeler. La condition s'exécutait ainsi dans les pays de droit écrit. Elle se réduit aux poursuivans ; et l'on ne propose pas de déclarer la séparation nulle, faute par la femme d'avoir appelé *tous* les créanciers.

M. Treilhard observe que la formalité que propose M. *Maleville* ne tend qu'à donner une grande publicité aux séparations, pour empêcher qu'elles ne soient frauduleuses. Il est possible d'atteindre ce but par des moyens plus simples ; mais ce n'est pas ici leur place. Ils appartiennent au Code *de la procédure civile* qu'on prépare en ce moment, et ils y sont proposés.

M. Regnaud (de Saint-Jean-d'Angely) objecte que ce Code n'est destiné qu'à régler les formes, qu'ainsi il ne doit pas s'expliquer sur la nécessité d'appeler des tiers pour opérer une séparation ; c'est au Code civil à l'établir. Cette précaution, au surplus, est d'une extrême importance. On a vu trop souvent que, tandis que des créanciers poursuivaient le mari, la femme, profitant de ce qu'elle n'était pas marchande publique, et que par cette raison sa séparation ne devait pas être affichée au tribunal de commerce, se faisait séparer clandestinement. Le mari éconduisait ensuite ses créanciers, en leur opposant un faux procès-verbal de vente qui rendait la femme propriétaire des meubles.

M. Bigot-Préameneu dit qu'il est impossible d'imposer à la femme l'obligation d'appeler les créanciers ; que, n'ayant point l'administration, elle n'est même pas présumée les connaître tous, et que d'ailleurs cette précaution extrême donnerait lieu à une foule d'incidens qui entraîneraient et beaucoup de longueurs et beaucoup de frais.

Au reste, tout est solennel dans les séparations ; les motifs et les causes qui l'ont fait prononcer sont consignés : si donc elle avait été obtenue par collusion entre le mari et la femme, il serait permis aux créanciers d'intenter une action pour cause de fraude.

M. Treilhard dit que la proposition de M. *Regnaud* (de Saint-Jean-d'Angely) ne remédierait pas aux inconvéniens qu'il a indiqués. Dans son hypothèse, en effet, il faut supposer que les époux agissent de concert. Mais, si ce concert existe, ils auront à leur disposition quelques créanciers supposés par lesquels ils feront entamer des poursuites, afin que la femme, en les appelant, paraisse remplir la condition imposée à la séparation, et elle alléguera ensuite qu'elle n'a pas connu les autres créanciers qui seront les seuls véritables.

Il suffit donc de poser ici le principe de la publicité, et de renvoyer, pour le mode d'exécution, au Code de la *procédure civile*, dont le projet contient sur ce sujet les dispositions ultérieures qu'on peut désirer.

M. Ségur dit qu'on pourrait dès à présent établir que les demandes en séparation seront affichées.

M. Berlier dit qu'il avait eu d'abord cette idée, et l'avait proposée à la section ; mais qu'il s'en est ensuite départi, vu la difficulté de son exécution, et plus essentiellement encore par la considération que le Code de *procédure*, qui sera bientôt mis à la discussion, tend à donner la plus grande publicité aux demandes en séparation de biens.

Il faut, sans doute, qu'il soit suffisamment pourvu à l'intérêt des tiers, et cet objet sera rempli.

M. Regnaud (de Saint-Jean-d'Angely) demande que la section s'explique d'abord sur l'intervention du créancier. Lui sera-t-il permis d'attaquer par tierce opposition le jugement de séparation, lorsqu'il n'aura pas été appelé ?

M. Tronchet dit que cette faculté ne peut lui être accordée, parce que, si la séparation est régulière et légalement faite, il ne faut pas permettre que la tranquillité de la femme soit troublée par de vaines difficultés.

M. Treilhard ajoute que la voie de la tierce opposition ne peut être accordée qu'à ceux qui ont dû être appelés en cause.

Il demande de nouveau que l'on se borne, quant à présent, à exprimer le principe de la publicité des demandes en séparation.

M. Regnaud (de Saint-Jean-d'Angely) dit qu'il suffira du procès-verbal où la discussion qui vient d'avoir lieu sera consignée pour constater à cet égard l'intention du Conseil.

L'article est adopté.

1448 à 1452 Les articles 53, 54, 55, 56 et 57 sont adoptés.

La section IV, *de l'Acceptation de la communauté, et de la Renonciation qui peut y être faite, avec les Conditions qui y sont relatives*, est soumise à la discussion.

L'article 58 est discuté.   1453

M. Jollivet observe que cet article paraît en contradiction avec l'article 1er, qui établit la liberté des stipulations matrimoniales.

M. Berlier répond que le mari étant, par la nature des choses, le maître absolu de la communauté, il doit être accordé quelque chose à la femme ou à ses héritiers, non pour contre-balancer ce pouvoir, mais afin qu'à son terme les résultats n'en atteignent pas leur propre substance d'une manière souvent ruineuse.

La faculté de renoncer est juste, sans doute, dans une société de cette espèce, et ce point n'est pas même contesté; mais s'il en est ainsi, pourquoi voudrait-on qu'il fût permis de se départir d'une telle faculté? Elle est ici conservatrice des droits du faible. Elle est véritablement d'ordre public, et la prohibition d'y déroger doit être maintenue.

L'article est adopté.

Les articles 59, 60, 61, 62, 63, 64, 65, 66, 67, 68 et 69 1454à1564 sont adoptés.

La section V, *du Partage de la communauté après l'acceptation*, est soumise à la discussion.

Les articles qui la composent ne donnent lieu à aucune 1467à1491 observation, et sont adoptés.

La section VI, *de la Renonciation à la communauté et de ses effets*, est soumise à la discussion.

Les articles qui la composent sont adoptés sans observa- 1492à1495 tions.   et 1465

L'article 7, ajourné après le chapitre II, est soumis à la 1495-1499 discussion.

M. MALEVILLE dit qu'il persiste dans l'opinion qu'il a précédemment émise.

La communauté légale n'était pas le droit commun de la majorité de la France. Elle était d'abord inconnue dans tous les pays de droit écrit qui en forment une si grande partie ; elle était rejetée dans la vaste province de Normandie, et réduite à la société d'acquêts dans les deux Bourgognes, et d'autres coutumes particulières : cependant, si on doit rendre un droit commun, c'est celui, sans doute, auquel la majorité du peuple est déjà habituée, toutes choses d'ailleurs égales.

On a fait valoir le silence des tribunaux comme un indice qu'elle est avouée par l'opinion publique. De tous les tribunaux placés dans le pays de droit écrit, un seul, a-t-on dit, celui de Montpellier, a réclamé.

On aurait dû ajouter celui de Rouen, qui s'est également élevé contre la communauté légale ; mais en général on interprète mal le silence des tribunaux, il n'est pas de leur part un aveu. On a eu occasion depuis de s'instruire d'une manière particulière du sentiment de ceux des pays de droit écrit, et de se convaincre qu'il n'est nullement favorable à la communauté.

D'ailleurs les choses ne seraient pas égales entre les diverses parties du territoire français. Le système de la communauté, en effet, est absolument inconnu dans les pays de droit écrit, et cependant il ne leur suffira pas, pour s'y soustraire, de l'exclure par une stipulation générale ; il faudra encore, à la manière dont la loi est rédigée, entrer dans une foule de détails, et recourir à beaucoup de stipulations particulières si l'on veut qu'il ne conserve aucune influence sur la communauté conjugale.

LE CONSUL CAMBACÉRÈS dit qu'il croit en général le système de la communauté le plus approprié à la nature de l'union conjugale ; que cependant il est injuste d'en faire le droit commun d'un pays dont plus de la moitié n'en a pas l'habitude, et qui, quoiqu'il soit bien présenté dans le projet, ne sera pas entendu, même par les gens d'affaires, dans les contrées où il n'est pas en usage. C'est cette considération qui avait déterminé le Consul à s'élever contre la prohibition formelle, contenue dans l'article 1er, de stipuler qu'on se marie suivant les principes du droit écrit; car il importait de conserver l'usage d'une formule simple, et dont les effets sont connus à cette masse considérable de citoyens qui ne voudront pas adopter la communauté. Cette précaution corrigeait l'inconvénient du droit commun. Le temps aurait accoutumé les esprits au système de la communauté et l'aurait insensiblement fait passer dans les mœurs. Pourquoi froisser sans nécessité les habitudes de tant de pays, et surtout de ceux qui sont nouvellement réunis à la France? Il est plus prudent et plus juste de leur laisser la facilité de les suivre, en érigeant d'ailleurs la communauté légale en droit commun.

Le Consul se borne donc à demander le retranchement de la prohibition portée en l'article 1er.

M. TRONCHET pense qu'il serait prudent de remettre la délibération à la prochaine séance, afin de se ménager le temps de réfléchir.

On ne peut en effet, dit-il, retrancher la prohibition de l'article 1er sans se jeter dans de grands embarras. Chacun voudra choisir une coutume pour régir sa communauté, et alors il faudra les conserver toutes. Si l'on veut prévenir cet inconvénient, ce ne peut être que par le sacrifice de l'un ou de l'autre des usages reçus. Sur la société conjugale, il n'y avait que deux systèmes, celui de la communauté, celui de la dot. Hors la coutume de Normandie et celle de Reims, qu'on peut cependant à la rigueur ramener aux principes de la communauté, toutes les coutumes et tous les parlemens adoptaient l'un ou l'autre de ces deux systèmes. Le législateur, s'il a égard aux usages, est donc obligé d'opter. Mais quelque choix qu'il fasse, l'embarras sera le même pour établir la législation nouvelle ; car il est certain que , malgré la clarté de la rédaction, on ne comprendra pas , dans les pays de droit écrit, le système de la communauté, et que réciproquement on ne comprendra pas dans les pays coutumiers le système du droit écrit.

Mais peut-être pourrait-on échapper à cette difficulté en constituant par la loi l'un et l'autre système, sans donner la préférence à aucun , et en se bornant à dire que chacun se mariera suivant celui des deux qu'il voudra choisir, et qu'alors ses conventions matrimoniales seront réglées par les dispositions contenues dans la loi et auxquelles il n'aura pas été dérogé. On aurait, à la vérité, deux droits différens , mais l'uniformité de la législation ne serait pas rompue puisqu'aucun de ces deux droits ne serait territorial.

M. REGNAUD (de Saint-Jean-d'Angely) demande comment , dans ce système, la société conjugale sera réglée lorsque les parties n'auront pas fait de contrat de mariage.

M. TRONCHET dit qu'en effet cette difficulté ne peut être levée si on n'établit pas le droit territorial.

M. MALEVILLE pense qu'on pourrait donner pour droit commun aux ci-devant pays coutumiers , la communauté légale telle qu'elle est organisée par le projet, et aux ci-devant pays de droit écrit le système dotal tel qu'il sera réglé par les dispositions suivantes.

M. CRETET dit qu'il importe de ne pas écarter la proposition de M. *Tronchet* sans s'être bien convaincu qu'elle ne peut se réaliser.

On perpétuerait la diversité des lois que le Code civil doit faire disparaître si l'on autorisait les parties à s'y référer. D'ailleurs la jurisprudence des pays de droit écrit est vague et incertaine ; les coutumes sont un livre qui doit être fermé pour l'avenir.

Les choses doivent être considérées dans leur nature : en se mariant on veut être en communauté ou on ne veut pas y être. La proposition de M. *Tronchet* embrasse les deux cas.

Le Conseil retranche la prohibition portée en l'article 1er, et adopte l'article 7.

M. Berlier fait lecture du chapitre III, *des Conventions qui peuvent modifier la communauté légale ou l'exclure totalement.*

La section Ire, *de la Communauté conventionnelle ou des Conventions modificatives de la communauté légale*, est soumise à la discussion.

Les articles de cette section ne donnent lieu à aucune ob- 1497à1528
servation et sont adoptés.

La section II, *des Conventions exclusives de toute communauté et de leurs effets*, est soumise à la discussion.

Les articles 132, 133, 134, 135, 136 et 137 sont adoptés. sect. 9
1530à1534

L'article 138 est soumis à la discussion.   1538

M. Portalis observe que, si la dot est déclarée aliénable, le système du pays de droit écrit est entièrement sacrifié, et ceux qui croiront le prendre pour règle de leur association se trouveront cependant régis par le système coutumier.

M. Berlier répond qu'à la vérité cet article contient une grande dérogation à la loi *Julia;* car, par l'effet de cette loi, le fonds dotal était inaliénable, et l'article proposé ne veut pas même qu'une disposition spéciale puisse le rendre tel ; voici les motifs de cette proposition.

On a considéré, dit M. *Berlier*, que la dot d'une femme lui était constituée ou par elle-même ou par autrui, et notamment par ses parens.

Au premier cas, on a trouvé qu'il était peu conforme au droit de propriété que la femme se privât de ce droit, et s'imposât à elle-même des entraves qui seraient souvent suivies de regrets; l'on a pensé aussi que cette incapacité civile nuirait à la société entière, et n'était qu'une espèce de substitution dont la femme se grevait elle-même.

Au deuxième cas, c'est-à-dire lorsque la dot est constituée par des parens, ils peuvent stipuler soit un droit de retour, soit les dispositions permises par l'article 337 du livre Ier du Code, et, sous ce rapport, leur intérêt est satisfait.

Au surplus cet article mérite toute l'attention du Conseil.

M. PORTALIS dit qu'on s'est nécessairement formé une fausse idée de l'inaliénabilité de la dot, lorsqu'on a craint qu'elle ne mît obstacle au droit de retour, et qu'elle ne ramenât les inconvéniens des substitutions.

Et, en effet, l'inaliénabilité n'existe et n'a de résultat que pendant la durée du mariage; elle s'évanouit aussitôt qu'il est dissous. Pendant le mariage, elle a le double objet de conserver la dot à la femme et les fruits de la dot au mari. Sous le premier rapport, elle empêche le mari de disposer seul de la dot sous aucun prétexte, et la femme d'en disposer, même avec le consentement du mari, sans causes légitimes: sous le second, elle interdit à la femme de donner sa dot entre-vifs, mais elle lui laisse la faculté d'en disposer par testament, parce qu'alors la donation n'a d'effets que dans un temps où le mari n'a plus aucun droit aux fruits. Ainsi la dot devenant aliénable après la dissolution du mariage, il est évident que l'inaliénabilité n'a rien de commun ni avec les substitutions, ni avec le droit de retour, qui ne peut avoir lieu qu'à une époque où l'inaliénabilité a cessé.

LE CONSUL CAMBACÉRÈS dit qu'il n'aperçoit pas les motifs de l'innovation singulière qu'on propose; il ne voit même pas l'utilité des articles destinés à fixer le système du droit écrit.

D'abord ils n'énoncent pas à beaucoup près toutes les maximes que le droit écrit consacre. Ensuite il suffit d'avoir établi un droit commun, et d'avoir laissé aux parties la liberté de se marier suivant les usages qu'elles préféreront. Elles pourront prendre le droit écrit pour règle de leur mariage. Il n'est pas besoin, pour qu'une telle stipulation ait tous ses effets, d'insérer les dispositions du droit écrit dans le Code civil ; mais il ne faut pas non plus l'affaiblir en dénaturant le système dotal.

M. Treilhard dit qu'il sera difficile de concilier l'inaliénabilité de la dot avec l'intérêt du commerce et l'abolition des substitutions. Pourquoi, de tous les biens qui existent, ceux qui sont dotaux sont-ils seuls soustraits à la circulation? L'inaliénabilité en assurera le retour à la famille ; mais cet intérêt est faible aux yeux du législateur. L'obligation de doter est imposée au père par le droit naturel : elle est dégagée de toute condition et de toute espérance de retour.

Au reste, même dans les pays de droit écrit, on a si bien reconnu que l'inaliénabilité de la dot était impossible, qu'on l'a modifiée par une foule d'exceptions.

Dans les pays coutumiers on connaissait aussi une dot, et cependant on n'y connaissait pas les précautions imaginées par le droit romain pour en assurer la conservation ; on y pourvoyait par des moyens moins extraordinaires.

Le Consul Cambacérès dit que le principe de l'inaliénabilité n'a jamais été modifié que par deux exceptions qui même étaient controversées. La dot ne pouvait être aliénée que pour racheter le mari de l'esclavage et pour payer les dettes pour lesquelles il était retenu en prison : encore, dans le dernier cas, fallait-il qu'il ne pût se dégager par la cession de biens.

L'inaliénabilité, au surplus, n'est pas établie pour ramener la dot dans la main du père, mais pour conserver le fonds affecté aux charges du mariage et le patrimoine des enfans.

Le Conseil adopte le principe de l'inaliénabilité de la dot.

M. Berlier demande qu'on exprime qu'il sera permis de déroger à ce principe par une stipulation.

Cet amendement est adopté.

M. Treilhard demande si le principe de l'inaliénabilité de la dot sera également appliqué à ceux qui se marieront suivant les maximes du droit coutumier.

Le Consul ajourne la suite de la discussion, et renvoie à la

section les propositions adoptées, en la chargeant de les rédiger en articles.

(Procès-verbal de la séance du 4 brumaire an XII. — 27 octobre 1803.)

M. BERLIER, présente le titre X du livre III, rédigé conformément aux amendemens adoptés dans les séances des 6
et 13 vendémiaire an XII.

Il est ainsi conçu :

DU CONTRAT DE MARIAGE ET DES DROITS RESPECTIFS DES ÉPOUX.

CHAPITRE Ier.
Dispositions générales.

1387   Art. 1er. « La loi ne régit l'association conjugale, quant aux
« biens, qu'à défaut de conventions spéciales, que les époux
« peuvent faire comme ils le jugent à propos, pourvu qu'elles
« ne soient pas contraires aux bonnes mœurs, et, en outre,
« sous les modifications qui suivent : »

1388   Art. 2. « Les époux ne peuvent déroger ni aux droits résul-
« tant de la puissance maritale sur la personne de la femme
« et des enfans, ou qui appartiennent au mari comme chef,
« ni aux droits conférés au survivant des époux par les titres
« *de la Puissance paternelle* et *de la Tutelle*, ni aux disposi-
« tions prohibitives du Code civil. »

1389   Art. 3. « Ils ne peuvent faire aucune convention ou renon-
« ciation dont l'objet serait de changer l'ordre légal des suc-
« cessions, soit par rapport à eux-mêmes dans la succession
« de leurs enfans ou descendans, soit par rapport à leurs
« enfans entre eux ; sans préjudice des donations entre-
« vifs ou testamentaires, qui pourront avoir lieu selon les
« formes et dans les cas déterminés par le Code. »

1390   Art. 4. « Les époux ne peuvent plus stipuler d'une manière
« générale que leur association sera réglée par l'une des cou-

« tumes, lois ou statuts ci-devant locaux qui régissaient ci-
« devant les diverses parties du territoire français, et qui sont
« abrogés par la présente loi. »

Art. 5. « Ils peuvent cependant déclarer d'une manière 1391
« générale qu'ils entendent se marier ou sous le régime de la
« communauté, ou sous le régime dotal ; mais la simple sti-
« pulation que les époux se marient sans communauté, ou
« qu'ils seront séparés de biens, n'emporte point soumission
« au régime dotal.

« Au premier cas, et sous le régime de la communauté,
« les droits des époux et de leurs héritiers seront réglés par
« les dispositions du chapitre II ci-après.

« Au deuxième cas, et sous le régime dotal, leurs droits
« seront réglés par les dispositions du chapitre III. »

Art. 6. « A défaut de déclaration pareille ou de contrat de 1393
« mariage, les règles établies dans le chapitre II formeront le
« droit commun de la France. »

Art. 7. « Toutes conventions matrimoniales seront rédi- 1394
« gées, avant le mariage, par acte authentique et devant
« notaire. »

Art. 8 et 9 (*tels que sont les articles 3 et 4 du procès-verbal* 1395 à 1396
du 6 vendémiaire an XII).

Art. 10. « Tout changement, même revêtu des formes 1397
« prescrites par l'article précédent, sera sans effet à l'égard
« des tiers s'il n'a été rédigé à la suite de la minute du contrat
« de mariage, et si l'expédition n'en est délivrée à la suite de
« l'expédition de ce contrat. »

Art. 11 (*le même que l'article 6 du procès-verbal énoncé*). 1398

CHAPITRE II.

Du Régime en communauté.

PREMIÈRE PARTIE.

De la Communauté légale.

Art. 12. « La communauté qui s'établit par la simple dé- 1400

« claration qu'on se marie sous le régime de la communauté,
« ou à défaut de contrat, est soumise aux règles expliquées
« dans les six sections qui suivent. »

SECTION Ire. — *De ce qui compose la Communauté activement
et passivement.*

§ Ier. *De l'Actif de la communauté.*

1401 à 1403   Art. 13, 14 et 15 (*les mêmes que les articles* 8, 9 *et* 10 *du
procès-verbal ci-dessus énoncé*).

1404   Art. 16. « Les immeubles que les époux possèdent au jour
« de la célébration du mariage, ou qui leur échoient pendant
« son cours à titre de succession, n'entrent point en commu-
« nauté.

« Néanmoins si l'un des époux avait acquis un immeuble
« depuis le contrat de mariage, contenant stipulation de
« communauté, et avant la célébration du mariage, l'im-
« meuble acquis dans cet intervalle entrera dans la commu-
« nauté, à moins que l'acquisition n'ait été faite en exécu-
« tion de quelque clause du mariage ; auquel cas elle serait
« réglée suivant la convention. »

1405   Art. 17. « Les donations d'immeubles qui ne sont faites,
« pendant le mariage, qu'à l'un des deux époux, ne tombent
« point en communauté, et appartiennent au donataire seul ;
« à moins que la donation ne contienne expressément que la
« chose donnée appartiendra à la communauté. »

1406-1407   Art. 18 et 19 (*les mêmes que les articles* 13 *et* 14 *du procès-
verbal ci-dessus énoncé*).

1408   Art. 20. « L'immeuble acquis par licitation sur une succes-
« sion échue à l'un des époux, et dont ce dernier était pro-
« priétaire par indivis, ne forme point un conquêt ; sauf à in-
« demniser la communauté de la somme qu'elle a fournie
« pour cette acquisition. »

« Si la femme a procédé seule dans la licitation, comme
« autorisée en justice au refus du mari, et si, en ce cas, le
« mari s'est rendu seul adjudicataire en son nom personnel,

« la femme, lors de la dissolution de la communauté, a le
« choix, ou d'abandonner l'effet à la communauté, laquelle
« devient alors débitrice envers la femme de la portion ap-
« partenant à celle-ci dans le prix, ou de retirer l'immeuble,
« en remboursant à la communauté le prix de l'acquisition. »

§ II. *Du Passif de la communauté et des Actions qui en résultent contre la communauté.*

Art. 21. « La communauté se compose passivement,   1409
« 1°. De toutes les dettes mobilières dont les époux étaient
« grevés au jour de la célébration de leur mariage, ou dont se
« trouvent chargées les successions qui leur échoient durant
« le mariage ; sauf la récompense pour celles relatives aux
« immeubles propres à l'un ou à l'autre des époux ;

« 2°. Des dettes, tant en capitaux qu'arrérages ou intérêts,
« contractées par le mari pendant la communauté, ou par la
« femme du consentement du mari, sauf la récompense dans
« le cas où elle a lieu ;

« 3°. Des arrérages et intérêts seulement des rentes ou
« dettes passives qui sont personnelles aux deux époux ;

« 4°. Des réparations usufructuaires des immeubles qui
« n'entrent point en communauté ;

« 5°. Des alimens des époux, de l'éducation et entretien
« des enfans, et de toute autre charge du mariage. »

Art. 22, 23, 24, 25 et 26 (*les mêmes que les articles* 17,   1410 à 1414
18, 19, 20 *et* 21 *du procès-verbal du 6 vendémiaire an XII*).

Art. 27. « A défaut d'inventaire, et dans tous les cas où ce   1415
« défaut préjudicie à la femme, elle ou ses héritiers peuvent,
« lors de la dissolution de la communauté, poursuivre les ré-
« compenses de droit, et même faire preuve, tant par titres
« et par papiers domestiques que par témoins, et au besoin
« par la commune renommée, de la consistance et valeur du
« mobilier non inventorié.

« Le mari n'est jamais recevable à faire cette preuve. »

Art. 28. « Les dispositions de l'article 26 ne font point   1416

« obstacle à ce que les créanciers d'une succession en partie
« mobilière et en partie immobilière poursuivent leur paie-
« ment sur les biens de la communauté, soit que la succes-
« sion soit échue au mari, soit qu'elle soit échue à la femme,
« lorsque celle-ci l'a acceptée du consentement de son mari ;
« le tout sauf les récompenses respectives.

    « Il en est de même si la succession n'a été acceptée par la
« femme que comme autorisée en justice, et que néanmoins
« le mobilier en ait été confondu dans celui de la commu-
« nauté, sans un inventaire préalable. »

1417à1420   Art. 29, 3o et 31 (*tels que sont les articles* 24, 25 *et* 26 *du*
procès-verbal énoncé).

    SECTION II. — *De l'Administration de la communauté, et de*
l'Effet des actes de l'un ou de l'autre époux relativement à
la société conjugale.

1421à1427   Art. 32, 33, 34, 35, 36, 37 et 38 (*les mêmes que les ar-*
ticles 27, 28, 29, 3o, 31, 32 *et* 33 *du procès-verbal déjà*
énoncé).

1428   Art. 39. « Le mari a l'administration de tous les biens per-
« sonnels de la femme.

    « Il peut exercer seul toutes les actions mobilières qui ap-
« partiennent à la femme.

    « Il ne peut aliéner les immeubles personnels de sa femme
« sans son consentement.

    « Il est responsable de tout dépérissement des biens per-
« sonnels de sa femme, causé par défaut d'actes conserva-
« toires. »

1429   Art. 40. « Les baux que le mari seul a faits des biens de sa
« femme pour un temps qui excède neuf ans ne sont, en cas
« de dissolution de la communauté, obligatoires vis-à-vis de
« la femme ou de ses héritiers que pour le temps qui reste à
« courir, soit de la première période de neuf ans, si les par-
« ties s'y trouvent encore, soit de la seconde, et ainsi de
« suite, de manière que le fermier n'ait que le droit d'ache-

« ver la jouissance de la période de neuf ans où il se trouve. »

Art. 41 , 42 et 43 (*tels que sont les articles* 36 , 37 *et* 38 *du* 1030 à1432
même procès-verbal).

Art. 44. « S'il est vendu un immeuble appartenant à l'un 1433
« des époux, de même que si l'on s'est rédimé en argent de
« services fonciers dus à des héritages propres à l'un d'eux ,
« et que le prix en soit tombé dans la communauté, le tout
« sans remploi, il y a lieu au prélèvement de ce prix sur la
« communauté, au profit de l'époux qui était propriétaire
« soit de l'immeuble vendu, soit des services rachetés. »

Art. 45, 46 et 47 (*les mêmes que les articles* 40, 41 *et* 42 1434 31436
du procès-verbal déjà rapporté).

Art. 48. « Toutes les fois qu'il est pris sur la communauté 1437
« une somme soit pour acquitter des dettes ou charges per-
« sonnelles à l'un des époux , telles que le prix ou partie du
« prix d'un immeuble à lui propre, ou le rachat de services
« fonciers, soit pour le recouvrement, la conservation ou l'a-
« mélioration de ses biens personnels, et généralement toutes
« les fois que l'un des deux époux a tiré un profit personnel
« des biens de la communauté, il en doit la récompense. »

Art. 49 et 50 (*tels que les articles* 44 *et* 45 *du même procès-* 1438 à1439
verbal).

Art. 51. « La garantie de la dot est due par toute personne 1440
« qui l'a constituée, et ses intérêts courent du jour du ma-
« riage, s'il n'y a stipulation contraire. »

SECTION III. — *De la Dissolution de la communauté et de*
quelques-unes de ses suites.

Art. 52 (*le même que l'article* 46 *du procès-verbal du* 6 *ven-* 1441
démiaire).

Art. 53. « Le défaut d'inventaire après la mort naturelle ou 1442
« civile de l'un des époux ne donne pas lieu à la continuation
« de communauté, sauf les poursuites des parties intéressées,
« relativement à la consistance des biens et effets communs ,

« dont la preuve pourra être faite tant par titres que par la
« commune renommée.

« S'il y a des enfans mineurs, le défaut d'inventaire fait
« perdre en outre à l'époux survivant la jouissance de leurs
« revenus, et le subrogé tuteur qui ne l'a point obligé à faire
« inventaire est solidairement tenu avec lui de toutes les con-
« damnations qui peuvent être prononcées au profit des mi-
« neurs. »

1443 à 1448   Art. 54, 55, 56, 57, 58 et 59 (*les mêmes que les articles* 48,
49, 50, 51, 52 *et* 53 *du procès-verbal énoncé*).

1449   Art. 60. « La femme séparée, soit de corps et de biens, soit
« de biens seulement, en reprend la libre administration.

« Elle peut disposer de son mobilier et l'aliéner.

« Elle ne peut aliéner ses immeubles sans le consentement
« du mari, ou sans être autorisée en justice à son refus. »

1450   Art. 61. « Le mari n'est point garant du défaut d'emploi
« ou de remploi du prix de l'immeuble que la femme séparée
« a aliéné sous l'autorisation de la justice, à moins qu'il n'ait
« concouru au contrat, ou qu'il ne soit prouvé que les de-
« niers ont été reçus par lui, ou ont tourné à son profit.

« Il est garant du défaut d'emploi ou de remploi si la vente
« a été faite en sa présence et de son consentement ; il ne l'est
« point de l'utilité de cet emploi. »

1451-1452   Art. 62 et 63 (*tels que les articles* 56 *et* 57 *du même procès-
verbal*).

SECTION IV. — *De l'Acceptation de la communauté, et de la
Renonciation qui peut y être faite, avec les conditions qui y
sont relatives.*

1453 à 1461   Art. 64, 65, 66, 67, 68, 69, 70, 71 et 72 (*les mêmes que
les articles* 58, 59, 60, 61, 62, 63, 64, 65 *et* 66 *du procès-
verbal du* 6 *vendémiaire*).

1462   Art. 73. « Les dispositions des articles 67 et suivans sont
« applicables aux femmes des individus morts civilement, à
« partir du moment où la mort civile a commencé. »

Art. 74 et 75 (*les mêmes que les articles 68 et 69 dudit pro-* 1463-1464
cès-verbal).

SECTION V.—*Du Partage de la communauté après l'acceptation.*

Art. 76 (*conforme à l'article 70 du procès-verbal énoncé*).　　1467

§ Ier. *Du Partage de l'actif.*

Art. 77 et 78 (*tels que les articles 71 et 72 du procès-verbal* 1468-1469
du 6 vendémiaire).

Art. 79. « Sur la masse des biens, chaque époux, ou son　1470
« héritier, prélève :

« 1°. Ceux de ses biens personnels et qui ne sont point en-
« trés en communauté, s'ils existent en nature, ou ceux qui
« ont été acquis en remploi ;

« 2°. Le prix de ses immeubles qui ont été aliénés pendant
« la communauté, et dont il n'a point été fait remploi ;

« 3°. Les indemnités qui lui sont dues par la communauté. »
Art. 80, 81, 82, 83, 84, 85, 86, 87, 88, 89 et 90 (*tels* 1471à1481
que sont les articles 74, 75, 76, 77, 78, 79, 80, 81, 82, 83
et 84 *du procès-verbal ci-dessus énoncé*).

§ II. *Du Passif de la communauté et du Paiement des dettes.*

Art. 91, 92, 93, 94, 95, 96, 97, 98, 99 et 100 (*les* 1482à1491
mêmes que les articles 85, 86, 87, 88, 89, 90, 91, 92, 93
et 94 *du procès-verbal du* 6 *vendémiaire*).

SECTION VI. — *De la Renonciation à la communauté et de ses
effets.*

Art. 101 (*tel que l'article 95 du procès-verbal du 6 vendémiaire*). 1492
Art. 102. « La femme renonçante a le droit de reprendre : 1493
« 1°. Les immeubles à elle appartenant, lorsqu'ils exis-
« tent en nature, ou l'immeuble qui a été acquis en remploi ;
« 2°. Le prix de ses immeubles aliénés dont le remploi n'a
« pas été fait et accepté comme il est dit ci-dessus ;
« 3°. Toutes les indemnités qui peuvent lui être dues par
« la communauté. »

1465-1494-
1495
Art. 103, 104 et 105 (*les mêmes que les articles* 97, 98 *et* 99 *du procès verbal ci-dessus rapporté*).

Disposition relative à la Communauté légale, lorsque l'un des époux ou tous deux ont des enfans de précédens mariages.

1496 Art. 106. « Tout ce qui est dit ci-dessus sera observé même
« lorsque l'un des époux ou tous deux auront des enfans de
« précédens mariages.

« Si toutefois la confusion du mobilier et des dettes opérait
« au profit de l'un des époux un avantage supérieur à celui
« qui est autorisé par l'article 387 du livre III du Code civil,
« les enfans du premier lit de l'autre époux auront l'action
« en retranchement. »

DEUXIÈME PARTIE.

De la Communauté conventionnelle, et des Conventions qui peuvent modifier ou même exclure la communauté légale.

1497 Art. 107. « Les époux peuvent modifier la communauté
« légale par toute espèce de conventions non contraires aux
« articles 1, 2, 3 et 4 du présent titre.

« Les principales modifications sont celles qui ont lieu en
« stipulant de l'une ou de l'autre des manières qui suivent ;
« savoir :

« 1°. Que la communauté n'embrassera que les acquêts ;

« 2°. Que le mobilier présent ou futur n'entrera point en
« communauté, ou n'y entrera que pour une partie ;

« 3°. Qu'on y comprendra tout ou partie des immeubles
« présens ou futurs par la voie de l'ameublissement ;

« 4°. Que les époux paieront séparément leurs dettes an-
« térieures au mariage ;

« 5°. Qu'en cas de renonciation la femme pourra reprendre
« ses apports francs et quittes ;

« 6°. Que le survivant aura un préciput ;

« 7°. Que les époux auront des parts inégales ;

« 8°. Qu'il y aura entre eux communauté à titre universel. »

SECTION 1ʳᵉ. — De la Communauté réduite aux acquêts.

Art. 108 et 109 (*les mêmes que les articles* 101 *et* 102 *du* 1498-1499 *procès-verbal cité*).

SECTION II. — De la Clause qui exclut de la communauté le mobilier en tout ou partie.

Art. 110, 111, 112, 113 et 114 (*tels que sont les articles* 103, 1500à1504 104, 105, 106 *et* 107 *du procès-verbal du* 6 *vendémiaire*).

SECTION III. — De la Clause d'ameublissement.

Art. 115, 116, 117, 118 et 119 (*les mêmes que les ar-* 1505à1509 *ticles* 108, 109, 110, 111 *et* 112 *du procès-verbal rapporté*).

SECTION IV. — De la Clause de séparation des dettes.

Art. 120, 121, 122 et 123 (*les mêmes que les articles* 113, 1510à1513 114, 115 *et* 116 *du procès-verbal du* 6 *vendémiaire*).

SECTION V. — De la Faculté accordée à la femme de reprendre son apport franc et quitte.

Art. 124 (*conforme à l'article* 117 *du même procès-verbal*). 1514

SECTION VI. — Du Préciput conventionnel.

Art. 125, 126, 127, 128 et 129 (*les mêmes que les ar-* 1515à1519 *ticles* 118, 119, 120, 121 *et* 122 *du procès-verbal ci-dessus énoncé*).

SECTION VII. — Des Clauses par lesquelles on assigne à chacun des époux des parts inégales dans la communauté.

Art. 130, 131, 132 et 133 (*tels que sont les articles* 123, 1520à1523 124, 125 *et* 126 *du procès-verbal du* 6 *vendémiaire*).

Art. 134. « Le mari ou ses héritiers qui retiennent, en vertu 1524 « de la clause énoncée en l'article 130, la totalité de la com- « munauté, sont obligés d'en acquitter toutes les dettes.

« Les créanciers n'ont, en ce cas, aucune action contre la « femme ni contre ses héritiers.

« Si c'est la femme survivante qui a, moyennant une somme
« convenue, le droit de retenir toute la communauté contre
« les héritiers du mari, elle a le choix ou de leur payer cette
« somme, en demeurant obligée à toutes les dettes, ou de
« renoncer à la communauté, et d'en abandonner aux héri-
« tiers du mari les biens et les charges. »

1525   Art. 135 (*le même que l'article* 128 *du procès-verbal ci-
dessus daté*).

SECTION VIII. — *De la Communauté à titre universel.*

1526   Art. 136 (*tel que l'article* 129 *du même procès-verbal*).

Dispositions communes aux huit sections ci-dessus.

1527   Art. 137. « Ce qui est dit aux huit sections ci-dessus ne
« limite pas à leurs dispositions précises les stipulations dont
« est susceptible la communauté conventionnelle.

« Les époux peuvent faire toutes autres conventious, ainsi
« qu'il est dit à l'article 1er du présent titre, et sauf les mo-
« difications portées par les articles 2, 3 et 4.

« Néanmoins, dans le cas où il y aurait des enfans d'un
« précédent mariage, toute convention qui tendrait dans ses
« effets à donner à l'un des époux au-delà de la portion réglée
« par l'article 387 du livre III du Code civil, sera sans effet
« pour tout l'excédant de cette portion ; mais les simples bé-
« néfices résultant des travaux communs, et des économies
« faites sur les revenus respectifs quoique inégaux des deux
« époux, ne sont pas considérés comme un avantage fait au
« préjudice des enfans du premier lit. »

1528   Art. 138 (*conforme à l'article* 131 *dudit procès-verbal*).

SECTION IX. — *Des Conventions exclusives de la communauté.*

1529   Art. 139. « Lorsque, sans se soumettre au régime dotal,
« les époux déclarent qu'ils se marient sans communauté, ou
« qu'ils seront séparés de biens, les effets de cette stipulation
« sont réglés comme il suit. »

§ Ier. *De la Clause portant que les époux se marient sans communauté.*

Art. 140. « La clause portant que les époux se marient sans 1530 « communauté ne donne point à la femme le droit d'admi- « nistrer ses biens ni d'en percevoir les fruits : ces fruits sont « censés apportés au mari pour soutenir les charges du ma- « riage. »

Art. 141, 142 et 143 (*les mêmes que les articles* 134, 135 1531 à 1533 *et* 136 *du procès-verbal ci-dessus énoncé*).

Art. 144. « La clause énoncée au présent paragraphe ne 1534 « fait point obstacle à ce qu'il soit convenu que la femme « touchera annuellement, sur ses seules quittances, certaine « portion de ses revenus, pour son entretien et ses besoins « personnels. »

Art. 145. « Les immeubles constitués en dot, dans le cas 1535 « du présent paragraphe, ne sont point inaliénables.

« Néanmoins ils ne peuvent être aliénés sans le consente- « ment du mari ; et à son refus sans l'autorisation de la justice.»

§ II. *De la Clause de séparation de biens.*

Art. 146 et 147 (*les mêmes que les articles* 139 *et* 140 *dudit* 1536-1537 *procès-verbal*).

Art. 148. « Dans aucun cas, ni à la faveur d'aucune stipu- 1538 « lation, la femme ne peut aliéner ses immeubles sans le con- « sentement spécial de son mari, ou, à son refus, sans être « autorisée par justice.

« Toute autorisation générale d'aliéner les immeubles, don- « née à la femme, soit par contrat de mariage, soit depuis, « est nulle. »

Art. 149. « Lorsque la femme séparée a laissé la jouissance 1539 « de ses biens à son mari, celui-ci n'est tenu, soit sur la de- « mande que sa femme pourrait lui faire, soit à la dissolu- « tion du mariage, qu'à la représentation des fruits existans,

« et il n'est point comptable de ceux qui ont été consommés
« jusqu'alors. »

CHAPITRE III.

Du Régime dotal.

1540　　Art. 150. « La dot, sous ce régime comme sous celui du
« chapitre II, est le bien que la femme apporte au mari pour
« supporter les charges du mariage. »

1541　　Art. 151. « Tout ce que la femme se constitue ou qui lui
« est donné en contrat de mariage est dotal, s'il n'y a stipu-
« lation contraire. »

SECTION 1re. — *De la Constitution de dot.*

1542　　Art. 152. « La constitution de dot peut frapper tous les
« biens présens et à venir de la femme, ou tous ses biens pré-
« sens seulement, ou une partie de ses biens présens et à ve-
« nir, ou même un objet individuel.

« La constitution en termes généraux de tous les biens de
« la femme ne comprend pas les biens à venir. »

1543　　Art. 153. « La dot ne peut être constituée ni même aug-
« mentée pendant le mariage. »

1544　　Art. 154. « Si les père et mère constituent conjointement
« une dot sans distinguer la part de chacun, elle sera censée
« constituée par portions égales.

« Si la dot est constituée par le père seul pour droits pater-
« nels et maternels, la mère, quoique présente au contrat, ne
« sera point engagée, et la dot demeurera en entier à la charge
« du père. »

1545　　Art. 155. « Si le survivant des père ou mère constitue une
« dot pour biens paternels et maternels, sans spécifier les
« portions, la dot se prendra d'abord sur les droits du futur
« époux dans les biens du conjoint prédécédé, et le surplus
« sur les biens du constituant. »

1546　　Art. 156. « Quoique la fille dotée par ses père et mère ait
« des biens à elle propres dont ils jouissent, la dot sera prise

« sur les biens des constituans, s'il n'y a stipulation contraire.»

Art. 157. « Ceux qui constituent une dot sont tenus à la 1547 « garantie des objets constitués. »

Art. 158. « Les intérêts de la dot courent de plein droit, 1548 « contre ceux qui l'ont promise, du jour du mariage, encore « qu'il y ait terme pour le paiement, s'il n'y a stipulation « contraire. »

SECTION II.— *Des Droits du mari sur les biens dotaux, et de l'Inaliénabilité du fonds dotal.*

Art. 159. « Le mari seul a l'administration des biens do— 1549 « taux pendant le mariage.

« Il a seul le droit d'en poursuivre les débiteurs et déten- « teurs, d'en percevoir les fruits et les intérêts, et de rece- « voir le remboursement des capitaux.

« Cependant il peut être convenu par le contrat de ma- « riage que la femme touchera annuellement, sur ses seules « quittances, une partie de ses revenus pour son entretien et « ses besoins personnels. »

Art. 160. « Le mari n'est pas tenu de fournir caution pour 1550 « la réception de la dot, s'il n'y a pas été assujetti par le con- « trat de mariage. »

Art. 161. « Si la dot ou partie de la dot consiste en objets 1551 « mobiliers mis à prix par le contrat, sans déclaration que « l'estimation n'en fait pas vente, le mari en devient proprié- « taire, et n'est débiteur que du prix donné au mobilier. »

Art. 162. « L'estimation donnée à l'immeuble constitué en 1552 « dot n'en transporte point la propriété au mari, s'il n'y en « a déclaration expresse. »

Art. 163. « L'immeuble acquis des deniers dotaux n'est 1553 « pas dotal, si la condition de l'emploi n'a pas été stipulée « par le contrat de mariage. »

Art. 164. « Les immeubles constitués en dot ne peuvent 1554 « être aliénés ou hypothéqués pendant le mariage, ni par le

« mari, ni par la femme, ni par les deux conjointement,
« sauf les exceptions qui suivent. »

1555   Art. 165. « La femme peut, avec l'autorisation de son mari,
« ou, sur son refus, avec la permission de la justice, donner
« ses biens dotaux pour l'établissement des enfans qu'elle
« aurait d'un mariage antérieur : mais, dans le second cas,
« elle doit réserver la jouissance à son mari. »

1556   Art. 166. « Elle peut aussi, avec l'autorisation de son
« mari, donner ses biens dotaux pour l'établissement de leurs
« enfans communs. »

1557   Art. 167. « L'immeuble dotal peut être aliéné lorsque
« l'aliénation en a été permise par le contrat de mariage.»

1558   Art. 168. « L'immeuble dotal peut encore être aliéné avec
« la permission de justice, et aux enchères, après trois af-
« fiches,

« Pour tirer de prison le mari ou la femme ;

« Pour fournir des alimens à la famille dans les cas prévus
« par les articles 197, 199 et 200 du livre Ier du présent Code ;

« Pour payer les dettes de la femme, ou de ceux qui ont
« constitué la dot, antérieures au contrat de mariage ;

« Pour faire de grosses réparations indispensables pour la
« conservation de l'immeuble dotal ;

« Enfin, lorsque cet immeuble se trouve indivis avec des
« tiers, et qu'il est reconnu impartageable.

« Dans tous ces cas, l'excédant du prix de la vente au-
« dessus des besoins reconnus restera dotal, et il en sera
« fait emploi, comme tel, au profit de la femme. »

1560   Art. 169. « Si, hors les cas d'exception qui viennent d'être
« expliqués, la femme ou le mari, ou tous les deux conjoin-
« tement, aliènent le fonds dotal, l'aliénation sera radicale-
« ment nulle.

« La femme ou ses héritiers pourront la faire révoquer
« après la dissolution du mariage, sans qu'on puisse leur
« opposer aucune prescription pendant sa durée.

« Le mari lui-même pourra faire révoquer l'aliénation

« pendant le mariage, en demeurant néanmoins sujet aux
« dommages et intérêts de l'acheteur, pourvu que celui-ci
« ait ignoré le vice de l'achat. »

Art. 170. « Le fonds dotal est imprescriptible pendant le   1561
« mariage, à moins que la prescription n'ait commencé au-
« paravant. »

Art. 171. « Le mari est tenu, à l'égard des biens dotaux,   1562
« de toutes les obligations de l'usufruitier.

« Il est responsable de la prescription qu'il a laissé s'ac-
« complir, et des détériorations qui sont survenues par sa
« négligence. »

Art. 172. « Si la dot est mise en péril, la femme peut pour-   1563
« suivre la séparation de biens, ainsi qu'il est dit aux arti-
« cles 54 et suivans du chapitre II. »

SECTION III. — *De la Restitution de la dot.*

Art. 173. « Si la dot consiste en immeubles,   1564
« Ou en meubles non estimés par le contrat de mariage,
« ou bien mis à prix, avec déclaration que l'estimation n'en
« ôte pas la propriété à la femme,
« Le mari ou ses héritiers peuvent être contraints de la res-
« tituer sans délai, après la dissolution du mariage. »

Art. 174. « Si elle consiste en une somme d'argent,   1565
« Ou en meubles mis à prix par le contrat, sans déclaration
« que l'estimation n'en rend pas le mari propriétaire,
« La restitution n'en peut être exigée qu'un an après la
« dissolution. »

Art. 175. « Si les meubles dont la propriété reste à la   1566
« femme sont dépéris par l'usage et sans la faute du mari,
« il ne sera tenu de les rendre que dans l'état où ils se trou-
« vent, et ce qui en reste. »

Art. 176. « Si la dot comprend des obligations ou consti-   1567
« tutions de rente qui ont péri, ou souffert des retranche-
« mens qu'on ne puisse imputer à la négligence du mari, il

« n'en sera point tenu, et il en sera quitte en restituant les
« contrats. »

1568 Art. 177. « Si un usufruit a été constitué en dot, le mari ou
« ses héritiers ne sont obligés, à la dissolution du mariage,
« que de restituer le droit d'usufruit, et non les fruits échus
« durant le mariage. »

1569 Art. 178. « Si le mariage a duré dix ans depuis l'échéance
« des termes pris pour le paiement de la dot, la femme ou ses
« héritiers pourront la répéter contre le mari, après la dis-
« solution du mariage, sans être tenus de prouver qu'il l'a
« reçue,

 « Excepté qu'il ne justifiât de diligences inutilement par
« lui faites pour s'en procurer le paiement. »

1570 Art. 179. « Si le mariage est dissous par la mort de la
« femme, l'intérêt et les fruits de la dot à restituer courent
« de plein droit, au profit de ses héritiers, depuis le jour de
« la dissolution.

 « Si c'est par la mort du mari, la femme a le choix d'exiger
« les intérêts de sa dot pendant l'an du deuil, ou de se faire
« fournir des alimens pendant ledit temps aux dépens de la
« succession du mari ; mais, dans les deux cas, l'habitation
« durant cette année et les habits de deuil doivent lui être
« fournis sur la succession, et sans imputation sur les intérêts
« à elle dus. »

1571 Art. 180. « A la dissolution du mariage, les fruits des im-
« meubles dotaux se partagent entre le mari et la femme ou
« leurs héritiers, à proportion du temps qu'il a duré cette
« année-là, déduction préalablement faite des frais de culture
« et semence.

 « L'année commence à partir du jour où le mariage a été
« célébré. »

1572 Art. 181. « La femme et ses héritiers n'ont point de privi-
« lége pour la répétition de la dot sur les créanciers antérieurs
« à elle en hypothèque. »

1573 Art. 182. « Si le mari était déjà insolvable, et n'avait ni art

« ni profession lorsque le père a constitué une dot à sa fille,
« celle-ci ne sera tenue de rapporter à la succession du père
« que l'action qu'elle a contre celle de son mari, pour s'en
« faire rembourser.

« Mais si le mari n'est devenu insolvable que depuis le
« mariage,

« Ou s'il avait un métier ou une profession qui lui tenait
« lieu de bien,

« La perte de la dot tombe uniquement sur la femme. »

SECTION IV.—*Des Biens paraphernaux.*

Art. 183. « Tous les biens de la femme qui n'ont pas été 1574
« constitués en dot sont paraphernaux. »

Art. 184. « Si tous les biens de la femme sont parapher— 1575
« naux, et qu'il n'y ait pas de convention dans le contrat pour
« lui faire supporter une portion des charges du mariage, le
« mari est censé les avoir assumés en entier pour son compte.»

Art. 185. « La femme a l'administration et la jouissance de 1576
« ses biens paraphernaux.

« Mais elle ne peut les aliéner, ni paraître en jugement à
« raison desdits biens, sans l'autorisation du mari, ou, à son
« refus, sans la permission de la justice. »

Art. 186. « Si la femme donne sa procuration au mari 1577
« pour administrer ses biens paraphernaux, avec charge de
« lui rendre compte des fruits, il sera tenu, vis-à-vis d'elle,
« comme tout mandataire. »

Art. 187. « Si, sans donner de pouvoir exprès à son mari, 1578
« la femme souffre qu'il jouisse de ses biens paraphernaux,
« le mari n'est tenu, à la dissolution du mariage, ou à la pre-
« mière demande de la femme, qu'à la représentation des
« fruits existans ; et il n'est point comptable de ceux qui ont
« été consommés jusqu'alors. »

Art. 188. « Si le mari a joui des biens paraphernaux mal— 1579
« gré l'opposition constatée de la femme, il est comptable
« envers elle de tous les fruits tant existans que consommés. »

1580 Art. 189. « Le mari qui jouit des biens paraphernaux est
« tenu de toutes les obligations de l'usufruitier. »

SECTION V.—*De la Société d'acquêt.*

1581 Art. 190. « Lorsqu'en se soumettant au régime dotal les
« époux ont néanmoins stipulé une société d'acquêts, les
« effets de cette société sont réglés comme il est dit aux ar-
« ticles 108 et 109 du chapitre II. »

Disposition générale.

ap 1581 Art. 191. « Toute clause de soumission au régime dotal
« doit être affichée en la principale salle de chacun des tri-
« bunaux de première instance dans le ressort desquels se
« trouvent et le domicile des époux et les immeubles dotaux.
« Faute d'avoir rempli cette formalité, les droits que des
« tiers pourraient acquérir de bonne foi sur le fonds dotal
« seront maintenus, sauf le recours de la femme ou de ses
« héritiers contre le mari ou ses héritiers. »

ch. 1 Le chapitre Ier, contenant les *Dispositions générales*, est
adopté.

ch. 2. Le chapitre II, *du Régime en communauté*, est adopté.

M. BERLIER fait lecture du chapitre III, *du Régime dotal.*
1540-1541 Les articles 150 et 151 sont adoptés.

La section Ire, *de la Constitution de la dot*, est soumise à la
discussion.

1542 L'article 152 est adopté.

1543 L'article 153 est discuté.
LE CONSUL CAMBACÉRÈS dit qu'il peut y avoir de l'abus à
permettre de constituer un augment de dot en argent, mais
qu'il ne conçoit pas pourquoi on le défendrait également en
immeubles.

M. PORTALIS répond que dans le droit écrit on tenait pour
maxime que la constitution de dot est un moyen de faciliter

le mariage. Cette raison ne peut s'appliquer à ce qui ne serait donné qu'après le mariage même.

LE CONSUL CAMBACÉRÈS dit que cette théorie paraît devoir céder à des considérations plus décisives. On a permis d'ajouter à la dot des enfans qui avaient été mariés les premiers, parce que si la fortune du père augmente de manière qu'il puisse constituer une dot plus forte aux enfans qu'il marie ensuite, il est juste et prudent de lui donner un moyen d'égaliser tous ses enfans, et de prévenir ainsi les jalousies que l'inégalité de dot pourrait faire naître. On sent cependant que s'il était permis de donner l'augment en argent, il en résulterait peut-être des fraudes et des abus; mais cet inconvénient n'existe pas lorsque l'augment est constitué en immeubles qui tombent sous les mêmes charges et sous les mêmes hypothèques que les biens donnés d'abord.

M. TRONCHET répond qu'il y aurait toujours de l'inconvénient en ce que la dot étant inaliénable dans toutes ses parties, et ne pouvant par cette raison être engagée, il en résulterait que, pour se donner un faux crédit, on ne montrerait que le contrat de mariage et non le titre qui constitue l'augment; ainsi les biens avenus de cette dernière manière paraîtraient disponibles et capables de répondre de l'emprunt.

L'article est adopté.

L'article 154 est discuté.

1544

LE CONSUL CAMBACÉRÈS, en convenant que la seconde disposition de l'article est reçue dans l'usage, observe que cependant elle a quelque dureté.

M. PORTALIS dit qu'il est bon qu'il y ait quelque chose de plus que la présence de la mère pour faire présumer son consentement; car à raison de la subordination de la femme au mari, cette présence pourrait être forcée. Dans l'ancienne jurisprudence, lorsque le père déclarait que la dot était constituée sur les biens paternels et maternels, sans fixer la

38.

quotité pour laquelle elle serait imputée sur chacun des deux patrimoines, la dot demeurait tout entière à la charge du père.

L'article est adopté.

1545 à 1548   Les articles 155, 156, 157 et 158 sont adoptés.

La section II, *des Droits du mari sur les biens dotaux et de l'Inaliénabilité du fonds dotal*, est soumise à la discussion.

1549 à 1557   Les articles 159, 160, 161, 162, 163, 164, 165, 166 et 167 sont adoptés.

1558-1559   L'article 168 est discuté.

LE CONSUL CAMBACÉRÈS dit que les causes qui rendront la dot aliénable sont énoncées d'une manière trop vague et trop générale. Si le mari ne se trouve en prison que pour raison d'un délit ou pour dettes contractées au jeu, il ne serait pas juste que la dot de la femme servît à l'en tirer.

Elle ne doit pas non plus être employée à fournir des alimens à la famille : c'est sur les revenus et non sur les capitaux qu'il faut prendre les alimens.

Il serait utile de faire sentir dans la rédaction que la dot ne peut être aliénée que dans le cas de la nécessité la plus impérieuse ; car quoique le mot *peut* dont on s'est servi annonce que l'application de l'article est abandonnée à la sagesse des tribunaux, il serait cependant plus avantageux de resserrer la disposition dans ses justes bornes.

M. PORTALIS répond que la section s'en est référée à la jurisprudence sur l'explication de l'article, mais qu'il est possible de le rendre plus précis.

LE CONSUL CAMBACÉRÈS ajoute à ses premières observations qu'il conviendrait aussi de réduire l'aliénabilité pour dettes aux seules dettes contractées antérieurement au mariage et constatées par un acte authentique.

Les observations du Consul sont adoptées et renvoyées à la section.

L'article 169 est discuté.   1560

M. BERLIER observe que la troisième partie de cet article
lui paraît inadmissible : cette disposition suppose que l'a-
cheteur a ignoré le vice de l'achat, et le considère comme
de bonne foi.

Cependant elle permet de l'exproprier ; et à qui cette permission est-elle donnée ? au mari et durant le mariage.

Qu'après la dissolution du mariage cette action appartienne à la femme ou à ses héritiers, cela est juste ; mais
convient-il que le mari, tant que la jouissance dure, et le
mari qui a vendu de mauvaise foi, puisse lui-même exproprier l'acquéreur en lui payant des dommages-intérêts ?

Puisqu'il est sujet à des dommages-intérêts, il ne devrait
pas être autorisé à revenir contre son propre fait ; *quem de
evictione tenet actio, eumdem agentem repellit exceptio.* La
disposition proposée est directement contraire à cette maxime.

M. PORTALIS répond que la disposition n'est que pour le
cas où il y a nullité absolue. Il est permis à tous de faire
valoir ces sortes de nullités. L'acheteur ne mérite aucun intérêt ; c'est par sa légèreté qu'il se trouve trompé ; il doit
s'imputer de n'avoir pas pris des renseignemens suffisans :
d'ailleurs il est difficile qu'il n'ait pas profité de la nécessité
ou de la prodigalité du mari, car celui-ci n'a certainement
pu que faire une mauvaise affaire. Cependant comme il est
le chef de la société conjugale, qu'il doit pourvoir à la subsistance de la femme et des enfans, et que la dot est constituée pour la leur fournir, on ne peut lui refuser le droit de
faire valoir la nullité.

M. PELET dit que cependant il serait juste de soumettre
le mari à des dommages-intérêts envers l'acheteur.

M. PORTALIS répond que l'acheteur a connu ou n'a pas
connu le vice de la vente ; s'il ne l'a pas connu, le mari lui
doit des dommages et intérêts ; s'il l'a connu, il devient le
complice du mari et ne mérite aucun ménagement.

M. PELET dit que, même dans ce dernier cas, il a pu

acheter dans la persuasion que la vente se réduirait pour lui en dommages et intérêts.

M. Portalis répond que la vente ne peut produire aucun effet, puisque la dot doit être rendue en nature.

M. Maleville dit que la question est décidée par la disposition qui déclare la vente radicalement nulle. Lorsqu'un acte est ainsi qualifié par la loi, il est comme s'il n'existait pas, et ne peut être opposé à personne ; tels sont les principes également admis dans les pays coutumiers et dans ceux de droit écrit.

L'article est adopté.

1561　L'article 170 est discuté.

Le Consul Cambacérès trouve quelque obscurité dans la fin de cet article. Le mari pourrait, par un concert frauduleux, laisser accomplir la prescription commencée avant le mariage. Il conviendrait de régler d'une manière plus précise l'application de l'article.

M. Portalis dit qu'on peut, sans inconvénient, appliquer le principe de l'imprescriptibilité absolue aux biens spécifiés par le contrat ; mais que dans l'article on n'a eu en vue que les actions plus obscures et moins connues. La prescription qui peut les atteindre ne doit pas commencer pendant le mariage ; mais si elle a commencé avant, il serait injuste d'imputer au mari seul une négligence dont sont également coupables ceux qui n'ont pas interrompu la prescription plus tôt.

Le Consul Cambacérès dit qu'alors il est nécessaire d'exprimer cette distinction dans l'article.

M. Tronchet attaque l'article comme contraire aux principes de l'imprescriptibilité, laquelle doit être absolue. Tout au plus peut-on déclarer la prescription suspendue pendant la durée du mariage comme dans le cas de la minorité.

M. Treilhard dit que cette suspension aurait des effets extraordinaires : car si la prescription avait commencé trois ans avant le mariage, et si le mariage avait duré cinquante ans, il en résulterait qu'elle ne s'accomplirait que vingt-sept ans après la dissolution, et qu'ainsi l'action aurait duré quatre-vingts ans.

LE CONSUL CAMBACÉRÈS dit que l'article a certainement besoin d'explication. Déjà M. *Portalis* a parlé d'une distinction qu'il importe d'exprimer : elle conduit à décider aussi si l'on donnera un recours à la femme contre le mari pour les actions qu'il aurait laissé prescrire. Il faudra ensuite, si la règle générale proposée par M. *Tronchet* est modifiée, déterminer les modifications dont elle est susceptible.

Les articles 170 et 171 sont renvoyés à la section.   1561-1562

L'article 172 est adopté.   1563

La section III, *de la Restitution de la dot*, est soumise à la discussion.

Les articles 173, 174, 175, 176, 177, 178, 179, 180,   1564 à 1573
181 et 182 qui la composent, sont adoptés.

La section IV, *des Biens paraphernaux*, est soumise à la discussion.

L'article 183 est adopté.   1574

L'article 184 est discuté.   1575

LE CONSUL CAMBACÉRÈS craint que cet article ne consacre une injustice.

M. BERLIER partage cette opinion. Il dit que déjà on a décidé, par l'article 147, que, dans le cas de la simple exclusion de communauté sans soumission au régime dotal, les époux contribuent tous deux aux charges du mariage, et que la même règle devrait s'appliquer ici ; mais que la section a cru devoir déférer au vœu des jurisconsultes des pays de droit écrit, invoquant le maintien de leur jurisprudence.

LE CONSUL CAMBACÉRÈS dit que dans le droit écrit la femme contribuait aux charges du mariage ; qu'à défaut de contrat, les tribunaux décidaient dans quelle proportion elle devait les porter ; mais que dans le droit qu'on va établir il faudra nécessairement un contrat pour placer les parties sous le régime dotal ; qu'il est donc naturel que la manière dont les charges communes seront portées soit déterminée par ce contrat.

M. TREILHARD dit que la disposition de l'article a été proposée par les jurisconsultes du pays de droit écrit, qu'on a réunis pour concerter avec eux la partie du titre relatif au régime dotal ; que la section n'a point partagé leur opinion, parce qu'il lui a semblé que le mariage établissant une société non seulement de personnes, mais encore d'intérêts, il était juste que les charges fussent réciproques, et que les faire retomber en entier sur un seul des associés, ce serait constituer une société léonine.

LE CONSUL CAMBACÉRÈS ajoute que si le mari était sans fortune, il faudrait bien que la subsistance de la famille fût prise sur les biens de la femme.

M. PORTALIS dit que dans le droit écrit l'exécution de l'article était subordonnée à la possibilité où était le mari de fournir seul aux charges du mariage.

M. MALEVILLE propose d'étendre au cas dont il s'agit la disposition de l'article 147.

Cette proposition est adoptée.

1576à1590 Les articles 185, 186, 187, 188 et 189 sont adoptés.

La section V, *de la Société d'acquéts*, est soumise à la discussion.

1581 L'article 190 qui la compose est adopté.

ap. 1581 L'article 191, sous la rubrique *disposition générale*, est soumis à la discussion.

M. PORTALIS dit qu'il ne voit pas l'utilité de cet article. On ne peut présumer en effet que celui qui achète un bien ne se fasse pas représenter les titres qui en rendent le vendeur propriétaire. *Nemo debet esse ignarus conditionis illius cum quo contrahit.*

LE CONSUL CAMBACÉRÈS dit que cet article ne donne aucune garantie contre le mari ; car s'il néglige la formalité de l'affiche, sans doute la femme négligera également de la remplir. Y obligera-t-on ses parens? Ce serait étendre encore les embarras dans lesquels les familles se trouvent jetées par la loi qui les oblige de former inscription lorsqu'ils ont concouru à la nomination d'un tuteur.

L'article est retranché.

(Procès-verbal de la séance du 11 brumaire an XII. — 3 novembre 1803.)

M. BERLIER présente la dernière rédaction du titre X du livre III, *du Contrat de mariage et des droits respectifs des époux.*

Il observe que la rédaction du chapitre Ier, contenant les *dispositions générales*, et celle du chapitre II, *du Régime en communauté*, est conforme à celle adoptée dans la séance du 4 brumaire.

Il fait lecture du chapitre III, ainsi conçu :

CHAPITRE III.
Du Régime dotal.

Art. 150 et 151 (*tels que les mêmes articles au procès-verbal* 1540-1541 *du 4 brumaire an XII*).

SECTION Ire. — *De la Constitution de dot.*

Art. 152, 153, 154, 155, 156, 157 et 158 (*les mêmes que* 1541à1548 *ceux du procès-verbal ci-dessus énoncé*).

SECTION II. — *Des Droits du mari sur les biens dotaux et de l'Inaliénabilité du fonds dotal.*

Art. 159, 160, 161, 162, 163 et 164 (*tels que les mêmes ar-* 1549à1554 *ticles du procès-verbal du 4 brumaire*).

Art. 165. « La femme peut, avec l'autorisation de son

« mari, ou, sur son refus, avec la permission de justice,
« donner ses biens dotaux pour l'établissement des enfans
« qu'elle aurait d'un mariage antérieur ; mais si elle n'est
« autorisée que par la justice, elle doit réserver la jouissance
« à son mari. »

1556-1557   Art. 166 et 167 (*conformes aux mêmes articles contenus au
procès-verbal qui vient d'être énoncé*).

1558   Art. 168. « L'immeuble dotal peut encore être aliéné avec
« la permission de justice, et aux enchères, après trois
« affiches ;

« Pour tirer de prison le mari ou la femme ;

« Pour fournir des alimens à la famille dans les cas prévus
« par les art. 197, 199 et 200 du livre Ier du présent Code ;

« Pour payer les dettes de la femme ou de ceux qui ont
« constitué la dot, lorsque ces dettes ont une date certaine
« antérieure au contrat de mariage ;

« Pour faire de grosses réparations indispensables pour la
« conservation de l'immeuble dotal ;

« Enfin, lorsque cet immeuble se trouve indivis avec des
« tiers, et qu'il est reconnu impartageable.

« Dans tous ces cas, l'excédant du prix de la vente au-
« dessus des besoins reconnus restera dotal, et il en sera fait
« emploi comme tel au profit de la femme. »

1560   Art. 169 (*semblable au même article du procès-verbal ci-
dessus énoncé*).

1561   Art. 170. « Les immeubles dotaux sont imprescriptibles
« pendant le mariage, à moins que la prescription n'ait
« commencé auparavant. »

1562-1563   Art. 171 et 172 (*tels que sont les mêmes articles au procès-
verbal ci-dessus daté*).

SECTION III. — *De la Restitution de la dot.*

1564 à 1570   Art. 173, 174, 175, 176, 177, 178 et 179 (*conformes aux
mêmes articles dans le procès-verbal du 4 brumaire*).

1571   Art. 180. « A la dissolution du mariage, les fruits des

« immeubles dotaux se partagent entre le mari et la femme
« ou leurs héritiers, à proportion du temps qu'il a duré cette
« année-là.

« L'année commence à partir du jour ou le mariage a été
« célébré. »

Art. 181 et 182 (*tels qu'ils sont au procès-verbal ci-dessus* 1572-1573
énoncé).

SECTION IV. — *Des Biens paraphernaux.*

Art. 183 (*tel qu'est cet article au même procès-verbal*).[2]   1574

Art. 184. « Si tous les biens de la femme sont parapher- 1575
« naux, et s'il n'y a pas de convention dans le contrat pour
« lui faire supporter une portion des charges du mariage, la
« femme y contribue jusqu'à concurrence du tiers de ses
« revenus. »

Art. 185 et 186 (*les mêmes que ceux du procès-verbal énoncé* 1576-1577
ci-dessus).

Art. 187. « Si le mari a joui des biens paraphernaux de sa 1578
« femme sans mandat, et néanmoins sans opposition de sa
« part, il n'est tenu, à la dissolution du mariage, ou à la
« première demande de la femme, qu'à la représentation
« des fruits existans ; et il n'est point comptable de ceux qui
« ont été consommés jusqu'alors. »

Art. 188 et 189 (*tels qu'ils sont au procès-verbal ci-dessus*). 1579-1580

Disposition particulière.

Art. 190. « En se soumettant au régime dotal, les époux 1581
« peuvent néanmoins stipuler une société d'acquêts, et les
« effets de cette société sont réglés comme il est dit aux ar-
« ticles 108 et 109 du chapitre II. »

Le titre est adopté.

LE CONSUL ordonne qu'il sera communiqué officieusement
par le secrétaire général du Conseil d'État à la section de législation du Tribunat, dans la forme prescrite par l'arrêté du
18 germinal an X.

COMMUNICATION OFFICIEUSE

A LA SECTION DE LÉGISLATION DU TRIBUNAT.

Le projet fut transmis au Tribunat le 13 brumaire an XII (5 novembre 1803), et la section procéda à son examen le 2 frimaire (24 novembre) et les jours suivans.

OBSERVATIONS.

Un membre, au nom d'une commission, fait un rapport sur le projet de loi formant le titre X du livre III du Code civil, lequel projet de loi est intitulé *du Contrat de mariage et des droits respectifs des époux*.

La discussion s'ouvre sur ce projet de loi.

On rappellera seulement, suivant l'usage pratiqué jusqu'à présent, les articles sur lesquels il s'est élevé des difficultés.

1390   Art. 4. La section propose de dire *lois ou statuts locaux qui régissaient ci-devant*, etc., au lieu de *lois ou statuts ci-devant locaux*.

Le premier *ci-devant* est inutile, et la suppression fait éviter une répétition.

1391   Art. 5. La section propose d'ajouter à cet article un nouveau paragraphe ainsi conçu :

« Au troisième cas, et lorsqu'il y a déclaration de se marier
« sans communauté ou séparés de biens, les droits des époux
« sont réglés par les dispositions de la section IX de la
« deuxième partie du chapitre II. »

L'article, dans le premier paragraphe, prévoit trois cas ; celui de la communauté, celui du régime dotal, et celui de la simple stipulation que les époux se marient sans communauté ou qu'ils seront séparés de biens.

On explique ensuite quelles seront les règles auxquelles on aura recours dans les deux premiers cas seulement. Mais il y aura plus d'ordre et de précision en expliquant quelles seront les règles auxquelles on aura recours dans le troisième cas. Tel est le but de l'addition proposée.

Art. 7. La section propose de dire *devant notaire ;* le mot 1394 *authentique* étant absolument inutile.

Art. 9. La section propose la rédaction suivante : 1396

« Les changemens qui y seraient faits avant la célébration « du mariage doivent être constatés par acte passé dans la « même forme que le contrat. »

Cette rédaction annoncera que l'on entend toujours que c'est, comme dans l'article 7, par-devant notaire. Cette idée aurait pu ne pas être aussi nécessairement attachée à ces mots employés dans le projet, *par acte authentique.*

Art. 10. La section propose de substituer à cet article la 1397 rédaction suivante :

« Tous changemens et contre-lettres, même revêtus des « formes prescrites par l'article précédent, seront sans effet « à l'égard des tiers, s'ils n'ont été rédigés à la suite de la « minute du contrat de mariage ; et le notaire ne pourra, à « peine des dommages-intérêts des parties et de plus grandes « peines, s'il y a lieu, délivrer ni grosses ni expéditions du « contrat de mariage, sans transcrire à la suite le changement « ou la contre-lettre qui auront été faits. »

On doit comprendre dans cet article, comme dans le précédent, la contre-lettre.

Ensuite il a paru très-utile, pour l'exécution même de la loi, de prononcer directement contre le notaire la défense de séparer dans l'expédition le changement ou la contre-lettre du contrat de mariage.

Art. 11. La section est d'avis de substituer ces mots, *des* 1398 *personnes dont le consentement,* etc., à ceux du projet, *de ceux de ses parens dont le consentement,* etc.

Il peut ne pas y avoir de parens, et alors d'autres personnes donnent le consentement. Tout est prévu dans la rédaction proposée.

CHAPITRE II.

Du Régime en communauté.

1399   On ne trouvait pas, dans le projet communiqué, l'établissement d'un point fondamental en cette matière, qui est que toute communauté doit commencer au jour de la célébration du mariage.

Il est dans l'ordre et dans la série des idées que ce principe soit fixé dans un article unique qui sera placé sous le chapitre II, et sous le titre *du Régime en communauté*, lequel article, qui deviendra l'article 12, sera ainsi conçu :

« La communauté, soit légale, soit conventionnelle, com-
« mence du jour de la célébration du mariage. Toute stipu-
« lation contraire est nulle. »

Toute la division qui suit dans le projet de loi correspondra parfaitement à cet article. Ainsi on pourra après dire : PREMIÈRE PARTIE, *de la Communauté légale*, etc.

1403   Art. 15. La section est d'avis de dire d'abord au premier paragraphe de cet article : « Les coupes de bois et les produits
« des carrières et mines ouvertes avant le mariage tombent
« dans la communauté, etc. » Le surplus de cet article devant subsister. Et ensuite d'ajouter à ce même article un troisième paragraphe ainsi conçu :

« Les produits des carrières et mines ouvertes pendant le
« mariage tomberont aussi dans la communauté, sauf récom-
« pense ou indemnité, s'il y a lieu. »

Il est à propos de s'expliquer sur les carrières et mines ouvertes avant le mariage et sur celles ouvertes pendant le mariage ; ce que ne faisait pas le projet de loi.

La section pense que, dans les deux cas, les produits doivent tomber dans la communauté ; mais qu'au second cas il faut réserver pour le mari une récompense, s'il avait employé à l'ouverture d'une mine des sommes considérables dont il n'aurait pu être indemnisé par des produits qui n'auraient eu lieu qu'après, et qui seraient néanmoins le résultat de ses avances.

La section a aussi pensé qu'il devait être réservé pour la femme propriétaire du fonds une indemnité à raison des sommes qu'il faudrait dépenser pour remettre le fonds dans son ancien état, après qu'on en aurait tiré tout ce qu'il aurait été possible d'extraire et qui serait tombé dans la communauté

Cette récompense et cette indemnité dépendent des circonstances; voilà pourquoi on doit se borner à les annoncer, *s'il y a lieu*.

Art. 20. La section propose la rédaction suivante :   1408

« L'acquisition faite pendant le mariage d'une portion « d'un immeuble dont l'un des époux est propriétaire par « indivis ne forme pas un conquêt; sauf à indemniser la « communauté de la somme qu'elle a fournie pour cette ac- « quisition.

« Dans le cas où le mari deviendrait seul et en son nom « personnel acquéreur ou adjudicataire de portion ou de la « totalité d'un immeuble appartenant par indivis à la femme, « celle-ci, lors de la dissolution de la communauté, aura le « choix ou d'abandonner l'acquisition à la communauté, la- « quelle devient alors débitrice envers la femme de la por- « tion qui lui appartient dans le prix, ou de retirer l'objet « acquis en remboursant à la communauté le prix de l'acqui- « sition. »

La section a pensé que la disposition de cet article ne devait pas seulement avoir lieu lorsqu'il s'agirait d'acquisition sur licitation d'un objet provenant de succession à l'un des époux, mais bien encore lorsqu'il serait question d'immeuble indivis, à quelque titre que l'un des époux y eût une portion, comme si cette portion ou plusieurs portions même provenaient d'acquisitions faites avant le mariage. Il y a même raison.

En second lieu, ce n'est pas seulement dans le cas de licitation que l'un des époux doit avoir l'avantage qui fait l'objet de l'article; il doit en être de même dans le cas de toute acquisition volontaire. Il y a aussi parité de motifs.

C'est dans ces deux vues que la nouvelle rédaction est proposée.

1410 Art. 22. Il a paru à propos de dire au deuxième paragraphe :

« Le créancier de la femme, en vertu d'un acte n'ayant pas « de date certaine avant le mariage, ne peut, etc. »

Il y aurait trop de vague dans ces mots du projet, *en vertu d'un acte sous seing privé*. Il convient d'en fixer le sens en les appliquant à un acte qui n'aurait pas de date certaine avant le mariage. Cette rédaction ne présente aucune équivoque, et elle est une conséquence immédiate du paragraphe premier du même article.

1421 Art. 32. Il paraît à propos de rédiger ainsi le deuxième paragraphe :

« Il peut les vendre, aliéner et hypothéquer sans le con- « cours de la femme. »

L'addition proposée fixe avec plus de précision l'étendue du pouvoir du mari.

1422 Art. 33. Cet article n'a pas paru présenter toute la clarté désirable, le paragraphe second étant isolé, et y étant simplement dit : « Il ne peut donner par un acte entre-vifs l'universalité de son mobilier. » Il est possible de douter si cette universalité ne peut pas être donnée dans le cas de l'établissement des enfans communs.

Le paragraphe troisième ne dit pas ensuite avec assez de précision que le mari peut donner une partie du mobilier, pourvu qu'il ne s'en réserve pas l'usufruit.

Enfin il faut faire tomber dans la prohibition, hors le cas de l'établissement des enfans, non seulement la disposition universelle, mais encore la disposition à titre universel, comme de moitié, du tiers, etc., et annoncer que la loi ne permet que des dispositions de certains objets particuliers.

La section croit que toutes ces idées seront rendues par la rédaction suivante qu'elle propose :

« Il ne peut disposer entre-vifs à titre gratuit des im-
« meubles de la communauté ni de l'universalité du mobi-
« lier, si ce n'est pour l'établissement des enfans communs.

« Il ne peut même, hors cela, disposer du mobilier à titre
« universel par acte entre-vifs. Il peut seulement en donner
« partie, pourvu qu'il ne s'en réserve pas l'usufruit. »

Art. 39. La section est d'avis d'ajouter au paragraphe 1428 deuxième, après le mot *mobilières*, ceux-ci, *et possessoires;* le reste du paragraphe devant subsister.

Art. 41. Pour plus de clarté, la section est d'avis de dire 1430 *que le mari seul a passés*, etc.

Art. 44. La section propose de dire *en ait été versé*, au 1433 lieu de *soit tombé*. Le mot *versé* paraît plus propre. On emploie principalement le mot *tomber* à l'égard de ce qui doit légalement former la communauté. Il s'agit ici d'un versement accidentel qui doit être remployé ou prélevé.

Art. 47. La section croit qu'il est à propos de substituer 1436 aux mots *le remploi*, qui se trouvent deux fois dans cet article, ceux-ci, *la récompense*. Par suite de ce changement, il faudra dire *celle du prix de l'immeuble*, etc.

Il ne s'agit pas ici d'un remploi qui consiste dans l'acquisition d'un fonds en remplacement d'un autre qui a été vendu; il s'agit seulement de la récompense du prix, le remploi n'en ayant pas été fait.

Art. 49. Au lieu des mots *a contre l'autre*, écrits au deuxième 1438 paragraphe, la section est d'avis de dire *a sur les biens de l'autre.*

L'indemnité ne s'exerce pas toujours contre l'époux personnellement, puisqu'il peut alors être décédé. Les expressions *sur les biens* conviennent à tous les cas possibles.

Art. 51. La section est d'avis d'intercaler entre le mot *ma-* 1440 *riage* et celui *s'il*, ceux-ci, *encore qu'il y ait terme pour le paiement*, ainsi qu'on le voit dans l'article 158 du projet.

1445   **Art. 56.** La section propose d'abord de dire dans le premier paragraphe :

Toute séparation de biens doit, avant son exécution, être rendue publique par l'affiche sur un tableau à ce destiné, etc.

Ensuite d'ajouter à la fin de ce même paragraphe :

Et ce, à peine de nullité de l'exécution. Le deuxième paragraphe devant subsister.

Le changement proposé offre plus de régularité en même temps qu'il détermine l'époque où l'affiche doit être faite, et qui doit précéder l'exécution.

Il fallait ensuite sanctionner la loi en cas de défaut d'affiche, ce qui a paru ne devoir être fait que par la nullité de l'exécution, d'où dérivera l'impossibilité de faire usage du jugement jusqu'à ce qu'on ait satisfait à la loi.

1446   **Art. 57.** C'est sans doute par l'effet d'une faute typographique qu'il est dit au deuxième paragraphe *en cas de faillite et de déconfiture;* on sent aisément qu'il faut *en cas de faillite ou de déconfiture.*

1447   **Art. 58.** La section propose de substituer à cet article la rédaction suivante :

« Les créanciers du mari peuvent se pourvoir contre la sé-
« paration de biens prononcée et même exécutée en fraude
« de leurs droits. Ils peuvent même intervenir dans l'instance
« sur la demande en séparation pour la contester. »

De la manière dont l'article du projet est rédigé, quelques personnes auraient pu croire que, lorsque les créanciers avaient négligé d'intervenir dans l'instance en séparation, ils n'auraient pas été recevables à l'attaquer après. La rédaction proposée fait cesser toute équivoque à ce sujet.

1448   **Art. 59.** La section propose de substituer à cet article la rédaction qui suit :

« La femme qui a obtenu la séparation de biens doit con-
« tribuer, proportionnellement à ses facultés et à celles du
« mari, tant aux frais du ménage qu'à ceux de l'éducation
« des enfans communs.

« Elle doit les supporter entièrement s'il ne reste rien au
« mari. »

De la manière dont l'article du projet est rédigé, on peut
douter si la disposition du troisième paragraphe est commune
aux deux paragraphes précédens, ou si elle se restreint au
seul cas prévu par le paragraphe deuxième. La rédaction
proposée lève toute difficulté.

On a cru inutile de parler dans cet article des frais d'inventaire, parce que, jusqu'à présent, il n'a pas été fait mention d'inventaire, et que, d'ailleurs, il doit être question de
cet objet dans l'article 91, par les raisons qui seront expliquées sur cet article.

Art. 62. La section propose d'abord de supprimer au pa- 1451
ragraphe deuxième le mot *authentique*; ensuite d'ajouter à la
fin du même paragraphe *dont une expédition doit être affichée dans la forme de l'article 56.*

Les tiers doivent connaître le rétablissement de la communauté par la cessation de la séparation, comme ils avaient dû
connaître sa dissolution par le jugement de séparation.

Et au paragraphe troisième, la section propose de substituer à ces mots : *sans préjudice néanmoins de l'exécution des actes
d'administration qui ont pu être faits par la femme dans cet intervalle*, ceux-ci : *sans préjudice néanmoins de l'exécution des
actes qui, dans cet intervalle, ont pu être faits par la femme,
en conformité de l'article 60.*

Par ces mots, *actes d'administration*, on aurait pu ne pas
entendre les ventes ou les obligations qui, dans l'intervalle,
auraient pu être contractées par la femme en conséquence
de l'article 60. Il est utile d'en réserver expressément l'exécution.

Art. 68. La section propose de dire *dans les trois mois et* 1457
quarante jours après le décès, etc. Le reste comme dans l'article.

On ne peut pas renoncer après le délai ; mais on peut agir

en tout temps pendant qu'il dure , et par conséquent l'abréger, de manière que la renonciation puisse être faite plus tôt. Cette idée est mieux remplie en disant *dans les trois mois et quarante jours* , etc.

146, **Art. 72.** La section propose de substituer à cet article la rédaction suivante :

« Si la veuve meurt avant l'expiration des trois mois, sans
« avoir fait ou terminé l'inventaire, les héritiers auront, pour
« faire ou pour terminer l'inventaire, un nouveau délai de
« trois mois , à compter du décès de la veuve, et de quarante
« jours pour délibérer après la clôture de l'inventaire.

« Si la veuve meurt ayant terminé l'inventaire, ses héri-
« tiers auront pour délibérer un nouveau délai de quarante
« jours , à compter de son décès.

« Ils peuvent, au surplus, renoncer à la communauté dans
« les formes établies ci-dessus , et les articles 69 et 70 leur
« sont applicables. »

L'article , tel qu'on le lit dans le projet, ne contient pas des développemens suffisans. Indépendamment de cet inconvénient, cet article laissait supposer que les héritiers de la femme pourraient renoncer quand il n'y aurait eu aucun inventaire , ni de leur part, ni de celle de la femme, pourvu qu'ils ne se fussent pas immiscés ; ce qu'on ne croit pas devoir être. Il faut toujours un inventaire pour éviter des fraudes à l'égard des tiers.

Il est inutile de rappeler ici les cas prévus dans la rédaction proposée. Ces cas ayant dû être prévus, les décisions que la section propose sont conformes à l'esprit du projet.

1464-1465 **Art. 75.** La section propose d'insérer après cet article la disposition de l'article 103, qui dès lors deviendra l'article 76.

La raison en est que la disposition de cet article est relative aux deux cas de l'acceptation ou de la renonciation à la communauté ; que dès lors elle appartient à la section IV du chapitre II que termine l'article 75 , laquelle est intitulée :

De l'Acceptation de la communauté et de la Renonciation qui peut y être faite, etc.

C'est aussi par cette raison qu'en transposant ainsi l'article 1o3 on propose de dire : *Sa veuve, soit qu'elle accepte, soit qu'elle renonce, a droit,* etc. ; au lieu de dire simplement : *Sa veuve a droit.* Les dispositions de l'article doivent avoir lieu dans les deux cas d'acceptation ou de renonciation.

On croit encore que, pour plus de régularité, on doit dire *sur les provisions existantes, et, à défaut, par emprunts,* etc. ; au lieu de *soit sur les provisions existantes, s'il y en a, soit par emprunts,* etc.

Art. 79, premier paragraphe. La particule *et,* qui est entre le mot *personnels* et le mot *qui,* peut nuire à la clarté. La section est d'avis de la supprimer. 147o

Art. 81, deuxième paragraphe. Pour une plus grande clarté de l'article, il est à propos de dire *exercent leurs reprises,* etc., au lieu de *les exercent,* etc. 1472

Art. 90, premier paragraphe, et art. 91. La section propose de commencer l'article 90 par *Le deuil de la femme,* etc., en laissant subsister le reste de l'article, et de supprimer ce qui précède. 1481-1482

Elle est aussi d'avis de dire dans l'article 91, après le mot *héritiers,* au lieu de ce qui y est, ce qui suit : *Les frais de scellé, inventaire, vente de mobilier, liquidation, licitation ou partage, font partie de ces dettes.*

Les frais de scellé, inventaire, vente de mobilier, licitation ou partage, doivent être considérés comme passif ou dettes de la communauté, et dès-lors il doit en être parlé uniquement dans le paragraphe deuxième du projet de loi, où il est question *du Passif de la communauté,* et qui commence par l'article 91. Il est inutile d'en parler séparément dans plusieurs articles.

Art. 92. La section pense qu'on doit dire *pourvu qu'il y ait eu bon et fidèle inventaire,* au lieu de *pourvu qu'il y ait eu inventaire,* etc. 1483

Pour que la femme jouisse du bénéfice qui lui est accordé par cet article, il ne suffit pas qu'il y ait eu inventaire, il faut encore qu'il ait été exact.

1484   Art. 93. La section est d'avis de substituer à cet article la rédaction qui suit : ·

« Le mari est tenu, pour la totalité, des dettes de la com-
« munauté, sauf son recours contre la femme ou ses héri-
« tiers. »

Il est à propos de supprimer les mots *par lui contractées*, qu'on lit dans l'article du projet de loi, parce qu'il y a des dettes qui ne sont pas moins à la charge de la communauté, quoique le mari ne les ait pas contractées personnellement, telles que celles qui auraient été contractées par la femme marchande publique.

On est encore d'avis de supprimer, comme absolument inutiles, ces mots qui sont à la fin de l'article du projet, *pour la moitié desdites dettes.*

1485   Art. 94. La section propose de substituer à cet article la rédaction suivante :

« Néanmoins il n'est tenu que pour moitié des dettes per-
« sonnelles à la femme, antérieures au mariage, et de celles
« des successions échues à la femme, ou dépendantes de
« donations à elle faites, quoique ces dettes fussent tombées
« à la charge de la communauté. »

Cette rédaction répare deux lacunes qu'on apercevait dans l'article du projet ; l'une relative aux dettes personnelles à la femme, antérieures au mariage, et l'autre concernant celles dépendantes de donations qui pourraient lui être faites. Il doit en être de ces dettes comme de celles des successions qui lui seraient échues, dont il est seulement parlé dans l'article du projet.

1494   Art. 103. On a dit sur l'article 75 que cet article 103 devait être transposé après le même article 75. On en a expliqué les raisons, et on y a proposé quelques amendemens.

1507   Art. 117. La section, pour obtenir plus de clarté dans la

disposition du deuxième paragraphe de cet article, propose
de le rédiger ainsi qu'il suit :

« Lorsque l'immeuble ou les immeubles de la femme sont
« ameublis en totalité, le mari en peut disposer comme des
« autres effets de la communauté, et les aliéner en totalité. »

Art. 118. La section propose d'ajouter à cet article ce qui 1508
suit :

« Le mari ne peut également, sans le consentement de sa
« femme, aliéner en tout ou en partie les immeubles sur les-
« quels est établi l'ameublissement indéterminé. Mais il peut
« les hypothéquer jusqu'à concurrence de la portion ameu-
« blie. »

Il faut établir, pour le cas de l'ameublissement indéterminé, la même règle, quant à l'interdiction de la vente, et à
la faculté de l'hypothèque, qu'on trouve, pour le cas de
l'ameublissement déterminé, dans l'article 117. Tel est le but
de l'addition proposée.

Art. 120. La section propose de dire au premier paragraphe 1510
respectivement raison des dettes, au lieu de *respectivement
état*, etc.

A l'égard du paragraphe deuxième, il ne présente pas avec
assez de précision, ni la nécessité que l'inventaire ou état du
mobilier apporté par les époux soit fait avant le mariage, ni
que cet inventaire ou état soit fait par un acte authentique,
afin d'éviter des fraudes dans la suite.

C'est dans ces vues que la section propose de substituer au
deuxième paragraphe du projet de loi la rédaction suivante :

« Cette obligation est la même, soit qu'il y ait eu un inven-
« taire ou non. Mais si le mobilier apporté par les époux n'a
« pas été constaté par un inventaire ou état authentique,
« antérieur au mariage, les créanciers de l'un et de l'autre
« des époux peuvent, sans avoir égard à aucune des distinc-
« tions qui seraient réclamées, poursuivre leur paiement sur
« le mobilier non inventorié, comme sur tous les autres biens
« de la communauté.

« Les créanciers ont le même droit sur le mobilier qui se-
« rait échu aux époux pendant la communauté, s'il n'a pas
« été pareillement constaté par un inventaire ou état authen-
« tique. »

1511 Art. 121. Même remarque que sur l'article précédent, relativement au mot *état*, auquel on doit substituer le mot
raison.

1513 Art. 123. On propose de dire, pour plus de régularité, *et
en cas d'insuffisance, cette indemnité peut être poursuivie*, au
lieu de *et qui, en cas d'insuffisance, peut être*, etc.

1519 Art. 129. La section propose de dire, à la fin de l'article,
sauf le recours de l'époux, conformément à l'article 125, au
lieu de *sauf le recours de l'époux pour leur valeur dans le partage de la communauté*.

L'article du projet de loi présente l'inconvénient de limiter le recours au cas du partage de la communauté. Cependant ce recours peut avoir lieu, quoiqu'il n'y ait pas de
partage de la communauté, comme dans le cas de la renonciation. Ce recours doit avoir lieu alors sur les biens personnels de l'autre époux. Cela résultera de la rédaction proposée.

1520 Art. 130. La section propose de dire, à la fin de cet article, *soit en stipulant que la communauté entière, en certains
cas, appartiendra à l'époux survivant, ou à l'un d'eux seulement*, au lieu de ce qui est dit dans l'article, *soit en stipulant
que la communauté entière, en certains cas, restera à l'époux
survivant*.

L'objet de ce changement est d'établir une concordance
entre cet article et l'article 135, qui permet cette stipulation,
non seulement à l'égard de l'époux survivant, mais encore
en faveur d'un des époux, d'une manière déterminée, et abstraction faite de la survie.

Ensuite le mot *restera* a paru moins propre que le mot *appartiendra*.

1525 Art. 135. Il est dit à la fin du premier paragraphe de cet article *sauf aux héritiers de l'autre à faire la reprise des apports de leur auteur.*

Il y a encore une autre reprise à faire dans le cas prévu par cet article, qui est celle des capitaux qui peuvent, pendant le mariage, tomber dans la communauté. Car par le mot *apports* on n'entend ordinairement que ce qui est apporté par les époux au moment même du mariage.

Ainsi, pour qu'il n'y ait point d'incertitude sur tout ce qui doit être repris, la section propose de dire *sauf aux héritiers de l'autre à faire la reprise des apports et capitaux tombés dans la communauté du chef de leur auteur.*

Art. 141. La section est d'avis de substituer à ces mots, *sauf la restitution qu'il doit faire des capitaux après*, etc., ceux-ci, *sauf la restitution qu'il en doit faire après*, etc. **1531**

L'emploi du mot *capitaux* pourrait emporter une restriction à la nécessité de restituer. Cette restitution doit avoir lieu non seulement pour les capitaux, mais encore pour les meubles et effets en nature. La rédaction proposée comprend tous les objets sujets à restitution, quelle que soit leur nature.

Art. 142. La section propose de substituer à ces termes : *Il y en a de nature à se consumer par l'usage ; il en doit être joint*, etc., ceux-ci : *Il y a des choses dont on ne peut faire usage sans les consommer ; il en doit être joint*, etc. **1532**

L'objet de ce changement est de mieux marquer qu'il ne s'agit ici que des choses fongibles, à la différence des meubles qui se détériorent par l'usage, pour lesquels il y a une règle différente, et dont il est parlé dans l'article 175. Au surplus, les expressions proposées par la section sont celles dont on s'est servi pour les choses fongibles dans le projet de loi sur l'usufruit.

Art. 163. La section propose d'ajouter à cet article un nouveau paragraphe ainsi conçu : **1553**

« Il en est de même de l'immeuble donné en paiement de « la dot constituée en argent. »

Il y a même raison pour ce cas que pour celui prévu dans l'article du projet.

1559 Art. 168. Indépendamment des cas prévus par cet article, où l'aliénation doit avoir lieu avec des formes pour empêcher la fraude contre la femme, il en est un qui est digne de l'attention du législateur.

C'est lorsqu'il est question, non d'aliéner le bien dotal, mais de l'échanger contre un bien qui serait à la portée des époux, tandis que le bien dotal pourrait être très-éloigné de leur domicile, et que l'administration en serait par conséquent très-négligée.

Ce cas doit encore plus occuper le législateur dans un état où les relations commerciales sont tellement multipliées, que les voyages, les déplacemens sont devenus beaucoup plus fréquens qu'ils ne l'étaient anciennement, et où l'on vit sous une constitution politique dont l'effet est qu'un grand nombre de citoyens sont tirés de leurs foyers pour se rendre dans des lieux très-éloignés où ils doivent exercer des fonctions publiques pour long-temps ou pour leur vie. Ce qui justifie encore cette idée, c'est que l'on trouve dans la législation romaine quelques lois qui favorisaient l'échange du bien dotal, quoique les législateurs romains n'eussent pu être déterminés par les circonstances qu'on vient de rappeler, et qui sont plus particulières à notre situation.

En conséquence, la section propose d'ajouter après cet article 168 un nouvel article qui serait ainsi conçu :

« L'immeuble dotal peut être échangé, mais avec le con-« sentement de la femme, contre un autre immeuble de « même valeur pour les quatre cinquièmes au moins, en jus-« tifiant de l'utilité de l'échange, en obtenant l'autorisation « en justice, et d'après une estimation par experts nommés « d'office par le tribunal.

« Dans ce cas, l'immeuble reçu en échange sera dotal. « L'excédant du prix, s'il y en a, le sera aussi, et il en sera « fait emploi comme tel au profit de la femme. »

Art. 169. La section propose de substituer à cet article la 1560
rédaction suivante :

« Si, hors les cas d'exception qui viennent d'être expli-
« qués, la femme ou le mari, ou tous les deux conjointe-
« ment, aliènent. le fonds dotal, la femme ou ses héritiers
« pourront faire révoquer l'aliénation après la dissolution du
« mariage, sans qu'on puisse leur opposer aucune prescrip-
« tion pendant sa durée. La femme aura le même droit après
« la séparation de biens.

« Le mari lui-même pourra faire révoquer l'aliénation
« pendant le mariage ; il demeurera néanmoins sujet aux
« dommages et intérêts de l'acheteur, s'il n'a pas déclaré
« dans le contrat que le bien vendu était dotal. »

Ces mots, *l'aliénation sera* radicalement *nulle,* employés
dans le projet de loi, n'ont paru rien ajouter à une nullité
légale ; des difficultés pourraient naître sur leur interprétation. L'effet de la nullité est assez déterminé dans la rédaction proposée par la faculté de révoquer l'aliénation.

Ensuite les expressions de la fin de l'article du projet,
pourvu que celui-ci ait ignoré le vice de l'achat, donneraient
lieu à des difficultés, ainsi que l'expérience l'a appris. Comment savoir si l'acquéreur serait ou non en état d'ignorance,
cette preuve ne pouvant se puiser ailleurs que dans le contrat
d'acquisition ? Il a paru préférable de la faire dépendre du
contrat même. C'est encore un moyen de détourner le mari
du dessein de vendre le bien dotal.

Tels sont les motifs des changemens proposés.

Art. 170. La section propose de dire : *Les immeubles dotaux* 1561
*non déclarés aliénables par le contrat de mariage sont impres-
criptibles,* etc.

Et de plus, d'ajouter à la fin de l'article : *Ils deviennent
néanmoins prescriptibles après la séparation de biens, quelle que
soit l'époque à laquelle la prescription ait commencé.*

La section pense que le caractère d'aliénabilité donné aux
immeubles dotaux par le contrat de mariage les rend sus-

ceptibles de la prescription. L'imprescriptibilité ne doit être
qu'une suite de l'inaliénabilité.

Elle pense aussi que la séparation de biens doit faire une
exception à l'imprescriptibilité dans le cas de l'article 170,
puisque la femme séparée a la liberté de réclamer ses biens
entre les mains des tiers ; que le but de la séparation est de
lui donner le droit d'en jouir, et que, dans le cas de cet article, on ne peut la considérer comme réputée retenue par la
crainte maritale.

1562   Art. 171. La section propose de substituer au deuxième
paragraphe de cet article la rédaction suivante :

« Il est responsable de toutes prescriptions et détériorations
« acquises et survenues par sa négligence. »

La rédaction proposée est conçue dans deux idées.

L'une, qu'il faut comprendre dans l'article les prescriptions
commencées avant le mariage, comme celles survenues pendant le mariage ; ce qui n'était pas suffisamment expliqué
par ces mots du projet, *qu'il a laissé s'accomplir.*

L'autre, que le mari ne doit pas être responsable des prescriptions et des détériorations, s'il était établi par les circonstances qu'on ne pût lui imputer aucune négligence.

1566   Art. 175. Pour plus de régularité, la section propose de
dire *ont dépéri* au lieu de *sont dépéris;* et ensuite, *il ne sera
tenu de rendre que ceux qui restent, et dans l'état où ils se trouveront,* au lieu de *il ne sera tenu de les rendre que dans l'état
où ils se trouveront, et ce qui en reste.* Et de plus, de terminer
cet article par ce qui suit :

« Et néanmoins la femme pourra dans tous les cas retirer
« les linges et hardes à son usage actuel, sauf à précompter
« leur valeur lorsque ces linges et hardes auront été primi-
« tivement constitués sous estimation. »

Il a paru à propos de parler particulièrement des linges et
hardes de la femme, sur lesquels les lois et la jurisprudence
variaient. On croit que la disposition proposée est la plus
conforme à la justice.

Art. 178. Pour plus de régularité encore, la section pro— *1569*
pose de dire, au deuxième paragraphe de cet article, *à moins,*
au lieu de *excepté.*

Art. 180. On propose de dire, dans la deuxième partie du *1571*
paragraphe premier, *à proportion du temps qu'il a duré pen-*
dant la dernière année, afin d'éviter l'espèce de dureté de la
finale de ce paragraphe dans le projet de loi, *cette année-là.*

Art. 190. La section propose d'abord de changer le titre *1581*
sous lequel est écrit cet article, et qui est en ces termes,
Disposition particulière, en ceux-ci, *Disposition commune au*
régime de la communauté et au régime dotal, et ensuite de
substituer à l'article celui qui suit :

« En se soumettant au régime dotal, les époux peuvent
« néanmoins stipuler une société d'acquêts, et les effets de
« cette société sont réglés comme il est dit aux articles 108
« et 109 du chapitre II.

« Sous le régime de la communauté, il peut être aussi
« stipulé pour la femme des biens dotaux et paraphernaux ;
« et les effets de cette stipulation sont réglés comme il est dit
« au chapitre III.

« Néanmoins la simple stipulation que la femme se constitue
« ou qu'il lui est constitué des biens en dot ne suffit pas pour
« soumettre ces biens au régime dotal, s'il n'y a dans le con-
« trat de mariage une déclaration expresse à cet égard. »

Il a paru très-utile que, de même que, sous le régime
dotal, on pourra stipuler une société d'acquêts, de même
aussi, sous le régime de la communauté, on pût stipuler
qu'il y aurait des biens dotaux et paraphernaux. On ne saurait donner trop de latitude aux conventions qui peuvent
faciliter les mariages.

La faculté de cette dernière stipulation n'a pas paru résulter
suffisamment de l'article 107 du projet de loi ; et d'ailleurs,
en accordant cette faculté, il était prudent de prévenir que
la simple stipulation que la femme se constitue ou qu'on lui
constitue des biens en dot ne suffit pas pour soumettre ses

biens au régime dotal sans une déclaration expresse. Ainsi, en donnant une nouvelle latitude aux conventions, on conservera toujours la ligne de démarcation entre les trois régimes établis par la loi.

Une conférence s'engagea par suite de ces observations entre la section de législation du Conseil d'État et celle du Tribunat.

RÉDACTION DÉFINITIVE DU CONSEIL D'ÉTAT.

(Procès-verbal de la séance du 21 nivose an XII. — 12 janvier 1804.)

M. Berlier, d'après la conférence tenue avec le Tribunat, présente la rédaction définitive du titre X du livre III, *du Contrat de mariage et des Droits respectifs des époux.*

Il observe que le projet adopté par le Conseil dans la séance du 11 brumaire n'a éprouvé, dans la conférence avec le Tribunat, que des changemens de rédaction.

Le titre est adopté ainsi qu'il suit :

DU CONTRAT DE MARIAGE ET DES DROITS RESPECTIFS DES ÉPOUX.

CHAPITRE Ier.

Dispositions générales.

1387   Art. 1er. « La loi ne régit l'association conjugale quant
« aux biens qu'à défaut de conventions spéciales, que les
« époux peuvent faire comme ils le jugent à propos, pourvu
« qu'elles ne soient pas contraires aux bonnes mœurs, et en
« outre sous les modifications qui suivent. »

1388   Art. 2. « Les époux ne peuvent déroger ni aux droits ré-
« sultant de la puissance maritale sur la personne de la femme

« et des enfans, ou qui appartiennent au mari comme chef,
« ni aux droits conférés au survivant des époux par les titres
« *de la Puissance paternelle* et *de la Tutelle*, ni aux disposi-
« tions prohibitives du Code civil. »

Art. 3. « Ils ne peuvent faire aucune convention ou renon- 1389
« ciation dont l'objet serait de changer l'ordre légal des suc-
« cessions, soit par rapport à eux-mêmes dans la succession
« de leurs enfans ou descendans, soit par rapport à leurs en-
« fans entre eux ; sans préjudice des donations entre-vifs et
« testamentaires qui pourront avoir lieu selon les formes ou
« dans les cas déterminés par le Code. »

Art. 4. « Les époux ne peuvent plus stipuler d'une manière 1390
« générale que leur association sera réglée par l'une des cou-
« tumes, lois ou statuts locaux qui régissaient ci-devant les
« diverses parties du territoire français, et qui sont abrogés
« par la présente loi. »

Art. 5. « Ils peuvent cependant déclarer d'une manière gé- 1391
« nérale qu'ils entendent se marier ou sous le régime de la
« communauté, ou sous le régime dotal.

« Au premier cas, et sous le régime de la communauté,
« les droits des époux et de leurs héritiers seront réglés par
« les dispositions du chapitre II ci-après.

« Au deuxième cas, et sous le régime dotal, leurs droits
« seront réglés par les dispositions du chapitre III. »

Art. 6. « La simple stipulation que la femme se constitue 1392
« ou qu'il lui est constitué des biens en dot, ne suffit pas pour
« soumettre ces biens au régime dotal, s'il n'y a dans le con-
« trat de mariage une déclaration expresse à cet égard.

« La soumission au régime dotal ne résulte pas non plus
« de la simple déclaration faite par les époux, qu'ils se ma-
« rient sans communauté, ou qu'ils seront séparés de biens. »

Art. 7. « A défaut de stipulations spéciales qui dérogent 1393
« au régime de la communauté ou le modifient, les règles
« établies dans la première partie du chapitre II formeront
« le droit commun de la France. »

1394 Art. 8. « Toutes conventions matrimoniales seront rédigées,
« avant le mariage, par acte devant notaire. »

1395 Art. 9. « Elles ne peuvent recevoir aucun changement
« après la célébration du mariage. »

1396 Art. 10. « Les changemens qui y seraient faits avant cette
« célébration doivent être constatés par acte passé dans la
« même forme que le contrat de mariage.

« Nul changement ou contre-lettre n'est au surplus valable
« sans la présence et le consentement simultané de toutes les
« personnes qui ont été parties dans le contrat de mariage. »

1397 Art. 11. « Tous changemens et contre-lettres, même re-
« vêtus des formes prescrites par l'article précédent, seront
« sans effet à l'égard des tiers, s'ils n'ont été rédigés à la
« suite de la minute du contrat de mariage ; et le notaire ne
« pourra, à peine des dommages et intérêts des parties, et
« sous plus grandes peines, s'il y a lieu, délivrer ni grosses
« ni expéditions du contrat de mariage sans transcrire à la
« suite le changement ou la contre-lettre. »

1398 Art. 12. « Le mineur habile à contracter mariage est habile
« à consentir toutes les conventions dont ce contrat est sus-
« ceptible ; et les conventions et donations qu'il y a faites
« sont valables, pourvu qu'il ait été assisté dans le contrat
« des personnes dont le consentement est nécessaire pour la
« validité du mariage. »

CHAPITRE II.

Du Régime en communauté.

1399 Art. 13. « La communauté, soit légale, soit convention-
« nelle, commence du jour du mariage contracté devant
« l'officier de l'état civil : on ne peut stipuler qu'elle com-
« mencera à une autre époque. »

PREMIÈRE PARTIE.

De la Communauté légale.

1400 Art. 14. « La communauté qui s'établit par la simple dé-

« claration qu'on se marie sous le régime de la communauté,
« ou à défaut de contrat, est soumise aux règles expliquées
« dans les six sections qui suivent. »

SECTION Iʳᵉ. — *De ce qui compose la Communauté activement*
et passivement.

§ Iᵉʳ. *De l'Actif de la communauté.*

Art. 15. « La communauté se compose activement,   1401
« 1°. De tout le mobilier que les époux possédaient au
« jour de la célébration du mariage, ensemble de tout le
« mobilier qui leur échoit pendant le mariage, à titre de
« succession ou même de donation, si le donateur n'a ex-
« primé le contraire ;

« 2°. De tous les fruits, revenus, intérêts et arrérages, de
« quelque nature qu'ils soient, échus ou perçus pendant le
« mariage, et provenant des biens qui appartenaient aux
« époux lors de sa célébration, ou de ceux qui leur sont
« échus pendant le mariage, à quelque titre que ce soit ;

« 3°. De tous les immeubles qui sont acquis pendant le
« mariage. »

Art. 16. « Tout immeuble est réputé acquêt de commu-   1402
« nauté, s'il n'est prouvé que l'un des époux en avait la
« propriété ou possession légale antérieurement au mariage,
« ou qu'il lui est échu depuis à titre de succession ou do-
« nation. »

Art. 17. « Les coupes de bois et les produits des carrières   1403
« et mines tombent dans la communauté pour tout ce qui en
« est considéré comme usufruit, d'après les règles expliquées
« au livre II du Code civil.

« Si les coupes de bois qui, en suivant ces règles, pou-
« vaient être faites durant la communauté, ne l'ont point
« été, il en sera dû récompense à l'époux non propriétaire
« du fonds ou à ses héritiers.

« Si les carrières et mines ont été ouvertes pendant le ma-
« riage, les produits n'en tombent dans la communauté que

« sauf récompense ou indemnité à celui des époux à qui elle
« pourra être due. »

1404   Art. 18. « Les immeubles que les époux possèdent au jour
« de la célébration du mariage, ou qui leur échoient pendant
« son cours à titre de succession, n'entrent point en commu-
« nauté.

    « Néanmoins, si l'un des époux avait acquis un immeuble
« depuis le contrat de mariage, contenant stipulation de
« communauté, et avant la célébration du mariage, l'im-
« meuble acquis dans cet intervalle entrera dans la com-
« munauté, à moins que l'acquisition n'ait été faite en exé-
« cution de quelque clause du mariage; auquel cas elle
« serait réglée suivant la convention. »

1405   Art. 19. « Les donations d'immeubles qui ne sont faites
« pendant le mariage qu'à l'un des deux époux ne tombent
« point en communauté, et appartiennent au donataire seul ;
« à moins que la donation ne contienne expressément que la
« chose donnée appartiendra à la communauté. »

1406   Art. 20. « L'immeuble abandonné ou cédé par père, mère
« ou autre ascendant, à l'un des deux époux, soit pour le
« remplir de ce qu'il lui doit, soit à la charge de payer les
« dettes du donateur à des étrangers, n'entre point en com-
« munauté; sauf récompense ou indemnité. »

1407   Art. 21. « L'immeuble acquis pendant le mariage à titre
« d'échange contre l'immeuble appartenant à l'un des deux
« époux n'entre point en communauté, et est subrogé au lieu
« et place de celui qui a été aliéné; sauf la récompense s'il y
« a soulte. »

1408   Art. 22. « L'acquisition faite pendant le mariage, à titre
« de licitation ou autrement, de portion d'un immeuble
« dont l'un des époux était propriétaire par indivis, ne
« forme point un conquêt, sauf à indemniser la communauté
« de la somme qu'elle a fournie pour cette acquisition.

    « Dans le cas où le mari deviendrait seul et en son nom
« personnel acquéreur ou adjudicataire de portion ou de la
« totalité d'un immeuble appartenant par indivis à la femme,

« celle-ci, lors de la dissolution de la communauté, a le
« choix ou d'abandonner l'effet à la communauté, laquelle
« devient alors débitrice envers la femme de la portion ap-
« partenant à celle-ci dans le prix, ou de retirer l'immeuble,
« en remboursant à la communauté le prix de l'acquisition. »

§ II. *Du Passif de la communauté, et des Actions qui en
résultent contre la communauté.*

Art. 23. « La communauté se compose passivement,   1409
« 1°. De toutes les dettes mobilières dont les époux étaient
« grevés au jour de la célébration de leur mariage, ou dont
« se trouvent chargées les successions qui leur échoient du-
« rant le mariage ; sauf la récompense pour celles relatives
« aux immeubles propres à l'un ou à l'autre des époux ;
« 2°. Des dettes, tant en capitaux qu'arrérages ou intérêts,
« contractées par le mari pendant la communauté, ou par la
« femme du consentement du mari ; sauf la récompense dans
« les cas où elle a lieu ;
« 3°. Des arrérages et intérêts seulement des rentes ou
« dettes passives qui sont personnelles aux deux époux ;
« 4°. Des réparations usufruitières des immeubles qui
« n'entrent point en communauté ;
« 5°. Des alimens des époux, de l'éducation et entretien
« des enfans, et de toute autre charge du mariage. »
Art. 24. « La communauté n'est tenue des dettes mobi-   1410
« lières contractées avant le mariage par la femme qu'autant
« qu'elles résultent d'un acte authentique antérieur au ma-
« riage, ou ayant reçu avant la même époque une date cer-
« taine, soit par l'enregistrement, soit par le décès d'un ou
« de plusieurs signataires dudit acte.
« Le créancier de la femme, en vertu d'un acte n'ayant
« pas de date certaine avant le mariage, ne peut en pour-
« suivre contre elle le paiement que sur la nue propriété de
« ses immeubles personnels.
« Le mari qui prétendrait avoir payé pour sa femme une

« dette de cette nature n'en peut demander la récompense
« ni à sa femme ni à ses héritiers. »

1411   Art. 25. « Les dettes des successions purement mobilières
« qui sont échues aux époux pendant le mariage sont pour
« le tout à la charge de la communauté. »

1412   Art. 26. « Les dettes d'une succession purement immobi-
« lière qui échoit à l'un des époux pendant le mariage ne
« sont point à la charge de la communauté ; sauf le droit
« qu'ont les créanciers de poursuivre leur paiement sur les
« immeubles de ladite succession.

« Néanmoins, si la succession est échue au mari, les
« créanciers de la succession peuvent poursuivre leur paie-
« ment, soit sur tous les biens propres au mari, soit même
« sur ceux de la communauté ; sauf dans ce second cas la ré-
« compense due à la femme ou à ses héritiers. »

1413   Art. 27. « Si la succession purement immobilière est échue
« à la femme, et que celle-ci l'ait acceptée du consentement
« de son mari, les créanciers de la succession peuvent pour-
« suivre leur paiement sur tous les biens personnels de la
« femme ; mais si la succession n'a été acceptée par la femme
« que comme autorisée en justice au refus du mari, les
« créanciers, en cas d'insuffisance des immeubles de la suc-
« cession, ne peuvent se pourvoir que sur la nue propriété
« des autres biens personnels de la femme. »

1414   Art. 28. « Lorsque la succession échue à l'un des époux
« est en partie mobilière et en partie immobilière, les dettes
« dont elle est grevée ne sont à la charge de la communauté
« que jusqu'à concurrence de la portion contributoire du
« mobilier dans les dettes, eu égard à la valeur de ce mobi-
« lier comparée à celle des immeubles.

« Cette portion contributoire se règle d'après l'inventaire
« auquel le mari doit faire procéder, soit de son chef, si la
« succession le concerne personnellement, soit comme diri-
« geant et autorisant les actions de sa femme, s'il s'agit
« d'une succession à elle échue. »

Art. 29. « A défaut d'inventaire, et dans tous les cas où ce 1415
« défaut préjudicie à la femme, elle ou ses héritiers peu-
« vent, lors de la dissolution de la communauté, poursuivre
« les récompenses de droit, et même faire preuve, tant par
« titres et papiers domestiques que par témoins, et au besoin
« par la commune renommée, de la consistance et valeur du
« mobilier non inventorié.

« Le mari n'est jamais recevable à faire cette preuve. »

Art. 30. « Les dispositions de l'article 28 ne font point 1416
« obstacle à ce que les créanciers d'une succession en partie
« mobilière et en partie immobilière poursuivent leur paie-
« ment sur les biens de la communauté, soit que la succes-
« sion soit échue au mari, soit qu'elle soit échue à la femme,
« lorsque celle-ci l'a acceptée du consentement de son mari;
« le tout sauf les récompensés respectives.

« Il en est de même si la succession n'a été acceptée par la
« femme que comme autorisée en justice, et que néanmoins
« le mobilier en ait été confondu dans celui de la commu-
« nauté sans un inventaire préalable. »

Art. 31. « Si la succession n'a été acceptée par la femme 1417
« que comme autorisée en justice au refus du mari, et
« s'il y a eu inventaire, les créanciers ne peuvent pour-
« suivre leur paiement que sur les biens tant mobiliers
« qu'immobiliers de ladite succession, et en cas d'insuffi-
« sance, sur la nue propriété des autres biens personnels de
« la femme. »

Art. 32. « Les règles établies par les articles 25 et suivans 1418
« régissent les dettes dépendant d'une donation, comme
« celles résultant d'une succession. »

Art. 33. « Les créanciers peuvent poursuivre le paiement 1419
« des dettes que la femme a contractées avec le consentement
« du mari, tant sur tous les biens de la communauté que sur
« ceux du mari ou de la femme; sauf la récompense due à
« la communauté ou l'indemnité due au mari. »

Art. 34. « Toute dette qui n'est contractée par la femme 1420

« qu'en vertu de la procuration générale ou spéciale du mari
« est à la charge de la communauté, et le créancier n'en
« peut poursuivre le paiement ni contre la femme ni sur ses
« biens personnels. »

SECTION II. — *De l'Administration de la communauté, et de
l'Effet des actes de l'un ou de l'autre époux relativement à
la société conjugale.*

1421   Art. 35. « Le mari administre seul les biens de la com-
« munauté.

     « Il peut les vendre, aliéner et hypothéquer sans le con-
« cours de la femme. »

1422   Art. 36. « Il ne peut disposer entre-vifs, à titre gratuit,
« des immeubles de la communauté, ni de l'universalité ou
« d'une quotité du mobilier, si ce n'est pour l'établissement
« des enfans communs.

     « Il peut néanmoins disposer des effets mobiliers à titre
« gratuit et particulier au profit de toutes personnes, pourvu
« qu'il ne s'en réserve par l'usufruit. »

1423   Art. 37. « La donation testamentaire faite par le mari ne
« peut excéder sa part dans la communauté.

     « S'il a donné en cette forme un effet de la communauté,
« le donataire ne peut le réclamer en nature qu'autant que
« l'effet, par l'événement du partage, tombe au lot des hé-
« ritiers du mari : si l'effet ne tombe point au lot de ces
« héritiers, le légataire a la récompense de la valeur totale
« de l'effet donné, sur la part des héritiers du mari dans la
« communauté et sur les biens personnels de ce dernier. »

1424   Art. 38. « Les amendes encourues par le mari pour crime
« n'emportant pas mort civile peuvent se poursuivre sur
« les biens de la communauté, sauf la récompense due à la
« femme ; celles encourues par la femme ne peuvent s'exé-
« cuter que sur la nue propriété de ses biens personnels,
« tant que dure la communauté. »

Art. 39. « Les condamnations prononcées contre l'un des   1425
« deux époux pour crime emportant mort civile ne frappent
« que sa part de la communauté et ses biens personnels. »

Art. 40. « Les actes faits par la femme sans le consente-   1426
« ment du mari, et même avec l'autorisation de la justice,
« n'engagent point les biens de la communauté, si ce n'est
« lorsqu'elle contracte comme marchande publique et pour
« le fait de son commerce. »

Art. 41. « La femme ne peut s'obliger ni engager les biens   1427
« de la communauté, même pour tirer son mari de prison,
« ou pour l'établissement de ses enfans en cas d'absence du
« mari, qu'après y avoir été autorisée par justice. »

Art. 42. « Le mari a l'administration de tous les biens   1428
« personnels de la femme.

« Il peut exercer seul toutes les actions mobilières et
« possessoires qui appartiennent à la femme.

« Il ne peut aliéner les immeubles personnels de sa femme
« sans son consentement.

« Il est responsable de tout dépérissement des biens per-
« sonnels de sa femme causé par défaut d'actes conserva-
« toires. »

Art. 43. « Les baux que le mari seul a faits des biens de sa   1429
« femme pour un temps qui excède neuf ans ne sont, en
« cas de dissolution de la communauté, obligatoires vis-à-
« vis de la femme ou de ses héritiers que pour le temps qui
« reste à courir, soit de la première période de neuf ans, si
« les parties s'y trouvent encore, soit de la seconde, et ainsi
« de suite, de manière que le fermier n'ait que le droit
« d'achever la jouissance de la période de neuf ans où il se
« trouve. »

Art. 44. « Les baux de neuf ans ou au-dessous que le   1430
« mari seul a passés ou renouvelés des biens de sa femme,
« plus de trois ans avant l'expiration du bail courant, s'il
« s'agit de biens ruraux, et plus de deux ans avant la même
« époque, s'il s'agit de maisons, sont sans effet, à moins

« que leur exécution n'ait commencé avant la dissolution de
« la communauté. »

1431   Art. 45. « La femme qui s'oblige solidairement avec son
« mari pour les affaires de la communauté ou du mari n'est
« réputée, à l'égard de celui-ci, s'être obligée que comme
« caution ; elle doit être indemnisée de l'obligation qu'elle a
« contractée. »

1432   Art. 46. « Le mari qui garantit solidairement ou autre-
« ment la vente que sa femme a faite d'un immeuble per-
« sonnel a pareillement un recours contre elle, soit sur sa
« part dans la communauté, soit sur ses biens personnels,
« s'il est inquiété. »

1433   Art. 47. « S'il est vendu un immeuble appartenant à l'un
« des époux, de même que si l'on s'est rédimé en argent de
« services fonciers dus à des héritages propres à l'un d'eux,
« et que le prix en ait été versé dans la communauté, le tout
« sans remploi, il y a lieu au prélèvement de ce prix sur
« la communauté, au profit de l'époux qui était propriétaire
« soit de l'immeuble vendu, soit des services rachetés. »

1434   Art. 48. « Le remploi est censé fait à l'égard du mari
« toutes les fois que, lors d'une acquisition, il a déclaré
« qu'elle était faite des deniers provenus de l'aliénation de
« l'immeuble qui lui était personnel, et pour lui tenir lieu
« de remploi. »

1435   Art. 49. « La déclaration du mari que l'acquisition est
« faite des deniers provenus de l'immeuble vendu par la
« femme, et pour lui servir de remploi, ne suffit point, si
« ce remploi n'a été formellement accepté par la femme ; si
« elle ne l'a pas accepté, elle a simplement droit, lors de la
« dissolution de la communauté, à la récompense du prix
« de son immeuble vendu. »

1436   Art. 50. « La récompense du prix de l'immeuble apparte-
« nant au mari ne s'exerce que sur la masse de la commu-
« nauté ; celle du prix de l'immeuble appartenant à la femme
« s'exerce sur les biens personnels du mari, en cas d'insuffi-

« sance des biens de la communauté. Dans tous les cas, la
« récompense n'a lieu que sur le pied de la vente, quelque
« allégation qui soit faite touchant la valeur de l'immeuble
« aliéné. »

Art. 51. « Toutes les fois qu'il est pris sur la communauté 1437
« une somme soit pour acquitter des dettes ou charges per-
« sonnelles à l'un des époux, telles que le prix ou partie du
« prix d'un immeuble à lui propre ou le rachat de services
« fonciers, soit pour le recouvrement, la conservation ou l'a-
« mélioration de ses biens personnels, et généralement toutes
« les fois que l'un des deux époux a tiré un profit personnel
« des biens de la communauté, il en doit la récompense. »

Art. 52. « Si le père et la mère ont doté conjointement 1438
« l'enfant commun sans exprimer la portion pour laquelle ils
« entendaient y contribuer, ils sont censés avoir doté chacun
« pour moitié, soit que la dot ait été fournie ou promise en
« effets de la communauté, soit qu'elle l'ait été en biens per-
« sonnels à l'un des deux époux.

« Au second cas, l'époux dont l'immeuble ou l'effet per-
« sonnel a été constitué en dot a sur les biens de l'autre
« une action d'indemnité pour la moitié de ladite dot, eu
« égard à la valeur de l'effet donné au temps de la donation. »

Art. 53. « La dot constituée par le mari seul à l'enfant 1439
« commun en effets de la communauté est à la charge de la
« communauté ; et dans le cas où la communauté est acceptée
« par la femme, celle-ci doit supporter la moitié de la dot,
« à moins que le mari n'ait déclaré expressément qu'il s'en
« chargeait pour le tout ou pour une portion plus forte que
« la moitié. »

Art. 54. « La garantie de la dot est due par toute personne 1440
« qui l'a constituée, et ses intérêts courent du jour du ma-
« riage, encore qu'il y ait terme pour le paiement, s'il n'y a
« stipulation contraire. »

SECTION III. — *De la Dissolution de la communauté, et de quelques-unes de ses suites.*

1441 Art. 55. « La communauté se dissout, 1° par la mort na-
« turelle, 2° par la mort civile, 3° par le divorce, 4° par la
« séparation de corps, 5° par la séparation de biens. »

1442 Art. 56. « Le défaut d'inventaire après la mort naturelle
« ou civile de l'un des époux ne donne pas lieu à la conti-
« nuation de communauté; sauf les poursuites des parties
« intéressées, relativement à la consistance des biens et
« effets communs, dont la preuve pourra être faite tant par
« titres que par la commune renommée.

« S'il y a des enfans mineurs, le défaut d'inventaire fait
« perdre en outre à l'époux survivant la jouissance de leurs
« revenus, et le subrogé tuteur qui ne l'a point obligé à faire
« inventaire est solidairement tenu avec lui de toutes les
« condamnations qui peuvent être prononcées au profit des
« mineurs. »

1443 Art. 57. « La séparation de biens ne peut être poursuivie
« qu'en justice par la femme dont la dot est mise en péril,
« et lorsque le désordre des affaires du mari donne lieu de
« craindre que les biens de celui-ci ne soient point suffisans
« pour remplir les droits et reprises de la femme.

« Toute séparation volontaire est nulle. »

1444 Art. 58. « La séparation de biens, quoique prononcée en
« justice, est nulle, si elle n'a point été exécutée par le paie-
« ment réel des droits et reprises de la femme, effectué par
« acte authentique, jusqu'à concurrence des biens du mari,
« ou au moins par des poursuites commencées dans la quin-
« zaine qui a suivi le jugement, et non interrompues depuis. »

1445 Art. 59. « Toute séparation de biens doit, avant son exécu-
« tion, être rendue publique par affiche sur un tableau à ce
« destiné dans la principale salle du tribunal de première
« instance; et de plus, si le mari est marchand, banquier ou
« commerçant, dans celle du tribunal de commerce du lieu

« de son domicile, et ce à peine de nullité de l'exécution.

« Le jugement qui prononce la séparation de biens re-
« monte, quant à ses effets, au jour de la demande. »

Art. 60. « Les créanciers persounels de la femme ne peu- 1446
« vent, sans son consentement, demander la séparation de
« biens.

« Néanmoins, en cas de faillite ou de déconfiture du mari,
« ils peuvent exercer les droits de leur débitrice jusqu'à con-
« currence du montant de leurs créances. »

Art. 61. « Les créanciers du mari peuvent se pourvoir 1447
« contre la séparation de biens prononcée et même exécutée
« en fraude de leurs droits : ils peuvent même intervenir
« dans l'instance sur la demande en séparation pour la con-
« tester. »

Art. 62. « La femme qui a obtenu la séparation de biens 1448
« doit contribuer proportionnellement à ses facultés et à
« celles du mari, tant aux frais du ménage qu'à ceux d'édu-
« cation des enfans communs.

« Elle doit supporter entièrement ces frais, s'il ne reste
« rien au mari. »

Art. 63. « La femme séparée, soit de corps et de biens, 1449
« soit de biens seulement, en reprend la libre administration.

« Elle peut disposer de son mobilier et l'aliéner.

« Elle ne peut aliéner ses immeubles sans le consentement
« du mari, ou sans être autorisée en justice à son refus. »

Art. 64. « Le mari n'est point garant du défaut d'emploi 1450
« ou de remploi du prix de l'immeuble que la femme sé-
« parée a aliéné sous l'autorisation de la justice, à moins
« qu'il n'ait concouru au contrat, ou qu'il ne soit prouvé
« que les deniers ont été reçus par lui, ou ont tourné à son
« profit.

« Il est garant du défaut d'emploi ou de remploi, si la
« vente a été faite en sa présence et de son consentement; il
« ne l'est point de l'utilité de cet emploi. »

Art. 65. « La communauté dissoute par la séparation soit 1451

« de corps et de biens, soit de biens seulement, peut être
« rétablie du consentement des deux parties.

« Elle ne peut l'être que par un acte passé devant notaires
« et avec minute, dont une expédition doit être affichée
« dans la forme de l'article 59.

« En ce cas, la communauté rétablie reprend son effet du
« jour du mariage ; les choses sont remises au même état que
« s'il n'y avait point eu de séparation ; sans préjudice, néan-
« moins, de l'exécution des actes qui dans cet intervalle ont
« pu être faits par la femme, en conformité de l'article 63.

« Toute convention par laquelle les époux rétabliraient leur
« communauté sous des conditions différentes de celles qui
« la réglaient antérieurement est nulle. »

1452   Art. 66. « La dissolution de communauté opérée par le
« divorce ou la séparation, soit de corps et de biens, soit de
« biens seulement, ne donne pas ouverture aux droits de
« survie de la femme ; mais celle-ci conserve la faculté de
« les exercer lors de la mort naturelle ou civile de son
« mari. »

SECTION IV. — *De l'Acceptation de la communauté, et de la
Renonciation qui peut y être faite, avec les Conditions qui y
sont relatives.*

1453   Art. 67. « Après la dissolution de la communauté, la
« femme ou ses héritiers et ayans-cause ont la faculté de
« l'accepter ou d'y renoncer : toute convention contraire est
« nulle. »

1454   Art. 68. « La femme qui s'est immiscée dans les biens de
« la communauté ne peut y renoncer.

« Les actes purement administratifs ou conservatoires n'em-
« portent point immixtion. »

1455   Art. 69. « La femme majeure qui a pris dans un acte la
« qualité de commune ne peut plus y renoncer ni se faire
« restituer contre cette qualité, quand même elle l'aurait

« prise avant d'avoir fait inventaire, s'il n'y a eu dol de la
« part des héritiers du mari. »

Art. 70. « La femme survivante qui veut conserver la fa- 1456
« culté de renoncer à la communauté doit, dans les trois
« mois du jour du décès du mari, faire faire un inventaire
« fidèle et exact de tous les biens de la communauté, con-
« tradictoirement avec les héritiers du mari, ou eux dûment
« appelés.

« Cet inventaire doit être par elle affirmé sincère et véri-
« table, lors de sa clôture, devant l'officier public qui l'a
« reçu. »

Art. 71. « Dans les trois mois et quarante jours après le 1457
« décès du mari, elle doit faire sa renonciation au greffe du
« tribunal de première instance dans l'arrondissement du-
« quel le mari avait son domicile; cet acte doit être inscrit
« sur le registre établi pour recevoir les renonciations à suc-
« cession. »

Art. 72. « La veuve peut, suivant les circonstances, de- 1458
« mander au tribunal civil une prorogation du délai prescrit
« par l'article précédent pour sa renonciation; cette proro-
« gation est, s'il y a lieu, prononcée contradictoirement avec
« les héritiers du mari, ou eux dûment appelés. »

Art. 73. « La veuve qui n'a point fait sa renonciation dans 1459
« le délai ci-dessus prescrit n'est pas déchue de la faculté
« de renoncer si elle ne s'est point immiscée et qu'elle ait fait
« inventaire; elle peut seulement être poursuivie comme
« commune jusqu'à ce qu'elle ait renoncé, et elle doit les frais
« faits contre elle jusqu'à sa renonciation.

« Elle peut également être poursuivie après l'expiration
« des quarante jours depuis la clôture de l'inventaire, s'il a
« été clos avant les trois mois. »

Art. 74. « La veuve qui a diverti ou recélé quelques effets 1460
« de la communauté est déclarée commune, nonobstant sa
« renonciation : il en est de même à l'égard de ses héritiers. »

Art. 75. « Si la veuve meurt avant l'expiration des trois 1461

« mois sans avoir fait ou terminé l'inventaire, les héritiers
« auront pour faire ou pour terminer l'inventaire un nouveau
« délai de trois mois, à compter du décès de la veuve, et de
« quarante jours pour délibérer, après la clôture de l'inven-
« taire.

« Si la veuve meurt ayant terminé l'inventaire, ses héri-
« tiers auront pour délibérer un nouveau délai de quarante
« jours, à compter de son décès.

« Ils peuvent au surplus renoncer à la communauté dans
« les formes établies ci-dessus, et les articles 72 et 73 leur
« sont applicables. »

1462   Art. 76. « Les dispositions des articles 70 et suivans sont
« applicables aux femmes des individus morts civilement, à
« partir du moment où la mort civile a commencé. »

1463   Art. 77. « La femme divorcée ou séparée de corps, qui n'a
« point, dans les trois mois et quarante jours après le divorce
« ou la séparation définitivement prononcés, accepté la com-
« munauté, est censée y avoir renoncé, à moins qu'étant en-
« core dans le délai, elle n'en ait obtenu la prorogation en
« justice, contradictoirement avec le mari, ou lui dûment
« appelé. »

1464   Art. 78. « Les créanciers de la femme peuvent attaquer la
« renonciation qui aurait été faite par elle ou par ses héritiers
« en fraude de leurs créances, et accepter la communauté de
« leur chef. »

1465   Art. 79. « La veuve, soit qu'elle accepte, soit qu'elle re-
« nonce, a droit, pendant les trois mois et quarante jours
« qui lui sont accordés pour faire inventaire et délibérer, de
« prendre sa nourriture et celle de ses domestiques sur les
« provisions existantes, et, à défaut, par emprunt au compte
« de la masse commune, à la charge d'en user modérément.

« Elle ne doit aucun loyer à raison de l'habitation qu'elle a
« pu faire pendant ces délais dans une maison dépendant de
« la communauté ou appartenant aux héritiers du mari; et
« si la maison qu'habitaient les époux à l'époque de la disso-

« lution de la communauté était tenue par eux à titre de
« loyer, la femme ne contribuera point pendant les mêmes
« délais au paiement dudit loyer, lequel sera pris sur la
« masse. »

Art. 80. « Dans le cas de dissolution de la communauté 1466
« par la mort de la femme, ses héritiers peuvent renoncer
« à la communauté dans les délais et dans les formes que la
« loi prescrit à la femme survivante. »

SECTION V. — *Du Partage de la communauté après
l'acceptation.*

Art. 81. « Après l'acceptation de la communauté par la 1467
« femme ou ses héritiers, l'actif se partage, et le passif est
« supporté de la manière ci-après déterminée. »

§ Ier. *Du Partage de l'actif.*

Art. 82. « Les époux ou leurs héritiers rapportent à la 1468
« masse des biens existans tout ce dont ils sont débiteurs
« envers la communauté, à titre de récompense ou d'indem-
« nité, d'après les règles ci-dessus prescrites, section II du
« présent titre. »

Art. 83. « Chaque époux ou son héritier rapporte égale- 1469
« ment les sommes qui ont été tirées de la communauté, ou
« la valeur des biens que l'époux y a pris pour doter un en-
« fant d'un autre lit, ou pour doter personnellement l'enfant
« commun. »

Art. 84. « Sur la masse des biens chaque époux ou son hé- 1470
« ritier prélève :

« 1°. Ses biens personnels qui ne sont point entrés en
« communauté, s'ils existent en nature, ou ceux qui ont
« été acquis en remploi ;

« 2°. Le prix de ses immeubles qui ont été aliénés pendant
« la communauté, et dont il n'a point été fait remploi ;

« 3°. Les indemnités qui lui sont dues par la communauté. »

1471 Art. 85. « Les prélèvemens de la femme s'exercent avant
« ceux du mari.

« Ils s'exercent pour les biens qui n'existent plus en na-
« ture, d'abord sur l'argent comptant, ensuite sur le mobi-
« lier, et subsidiairement sur les immeubles de la commu-
« nauté : dans ce dernier cas, le choix des immeubles est
« déféré à la femme et à ses héritiers. »

1472 Art. 86. « Le mari ne peut exercer ses reprises que sur les
« biens de la communauté.

« La femme et ses héritiers, en cas d'insuffisance de la
« communauté, exercent leurs reprises sur les biens per-
« sonnels du mari. »

1473 Art. 87. « Les remplois et récompenses dus par la commu-
« nauté aux époux, et les récompenses et indemnités par eux
« dues à la communauté, emportent les intérêts de plein
« droit du jour de la dissolution de la communauté. »

1474 Art. 88. « Après que tous les prélèvemens des deux époux
« ont été exécutés sur la masse, le surplus se partage par
« moitié entre les époux ou ceux qui les représentent. »

1475 Art. 89. « Si les héritiers de la femme sont divisés, en sorte
« que l'un ait accepté la communauté à laquelle l'autre a re-
« noncé, celui qui a accepté ne peut prendre que sa portion
« virile et héréditaire dans les biens qui échoient au lot de la
« femme.

« Le surplus reste au mari, qui demeure chargé, envers
« l'héritier renonçant, des droits que la femme aurait pu
« exercer en cas de renonciation, mais jusqu'à concurrence
« seulement de la portion virile héréditaire du renonçant. »

1476 Art. 90. « Au surplus, le partage de la communauté, pour
« tout ce qui concerne ses formes, la licitation des immeubles
« quand il y a lieu, les effets du partage, la garantie qui en
« résulte, et les soultes, est soumis à toutes les règles qui
« sont établies au titre *des Successions,* pour les partages entre
« cohéritiers. »

1477 Art. 91. « Celui des époux qui aurait diverti ou recélé

« quelques effets de la communauté est privé de sa portion
« dans lesdits effets. »

Art. 92. « Après le partage consommé, si l'un des deux 1478
« époux est créancier personnel de l'autre, comme lorsque
« le prix de son bien a été employé à payer une dette person-
« nelle de l'autre époux, ou pour toute autre cause, il exerce
« cette créance sur la part qui est échue à celui-ci dans la
« communauté, ou sur ses biens personnels. »

Art. 93. « Les créances personnelles que les époux ont à 1479
« exercer l'un contre l'autre ne portent intérêt que du jour
« de la demande en justice. »

Art. 94. « Les donations que l'un des époux a pu faire à 1480
« l'autre ne s'exécutent que sur la part du donateur dans la
« communauté et sur ses biens personnels. »

Art. 95. « Le deuil de la femme est aux frais des héritiers 1481
« du mari prédécédé.

« La valeur de ce deuil est réglée selon la fortune du mari.

« Il est dû même à la femme qui renonce à la commu-
« nauté. »

§ II. *Du Passif de la communauté, et de la Contribution
aux dettes.*

Art. 96. « Les dettes de la communauté sont pour moitié 1482
« à la charge de chacun des époux ou de leurs héritiers : les
« frais de scellé, inventaire, vente de mobilier, liquidation,
« licitation et partage, font partie de ces dettes. »

Art. 97. « La femme n'est tenue des dettes de la commu- 1483
« nauté, soit à l'égard du mari, soit à l'égard des créanciers,
« que jusqu'à concurrence de son émolument, pourvu qu'il y
« ait eu bon et fidèle inventaire, et en rendant compte tant
« du contenu de cet inventaire que de ce qui lui en est échu
« par le partage. »

Art. 98. « Le mari est tenu pour la totalité des dettes de 1484
« la communauté par lui contractées, sauf son recours contre
« la femme ou ses héritiers pour la moitié desdites dettes. »

1485   Art. 99. « Il n'est tenu que pour moitié de celles person-
« nelles à la femme, et qui étaient tombées à la charge de
« la communauté. »

1486   Art. 100. « La femme peut être poursuivie pour la totalité
« des dettes qui procèdent de son chef et étaient entrées dans
« la communauté, sauf son recours contre le mari ou son
« héritier pour la moitié desdites dettes. »

1487   Art. 101. « La femme, même personnellement obligée pour
« une dette de communauté, ne peut être poursuivie que
« pour la moitié de cette dette, à moins que l'obligation ne
« soit solidaire. »

1488   Art. 102. « La femme qui a payé une dette de la commu-
« nauté au-delà de sa moitié n'a point de répétition contre
« le créancier pour l'excédant, à moins que la quittance
« n'exprime que ce qu'elle a payé était pour sa moitié. »

1489   Art. 103. « Celui des époux qui, par l'effet de l'hypo-
« thèque exercée sur l'immeuble à lui échu en partage, se
« trouve poursuivi pour la totalité d'une dette de commu-
« nauté, a, de droit, son recours pour la moitié de cette dette
« contre l'autre époux ou ses héritiers. »

1490   Art. 104. « Les dispositions précédentes ne font point obs-
« tacle à ce que, par le partage, l'un ou l'autre des copar-
« tageans soit chargé de payer une quotité de dettes autre
« que la moitié, même de les acquitter entièrement.

« Toutes les fois que l'un des copartageans a payé des
« dettes de la communauté au-delà de la portion dont il était
« tenu, il y a lieu au recours de celui qui a trop payé contre
« l'autre. »

1491   Art. 105. « Tout ce qui est dit ci-dessus à l'égard du mari
« ou de la femme a lieu à l'égard des héritiers de l'un ou de
« l'autre, et ces héritiers exercent les mêmes droits et sont
« soumis aux mêmes actions que le conjoint qu'ils représen-
« tent. »

DU CONTRAT DE MARIAGE, etc. 643

SECTION VI.—*De la Renonciation à la communauté, et de ses Effets.*

Art. 106. « La femme qui renonce perd toute espèce de droit 149²
« sur les biens de la communauté, et même sur le mobilier
« qui y est entré de son chef.

« Elle retire seulement les linges et hardes à son usage. »

Art. 107. « La femme renonçante a le droit de reprendre : 1493
« 1°. Les immeubles à elle appartenant, lorsqu'ils exis-
« tent en nature, ou l'immeuble qui a été acquis en remploi ;

« 2°. Le prix de ses immeubles aliénés dont le remploi n'a
« pas été fait et accepté comme il est dit ci-dessus ;

« 3°. Toutes les indemnités qui peuvent lui être dues par
« la communauté. »

Art. 108. « La femme renonçante est déchargée de toute 1494
« contribution aux dettes de la communauté, tant à l'égard
« du mari qu'à l'égard des créanciers : elle reste néanmoins
« tenue envers ceux-ci lorsqu'elle s'est obligée conjointement
« avec son mari, ou lorsque la dette, devenue dette de la
« communauté, provenait originairement de son chef; le
« tout sauf son recours contre le mari ou ses héritiers. »

Art. 109. « Elle peut exercer toutes les actions et reprises 1495
« ci-dessus détaillées, tant sur les biens de la communauté
« que sur les biens personnels du mari.

« Ses héritiers le peuvent de même, sauf en ce qui con-
« cerne le prélèvement des linges et hardes, ainsi que le
« logement et la nourriture pendant le délai donné pour faire
« inventaire et délibérer, lesquels droits sont purement per-
« sonnels à la femme survivante. »

Disposition relative à la Communauté légale, lorsque l'un des époux ou tous deux ont des enfans de précédens mariages.

Art. 110. « Tout ce qui est dit ci-dessus sera observé même 1496
« lorsque l'un des époux ou tous deux auront des enfans de
« précédens mariages.

41.

« Si toutefois la confusion du mobilier et des dettes opérait
« au profit de l'un des époux un avantage supérieur à celui
« qui est autorisé par l'article 387 du livre III du Code civil,
« les enfans du premier lit de l'autre époux auraient l'action
« en retranchement. »

DEUXIÈME PARTIE.

*De la Communauté conventionnelle, et des Conventions qui peu-
vent modifier ou même exclure la Communauté légale.*

1497   Art. 111. « Les époux peuvent modifier la communauté
« légale par toute espèce de conventions non contraires aux
« articles 1, 2, 3 et 4 du présent titre.

« Les principales modifications sont celles qui ont lieu en
« stipulant de l'une ou de l'autre des manières qui suivent ;
« savoir :

« 1°. Que la communauté n'embrassera que les acquêts ;

« 2°. Que le mobilier présent ou futur n'entrera point en
« communauté, ou n'y entrera que pour une partie ;

« 3°. Qu'on y comprendra tout ou partie des immeubles
« présens ou futurs, par la voie de l'ameublissement ;

« 4°. Que les époux paieront séparément leurs dettes an-
« térieures au mariage ;

« 5°. Qu'en cas de renonciation la femme pourra repren-
« dre ses apports francs et quittes ;

« 6°. Que le survivant aura un préciput ;

« 7°. Que les époux auront des parts inégales ;

« 8°. Qu'il y aura entre eux communauté à titre uni-
« versel. »

SECTION 1re. — *De la Communauté réduite aux acquêts.*

1498   Art. 112. « Lorsque les époux stipulent qu'il n'y aura entre
« eux qu'une communauté d'acquêts, ils sont censés exclure
« de la communauté et les dettes de chacun d'eux actuelles
« et futures, et leur mobilier respectif présent et futur.

« En ce cas, et après que chacun des époux a prélevé ses
« apports dûment justifiés, le partage se borne aux acquêts
« faits par les époux, ensemble ou séparément, durant le
« mariage, et provenant tant de l'industrie commune que
« des économies faites sur les fruits et revenus des biens des
« deux époux. »

Art. 113. « Si le mobilier existant lors du mariage, ou   1499
« échu depuis, n'a pas été constaté par inventaire ou état en
« bonne forme, il est réputé acquêt. »

SECTION II. — *De la Clause qui exclut de la communauté le*
mobilier en tout ou partie.

Art. 114. « Les époux peuvent exclure de leur commu-   1500
« nauté tout leur mobilier présent et futur.

« Lorsqu'ils stipulent qu'ils en mettront réciproquement
« dans la communauté jusqu'à concurrence d'une somme ou
« d'une valeur déterminée, ils sont, par cela seul, censés se
« réserver le surplus. »

Art. 115. « Cette clause rend l'époux débiteur envers la   1501
« communauté de la somme qu'il a promis d'y mettre, et
« l'oblige à justifier de cet apport. »

Art. 116. « L'apport est suffisamment justifié quant au   1502
« mari par la déclaration portée au contrat de mariage que
« son mobilier est de telle valeur.

« Il est suffisamment justifié, à l'égard de la femme, par
« la quittance que le mari lui donne, ou à ceux qui l'ont
« dotée. »

Art. 117. « Chaque époux a le droit de reprendre et de   1503
« prélever, lors de la dissolution de la communauté, la va-
« leur de ce dont le mobilier qu'il a apporté lors du mariage,
« ou qui lui est échu depuis, excédait sa mise en commu-
« nauté. »

Art. 118. « Le mobilier qui échoit à chacun des époux
« pendant le mariage doit être constaté par un inventaire.

1504 « A défaut d'inventaire du mobilier échu au mari, ou d'un
« titre propre à justifier de sa consistance et valeur, déduc-
« tion faite des dettes, le mari ne peut en exercer la reprise.

« Si le défaut d'inventaire porte sur un mobilier échu à la
« femme, celle-ci ou ses héritiers sont admis à faire preuve,
« soit par titres, soit par témoins, soit même par commune
« renommée, de la valeur de ce mobilier. »

SECTION III. — *De la Clause d'ameublissement.*

1505 Art. 119. « Lorsque les époux ou l'un d'eux font entrer en
« communauté tout ou partie de leurs immeubles présens ou
« futurs, cette clause s'appelle *ameublissement.* »

1506 Art. 120. « L'ameublissement peut être déterminé ou in-
« déterminé.

« Il est déterminé quand l'époux a déclaré ameublir et
« mettre en communauté un tel immeuble, en tout ou jusqu'à
« concurrence d'une certaine somme.

« Il est indéterminé quand l'époux a simplement déclaré
« apporter en communauté ses immeubles jusqu'à concur-
« rence d'une certaine somme. »

1507 Art. 121. « L'effet de l'ameublissement déterminé est de
« rendre l'immeuble, ou les immeubles qui en sont frappés,
« biens de la communauté comme les meubles mêmes.

« Lorsque les meubles ou les immeubles de la femme sont
« ameublis en totalité, le mari en peut disposer comme des
« autres effets de la communauté, et les aliéner en totalité.

« Si l'immeuble n'est ameubli que pour une certaine
« somme, le mari ne peut l'aliéner qu'avec le consentement
« de la femme; mais il peut l'hypothéquer sans son consen-
« tement jusqu'à la concurrence seulement de la portion
« ameublie. »

1508 Art. 122. « L'ameublissement indéterminé ne rend point
« la communauté propriétaire des immeubles qui en sont
« frappés; son effet se réduit à obliger l'époux qui l'a con-

« senti à comprendre dans la masse, lors de la dissolution de
« la communauté, quelques-uns de ses immeubles jusqu'à la
« concurrence de la somme par lui promise.

« Le mari ne peut, comme en l'article précédent, aliéner en
« tout ou en partie sans le consentement de sa femme les
« immeubles sur lesquels est établi l'ameublissement indé-
« terminé, mais il peut les hypothéquer jusqu'à concurrence
« de cet ameublissement. »

Art. 123. « L'époux qui a ameubli un héritage a, lors du ₁₅₀₉
« partage, la faculté de le retenir, en le précomptant sur sa
« part pour le prix qu'il vaut alors; et ses héritiers ont le même
« droit. »

SECTION IV.—*De la Clause de séparation des dettes.*

Art. 124. « La clause par laquelle les époux stipulent qu'ils ₁₅₁₀
« paieront séparément leurs dettes personnelles les oblige à
« se faire, lors de la dissolution de la communauté, respec-
« tivement raison des dettes qui sont justifiées avoir été ac-
« quittées par la communauté, à la décharge de celui des
« époux qui en était débiteur. Cette obligation est la même,
« soit qu'il y ait eu inventaire ou non; mais si le mobilier
« apporté par les époux n'a pas été constaté par un inventaire
« ou état authentique antérieur au mariage, les créanciers
« de l'un et de l'autre des époux peuvent, sans avoir égard
« à aucune des distinctions qui seraient réclamées, pour-
« suivre leur paiement sur le mobilier non inventorié,
« comme sur tous les autres biens de la communauté.

« Les créanciers ont le même droit sur le mobilier qui se-
« rait échu aux époux pendant la communauté, s'il n'a pas
« été pareillement constaté par un inventaire ou état authen-
« tique. »

Art. 125. « Lorsque les époux apportent dans la commu- ₁₅₁₁
« nauté une somme certaine ou un corps certain, un tel ap-
« port emporte la convention tacite qu'il n'est point grevé

« de dettes antérieures au mariage, et il doit être fait raison
« par l'époux débiteur à l'autre de toutes celles qui dimi-
« nueraient l'apport promis. »

1512 Art. 126. « La clause de séparation des dettes n'empêche
« point que la communauté ne soit chargée des intérêts et
« arrérages qui ont couru depuis le mariage. »

1513 Art. 127. « Lorsque la communauté est poursuivie pour
« les dettes de l'un des époux, déclaré par contrat franc et
« quitte de toutes dettes antérieures au mariage, le conjoint
« a droit à une indemnité qui se prend soit sur la part de
« communauté revenant à l'époux débiteur, soit sur les biens
« personnels dudit époux, et en cas d'insuffisance, cette in-
« demnité peut être poursuivie par voie de garantie contre
« le père, la mère, l'ascendant ou le tuteur qui l'auraient
« déclaré franc et quitte.

« Cette garantie peut même être exercée par le mari du-
« rant la communauté, si la dette provient du chef de la
« femme ; sauf, en ce cas, le remboursement dû par la femme
« ou ses héritiers aux garans, après la dissolution de la
« communauté. »

SECTION V. — *De la Faculté accordée à la femme de reprendre
son apport franc et quitte.*

1514 Art. 128. « La femme peut stipuler qu'en cas de renoncia-
« tion à la communauté elle reprendra tout ou partie de ce
« qu'elle y aura apporté, soit lors du mariage, soit depuis ;
« mais cette stipulation ne peut s'étendre au-delà des choses
« formellement exprimées, ni au profit de personnes autres
« que celles désignées.

« Ainsi la faculté de reprendre le mobilier que la femme a
« apporté lors du mariage ne s'étend point à celui qui serait
« échu pendant le mariage.

« Ainsi la faculté accordée à la femme ne s'étend point aux
« enfans ; celle accordée à la femme et aux enfans ne s'étend
« point aux héritiers ascendans ou collatéraux.

« **Dans tous les cas**, les apports ne peuvent être repris que
« déduction faite des dettes personnelles à la femme, et que
« la communauté aurait acquittées. »

SECTION VI. — *Du Préciput conventionnel.*

Art. 129. « La clause par laquelle l'époux survivant est   1515
« autorisé à prélever, avant tout partage, une certaine somme
« ou une certaine quantité d'effets mobiliers en nature, ne
« donne droit à ce prélèvement au profit de la femme survi-
« vante que lorsqu'elle accepte la communauté, à moins que
« le contrat de mariage ne lui ait réservé ce droit, même en
« renonçant.

« Hors le cas de cette réserve, le préciput ne s'exerce que sur
« la masse partageable, et non sur les biens personnels de
« l'époux prédécédé. »

Art. 130. « Le préciput n'est point regardé comme un avan-   1516
« tage sujet aux formalités des donations, mais comme une
« convention de mariage. »

Art. 131. « La mort naturelle ou civile donne ouverture   1517
« au préciput. »

Art. 132. « Lorsque la dissolution de la communauté s'o-   1518
« père par le divorce ou par la séparation de corps, il n'y a
« pas lieu à la délivrance actuelle du préciput; mais l'époux
« qui a obtenu soit le divorce, soit la séparation de corps,
« conserve ses droits au préciput en cas de survie. Si c'est la
« femme, la somme ou la chose qui constitue le préciput
« reste toujours provisoirement au mari, à la charge de
« donner caution. »

Art. 133. « Les créanciers de la communauté ont toujours   1519
« le droit de faire vendre les effets compris dans le préciput,
« sauf le recours de l'époux, conformément à l'article 129. »

SECTION VII. — *Des Clauses par lesquelles on assigne à chacun
des époux des parts inégales dans la communauté.*

Art. 134. « Les époux peuvent déroger au partage égal   1520

« établi par la loi, soit en ne donnant à l'époux survivant ou
« à ses héritiers, dans la communauté, qu'une part moindre
« que la moitié, soit en ne lui donnant qu'une somme fixe
« pour tout droit de communauté, soit en stipulant que la
« communauté entière, en certains cas, appartiendra à l'époux
« survivant, ou à l'un d'eux seulement. »

1521   Art. 135. « Lorsqu'il a été stipulé que l'époux ou ses hé-
« tiers n'auront qu'une certaine part dans la communauté,
« comme le tiers ou le quart, l'époux ainsi réduit ou ses
« héritiers ne supportent les dettes de la communauté que
« proportionnellement à la part qu'ils prennent dans l'actif.

    « La convention est nulle si elle oblige l'époux ainsi réduit
« ou ses héritiers à supporter une plus forte part, ou si elle
« les dispense de supporter une part dans les dettes égale à
« celle qu'ils prennent dans l'actif. »

1522   Art. 136. « Lorsqu'il est stipulé que l'un des époux ou ses
« héritiers ne pourront prétendre qu'une certaine somme
« pour tout droit de communauté, la clause est un forfait
« qui oblige l'autre époux ou ses héritiers à payer la somme
« convenue, soit que la communauté soit bonne ou mau-
« vaise, suffisante ou non, pour acquitter la somme. »

1523   Art. 137. « Si la clause n'établit le forfait qu'à l'égard des
« héritiers de l'époux, celui-ci, dans le cas où il survit, a
« droit au partage légal par moitié. »

1524   Art. 138. « Le mari ou ses héritiers qui retiennent, en
« vertu de la clause énoncée en l'article 134, la totalité de la
« communauté, sont obligés d'en acquitter toutes les dettes.

    « Les créanciers n'ont en ce cas aucune action contre la
« femme ni contre ses héritiers.

    « Si c'est la femme survivante qui a, moyennant une
« somme convenue, le droit de retenir toute la communauté
« contre les héritiers du mari, elle a le choix ou de leur
« payer cette somme, en demeurant obligée à toutes les
« dettes, ou de renoncer à la communauté, et d'en aban-
« donner aux héritiers du mari les biens et les charges. »

Art. 139. « Il est permis aux époux de stipuler que la to-   1525
« talité de la communauté appartiendra au survivant ou à
« l'un d'eux seulement, sauf aux héritiers de l'autre à faire
« la reprise des apports et capitaux tombés dans la commu-
« nauté du chef de leur auteur.

« Cette stipulation n'est point réputée un avantage sujet
« aux règles relatives aux donations, soit quant au fond, soit
« quant à la forme, mais simplement une convention de
« mariage et entre associés. »

SECTION VIII. — *De la Communauté à titre universel.*

Art. 140. « Les époux peuvent établir par leur contrat de   1526
« mariage une communauté universelle de leurs biens, tant
« meubles qu'immeubles présens et à venir, ou de tous leurs
« biens présens seulement, ou de tous leurs biens à venir
« seulement. »

Dispositions communes aux huit sections ci-dessus.

Art. 141. « Ce qui est dit aux huit sections ci-dessus ne   1527
« limite pas à leurs dispositions précises les stipulations dont
« est susceptible la communauté conventionnelle.

« Les époux peuvent faire toutes autres conventions, ainsi
« qu'il est dit à l'article 1er du présent titre et sauf les modi-
« fications portées par les articles 2, 3 et 4.

« Néanmoins, dans le cas où il y aurait des enfans d'un
« précédent mariage, toute convention qui tendrait dans ses
« effets à donner à l'un des époux au-delà de la portion ré-
« glée par l'article 387 du livre III du Code civil sera sans
« effet pour tout l'excédant de cette portion ; mais les simples
« bénéfices résultant des travaux communs et des économies
« faites sur les revenus respectifs, quoique inégaux, des
« deux époux, ne sont pas considérés comme un avantage
« fait au préjudice des enfans du premier lit. »

Art. 142. « La communauté conventionnelle reste soumise   1528
« aux règles de la communauté légale pour tous les cas aux-

» quels il n'y a pas été dérogé implicitement ou explicitement
« par le contrat. »

SECTION IX. — *Des Conventions exclusives de la communauté.*

1529   Art. 143. « Lorsque, sans se soumettre au régime dotal,
« les époux déclarent qu'ils se marient sans communauté, ou
« qu'ils seront séparés de biens, les effets de cette stipula-
« tion seront réglés comme il suit. »

§ Iᵉʳ. *De la Clause portant que les époux se marient sans*
communauté.

1530   Art. 144. « La clause portant que les époux se marient sans
« communauté ne donne point à la femme le droit d'ad-
« ministrer ses biens ni d'en percevoir les fruits : ces fruits
« sont censés apportés au mari pour soutenir les charges du
« mariage. »

1531   Art. 145. « Le mari conserve l'administration des biens
« meubles et immeubles de la femme, et, par suite, le droit
« de percevoir tout le mobilier qu'elle apporte en dot ou qui
« lui échoit pendant le mariage, sauf la restitution qu'il
« en doit faire après la dissolution du mariage, ou après la
« séparation de biens qui serait prononcée par justice. »

1532   Art. 146. « Si, dans le mobilier apporté en dot par la
« femme ou qui lui échoit pendant le mariage, il y a des
« choses dont on ne peut faire usage sans les consommer, il
« en doit être joint un état estimatif au contrat de mariage,
« ou il doit en être fait inventaire lors de l'échéance, et le
« mari en doit rendre le prix d'après l'estimation. »

1533   Art. 147. « Le mari est tenu de toutes les charges de l'u-
« sufruit. »

1534   Art. 148. « La clause énoncée au présent paragraphe ne
« fait point obstacle à ce qu'il soit convenu que la femme
« touchera annuellement, sur ses seules quittances, certaine
« portion de ses revenus pour son entretien et ses besoins
« personnels. »

Art. 149. « Les immeubles constitués en dot dans le cas 1535
« du présent paragraphe ne sont point inaliénables.

« Néanmoins ils ne peuvent être aliénés sans le consente-
« ment du mari, et à son refus, sans l'autorisation de la jus-
« tice. »

§ II. *De la Clause de séparation de biens.*

Art. 150. « Lorsque les époux ont stipulé par leur contrat 1536
« de mariage qu'ils seraient séparés de biens, la femme con-
« serve l'entière administration de ses biens meubles et im-
« meubles et la jouissance libre de ses revenus. »

Art. 151. « Chacun des époux contribue aux charges du 1537
« mariage suivant les conventions contenues en leur contrat ;
« et s'il n'en existe point à cet égard la femme contribue
« à ces charges jusqu'à concurrence du tiers de ses revenus. »

Art. 152. « Dans aucun cas, ni à la faveur d'aucune sti— 1538
« pulation, la femme ne peut aliéner ses immeubles sans le
« consentement spécial de son mari, ou à son refus, sans
« être autorisée par justice.

« Toute autorisation générale d'aliéner les immeubles
« données à la femme, soit par contrat de mariage, soit de-
« puis, est nulle. »

Art. 153. « Lorsque la femme séparée a laissé la jouissance 1539
« de ses biens à son mari, celui-ci n'est tenu, soit sur la
« demande que sa femme pourrait lui faire, soit à la disso-
« lution du mariage, qu'à la représentation des fruits exis-
« tans, et il n'est point comptable de ceux qui ont été con-
« sommés jusqu'alors. »

CHAPITRE III.

Du Régime dotal.

Art. 154. « La dot, sous ce régime comme sous celui du 1540
« chapitre II, est le bien que la femme apporte au mari pour
« supporter les charges du mariage. »

Art. 155. « Tout ce que la femme se constitue ou qui lui 1541

« est donné en contrat de mariage est dotal, s'il n'y a stipu-
« lation contraire. »

SECTION 1re. — *De la Constitution de dot.*

1542   Art. 156. « La constitution de dot peut frapper tous les
« biens présens et à venir de la femme, ou tous ses biens pré-
« sens seulement, ou une partie de ses biens présens et à ve-
« nir, ou même un objet individuel.

« La constitution en termes généraux de tous les biens de
« la femme ne comprend pas les biens à venir. »

1543   Art. 157. « La dot ne peut être constituée ni même aug-
« mentée pendant le mariage. »

1544   Art. 158. « Si les père et mère constituent conjointement
« une dot sans distinguer la part de chacun, elle sera censée
« constituée par portions égales.

« Si la dot est constituée par le père seul pour droits pater-
« nels et maternels, la mère, quoique présente au contrat, ne
« sera point engagée, et la dot demeurera en entier à la charge
« du père. »

1545   Art. 159. « Si le survivant des père ou mère constitue une
« dot pour biens paternels et maternels sans spécifier les
« portions, la dot se prendra d'abord sur les droits du futur
« époux dans les biens du conjoint prédécédé, et le surplus
« sur les biens du constituant. »

1546   Art. 160. « Quoique la fille dotée par ses père et mère ait
« des biens à elle propres dont ils jouissent, la dot sera prise
« sur les biens des constituans, s'il n'y a stipulation contraire. »

1547   Art. 161. « Ceux qui constituent une dot sont tenus à la
« garantie des objets constitués. »

1548   Art. 162. « Les intérêts de la dot courent de plein droit,
« contre ceux qui l'ont promise, du jour du mariage, encore
« qu'il y ait terme pour le paiement, s'il n'y a stipulation
« contraire. »

SECTION II. — *Des Droits du mari sur les biens dotaux,*
et de l'Inaliénabilité du fonds dotal.

Art. 163. « Le mari seul a l'administration des biens do—   1549
« taux pendant le mariage.

« Il a seul le droit d'en poursuivre les débiteurs et déten-
« teurs, d'en percevoir les fruits et les intérêts, et de rece-
« voir le remboursement des capitaux.

« Cependant il peut être convenu par le contrat de ma-
« riage que la femme touchera annuellement, sur ses seules
« quittances, une partie de ses revenus pour son entretien et
« ses besoins personnels. »

Art. 164. « Le mari n'est pas tenu de fournir caution pour   1550
« la réception de la dot, s'il n'y a pas été assujetti par le con-
« trat de mariage. »

Art. 165. « Si la dot ou partie de la dot consiste en objets   1551
« mobiliers mis à prix par le contrat, sans déclaration que
« l'estimation n'en fait pas vente, le mari en devient proprié-
« taire, et n'est débiteur que du prix donné au mobilier. »

Art. 166. « L'estimation donnée à l'immeuble constitué en   1552
« dot n'en transporte point la propriété au mari, s'il n'y en
« a déclaration expresse. »

Art. 167. « L'immeuble acquis des deniers dotaux n'est   1553
« pas dotal si la condition de l'emploi n'a été stipulée par le
« contrat de mariage. »

« Il en est de même de l'immeuble donné en paiement de
« la dot constituée en argent. »

Art. 168. « Les immeubles constitués en dot ne peuvent   1554
« être aliénés ou hypothéqués pendant le mariage ni par le
« mari, ni par la femme, ni par les deux conjointement,
« sauf les exceptions qui suivent. »

Art. 169. « La femme peut, avec l'autorisation de son mari,   1555
« ou, sur son refus, avec la permission de la justice, donner
« ses biens dotaux pour l'établissement des enfans qu'elle
« aurait d'un mariage antérieur : mais si elle n'est autorisée

« que par la justice, elle doit réserver la jouissance à son
« mari. »

1556   Art. 170. « Elle peut aussi, avec l'autorisation de son
« mari, donner ses biens dotaux pour l'établissement de leurs
« enfans communs. »

1557   Art. 171. « L'immeuble dotal peut être aliéné lorsque
« l'aliénation en a été permise par le contrat de mariage. »

1558   Art. 172. « L'immeuble dotal peut encore être aliéné avec
« la permission de la justice, et aux enchères, après trois af-
« fiches ;

    « Pour tirer de prison le mari ou la femme ;

    « Pour fournir des alimens à la famille dans les cas prévus
« par les articles 197, 199 et 200 du livre Ier du présent Code ;

    « Pour payer les dettes de la femme, ou de ceux qui ont
« constitué la dot, lorsque ces dettes ont une date certaine
« antérieure au contrat de mariage ;

    « Pour faire de grosses réparations indispensables pour la
« conservation de l'immeuble dotal ;

    « Enfin, lorsque cet immeuble se trouve indivis avec des
« tiers, et qu'il est reconnu impartageable.

    « Dans tous ces cas, l'excédant du prix de la vente au-
« dessus des besoins reconnus restera dotal, et il en sera
« fait emploi, comme tel, au profit de la femme. »

1559   Art. 173. « L'immeuble dotal peut être échangé, mais avec
« le consentement de la femme, contre un autre immeuble
« de même valeur, pour les quatre cinquièmes au moins, en
« justifiant de l'utilité de l'échange, en obtenant l'autorisa-
« tion en justice, et d'après une estimation par experts nom-
« més d'office par le tribunal.

    « Dans ce cas l'immeuble reçu en échange sera dotal ;
« l'excédant du prix, s'il y en a, le sera aussi, et il en sera
« fait emploi comme tel au profit de la femme. »

1560   Art. 174. « Si, hors les cas d'exception qui viennent d'être
« expliqués, la femme ou le mari, ou tous les deux conjoin-
« tement, aliènent le fonds dotal, la femme ou ses héritiers

« pourront faire révoquer l'aliénation après la dissolution du
« mariage, sans qu'on puisse leur opposer aucune prescrip-
« tion pendant sa durée : la femme aura le même droit après
« la séparation de biens.

« Le mari lui-même pourra faire révoquer l'aliénation
« pendant le mariage, en demeurant néanmoins sujet aux
« dommages et intérêts de l'acheteur, s'il n'a pas déclaré
« dans le contrat que le bien vendu était dotal. »

Art. 175. « Les immeubles dotaux non déclarés aliénables   1561
« par le contrat de mariage sont imprescriptibles pendant le
« mariage, à moins que la prescription n'ait commencé au-
« paravant.

« Ils deviennent néanmoins prescriptibles après la sépara-
« tion de biens, quelle que soit l'époque à laquelle la pres-
« cription a commencé. »

Art. 176. « Le mari est tenu, à l'égard des biens dotaux,   1562
« de toutes les obligations de l'usufruitier.

« Il est responsable de toutes prescriptions acquises et dé-
« tériorations survenues par sa négligence. »

Art. 177. « Si la dot est mise en péril, la femme peut pour-   1563
« suivre la séparation de biens, ainsi qu'il est dit aux arti-
« cles 57 et suivans du chapitre II. »

SECTION III. — *De la Restitution de la dot.*

Art. 178. « Si la dot consiste en immeubles,   1564
« Ou en meubles non estimés par le contrat de mariage,
« ou bien mis à prix, avec déclaration que l'estimation n'en
« ôte pas la propriété à la femme,

« Le mari ou ses héritiers peuvent être contraints de la res-
« tituer sans délai, après la dissolution du mariage. »

Art. 179. « Si elle consiste en une somme d'argent,   1565
« Ou en meubles mis à prix par le contrat, sans déclaration
« que l'estimation n'en rend pas le mari propriétaire,

« La restitution n'en peut être exigée qu'un an après la
« dissolution. »

1566 Art. 180. « Si les meubles dont la propriété reste à la
« femme ont dépéri par l'usage et sans la faute du mari, il
« ne sera tenu de rendre que ceux qui resteront, et dans l'état
« où ils se trouveront.

« Et néanmoins, la femme pourra dans tous les cas retirer
« les linge et hardes à son usage actuel, sauf à précompter
« leur valeur lorsque ses linge et hardes auront été primiti-
« vement constitués avec estimation. »

1567 Art. 181. « Si la dot comprend des obligations ou consti-
« tutions de rente qui ont péri ou souffert des retranche-
« mens qu'on ne puisse imputer à la négligence du mari, il
« n'en sera point tenu, et il en sera quitte en restituant les
« contrats. »

1568 Art. 182. « Si un usufruit a été constitué en dot, le mari ou
« ses héritiers ne sont obligés, à la dissolution du mariage,
« que de restituer le droit d'usufruit, et non les fruits échus
« durant le mariage. »

1569 Art. 183. « Si le mariage a duré dix ans depuis l'échéance
« des termes pris pour le paiement de la dot, la femme ou ses
« héritiers pourront la répéter contre le mari, après la dis-
« solution du mariage, sans être tenus de prouver qu'il l'a
« reçue, à moins qu'il ne justifiât de diligences inutilement
« par lui faites pour s'en procurer le paiement. »

1570 Art. 184. « Si le mariage est dissous par la mort de la
« femme, l'intérêt et les fruits de la dot à restituer courent
« de plein droit, au profit des héritiers, depuis le jour de la
« dissolution.

« Si c'est par la mort du mari, la femme a le choix d'exiger
« les intérêts de sa dot pendant l'an du deuil, ou de se faire
« fournir des alimens pendant ledit temps aux dépens de la
« succession du mari ; mais, dans les deux cas, l'habitation
« durant cette année et les habits de deuil doivent lui être
« fournis sur la succession, et sans imputation sur les intérêts
« à elle dus. »

1571 Art. 185. « A la dissolution du mariage, les fruits des im-

« meubles dotaux se partagent entre le mari et la femme ou
« leurs héritiers, à proportion du temps qu'il a duré pen-
« dant la dernière année.

« L'année commence à partir du jour où le mariage a été
« célébré. »

Art. 186. « La femme et ses héritiers n'ont point de privi- 1572
« lége pour la répétition de la dot sur les créanciers antérieurs
« à elle en hypothèque. »

Art. 187. « Si le mari était déjà insolvable, et n'avait ni art 1573
« ni profession lorsque le père a constitué une dot à sa fille,
« celle-ci ne sera tenue de rapporter à la succession du père
« que l'action qu'elle a contre celle de son mari, pour s'en
« faire rembourser.

« Mais si le mari n'est devenu insolvable que depuis le
« mariage,

« Ou s'il avait un métier ou une profession qui lui tenait
« lieu de bien,

« La perte de la dot tombe uniquement sur la femme. »

SECTION IV.—*Des Biens paraphernaux.*

Art. 188. « Tous les biens de la femme qui n'ont pas été 1574
« constitués en dot sont paraphernaux. »

Art. 189. « Si tous les biens de la femme sont parapher— 1575
« naux, et s'il n'y a pas de convention dans le contrat pour
« lui faire supporter une portion des charges du mariage, la
« femme y contribue jusqu'à concurrence du tiers de ses re-
« venus. »

Art. 190. « La femme a l'administration et la jouissance de 1576
« ses biens paraphernaux.

« Mais elle ne peut les aliéner, ni paraître en jugement à
« raison desdits biens, sans l'autorisation du mari, ou, à son
« refus, sans la permission de la justice. »

Art. 191. « Si la femme donne sa procuration au mari 1577
« pour administrer ses biens paraphernaux, avec charge de

« lui rendre compte des fruits, il sera tenu vis-à-vis d'elle
« comme tout mandataire. »

1578   Art. 192. « Si le mari a joui des biens paraphernaux de sa
« femme sans mandat, et néanmoins sans opposition de sa
« part, il n'est tenu, à la dissolution du mariage, ou à la
« première demande de la femme, qu'à la représentation
« des fruits existans ; et il n'est point comptable de ceux qui
« ont été consommés jusqu'alors. »

1579   Art. 193. « Si le mari a joui des biens paraphernaux mal-
« gré l'opposition constatée de la femme, il est comptable
« envers elle de tous les fruits tant existans que consommés. »

1580   Art. 194. « Le mari qui jouit des biens paraphernaux est
« tenu de toutes les obligations de l'usufruitier. »

Disposition particulière.

1581   Art. 195. « En se soumettant au régime dotal, les époux
« peuvent néanmoins stipuler une société d'acquêts, et les
« effets de cette société sont réglés comme il est dit aux arti-
« cles 112 et 113 du chapitre II. »

M. Berlier fut nommé, avec MM. Portalis et Treilhard,
pour présenter au Corps législatif, dans sa séance du 10
pluviose an XII (31 janvier 1804), le titre X du livre III
du projet de Code civil, *du Contrat de mariage et des
Droits respectifs des époux*, et pour en soutenir la discussion dans celle du 20 du même mois de pluviose (10 février).

PRÉSENTATION AU CORPS LÉGISLATIF,

ET EXPOSÉ DES MOTIFS, PAR M. BERLIER.

Législateurs, l'une des lois que vous avez portées dans
votre dernière session détermine les conditions requises pour

le mariage, en règle les formes, et statue sur les droits et devoirs principaux qu'établit entre les époux le lien justement révéré qui est le fondement des familles et de la société.

Cette loi s'est occupée de tout ce qui touche à l'état civil des époux, et a laissé à d'autres dispositions du Code le soin de régler ce qui regarde les conventions que les époux peuvent établir par rapport à leurs biens, et les droits que, dans leur silence, la loi doit suppléer.

C'est ce complément que renferme le projet que nous vous apportons aujourd'hui, intitulé *du Contrat de mariage et des Droits respectifs des époux.*

Dans cette importante matière, le gouvernement a dû ne rien admettre qui pût blesser l'institution fondamentale, ou fût capable de ralentir cet heureux élan que la nature elle-même a pris soin d'imprimer aux hommes en les dirigeant vers le mariage.

Ainsi point d'inutiles entraves; car si la volonté doit essentiellement présider aux contrats, c'est surtout lorsqu'il s'agit de conventions matrimoniales.

Cependant cette volonté doit être limitée en quelques circonstances, éclairée toujours et suppléée quelquefois.

De là la nécessité d'une loi; puisse celle dont nous vous offrons le projet remplir les vues qu'on s'est proposées!

Pour bien comprendre et surtout pour juger ses dispositions, il n'importe pas seulement de connaître le dernier état de notre législation sur les rapports qui existent entre les époux *quant aux biens;* mais il ne sera pas inutile peut-être de remonter à la source de cette législation, et de porter un coup d'œil général sur cette partie de notre droit.

Ici, comme en beaucoup d'autres matières, il serait difficile de ne point citer Rome et ses lois. Les femmes, qui y furent long-temps incapables de succéder, ne pouvaient rien apporter à leurs maris : ceux-ci les prenaient sans biens; ils les recevaient de leurs familles sous la formule d'une vente, et ce contrat fut appelé *mariage par achat.*

Mais cet état de choses cessa quand les femmes furent rendues habiles à succéder : alors s'établit le régime dotal, dont les principaux effets consistèrent à donner les fruits de la dot au mari pour soutenir les charges du mariage, en frappant d'inaliénabilité les immeubles dotaux de la femme, et en laissant à celle-ci la pleine disposition de tout ce qui n'avait point été stipulé dotal.

Cette règle de l'inaliénabilité des fonds dotaux de la femme fut puisée dans cette considération d'ordre public qui devint une maxime : *Interest reipublicæ dotes mulierum salvas esse.*

Dans ce dernier état de la législation romaine, la séparation entière des deux patrimoines fut le but constant de ses dispositions : la femme devait, à la dissolution du mariage, recouvrer le principal de sa dot; elle conservait, pendant le mariage, la disposition de ses biens paraphernaux, et demeurait étrangère à tout le reste.

Cet isolement des intérêts respectifs était en harmonie avec les autres institutions du peuple qui nous a transmis un si grand nombre de ses lois.

Celle-ci, pourtant, est loin d'avoir obtenu un succès général en France.

Je n'entreprendrai point la recherche de l'époque précise où la communauté conjugale s'introduisit dans un grand nombre de nos provinces.

Le voile qui couvre cette origine, comme tant d'autres, n'a pas besoin d'être levé pour fixer nos résultats.

Il serait sans doute difficile de déterminer le degré d'influence que purent obtenir soit le régime dotal, soit la communauté, quand les lois étaient sans territoire, et lorsque le Romain, le Franc, le Bourguignon et le Gaulois, quoique habitant le même pays, étaient jugés chacun selon les lois personnelles qui pouvaient les régir d'après le seul titre de leur origine; ce qui a fait dire à *Montesquieu* que *le territoire était le même, et les nations diverses.*

Sans recourir à de vagues hypothèses, il est du moins certain que la communauté conjugale était déjà et depuis long-temps dans les habitudes d'une grande partie de la nation française, lorsque nos coutumes furent rédigées par écrit, et vinrent toutes (à l'exception de celles de *Normandie* , *Reims* et *Auvergne*) consacrer, chacune dans leur ressort, la communauté comme une loi *territoriale* qui devenait le droit commun de quiconque n'y avait pas formellement dérogé.

Tel est le dernier état des choses qui nous laisse apercevoir la France divisée sur ce point en deux grandes parties, se composant, l'une des pays appelés *de coutume* , et l'autre des pays restés fidèles au droit romain ; les premiers vivant sous le régime de la communauté, et les seconds sous le régime dotal.

Dans une telle situation on comprend combien de ménagemens exige la matière que nous traitons ; car, loin de heurter des habitudes qui ne nuisent point au corps social, celui-ci doit, sans distinction de lieux, inviter les citoyens au mariage ; et cet appel de la patrie sera d'autant mieux reçu que chacun pourra plus librement régler ses conventions matrimoniales.

Que la plus grande liberté y préside donc, et qu'elle n'ait 1387 d'autres limites que celles que lui assignent les bonnes mœurs et l'ordre public ; car rien en cette matière ne doit être spécialement commandé ; mais ce qui serait contraire à l'ordre public peut et doit être positivement défendu.

C'est d'après ces vues que notre projet exprime, dans ses 1388-1389 dispositions générales, que *les époux ne peuvent déroger ni aux droits résultant de la puissance maritale sur la personne de la femme et des enfans, ou qui appartiennent au mari comme chef, ni aux droits conférés au survivant des époux par le titre de la Puissance paternelle, et par le titre de la Minorité, de la Tutelle et de l'Émancipation ;* et c'est dans les mêmes vues que toutes conventions tendantes à intervertir l'ordre légal des successions sont spécialement défendues.

Mais sera-t-il aussi défendu de stipuler, en termes géné- 1390 raux, que les droits des époux seront réglés selon *telle* ancienne loi ou coutume?

Cette disposition, qui, au premier coup d'œil, ne semble renfermer rien de contraire à l'ordre social, aurait cependant l'inconvénient majeur de perpétuer comme lois de l'État cette foule d'usages divers qui couvraient le territoire français.

Le but du Code civil serait totalement manqué s'il pouvait en être ainsi : notre projet défend donc de tels référés, sans néanmoins porter atteinte à la faculté qui appartient aux époux de stipuler *spécialement*, et sauf les limites ci-dessus indiquées, tout ce qui leur conviendra.

1391   Cependant, comme cette spécification même, si elle devait s'appliquer à toutes les parties d'un grand système, serait presque toujours accompagnée de graves difficultés, il a été jugé non seulement commode, mais utile pour les citoyens, de tracer séparément et les règles qui s'adaptent le mieux au régime de la communauté, et celles qui ont paru le mieux convenir au régime dotal.

Ces règles posées dans deux chapitres distincts, et parallèlement, auront pour avantage certain d'offrir aux citoyens une collection de principes auxquels ils pourront se référer en termes généraux ; et s'ils veulent y déroger en quelques points, le soin du rédacteur se bornera à exprimer les modifications dictées par la volonté particulière des contractans.

1387-1593   Jusqu'à présent, citoyens législateurs, la marche de notre projet est simple et facile ; mais il faut aborder une difficulté plus sérieuse.

Nous n'avons vu encore que des époux stipulant leurs intérêts avec toute la liberté que la matière réclame, adoptant l'un des deux systèmes qui leur sont offerts, ou les modifiant selon leur volonté.

Mais il fallait apercevoir aussi le cas assez fréquent où nulles conventions particulières n'auront précédé l'acte civil du mariage.

En l'absence de toutes conventions la loi doit nécessairement régler les droits respectifs des époux, ou, en d'autres termes, il doit y être pourvu par *un droit commun* quelconque ; mais quel sera-t-il?

On avait à se décider ici entre les deux systèmes que j'ai exposés : car il n'était pas possible, sans renverser toutes les idées d'uniformité, d'établir un droit commun qui ne fût pas le même pour toute la République ; il était nécessaire d'opter, et le plus mûr examen a présidé au choix qu'a fait le projet.

Sans doute le régime dotal pourvoit mieux à la conservation de la dot, puisqu'il en interdit l'aliénation.

Sans doute aussi il présente quelque chose de plus simple que la communauté : voilà ses avantages ; mais la communauté a aussi les siens.

D'abord l'union des personnes ne conduit-elle pas à la société des biens, et la communauté des travaux n'établit-elle point la communauté des bénéfices ?

A la vérité quelques personnes ont voulu rapporter au mari seul les bénéfices, comme provenant presque exclusivement de son propre travail ; mais cette proposition est-elle bien vraie, et doit-elle surtout s'appliquer à la classe nombreuse des artisans et des agriculteurs? Leurs femmes ne travaillent-elles pas autant qu'eux, et ne sont-elles pas ordinairement plus économes? Et comme c'est principalement dans cette classe qu'on se marie sans contrat, n'est-ce pas elle que le législateur doit avoir en vue quand il établit un droit commun précisément pour le cas où il n'y a point de contrat?

Au surplus, si l'on examine la question d'une manière plus générale, on trouvera qu'un grand nombre de femmes, autres que celles dont nous venons de parler, contribuent aux bénéfices, sinon par des travaux semblables à ceux de leurs maris, du moins par les capitaux qu'elles ont versés dans la communauté, et par les soins qu'elles prennent du ménage.

Mais d'ailleurs cette société serait-elle la seule où l'on exi-

geât une mise parfaitement égale, et la femme devrait-elle
rester sans participation aux bénéfices parce qu'elle n'y aurait pas contribué autant que son mari?

Laissons ces froids calculs, et revenons à ce que prescrit,
en cette matière, la simple qualité d'époux, en l'absence de
toutes conventions; car alors c'est la nature des choses qui
exerce son empire, et certes elle ne saurait prononcer la séparation des intérêts pécuniaires de toute espèce entre personnes aussi étroitement unies que le sont un mari et une
femme.

Jusqu'ici je n'ai examiné la communauté que sous les rapports de la *justice;* mais ce régime a paru aussi plus favorable à l'ordre social et plus conforme au caractère national.

Loin de nous l'idée d'imprimer aucun caractère de réprobation au régime dotal; nous avons indiqué ses avantages,
et le projet lui réserve une place honorable parmi ses dispositions : cependant si l'on calcule la juste influence des deux
régimes sur l'union conjugale, on devra trouver sous l'un
plus de froides compagnes, et sous l'autre plus de femmes
affectionnées et attachées par leur propre intérêt aux succès
communs.

Disons aussi que les mœurs françaises sont généralement
plus en harmonie avec le régime de la communauté, et que
peut-être les femmes n'ont acquis chez nous la juste considération dont elles jouissent que par ce titre d'*associées,*
qui, en leur imprimant plus de dignité, ne saurait être sans
influence sur le bonheur domestique.

Comment d'ailleurs pourrait-on méconnaître la tendance
de l'esprit national vers la communauté conjugale, quand
on voit que les stipulations de sociétés d'acquêts étaient devenues très-communes, même dans plusieurs ressorts soumis au régime dotal?

Tant de considérations ne pouvaient être impuissantes
sur l'esprit du gouvernement, et il croit avoir répondu au
vœu de la nation en lui présentant la communauté nou

comme un système absolu qu'il faille suivre, mais comme la loi qui régit les époux quand ils ne l'ont pas exclue.

Cette disposition du projet, l'une des plus importantes du chapitre Ier, est suivie de deux autres dont l'utilité sera facilement sentie. 1394 et suivans.

L'une porte que *toutes conventions matrimoniales seront rédigées, avant le mariage, devant notaire;*

L'autre interdit tout changement après la célébration du mariage, et prescrit la manière dont les changemens faits antérieurement devront être constatés pour être valables.

Ces dispositions, communes aux deux régimes que nous venons d'examiner, ont eu pour objet d'empêcher, dans l'un et dans l'autre, des fraudes envers les tiers, telles que celles dont le passé n'a offert que trop d'exemples.

Le gouvernement entre certainement dans vos vues toutes les fois qu'il enlève à la mauvaise foi quelques-uns de ses nombreux asiles, ou qu'il en rend l'accès plus difficile.

Je viens, citoyens législateurs, de vous exposer les dispositions générales comprises au chapitre Ier de notre projet de loi; mais je n'ai rempli qu'une très-faible partie de ma tâche : et je dois maintenant vous faire connaître la route qu'on a suivie pour organiser soit le *régime en communauté*, soit le *régime dotal*, objets des chapitres II et III. ch. 2

Le régime en communauté se divise lui-même en deux parties : l'une relative *à la communauté légale* (c'est celle qui a lieu quand les parties se sont mariées sans contrat); l'autre relative à la communauté *conventionnelle* ou modifiée par des conventions particulières.

De la Communauté légale.

Il n'entre pas dans mon plan, citoyens législateurs, de fixer successivement votre attention sur chaque article du projet; il en est beaucoup dont l'extrême simplicité ou la justice évidente repousse tout commentaire.

Je me bornerai donc à motiver les vues principales du système ; et si je m'arrête sur quelques dispositions d'un ordre secondaire, je ne le ferai qu'autant qu'elles porteront sur des points controversés, ou qu'elles seront nécessaires pour l'explication ou l'intelligence du plan général.

1401 et
suivans.
De quoi la communauté se composera-t-elle ? Par qui et comment sera-t-elle administrée ? Comment se dissoudra-t-elle ? Et quels seront, après sa dissolution, les droits des époux, et principalement ceux de la femme ? Telles sont les matières dont je vais vous entretenir.

Je reprends successivement ces diverses questions.

De quoi la communauté légale se composera-t-elle ?

Dans le dernier état des choses, les coutumes variaient entre elles sur la composition de cette communauté : dans quelques-unes, la communauté ne portait que sur les acquêts ; mais, dans le plus grand nombre, elle embrassait les meubles comme les acquêts.

Cependant les meubles mêmes étaient régis diversement par les diverses coutumes : ainsi, dans plusieurs, la communauté ne profitait que des meubles existans lors du mariage, tandis qu'ailleurs on ne faisait nulle distinction entre les meubles existans lors du mariage et ceux qui échéaient pendant son cours.

Notre projet a adopté cette dernière vue ; et si vous lui accordez votre sanction, la communauté conjugale embrassera, outre les acquêts, les meubles respectifs des époux *présens et futurs ;* car, en toute institution, le but du législateur doit être d'éviter les embarras qui deviennent eux-mêmes des sources de discorde.

Que l'on admette des distinctions en cette matière, et l'on ne pourra plus y faire un pas sans inventaire. Que d'embarras dans cette seule obligation, et que de difficultés dans le récolement ! Reconnaîtra-t-on facilement, après un long usage, les meubles qui auront appartenu au mari ou à la femme, et qui auront été long-temps confondus ? Et si, à défaut de documens écrits, il faut arriver, par la preuve vocale, à la connaissance de ce qui appartient à chacun, où en sera-t-on? Que deviendront surtout le bonheur et le repos des familles?

Ces puissantes considérations ont dicté les dispositions de notre projet, contre lesquelles on objecterait vainement que souvent le mobilier peut être d'un grand prix ; car s'il en est ainsi, et que cette considération influe sur les parties, elles stipuleront ce qui leur conviendra le mieux : cette faculté ne leur est point ravie ; mais le droit commun pécherait par la base s'il se réglait sur quelques situations particulières, et non sur les cas généraux.

Ainsi les meubles présens et futurs entreront dans la communauté, et par la même raison, les dettes mobilières respectives seront à la charge de cette communauté, soit qu'elles existent au moment du mariage, soit qu'elles dépendent de successions ou de donations échues pendant son cours.

Ces dispositions tendent toutes à simplifier une institution respectable et utile.

Cependant une succession ou une donation peut être ou purement mobilière ou totalement immobilière, ou composée d'objets qui participent de l'une et de l'autre espèce ; et ces cas divers doivent trouver chacun des règles qui leur soient propres et qui, sans grever la communauté au-delà de son émolument, assurent aux tiers l'exercice de leurs droits légitimes, et aux époux de suffisantes indemnités quand il y a lieu. Notre projet y a pourvu.

Je passe à la seconde question.

Par qui et comment la communauté sera-t-elle administrée ? sect. 2

Sans doute il est inutile d'énoncer que le mari sera seul 1421 administrateur légal de la communauté ; cette qualité ne pouvait être conférée qu'à lui.

Ainsi il pourra seul vendre, aliéner et hypothéquer les biens de la communauté.

Ainsi la femme (à moins qu'elle ne soit marchande publique) ne pourra s'obliger ni exercer aucune action, non 1426 seulement par rapport aux biens de la communauté, mais même relativement à ses propres biens, sans le consentement de son mari.

1422 Mais le mari, chef de la communauté et maître des acquêts, ne pourra néanmoins disposer entre-vifs et à titre gratuit ni des immeubles acquis pendant la communauté, ni de l'universalité ou d'une quotité du mobilier.

1423 Il ne pourra non plus donner par testament au-delà de sa part dans la communauté; car les facilités qui lui sont dues pour sa gestion ne vont pas jusqu'à autoriser des dispositions qui, évidemment hors de l'intérêt de la société, ne tendraient qu'à dépouiller la femme.

1428 Au surplus, il administrera les immeubles propres à celle-ci, mais il ne pourra les aliéner sans son consentement; car la femme en est essentiellement restée propriétaire; et la mise qu'elle en a faite dans la communauté n'a eu lieu que pour les fruits et non pour le fonds.

1429-1430 Par une suite du même principe, si le mari, simple usufruitier des immeubles appartenant à sa femme, meurt après en avoir passé des baux par anticipation ou à trop long cours, leur effet sera nul ou réductible, selon que les limites ordinaires auront été dépassées.

1431 et suivans. Dans cette partie du projet, vous reconnaîtrez, citoyens législateurs, les soins qu'on a pris pour garantir les biens propres de la femme, autant que cela se pouvait dans un système qui n'en prescrit point l'inaliénabilité, et qui ne suppose ni le mari disposé à ruiner sa femme (parce qu'il n'y a pas d'intérêt, ou qu'il a même l'intérêt contraire), ni la femme assez faible et docile pour acquiescer à des actes qui mettraient ses biens personnels en péril.

Vous remarquerez aussi qu'en cas d'aliénation de tout ou partie des biens de la femme, ses remplois s'exercent et sur les biens de la communauté et sur ceux de son mari.

sect. 3. Nous voici arrivés à la discussion d'une autre partie du système; je veux parler de la dissolution de la communauté.

Comment la communauté sera-t-elle dissoute ? 1441

Toutes les causes qui dissolvent le mariage opèrent naturellement la dissolution de la communauté, car l'accessoire ne peut survivre au principal. Ainsi la mort naturelle ou civile et le divorce font cesser la communauté, mais elle est aussi dissoute par la séparation de corps et par celle des biens, quoiqu'en ces deux derniers cas le mariage continue de subsister.

De ces diverses causes de dissolution de la communauté, 1442 la plus fréquente, sans doute, celle qui s'opère par la mort naturelle, recevait néanmoins dans plusieurs coutumes, et notamment dans celle de Paris, une exception que notre projet a rejetée ; c'est celle qui, à défaut d'inventaire, faisait continuer la communauté entre l'époux survivant et ses enfans.

Le but de cette disposition était louable sans doute ; mais le moyen était-il bien choisi ?

Le défaut d'inventaire n'est pas toujours l'effet de la mauvaise foi ; il est plus souvent peut-être le fruit de l'ignorance ou la suite de l'extrême modicité de l'héritage et du désir d'éviter des frais : et comme les petites successions sont en grand nombre, il est évident que la disposition qu'on examine a dû atteindre beaucoup d'innocens ; aussi peu de coutumes l'avaient-elles adoptée, et la raison d'accord avec la justice la repousse invinciblement aujourd'hui.

Toute société se rompt par la mort de l'un des associés : ce principe est incontestable, et il ne l'est pas moins qu'on ne peut être placé malgré soi dans les liens d'une société qu'on n'a point contractée ni voulu contracter.

L'esprit d'ailleurs conçoit-il les suites d'une pareille disposition et toutes les difficultés naissantes d'une société involontaire ? La loi peut infliger des peines ; mais son autorité ne doit point faire violence à la nature des choses.

Enfin qu'arrivait-il quand l'époux survivant se remariait ? Que le nouvel époux entrant dans la société y prenait une part qui faisait décroître celle des autres associés et en opérait la division, non plus en deux, mais en trois parties.

Tant d'embarras ne doivent point renaître quand on a d'ailleurs un moyen simple et facile d'atteindre le but qu'on se propose. De quoi s'agit-il en effet? De veiller à la conservation des droits qui appartiennent aux enfans du mariage. Mais, de deux choses l'une, ou ils sont majeurs, ou ils ne le sont pas.

S'ils sont majeurs, et qu'ils ne provoquent point l'inventaire, ils partagent la faute de l'époux survivant : il ne leur est dû aucune indemnité.

S'ils sont mineurs, leur subrogé tuteur qui aura négligé de faire procéder à l'inventaire en deviendra personnellement responsable envers eux, et l'époux survivant perdra de plus les droits que la loi lui accordait sur les revenus de ses enfans. Voilà la peine.

Dans tous les cas, la preuve par commune renommée sera admise pour établir la consistance de la communauté.

Un tel ordre de choses a paru sur ce point bien préférable à ce qui était autrefois pratiqué seulement dans quelques coutumes.

1443   Je reviens sur une autre cause de dissolution de la communauté, sur celle qui s'opère par la *séparation de biens*.

Ce mot ne pouvait être prononcé sans rappeler les fraudes qui se sont trop souvent pratiquées à ce sujet ; mais il n'était pas possible de rejeter toutes les séparations de biens, parce qu'il y en a eu quelquefois de frauduleuses : de quelle institution n'a-t-on pas abusé !

Le secours de la séparation, dû à l'épouse malheureuse d'un mari dissipateur, ce secours dû dans tous les systèmes et sous le régime dotal comme sous celui de la communauté, ne pouvait disparaître de nos lois ; mais il est aussi du devoir du législateur de rendre la fraude plus difficile, en appelant surtout la surveillance de ceux qu'elle peut blesser.

Notre projet tend à ce but. Mais le complément de la garantie réclamée sur ce point par l'ordre public se trouve dans les formes mêmes qui seront employées pour arriver à la séparation de biens ; et ce travail n'a pu qu'être renvoyé au Code de la procédure civile. Le zèle du gouvernement pour tout ce qui est bon et utile vous est un sûr garant que cet objet ne sera point perdu de vue.

Dois-je, au surplus, observer que la femme, simplement 1449 séparée de corps ou de biens, ne recouvre point la faculté d'aliéner ses immeubles sans l'autorisation de son mari ? Le projet en contient une disposition expresse, dont le principe réside dans la puissance maritale, qui existe toujours tant que le mariage n'est point dissous.

Mais qu'arrive-t-il après la dissolution de la communauté? 1453 Il convient de considérer principalement cette dissolution dans sa cause la plus ordinaire, c'est-à-dire dans la mort de l'un des époux.

La proposition ainsi établie, elle doit être examinée sous le double rapport du prédécès du mari ou du prédécès de la femme.

Si la femme survit, elle pourra accepter la communauté ou y renoncer, sans être privée du droit d'exercer ses reprises ou remplois relativement à ses biens personnels.

Si la femme prédécède, les mêmes droits appartiendront à ses héritiers.

Quelques coutumes, il est vrai, distinguaient ces deux cas, et considéraient la faculté de renoncer comme un droit personnel à la femme, et qui, sans une stipulation spéciale, ne passait point à ses héritiers.

Notre projet n'a point admis cette distinction, et ne devait point l'admettre. En effet, la loi n'a introduit la faculté dont il s'agit qu'en considération des différences qui existent entre la communauté conjugale et les autres sociétés.

Dans la communauté conjugale, le mari est maître absolu; la femme ne peut s'opposer à aucun de ses actes : en un mot, après avoir mis dans la masse commune son mobilier, la jouissance de ses immeubles et son travail, tous les droits de la femme se réduisent à l'espoir de partager les bénéfices, s'il y en a.

Rien donc de plus juste que la faculté dont il s'agit : mais sa justice n'est pas seulement relative, elle est absolue, et n'appartient pas moins aux héritiers de la femme qu'à la femme elle-même. Quels seront-ils d'ailleurs, ces héritiers ? Le plus souvent ce seront les enfans du mariage, dignes sous ce rapport de toute la faveur des lois.

La faculté accordée à la femme ou aux siens de renoncer à la communauté est essentiellement d'ordre public : sans cette faculté, les biens personnels de la femme seraient à la merci du mari, puisqu'une mauvaise administration donnerait lieu aux créanciers de les atteindre ; et c'est bien alors que les détracteurs de la communauté pourraient dire que les biens de la femme restent sans protection dans ce système; mais notre projet a prévenu cette objection en interdisant formellement toute stipulation tendant à l'abandon de ce privilége.

1453 et suivans. Ainsi, par la prévoyance d'une disposition inaltérable, la femme ou ses héritiers pourront, lors même que le contrat de mariage contiendrait une clause contraire, accepter la communauté ou y renoncer ; mais cette faculté cessera par l'immixtion, et son exercice sera accompagné de quelques règles propres à ne pas laisser trop long-temps les qualités incertaines ; car la loi doit pourvoir aussi aux intérêts des tiers. Il y aura donc, soit pour faire inventaire, soit pour délibérer, un délai passé lequel la femme ou ses héritiers pourront être personnellement poursuivis ; et ce que nous avons dit pour le cas où la communauté est dissoute par la mort naturelle s'applique sans restriction à la dissolution par la mort civile, et, sous de très-légères modifications, à la dissolution qui s'opère par le divorce et la séparation de corps.

Je viens de nommer le *divorce*, et ceci appelle quelques explications ; car il résulte de ce qui vient d'être dit que le divorce ne sera point un obstacle au partage des bénéfices que la communauté pourra offrir, lors même que le divorce aura été obtenu contre la femme.

Le motif de cette disposition est qu'il ne s'agit point d'une libéralité que la femme recueille, comme dans le cas de l'article 293 du livre Ier du Code civil, mais d'un droit qu'elle exerce et qui ne fait que représenter la mise qu'elle a faite de son mobilier, des fruits de ses immeubles et de son travail, dans la masse commune : tout cela pourrait-il être perdu pour elle, même sans entrer en compte?

Mais reprenons les idées générales qu'appelle le chapitre que nous discutons.

La femme ou ses héritiers accepteront ou répudieront la communauté ; la loi doit poser des règles pour cette double hypothèse.

Dans l'un et l'autre cas, ces règles seront fort simples.

Si la communauté est acceptée, il faudra faire une masse 1467-1474 commune de l'actif et du passif, et, après l'acquittement des charges et le prélèvement réciproque des biens personnels de chacun des époux, faire le partage du surplus.

Si quelques-uns des biens propres à l'un des époux ont 1470 été aliénés, le remploi s'en fera préalablement sur la masse.

Si, au contraire, ces biens ont été améliorés aux frais de la communauté, celle-ci en sera indemnisée ou récompensée.

Rien de plus juste ni de plus clair que ces règles ; cependant, comme toutes les choses humaines, elles peuvent se compliquer accidentellement.

Il peut arriver, par exemple, que la femme laisse plusieurs 1475 héritiers, et que ceux-ci soient divisés entre eux de telle manière, que l'un accepte la communauté tandis que l'autre y renoncera.

Notre projet pourvoit à ce cas d'une manière juste, et que la simple lecture du texte justifiera suffisamment.

Il peut arriver aussi que des soustractions ou des recélés 1477 aient été faits par l'un des époux ; et ce ne serait point faire

43.

assez qué d'obliger le recéleur à rapporter à la masse ce qu'il a voulu lui dérober, il est juste de le priver du droit de prendre part dans l'effet rapporté ou dans sa valeur.

1482   Ces divers accidens n'offrent d'ailleurs rien qui puisse sensiblement embarrasser le système, et il faut en dire autant de tout ce qui touche au paiement des dettes après le partage et à la distinction de ce qui est à la charge de chacun des époux, selon les diverses espèces de dettes.

1483   Parmi les dispositions de cette catégorie comprises dans le projet de loi qui vous est soumis, il n'en est qu'une qui soit en ce moment digne de remarque ; c'est celle qui statue qu'en tout état la femme n'est tenue des dettes de la communauté que *jusqu'à concurrence de son émolument*, pourvu qu'il y ait eu inventaire et qu'elle rende compte du contenu en cet inventaire et de ce qui lui en est échu par le partage.

C'est encore une disposition protectrice et qui prouve tout le soin qu'on a pris pour que le régime de la communauté ne vînt point compromettre les intérêts de la femme.

1492-1493   Nous venons de voir ce qui a lieu lorsque la communauté est acceptée ; et si toutes les règles qui se rapportent à ce cas ne présentent aucune difficulté sérieuse, celles relatives au cas de renonciation sont plus simples encore.

Ici tout se réduit de la part de la femme à poursuivre la reprise de ses biens personnels, s'ils existent en nature, ou de leur valeur, s'ils ont été aliénés, et des indemnités qui peuvent lui être dues.

Elle ne peut répéter le mobilier qu'elle a mis dans la communauté, et ne retire que les linges et hardes à son usage.

1494   Elle est au surplus déchargée de toute contribution aux dettes de la communauté, excepté de celles pour lesquelles elle se serait personnellement obligée, et sauf en ce cas son recours sur les biens de la communauté ou sur ceux de son mari.

Cette dernière situation, qui vous présente le côté malheureux d'un contrat sur lequel les parties avaient fondé de plus grandes espérances, ne fera point sortir de votre mémoire tous les avantages qui doivent généralement résulter du régime auquel elle appartient.

La renonciation à la communauté est une exception, et l'on a même dans ce cas pourvu aux intérêts de la femme autant qu'il était possible.

Législateurs, j'ai retracé les principaux caractères du régime en communauté, j'en ai motivé les principales dispositions, et je crois avoir établi, moins par des argumens que par la simple exposition de ses règles, que la société dont il s'agit est beaucoup moins environnée de difficultés et d'embarras que ne l'ont craint de bons esprits peu habitués à en suivre les mouvemens et l'action.

Sans doute un système dans lequel, sans participation à la société, la femme n'a qu'à retirer ses apports constatés, est plus simple : mais celui qui vient de vous être exposé est aussi simple qu'une société puisse l'être, et doit gagner beaucoup aux dispositions qui y font entrer tout le mobilier; car les principales difficultés résultaient des distinctions que plusieurs coutumes admettaient à ce sujet.

Amélioré sous ce rapport et sous plusieurs autres, le régime de la communauté, depuis long-temps si cher à une grande partie du territoire français, le deviendra davantage encore et remplira mieux son objet.

Mais le système que nous venons de vous développer recevra-t-il quelques modifications ou amendemens, quand les époux ou l'un d'eux auront des enfans d'un précédent mariage? Cette circonstance, d'une application assez fréquente, ne pouvait échapper à la sollicitude du gouvernement. 1496

On a donc examiné la question; et sans puiser sa décision dans la loi *Feminæ* 3, C. *de sec. Nupt.*, ni dans l'édit de François II sur les secondes noces, on l'a facilement trouvée dans l'article 387 du livre III du Code civil, déjà décrété.

Cet article règle et limite les libéralités que toute personne ayant des enfans peut faire à son second époux.

Dans le cas particulier, il suffit donc de se référer à cet article en exprimant que si, par la mise de son mobilier dans la communauté ou le paiement des dettes de l'autre époux, celui qui a des enfans se trouvait donner au-delà de la portion disponible, les enfans du premier lit auront l'action en retranchement.

De cette manière, et sous cette seule modification, le droit commun peut sans nul inconvénient exercer son empire sur cette espèce comme sur toutes les autres.

On conçoit d'ailleurs que la même restriction s'étendra au cas de la communauté *conventionnelle* dont il sera ci-après parlé ; mais, dans tous les cas, les simples bénéfices résultant des travaux communs et des économies faites sur les revenus respectifs, quoique inégaux, des époux, ne devront point être classés parmi les avantages sujets à réduction.

Tout ce qui vient d'être dit, législateurs, s'applique à la communauté légale, à cette communauté qui, dans le silence des parties, doit former le droit commun de la France.

2ᵉ partie. Mais si les époux s'y soumettent par leur silence, et à plus forte raison par une adhésion expresse, ils peuvent aussi modifier ce droit commun par des conventions particulières, et la communauté devient alors purement conventionnelle dans les points qui ont été l'objet de stipulations spéciales.

De la Communauté conventionnelle.

1497   En traitant particulièrement de plusieurs modifications de la communauté légale, comme on l'a fait dans la seconde partie du chapitre II, notre projet n'a pas eu pour but d'embrasser toutes les espèces dont se compose le vaste domaine de la volonté des hommes.

Le tableau de quelques-unes n'entrait donc pas essentiellement et nécessairement dans le plan de ce travail ; et, après avoir tracé les règles de la communauté légale, on pouvait se borner à laisser agir au surplus la liberté des conventions, sans autres limites que celles qui sont assignées par le chapitre Iᵉʳ du projet de loi.

Mais, sans vouloir restreindre cette liberté, si nécessaire et si formellement consacrée en cette matière, le gouvernement a pensé qu'il était digne de sa sollicitude de s'occuper spécialement de certaines modifications, surtout de celles qui sont le plus usitées, et que des stipulations journalières indiquent comme étant plus dans les habitudes de quelques parties de notre immense population.

C'est dans ces vues que le projet exprime ce qui résultera des diverses conventions qui auront eu pour objet d'établir l'un des points suivans; savoir :

1°. Que la communauté n'embrassera que les acquêts;

2°. Que le mobilier présent ou futur n'entrera point en communauté, ou n'y entrera que pour une partie;

3°. Qu'on y comprendra tout ou partie des immeubles présens ou futurs par la voie de l'ameublissement;

4°. Que les époux paieront séparément leurs dettes antérieures au mariage ;

5°. Qu'en cas de renonciation la femme pourra reprendre ses apports francs et quittes ;

6°. Que le survivant aura un préciput ;

7°. Que les époux auront des parts inégales ;

8°. Qu'il y aura entre eux communauté à titre universel.

Chacune de ces espèces s'éloigne diversement du système général : les unes le restreignent, les autres y ajoutent, mais toutes le modifient, et chacune est susceptible de quelques règles qui seront posées ou comme la conséquence du pacte spécial auquel elles se rapportent, ou comme mesures propres à prévenir les difficultés qui naîtraient du texte isolé.

Voilà, législateurs, le but qu'on s'est proposé dans la rédaction d'un assez grand nombre d'articles, dont les dispositions, puisées pour chaque cas, ou dans nos coutumes, ou dans la jurisprudence, seront facilement comprises et appliquées.

Je ne les analyserai donc pas, car elles sont peu susceptibles d'analyse, et il ne s'agit pas ici d'expliquer un système : cette partie de notre projet n'offre qu'une série de propositions indépendantes les unes des autres, quelquefois contraires, et toujours aussi variées que la volonté humaine.

Vous jugerez, lors de la lecture qui en sera faite, si les décisions qu'elles renferment sont en harmonie avec les situations diverses auxquelles elles se rapportent.

sect. 9 et 1529 Mais je ne puis terminer la discussion relative au chapitre II du projet de loi sans arrêter un moment votre attention sur la section IX et dernière de la seconde partie de ce chapitre.

Cette section fixe la condition des époux qui, sans se soumettre au régime dotal, se marient sans communauté ou stipulent qu'ils seront séparés de biens.

Au premier coup d'œil on serait porté à classer séparément cette espèce, qui exclut tout à la fois et la communauté et le régime dotal ; mais si, pour ne rien omettre, il a fallu parler de cette stipulation très-rare et en régler les effets, c'eût été trop faire pour elle que de la considérer comme constituant un troisième système, et de la placer sur le niveau des deux autres régimes.

Ce pacte particulier, qui est une preuve de plus de la liberté indéfinie qui régnera dans les conventions matrimoniales, termine convenablement le chapitre où sont placées les conventions qui modifient, quant aux biens, la situation naturelle des époux.

ch. 3 J'atteins, citoyens législateurs, la partie du projet qui traite du régime dotal.

Du Régime dotal.

Déjà vous connaissez les motifs qui ont conseillé de maintenir le régime dotal, non plus comme la loi spéciale ou le droit commun d'une partie du territoire français, mais comme un corps de règles auquel tous les citoyens de la République, quelque part qu'ils habitent, puissent se référer quand ils préféreront ce régime à celui de la communauté.

De là l'obligation pour nous de motiver encore, sinon tous les détails, du moins les principales dispositions de ce régime.

Le régime dotal ne tire pas son nom de la seule circonstance qu'il y a une dot constituée, car le régime de la communauté admet aussi la constitution de dot.

Le régime dotal n'est donc ainsi appelé qu'à raison de la manière particulière dont la dot se trouve, non pas constituée, mais régie après la constitution qui en a été faite. Il n'est pas inutile de bien connaître la valeur des mots pour s'entendre sur le fond des choses.

Il peut être utile aussi de remarquer dès à présent que sous les deux régimes les dots sont assujéties à plusieurs règles semblables.

Telles sont entre autres celles relatives à la garantie de la dot, au paiement des intérêts de cette dot, et même à la portion contributoire des père et mère, quand ils ont conjointement doté leurs enfans ; dispositions qui, après avoir été placées dans le chapitre II relatif à la *communauté*, se retrouvent dans le chapitre III relatif au *régime dotal*, et dont on eût pu faire un chapitre commun, si l'on n'eût pas craint de morceler l'un et l'autre système par cette voie plus courte sans doute, mais moins favorable au but qu'on s'était proposé. En effet, ce but a été de réunir dans chacun des chapitres toutes les règles qui étaient propres à chacun des régimes, de manière qu'il n'y eût ni confusion ni renvoi de l'un à l'autre ou de l'un et de l'autre à un chapitre de dispositions communes.

Après ces observations, je dois fixer votre attention sur les points qui différencient essentiellement le régime dotal d'avec celui de la communauté. 1549-1554

Dans le régime dotal le mari n'a pas , comme dans celui de la communauté , l'administration de tous les biens de la femme, sans distinction de ceux qui ont été constitués en dot à celle-ci, ou qui lui sont échus depuis le mariage ; il n'a que l'administration et la jouissance des biens stipulés *dotaux* ; mais une autre différence existe encore, en ce que les immeubles dotaux deviennent de leur nature inaliénables pendant le mariage.

Ainsi ce n'est point seulement le mari qui ne pourra aliéner les immeubles dotaux de sa femme , car dans aucun système cette aliénation ne saurait être l'ouvrage de celui qui n'est pas propriétaire ; mais c'est la femme elle-même qui ne pourra aliéner ses immeubles dotaux lors même que son mari y consentirait.

Cette disposition du droit romain , née du désir de protéger la femme contre sa propre faiblesse et contre l'influence de son mari , est l'un des points fondamentaux du système. Notre projet l'a conservée.

1555 Cependant , comme il est peu de principes qui n'admettent des exceptions , celui que nous discutons aura les siennes.

Ainsi , et sans parler de la dérogation qui pourra y être faite par le contrat de mariage même, la dot de la femme pourra être par elle aliénée, avec l'autorisation de son mari, pour l'établissement de ses enfans ; car la cause de l'inaliénabilité se plaçant essentiellement dans l'intérêt même de ces enfans, on n'est point censé l'enfreindre quand l'aliénation n'a lieu que pour leur avantage.

1558 Après cette exception d'un ordre supérieur, il en est quelques autres que les juges seuls pourront appliquer ; car, s'il est sans inconvénient et même avantageux de laisser à la femme autorisée par son mari le soin de remplir un devoir naturel en dotant ses enfans, en toute autre circonstance la collusion des époux serait à redouter si l'intervention de la justice n'était ordonnée.

L'aliénation des immeubles dotaux pourra donc être auto-risée par la justice dans les cas suivans :

Ou pour tirer de prison le mari ou la femme,

Ou pour fournir des alimens en certains cas et à certains membres de la famille,

Ou pour payer des dettes de la femme antérieures au ma-riage,

Ou pour pourvoir aux grosses réparations de l'immeuble dotal,

Ou enfin pour sortir d'indivision quand cette indivision ne peut cesser que par une licitation.

Dans ces divers cas, lorsqu'ils sont bien constatés, il est aisé de reconnaître l'empire de la nécessité ; et la loi ne sau-rait avec sagesse refuser ce que réclame une telle cause.

Mais c'eût été s'arrêter trop rigoureusement à la ligne tra- 1569 cée par le besoin que de s'en tenir là.

Dans le cours ordinaire de la vie il est des choses si émi-nemment utiles, qu'il y aurait de la dureté à ne les point placer quelquefois sur le niveau des choses nécessaires.

Supposons donc le cas assez fréquent sans doute où l'im-meuble dotal sera situé à une grande distance du domicile des époux, tandis qu'il se trouvera à leur portée un autre immeuble de valeur égale, ou à très-peu de chose près, dont l'administration, infiniment plus facile, offrirait d'immenses avantages.

Dans cette hypothèse les lois romaines permettaient l'é-change avec l'autorisation de la justice, et en reportant sur le fonds acquis tous les caractères et priviléges du fonds aliéné. Notre projet a adopté cette exception qui a paru ne point blesser les intérêts de la femme.

Au-delà des espèces que je viens de récapituler, le prin- 1561 cipe de l'inaliénabilité du fonds dotal ne peut recevoir aucune atteinte, même par la prescription, à moins qu'elle n'ait commencé avant le mariage.

Il restera d'ailleurs peu de chose à dire sur les suites de 1562 l'administration du mari quand on aura exprimé qu'il en est tenu comme tout usufruitier.

1564-1565 Mais au décès de l'un ou de l'autre des époux la dot devra être restituée à la femme ou à ses héritiers, et ceci appelait quelques dispositions.

Si la dot consiste en immeubles, la restitution s'en fera en nature et sans délai.

Si elle consiste en mobilier, on distinguera si ce mobilier a été estimé ou non : au premier cas le mari sera débiteur du prix, *dos æstimata*, *dos vendita* ; au second cas la restitution sera due en nature, quelque dépérissement que la chose ait souffert, si c'est par l'usage et sans la faute du mari.

Telles sont les distinctions essentielles qui devront présider à la restitution dont, en certain cas, notre projet n'ordonne l'accomplissement qu'après des délais dont la faveur est due au souvenir du lien qui a existé entre les époux. L'événement malheureux de la mort de la femme ne doit pas, dans des momens consacrés à la douleur, laisser son mari exposé à de rigoureuses poursuites de la part des héritiers même de celle qui fut son épouse.

1466 et suivans. 1472 Cette partie du projet de loi ne contient au surplus que des dispositions peu susceptibles de discussion. Je ne puis cependant passer à d'autres objets sans arrêter un moment votre attention sur l'article qui porte que *la femme et ses héritiers n'ont point de privilège pour la répétition de la dot sur les créanciers antérieurs à elle en hypothèques.*

On pourrait demander à quoi sert cette disposition, si elle ne tendait à abolir formellement la loi *Assiduis*, qui, successivement tombée en désuétude dans la plupart des pays même de droit écrit, était pourtant, encore de nos jours, observée dans quelques-uns, notamment dans le ressort du ci-devant parlement de Toulouse.

Cette loi, qui sacrifiait à la dot la société tout entière, et qui fut l'occasion d'une multitude de fraudes envers des tiers de bonne foi, n'était qu'une faveur mal entendue, et ne pouvait trouver place dans notre nouvelle législation.

Je viens, citoyens législateurs, d'indiquer les principales sect. 4 dispositions comme les principaux effets du régime dotal ; mais dans ce régime, ou plutôt à l'occasion de ce régime, viennent les biens paraphernaux.

Ces biens, qui comprennent tout ce qui n'a pas été expres- 1574 sément stipulé dotal, restaient dans le droit romain à la pleine disposition de la femme, qui, pour les aliéner, n'avait pas besoin du consentement de son mari.

Notre projet offre un changement notable à ce sujet, ou 1576 plutôt ce changement existait déjà dans l'une des lois que vous avez portées dans votre dernière session.

L'article 211 du premier livre du Code civil a posé la règle relative à la nécessité du consentement du mari ou de l'autorisation judiciaire, en cas que le mari refuse son consentement : le projet actuel devait se conformer à cette sage disposition ; il l'a fait.

Ainsi le pouvoir de la femme sur ses biens paraphernaux se réduira, comme le prescrivaient la raison et son propre intérêt, à l'administration et jouissance de cette espèce de biens.

Mais qu'arrivera-t-il si le mari gère et jouit lui-même ? 1577à1579 Notre projet le considère dans l'une des trois situations suivantes :

Ou il n'aura joui qu'en vertu d'un mandat exprès, et il sera tenu des mêmes actions que tout mandataire ;

Ou il se sera entremis et maintenu dans la jouissance par la force et contre le gré de sa femme ; et alors il devra les fruits, car il n'a pu les acquérir par un délit;

Ou enfin sa jouissance aura été paisible, ou du moins tolérée ; et, dans ce cas, il ne sera tenu, lors de la dissolution du mariage, qu'à la représentation des fruits existans ;

Il importait sans doute de prévoir tous ces cas, et de les distinguer ; car si les biens paraphernaux ont une existence et une administration à part, s'ils sont *de droit* séparés et de

la dot et des biens du mari, souvent et par la nature des
choses ils leur seront unis *de fait* : il fallait donc pourvoir à
ce qu'à raison de cette jouissance les époux ne laissassent pas
des procès pour héritage.

1581 Je vous ai exposé, citoyens législateurs, tous les points
essentiels du régime dotal.

Une disposition particulière, terminant le chapitre qui lui
est consacré, exprime qu'*en se soumettant au régime dotal, les
époux peuvent néanmoins stipuler une société d'acquêts.*

Sans doute les dispositions générales du projet de loi,
sainement interprétées, eussent été suffisantes pour établir ce
droit ou cette faculté; mais le gouvernement n'a pas cru qu'il
dût en refuser l'énonciation précise, réclamée pour quelques
contrées du droit écrit où cette stipulation est fréquente.

Cette mesure aura d'ailleurs le double avantage et de cal-
mer des inquiétudes, et de prouver formellement que nos
deux régimes ne sont pas ennemis, puisqu'ils peuvent s'unir
jusqu'à un certain point.

fin du tit 5,
et 1515 et
suivans. Citoyens législateurs, ma tâche est fort avancée, mais elle
n'est pas finie. Je n'ai plus à justifier les dispositions écrites
du projet, mais son silence sur certains avantages qu'en quelques lieux les femmes survivantes obtenaient à titre d'augment de dot, et, dans le plus grand nombre de nos coutumes, sous le nom de *douaire.*

Sur ce point, le projet a imité la sage discrétion du droit
écrit; et il le devait d'autant plus, qu'en établissant *la communauté* pour droit commun il donne assez à la femme si la
communauté est utile, puisqu'elle en partagera les bénéfices,
et lui accorderait trop au cas contraire, puisque la libéralité
de la loi s'exercerait sur une masse déjà appauvrie ou
ruinée.

En se dépouillant d'ailleurs de tous les souvenirs de la
routine, il fallait revenir aux premières règles de la raison.
Or, la loi permet les libéralités, mais elle ne les fait pas, et
ne doit point, en cette matière, substituer sa volonté à celle

de l'homme, parce que souvent elle la contrarierait sous prétexte de la suppléer.

Que les époux puissent donc stipuler des droits de survie avec ou sans réciprocité, la loi ne doit point s'y opposer; mais comme les libéralités sont dans le domaine de la volonté particulière, on ne saurait en établir par une disposition de droit commun sans blesser tous les principes.

Citoyens législateurs, je vous ai retracé tout le plan de la loi qui vous est proposée.

Dans une matière de si haute importance, et que la diversité des usages rendait si délicate et si difficile, on a moins cherché à détruire qu'à concilier, et surtout on a désiré que chacun pût facilement jouir de la condition légale dans laquelle il voudrait se placer.

Si donc on n'a pu scinder la France pour donner des règles diverses aux diverses contrées qui la composent, on a fait beaucoup, et tout ce qu'il était possible de faire, en disant à tous les citoyens de la République :

« Voilà deux régimes qui répondent à vos habitudes di« verses ; choisissez.

« Voulez-vous même les modifier, vous le pouvez.

« Tout ce qui n'est pas contraire à l'ordre public ou for« mellement prohibé peut devenir l'objet de vos conven« tions; mais, si vous n'en faites point, la loi ne saurait « laisser les droits des époux à l'abandon; et la communauté, « comme plus conforme à la situation des époux et à cette « société morale qui déjà existe entre eux par le seul titre de « leur union, sera votre droit commun. »

Citoyens législateurs, si cette communauté a été bien organisée, et si elle a conservé tout ce qu'il y avait de bon dans nos anciens usages en rejetant seulement ce qui pouvait l'embarrasser sans fruit;

Si, d'un autre côté, le régime dotal, quoique dirigé vers une autre fin, mais organisé dans les mêmes vues, a recueilli et conservé les meilleurs élémens que nous eussions sur cette matière;

Si enfin le projet a laissé à la volonté la juste latitude qu'elle devait avoir, le gouvernement aura rempli ses vues.

Et vous, citoyens législateurs, en consacrant son travail par votre approbation, vous acquerrez de nouveaux droits à la reconnaissance publique.

COMMUNICATION OFFICIELLE AU TRIBUNAT.

Le Corps législatif transmit le projet avec l'exposé des motifs au Tribunat le 11 pluviose an XII (1er février 1804), et M. Duveyrier en fit le rapport à l'assemblée générale le 19 pluviose (9 février).

RAPPORT FAIT PAR M. DUVEYRIER.

Tribuns, votre section de législation m'a chargé de vous présenter les résultats de l'examen qu'elle a fait du projet de loi relatif au contrat de mariage et aux droits respectifs des époux, placé sous le titre V du troisième livre dans l'ordre des matières qui doivent composer le Code civil.

Si, dans l'examen politique de notre législation civile, le nombre et la variété de nos coutumes frappent comme un reste affligeant de l'anarchie féodale, de ces temps où le duel était le seul jugement, la trève de Dieu l'unique sauvegarde, et de la diversité des lois barbares qui les ont précédés; on doit observer avec plus d'étonnement encore ces innombrables usages, ne gouvernant que la moitié de l'empire, tandis que l'autre moitié obéissait aux lois du peuple vainqueur, bien moins imposées par la conquête qu'introduites et fondées par la justice, la sagesse et l'exemple.

Les racines profondes que cette scission législative avait

jetées attestent seules aujourd'hui l'antiquité de sa source sans la découvrir.

On peut l'entrevoir obscure et couverte de tous les nuages qui enveloppent l'histoire du démembrement de l'empire romain, dans le partage de puissance qu'affectèrent alors, sur les diverses nations des Gaules, au midi, la loi gothique et le code de Théodose ; au nord, les lois salique, saxonne, gombette et ripuaire.

On peut la trouver plus récente et plus bizarre, après les siècles d'ignorance et de barbarie, dans la domination temporelle usurpée par les papes sur quelques portions du territoire français, dans la décrétale du pape Honorius III, qui, vers le commencement du treizième siècle, défendait, sous peine d'excommunication, à Paris, et dans tous les lieux circonvoisins, l'étude et l'enseignement des lois romaines, lorsque le code de Justinien était retrouvé, et déjà publiquement enseigné à Montpellier et à Toulouse.

Mais quelle que soit son origine, cette division d'un grand peuple en deux peuples distingués par la loi, confondus sous le sceptre, avait, par sa longue influence, imprimé une telle force aux opinions, aux affections, aux habitudes, que toujours l'entreprise de confondre les deux législations, et même d'en affaiblir en certains points l'extrême différence, fut considérée comme une entreprise impossible.

On sait qu'au milieu du quinzième siècle, lorsque Charles VII ordonna la rédaction par écrit de toutes les coutumes de France, jusqu'alors abandonnées aux incertitudes de la tradition, et à la preuve plus incertaine encore des enquêtes, ce travail n'était que le premier moyen d'exécution du projet plus vaste de rapprocher ensuite, de confondre ces textes différens, et de réunir tous les pays coutumiers sous le même empire d'une coutume générale.

Mais ce projet, d'un courage remarquable et peut-être excessif pour le temps où il était conçu, puisque des difficultés

insurmontables l'ont repoussé, n'allait pas jusqu'à la témérité de vouloir combiner et fondre en un seul code les coutumes et le droit romain; et le vœu de Louis XI, le seul
peut-être qu'il ait formé dans les principes d'un gouvernement paternel, n'a pas même été tenté sous aucun de ses
successeurs.

Je rappelle ici les faits les plus connus dans l'histoire de
notre législation, parce que l'objet de la loi que vous allez
examiner est un de ceux sur lesquels l'impossibilité de
réunir les volontés et les usages a toujours été sentie et respectée.

En effet, sous la monarchie, les provinces coutumières et
les provinces de droit écrit avaient été, par des causes différentes et même contraires, successivement rapprochées sur
plusieurs points de législation devenus communs à toute la
France.

Ainsi, le silence des coutumes, sur la matière des obligations et des contrats et sur plusieurs autres, forçait les pays
coutumiers de chercher des règles fondamentales et des motifs de décisions dans les lois romaines, qui exerçaient alors,
sous le titre honorable de raison écrite, toute la puissance
d'une loi générale.

Ainsi, les ordonnances des rois, sur tout ce qui concernait
la police générale, lès offices, le domaine, et sur plusieurs
objets de législation civile, comme les formes de procéder,
les hypothèques, les preuves de naissance et d'état civil, les
formes et la validité des mariages, les substitutions, les donations, les testamens, avaient assujéti, sauf quelques résistances ou quelques exceptions locales, les provinces de
droit écrit au même régime législatif que les provinces de
coutume.

Mais deux caractères ineffaçables dans la nature des biens
et dans les conventions de mariage ont toujours distingué
les deux législations. Les deux peuples avaient conservé avec
un attachement égal, je dirais presque avec une égale su-

perstition, l'un ses propres et sa communauté, l'autre sa dot et ses biens paraphernaux.

Jamais cette barrière n'a pu être renversée; et même aujourd'hui, dans ce moment de gloire et de puissance où le génie peut tout, mais où la sagesse égale au génie ne veut que ce qui est bon et juste, la loi proposée sur les deux régimes qui gouvernent séparément les conventions matrimoniales est moins une victoire ou une conquête qui asservisse l'un à l'autorité de l'autre, qu'un traité de paix ou une transaction qui les associe à l'empire et partage entre eux une commune et presque égale domination.

La première vérité sentie et unanimement adoptée par 1387 tous les hommes occupés de cette loi, a été la nécessité ou, ce qui est à peu près de même, la convenance politique de n'arracher violemment à aucun Français dans les conventions les plus intimement relatives à l'intérêt particulier, à l'affection personnelle, à l'accroissement social, dans les conventions de mariage, ses usages anciens et chéris, pour lui imposer le joug d'une législation nouvelle, inaccoutumée et par conséquent importune.

Ainsi l'habitant des départemens jusqu'à présent soumis au droit écrit aura toujours la liberté d'appeler au gouvernement de son mariage les institutions romaines et l'austère simplicité du régime dotal; et l'habitant des pays coutumiers pourra aussi placer son existence conjugale sous le régime moins positif, mais plus affectueux, de la communauté.

Ils pourront même l'un et l'autre confondre à leur gré les deux régimes dans leurs conventions, et emprunter de l'un et de l'autre les règles qui plairont à leur intérêt comme à leur volonté, et qui pourront, suivant les lieux et les circonstances, se combiner sans se contredire.

Ce principe de liberté commune et réciproque conduit 1387à1389 naturellement à cette règle première et fondamentale du projet de loi, que les époux peuvent stipuler leurs conventions de mariage ainsi qu'ils le jugent à propos; que la loi

44.

n'intervient entre eux pour régir l'association conjugale qu'à
défaut de conventions particulières, dont la faculté n'aura
d'autre barrière que la loi elle-même dans ses dispositions
impératives ou prohibitives, comme celles qui concernent
la puissance paternelle et maritale, les tutelles et l'ordre des
successions.

De cette règle primordiale découle naturellement tout le
système de la loi.

Elle doit tenir sous son empire tous les époux sans exception, et ceux qui voudront régler eux-mêmes leurs conventions matrimoniales, et ceux qui par leur silence volontaire
ou par l'impossibilité de faire un contrat de mariage, ou
même par leurs stipulations contractuelles, soumettront à la
loi commune les intérêts de leur association conjugale.

1393   De là, la nécessité de faire une loi commune pour tous
ceux qui n'auront pas la volonté ou la faculté de stipuler des
conventions particulières, et la nécessité pour ceux qui voudront établir eux-mêmes les règles de leur union conjugale
de tracer le cercle dans lequel ils pourront légalement modifier leurs stipulations, soit qu'ils se placent sous l'empire
de l'institution coutumière, c'est-à-dire sous le régime de la
communauté, soit qu'ils préfèrent être gouvernés par la loi
romaine, c'est-à-dire par le régime dotal.

Vous voyez donc, tribuns, le projet de loi se diviser naturellement en trois chapitres, sauf les subdivisions indispensables suivant l'objet et la matière de chaque chapitre.

ch. 1.   Le premier, le plus simple et le moins étendu, doit comprendre les dispositions générales, les règles communes à
tous les époux sans distinction.

A ceux qui s'unissent sans notaires et sans contrat,

A ceux qui dans leur contrat déclarent simplement se soumettre à la loi commune,

A ceux qui ne veulent adopter que certaines dispositions
de la loi commune ou même combiner et modifier celles
qu'ils adoptent,

A ceux enfin qui, s'écartant tout-à-fait du droit commun, du régime de la communauté, se placent expressément sous le régime dotal.

Le second chapitre doit constituer dans toutes ses parties le régime de la communauté. ch. 2.

Et le troisième, enfin, présente les règles du régime dotal. ch. 3.

Dans cette matière extrêmement composée, et dont chaque partie surcharge nos bibliothèques de traités volumineux et de dissertations sans nombre, vous n'attendez pas de moi, sans doute, une dissertation complète, un traité nouveau.

Le temps et le talent me manqueraient également pour un tel ouvrage.

Exposer avec clarté les principes sur lesquels reposent les dispositions capitales, en déduire avec ordre les principales conséquences, en expliquer simplement les motifs et l'objet, faire observer les changemens utiles, et surtout les décisions désormais invariables sur les points jusqu'à présent controversés; tracer enfin dans toutes ses proportions un dessin correct de ce majestueux monument : voilà, ce me semble, le devoir qui m'est imposé; et je ne me flatte pas de le remplir d'une manière digne de l'ouvrage et de vous.

J'ai dit que le premier chapitre devait présenter les règles ch. 1. communes à tous les mariages.

Au milieu des onze articles qui le composent, et à côté de quelques dispositions relatives seulement à la forme des contrats de mariage, à la nécessité de les rédiger en actes authentiques, à l'impossibilité d'y rien changer après la célébration, à la capacité des mineurs dans cette circonstance, on doit remarquer les deux articles, les deux dispositions qui fondent le nouveau système, déterminent la concordance entre toutes ses parties, expliquent ses motifs et dirigent ses développemens.

C'est d'abord la disposition par laquelle il est statué, article 4, que les coutumes, lois ou statuts locaux qui régissaient ci-devant les diverses parties du territoire français, sont abrogés, et que les époux ne pourront plus régler d'une manière générale leur association par l'une de ces coutumes, lois ou statuts désormais abrogés.

1393   C'est ensuite la disposition qui statue, article 7, qu'à défaut du contrat de mariage ou de déclaration dans le contrat du régime que l'on veut adopter, les règles établies dans le chapitre II formeront le droit commun de la France.

Or, les règles établies dans le chapitre II étant l'organisation complète du régime de la communauté, c'est déclarer expressément que pour tous ceux qui se marieront sans contrat, ou qui dans leur contrat déclareront simplement soumettre leurs intérêts matrimoniaux au droit commun, le droit commun sera le régime de la communauté.

Ces deux dispositions renferment tout l'esprit et tous les rapports politiques du projet de loi ; le reste ne sera, pour ainsi dire, que règlementaire.

On doit attacher d'autant plus d'importance à leur examen, qu'on ne peut les expliquer avec quelque soin sans développer les inconvéniens de l'ancienne législation sur cette matière, et les motifs de sagesse et d'utilité qui déterminent la législation nouvelle.

1387   La faculté accordée à tous les époux par le premier article du projet, de stipuler leurs conventions matrimoniales ainsi qu'ils le trouveront convenable, soit qu'ils adoptent le régime de la communauté, soit qu'ils préfèrent le régime dotal, cette faculté générale existait dans toute la France.

Le principe que les contrats de mariage sont susceptibles de toute convention licite était universel.

On pouvait, dans les provinces de droit écrit, placer son contrat de mariage sous l'influence d'une coutume volontairement adoptée, et stipuler toutes les dispositions de la communauté; mais j'avoue qu'il serait difficile d'en citer un seul exemple.

Seulement, en quelques lieux, comme à Bordeaux, on

aimait à tempérer l'inflexibilité du régime dotal par la confiance d'une communauté imparfaite, que l'on appelait société d'acquêts ; et l'on attribuait à ce système, car l'habitude justifie toujours ce qu'elle autorise, tous les avantages de l'un et de l'autre régime.

On pouvait, dans les provinces coutumières, et les exemples en sont nombreux, asservir au droit romain les intérêts de son mariage, et stipuler comme loi du contrat le régime dotal dans toute sa sévérité, ou avec des modifications convenues. On pouvait encore abjurer la coutume du lieu de sa naissance ou de son domicile, et contracter des conventions de communauté dictées par une coutume étrangère.

La Normandie seule faisait exception.

Ainsi l'exercice de cette faculté dont je parle, et que le projet de loi consacre, avait, non pas plus d'étendue dans son ressort, mais dans son jeu des variations possibles dont le nombre égalait celui des coutumes de France.

On sait enfin que la faveur des mariages faisait introduire dans un contrat plusieurs espèces de stipulations qu'aucun autre acte ne pouvait admettre, comme l'institution d'héritier et la renonciation aux successions futures.

Mais ces variations, par cela même qu'elles n'avaient pour 1387 1390 limites que la volonté ou le caprice des intérêts trop souvent mal calculés, ne formaient qu'une législation vague et confuse, ou plutôt dégénéraient en une absence totale de législation, et jetaient dans la société l'embarras, le désordre et les procès.

Nous avions près de trois cents coutumes, dont soixante ou environ donnaient des règles différentes sur la communauté.

Le judicieux et l'infatigable Pothier a renfermé ces différences sous quatre espèces principales du droit coutumier.

La première espèce et la plus générale est celle des coutumes qui, comme Paris et Orléans, admettent entre deux époux qui ne se sont pas expliqués une communauté de biens dès l'instant de la bénédiction nuptiale, et quelle que soit d'ailleurs la durée du mariage.

La seconde espèce est celle des coutumes qui, comme dans l'Anjou et le Maine, établissent aussi une communauté de biens entre les époux, mais qui peut ne pas exister, si leur mariage n'existe pas lui-même, au moins pendant l'an et jour, à compter de la célébration.

La troisième espèce est celle de quelques coutumes qui, comme en pays de droit écrit, n'admettent point de communauté légale entre les époux, mais qui ne leur défendent pas de la stipuler.

La quatrième, enfin, est l'espèce de la coutume de Normandie, qui n'est sur ce point rigoureusement imitée par aucune autre, et qui, non contente de ne pas établir la communauté entre les époux de son territoire, leur défend expressément de la stipuler.

Ces dissidences, multipliées par les variations locales, et encore embarrassées de toutes les controverses que faisaient naître les questions sur le domicile et sur la situation des biens, étaient un aliment continuel de désordre dans les mariages, et de guerre dans les tribunaux.

Jamais le parlement de Paris et celui de Normandie n'ont pu s'accorder sur les contrats de mariage stipulés par un Parisien à Rouen ou par un Normand à Paris.

Le terme de ces débats scandaleux est dans l'article 4 du projet; et c'est le premier bien que la loi nouvelle va procurer.

Cet article abroge toutes les coutumes, lois et statuts locaux qui régissaient ci-devant les diverses parties du territoire français. La coutume de Paris et celle de Normandie, et les deux cent quatre-vingt-trois autres coutumes, disparaissent et se confondent dans la loi générale et uniforme de la communauté.

Si la bienveillante sagesse du législateur devait, comme je l'ai remarqué, ne pas briser avec violence les liens antiques des habitudes, et laisser aux deux parties de la France, divisées sur ce point par deux législations pour ainsi dire contraires aux pays de droit écrit, leur constitution dotale avec la loi romaine, aux autres leur droit coutumier et la communauté, on sent que cette prudente facilité aurait dépassé toutes les bornes de la politique et de l'utilité sociale, si elle eût été jusqu'à respecter avec nos trois cents coutumes locales les variations, les contradictions capricieuses que chacune d'elles opposait aux autres, et les procès dont elles étaient la source inépuisable.

Mais cette abrogation formelle des anciennes coutumes, des anciennes lois, des anciens statuts, prononcée sans une déclaration précise de l'intention du législateur, en donnant trop d'extension à ses conséquences, faillit engendrer une guerre nouvelle.

En effet, le premier projet présenté par la commission chargée de la rédaction du Code civil, après avoir établi en termes généraux pour tous les époux la faculté de régler librement les conditions de leur union, leur prohibait en termes très-précis de régler désormais ces conventions par aucune des lois, statuts, coutumes et usages qui ont régi jusqu'à ce jour le territoire de la République.

Ensuite, le même projet, par son article 10, statuait très-précisément encore qu'à défaut de contrat de mariage et de conventions spéciales, les droits des époux seraient déterminés par les règles contenues au chapitre suivant.

Et le chapitre suivant était l'organisation complète de la communauté légale.

Le projet s'arrêtait là. Il n'y était fait aucune mention ni expresse ni indirecte du régime dotal.

A la vérité, le cent cinquante-huitième et avant-dernier article du même projet expliquait encore que la faculté n'était point enlevée aux conjoints d'étendre ou de modifier les effets des conventions établies par la présente loi, ni même de faire entre eux telles autres conventions qu'ils jugeraient à propos; mais le même article imposait à cette faculté la condition de se conformer aux premier et second articles.

Et le second article leur présentait toujours l'abrogation formelle des mêmes statuts, lois et coutumes.

Que devait-il résulter de ces articles ainsi combinés? l'opinion dans les pays de droit écrit que les conventions matrimoniales établies par le droit romain étaient interdites et le régime dotal prohibé;

Que la communauté de biens entre époux allait devenir le droit commun et général de la France;

Et que la liberté des contrats de mariage était circonscrite dans le cercle des modifications dont pouvait être susceptible l'unique système de la communauté.

Cette opinion, assez raisonnablement justifiée par les articles que l'on vient de parcourir, excita dans les contrées méridionales un mécontentement général. Leurs tribunaux réclamèrent avec vivacité : l'amour des habitudes consacrées et des usages depuis long-temps suivis, s'exalta en haine de l'institution nouvelle qu'on supposait impérieusement commandée; et des ouvrages parurent où ce sentiment amer s'attacha bien plus à trouver tous les vices de l'injustice et de la barbarie dans le système qu'on voulait repousser, qu'à démontrer les attributs raisonnables et les avantages du système qu'on devait regretter.

1390 1391   Il ne fallait pas d'aussi grands efforts pour avertir la sagesse du législateur. Il savait trop bien que les meilleures lois ne sont pas toujours les plus parfaites, mais celles qui conviennent davantage à ceux qu'elles doivent gouverner. Son intention n'avait jamais été d'enlever violemment au midi de la France un système de législation matrimoniale, dont une longue habitude et le calcul accoutumé des intérêts avaient fait un besoin et presque un objet essentiel.

Il ne manquait à cette intention que d'être déclarée d'une manière plus précise.

Aussi les rédacteurs du nouveau projet se sont-ils unanimement empressés, après avoir par l'article 4 abrogé les an-

ciennes lois et coutumes, d'expliquer par un nouvel article
la conséquence raisonnable de cette abrogation, en statuant,
article 5, que les époux peuvent cependant déclarer qu'ils
entendent se marier, ou sous le régime de la communauté,
ou sous le régime dotal.

En voulant même exprimer davantage, et rendre plus utile
cette intention d'attribuer aux époux la liberté de choisir
l'un ou l'autre système, et à la loi une surveillance égale sur
tous les deux, ils ont terminé le projet par un chapitre nouveau, le troisième chapitre, uniquement destiné à présenter
les règles du régime dotal.

Ainsi, comme le dit littéralement cet article 5, au premier
cas et sous le régime de la communauté, les droits des
époux et de leurs héritiers seront réglés par les dispositions
du chapitre II.

Au deuxième cas, et sous le régime dotal, leurs droits
seront réglés par les dispositions du chapitre III.

Ainsi, comme je l'ai dit en commençant, voilà la communauté et le régime dotal qui vont se partager en paix l'empire matrimonial de la République, n'ayant plus d'autre
titre à la domination exclusive que la volonté des époux
eux-mêmes, qui, quel que soit leur choix, trouveront dans
la loi nouvelle un guide sûr et fidèle des conventions qu'ils
voudront adopter, sous la dépendance de l'une ou de l'autre
législation.

Après avoir tranquillisé l'intérêt de tous les époux qui
peuvent fournir aux frais d'un contrat, et qui veulent stipuler eux-mêmes la loi pécuniaire de leur union conjugale,
l'attention du législateur devait se porter avec une sollicitude peut-être plus sensible sur ces mariages soumis seulement à la loi commune par l'impossibilité de faire un contrat ou par la déclaration expresse du contrat lui-même.

Il faut bien que la loi règle les droits et les intérêts des
époux qui ne pourront pas ou qui ne voudront pas les régler
eux-mêmes.

Quelle sera donc cette loi commune qui, à défaut de contrat ou de stipulations volontaires, gouvernera tous les mariages?

Auquel des deux systèmes, de la communauté ou du régime dotal, donnera-t-on l'honorable privilége de devenir le
droit commun de la France?

Cette question, la plus notable, et peut-être la seule que
la politique veuille examiner, s'élevant pour la première fois
avec la volonté puissante d'en appliquer sérieusement la décision, pouvait annoncer de longs débats et de vives dis-
cordances.

La rivalité entre ces deux systèmes, l'institution romaine
et l'institution coutumière, était aussi ancienne que le partage de leur influence sur les mariages français. L'un et
l'autre, monarque absolu sur son territoire, comptait autant
de partisans et de panégyristes que de sujets. Dans les études,
dans les écoles, dans les tribunaux, il était tout simple que
le système depuis long-temps étudié, enseigné, appliqué,
pratiqué, fût le plus sage, le plus juste, le plus parfait.

Parcourez le globe : l'habitude est partout la souveraine
des goûts et des affections; et s'il est vrai que l'esclave lui-
même préfère sa chaîne natale aux douceurs inconnues
d'une autre existence, il ne faut pas s'étonner qu'entre deux
modes législatifs, sur lesquels l'esprit impartial peut raisonnablement distribuer une mesure égale d'avantages et
d'inconvéniens, l'usage seul soit un titre impérieux de préférence.

Mais, jusque là cette prétention de suprématie ne passait pas les bornes d'une thèse proposée plutôt pour la doctrine que pour la puissance; et chacun des deux systèmes
régnait en paix dans les lieux soumis à son autorité, sans
attaquer celle de son voisin, et même sans tenter sur lui des
incursions ambitieuses.

On disait, pour le système de la dotalité, qu'il avait ce
titre le plus imposant et le plus auguste en législation, d'être

une émanation directe des lois romaines, source de toute sagesse, monument éternel de politique sociale ;

Qu'il était en même temps la conséquence et l'appui de cette puissance maritale, qui, n'étant elle-même qu'une dépendance, une affinité immédiate de la puissance paternelle, formait avec elle le premier lien des familles, et plaçait sur les bases inébranlables de la subordination leur harmonie, leur éclat et leur prospérité ;

Qu'il était le seul système conforme aux combinaisons naturelles, aux facultés physiques et morales qui distinguent les deux sexes ;

Que la femme, dispensée par sa faiblesse des grands travaux de la politique et de la société, étrangère aux combats, aux voyages, à l'agriculture, au commerce, aux arts mécaniques ; bornée, par tous les élémens naturels qui la composent, aux soins comme aux jouissances de la maternité, doit recevoir son existence comme elle la donne, des rapports de consanguinité et de famille, et puiser seulement dans la source dont elle est tout ensemble le produit et l'aliment ;

Que tout système qui l'associe à des spéculations extérieures et intéressées détourne sa destination primitive, altère l'innocence de ses affections, la pureté de ses désirs, la simplicité de ses devoirs ; élève ses pensées et ses actions jusqu'à une fausse indépendance que la nature lui refuse, et dirige vers la frivolité, la dissipation, le désordre et le vice, cette alliance d'attributs contraires par laquelle elle est souveraine et esclave ; cet accord touchant de beauté et de faiblesse, d'empire et de soumission sur lequel reposent son bonheur et le nôtre ;

Que le régime préférable de la dotalité avait de plus l'avantage d'être éminemment favorable à l'industrie, et par conséquent à l'accroissement des forces sociales ; puisque l'homme, seul propre aux travaux, loin d'être arrêté dans ses efforts par la crainte d'un partage, est continuellement animé à des entreprises nouvelles, et à tous les moyens de succès, par la perspective assurée des produits dont il a seul la jouissance et la disposition.

Qu'il est enfin le plus juste et le plus simple :

Le plus juste, car la stricte équité veut que l'homme seul recueille les fruits du travail dont l'homme seul a la fatigue et le danger ;

Le plus simple, car en excluant tout partage des bénéfices et des pertes de l'association conjugale, ce système exclut aussi les formes nombreuses et difficiles dont la méfiance environne toutes les sociétés pour les garantir, et les procès que la cupidité enchaîne à tous les partages pour en corrompre l'équilibre.

On disait pour le système de la communauté que nous étions Français et non pas Romains ;

Que le peuple français avait aussi son origine antique, ses institutions et ses lois, que les Romains eux-mêmes avaient respectées lors de la conquête, et dont l'influence inaltérable à travers les siècles et les orages politiques se retraçait encore dans ses mœurs et dans son caractère ;

Que le système de la communauté de biens entre époux unissait au privilége national d'être une émanation directe de ces mœurs anciennes et de l'ancien droit français l'avantage particulier de n'être pas même contraire à la sévérité des lois romaines, puisque ces lois l'avaient expressément permis ;

Que, dans l'origine de la monarchie, la femme française ne recevait rien de sa famille, et que sa dot elle-même lui était donnée par son mari ;

Que les *formules* de Marculphe et les *capitulaires* de Charlemagne nous retracent encore ce tiers accordé à la femme, après la mort du mari, des biens acquis pendant le mariage ; ce tiers porté à la moitié sous la troisième race, et qui est encore l'original et le fondement de la communauté conjugale ;

Que la puissance maritale n'avait jamais en France asservi

les femmes sous ce principe d'infériorité et de dépendance
qui tenait à Rome les deux sexes à une aussi grande distance
l'un de l'autre ;

Qu'au contraire nos anciens Gaulois, comme l'a dit un de
nos plus graves jurisconsultes, reconnaissaient dans le sexe
une espèce de providence, qu'ils écoutaient ses conseils, et
faisaient cas de ses réponses ;

Que ce sentiment naturel et jamais altéré a produit dans
les anciens temps l'exaltation et l'enthousiasme de la cheva-
lerie, et dans les temps modernes toute la délicatesse de cette
noble galanterie, qui est encore parmi tous les peuples du
monde le trait distinctif du Français ;

Que, si l'on pèse aussi ce système de communauté dans la
balance impartiale de la justice et de la raison, considéré
dans ses rapports avec l'union conjugale, on reste persuadé
qu'il est le plus juste, le plus conforme à l'institution du
mariage ;

Que la nature ainsi que la religion rompant tous les autres
liens pour former le lien du mariage, unissant l'homme et la
femme pour les séparer de toutes les autres créatures, même
de leurs plus chers parens, pour confondre entre eux les
pensées, les affections, les travaux, les plaisirs, les besoins,
les jouissances, pour leur faire enfin jusqu'à la mort une
existence commune, et la prolonger même dans celle de
leurs enfans communs, il était naturel et conséquent de ne
point séparer inégalement entre eux les élémens, les moyens
de leur existence réciproque, les biens et les facultés sociales ;

Que, dans le partage des travaux imposés à l'association,
si les travaux de l'homme exigent la force et l'audace que la
nature n'a données qu'à lui, ceux de la femme veulent une
sollicitude continuelle, attentive, et des soins délicats dont
l'homme est rarement capable ;

Que si les moyens d'augmenter les facultés et les jouissances sociales sont dans la mâle aptitude à supporter la fatigue

et braver le danger, le moyen de les conserver et d'en appliquer l'usage au bonheur commun est dans les soins domestiques, l'économie, l'éducation des enfans, l'ordre intérieur de la famille ;

Que, pour parvenir au but unique et commun de l'union conjugale, s'il est évident que les douces fonctions confiées à la femme seule sont indispensables autant que les rudes travaux que l'homme seul peut supporter, ce besoin, cette nécessité réciproque établit entre eux, dans le mariage, un juste équilibre de droits et de récompenses.

Que ce système de la communauté se prête d'ailleurs, avec un avantage que tout autre système ne partage point, à des modifications sans nombre, telles que peuvent les conseiller les circonstances, les intérêts de famille, et la volonté des parties ;

Enfin que les inconvéniens reprochés à ce système, comme ceux qui corrompent aussi le régime dotal, sont le produit amer de la mauvaise foi, de l'orgueil, de la cupidité, de toutes les passions humaines qui, lorsque les lois sont impuissantes ou imparfaites, empoisonnent toujours les institutions les plus pures.

On voit qu'avec des raisons ainsi balancées cette controverse, qui n'avait aucun but réel, aucune prétention de succès, pouvait être interminable.

La circonstance dont j'ai parlé, en jetant dans la dispute plus d'aigreur et d'amertume, ne mit pas plus de solidité dans les argumens, et ne rendit pas la décision plus facile.

Les partisans du droit romain, faussement alarmés, pour les pays de droit écrit, du danger seulement aperçu dans l'ancien projet de Code de perdre leur législation accoutumée, le régime dotal, et d'être violemment asservis à la loi générale de la communauté, se laissèrent aller à ces affections ardentes, à ces sensations exaltées qui, dans un conflit de raisonnemens et de pensées, égarent toujours la plus saine logique.

Il ne fut plus question d'un examen impartial et paisible de préférence entre les deux systèmes.

Il fallut aller jusqu'à combattre, renverser, détruire celui dont on craignait l'admission exclusive ; de sorte que, dans les écrits polémiques, dictés par l'effervescence de ce sentiment, le plus bizarre sophisme parut un argument invincible pour prouver que le régime de communauté était insociable, tyrannique, oppresseur, incompatible avec le mode actuel de notre organisation politique.

Ces déclamations, suspectes par l'excès même de leurs résultats, ne mériteraient aucune attention, si la question que vous examinez, tribuns, si l'article du projet de loi qui, à défaut de contrat ou de conventions spéciales sur le mariage, érige la communauté en droit commun de la France, ne me faisait un devoir rigoureux de ne vous rien dissimuler sur ce point important.

Je crois devoir, en conséquence, parcourir rapidement les objections nouvelles faites contre le système de la communauté, et il me suffira d'indiquer les réponses dont votre intelligence saisira facilement toute la force et l'exacte application.

N'exigeons ici ni ordre ni mesure : l'emportement ne connaît ni l'un ni l'autre. La résolution étant prise de présenter le système de la communauté comme infecté de tous les vices, il ne faudra distinguer ni les principes, parce qu'il les viole tous, ni les circonstances, parce qu'il est toujours dangereux, ni les formes diverses que la sagesse et la prudence peuvent lui donner, parce qu'il n'y a point d'époux sage et prudent, ni les modifications sans nombre qu'il peut opposer aux abus inséparables de tout système législatif, parce qu'il n'y a point de barrière insurmontable aux passions humaines.

Ainsi, la politique, la morale, l'intérêt social, la justice, l'égalité respective des droits, tous les principes vont réclamer ensemble contre le système de la communauté.

« Son premier effet est d'enchaîner une certaine qualité ou

une certaine espèce des biens des deux époux, de les soustraire à toute possibilité d'aliénation ou de convention , à moins que ces biens ne soient déclarés libres par le contrat de mariage.

« Son premier effet est donc d'ébranler le premier fondement des sociétés , de violer le principe sacré de la propriété, par lequel tout propriétaire a la liberté absolue de disposer de sa chose, lorsqu'il ne l'a pas lui-même engagée dans un contrat précédent. »

Ce sont les propres termes de la critique.

Et ce reproche est très-remarquable dans la bouche d'un partisan de l'institution romaine , d'un défenseur du régime dotal ; car, si une loi matrimoniale qui prohibe toute disposition des biens qu'elle affecte à son usage est un abus, une violation du principe de la propriété , c'est le système dotal lui-même que ce reproche condamne avec plus d'évidence ; le système dotal, dont la précaution la plus chère et l'effet le plus impérieux sont de frapper les biens dotaux de la femme d'un caractère absolu d'inaliénabilité.

Mais il faut remarquer aussi que l'objection se détruit elle-même.

Puisqu'il est dans le principe de la propriété qu'un propriétaire puisse engager sa chose dans un contrat volontaire, il est évident que deux époux se soumettant au régime de la communauté peuvent, en vertu même du principe de la propriété , affecter une partie de leurs biens aux conventions communales.

Et puisque, dans la communauté même , ces deux époux peuvent déclarer libres les biens qu'elle aurait affectés, il est manifeste que ce système s'associe, se combine un peu mieux que le système dotal avec les règles fondamentales de la propriété.

Poursuivons.

Le système de la communauté est oppresseur des deux époux.

Ceci peut étonner ceux qui savent qu'en toute société l'inégalité des droits et du partage entre les associés, si elle nuit à l'un, doit nécessairement profiter à l'autre.

Mais ici, suivant la critique, pour admettre la possibilité de ce résultat impossible, il suffira de distinguer les époques.

C'est la femme que la communauté opprime tant qu'elle dure.

C'est le mari lorsqu'elle est dissoute.

Pendant la durée de la communauté la femme est opprimée, parce qu'elle n'est maîtresse de rien, parce que son mari dispose de tout, même sans son consentement; parce que, si la communauté est universelle, elle peut être complètement ruinée, même nonobstant son droit de renonciation, par les folies et les dissipations de son mari qu'elle ne peut empêcher.

A la dissolution de la communauté le mari est opprimé, parce que la femme, en vertu de son droit de renonciation, d'esclave qu'elle était devient despote à son tour; parce qu'alors elle peut censurer avec amertume et annuler même les actes de son mari, qui, si les reprises de la femme absorbent ses biens, sera de même complètement ruiné, malgré la sagesse d'opérations légitimes.

A l'égard de la femme opprimée pendant la communauté par le droit exclusif du mari à l'administration commune, observons d'abord que c'est étrangement travestir cette surveillance propice, cette dépendance de protection bien plus que de tyrannie, sous laquelle la loi du mariage place la faiblesse et l'inexpérience des femmes.

Observons ensuite sans malignité que l'auteur du reproche, lorsqu'il l'adresse si vivement au système de la communauté, oublie entièrement que dans le même traité, et dans l'intervalle seulement de quelques pages, il vient d'adresser à son système favori, au système dotal, le reproche absolument contraire.

Il observe en effet, mais avec ce ton paternel dont on

gronde un enfant chéri, que dans le système dotal, d'ailleurs si parfait, le législateur n'a pris aucune précaution contre l'indépendance excessive de la femme, et pour la sûreté de ses biens paraphernaux dont elle peut disposer seule, qu'elle peut vendre, donner, dilapider enfin sans l'autorisation de son mari, sans même être invitée à demander et recevoir son conseil.

Cette observation était juste ; aussi le projet de loi contient à cet égard une réforme heureuse : vous y verrez la femme, sous le régime dotal, rappelée à la loi générale du mariage, et privée, comme la femme en communauté, de la faculté abusive d'aliéner ses biens personnels sans l'autorisation de son mari ou celle de la justice.

Or n'est-il pas remarquable que, dans ces derniers temps, l'amour d'un système et la haine de l'autre aient troublé les idées au point que la même critique reproche au régime de la communauté comme un vice intolérable ce qu'il regrette pour le régime dotal comme l'unique moyen désirable de perfection, l'autorité du mari, et la dépendance de la femme dans les opérations intéressées.

A l'égard du mari opprimé, lors de la dissolution de la communauté par le droit de renonciation, et ruiné peut-être par les reprises de sa femme, si elles excèdent sa fortune, pourquoi dire ce qui n'est pas vrai? Pourquoi supposer un cas rare, accidentel et étranger à la loi, pour en faire le prétexte d'un reproche général?

Il n'est pas vrai de dire que le droit de renoncer à la communauté soit pour la femme le droit de censurer amèrement, et même d'annuler les actes de son mari : ce droit n'est pour elle que la faculté juste de repousser le préjudice que pourraient lui faire des actes auxquels elle n'a pu participer : elle se déclare seulement étrangère à ces actes, qui demeurent respectés, s'ils sont sages et légitimes, et exécutés par le mari lui-même, par ses enfans ou par ses héritiers, si sa fortune le permet.

Pour que les reprises de la femme absorbent tous les biens du mari et le laissent sans ressource, il faut que les biens de la femme excèdent ceux du mari, et il faut encore que le mari ait porté l'imprudence et la dissipation jusqu'à dévorer dans les biens de sa femme, et avec son consentement, au-delà même de toute restitution possible à sa fortune person-nelle. Et pourquoi ne pas convenir que ces deux cas, dans la généralité des mariages, sont des exceptions rares ? Pourquoi, dans ces exceptions mêmes, supposer toujours des époux aussi imprudens et dissipateurs l'un que l'autre ? Pourquoi ne pas voir, dans ce droit de renoncer et de reprendre, la res-source, le remède, la réparation d'un malheur immérité, le même résultat, le même effet de cette précaution, tant van-tée dans le système dotal ? Pourquoi dissimuler enfin ces mariages où, sous l'empire de la communauté, la meilleure conduite n'empêche pas un désastre commun, et où la re-nonciation de la femme apporte à la femme, aux enfans, au mari lui-même, ces derniers moyens d'existence qu'en pays de droit écrit ils trouvent dans l'inaliénabilité de la dot et dans la disposition difficile des paraphernaux ?

D'un autre côté, si une communauté universelle peut être fatale aux deux époux, et rendre la femme innocente vic-time des égaremens d'un mari coupable, disons que cet effet funeste n'est point l'effet de la loi ; que la loi n'impose pas l'obligation d'une communauté universelle ; que la commu-nauté légale n'était point et ne sera point universelle ; que deux époux enfin qui contracteront volontairement une com-munauté universelle calculeront sans doute, dans leurs fa-cultés morales, les moyens d'en tirer plus d'avantage, et su-biront justement toutes les chances de la situation dans laquelle ils se seront volontairement placés.

J'attache, tribuns, quelque importance à cette discussion, parce qu'elle renferme tout l'examen de la loi sous ses rap-ports politiques, et qu'avant de vous retracer le motif rai-sonnable qui va faire de cette communauté le droit commun de la France, il est bon de vous faire juger vous-mêmes la futilité des motifs par lesquels on a voulu sa proscription dans tous les cas, dans tous les temps, dans tous les lieux.

Cette discussion finie, je n'aurai ni le temps, ni l'occasion, ni la volonté de vous fatiguer de controverses moins importantes.

On a dit encore contre la communauté, et l'auteur de l'objection va dans un moment se montrer lui-même, que ce système si favorable à la dispersion des biens, à la ruine des plus opulentes familles, pouvait être toléré dans notre organisation sociale lorsque ses effets funestes étaient atténués et comprimés par des institutions fortes qui tendaient ensemble au même but; lorsque les réserves féodales, le droit d'aînesse, les substitutions, la distinction des propres, et surtout l'indissolubilité du mariage, assuraient la perpétuité des familles et la stabilité des biens.

Il faut s'expliquer clairement. On aura quelque raison peut-être si l'on prouve que l'esprit de nos institutions actuelles, et le but des lois que nous faisons, doivent être de placer de puissans intermédiaires entre l'autorité suprême et l'obéissance aveugle, de favoriser la splendeur des grandes familles et l'inégalité politique dans la distribution des biens.

Mais l'erreur est sensible : ce système n'est plus le nôtre. Nous avons détruit la féodalité, les substitutions, les quatre-quints des propres, toutes les institutions qui concentraient les biens dans les familles, précisément parce qu'elles ne s'accordaient plus avec les principes de notre organisation actuelle, dont toutes les garanties doivent produire le même effet, un respect plus réel, un maintien plus ferme du droit de propriété; mais aussi une circulation plus rapide des valeurs, une mixtion plus facile des familles et une distribution des biens moins inégale.

Cela posé, je ne puis plus voir, relativement à notre système politique, aucune différence entre les effets de la communauté et ceux du régime dotal.

Dans l'un comme dans l'autre régime, tous les biens, les biens communs, les biens personnels de la femme et ceux du mari, appartiendront aux enfans du mariage s'il y a des enfans.

A défaut d'enfans dans l'un comme dans l'autre régime, les biens du mari passeront aux héritiers du mari, les biens de la femme aux héritiers de la femme. Partout la division des biens est la même ; partout la totalité des propriétés matrimoniales ne se disperse qu'entre deux familles, et l'inégalité fortuite des partages que les circonstances seules déterminent dans l'un comme dans l'autre régime n'est d'aucune considération pour le système général.

On a dit enfin que la communauté tendait, d'un côté, à refroidir le zèle, à paralyser l'industrie du mari, en lui montrant sans cesse les héritiers de sa femme disposés au partage des fruits de son travail ; et, d'un autre côté, à dénaturer, à corrompre les douces inclinations de la femme, en la formant à l'esprit de calcul, aux spéculations d'intérêt et aux abus de confiance qui en sont les suites.

Mais la nature a une marche bien différente. Le mari ne voit jamais les héritiers de sa femme ; il voit sa femme et surtout ses enfans. S'il n'a pas d'enfans, il les espère, et il les voit encore. Cette illusion, la plus douce des illusions humaines, se prolonge jusqu'au moment d'éternelle vérité, et ce moment est le dernier de la vie.

Mais pour une femme peut-être dont l'espoir du gain et des profits porte les inclinations à la cupidité et à l'avarice, il en est mille, sans doute, que cette perspective légitime d'un bien futur et commun élève à toutes les vertus qui les distinguent, la prudence, la modestie, la discrétion, l'ordre, l'économie, et cette habitude de soins maternels et domestiques qui assure la fortune, ou, ce qui est plus heureux encore, l'aisance de la famille.

Lorsque l'humeur aiguise ainsi et envenime la censure, il

n'est point de précepte sage ou d'action louable qui ne puisse être présentée sous des couleurs odieuses.

Et comment ceux qui s'acharnaient ainsi contre le système de la communauté ne voyaient-ils pas qu'avec de semblables raisons on pouvait faire du système dotal lui-même un monstre anti-social?

Ne peut-on pas dire, en effet, que ce système dotal apporte dans le mariage des intentions et des résultats diamétralement opposés au principe de cette institution sacrée, dont la nature, la société, la religion même, confondent toutes les affections, tous les rapports, tous les effets?

Que la division de biens et d'intérêts entre deux époux détend et relâche insensiblement le nœud qui doit les joindre et les identifier en une seule et même existence; qu'il leur donne pour le présent des jouissances distinctes, et pour l'avenir des projets différens et quelquefois contraires; qu'il tarit dans leurs cœurs cette condescendance réciproque pour les volontés légitimes, cette indulgence mutuelle pour les fautes involontaires; qu'il les conduit tous deux par des routes opposées à l'exigence des goûts personnels, à la sécheresse des sentimens, à l'égoïsme, germe impur de tous les vices, à la méfiance, source féconde de toute discorde; qu'il ébranle chez les enfans eux-mêmes l'obligation la plus sainte, l'obéissance et le respect filial; qu'il les instruit à mesurer l'estime et l'amour qu'ils doivent à leurs parens sur la qualité et la quantité des biens qu'ils attendent de l'un et de l'autre; qu'enfin, dans les mariages inégaux, il est presque impossible que les femmes sans dot obtiennent tous les droits et tous les honneurs de la maternité, et que l'époux pauvre d'une femme opulente ne soit pas un père dédaigné?

Cette controverse, sur laquelle mon devoir seul m'a forcé d'appeler votre attention, ne pouvait guère influer sur la question de préférence entre les deux régimes, depuis que l'un et l'autre étaient également offerts au choix et à la volonté des époux; et, dans ce moment que les pays de droit écrit sont assurés de ne pas perdre leur législation accoutumée, je doute que l'auteur de la dissertation volumineuse que je viens de parcourir y attache encore la même importance, et qu'il voie les choses comme il les voyait alors.

L'impartialité et la sagesse président aux conseils du gouvernement et de la nation.

Il ne s'agissait plus de combattre pour une préférence exclusive, et de proscrire l'un des deux systèmes de législation conjugale pour donner à l'autre un empire absolu et général.

Il n'était plus question d'établir une loi uniforme et commune à tous les époux, qui, à la faculté de choisir entre les deux régimes, joignaient le moyen de déterminer dans un contrat leur loi matrimoniale.

Il n'était pas même nécessaire de penser à ceux qui ne faisaient un contrat que pour se soumettre à la loi commune, puisqu'ils avaient évidemment la faculté et le moyen d'en adopter et d'en stipuler un autre.

Le législateur n'avait plus devant lui que ces mariages dénués de fortune qui, n'ayant que la société pour soutien, ne peuvent avoir que la loi pour guide ; qui ne peuvent payer enfin, ou qui sont forcés d'épargner la dépense d'un contrat.

C'est de cette considération même que sortent les raisons décisives qui ont fait donner la loi de la communauté à ces mariages les plus intéressans par leur nombre et par leur rapport avec la population et les premiers travaux de la société.

D'abord le système dotal devait être au moins étranger à ces mariages, s'il n'était pas même impraticable.

Le système dotal s'établit, et ne peut exister que par la division des biens entre le mari et la femme. Son objet et sa dénomination même supposent une dot et des biens paraphernaux, c'est-à-dire des biens personnels à la femme, et dont le mari n'a ni l'administration ni la jouissance.

Une dot entraîne la nécessité des stipulations pour la fixer

et la garantir, tradition ou paiement, promesse de livrer ou
de payer, quittances, hypothèques; une dot, en un mot,
entraîne la nécessité d'une constitution dotale : toute constitution dotale ne peut exister sans un contrat; et s'il nous
faut une loi commune, c'est précisément pour ces mariages
qui ne peuvent pas payer le notaire, et auxquels doit suffire
l'acte civil qui les constate.

Le système dotal ne peut donc s'appliquer aux mariages
qui n'ont ni dot ni contrat.

La communauté, au contraire, peut exister sans stipulation contractuelle, parce qu'elle peut exister sans une dot et
sans des biens acquis. Au moment du mariage, lorsque le
présent ne lui donne rien, elle se contente de l'avenir, et
s'établit sur l'espérance : dans l'avenir même, elle n'appellera le notaire que lorsque son produit à partager pourra
payer les frais du partage. Elle convient donc spécialement
à ces mariages dont nous parlons, et qui n'ont pour toute ri-
chesse que leurs enfans et leur travail.

Le système dotal offre sans doute, par la simplicité de ses
règles et la précision de ses résultats, les avantages d'une garantie plus sûre et d'une plus rigoureuse réciprocité, pour
ces mariages contractés sur les produits certains et probables
de grandes propriétés ou de vastes spéculations commerciales.

Mais pour les mariages pauvres, le système de la communauté réunit toutes les convenances de la politique, de la
morale et de la justice.

Dans ces mariages, la politique, même celle qui n'est plus
dans nos institutions actuelles, n'a point à protéger le maintien des familles par la stabilité des propriétés. Les fruits
journaliers du travail se consomment et circulent journellement. Tout système législatif qui favorise, accélère et mul-
tiplie cette circulation féconde parmi le peuple intéressant
de nos campagnes et de nos ateliers est en harmonie avec
l'aisance et la prospérité publiques.

C'est pour les unions désintéressées que la nature conserve

dans toute sa pureté le principe et le but de l'institution du mariage. Là, l'homme et la femme, en s'unissant, n'ont d'autre objet que de confondre tout dans une existence commune, les peines, les plaisirs, les privations, les jouissances. Le froid calcul des facultés personnelles, la distinction du tien et du mien, ne se glisseraient dans cette société intime que pour en détruire l'essence, cet abandon réciproque, ce mélange absolu de toutes les facultés. C'est là que l'innocence des affections et la pureté des mœurs ne résisteraient pas long-temps aux suggestions perfides de la cupidité, d'autant plus âpre dans ses moyens, qu'elle aurait moins de combinaisons à tenter et plus d'obstacles à vaincre. C'est là surtout qu'il convient qu'un père et une mère se présentent sans cesse à leurs enfans avec un titre égal à leur respect, à leur amour, à leur obéissance.

C'est encore dans ces mariages qu'il est vrai de dire que le partage égal des bénéfices est juste, parce que les travaux sont aussi également partagés. La femme n'est plus ici le témoin oisif et inutile des entreprises périlleuses ou pénibles de son mari. Ici la nécessité et la patience élèvent la compagne de l'homme aux plus rudes occupations de la vie, et la distribution du travail n'a plus d'autre règle que le calcul des forces individuelles. Dans nos campagnes, si l'on considère qu'outre le travail des champs, qu'elle partage en toute saison, la femme fournit seule à la communauté le service domestique, le maintien des enfans et du ménage, et si l'on trouve raisonnable de mesurer la récompense sur la fatigue, et la fatigue sur la faiblesse, on doutera peut-être que le partage égal des misérables produits de cette communauté soit pour elle une exacte rétribution.

Ces raisons portaient leur force persuasive dans tous les esprits depuis que la contradiction était désintéressée.

Ainsi la disposition fondamentale du projet de loi a réuni tous les suffrages, en statuant qu'à défaut par les époux de déclarer leurs conventions matrimoniales, ou à défaut de contrat de mariage, les règles établies dans le chapitre II, c'est-à-dire les règles de la communauté, formeront le droit commun de la France.

Malgré la brièveté de ce chapitre Ier et l'étendue considérable des deux autres, je me flatte d'avoir fait un grand pas vers le but qui m'est imposé.

Il ne me reste qu'à tracer un tableau rapide des règles qui constituent l'un et l'autre système ; dans le chapitre II, des dispositions qui constituent le régime de la communauté ; et dans le chapitre III, de celles dont l'ensemble forme le régime dotal.

La seule difficulté et le seul mérite sont d'être ici méthodique et concis sans nuire à la clarté et à l'exactitude.

ch. 2.   J'ai déjà dit que la communauté était susceptible de toutes les modifications qui ne contrariaient ni son principe ni sa conséquence ; ce qui suppose une distinction nécessaire entre la communauté conventionnelle, dont les stipulations peuvent varier au gré de la volonté et de l'intérêt des parties, et la communauté légale, dont les règles sont invariables comme la loi qui les établit.

Cette distinction divise naturellement le chapitre II en deux parties, dont la première trace les règles immuables de la communauté légale, et la seconde les variations possibles de la communauté conventionnelle.

1399   Avant d'entrer dans l'exposition de l'une et de l'autre, il faut remarquer l'article préliminaire, qui les embrasse toutes les deux, et qui fixe la communauté, soit légale, soit conventionnelle, au jour du mariage célébré devant l'officier de l'état civil.

Il est étonnant, mais il est vrai, malgré la disposition précise de la coutume de Paris, que cette règle était quelquefois controversée :

L'ancien droit qui, comme le rappelle Laurière, ne faisait commencer la communauté que le lendemain du mariage ;

Les coutumes dont j'ai parlé, et qui, nonobstant l'interprétation judicieuse de Dumoulin, laissaient croire que la communauté ne commençait que de l'an et jour après le mariage; quelques stipulations contractuelles, obscures et mal rédigées ont souvent élevé des doutes et enfanté des procès, surtout lorsqu'il s'agissait d'une communauté conventionnelle.

Il était bien de les rendre désormais impossibles, en ajoutant même que cette règle serait observée nonobstant toute stipulation contraire.

D'ailleurs, la coutume de Paris dit, article 30 : *Commence la communauté du jour des épousailles et bénédiction nuptiale.* Le principe est le même, mais l'instant solennel du mariage est changé; la loi civile ne peut indiquer que celui qu'elle reconnaît et qu'elle consacre.

Toute communauté, soit légale, soit conventionnelle, commence donc avec le mariage, quelle que soit d'ailleurs la convention des parties. Cette règle générale sera désormais aussi claire qu'absolue.

Reprenons maintenant notre distinction, et parlons d'abord de la communauté légale. Ses principes appartiennent aussi à la communauté conventionnelle, qui n'en modifie que les applications et les résultats. 1re. part

La communauté des biens entre époux a, comme toute autre société, sa formation, ses progrès, sa dissolution.

Cette marche détermine aussi la série des règles qui la gouvernent, et chacune de ces époques a ses conséquences légales et ses effets accidentels.

Sur sa formation, il faut dire quels objets la composent activement et passivement, c'est-à-dire quelles choses entrent dans la société conjugale et forment sa recette, quelles choses sont à sa charge et forment sa dépense.

Sur ses progrès, il faut dire l'autorité, le mode et les garanties de son administration.

Sur sa dissolution, il faut dire par quelles causes elle est opérée et quels effets elle produit.

Ses effets différens sont déterminés par deux chances contraires qui ne dépendent plus que de la volonté de la femme.

La femme peut accepter la communauté dissoute ; elle peut la refuser.

Sur l'acceptation, il faut énoncer les règles du partage tant de l'actif que du passif.

Sur la renonciation, il faut exprimer ses conditions et ses effets.

La communauté se développe ainsi tout entière dans six principales circonstances que le projet de loi distingue par six sections correspondantes.

Formation de la communauté, actif et passif. Première section divisée en deux paragraphes.

Administration ; son mode et ses effets. Seconde section.

Dissolution ; ses causes et ses conséquences. Troisième section.

Acceptation ou renonciation, avec les conditions relatives. Quatrième section.

En cas d'acceptation, partage de l'actif, partage du passif. Cinquième section, également divisée en deux paragraphes.

En cas de renonciation, exercice des droits de la femme. Sixième section.

Il faut les suivre dans l'ordre qui leur est assigné.

L'actif et le passif de la communauté sont corrélatifs et correspondans : c'est une balance exacte de profits et de charges, de recette et de dépense.

1401   L'actif se compose de trois objets plus précisément désignés par le projet de loi qu'ils ne l'ont été jusqu'à présent par l'article 220 de la coutume de Paris, et même par l'article mieux rédigé, l'article 186 de la coutume d'Orléans.

1°. De tout le mobilier sans exception possédé par chacun des époux, soit avant, soit depuis le mariage ;

2°. Et par conséquent de tous les produits sans exception échus ou perçus pendant le mariage, de tous les biens étant avant le mariage ou tombés pendant son cours dans la possession personnelle de chacun des époux, parce que tous les produits sont mobiliers;

3°. Enfin de tous les immeubles qui sont acquis pendant le mariage.

On voit que la communauté embrasse tout, excepté les immeubles possédés par chacun des époux personnellement au jour du mariage, ce qu'il faut prouver pour les soustraire à la communauté, et les immeubles qui peuvent arriver à chacun d'eux pendant le mariage à titre de succession et même de donation, si elle n'est pas faite en termes exprès au profit de la communauté. 1402-1404 et suivans.

C'est ce que les articles 16 et 18 du projet expriment de manière à ne plus laisser de difficultés : c'est ce que la coutume faisait seulement entrevoir comme une conséquence vague et problématique de son article 220.

En balance de l'actif ou de la recette, le passif ou la dé— pense de la communauté se compose : 1409

1°. De toutes les dettes mobilières de chacun des deux époux, parce qu'elle vient de saisir toutes leurs propriétés mobilières;

2°. De toutes les dettes contractées pendant le mariage, parce que tous les profits du mariage lui appartiennent;

3°. Des arrérages et intérêts seulement des rentes ou dettes passives personnelles aux deux époux, parce qu'elle profite de leurs rentes et dettes actives;

4°. Des réparations usufructuaires de leurs immeubles personnels, parce qu'elle en reçoit et consomme les produits;

5°. Et enfin des alimens des époux, de l'éducation et entretien des enfans, et de toute autre charge du mariage, parce qu'elle en absorbe tous les avantages et toutes les jouissances.

De ces cinq objets, le premier seul exige une précaution sévère de prudence. Pour que la communauté soit chargée sans injustice possible des dettes mobilères de la femme antérieures au mariage, il faut que ces dettes, contractées sans 1410 le concours de l'autorité maritale, aient une date authentique et certaine.

Autrement la collusion et la fraude des écrits postérieurs au mariage et antidatés fourniraient à une femme facile ou coupable tous moyens de ruiner la communauté et son mari.

La même précaution n'est pas nécessaire sur les dettes du mari antérieures au mariage, parce que dans tous les cas leur paiement indispensable par le mari n'est que justice, soit qu'il paie sur ses biens personnels, soit qu'il paie sur ceux de la communauté dont il est le maître; sauf, en ce dernier cas, l'indemnité de la femme, comme il sera expliqué tout à l'heure.

1411à1414   La communauté étant chargée des dettes mobilières des successions échues à chacun des époux pendant le mariage, parce qu'elle prend les meubles et les revenus de ces successions, il s'ensuit que la communauté ne prenant point les immeubles même de ces successions, elle doit également n'être pas chargée de leurs dettes immobilières, qui restent dans l'obligation personnelle de l'époux héritier.

1421   Je viens de dire que le mari était maître de la communauté; c'est un terme consacré par l'usage : il signifie que le mari seul a toutes les actions actives et passives de la communauté.

Il administre seul et sans concurrence les biens qui la composent.

Il peut les vendre, les aliéner, les hypothéquer.

1422-1425   Le droit coutumier lui laissait même la faculté de donner tous meubles et immeubles, soit par acte entre-vifs, soit par testament.

Mais depuis long-temps on sentait l'abus de ce droit illimité, qui pouvait dépouiller impunément la femme lorsque les biens personnels de son mari ne suffisaient pas à ses reprises.

Le nouveau projet y apporte une restriction raisonnable.

Il distingue à cet égard les meubles et les immeubles, les donations et les testamens.

Par testament, le mari ne peut donner que sa part dans la communauté, quelle que soit la nature des biens qui la composent, c'est-à-dire la moitié seulement des meubles et des immeubles.

Par donation entre-vifs, il ne peut disposer d'aucune partie des immeubles de la communauté, si ce n'est pour fournir à l'établissement des enfans communs.

Il ne peut donner l'universalité du mobilier.

Et même, s'il veut en donner légalement une partie, il ne pourra pas s'en réserver l'usufruit : restriction ingénieuse qui tend à refroidir chez lui l'intention d'une libéralité dont le droit ne pouvait être absolument enlevé à la puissance maritale.

En cet état, quels sont les droits de la femme? Elle n'en a 1426 1427 point tant que la communauté existe, ni dans l'administration, ni dans la disposition des biens qui la composent.

Déjà le chapitre VI de la loi sur le mariage, au livre premier du Code civil, a établi l'incapacité relative de la femme mariée dans toutes les conventions ordinaires.

La femme, même marchande publique, même non commune ou séparée de biens, ne peut ester en jugement, c'est-à-dire agir en justice sans l'autorisation de son mari.

La femme, même non commune ou séparée de biens, ne peut donner, aliéner, hypothéquer, acquérir, sans le consentement de son mari dans l'acte ou par écrit ; et le consentement de son mari ne peut être, que dans des cas rares et exprimés, suppléé par l'autorisation du juge.

Cette règle protectrice des intérêts de la femme, et surtout de la prérogative maritale, puisée mot à mot dans l'article 194 de la coutume d'Orléans, est tellement absolue, qu'il n'en est pas de l'engagement contracté par une femme comme de celui contracté par un mineur. La nullité ou la validité du premier ne dépendra pas du dommage ou de l'utilité qu'il peut apporter. Il est nul par cela seul qu'il est contracté sans l'autorisation maritale.

Cette règle indique elle-même toutes ses conséquences dans le projet de loi sur la communauté.

La première est que la femme ne peut obliger ses propres biens, ni engager ceux de la communauté, sans le concours de son mari; et à l'égard des biens de la communauté, il n'est que deux cas où l'autorisation du juge puisse remplacer l'autorisation maritale : pour tirer son mari de prison, et, si son mari est absent, pour établir les enfans communs.

1428 et suivans. La seconde est que le mari qui administre seul les biens de la communauté a aussi l'administration de tous les biens personnels de la femme, et seul aussi l'exercice de toutes ses actions mobilières.

Mais il ne peut aliéner les immeubles personnels de sa femme sans son consentement.

Mais il est soumis à toutes les règles d'une bonne et légale administration, et responsable sur ses propres biens du dommage et des dépérissemens causés par sa faute ou sa négligence.

La nature des biens qui composent la communauté et le mode de son administration, la puissance absolue du mari, l'incapacité absolue de la femme, donnent naissance à des droits différens : droits respectifs des époux qui ne peuvent être sacrifiés l'un à l'autre, droits plus respectables des tiers que la loi devait plus soigneusement garantir contre les intérêts communs ou personnels des deux époux.

1482 et suivans. 1419-1420 Le projet de loi distingue les créanciers de la communauté, les créanciers personnels du mari, les créanciers personnels de la femme.

Les créanciers de la communauté sont ceux qui ont titre et droit à toutes les dettes tombées à la charge de la communauté, soit que, mobilières, antérieures au mariage et authentiques, elles aient été contractées par le mari ou par la femme ; soit que pendant le mariage elles soient advenues, si elles sont mobilières, avec les produits d'une succession, ou qu'elles aient été contractées par le mari seul, ou par le mari et la femme autorisée.

Les créanciers communs comme les créanciers personnels du mari ont le droit le plus étendu. Ils ont pour gage de leurs créances tous les biens de la communauté et tous les biens personnels du mari, parce que le mari, seul administrateur et maître de la communauté, est responsable, même sur ses biens personnels, des engagemens qu'il lui fait contracter.

Ils n'ont point de droit sur les immeubles personnels de la femme, parce que, n'ayant ni volonté, ni autorité personnelle dans les engagemens communs, elle ne doit en répondre que sur sa part dans les biens communs.

Lorsqu'elle s'engage solidairement avec son mari, ou autorisée par lui, c'est absolument la même chose que lorsqu'elle s'engage en vertu de la procuration générale ou spéciale de son mari. Dans les deux cas elle n'engage que les biens de la communauté, et elle n'est passible de son obligation personnelle que jusqu'à concurrence de sa portion dans ces biens communs.

Si la dette provient d'une succession échue à l'un des époux, et tout ensemble mobilière et immobilière, et quoique, dans ce cas, les dettes dont cette succession est grevée ne soient à la charge de la communauté que jusqu'à concurrence de la portion contributoire du mobilier dans les dettes, cependant, comme il ne serait pas juste d'exiger la division de la créance, et de soumettre ces créanciers mixtes aux lenteurs de cette division, ceux-ci peuvent en ce cas poursuivre leurs paiemens sur tous les biens de la communauté, soit que la succession d'où dérive la créance soit échue au mari, soit qu'elle soit échue à la femme qui l'a acceptée avec le consentement de son mari, sauf les récompenses respectives entre les deux époux , dont vous allez voir dans un instant le droit et l'application.

Il y a même motif et même conséquence dans le cas où la femme aurait accepté la succession malgré son mari, et seulement autorisée par le juge ; si dans ce cas le mari peut s'imputer de n'avoir point évité la confusion du mobilier de cette succession dans le mobilier de la communauté, par l'inventaire préalable dont il avait seul la faculté et l'obligation.

1410 et
suivans Les créanciers personnels du mari se confondent dans les mêmes droits avec les créanciers de la communauté. Ils peuvent aussi les exercer sur les biens personnels du mari, parce qu'ils ont le mari pour obligé personnel, et sur les biens de la communauté, parce que les actions de la communauté, activement ou passivement considérées, n'appartiennent qu'à lui.

Les créanciers personnels de la femme sont ceux qui, pendant la communauté, ne peuvent avoir que la femme pour obligée.

Ils sont porteurs de créances mobilières antérieures au mariage, mais non confondues dans la communauté, parce qu'elles n'étaient point authentiques.

Ou bien ils sont créanciers de successions immobilières échues à la femme.

Dans le premier cas, ils ne peuvent se pourvoir que sur la nue propriété des immeubles personnels de la femme.

Le droit coutumier ne voulait pas même que cette action, presque stérile, fût exercée pendant l'existence de la communauté.

Mais, quoiqu'ils ne puissent imputer qu'à eux la faiblesse de leur titre, si ce titre est légitime aucune raison ne peut le soumettre à une suspension, voisine quelquefois d'un dépérissement total ; et la nouvelle législation est plus juste en leur livrant la nue propriété des immeubles personnels de la femme, même pendant l'existence de la communauté à laquelle cette nue propriété est totalement étrangère.

Créanciers d'une succession immobilière échue à la femme, 1413 si la succession a été acceptée avec le consentement du mari, ils peuvent exercer leurs droits sur tous les biens de la femme; mais si le mari a refusé son consentement, si la femme a accepté la succession avec l'autorisation de la justice, alors, comme les premiers, ils ne peuvent se pourvoir que sur la nue propriété des biens de la femme, puisque tout le reste est tombé dans la jouissance communale qui appartient au mari.

Il en est de même lorsque cette succession, acceptée sans 1417 le consentement du mari, est en partie mobilière et immobilière; si le mari, par un inventaire préalable, a eu soin d'empêcher la confusion des biens de cette succession avec ceux de la communauté.

Les droits des tiers suffisamment établis, le législateur doit 1437 s'occuper des droits respectifs des époux, attribués à l'un contre l'autre par les opérations diverses de la communauté.

Ces droits se développent en indemnités et récompenses.

Nous ne disons point encore comment ces indemnités et récompenses s'exercent et se réalisent. Ce sera l'objet de la section relative au partage de la communauté.

Nous disons seulement comment elles s'établissent.

Le système des indemnités et récompenses était peut-être ce qui répandait sur cette matière, dans l'ancien droit coutumier, plus d'embarras et de difficultés.

Mais deux innovations heureuses, en simplifiant en général tous les résultats de notre législation actuelle sur le mariage et sur les successions, ont répandu plus de confiance et de facilité dans toutes les conséquences des opérations de communauté.

D'un côté, la prohibition faite aux époux de s'avantager réciproquement n'existe plus. Un mari peut donner à sa femme, une femme peut donner à son mari, comme à toute autre personne, la portion disponible de ses biens.

D'un autre côté, la quotité disponible n'est plus déterminée par la nature des immeubles successifs. Les quatre-quints des propres ont aussi disparu, et tous les immeubles, confondus dans la même espèce, sont susceptibles des mêmes dispositions.

La crainte des collusions et des fraudes qui préparaient les avantages indirects, ou qui dénaturaient les biens pour les enlever ou les attribuer illégalement à la communauté, n'arme plus la loi de ces précautions que le soupçon et la méfiance ne trouvent jamais excessives, mais dont la nécessité même est un excès.

Un mérite apparent du projet de loi est d'avoir appliqué à ce système d'indemnités communales, dans les principes de notre législation actuelle, des décisions d'une équité tellement évidente, qu'elles sont incontestables pour les cas prévus, et infaillibles dans leur application au cas qu'il était bien possible de ne pas prévoir.

Le principe général est dans l'article 15 du projet.

En général, toutes les fois que l'un des deux époux a tiré un profit personnel des biens de la communauté, il en doit à l'autre récompense ou indemnité.

Et, par la même raison, toutes les fois que la communauté a tiré un profit des biens personnels de l'un des époux, celui-ci doit avoir récompense ou indemnité de ce préjudice.

C'est la règle simple des sociétés, qui veut que chaque associé prélève, avant tout partage, ce qu'il fournit au-dessus de la mise commune ou convenue.

1403   Ainsi, lorsque des coupes de bois, qui, faites suivant les règles tracées par la loi de l'usufruit, auraient profité à la communauté, n'ont pas été faites, il est dû récompense à l'époux non propriétaire lésé par cette privation.

1407   Ainsi, lorsqu'un immeuble est acquis pendant le mariage à titre d'échange contre un autre immeuble appartenant à l'un des époux, cet échange ne produit pas un conquêt de communauté. L'immeuble acquis remplace dans la propriété l'immeuble aliéné. Mais s'il y a soulte, comme elle est alors payée des deniers de la communauté, il est dû récompense à l'époux qui perd sa part de ces deniers, dont l'autre a seul profité.

Ainsi l'acquisition totale d'un immeuble dont partie appartenait déjà à l'un des époux ne forme point un conquêt, et l'immeuble entier appartient à l'époux qui en était déjà copropriétaire; mais l'autre époux doit avoir récompense de sa part dans les deniers de la communauté employés à cette acquisition. *1408*

Le projet de la loi mentionne avec la même clarté beaucoup d'autres cas qui donnent également lieu aux indemnités ou récompenses.

Le détail en serait ici fastideux et inutile à côté du principe, qui, bien établi et bien appliqué, porte sur toutes les espèces la même conséquence et la même décision.

Ce principe des indemnités conduit naturellement à celui des remplois, dont une justice éclairée modifie les règles pour la femme autrement que pour le mari. *1433-1470*

Si le prix d'un immeuble personnel à l'un des époux, vendu pendant le mariage, n'a pas été employé à le remplacer par un autre immeuble de même valeur (car le terme *remploi* ne signifie pas autre chose), il est tout simple que l'époux propriétaire, soit le mari, soit la femme, prélève sur la communauté qui en a profité le prix de son immeuble vendu.

Mais si l'immeuble vendu appartient au mari, le remploi du prix ne s'exerce que sur la masse de la communauté; et, au contraire, si l'immeuble appartient à la femme, et si les biens de la communauté sont insuffisans au remploi, il s'exerce sur les biens personnels du mari, parce qu'il exerce toutes les actions de sa femme; parce qu'il a présidé à la vente et au remploi de l'immeuble de sa femme; parce que si sa déclaration suffit pour justifier le remploi de son propre *1472-1454 à 1436*

immeuble, elle ne suffit pas pour consacrer le remploi d'un
immeuble de sa femme ; parce qu'enfin, si la femme n'a pas
formellement accepté le remploi, il est juste que l'immeuble
acheté en remplacement reste au mari responsable de son
opération, et que la femme reprenne le prix de son immeuble vendu.

Ces dispositions, comme on le voit, ne sont que des combinaisons simples et sûres du principe qui règle la formation
de la communauté avec celui qui établit la puissance maritale.

Hormis ces circonstances, où la balance de la justice doit
peser l'intérêt d'un époux opposé à l'intérêt de l'autre, tout
se confond dans la communauté : recette et dépense, produits et charges, gains et pertes, tout profite et tout se supporte par moitié.

1439   De cette égalité parfaite résulte l'obligation imposée aux
deux époux de fournir également aux dépenses du mariage
et surtout à l'établissement des enfans communs.

Ce dernier devoir reçoit même un plus grand degré d'exigence et de faveur.

Jusqu'à nous le mari n'a pu, sans le consentement de sa
femme, engager la part de sa femme dans la communauté
pour la constitution dotale d'un enfant commun.

Le droit inflexible de propriété dominait ; la morale, l'é-
quité naturelle et le devoir maternel ont pris le dessus.

On a senti qu'une opération juste et régulière, faite par le
mari maître de la communauté, n'était que l'exercice d'une
autorité légitime ; que la femme ne pouvait se plaindre que
lorsqu'il y avait contre elle injustice et lésion ; et qu'il était
absurde de prétendre qu'une femme fût lésée et dépouillée
lorsqu'elle pouvait fournir et qu'elle fournissait dans la dot
de ses enfans une part égale à celle de son mari.

1438   C'est encore une conséquence de cette égalité parfaite que
deux époux soient censés avoir doté leur enfant chacun pour
moitié, lorsqu'ils l'ont doté sans exprimer la portion pour

laquelle chacun d'eux entendait contribuer dans la constitution dotale, quelle que soit d'ailleurs la propriété commune
ou personnelle des objets dans lesquels la dot a été fournie
ou promise.

Vous venez de voir, tribuns, la communauté se former, sect. 3
s'administrer, se développer.

Elle va cesser d'exister.

Voyez-la se dissoudre, et suivez les effets de sa dissolution.

Cinq causes opèrent la dissolution de communauté, la 1441
mort naturelle et la mort civile de l'un des époux, le divorce, la séparation de corps, la séparation de biens.

Le projet offre d'abord, sur un point très-remarquable, 1442
une disposition contraire à la législation coutumière.

Suivant nos coutumes, plus discordantes ici que sur toute
autre question de communauté, la cause la plus efficace de
dissolution, la mort naturelle, ne dissolvait pas toujours la
communauté.

Un article précis de celle de Paris, érigé sur ce point en
droit commun de la France par plusieurs arrêts de règlement, établissait continuation de communauté entre le survivant des deux époux et les enfans mineurs, si le survivant n'avait pas fait inventaire dans les délais prescrits, et si
les enfans le demandaient.

Cette règle, que Lebrun lui-même appelait un droit exorbitant, contraire à la nature et à la loi, ne pouvait être
justifiée que par l'intérêt de la minorité.

C'était, disait-on d'un côté, une peine contre le survivant
prévaricateur et infidèle qui n'avait pas fait inventaire, et
de l'autre, une précaution pour que les mineurs ne fussent
pas dépouillés.

Mais ces motifs étaient écoutés parce qu'il n'y en avait pas
d'autres. On ne pouvait pas même les alléguer dans la coutume d'Orléans, celle de Poitou, et les autres qui admettent
la continuation de communauté, non seulement avec les enfans, mais avec tous autres héritiers collatéraux, non seule-

ment avec les mineurs, mais encore avec les majeurs, qui admettent enfin avec les uns et les autres, non seulement une continuation de communauté, mais une communauté nouvelle, même alors qu'il n'y avait pas eu de communauté entre l'époux survivant et l'époux décédé.

En cet état, l'examen était au moins indispensable.

La question a été débattue avec un grand soin dans le Conseil d'État et dans votre section de législation.

On ne pouvait plus en faveur de la continuation de communauté invoquer l'intérêt des mineurs, car le projet de loi promettait à la minorité, comme vous allez voir, dans une forme plus simple, une garantie plus sûre et une compensation plus exacte.

On disait seulement que, suivant les circonstances et entre les mains d'un époux tendre et sage, la continuation pouvait augmenter les profits d'une communauté déjà florissante, ou rétablir les pertes d'une communauté en souffrance ; qu'il n'était pas juste de priver de cet avantage des enfans mineurs qui n'avaient pour soutien et pour guide que la tendresse de leurs parens.

On disait que pour les mariages, pauvres surtout, la continuation était un bienfait certain par la dispense seule des frais d'inventaire, de partage, de tutelle, et de toutes les contestations qui suivent et qui dévorent toutes les petites successions.

Mais, à cet égard, la continuation de la communauté est moins une exemption ou une remise de dépense qu'une espèce d'atermoiement. La communauté continuée aura un terme enfin, et de toutes les formalités dont on redoutait les frais pour les mineurs, ils n'auront épargné que les formalités gratuites, celles de la tutelle.

Mais, suivant les circonstances, et dans les mains d'un époux tel qu'on peut aussi le supposer, l'impéritie, la légèreté, la fraude intéressée, les illusions séductrices d'un second mariage, dissipent ou détournent les fruits d'une communauté avantageuse, ou surchargent une communauté déjà onéreuse, et complètent la ruine des mineurs. La chance est au moins égale et l'alternative dangereuse.

Mais la continuation de communauté ne pourrait exister sans conserver aussi cette foule incalculable de questions, de controverses et de procès, qui, malgré la précision des textes coutumiers, infectaient nos traités, nos écoles et nos tribunaux ; et le premier but du Code civil est d'exterminer, s'il est possible, la controverse et la chicane.

Mais enfin un avantage incertain, d'un côté compensé par des inconvéniens possibles, et de l'autre remplacé par une précaution plus sage, ne pouvait autoriser le maintien d'une institution dont le premier effet était de suspendre les lois de la nature, et de violer une loi civile plus générale et plus sacrée, celle des successions.

Ces motifs ont réuni toutes les opinions ; et l'article 56 du projet statue que le défaut d'inventaire après la mort naturelle ou civile de l'un des époux ne donne pas lieu à la continuation.

Mais, pour la conservation de tous les intérêts, le même article autorise les parties intéressées, sans distinction, à poursuivre et à faire preuve, tant par titre que par la commune renommée, de la consistance des biens et effets communs au moment de la communauté dissoute.

Et, s'il y a des enfans mineurs, le même article dispose que l'époux survivant, faute d'avoir fait inventaire, perdra la jouissance de leurs revenus, et que le subrogé tuteur, faute d'avoir obligé l'époux survivant à faire inventaire, sera tenu, solidairement avec lui, de toutes les condamnations qui pourront être prononcées au profit des mineurs.

Ceci vaut un peu mieux pour la minorité que l'embarras et le hasard d'une continuation de communauté.

Des cinq causes qui dissolvent la communauté, les trois premières, la mort naturelle, la mort civile et le divorce, la font cesser en détruisant le mariage lui-même.

La quatrième, la séparation de corps, sans détruire le mariage, suspend et détourne ses effets civils.

1448 à 1450 La cinquième, la séparation de biens, n'est que la cessation de la communauté. Elle conserve le mariage, son autorité, ses règlemens principaux.

Ainsi la femme séparée de biens doit, comme la femme non commune, contribuer aux frais du ménage.

Ainsi la femme séparée de biens reprend, comme la femme non commune, l'administration de ses biens.

Elle peut, comme la femme non commune, disposer de son mobilier.

Mais, toujours soumise à la loi du mariage, elle ne peut aliéner ses immeubles sans le consentement de son mari ou l'autorisation de la justice; ce qui entraîne l'impossibilité de rendre le mari responsable lorsque la justice a seule autorisé une aliénation à laquelle il avait refusé son concours et son approbation.

1443 Toute séparation de biens suppose dans la communauté des embarras, des pertes, des engagemens onéreux, des créances, et par conséquent des tiers intéressés dont les droits sont mis au premier rang des liens sociaux.

Le projet ne perd pas un instant de vue le droit respectable des créanciers.

Il proscrit d'abord toute séparation volontaire;

Et, pour rendre impossible de même toute séparation concertée, il veut qu'elle ne puisse être poursuivie qu'en justice, et obtenue sur la preuve du péril certain auquel le désordre des affaires du mari expose la dot, les droits et les reprises de la femme.

1444 Il veut que toute séparation, bien que prononcée en justice, soit nulle, si elle n'est pas réellement exécutée;

Et, terminant ici mille autres difficultés interminables, il exprime bien ce qu'il entend par l'exécution: c'est le paiement réel des droits et reprises de la femme, ou au moins des poursuites réelles commencées dans un délai fixé.

Il veut qu'avant d'être exécutée la séparation soit rendue 1445
publique par une affiche sur le tableau à ce destiné dans la
salle du tribunal, et ce à peine de nullité de l'exécution.

La séparation elle-même dépendant d'une exécution réelle
et valable, on voit que du principe jusqu'à l'effet toutes les
formalités tendent à en éclairer la légitimité ;

Et, pour donner à ces précautions contre la fraude tout le 1447
ressort et toute l'efficacité désirables, le projet donne encore
aux créanciers la faculté d'intervenir dans l'instance et de
contester la demande en séparation de biens.

Enfin le projet de loi confirme avec l'article 199 de la cou- 1451
tume d'Orléans la faculté accordée aux époux séparés de
biens de rétablir leur communauté.

Le retour à la loi du contrat est toujours favorable. La
réunion des intérêts rend au mariage son lustre toujours
terni, et ses affections toujours refroidies par une séparation
de biens.

Mais le même article confirme plus expressément encore
les conditions qui doivent prévenir les abus de cette faculté,
et qui jusqu'à présent n'existaient que dans les monumens
confus de notre jurisprudence.

La communauté rétablie ne peut être autre chose que la
communauté stipulée par le contrat de mariage, et telle
qu'elle aurait été s'il n'y avait pas eu de séparation.

Tout changement est nul, parce que les conventions du
contrat sont inaltérables.

Les actes d'administration faits par la femme pendant la
séparation sont maintenus et exécutés, parce que le droit
des tiers ne peut sous aucun rapport être blessé ni inquiété.

La séparation de biens n'a d'autre effet que de rendre la 1453
femme étrangère à la communauté, et de lui faire reprendre,
soit dans les biens de cette communauté, soit dans les biens
personnels de son mari, sa dot, et tout ce qu'elle avait confié
au mariage.

Les quatre autres causes de dissolution, la mort naturelle

et la mort civile, le divorce et la séparation de corps, peuvent avoir un effet différent, et donnent lieu à d'autres développemens.

C'est alors que la femme a le droit d'option : qu'elle peut accepter ou refuser la communauté.

Ce droit d'option, quoi qu'on en dise, n'est point de justice libérale, mais d'équité rigoureuse.

On ne concevra jamais comment il serait juste que la femme, soumise à la puissance maritale, privée de toute autorité et de toute influence dans la gestion communale, fût écrasée sous le poids d'opérations désastreuses qu'elle ne pouvait ni empêcher, ni conduire, ni réparer.

Ce droit d'option, quoi qu'on en dise, ne blesse ni l'intérêt légitime du mari, ni celui de ses héritiers.

S'il y a des enfans, c'est pour conserver tout à des enfans communs que la mère renonce.

S'il n'y a pas d'enfans, quel droit le mari ou ses héritiers peuvent-ils prétendre sur les biens d'une famille étrangère?

Au surplus, il n'est pas sans intérêt de remarquer qu'autrefois et par l'ancienne coutume ce droit n'était accordé qu'aux femmes nobles, extraites de noble lignée et vivant noblement. Mais comme la justice marche toujours à côté des lumières et de la raison, les premiers progrès de l'une et de l'autre ont suffi pour réformer cet absurde privilége, et la nouvelle coutume l'a accordé à toutes les femmes sans distinction.

On peut encore observer que ce droit a pris dans la législation un tel caractère de justice indispensable, que la femme elle-même ne peut l'abdiquer par son contrat de mariage ou tout autre acte postérieur. La loi proclame la nullité d'une semblable convention.

1464   Ce droit d'accepter ou de renoncer est toujours en présence et souvent en opposition de deux intérêts différens : l'intérêt des héritiers du mari, l'intérêt des créanciers de la communauté.

A l'égard de ceux-ci, la loi les tranquillise en leur donnant le droit d'attaquer la renonciation faite en fraude de leurs créances, et d'accepter la communauté de leur chef.

A l'égard des héritiers, quatre conditions imposées au droit 1454 d'option préviennent toute altération et même toute suspension abusive de leurs droits.

Lorsque la femme s'est immiscée dans les biens de la communauté, elle perd le droit de renoncer.

Elle le perd lorsqu'elle a pris sciemment, sans dol de la 1455 part des héritiers, la qualité de femme commune.

Elle le perd lorsqu'elle a diverti ou recélé quelques effets 1460 de la communauté; et dans ce cas plus grave, elle est déclarée commune, lors même qu'elle aurait déjà renoncé.

Elle le perd enfin trois mois après le décès du mari, lors- 1456 et que dans ce délai elle n'a point fait, contradictoirement avec suivans. les héritiers du mari, un inventaire fidèle et exact de tous les biens de la communauté.

Rien n'est changé aux délais fixés pour faire inventaire et pour délibérer sur l'option accordée. Ces délais sont toujours de trois mois pour faire inventaire, et de quarante jours pour délibérer, sauf les prorogations qui peuvent être judiciairement accordées.

La veuve qui a fait faire inventaire, et qui ne fait pas son 1459 option dans les délais, ne perd pas le droit d'opter; mais elle est réputée commune jusqu'à ce qu'elle ait renoncé.

C'est le contraire pour les femmes divorcées ou séparées 1463 de corps. Elles perdent le droit d'opter, et elles sont censées renoncer à la communauté, si elles ne l'acceptent pas dans le même délai de trois mois, et de quarante jours après le divorce ou la séparation de corps.

Du droit d'option résulte l'acceptation ou la renonciation.

Les effets de la renonciation sont simples : si la femme re- 1492 nonce, elle devient étrangère à la communauté, aux biens qui la composent, aux dettes dont elle est chargée.

Elle en abdique en même temps les droits et les obligations.

Elle ne recouvre même du mobilier qu'elle a mis dans la masse commune que le linge et les habits à son usage : faculté personnelle, et que ses héritiers ne peuvent réclamer.

1493 Mais elle reprend sur les biens de la communauté, et, à défaut, sur les biens personnels de son mari, tout ce qui lui appartient personnellement :

Ses immeubles s'ils existent;

S'ils ont été vendus, les immeubles acquis en remplacement;

Si le remplacement ou remploi n'a pas été fait par son mari et accepté par elle, le prix des immeubles vendus;

Enfin le montant de ses indemnités, c'est-à-dire la compensation exacte de ce que ses propriétés personnelles ont fourni à la communauté.

1465-1419. La loi veille encore dans ce cas à la dignité du mariage et
1431 aux droits des créanciers.

A la dignité du mariage, en donnant à la veuve, pendant les délais de l'inventaire et de la délibération, un droit d'habitation dans la maison conjugale, et des moyens de subsistance sur les choses communes; aux droits des créanciers, en donnant à ceux qui ont l'obligation personnelle de la femme la faculté de poursuivre leur paiement sur ses biens, sauf son recours contre son mari, suivant la nature des dettes.

1467 Les effets de l'acceptation sont plus compliqués et exigent quelques détails.

Si la femme accepte, la communauté se partage; et c'est par ce dernier mode qu'elle se développe et disparaît.

1476 Quant aux formes, à l'exécution, aux effets, aux garanties et aux soultes auxquels un partage de communauté peut donner lieu, il n'a point d'autres règles que celles établies pour les partages de succession.

1469 Pour procéder au partage, on compose la masse commune par les rapports et les prélèvemens respectifs.

Chaque époux rapporte ce qu'il doit à la communauté, soit à titre d'emprunt, soit à titre de récompense ou d'indemnité.

Chaque époux prélève ses immeubles personnels, ou ceux 1470 qui ont été acquis en remplacement, le prix de ceux qui n'ont pas été remplacés, et le montant des indemnités qui lui sont dues.

La privation absolue de pouvoir et d'influence qui a cons- 1471 tamment éloigné la femme de tous les actes d'administration doit encore lui donner ici une faveur, une préférence dont la justice ne peut être contestée, et qui se réalise par trois moyens progressifs.

D'abord les prélèvemens de la femme s'exercent avant ceux du mari.

Ensuite, s'ils absorbent l'argent comptant et le mobilier, et s'ils atteignent les immeubles de la communauté ; dans ce cas, la femme a le choix des immeubles.

Enfin, si tous les biens de la communauté ne leur suffisent 1472 pas, ils s'exercent sur les biens personnels du mari toujours responsable.

Au contraire, le mari ne peut exercer ses reprises ou pré-lèvemens que sur les biens de la communauté. Il perd ce qu'il ne peut y trouver. Les biens de la femme sont à cet égard inaltérables.

Les héritiers de la femme exercent, à son défaut, tous les droits qui lui sont attribués dans le partage de la communauté.

Au milieu de cette foule innombrable de questions dou- 1473 teuses dont le projet de loi devient enfin l'interprète aussi sacré qu'infaillible, il en est une relative aux héritiers de la femme, sur laquelle l'opinion partagée des deux plus esti-mables commentateurs jetait une plus grande incertitude.

Entre plusieurs héritiers de la femme, lorsque les uns ac-ceptaient, et les autres renonçaient à la communauté, com-ment devait-elle être partagée? Chaque acceptant ne prenait-il que sa portion? ou bien la part de ceux qui renonçaient de-vait-elle se réunir par droit d'accroissement à la portion de ceux qui avaient accepté?

Lebrun trouvait là une application infaillible du droit d'accroissement.

Pothier, au contraire, pensait que le droit d'accroissement n'était là nullement applicable.

Les raisons de Pothier ont prévalu, parce qu'elles ont cette vérité lucide qui force la conviction.

L'héritier de la femme qui renonce à la communauté n'a point renoncé à la succession de la femme; autrement il ne serait plus héritier. Cette renonciation à la succession, qui seule produit, même dans le Code civil, le droit d'accroissement entre cohéritiers, n'existe pas. La portion de la femme dans la communauté est indivisible. La femme avait le double droit d'accepter ou de renoncer : ses héritiers exercent l'un et l'autre. Celui qui renonce est en présence du mari, comme la femme qui aurait renoncé : l'acceptation des autres a de même l'effet qu'aurait eu l'acceptation de la femme. Si la femme renonce, sa part dans la communauté appartient à son mari. La renonciation de l'héritier n'étant que l'exercice du même droit ne peut avoir que les mêmes résultats.

L'article 89 du projet établit donc avec toute sagesse que, dans ce cas, les héritiers de la femme acceptant la communauté n'y prendront chacun que leur part virile et héréditaire, et que la portion de l'héritier renonçant restera au mari, chargé envers lui, et jusqu'à concurrence de cette portion, des droits que la femme aurait exercés si elle avait renoncé elle-même.

1474 Les reprises ou prélèvemens faits de chaque côté, ce qui reste est la masse partageable, qui se partage en effet par égale portion entre les deux époux.

1477 Si l'un d'eux a diverti ou recélé quelques effets de la communauté, il est coupable.

Mais la décence publique, le souvenir du lien auguste qui vient de se rompre, ou la dignité du mariage, qui quelquefois subsiste encore, ne permettent d'apporter ici ni l'idée, ni le nom, ni la poursuite d'un délit.

L'époux infidèle est pour toute peine privé de sa portion dans les effets recélés.

Le passif de la communauté se partage, ainsi que l'actif, par égale portion. 1482

Le passif se compose des dettes contractées par la communauté, et chaque époux paie la moitié de ces dettes, dans lesquelles on compte les frais de scellé, inventaire, vente et partage; mais non les frais du deuil de la femme, qui, soit 1481 qu'elle accepte, soit qu'elle renonce, restent à la charge des héritiers du mari.

Pour expliquer sans effort et sans répétition les dispositions 1478 relatives au paiement des dettes, il faut distinguer les droits que les deux époux peuvent avoir l'un contre l'autre, et les droits des créanciers contre les deux époux collectivement, ou contre chacun d'eux séparément.

Après le partage consommé, si l'un des époux est créancier personnel de l'autre, ou son donataire, la créance ou la donation s'exerce sur la part de communauté échue à l'époux débiteur ou donateur, et sur ses biens personnels.

Mais ce droit réciproque est toujours subordonné aux droits des créanciers.

Ils sont de quatre espèces. 1483

Créanciers de la communauté qui ont l'obligation personnelle et solidaire des deux époux; créanciers de la communauté qui n'ont que l'obligation du mari; créanciers personnels du mari; créanciers personnels de la femme.

En général, la femme n'est tenue, soit vis-à-vis son mari, soit vis-à-vis les créanciers, que de la moitié des dettes de la communauté, lorsqu'un inventaire exact a été fait après la dissolution.

Et dans ce cas, fût-elle même engagée personnellement, elle ne peut être personnellement poursuivie, et forcée à payer au-delà de sa moitié.

Mais s'il n'y a pas eu d'inventaire, ou s'il elle s'est engagée solidairement avec son mari, le créancier qui a son 1487 obligation solidaire peut la poursuivre pour la totalité de la créance, sauf à elle à recourir pour son indemnité contre son mari ou les héritiers de son mari.

1486 Il en est de même pour ses créanciers personnels, c'est-à-dire pour toutes les dettes qui procèdent de son chef, soit dettes antérieures au mariage, soit dettes dépendantes des successions qui lui sont échues. Elle peut être également poursuivie pour la totalité de ces dettes, sauf son recours pour ce qu'elle paie au-delà de sa portion, et en l'acquit de la communauté.

1488 Elle n'a pour cet excédent aucun droit de répétition contre le créancier qui a reçu, à moins qu'il n'y ait erreur, comme si la quittance est donnée seulement pour la moitié qu'elle devait payer.

1485 Le mari ne peut être également poursuivi que pour la moitié de ces dettes provenant du chef de sa femme, quoiqu'elles soient tombées à la charge de la communauté, et parce que ces dettes produisent une action directe et suffisante contre la femme elle-même.

1484 Mais, à l'exception de ces dettes, toutes les autres contractées par la communauté peuvent être intégralement poursuivies contre lui, et doivent être par lui intégralement payées, sauf son recours contre sa femme pour la moitié qui était à sa charge.

1490 En général, toutes les fois que l'un des deux époux est forcé de payer pour l'autre, ou simplement poursuivi, il a contre lui un recours légitime en garantie, ou en remboursement ; c'est l'effet ordinaire de la subrogation légale.

Vous venez, tribuns, de suivre avec patience tous les détours, toutes les sinuosités que parcourt dans sa marche la communauté légale.

Vous avez vu son origine et sa fin, ses progrès et ses décroissemens, ses accidens sans nombre et ses formes variables.

J'aurai fait moi-même quelques progrès vers le but indiqué, si je puis me flatter d'avoir, sans trop surcharger un discours que la matière prolonge malgré moi, laissé dans vos esprits quelques éclairs de la lumière que le projet de loi répand sur une route que le seul défaut d'un guide sûr avait jusqu'à nous rendue obscure et difficile.

La deuxième partie du second chapitre traite de la communauté conventionnelle. *2e partie.*

J'ai dit que la communauté conventionnelle n'était pas autre chose qu'une modification de la communauté légale, telle que l'intérêt ou la volonté des époux peut la conseiller ou l'exiger sans se mettre en opposition avec la loi. *1497*

Il peut donc y avoir autant de communautés conventionnelles qu'on peut imaginer de conventions différentes dans le système de la communauté.

Les rédacteurs du projet n'ont eu ni la prétention ni la volonté de prévoir et de régler toutes celles qui sont régulièrement possibles. *1527-1528*

Ils s'en expliquent eux-mêmes clairement en deux circonstances et de deux manières :

Par l'article 137, en déclarant que les règles établies à cet égard dans le projet de loi ne bornent point la faculté des stipulations dont la communauté conventionnelle est susceptible ;

Et par l'article 138, en soumettant la communauté conventionnelle aux règles de la communauté légale pour tous les cas non prévus, et auxquels il ne sera pas dérogé par le contrat de mariage.

Ils ont cru seulement nécessaire d'exposer, comme des exemples utiles, les principales modifications que l'usage a introduites dans la communauté. Et ici je sens plus que jamais combien il serait inutile de suivre et de discuter dans toutes leurs combinaisons ces règlemens particuliers, et pour ainsi dire accidentels, qui, tous émanés du principe général, et toujours soumis à son autorité, ne donnent que des con- *2e partie.*

séquences relatives, et déjà tacitement déterminées par le principe lui-même.

Les huit premières sections de cette deuxième partie tracent, avec un ordre et une clarté que tout commentaire pourrait troubler, les conventions principales qui modifient la communauté, et les effets différens que chacune d'elles peut produire.

1498-1499　Ainsi, l'on peut convenir que la communauté n'embrassera que les acquêts.

Et alors les acquêts seuls sont partagés. Les dettes ne sont pas communes, et le mobilier lui-même, s'il est constaté par un inventaire ou un état en bonne forme, est exclu de la communauté et du partage.

1500　Ainsi l'on peut exclure de la communauté la totalité, ou seulement partie de son mobilier présent ou futur.

1501　Et alors chaque époux doit à la communauté l'objet ou la somme qu'il n'a point exclus de la communauté, ou qu'il a promis d'y apporter.

Il est tenu de justifier de cet apport.

1503　Et il a par conséquent le droit de prélever l'excédant avant tout partage, si l'apport excède la convention.

1305-1506　Ainsi, l'on peut ameublir tous ses immeubles ou partie de ses immeubles pour mettre dans la communauté la portion ameublie.

L'ameublissement n'est qu'une fiction, à la faveur de laquelle les époux peuvent mettre dans la communauté une somme fixe et certaine, à prendre sur un immeuble déterminé, ou sans détermination sur tous leurs immeubles en général.

1507-1508　Alors la chose ameublie est à la disposition du mari, maître de la communauté, comme toute autre chose mobilière : de sorte que l'immeuble ameubli en totalité peut être vendu par le mari, et les autres hypothéqués jusqu'à concurrence de l'ameublissement.

Mais, lors du partage de la communauté, l'époux pro- 1509
priétaire de l'immeuble ameubli peut le retenir en tenant
compte de sa valeur actuelle.

Ainsi l'on peut convenir que chaque époux paiera séparé- 1510
ment ses dettes antérieures au mariage.

Et alors ils se doivent dans le partage respectivement
compte, compensation ou remboursement de toutes dettes
personnelles acquittées par la communauté.

Mais cette clause, si le mobilier de chaque époux n'a pas
été distingué par un inventaire, n'empêche pas les créanciers
de l'un et de l'autre de poursuivre leur paiement sur tous les
biens de la communauté.

Mais, si l'un des époux, par une conséquence de cette con- 1513
vention, a été déclaré par le contrat de mariage franc et
quitte de toute dette, le père, la mère, l'ascendant ou le
tuteur qui ont fait cette déclaration, demeurent garans
envers l'autre époux de toute dette omise ou dissimulée.

Et si la dette provient du chef de la femme, le mari,
parce qu'il a les jouissances communales, peut exercer cette
garantie, même pendant l'existence de la communauté.

Ainsi l'on peut convenir que la femme, si elle renonce, 1414
reprendra ses apports francs et quittes.

Mais cette reprise ne s'étend qu'aux choses et aux personnes formellement exprimées dans le contrat.

Mais elle ne peut s'exercer que sous l'observance de la
règle relative aux dettes respectives, et déduction faite de
toutes dettes de la femme que la communauté aurait acquittées.

Ainsi on peut convenir que l'époux survivant aura un 1515
préciput, c'est-à-dire le droit de prélever, avant tout partage, certains objets mobiliers ou certaines sommes.

Et l'on sent bien que par sa nature même cette clause n'est 1517
exécutée qu'après la mort naturelle ou la mort civile de l'un
des époux, puisqu'elle n'exprime qu'un droit de survie;

Que le divorce et la séparation de corps doivent seulement 1518

en conserver l'exercice, en cas de survie, à l'époux seul qui
a obtenu le divorce et la séparation.

1515   On voit de même que, par sa nature, ce droit ne s'exerce
que sur la masse partageable, et, par une conséquence directe, que la femme ne peut l'exercer si elle renonce à la
communauté, à moins qu'elle n'en ait fait une réserve expresse dans son contrat de mariage.

1520   Ainsi on peut convenir que la communauté sera inégalement partagée.

On peut convenir qu'elle appartiendra tout entière à l'un
des époux, moyennant une somme fixe à payer à l'autre.

On peut convenir qu'elle restera au survivant ou à l'un
d'eux seulement, sans aucune rétribution à payer à l'autre.

Toutes ces conventions laissent apercevoir leurs conséquences naturelles.

1521   Les parts inégales dans la communauté exigent la contribution proportionnelle dans le paiement des dettes. Cette
conséquence est tellement juste, que la loi déclare nulle toute
convention faite pour en troubler l'équilibre.

1524   L'époux qui devrait garder la communauté tout entière
devrait en payer aussi la totalité des dettes.

1522   La somme stipulée pour tout droit de partage, en faveur
d'un époux, doit être payée par l'autre époux, dans tous les
cas, et lors même que la communauté ne suffirait pas pour
acquitter la somme.

1525   La communauté entière, gratuitement dévolue au survivant, ou à l'un des époux seulement, donne droit aux héritiers de l'autre de reprendre ce que leur auteur y avait apporté.

1526   Enfin, et c'est l'objet de la huitième section, on peut stipuler une communauté universelle de tous les biens meubles
et immeubles, soit qu'on y comprenne tous les biens présens et à venir, soit qu'on la borne aux uns ou aux autres;

Et cette convention, étant susceptible dans ses conséquences des effets divers de toute espèce de communauté, est aussi

nécessairement soumise à toutes les règles du système général.

Pour terminer ce second chapitre du projet de loi, et pour sect. 9 compléter sans doute ce qui peut être humainement aperçu et réglé sur la communauté, à côté de cette huitième section qui parle de la communauté universelle, les rédacteurs ont placé une neuvième et dernière section pour parler des conventions absolument opposées, c'est-à-dire des conventions exclusives de la communauté.

On peut se marier sans communauté et sans se soumettre 1529 au régime dotal.

L'article 5, au chapitre des *Dispositions générales,* a déjà dit que la simple stipulation de se marier sans communauté, ou séparés de biens, n'emporte pas soumission au régime dotal.

Quelle loi gouvernera donc ces unions conjugales qui ne 1530-1531 seront gouvernées ni par le régime dotal ni par celui de la communauté?

La loi auguste et simple du mariage est la loi générale des conventions.

Entre deux époux qui se marient sans communauté il n'y a ni communauté ni séparation de biens.

La loi du mariage place la femme sous la puissance de son mari, et l'oblige à contribuer proportionnellement aux dépenses du ménage.

La conséquence est que le mari aura l'administration de tous les biens de la femme, et le droit de percevoir le mobilier par elle apporté, et les fruits des immeubles pour soutenir les charges du mariage.

La loi des conventions veut que dans ce cas le mari soit tenu de toutes les charges de l'usufruit, comme aussi de restituer à sa femme les capitaux qui lui appartiennent après la dissolution du mariage ou la séparation qui pourrait être prononcée.

La loi du mariage ne déclare pas inaliénables les biens 1535 dotaux; c'est un attribut du régime dotal.

La loi des conventions laisse ces biens dans le domaine ordinaire des combinaisons sociales.

La conséquence est que, dans un mariage contracté avec simple exclusion de communauté, les biens constitués en dot ne seront point inaliénables.

1534   La loi des conventions veut que, même dans cette espèce, la femme puisse dans le contrat se réserver la faculté de toucher elle-même une portion de ses revenus pour fournir à son entretien et à ses besoins personnels.

1536-1539   La loi des conventions veut que la clause expresse de séparation de biens emporte pour la femme la faculté d'administrer ses biens elle-même et de percevoir ses revenus ; à moins qu'elle n'en donne procuration à son mari, qui devient alors comptable seulement des fruits existans au moment du compte à rendre.

1537   La loi du mariage veut qu'alors elle contribue à ses charges d'une portion raisonnable, que l'équité rigoureuse, à défaut de convention, fixe au tiers de ses revenus.

1538   La loi du mariage, enfin, veut qu'aucune stipulation, aucune autorisation ne puissent en aucun cas donner à la femme la faculté d'aliéner ses immeubles sans le consentement de son mari ou sans l'autorisation du juge.

1588-1589. 1496-1527   Le tableau que je termine des règles directement ou indirectement relatives aux innombrables combinaisons du système de la communauté présente une étendue d'une telle immensité, qu'on la croirait d'abord sans limites, comme la faculté des conventions que ces règles gouvernent.

On a bien vu les articles 2 et 3 placer devant la liberté des conventions matrimoniales, comme une forte barrière, les règlemens de la puissance paternelle et de la tutelle et l'ordre légal des successions.

Cette restriction vague et générale pouvait difficilement rassurer contre les entreprises d'un système si voisin des plus ardentes affections, si libre dans ses moyens et si fécond dans ses ressources.

Les seconds mariages surtout, qui toujours, comme les enfans avides et dissipateurs d'un père économe, dévorent la substance du mariage précédent, auraient fait craindre toutes les tentatives de la fraude et de la séduction.

Je ne puis qu'applaudir à cet égard à la sollicitude des rédacteurs du projet. Elle a été si constante et si vive, que, répétant deux fois la même disposition dans les mêmes termes, ils ont tracé deux fois le même cercle autour des règles uniformes de la communauté légale et autour des facultés capricieuses de la communauté conventionnelle.

L'article 110 pour la communauté légale, et l'article 141 pour la communauté conventionnelle, supposent qu'ici la confusion affectée du mobilier, et là les conventions plus hardies du second mariage, pourraient tendre à donner à l'un des époux au-delà de la portion réglée par l'article 387 (1098) du livre III du Code civil; et dans ce cas, les deux articles suppriment sévèrement l'excédant de cette portion, et donnent aux enfans du premier lit l'action en retranchement.

Or, vous savez que cet article 387 (1098) de la loi des donations défend à l'époux contractant un nouveau mariage de donner à son nouvel époux au-delà d'une part d'enfant le moins prenant, et veut même que, dans tous les cas, cette part n'excède pas la portion disponible de ses biens.

Ainsi la femme du second mariage ne sera jamais mieux traitée que l'enfant du premier ; et quelle que soit la liberté, même capricieuse, des conventions matrimoniales, cette liberté a trouvé sa borne immuable, que pouvaient seuls lui prescrire l'ordre social et l'intérêt des familles.

Quand on est parvenu au terme d'une aussi longue carrière on ne s'étonne plus que, dans la législation de nos coutumes, la matière que nous venons d'examiner effrayât le plus nos études et nos jugemens par la multitude de ses variantes, l'obscurité et l'indécision de ses résultats.

Sous ce dernier rapport surtout, le projet de loi que nous

examinons est pour les pays accoutumés au régime de la communauté un bienfait depuis long-temps désirable.

La sanction de la loi manquait ici presque partout ; nos coutumes n'offraient que quelques règles générales presque toujours différentes ou contradictoires. La plupart, comme celles d'Anjou, du Poitou, du Bourbonnais, n'avaient sur la communauté que trois ou quatre, huit ou dix, quinze ou seize articles confondus sous les titres communs aux conventions de mariage, aux droits des époux, aux sociétés ordinaires.

Les deux coutumes qui se disputaient en cette matière les honneurs de l'oracle, celles de Paris et d'Orléans, n'avaient que vingt-sept articles chacune ; et vous avez vu qu'elles ne s'accordaient guère que sur le nombre des articles.

Sur tout le reste il fallait chercher la lumière et la règle, ou plutôt des moyens de disputer, dans les recueils de jurisprudence et dans les commentaires dont le nombre égalait encore le volume.

Et si, dans la foule des commentateurs, deux surtout, Pothier et Lebrun, méritaient plus de confiance, leur autorité, presque égale, ne servait qu'à rendre insolubles les questions sur lesquelles elle se balançait en opposition.

Aujourd'hui une loi générale saisit et réunit toutes les parties divisées de cet immense domaine. Elle porte partout, sur tous les cas possibles, sur toutes les combinaisons probables, le principe, la règle et l'application. Partout la clarté, la méthode et la précision succèdent à l'incohérence, au désordre, à l'obscurité.

Et s'il est vrai que la loi, toujours condamnée aux imperfections de l'esprit humain, dont elle est l'ouvrage, ne puisse tout prévoir, au moins faut-il convenir que la solution de toutes les difficultés jusqu'à présent débattues nous laisse peu craindre celles que trois ou quatre siècles de controverses n'ont pas fait naître.

ch. 3.   Abandonnons enfin les pays coutumiers ; passons du nord au midi, et visitons ces contrées de l'ancienne France, toujours heureuse, et doublement éclairées par le soleil et par le Digeste.

Ici le mariage n'a d'autres jouissances communes que la 1540 tendresse réciproque des époux, ni d'autres fruits communs que les enfans.

Ici les biens et les intérêts sont rigoureusement séparés. La femme a son administration particulière et ses revenus personnels; les fruits de sa dot paient la nourriture et l'entretien qu'elle reçoit.

Ainsi, plus de formation ni de dissolution de communauté; plus d'acceptation ni de renonciation; plus d'indemnité ni de récompense; plus d'inventaire, ni de comptes, ni de partages.

On ne peut disconvenir que, sous ce rapport, et si l'on veut ne considérer le mariage que comme un contrat d'utilité et de convenance réciproques, le régime dotal n'offre l'avantage de formes plus simples, d'une exécution plus facile et de résultats plus sûrs.

Ce n'est pas que ce régime ne montre aussi dans les lois romaines la prétention d'être fondé sur le principe et l'essence même du mariage.

Et tant que les femmes ont été à Rome sous la tutelle de leurs maris, les biens dotaux confiés à l'administration maritale, et leurs produits consacrés aux dépenses communes, conservaient d'un côté le premier caractère de l'union conjugale, l'autorité du mari sur la personne et les biens de sa femme, et de l'autre pouvaient figurer encore entre les deux époux une société d'émolumens et de dépenses.

Mais l'institution des paraphernaux, et l'autorité du mariage, entièrement abrogée dans les derniers temps de l'empire pour tout ce qui concernait la disposition de ces biens, n'offrirent plus dans la loi même qui les établissait qu'une contradiction inexplicable entre le principe et la règle, et il est à regretter que le régime dotal, dont nos pays de droit écrit s'applaudissent, ne leur ait pas été transmis avec toute la sagesse et l'antique intégrité des lois romaines.

Notre respectable Domat s'en plaignait avec une sorte de sensibilité.

« Ces biens paraphernaux, dit-il, et cette jouissance indépendante du mari paraissent avoir quelque chose de contraire aux principes du mariage, et sont même une occasion qui peut troubler la paix que demande cette union. Aussi voit-on, continue-t-il, que, dans une même loi du droit romain qui ôte au mari tout droit sur les biens paraphernaux, il est reconnu juste que la femme, se mettant elle-même sous la conduite de son mari, elle lui laissât aussi l'administration de ses biens. »

Le projet de loi soumis à votre examen aura encore le mérite notable de rendre au régime dotal toute la raison des lois romaines et toute la majesté du mariage.

Le mode et l'application de ce régime également simple n'ont besoin que d'un petit nombre de règles toutes extraites et traduites du droit romain avec tant de fidélité, que, si quelquefois notre projet de loi s'écarte de l'usage, c'est encore pour s'attacher plus fortement à la législation romaine, dont l'usage s'était écarté.

1541-1574 Sous ce régime la femme a deux sortes de biens, les biens dotaux et les biens paraphernaux.

1549 Les biens dotaux sont dans la main du mari, qui en dispose, perçoit et emploie leurs revenus, surveille et garantit leur conservation, et les restitue aux termes fixés.

1576 Les biens paraphernaux sont dans la main de la femme, qui les administre seule et sans contrainte, et qui en dispose dans les formes et sous l'autorité de la loi.

ch. 3. Voilà toute l'action du régime dotal; et sur cent quatre-vingt-dix articles dont le projet de loi est composé, quarante articles divisés en quatre sections ont suffi à sa régularisation.

Les trois premières sections, destinées à sa dot, exposent

les règles de sa constitution, de son inaliénabilité, de sa restitution.

La quatrième établit les décisions nécessaires aux biens paraphernaux.

Quoique la dot ait donné son nom à ce système législatif, et qu'elle soit sa matière principale, elle ne lui est pas néanmoins exclusivement particulière.

La dot peut appartenir à tous les contrats de mariage, quel que soit leur régime conventionnel.

Elle aura donc des règles générales et d'une application commune à tous les systèmes, parce que ces règles seront la conséquence d'un principe général.

Ainsi l'article 153 du chapitre troisième n'est qu'une conséquence du principe général établi par l'article 8 du premier chapitre. **1543**

Les conventions matrimoniales ne pouvant recevoir aucun changement pendant le mariage, il s'ensuit pour toutes les dots, quel que soit leur régime, qu'elles ne peuvent être ni constituées ni même augmentées pendant le mariage.

La loi du mariage ayant statué, chapitre V, qu'il résultait **1544** de la nature même de cette union sacrée une obligation commune aux deux époux de nourrir, entretenir et élever leurs enfans, il s'ensuit que, dans tous les systèmes, lorsqu'un père et une mère auront constitué une dot sans distinguer la part de chacun d'eux, la loi suppose que le père et la mère y contribuent par égales portions.

Aussi cette disposition, déjà exprimée par l'article 49 du régime de la communauté, est-elle formellement répétée à l'article 154 du régime dotal.

La constitution dotale est un engagement qui opère les **1547** effets communs à toute autre espèce d'obligation.

Toute obligation, en général, impose à ceux qui la contractent la nécessité de l'acquitter ou de la garantir.

Aussi l'article 51 du régime de la communauté a-t-il déjà dit ce que répète ici l'article 157 du régime dotal, que ceux qui constituent une dot sont tenus à la garantie des objets constitués.

1548   En général, les intérêts d'une somme due à terme ne sont légitimes que par le retard du paiement. Mais la dot, sous quelque rapport qu'elle soit constituée, est inhérente au mariage pour lequel elle est promise et payée. Il est de la nature de cet engagement que ses droits naissent et que ses fruits commencent avec la cause qui le produit.

Aussi l'article 51 du régime de la communauté et l'article 158 du régime dotal disent-ils ensemble et dans les mêmes termes que, s'il n'y a pas stipulation contraire, les intérêts de la dot courent de plein droit contre ceux qui l'ont promise du jour du mariage, encore qu'il y ait terme pour le paiement.

1562   La jouissance des revenus de la dot, partout où ils ne tombent point en communauté, participe aux règles générales de l'usufruit.

Aussi l'article 143 du mariage sans communauté et l'article 171 du régime dotal présentent la même disposition, que le mari est tenu à l'égard des biens dotaux, de toutes les obligations de l'usufruitier.

1563   Enfin, la dot étant dans tous les mariages la propriété de la femme, il est juste qu'elle ait partout, et sous quelque régime qu'elle soit mariée, le même moyen d'en prévenir ou d'en réparer la perte.

Aussi l'article 172 du régime dotal applique au péril possible de la dot les précautions prises et les droits accordés à la femme par les articles 54 et suivans du régime de la communauté.

Ces règles, d'une application commune à tous les mariages, ne constituent pas le régime dotal. Son espèce distincte est dans les règles particulières qu'il emprunte de la loi du mariage non modifiée par le régime de la communauté, et bien plus encore de la faveur expresse et continuelle accordée à la dot par la législation romaine.

Vous venez de voir que, dans tous les mariages, une dot 1544
constituée par le père et la mère, s'ils n'ont pas distingué
ce que chacun d'eux veut donner, est censée constituée par
portion égale.

Mais si la constitution dotale est faite par le père seul,
même en présence de la mère, vous avez vu dans le régime
de la communauté qu'alors la femme qui l'acceptait devait
supporter la moitié de la dot, parce qu'elle était alors une
obligation commune promise ou fournie en effets de la communauté dont le mari avait seul la libre et entière disposition.

Ici c'est tout le contraire, par des motifs tout aussi raisonnables.

Ici la mère, quoique présente au contrat, ne sera point
engagée si elle n'a pas stipulé elle-même, parce qu'il n'y a
pas de communauté; parce que la dot ne peut être ni promise, ni fournie en effets communs; parce que tous les biens
de la femme lui sont propriété personnelle; parce que le
droit romain n'impose qu'au père l'obligation de doter ses
enfans; parce qu'enfin notre loi sur le mariage refusant aux
enfans toute action contre leurs père et mère pour un établissement par mariage, il est impossible de rendre indirectement au père contre la mère cette action refusée aux
enfans.

La faveur de la dot veut qu'elle ne perde jamais son caractère de libéralité.

D'où il suit que, si un père a constitué à sa fille ce qu'il
croyait lui devoir, la dot est due même lorsque la créance
n'existerait pas.

D'où il suit que, si une fille dotée sans désignation précise 1546
par ses père et mère a des biens propres dont ils jouissent,
la dot sera prise, non sur les biens propres de la fille dotée,
mais sur les biens des père et mère qui ont constitué la dot.

D'où il suit que, si le survivant des père et mère constitue 1545
une dot sans désignation spéciale pour biens paternels et

XIII.   48

maternels, la dot se prendra d'abord sur les biens du prédécédé, parce que les droits que l'enfant doté peut avoir sur
ces biens sont une dette de l'époux survivant pour qui la libération doit précéder la libéralité.

1542   Les lois romaines avaient plusieurs autres règles sur la
constitution dotale que le projet de loi passe sous silence,
les unes comme inutiles à exprimer, les autres comme incompatibles avec notre législation actuelle.

Les unes seront toujours observées, parce qu'elles sont des
conséquences évidentes et infaillibles du principe général ;
et par exemple, les droits du mari ne pouvant exister avant
le mariage, il est sensible que les fruits de la dot échus avant
le mariage appartiennent à la dot qu'ils augmentent et n'appartiennent pas au mari.

Les autres doivent être oubliées, puisqu'elles ne peuvent
plus se combiner avec notre système législatif ; et, par exemple, tout ce qui était relatif aux dots profectiles et au droit
de reversion est aujourd'hui démenti ou modifié par l'ordre
légal de nos successions.

Tout ce qui compose la dot prend le même caractère et
devient dotal.

Bien que la dot soit strictement bornée aux objets exprimés dans la convention dotale, il faut dire que la convention
peut y comprendre l'universalité des biens de la future
épouse.

1550   La dot est remise au mari, que la dignité du mariage dispense de donner caution, s'il ne s'y soumet pas lui-même
par une convention expresse.

1551-1552   Ici une disposition du droit romain, diversement étendue
et plus diversement appliquée, enfantait une foule d'hésita-
tions et de débats.

Deux lois du digeste et du code décident que, lorsque la
dot, composée de meubles ou d'immeubles, est estimée avant
le mariage, elle est propre au mari qui devient débiteur seu-

lement du prix des choses estimées , parce que , dans ce cas , l'estimation est une véritable vente : *Quia estimatio venditio est.*

La conséquence était que la perte ou la détérioration des choses estimées retombait sur le mari , comme il profitait aussi des accroissemens et améliorations.

Et la conséquence , toujours si sensible à l'intérêt de l'un ou l'autre époux , tendait toujours à troubler le principe. On lui opposait sans cesse l'intention contraire plus ou moins manifestée par les autres conventions du contrat, que la rédaction quelquefois obscurcissait encore.

Les parlemens avaient jugé que l'estimation ne faisait pas vente au mari lorsqu'il paraissait par le contrat que cette estimation avait été faite dans une autre intention.

On sent combien les conventions contractuelles étaient livrées au combat des interprétations et le principe lui-même à l'incertitude des conséquences.

Le projet de loi nous apporte un grand bien en fixant sur ce point la législation ; et, en la fixant, il la perfectionne dans la faveur et l'intérêt de la dot.

La faveur de la dot appelle l'application de cette règle plus fortement sur les meubles , choses passagères et périssables, que sur les immeubles, qui, par leur nature , sont moins susceptibles de destruction.

En conséquence, l'article 161 du projet statue que l'estimation du mobilier dotal fait vente et en transporte la propriété au mari , si les parties n'ont pas expressément stipulé le contraire.

Et l'article 162 statue que l'estimation de l'immobilier dotal n'en fait pas vente, et n'en transporte pas la propriété au mari , si les parties ne l'ont pas expressément stipulé.

Hors le cas de ces stipulations précises, le mari n'a que la perception des fruits de la dot et son administration. 1559

C'est à lui qu'appartiennent en conséquence toutes les actions possessoires et conservatoires.

48.

C'est lui qui poursuit les débiteurs et détenteurs, et qui reçoit même le remboursement des capitaux.

1562 C'est aussi lui qui répond des détériorations et dépérisse-mens survenus par sa négligence, et même des prescriptions qu'il a laissé s'accomplir : car la prescription ne peut atteindre l'immeuble dotal que lorsqu'elle a commencé avant le mariage.

1554-1560 La propriété de la dot reste à la femme ; mais les actions propriétaires demeurent suspendues, parce que la dot est inaliénable.

Cette inaliénabilité forme le caractère distinctif du régime dotal.

C'est par elle qu'il développe ses plus grands avantages.

C'est à l'impossibilité absolue d'aliéner le fonds dotal que la pratique du régime qui établit cette impossibilité attacha la conservation des biens, l'assurance des hérédités directes, la fortune des enfans, la prospérité des familles et le lustre social.

Ces avantages ne peuvent être contestés. Aussi les pays de droit écrit avaient-ils généralement admis cette règle dans le dernier état, et sur ce point le plus sévère de la législation romaine.

Partout le mari était privé de la faculté d'aliéner, d'engager, d'hypothéquer le bien dotal, même avec le concours ou le consentement de sa femme; et les parlemens s'accordaient sur l'application, au point de déclarer nulles, après la dissolution du mariage et sur la demande de la femme, les aliénations de sa dot qu'elle avait faites elle-même ou consenties.

Le projet de loi conserve dans toute sa rigueur cette règle première et essentielle du régime dotal. L'article 164 dispose en termes exprès que les immeubles constitués en dot ne peuvent être aliénés ou hypothéqués pendant le mariage, ni par le mari, ni par la femme, ni par les deux conjointement; et l'article 169 déclare radicalement nulles toutes les aliénations qui seraient faites au mépris de cette prohibition.

Les règles les plus rigides doivent céder à une loi plus im- 1557
périeuse, la nécessité, plus impérieuse quelquefois que la
loi elle-même.

Celle-ci a donc aussi ses modifications et ses exceptions
indispensables.

La première est imposée par la loi générale , la liberté indéfinie , que le premier article de notre projet accorde aux
conventions matrimoniales.

La dot pourra être aliénée lorsque le contrat de mariage
en exprimera la faculté expresse.

Cette faculté conventionnelle, quoiqu'elle porte atteinte au
régime dotal, ne blesse ni les lois dans leurs rapports généraux avec l'ordre social , ni les mœurs dans leurs préceptes
de morale et de décence publique.

Et elle peut être justifiée par les circonstances et l'intérêt
légitime du mariage qui la réclame.

Les autres sont distinguées par leur cause plus ou moins
favorable, et par les préventions plus ou moins rigoureuses
qu'elles exigent.

La femme peut aliéner le fonds dotal, en réservant la 1555-1556
jouissance à son mari pour l'établissement des enfans d'un
premier mariage, ou sans réserve de jouissance pour l'établissement des enfans communs.

Et dans ces deux cas elle n'a besoin que du consentement
de son mari ; ce n'est qu'à défaut de ce consentement qu'elle
a recours à l'autorisation du juge.

Les deux époux peuvent encore aliéner le bien dotal ; mais 1558
ici l'autorisation de la justice, et toutes les formes que la loi
prescrit sont indispensables,

Pour tirer de prison le mari ou la femme ;

Pour fournir des alimens à la famille ;

Pour payer les dettes de la femme , ou de ceux qui ont
constitué la dot ;

Pour faire les réparations conservatrices de l'immeuble dotal;

Enfin, lorsque l'immeuble est indivis et impartageable.

1559 A ces possibilités légales d'aliéner la dot, les Romains ajoutaient la faculté indéfinie de l'échanger.

Les lois 26 et 27 au digeste, *de Jure dotium*, permettaient d'échanger la chose dotale d'un fonds de terre en argent, ou d'une somme en fonds de terre, pourvu que le résultat fût utile à la femme; et alors le produit de l'échange devenait dotal.

Cette règle n'avait pas été adoptée dans nos pays de droit écrit; les raisons qui l'avaient introduite chez les Romains nous étaient étrangères sous la monarchie.

Mais aujourd'hui où nos institutions politiques nous consacrent tous, comme les Romains, au service de la patrie, où chacun de nous peut être appelé par elle, et forcé de transporter son domicile, sa famille, sa fortune, son existence du centre aux frontières, des frontières au centre dans toute l'étendue d'un immense territoire, il était juste d'emprunter de cette règle seulement ce que la nécessité pouvait exiger avec toutes les précautions capables d'en écarter l'abus.

En conséquence, le projet de loi permet de changer l'immeuble dotal, non pas contre une somme d'argent, ce qui serait une vente, mais contre un autre immeuble, aux conditions expresses que l'immeuble reçu en contre-échange sera égal au moins aux quatre cinquièmes de l'immeuble échangé; que la nécessité de l'échange sera justifiée, et l'échange lui-même autorisé par la justice; que la double estimation sera faite par des experts nommés d'office par le tribunal; qu'enfin le nouvel immeuble et l'excédent de valeur, s'il y en a, seront dotaux, et soumis à la loi d'inaliénabilité.

Les plus sévères ont dit qu'avec trois ou quatre échanges ainsi combinés, et toujours inférieurs d'un cinquième au fonds dotal, la dot pourrait facilement disparaître.

Mais cette objection est plus ingénieuse que solide. La nécessité d'un échange, fondée sur les motifs que nous venons d'exprimer, ne peut guère exister qu'une fois dans le même mariage; et la justice, qui veille toujours ici, et sans laquelle on ne peut rien, ne permettra pas qu'une facilité accordée à l'exigence publique devienne un jeu de désordre et de dissipation.

Je n'ai pas besoin d'observer que toutes ces exceptions à l'impossibilité légale d'obtenir la dot sont exprimées dans le projet de loi, et que toutes celles que la loi n'exprime pas sont impraticables.

La dot, immobile pendant le mariage dans les mains du 1564 mari, doit être restituée après la dissolution du mariage.

Le mode et le terme de cette restitution sont des conséquences du principe et du contrat qui régissent la dot.

Si elle est composée d'immeubles ou de meubles, dont le contrat réserve la propriété à la femme, la restitution peut être exigée sans délai.

Mais si elle consiste en une somme d'argent ou en mobi- 1565 lier, dont la propriété a été transférée au mari par l'estimation, il aura un an pour restituer la somme dotale ou le prix de l'estimation; car il serait injuste et souvent impossible de le forcer à payer, dans le moment toujours imprévu de la dissolution du mariage, une somme toujours disproportionnée avec les ressources du moment.

Et ce tempérament équitable peut d'autant moins être critiqué, qu'excepté les cas de divorce et de séparation de corps, la dignité du mariage veut que la femme reçoive pendant une année, outre les frais de son deuil, et aux dépens de la succession de son mari, l'habitation et les intérêts de sa dot, ou la subsistance convenable à son état et à ses facultés.

Du principe qui donne au mari les fruits de la dot pour 1568 soutenir les charges du mariage, résulte la conséquence nécessaire que, lorsqu'une dot se compose d'un droit d'usufruit,

il faut restituer le droit, mais non pas les fruits échus pendant le mariage.

1571   La réserve, pour le mari, de tous les fruits échus pendant
le mariage souffre néanmoins une exception relative seulement à la dernière année.

La loi romaine veut que les fruits de cette dernière année
se partagent entre le mari et la femme, à proportion du temps
que le mariage a duré pendant cette dernière année.

Cette loi n'avait point passé dans la législation des provinces françaises soumises aux lois romaines, parce que chez
les Romains le divorce seul la rendait nécessaire pour rendre,
en ce cas, justice complète au mari et à la femme.

Notre projet la rappelle et la prescrit aujourd'hui, parce
que le divorce, mis au nombre de nos institutions, nous la
rend applicable dans ses motifs et dans ses effets.

1566   Du principe qui donne au mari l'administration de la dot,
résulte la conséquence qu'il n'est tenu à cet égard que des
obligations d'un prudent administrateur.

Ainsi, lorsque les meubles, dont la propriété est restée à
la femme, sont dépéris par l'usage, et sans la faute du mari
administrateur, il ne rend que ceux qui restent, et dans l'état
où ils se trouvent.

1567   Ainsi, lorsque des obligations ou des constitutions de rentes
comprises dans la dot périssent sans négligence de la part du
mari administrateur, il est quitte en restituant les contrats.

1569   De l'obligation de restituer la dot naissent l'action donnée
à la femme pour former la restitution, et les résultats divers
de cette action.

Cette action est ordinaire pendant les dix premières années
qui s'écoulent depuis le terme pris pour le paiement de la
dot, c'est-à-dire qu'elle doit être justifiée comme toute autre
action par la preuve du paiement de la dot, et que le mari
ou ses héritiers peuvent la repousser utilement par l'exception *non numeratæ dotis.* C'est le texte précis des lois romaines.

Mais après ces dix années l'action reçoit toute la faveur de la dot. Elle n'a plus besoin d'être justifiée : la loi suppose que le mari a reçu la dot, ou qu'il n'a pas voulu la recevoir, ou qu'elle a péri par sa négligence; et il ne peut se dérober à la restitution qu'en prouvant lui-même les poursuites faites pour le recouvrement de la dot et l'inutilité de ces poursuites.

Cette faveur de la dot était chez les Romains quelquefois 1572 portée au-delà des bornes de la justice.

On sait qu'ils accordaient à la femme, pour la restitution de sa dot, un privilége sur les créanciers du mari, même antérieurs au mariage.

Cette excessive attribution, exorbitante du droit commun, subversive de la loi des obligations et de tous les rapports sociaux que cette loi garantit, n'était point à la vérité d'un usage général dans nos pays de droit écrit.

Mais, comme elle s'était introduite avec assez de succès dans certains lieux, et notamment dans le ressort du parlement de Toulouse, il est indispensable de la proscrire, comme le fait d'une manière expresse l'article 181 du projet de loi.

Et ceci prouve toute l'attention des rédacteurs, qui, rendant au régime dotal les dispositions du droit romain mal-à-propos abrogées ou altérées par l'usage, n'ont pas négligé de le purifier lui-même de ces décisions vicieuses que la corruption des mœurs avait arrachées à la raison et à l'équité naturelle.

Enfin, il était inutile sans doute de donner la sanction 1573 inflexible de la loi à ces principes de morale et de décence qui prescrivent à l'action dotale l'exercice discret et modéré qu'exige la majesté du lien conjugal, et qui veulent même que cette action ne puisse aller jusqu'à l'indigence de l'époux débiteur.

L'application de ces préceptes que nos mœurs consacrent, et que notre loi sur le mariage suppose, ne peut être déterminée que par les circonstances, et les circonstances ne peuvent être pesées que dans la balance de la justice.

Mais il fallait régler, relativement à la femme, les effets différens de l'insolvabilité du mari.

Si au moment de la constitution dotale le mari était déjà insolvable, et s'il n'avait ni art ni profession, l'imprudence du père qui a constitué la dot est étrangère à la fille dotée.

Et s'il paraît trop rigoureux d'obliger le père au remboursement d'une dot qu'il avait volontairement constituée, il serait aussi trop injuste d'en faire supporter la perte entière à la fille, qui n'a pu veiller à la conservation de sa dot, perdue aussitôt que constituée.

Le tempérament adopté dans ce cas est ce que l'équité la plus exacte pouvait conseiller.

Dans ce cas la femme dotée n'imputera point sa dot sur sa portion d'hérédité dans la succession de son père, et elle sera tenue de rapporter à cette succession seulement l'action en remboursement qu'elle a sur la succession de son mari.

Mais dans tous les autres cas, si le mari n'est pas devenu insolvable, ou s'il avait un métier ou une profession qui lui tenait lieu de bien, la perte de la dot tombe uniquement sur la femme.

Ce sont les expressions même de l'article 182, et ses motifs n'ont pas besoin d'être expliqués.

sect. 4   Je n'ai plus que quelques mots à dire sur les biens paraphernaux.

On connaît déjà la nature de ces biens.

Les principes qui les gouvernent sont simples.

1574   Tout ce qui n'est pas constitué en dot est paraphernal, c'est-à-dire propriété personnelle à la femme.

1576   Elle en a l'administration et la jouissance.

1577   Si elle donne procuration à son mari pour les administrer, son mari sera simplement revêtu des droits, et soumis aux obligations du mandataire.

1578   Si elle permet, ou seulement si elle tolère que le mari en

jouisse, il sera tenu, comme usufruitier, des charges de la
jouissance ; mais dans aucun cas il ne pourra être obligé qu'à
la restitution des fruits non consommés.

La femme avait encore, dans les pays de droit écrit, et 1576
conformément au dernier état de la législation romaine, la
liberté absolue d'engager, d'hypothéquer, d'aliéner ses biens
paraphernaux sans la permission de son mari, et même sans
l'autorisation tutélaire de la justice.

Et nous avons annoncé qu'ici seraient la reformation la
plus remarquable et le retour le plus heureux à la pureté
de cette immortelle législation.

Il est très-vrai que les Romains avaient environné la faiblesse du sexe d'un rempart protecteur. Les femmes étaient
toujours mineures, toujours sous la tutelle ou de leurs pères
ou de leurs maris, ou de leurs frères et autres parens.

Cette tutelle perpétuelle les protégeait encore dans les pré-
miers temps du Bas-Empire.

Il est avéré que Cujas, qui ne se trompait guère, s'est
trompé sur ce point historique.

On en retrouve des traces sûres sous le règne des Antonins,
et même sous ceux de Constantin et de Léon. C'est dans le
cours des deux siècles suivans que la tutelle perpétuelle des
femmes s'éteignit par degré, mais d'une manière si absolue, qu'à peine, au temps de Justinien, en conservait-on le
souvenir.

Nous avons au surplus, pour rappeler cette règle protectrice dans notre législation, un motif plus grave que l'intérêt
des lois romaines.

C'est l'empire de nos propres lois.

Notre loi sur le mariage, déjà promulguée, déjà observée
comme partie du Code civil sur tout le territoire de la
France, prescrit que la femme mariée ne peut ni ester en
jugement, ni donner, ni aliéner, ni hypothéquer, ni acquérir sans le consentement de son mari, ou l'autorisation qui
seule peut le remplacer, celle de la justice.

Cette règle sera inflexible autant qu'universelle ; et désormais, dans aucun mariage, quel que soit le régime ou la convention, la femme ne pourra réclamer, pour la disposition de ses biens, cette indépendance que son intérêt réprouve, que la nature dément, et que la loi française refuse.

Fin du tit. Je ne dirai rien de quelques avantages que, suivant les lieux et à défaut de stipulations contractuelles, les coutumes, le droit romain ou l'usage, accordaient aux deux époux, ou à l'un d'eux seulement, des augmens de dot, du douaire, des gains de survie, des donations à cause de noces.

Le sage rapporteur du Conseil d'État a suffisamment justifié le silence du projet à cet égard.

La loi peut permettre les libéralités, elle ne les commande jamais ; et la liberté des conventions matrimoniales, aujourd'hui généralement établie, ne saurait se combiner avec ces dons impérieux qui la devancent toujours, et très-souvent la contrarient.

1581 Mais je ne puis finir sans arrêter un moment votre attention fatiguée sur un article qui, sous le titre de *Disposition particulière*, termine le projet de loi que vous examinez.

J'ai dit que la loi romaine n'était pas étrangère à la communauté conjugale.

Elle permettait aux époux de contracter ensemble une société de biens.

En France, tous les pays de droit écrit n'avaient pas repoussé cette combinaison favorable aux époux qui mettent dans leur contrat plus de tendresse et d'espérance que de fortune.

La ville de Bordeaux surtout unissait, de tout temps, au système de la dotalité, l'usage fréquent des sociétés d'acquêts.

La coutume locale ne prohibait pas la communauté. La loi romaine tolérait la société de biens. L'usage, ainsi justifié, s'était établi sur ces deux bases, la tolérance du droit écrit et le silence de la coutume.

Cette société d'acquêts n'existait qu'en vertu d'une stipulation précise, susceptible, à la vérité, de toute espèce de modification.

Le mot *acquêt* n'était point connu en pays coutumier : borné dans sa signification, il comprenait les meubles et les immeubles.

Ainsi la simple clause d'une société d'acquêts avait l'effet simple d'une société ordinaire, et partageait entre l'époux survivant et les héritiers de l'autre tous les meubles et tous les immeubles acquis pendant le mariage.

La même attention qui voulut régulariser le régime dotal pour les pays méridionaux voulut aussi rassurer une des plus florissantes cités de la République sur la jouissance d'un usage qu'elle affectionnait, et qui n'était qu'un mélange légitime des deux systèmes.

L'article 195 du projet permet aux époux qui se soumettront au régime dotal de stipuler une société d'acquêts, et dans ce cas il prescrit à cette société les règles tracées par les articles 108 et 109 du chapitre second.

Ce sont les articles relatifs à la communauté réduite aux acquêts.

Ces dispositions laissent à la société d'acquêts son existence accoutumée, et à ceux qui la contractent la liberté des stipulations usitées, si elles ne blessent ni la loi ni les mœurs.

Le mot *acquêt* pourra, si l'on veut, comprendre encore les meubles et les immeubles, puisque l'article 109 ordonne que le mobilier existant lors du mariage ou acquis depuis, s'il n'est pas constaté par un inventaire, soit réputé acquêt.

On pourra encore stipuler la totalité des acquêts en faveur de l'époux survivant, ou des acquêts en faveur des enfans, pourvu que l'ordre légal des successions soit maintenu et la loi limitative des donations respectée.

Je n'ai pas besoin d'observer qu'en permettant au régime dotal sa stipulation d'une société d'acquêts, c'est permettre

au régime de la communauté la stipulation d'une dot inaliénable.

Même principe, même motif, même conséquence.

Ce dernier article est le dernier gage de la sollicitude attentive des rédacteurs du projet. Ils ont dû rappeler tous les
mariages français sous le même empire d'une loi commune;
mais ils n'ont voulu arracher aucune de ces institutions que
l'habitude avait rendues chères, et ils ont placé au milieu
de la République la loi des mariages comme une divinité favorable à tous les vœux, et qui présente à chaque époux le
contrat qu'il a choisi lui-même.

Déjà l'opinion des bons esprits appelle sur ce bienfait la
reconnaissance générale.

Des bords de la Meuse et du Rhin jusqu'aux embouchures
du Rhône et du Var, on s'étonne et on applaudit à l'œuvre
de sagacité et de patience qui combine et associe dans l'acte
le plus auguste et le plus utile les lois de l'ancienne Rome et
les lois de l'ancienne Gaule, la communauté des biens et le
régime dotal.

Ce régime peut sans effort et sans regret devenir une institution française.

Le peuple français se présente aujourd'hui dans les fastes
du monde au rang de ces nations mémorables qui laissent
aux autres de grands monumens et d'immortels souvenirs.

Le recueil de ses lois doit être le monument de sa propre
sagesse.

Le peuple français mérite bien de n'être plus mis à la suite
d'un autre peuple qu'il égale par son courage guerrier, et
qu'il surpasse par sa modération politique.

Les hommes intègres et sages dont l'expérience et les
veilles concourent à la perfection de ses lois sont dignes de
ne plus marcher à côté du corrompu Tribonien.

Et le nom du faible et vain Justinien s'éclipse devant un
autre législateur qui donne sans ostentation l'exemple avec le
précepte; qui conçoit seul ce qu'il exécute lui-même; qui

rétablit les villes sans ruiner les provinces, et les temples sans tourmenter la religion ; qui préside aux délibérations de la paix comme aux conseils de la guerre ; et qui, tout en combattant pour défendre l'empire, grave sur chaque livre du Code qu'il va publier l'empreinte de son génie et le sceau de ses victoires.

Votre section de législation vous propose par mon organe de voter l'adoption du projet de loi concernant *les Contrats de mariage et les Droits respectifs des époux.*

Par suite de ce rapport il s'engagea devant le Tribunat une discussion dans laquelle MM. Carion-Nisas et Albisson prirent la parole.

OPINION PRONONCÉE PAR LE TRIBUN CARION-NISAS.

(Séance du 19 pluviose an XII. — 9 février 1804.)

Tribuns, votre indulgence, qui me fut toujours nécessaire, me devient aujourd'hui plus indispensable que jamais, et je vous prie de ne pas souffrir qu'elle se sépare un seul instant de l'attention que je réclame pour vous exposer les inconvéniens que je crois trouver dans plusieurs parties d'une loi dont l'adoption vous est proposée par des autorités bien plus graves que la mienne.

Depuis sept jours seulement je connais la rédaction définitive du projet de loi et les motifs du Conseil d'État.

Il y a vingt-quatre heures à peine que nous avons entendu et admiré le rapport de la section de législation.

Enfin j'ose, sans être jurisconsulte, traiter devant les jurisconsultes les plus éclairés une question importante de droit civil.

Mais cette question se rattache par toutes ses racines à ces

questions élémentaires de la politique générale pour la discussion desquelles il suffit de l'étude de l'histoire et de l'observation de la société ; et c'est ce qui m'enhardit à penser
qu'il ne me sera pas impossible d'offrir dans cette matière à
des hommes d'État quelques lumières qu'ils ne dédaigneront
pas de recueillir.

Je me souviens qu'un membre distingué, président de
l'Assemblée constituante, se plaignant des difficultés de sa
position, se comparait à un homme placé sur ces montagnes
élevées, d'où l'on découvre en même temps d'un côté un
horizon au loin pur et serein, de l'autre une atmosphère
chargée de vapeurs et d'orages.

Il me semble que les jurisconsultes appelés à rédiger pour
la France un Code civil ont été précisément dans la position
de cet homme placé sur une haute montagne. D'un côté
brillait une lumière vive et pure, la législation des Romains,
de ce peuple qui était le genre humain, qui avait hérité de
toute la sagesse des nations, et dont aussi les lois ont mérité
d'être appelées d'un consentement unanime le commentaire
de l'équité naturelle, la raison écrite.

De l'autre côté régnaient encore ce chaos, cette confusion
de coutumes diverses, de lois barbares, caprices superbes
des vainqueurs, habitudes serviles des vaincus ; le reste est
l'image de cette nuit profonde qui couvrit l'occident depuis
l'invasion des barbares du nord jusqu'au jour où, par une
sorte de miracle, la lumière fut tirée des tombeaux, et sortit
avec le code et les pandectes des ruines de Ravenne et d'A-
malphi pour éclairer une seconde fois l'Europe.

On a voulu d'abord donner la préférence à ces ténèbres
sur la lumière : on a renoncé à ce vain projet.

On a voulu ensuite faire un pacte entre la lumière et les
ténèbres : je ne pense pas qu'on ait mieux réussi.

Il eût mieux valu que le législateur ordonnât que la lumière
se fît partout également : elle se serait faite sans résistance
et sans obstacle.

Je conviens cependant qu'une transaction pouvait être mo- 1581
tivée par la considération de l'état ancien et de l'état actuel
des sociétés, que des amendemens favorables pouvaient être
apportés à la législation romaine : mais, comme je le déve-
lopperai plus loin, ces amendemens sont tous, ou dans la partie
du projet de loi qui organise le régime dotal, ou dans un
court article, appendice à cette partie ; je veux parler de
l'article qui permet d'établir une société d'acquêts. Cette
mesure simple, facile, contient tout ce qui pouvait, dans
les sociétés modernes et dans les circonstances qui régissent
et modifient aujourd'hui les moyens d'accroissement des
fortunes particulières, contient, dis-je, tout ce qui pouvait
manquer au régime dotal, tous les avantages du système de
communauté, si on peut appeler système une si grande variété de coutumes ; et tous ces avantages s'y trouvent dégagés
des inconvéniens sans nombre qui s'y sont toujours mêlés.

Les apologistes du droit coutumier et dans cette discus- 1391-1393.
sion les défenseurs des lois qui établissent la communauté   1400
éprouveront toujours dans leur marche un embarras visible,
et offriront des contradictions frappantes.

L'habile orateur du gouvernement était plus capable que
personne de déguiser et de colorer les vices inhérens à la
cause qu'il défendait ; mais il était trop habile aussi pour les
nier entièrement, ou même pour les dissimuler obstinément.
« Je n'entreprendrai point, dit-il, la recherche de l'époque
« précise où la communauté conjugale s'introduisit dans un
« grand nombre de nos provinces. — Le voile qui couvre
« cette origine, comme tant d'autres, n'a pas besoin d'être
« levé pour fixer nos résultats. »

Et plus loin, pressé par la force de la vérité, il convient
que, « sans doute le régime dotal pourvoit mieux à la con-
« servation de la dot, puisqu'il en interdit l'aliénation. —
« Sans doute aussi il présente quelque chose de plus simple
« que la communauté. Voilà ses avantages, ajoute-t-il ; mais
« la communauté a aussi les siens. »

Pour montrer sous un jour plus favorable ces prétendus avantages, pour présenter la communauté comme bienfaisante pour les femmes, il importe sans doute de jeter un voile sur son origine : mais quel homme au fait de l'histoire peut nier que cette origine ne lui soit commune avec le mariage par achat des premiers Romains, espèce de contrat dans lequel certes les femmes n'étaient pas ménagées ?

Numa, qui établit la dot, fut regardé comme le premier auteur de l'égalité entre les sexes, comme le libérateur et le protecteur du sexe faible et opprimé ; et c'est là sans doute ce qui fit dire à l'ingénieux paganisme qu'il avait été inspiré par une déesse.

Auguste, contre son opinion personnelle, fut obligé de renforcer ce système par la loi Julienne.

Constantin, qui fit asseoir sur le trône avec le christianisme l'esprit de véritable égalité, se montra plus favorable encore que les empereurs païens au système dotal.

Justinien le perfectionna en rendant la dot définitivement inaliénable ; bienfait immense pour les sociétés, comme ses prédécesseurs l'avaient déjà reconnu.

Cet esprit d'humanité et d'égalité était si bien celui du christianisme, qu'un concile d'Arles, tenu en 524, déclara, pour engager les parens à doter leurs enfans, qu'aucun mariage ne serait béni que l'épouse n'eût une dot ou un douaire, quand cela serait d'ailleurs possible.

Pendant ce temps il arrivait aux Francs, aux Germains, vainqueurs et fondateurs, ce qui était arrivé aux compagnons de Romulus ; car l'esprit humain a toujours la même marche dans les mêmes circonstances : ils imitèrent le mariage par achat des premiers Romains. Ce prétendu désintéressement n'était que de la tyrannie ; et quiconque a étudié leurs mœurs conviendra que parmi eux l'épouse elle-même était originairement une pièce de l'esclavage domestique, une partie du bagage militaire.

Dans la suite on rougit de cet abus, mais on le corrigea par d'autres abus.

L'excès de l'oppression fut suivi de l'excès de la complaisance. Tantôt se souvenant de l'ancienne rigueur de la loi, tantôt consultant la nouvelle mollesse des mœurs, jamais le législateur ne se tint ferme dans la ligne de la justice et de la raison.

La dépendance extrême de la femme parut choquer, et on lui donna dans certaines circonstances des avantages excessifs et une liberté sans mesure.

Mais si la justice rigoureuse et exacte est incontestablement préférable à l'oppression et à la tyrannie, elle ne l'est pas moins à la faveur même.

Des lois qui portent ici l'empreinte de la barbarie des temps de la conquête, ailleurs la trace de la courtoisie insensée des siècles chevaleresques, ne sont pas de bonnes et de sages lois.

Les saints devoirs de la société matrimoniale sont mal placés entre l'oppression et les caresses.

Je vous tiens lieu de vos capricieuses faveurs; rendez-moi constamment justice, c'est le cri de la raison : vous voulez être bienfaisans, commencez par être justes.

Quel législateur sensé n'aimera mieux prévenir la ruine de quatre épouses par un maintien strict et rigoureux de leurs droits, que d'ouvrir des voies à l'enrichissement d'une seule, par la faveur de la communauté, et d'en livrer trois au besoin et à l'indigence par le résultat de ses chances malheureuses, toujours en plus grand nombre !

Vous voulez, dites-vous, que les femmes puissent s'enrichir, commencez par empêcher qu'elles ne puissent se ruiner : alors offrez-leur, j'y consens, cette société d'acquêts que j'approuvais tout à l'heure, et que personne de raisonnable ne peut songer à proscrire.

Mais, dira-t-on, il est possible que tout le bien soit du côté du mari, qu'il y soit en propres et non en acquêts, et que la veuve, si elle a été indotée, reste par conséquent dans un état de pauvreté relative beaucoup trop dur.

D'abord je remarquerai en passant que ces mariages, très-inégaux dans les fortunes, la plupart du temps inspirés par la passion ou dictés par le calcul, ne doivent pas être favorisés par un sage législateur.

Mais enfin, quand le cas de la veuve pauvre existait, les lois romaines n'avaient garde de l'abandonner. La faculté de tester, donnée à l'époux riche, prévenait ce malheur, ou s'offrait du moins pour le prévenir : mais si ce malheur enfin arrivait, la loi autorisait la veuve indigente à demander aux tribunaux, et la loi ordonnait aux tribunaux de lui accorder le quart en jouissance du bien de l'époux prédécédé. C'est ainsi que cette sage législation avait pourvu à tout, que son ensemble ne laissait rien à désirer, et qu'elle réparait toujours d'un côté les maux que de l'autre elle semblait permettre, réalisant ainsi la propriété de cette lance fabuleuse qui guérissait, dit-on, les blessures qu'elle avait faites.

Il s'en faut bien qu'on découvre cet ensemble et cet esprit de système dans la communauté : assez d'auteurs en ont développé les inconvéniens en en traçant seulement le tableau et l'histoire. C'est un fâcheux préjugé, il en faut convenir, pour cette législation, que cette variété infinie de modifications et de nuances, tandis que la vérité est une, la raison toujours conforme à elle-même, et le régime dotal remarquable et précieux par l'uniformité de ses bases partout où il est établi.

A la seule inspection de la loi nouvelle qui vous est présentée, et qui offre d'un côté l'organisation d'un régime de communauté, et de l'autre celle du système dotal, un homme sensé pourrait juger entre ces deux causes. D'un côté, une multitude d'articles et de détails capables de fatiguer l'attention la plus robuste ; de l'autre, une simplicité et une briéveté qui saisissent et qui charment : double caractère qui ne permet pas de douter de quel côté est la vérité, la lumière, et de quel côté l'erreur invincible et l'inextricable obscurité.

Cette prodigieuse variété de coutumes offre un autre argument très-fort en faveur de la dot et de la législation romaine, comme droit commun à préférer. En matière dotale, cette législation régissait non seulement tous les pays de droit écrit, mais encore toute la Normandie et les pays soumis à la coutume d'Auvergne et à celle de Reims : c'est la grande moitié de la France. Ainsi la communauté et la dot étaient en France, si l'on peut se servir de cette formule, comme cent est contre cent; mais les cent du côté de la dot pensaient uniformément. De l'autre côté autant de têtes, autant d'opinions ; d'où il résulte que, lorsque la loi organise un certain régime de communauté, ce régime diffère au moins de quatre-vingt-dix-neuf des cent systèmes qui ont des partisans, et il choque encore les idées de tous les cent partisans du système dotal. Pourquoi donc n'avoir pas choisi, s'il vous fallait absolument un droit commun à défaut de stipulation, pourquoi n'avoir pas choisi le système dotal, qui convenait parfaitement à la moitié de la population, laquelle en ce point est uniforme, et ne mécontentait guère plus les variétés infinies d'opinion qui régissent les divers fragmens de l'autre moitié, lesquelles portions seront toutes blessées plus ou moins dans leurs habitudes, hors celles-là seulement, s'il y en a, qui se trouveront avoir eu toujours précisément le même régime de communauté que la nouvelle loi organise?

Ici, si quelqu'un me soupçonnait d'exagération, qu'il veuille bien se souvenir que le rapporteur nous a hier avoué près de quatre cents coutumes différentes dans l'ancienne France; et je tiens d'un de mes collègues, qu'une seule des provinces belgiques réunies offre soixante-dix modifications diverses de la communauté conjugale.

On ne peut pas douter de la répugnance avec laquelle le système de communauté sera reçu dans le pays de droit écrit, c'est-à-dire dans la moitié de la France, unanime sur ce point. Le tribunal d'appel de Grenoble, en repoussant la communauté comme droit commun obligé faute de stipulations contraires ou de stipulations quelconques, énonce avec autant de force que de modération ces vérités très-dignes d'être pesées avec attention.

« Que dans les départemens montagneux et pauvres les « frais qu'entraîne la dissolution de la communauté dévore-« ront la plupart des fortunes ; que leurs habitans seront « obligés de faire les frais d'un contrat de mariage, même « pour dire qu'ils ne veulent contracter ni communauté ni « aucun autre engagement ; que dans les pays de droit écrit, « où la communauté n'était pas en usage, on ne pourra re-« noncer qu'avec peine aux avantages que la loi attachait aux « dots. »

Cette première remarque du tribunal de Grenoble est en effet frappante. C'est une singulière contradiction que d'être obligé de faire un contrat de mariage, pour dire qu'on ne veut point faire de contrat de mariage ; et ce qui est encore plus inconcevable et non moins vrai, c'est qu'il résultera de cette déclaration qu'on ne veut point de contrat de mariage, qu'il en résultera, dis-je, qu'on aura fait malgré soi un contrat, et de tous les contrats le plus long et le plus compliqué ; car la nombreuse série d'articles qui dans la loi organisent la communauté deviendront, bon gré malgré, le contrat de mariage de ceux qui n'en auront point voulu faire.

La bizarrerie de ces dispositions est remarquable. Mais passons à des observations plus graves du tribunal d'appel de Rouen. « Quel avilissement, s'écrient les magistrats, quel « avilissement dans les mariages s'ils n'étaient plus qu'un « trafic de fortune, si les hommes et les femmes ne cher-« chaient dans leur union qu'à se vendre ou à se tromper « pour des terres ou pour des écus ! Nos lois, par des dispo-« sitions indirectes et réfléchies, doivent tempérer, autant « qu'elles le peuvent, cette propension à tout rendre vénal, « dont l'effet naturel est d'éteindre tous les sentimens pri-« mitifs..... » Et plus loin : « Nous sommes persuadés que « sans une certaine stabilité dans les droits des familles il ne

« saurait y avoir aucune consistance dans les mœurs, et que
« sans les mœurs les lois elles-mêmes seraient vaines. »

J'ai cité avec complaisance cette généreuse doctrine que je
me propose de commenter dans le cours de cette opinion.

Enfin le tribunal de Montpellier, parlant du système général de la communauté, et particulièrement de la multitude
de contestations et de chicanes auxquelles il donne lieu à la
dissolution du mariage, s'exprime avec une énergie remarquable : « C'est, dit-il, une pomme de discorde que le nord
« de la France veut jeter dans le midi, fruit que la barbarie
« des Francs avait cueilli sans doute dans les forêts de la
« Germanie, et qu'elle a apporté dans les Gaules au milieu
« du tumulte de la victoire et de la licence des camps. »

Voyez quelles voix s'élèvent du nord, du midi, du centre,
contre la communauté et ses effets désastreux, soit qu'elle
commence, soit qu'elle finisse. La coutume de Poitou, citée
par le rapporteur, est plus remarquable encore ; elle s'efforce
d'empêcher la communauté de finir, avouant ainsi tacitement qu'elle n'aurait jamais dû commencer pour la paix des
familles. A vrai dire, si l'on tombait d'accord d'accepter, avec
le système dotal que la loi propose, la société d'acquêts
qu'on y joint comme appendice, je ne verrais plus d'intérêt
bien distinct au maintien de la communauté, telle qu'elle est
détaillée dans la première partie du projet, que pour les
hommes de loi de seconde ou de troisième ligne ; car autant
les jurisconsultes du premier ordre regardent comme leur
plus beau titre de gloire la rédaction de lois simples, claires
et par conséquent très-courtes, autant la population obscure
du parquet des tribunaux chérit les codes longs et compliqués, les législations diffuses et confuses, et voudrait les conserver éternellement comme son plus précieux patrimoine.

Mais c'est assez examiner avec les seules lumières de la jurisprudence la question qui vous occupe. Ce n'est pas seulement dans les détails de la législation, ce n'est pas même uniquement dans la contemplation des faits passés qu'il faut chercher la solution des difficultés et des grandes conséquences que cette question présente aujourd'hui; il faut jeter un regard attentif sur le présent, un regard prévoyant sur l'avenir.

1425-1554   Il est temps de se placer sur un terrain plus élevé, et de là embrassant le tableau entier de la société, telle que les grands événemens qui viennent de se passer l'ont modifiée pour nous et pour nos enfans, de saisir tous les traits de ce vivant spectacle, tous les rapports de ce vaste ensemble, d'observer la marche des passions, le jeu des intérêts, toutes les directions du cœur et des vœux de l'homme dans les routes de la vie, de remarquer l'influence des institutions nouvelles, de reconnaître la trace des anciennes, de noter l'effet des créations et celui des destructions, d'approfondir les résultats de ce qui est et de ce qui fut, et enfin les probabilités de ce qui doit être.

Parmi les traits principaux qui établissent et qui constituent cette différence remarquable entre l'état de la société pour laquelle vous travaillez et celui de la société qui existait auparavant, j'en distingue trois surtout qui méritent de fixer votre attention, et dont les rapports sont intimes et profonds avec les points de droit que vous examinez.

1°. L'époque de la majorité a été établie à vingt-un ans : à vingt-un ans tous les actes sont valables, à vingt-un ans on peut faire sa fortune ou consommer sa ruine.

2°. Le divorce, anciennement inconnu, a été introduit dans la législation ; le mariage, autrefois indissoluble, offre mille chances nouvelles aux spéculations des époux, des piéges à leur bonne foi, des moyens, une issue, des résultats à leurs calculs, à leurs espérances plus ou moins coupables, plus ou moins délicates. — J'avais conféré de ce point et du suivant avec le rapporteur, qui m'avait éclairé sans me convertir, comme il vous l'a fait entendre hier.

Ce troisième point, ce sont les droits d'aînesse, les majorats, les substitutions à temps ou perpétuelles, toutes institutions dictées ou par le désir de mettre un frein à la pente trop naturelle de la prodigalité et de l'imprudence, ou par le désir plus pieux de conserver du pain aux enfans d'un père dissipateur ou malheureux, ou par le désir enfin, quelquefois superbe, mais jamais coupable, de conserver des noms, des maisons, des familles, des fortunes. Toutes ces institutions ne sont plus : les unes ont disparu comme des conséquences du régime féodal justement abhorré et détruit ; d'autres ont été sacrifiées aux idées nouvelles de crédit, de commerce et de circulation. Quoi qu'il en soit enfin, aucun de ces moyens qui, parmi les mauvais effets qu'ils pouvaient produire, avaient au moins l'heureux effet d'empêcher l'évaporation des fortunes, la dispersion des patrimoines, aucun de ces moyens n'existe ni ne peut exister.

Ne faut-il rien mettre à leur place ?

Et que peut-on mettre à leur place sans choquer des principes qu'il faut respecter et conserver ?

Voilà, comme législateurs, comme hommes d'État, comme pères de famille, la nouvelle face que vous présente la question que vous venez d'examiner sous les rapports de la jurisprudence. — Certes, ce côté n'est pas le moins intéressant ; il mérite toute votre attention ; il parlera fortement à votre esprit, à votre imagination, à votre prudence, quelquefois même à votre âme et à vos entrailles.

Le philosophe de Genève a dit quelque part, dans un esprit de satyre et de dénigrement, que les lois civiles semblaient faites pour maintenir le riche dans son opulence et l'indigent dans sa pauvreté ; et cette censure, aussi injuste qu'amère, des lois les plus importantes, est une des plus déplorables erreurs où l'amour de la déclamation ait entraîné ce beau génie.

L'esprit et l'intention des lois sociales, prises dans leur véritable sens, n'offrent rien que de louable et de salutaire ; ces lois sont fondées sur cette observation éternelle, que ceux-là ne sont nulle part les meilleurs citoyens, qui sont devenus subitement pauvres ou subitement riches.

Les uns ni les autres n'ont les vertus de leur nouvelle position ; les uns manquent de courage ou de résignation, les autres de générosité ou de modestie.

Dites-moi avec franchise, homme public ou privé, en qui aurez-vous le plus de confiance, en qui chercherez-vous plus volontiers des vertus ou des ressources, des services pour vous ou pour la patrie ? Sera-ce chez ceux que le souvenir du passé humilie ou tourmente ? sera-ce chez ceux que le spectacle du présent éblouit et enivre ? Non, ce sera chez celui qui est aujourd'hui à peu près ce qu'il a été hier, à qui une fortune héritée et maintenue a laissé une âme égale et des désirs modérés.

Pénétré de ces vérités, le législateur romain en a fait le principe de sa loi. Son but était que les fortunes et les familles se conservassent. Pour cet effet il était bon que les dots ne pussent pas se dissiper ; leur inaliénabilité était un moyen de stabilité dans les fortunes : telle est la génération de pensées profondément politiques qu'il indique en peu de mots dans ce court préambule, rédigé en une sorte d'aphorisme politique, *interest reipublicæ dotes mulierum salvas esse* : il importe à la république que la dot des femmes soit intacte.

Si, dans des contrées où les développemens au physique et au moral sont plus hâtifs que dans nos climats tempérés ; si, dans une législation qui fixait la majorité à vingt-cinq ans, le législateur a cru devoir aider de toutes ses forces un principe préservateur, combien l'importance ne lui en semblerait-elle pas encore plus grande dans les pays où généralement la maturité de l'homme n'est pas aussi prompte, et où l'on a fixé la majorité à vingt-un ans ! Innovation mal combinée avec l'effervescence d'un âge qui n'a pas encore un commencement d'expérience, plus malheureusement coïncidente encore avec l'obligation du service militaire, très-justement imposé à cet âge, mais dont les habitudes pleines de noblesse et de libéralité ne sont pas conservatrices des patrimoines.

Cette considération est importante et digne de toute la sollicitude du père de famille et du législateur ; mais elle vient trop tard, s'il ne doit point y avoir de révision générale du Code civil. Contentons-nous de l'indiquer ; et pour rentrer plus étroitement dans notre sujet, suivons dans le monde deux époux de vingt-un ans maîtres absolus de leurs actions.

Supposez, vous n'y êtes que trop autorisés, qu'une folle dissipation, ou une imprudente confiance, ou de faux calculs, compromettent leur fortune à l'époque précisément où ils voient avec des enfans naître autour d'eux mille nouveaux et impérieux besoins ; bientôt la ruine sera totale, le dénûment absolu, le désespoir sans ressources, si un système perfidement complaisant leur a offert la possibilité d'aliéner et de dissiper sans retour, avec le patrimoine du mari, la dot de la femme et la dernière espérance des enfans.

Voilà cependant un chef de famille, une mère, recommandables peut-être par une éducation distinguée, excusables surtout par l'inexpérience d'un âge qui naguère les aurait réduits sous une trop heureuse tutelle ; les voilà à la merci de tous les besoins, et n'ayant de ressources que dans des spéculations hasardeuses ou dans les bienfaits du gouvernement : et voilà ce qui encombre les antichambres des ministres et des gens en place de solliciteurs qui demandent un emploi tous les jours plus difficile, et ne présentent d'autres titres pour l'obtenir que les besoins qui leur restent et la fortune qu'ils n'ont plus. Au moins, si la dot de la femme survivait, quelque modique qu'elle fût, si ses droit, insubmersibles dans le naufrage général, avaient conservé un toit, une chaumière, on s'y retirerait, on y vivrait, on y travaillerait, on ne viendrait pas grossir la population oisive et souffrante des grandes cités, on n'y serait pas dans toutes les servitudes du besoin : et dépendance pour dépendance, certes il vaut mieux dépendre de son épouse, de la mère de ses enfans, que de la bienveillance d'un ministre, du caprice d'un protecteur. C'est à la contemplation réfléchie de ces tableaux, qui tous les jours affligent votre sensibilité, que vous reconnaîtrez toute la sagesse du législateur romain, que son génie vous apparaîtra comme une intelligence tutélaire, et que vous conviendrez avec lui et avec nous qu'il importe en effet à la chose publique elle-même que les dots des femmes soient intactes.

Mais, me diront des raisonneurs intrépides que ces considérations touchent peu, et qui ne voient guère la société que chez les notaires et chez les agens de change, aux hypothèques ou à la bourse, tous ces maux particuliers sont un bien général; la majorité anticipée, la plus grande facilité d'aliéner, sont des circonstances qui augmentent le mouvement de la circulation, les élémens du crédit, la matière du commerce. Je suis frappé du son de ces mots, qui depuis long-temps sont en possession d'exercer un pouvoir magique sur les esprits; et me sentant trop faible pour lutter contre les adeptes d'une doctrine si tranchante et si sûre d'elle-même, après leur avoir demandé simplement s'ils trouvent que leurs combinaisons ne perdent rien à la ruine d'un homme qui enfin ne fait plus rien quand il n'a plus rien, je laisserai sur cette grande doctrine de la circulation, du commerce, du crédit, exaltée outre mesure, je laisserai parler un politique, un homme d'État, un philosophe, que Rousseau lui-même a excepté de la proscription générale où il enveloppe à peu près tous les publicistes ; je veux parler du sage d'Argenson. C'est lui et non pas moi qui se permet de traiter ce point avec un ton un peu au-dessous de la solennité à laquelle on nous a malgré nous accoutumés. Il faut l'écouter.

« La science politique de l'intérieur des États est retom-
« bée dans l'enfance depuis qu'on ne connaît plus que ces

« deux termes, ou vides de sens, ou peu entendus par ceux
« qui en parlent le plus, *circulation*, *crédit*. Ce sont là des
« effets et non des causes : vouloir procurer une vaine circu-
« lation à l'argent et aux effets qui le représentent, c'est
« comme de donner la fièvre au malade pour l'animer.

  « Telle serait, ajoute-t-il, la folie d'un petit souverain
« qui, ayant remarqué que les rues d'une grande ville sont
« toujours remplies d'un peuple innombrable qui va et vient
« pour ses affaires, croirait que toute la force des villes con-
« siste dans ce concours tumultueux, et obligerait ses peu-
« ples, par une ordonnance expresse, à aller toujours par les
« chemins. »

  Je réitère la prière de remarquer que c'est M. d'Argenson
et non pas moi qui parle avec cette irrévérence des dogmes
les plus sacrés de l'économie politique.

  Mais, en effet, que résultera-t-il de ce mouvement forcé,
immoral, destructeur, de cette application exclusive à aider
la rotation des capitaux, la volatilisation des fortunes les
plus solides? Il en résultera un état de choses funestes et un
spectacle hideux, une société toujours en tourmente, point
de fixité, et par conséquent point de dignité dans les habitudes et dans les mœurs, plus d'anciens amis, plus d'anciens
voisins, des familles sans cesse transplantées et semblables à
des arbres sans racines et sans ombrage, plus de souvenirs,
plus de vénération attachée aux antiques foyers, plus de toit
héréditaire, de maison paternelle, des domiciles toujours
ambulatoires, partout des pénates errans, et la cité entière
offrant l'image d'un vaste caravenserail.

  Si c'est là un état de choses désirable et surtout rassurant,
on n'a point eu depuis quatre mille ans d'idée juste d'une
nation heureuse et bien ordonnée.

  Si vous perpétuez cette agitation universelle d'hommes
occupés, les uns avec ardeur à réparer les ruines de leur
patrimoine, les autres avec fureur à se créer une fortune
nouvelle; si vous n'avez plus de fortune transmise, conser-

vée; si personne n'a plus de loisir, vous perdrez en entier cette espèce d'hommes qui est dans vos cités une magistrature vivante, exemplaire de la vie civile, modèle des vertus domestiques et d'un travail libéral; cette espèce d'hommes qui doit remplir vos tribunaux, vos chaires, vos siéges municipaux. Où en serez-vous, si, dans la commune indigence, la moindre fonction a besoin d'être salariée, si le moindre service fait, le moindre état tenu, doit être indemnisé par un emploi toujours prodigue et mal surveillé des deniers publics? Voilà cependant où vous tendez, si, après avoir détruit toutes les institutions qui assuraient la transmission de quelque aisance d'une génération à l'autre, vous n'adoptez pas comme une planche secourable dans ce grand naufrage le système de la dot inaliénable, seule institution accommodée aujourd'hui à vos lois et à vos mœurs.

Vous êtes peufrappés encore des inconvéniens que je viens de vous peindre, ou, si vous voulez, de vous prédire, mais c'est à vous de prévoir. Quand ils frapperont tous les yeux, quand ils seront vulgaires, ils ne seront plus réparables.

Vous séparez trop dans votre pensée le mouvement accidentel que la révolution a imprimé aux personnes, et la trace permanente que les lois dictées par la révolution laisseront dans les choses. Je reviendrai tout à l'heure sur cette considération.

Je veux d'abord justifier le système que je défends et ceux qui le défendent d'un reproche plus injuste que tous les autres. On me dit : ces inconvéniens sont inséparables du mariage.

Une société intime comme celle que le mariage établit n'est point complète sans le mélange, sans la confusion des intérêts et des fortunes. On avance même que, dans les pays régis par ce système dotal, on trouve (ce sont les termes de l'orateur du Conseil d'État) *plus de froides compagnes;* dans les pays de communauté, un plus grand nombre d'épouses affectionnées et attentives aux choses du ménage.

L'observation est inexacte ; je l'affirme, et je m'en rapporte à quiconque a des yeux et a voulu voir.

Cela n'est pas et cela ne doit pas être. La moralité de la loi romaine, en ce point admirable, doit singulièrement relever la dignité du mariage aux yeux de l'épouse de droit écrit et lui rendre cher son lien. Ce qu'elle s'est constitué en dot, ce dont, par une docile abnégation de sa volonté, elle a cédé toute l'administration à son époux ; ces biens, ces droits qu'elle a consacrés sur l'autel du mariage, par là même ils deviennent sacrés, impérissables ; c'est la récompense de sa soumission, de sa déférence, première vertu de son sexe et de son état.

Ce qu'elle veut au contraire réserver par un esprit de licence et de fantaisie pour ses jouissances exclusives, pour ses caprices, ses caprices peuvent le dévorer, et cette partie de sa fortune conserve toute sa fragilité.

Non, croyez-le, il n'y a pas moins de goût et d'affection aux choses du ménage dans les pays de droit écrit que dans les autres ; on pourrait même soutenir que cette affection est plus vive, et il faut du moins convenir qu'elle doit paraître plus pure et moins suspecte.

Là, si un époux a un instant d'humeur ou d'oubli, l'épouse n'a point à craindre que ce soit le prélude d'une violence systématique, projetée pour lui arracher un consentement.

Si des paroles douces, si des procédés caressans viennent réjouir sa tendresse, sa joie n'est point empoisonnée par l'idée désolante que ce sont des fleurs sous lesquelles on veut dérober le piége dans lequel on l'entraîne.

Toutes les menaces, toutes les caresses ne pouvant produire aucun résultat à des calculs intéressés, on peut, on doit croire à leur sincérité. Cette confiance est le repos du cœur, le charme de la vie ; ce charme n'existe pas sans altération, ce repos est troublé par plus d'un mouvement bien naturel, si l'on peut raisonnablement lier dans sa pensée les témoignages les plus doux aux projets les plus perfides.

Oui, parmi nous l'épouse pouvait se livrer sans inquiétude aux mouvemens de son cœur, s'endormir sur la foi d'un langage qui lui était doux ; la loi veillait pour elle, la loi impassible, la loi qui avait élevé un mur d'airain qu'il n'appartient ni à la ruse ni à la violence de franchir.

Je vous reproche au contraire d'introduire dans la gravité du mariage toutes les déceptions et les illusions de la passion ou de son artificieuse image, d'affaiblir la solidité d'un contrat qui doit avoir surtout les enfans en vue, par toutes les chances dont le législateur romain a su le préserver en puisant dans la faiblesse même du sexe les motifs de cette disposition qui fait sa force.

Ainsi ce patrimoine que la négligence aurait laissé périr, que l'imprudence aurait dissipé, que les spéculations les plus plausibles auraient compromis, que le génie même aurait mis en péril ; la fragilité même du sexe, reconnue, protégée par la loi, le mettra hors de toute atteinte : idée heureuse, touchant privilége de la faiblesse devenue d'autant plus invincible qu'elle semble offrir moins de résistances. C'est précisément ainsi qu'aux foudres les plus terribles de la guerre on oppose avec plus d'avantage un simple revêtement de gazon, que des remparts de pierre ou de marbre.

Ces dispositions des lois romaines qui sauvent l'être timide et sans défense, et de sa propre séduction et de toute autre influence, furent, à ce que nous apprennent les écrivains, long-temps en honneur dans presque toute la France.

Sous Henri IV seulement, et après les plus grands désordres des guerres civiles, un édit royal abrogea en plusieurs endroits l'autorité du sénatus-consulte Velleien, qui jusque là faisait loi en cette matière.

Hier encore j'entendais un homme grave, un député de Lyon regretter le temps où son intéressante cité était régie par ce sénatus-consulte dont les dispositions sont protectrices des familles.

Ce sénatus-consulte fameux est fort court, et donne une

seule raison fort simple des dispositions qu'il statue ; mais
cette raison est prise dans la nature, et les commentateurs la
font valoir avec beaucoup de sagacité. C'est en effet un aperçu
qui n'a point échappé aux esprits observateurs, que les femmes aussi affectionnées au moins à la conservation de la chose
domestique que les hommes, mais ayant plutôt les précautions actuelles et la prudence du moment que la lointaine
prévoyance de l'avenir, engageront souvent avec légéreté,
hypothéqueront avec trop de complaisance le même bien
qu'elles ne consentiraient ni à dissiper ni à vendre sur le
champ. — Toutes ces observations qui paraîtraient mal-à-
propos trop fines et trop déliées sont de justes motifs de loi,
s'il est vrai que la loi ne soit, comme le dit Cicéron, que la
raison suprême entée sur la nature. Ainsi dérive de la nature,
et par conséquent de la raison, la loi qui accorde aux femmes
une protection spéciale, toujours nécessaire et dans l'âge de la
force, qui pour elles est celui des faiblesses, et dans l'âge de
la maturité, si voisin pour elles des extrémités de l'existence.

Un vieillard est encore un homme tout entier ; ce qu'il
perd en activité et en force, il le recouvre en autorité et en
majesté : il vient avec avantage faire parler dans un sénat
l'éloquence de ses cheveux blancs et le poids de ses longues
années. Que la destinée de la femme est différente ! le temps
pour elle n'a que des ravages et point de sanction.

Dans l'inutilité de sa décrépitude et dans l'affaiblissement
trop commun des affections et des souvenirs les plus sacrés,
il importe qu'elle ne puisse jamais se séparer de cette dot qui
lui devient plus nécessaire de jour en jour, ne fût-elle qu'un
appât, un objet d'espoir qui agit sur les plus vertueux à
leur insu.

Oui, quand même ce serait l'intérêt alors qui se colorerait
en respect et en amour, la mère de famille n'en jouira pas
moins de cette douce et dernière illusion, n'en sera pas moins
honorée jusqu'à son dernier jour, comme la divinité protectrice de ces foyers dont elle aura empêché la dispersion.

Je m'aperçois que, par la pente naturelle des idées, qui toutes se tiennent et se lient dans ce sujet, j'ai traité ensemble ces trois points que je voulais séparer : le danger qui naissait de la fougue et de l'effervescence de l'âge dans une législation qui déclare la majorité à vingt-un ans ; les séductions et les calculs, les caresses intéressées et perfides que la faculté du divorce pouvait dicter ; les faiblesses qu'elle pouvait rendre encore plus funestes dans le cas d'une communauté dissoute par le divorce ; enfin le danger pour la société de ne mettre rien à la place des institutions impossibles à rappeler, qui maintenaient les fortunes, et de tout sacrifier à de vaines idées de circulation et de crédit. Sur ces deux articles mon opinion a pour elle l'expérience, puisqu'il est certain que la société d'acquêts, sans autre communauté, a suffi pour laisser prendre au commerce de Bordeaux un élan et une activité qui en ont fait une place des plus considérables de l'Europe : d'un autre côté il n'est pas moins remarquable qu'en Normandie, où la majorité a toujours été à vingt ans, et où l'on ne connaissait pas les substitutions, la seule institution de l'inaliénabilité de la dot n'a pas peu coopéré sans doute à faire de ce pays un de ceux où il y a toujours eu le plus de fortunes et de familles sagement conservées. J'ai de plus l'autorité de Montesquieu, qui pense que les dots médiocres, et de long-temps vous n'en aurez point d'autres, sont plus convenables dans une république, tandis que dans la monarchie la communauté est plus tolérable, parce qu'il y a ordinairement d'autres moyens de conserver les fortunes et les familles.

Qu'on ne me reproche point de revenir toujours sur une considération qui ne semble toucher qu'une seule classe : je dis qu'elle touche la chose publique ; qu'elle doit entrer pour beaucoup dans les vues d'un gouvernement qui sent le besoin de rendre à la propriété son influence, de s'attacher les propriétaires, de les faire servir à la force et au lustre de l'État. Pour cela il faut qu'il y en ait, que toutes les fortunes ne tendent pas à se dissiper, et, comme je l'ai dit, à se volatiliser sans cesse. Stipuler pour leur conservation, c'est stipuler pour le maintien de cette révolution même qui a changé nos idées sur ce point, pour la stabilité de l'ordre de choses qu'elle a enfanté, et pour lequel nous sommes.

L'état de révolution est un passage; quel insensé voudrait faire de l'état révolutionnaire le but d'une révolution? Dans ces grands bouleversemens on détruit pour édifier, on brise les images des ancêtres, on déracine les vieux troncs, on renverse les antiques monumens; mais il faut que les mers rentrent dans leur lit, et que les révolutions se fixent et s'absorbent dans un changement de lois, et surtout de droits et de personnes. Le pouvoir, errant quelque temps, et toujours arraché aux mains faibles et imprudentes, s'arrête enfin quand il a rencontré la main des forts et des sages : mais ils ne seraient pas sages, et ils ne demeureraient pas forts, s'ils ne sentaient la nécessité de rasseoir la société ébranlée sur ses bases; ces bases, ces élémens de la société, ce sont les familles; les familles doivent donc adopter des principes conservateurs : un seul vous convient aujourd'hui, je vous l'offre; et si vous ne l'acceptez pas, à la troisième génération personne en France n'aura dix mille livres de rente de patrimoine. Or, je ne comprends pas quel gouvernement vous pensez préparer à votre postérité avec un pareil état de choses. Il n'est pas vrai que la propriété se conserve seule dans les proportions désirables, si les lois n'y prennent un soin attentif : elle dépérit comme toutes les autres institutions.

Si le pauvre est un roseau fragile que la loi doit soigneusement étayer, le riche est cet arbre chargé de fruits qu'il faut remparer d'une triple haie, afin de le garder d'outrage, de le réserver, s'il est possible, pour une éternelle fécondité dont tout le monde profite.

Eh! qui traite mieux que moi cette classe intéressante! Vous fixez ses regards sur une communauté de misère; je lui présente le mariage sous l'aspect d'une société d'acquêts.

Mais, me direz-vous enfin, et pour dernier argument :
N'êtes-vous pas libre, et ne vous laisse-t-on pas la permission de stipuler le régime dotal? Qu'avez-vous à reprocher
après tout à la loi? Je vous entends, vous convenez enfin que
le régime dotal est le plus sûr, le meilleur, et vous n'osez
pas l'ordonner; et, après avoir reconnu son excellence et l'a-
voir introduit dans votre législation, vous éprouvez une certaine pudeur à en chasser le système de communauté, qui
cependant est devenu d'une inutilité palpable, depuis que
vous joignez la société d'acquêts avec le système dotal. Cal-
culez cependant, législateurs, quelle sera la suite de cette
condescendance qui vous empêche de prononcer avec fer-
meté.

Les pères, les tuteurs, que du haut de cette tribune j'a-
vertis (et puissent-ils entendre ma voix!) de choisir pour
leurs enfans, pour leurs pupilles, bien plutôt un régime conservateur qu'un système aléatoire; les pères, dis-je, les tuteurs, quand les mariages viendront à se conclure, éprouveront une sorte d'embarras et de pudeur d'être obligés à
demander expressément la stipulation du régime dotal : ce
sera se défier du nouveau gendre : ne va-t-il pas prendre l'in-
sistance pour une injure, l'exception pour un outrage? Par
une faiblesse très-facile à prévoir on se laissera aller au droit
commun ; et bien souvent quel repentir suivra cette complaisance! Ou des majeurs de vingt-un ans auront bientôt tout
dissipé, ou un jeune époux séduit abandonnera son épouse
après l'avoir ruinée, ou, spéculateur malheureux, ils lan-
guiront tous dans une misère vertueuse, mais extrême ; et
tous ces maux seront la faute du législateur, qui met la permission à la place de l'ordre, le conseil à la place de l'obligation ; du législateur, qui ne remplit pas sa propre conscience,
et qui dit à des enfans presque aussi perfidement que les dé-
cemvirs aux Romains : « Faites vous-mêmes les lois qui doi-
« vent vous rendre heureux. »

Tribuns, ma censure a cela de particulier, que je blâme

en quelque sorte la loi de ne pas l'approuver assez elle-même, le législateur de ne pas se confier assez en sa sagesse et en ses lumières. — Oui, j'entre dans sa véritable pensée et dans son intention, et je veux plus fortement que lui-même que cette intention ait tout son effet, cette pensée tout son résultat.

La loi propose, et je veux qu'elle ordonne ; elle conseille, et je veux qu'elle prescrive. — Elle doute, elle hésite, en offrant ses bienfaits, et je veux qu'elle décide, qu'elle force de les accepter ; je me plains qu'elle ne conserve pas assez la majesté de son caractère, l'autorité de son langage.

La loi doit commander avec empire ; il est indigne d'elle de se borner à insinuer et à persuader. C'est un axiome connu de tous les jurisconsultes : *Jubeat lex, non suadeat.*

C'est dans ce sens que je vote le rejet du projet de loi.

OPINION PRONONCÉE PAR LE TRIBUN ALBISSON.

(Séance du 19 pluviose an XII.)

Tribuns, le projet de loi dont l'ordre du jour amène la discussion fait quelques changemens assez importans dans les conventions matrimoniales usitées dans cette grande partie de la France dont les lois romaines formaient le droit commun, pour avoir donné l'éveil aux jurisconsultes nés sous le régime de ces lois, habitués à leur empire, et pénétrés de leur excellence.

Instruit comme eux à leur école, admirateur comme eux de leur profonde sagesse, j'ai dû partager l'espèce de sollicitude que cet éveil a excitée : mais, chargé par la constitution de coopérer à la formation d'une loi générale, commune à toutes les parties de la République, j'ai dû, lorsque le projet en a été présenté, commencer par me dépouiller de toute prévention personnelle, de tout préjugé d'habitude et de localité, capable d'influer sur l'émission de mon vœu individuel, pour n'écouter que la voix de la raison publique, et me rendre à l'évidence d'un intérêt général.

C'est avec la confiance que cette disposition doit m'inspirer, et fort d'ailleurs du surcroît de lumières que j'ai acquis parmi vous, mes chers collègues, que je viens m'expliquer librement avec vous sur cette partie du projet de loi qui doit intéresser les pays appelés jusqu'ici *de droit écrit,* par les changemens qu'elle opère dans leur ancienne législation.

Ce n'est pas sans quelque regret que je me vois ici en opposition avec un collègue estimable, dont les talens ont plus d'une fois honoré cette tribune : mais ce qui l'adoucit beaucoup, c'est de penser que, s'il attaque certaines dispositions du projet, ce n'est que parce qu'il les juge capables d'empirer cette législation admise depuis des siècles dans la partie de la France qui nous a vus naître l'un et l'autre, et que je ne les défends, moi, que comme nécessaires pour la compléter, et propres à l'améliorer; que c'est pour lors le même esprit qui nous anime tous les deux; que, par conséquent, c'est nous accorder que de nous combattre.

1393-1400 J'entre en matière par l'article 7, qui porte qu'*à défaut de stipulations spéciales qui dérogent au régime de la communauté ou le modifient, la communauté légale, telle qu'elle est réglée dans la première partie du chapitre II, formera le droit commun de la France :* disposition rendue, s'il se peut, encore plus précise par l'article 14, qui déclare que cette communauté légale s'établit d'elle-même et par la seule force de la loi, *à défaut de contrat.*

Il est certain que ces deux dispositions introduisent un droit absolument nouveau dans les départemens anciens ou nouvellement réunis, qui, en matière de conventions matrimoniales, ne connaissaient d'autre droit commun que les lois romaines, puisque celles-ci n'admettaient la communauté des biens entre époux qu'autant qu'elle était expressément convenue entre eux.

Mais cette innovation les blesse-t-elle en quelque chose ?

leur enlève-t-elle dans le fond quelqu'un de leurs anciens
usages, de leurs anciennes habitudes, de leurs anciens
moyens de contracter? Choque-t-elle en quelque point les
principes et les convenances de la société conjugale? Y ren-
dra-t-elle les mariages moins fréquens ou plus dispendieux?

Voyons ce qu'il en faut penser.

Et d'abord, le projet consacre la plus grande liberté dans *Ib. et 1387*
les conventions matrimoniales; il n'y met d'autres bornes
que le respect dû aux bonnes mœurs, à l'ordre public, et aux
dispositions régulatrices, injonctives ou prohibitives du Code
civil.

Il déclare formellement que *la loi ne régit l'association conjugale, quant aux biens, qu'à défaut de conventions spéciales
que les époux peuvent faire comme ils le jugent à propos.*

Il ne leur permet pas, à la vérité, de stipuler désormais *1390*
d'une manière générale que leur association sera réglée par
l'une des coutumes, lois ou statuts locaux qui régissaient ci-
devant les diverses parties du territoire français, et qu'il
abroge.

C'eût été les rejeter dans le dédale d'où il s'agit de les retirer, et élargir le gouffre que le Code civil doit fermer.

Mais, trouvant la France partagée entre deux systèmes *1391*
différens, également recommandables par l'ancienneté de
leur règne et la ténacité des habitudes qu'ils avaient formées,
il les conserve l'un et l'autre, les régularise, les simplifie,
les rectifie l'un et l'autre, et annonce aux intéressés des deux
parts qu'*ils peuvent cependant déclarer d'une manière générale
qu'ils entendent se marier ou sous le régime de la communauté, ou sous le régime dotal.*

Jusque là, rien que de parfaitement égal entre les deux
systèmes, et de parfaitement libre dans leur option.

Mais si nulle déclaration des futurs époux n'a précédé le *1393*
mariage, si nulle convention ne les engage quant à l'administration, à l'usage, à la disposition de leurs biens respectifs, la loi doit réparer cette insouciance. Il importe à la so-

ciété que les mariages soient heureux et les ménages bien
concordans (pour parler le langage de la loi). Il lui importe
donc que celle-ci règle la mise de chacun des époux dans
une masse commune destinée au soutien de la nouvelle famille; qu'elle mette cette masse sous la direction de celui des
deux qu'elle doit juger le plus propre à l'administrer, la conserver et la faire prospérer ; et qu'elle lui en confie le droit
exclusif, pour bannir du ménage, autant qu'il dépend d'elle,
tout sujet d'altercation et de division.

Il était donc nécessaire d'établir, pour ce cas particulier,
un droit commun qui suppléât à l'imprévoyant abandon des
époux ; et pour cela il fallait opter entre les deux systèmes,
de la communauté ou du régime dotal.

Le projet se décide pour le premier : mais remarquons
bien que, quelque parti qu'il eût pris, les partisans de l'un
ni de l'autre ne pouvaient faire de cette option un sujet
bien raisonnable de réclamation, attendu la liberté laissée
à tous de rendre inutile cette option de la loi en la faisant
eux-mêmes ; que par conséquent la loi n'enlève pas plus aux
habitans des pays de droit écrit, qu'elle n'eût enlevé à ceux
de la France coutumière, en adoptant le système du régime
dotal, aucun de leurs anciens usages, de leurs anciennes habitudes, de leurs anciennes manières de contracter ; que par
conséquent son option quelconque n'eût blessé en rien ni les
uns ni les autres.

Mais cette préférence donnée au système de la communauté, pourquoi ne pas la donner à celui du régime dotal?
et enfin, où était la nécessité de préférer l'un ou l'autre?

Je ne me permettrai ici ni l'éloge ni la censure de l'un ni de
l'autre de ces deux systèmes. L'un et l'autre me conduiraient
trop loin ; l'un et l'autre pourraient fournir la matière de
plusieurs volumes. Ce n'est pas de cela qu'il s'agit, mais
seulement d'examiner la raison de la préférence donnée au
système de la communauté d'après l'état actuel de chacun
des deux systèmes.

J'observe donc d'abord que, dans le régime dotal, rien n'établissait ce qu'on peut appeler un droit commun, pour le cas où nulle convention relative aux biens n'avait accompagné le mariage, parce que nulle loi positive ne réglait dans ce cas le mode ni la quotité de la participation respective à ces biens, ni le soin de leur administration commune.

Dira-t-on que ce droit commun résultait de la distinction que les lois faisaient entre les biens dotaux et les biens paraphernaux? des droits qu'elles donnaient au mari sur les premiers, et de la défense qu'elles lui faisaient de s'immiscer dans l'administration ou la disposition des derniers sans l'aveu et le consentement de la femme?

Mais il est évident que tout cela supposant nécessairement une constitution dotale, et par conséquent une convention, il est impossible d'en induire un droit commun pour le cas où il n'y a pas eu de convention.

Comment, en effet, qualifier de droit commun un droit qui ne règle rien lorsque les parties elles-mêmes n'ont rien réglé; qui laisse à chacun la libre et arbitraire disposition de ses biens personnels dans une association qui met leurs personnes en commun, qui les assujétit à des soins, des égards et des devoirs communs, crée entre eux des besoins communs, leur promet des secours communs, nécessite entre eux des dépenses communes pour l'éducation, l'entretien, l'établissement d'une nouvelle famille commune?

Ce vide avait été senti : de là cette contrariété de décisions entre les docteurs, cette diversité de jurisprudence dans les tribunaux, sur la question si, quand il n'y a pas eu de contrat, la femme doit être censée s'être constituée tacitement en dot l'universalité de ses biens; les uns tenant pour l'affirmative, les autres pour la négative; ceux-ci distinguant les biens présens des biens à venir, ceux-là restreignant les droits du mari aux biens dont la femme lui a permis tacitement la jouissance; chacun s'aidant de la lettre ou de l'esprit de quelque loi romaine pour étayer ou colorer son opinion (a).

D'après cet état de législation, comment, dans la prévoyance indispensable du cas supposé, trouver dans le régime dotal les élémens d'un droit commun pour toute la France?

Laisser, comme par le passé, à chacun des époux la pleine et indépendante disposition de ses biens, c'eût été ne rien faire quant à ce, livrer d'ailleurs les ménages à l'anarchie, et en bannir un sujet bien important de sollicitude commune.

Déclarer dotaux tous les biens de la femme, c'eût été mettre ces biens hors du commerce, et, sous un autre rapport, risquer de réduire les femmes à la plus triste et à la plus humiliante dépendance.

Les déclarer tous paraphernaux, c'était retomber dans les inconvéniens du premier parti, et, de plus, laisser d'un côté la femme exposée à toutes les sortes de dangers dont la cupidité d'autrui ou sa propre faiblesse pourraient s'environner dans leur disposition ou administration et dans l'emploi de leurs revenus, et s'exposer de l'autre à mettre légalement dans sa main le sceptre de la famille par un renversement des lois de la nature, base sacrée de la hiérarchie domestique, qu'il importe autant que jamais de maintenir.

Le système de la communauté était-il plus propre à fournir la matrice, s'il est permis de s'exprimer ainsi, d'un droit commun?

C'est déjà ce qu'en avait pensé le savant et judicieux magistrat à qui nous devons le premier travail suivi sur la refonte de nos lois civiles, et le premier modèle de la rédaction d'un Code civil uniforme et commun à toute la France (b); et cette autorité doit être d'un grand poids dans la balance des deux systèmes, parmi les jurisconsultes les plus attachés aux principes et à la doctrine du droit romain.

***

(a) *Guy Pape*, et son annotateur; *Jacques Ferrière*, quest. 499; *Ranchin*, part. 5, conclus. 49; *Duperier*, *Maximes de droit*, de la dot, tom. 1, pag. 507; *Cambolas*, livre II, chapitre XVIII; *Philippi*, rép. 4, etc.

(b) Voyez son *Projet de Code civil*, publié en brumaire an V, article 87 et 288.

Mais, mettant à part l'autorité de cette opinion, examinons-en les fondemens.

D'abord la communauté des biens entre époux formait déjà un droit commun dans la presque universalité des parties de la France régies par des coutumes, à quelque différence près sur l'étendue des objets qui y entraient, et un droit commun positif fondé sur des dispositions précises ; avantage que n'avaient pas les pays de droit écrit, dans lesquels, ainsi que je l'ai établi, il n'y avait aucune loi qui réglât positivement les droits respectifs des époux sur les biens de l'un ou de l'autre, en l'absence de toute convention à ce sujet.

Et ce droit commun avait sa racine dans les plus anciennes lois qui avaient gouverné la Gaule.

Chez les Gaulois, nos premiers ancêtres, les hommes, en se mariant, mettaient en communauté avec les dots que leurs femmes leur avaient apportées une somme ou des valeurs égales au montant de ces dots (a).

Les nations d'origine germanique qui inondèrent successivement la Gaule, et dont nous descendons aussi par les mariages qu'ils y contractèrent, avaient d'abord des usages un peu différens. Les femmes n'y apportaient pas une dot à leurs maris ; c'étaient ceux-ci qui les dotaient, et les achetaient en quelque sorte. *Dotem non uxor marito, sed uxori maritus offert*, dit Tacite, à qui il faut bien s'en rapporter, faute d'autres renseignemens (b).

Insensiblement leur mélange avec les Gaulois, dont une grande partie avait adopté les lois romaines, leur donna d'autres mœurs et bientôt d'autres usages. La communauté des biens, déjà usitée chez les premiers, devint ordinaire parmi ces nations, et dès le moyen âge elle y formait un droit commun, du moins quant aux acquêts ; témoin la loi des Visigoths et celle des Francs (c).

(a) *Viri. quantas pecunias ab uxoribus, dotis nomine, acceperunt, tantas ex suis bonis, æstimatione facta, cum dotibus communicant.* Cæsar, de Bello Gallico, lib. VI.

b) *De moribus German.* cap. XVIII.

(c) *Lex Wisigoth,* lib. IV, tit. II, paragr. XVI. *Lex Ripuar.,* tit. XXXVIII, paragr. II.

⸱⸱ J'ai fait entendre que l'esprit des lois romaines, déjà répandu dans les Gaules, y avait contribué. Qu'était-ce, en effet, que ces mariages *per confarreationem et per coemptionem*, sinon une mise en communauté de tous les droits des époux, une société complète entre les deux époux, société dont le mari était le chef, qui mettait sa femme en sa puissance et l'établissait son héritière nécessaire, *hæredem suam* (a). De là cette définition du mariage consacrée jusque dans la compilation de Justinien : *Nuptiæ sunt conjunctio maris ac feminæ, consortium omnis vitæ, divini et humani juris communicatio* (b). De là, ces retours de la pensée vers la sagesse de ces lois anciennes, et qu'on voit s'échapper même dans une des lois de cette compilation, qui interdit au mari toute immixtion dans les biens paraphernaux de sa femme, à moins que celle-ci ne la lui permette : *Quamvis bonum erat mulierem quæ se ipsam marito committit, res etiam ejusdem pati arbitrio gubernari* (c).

Tels sont les fondemens de la communauté légale des biens entre époux qui a régné jusqu'ici dans la France coutumière ; et c'est avec ce cortége imposant qu'elle s'est présentée au gouvernement comme pouvant seule former un droit commun dans le silence de toutes conventions matrimoniales.

Maintenant, le choix pouvait-il être douteux entre deux systèmes dont l'un contenait tous les élémens propres à former un droit commun, tandis que l'autre n'en offrait aucun, à moins qu'on ne regarde comme tel l'absence de toute loi sur le gouvernement commun des biens respectifs des époux, c'est-à-dire un vide à remplir dans la révision de nos lois civiles et la formation d'un nouveau Code civil?

La nécessité d'un choix entre les deux systèmes était donc

(a) *Mulierem nuptam, quæ juxta leges sacras convenerat cum viro, Romulus participem esse voluit omnium bonorum et sacrorum.* Denys d'Halicarnasse, liv. II.

(b) Leg. I, ff. *de Ritu nuptiar.*

(c) Leg. VIII. Cod. *de Pactis conventis*, etc.

indispensable et urgente, et ce choix ne pouvait être douteux.

Je pourrais ajouter que, sur dix tribunaux d'appel dont le ressort embrasse environ quarante départemens régis par le droit romain, et à qui le premier projet du Code civil fut envoyé, deux seulement élevèrent des réclamations contre l'érection en droit commun de la communauté légale, et notamment celui dont j'ai été le plus à portée, par les fonctions que j'y ai exercées, d'apprécier et de respecter le zèle et les lumières. Mais ce premier projet ne contenait aucune disposition spécialement régulatrice du régime dotal; et c'est aussi ce que ce dernier tribunal demandait surtout, et à quoi le projet actuel a pourvu.

Il faut encore remarquer que le système de la communauté légale a subi depuis, et dans la dernière révision, des changemens remarquables qui ont aplani bien des difficultés, et simplifié son exécution autant que la matière pouvait le permettre.

Dans cet état, quel sujet de réclamation pourrait-il rester? On voudra ou non se soumettre à la communauté légale. Au premier cas, toute convention sera inutile; au second cas, on voudra ou la modifier ou s'y soustraire, et il suffira pour cela d'une simple déclaration de sa volonté. Un contrat sera pour lors indispensable, il est vrai; mais ce ne sera pas une nouvelle charge pour la classe riche ou aisée, où l'on ne se marie guère sans contrat; et ce sera, au contraire, un avantage pour la classe peu fortunée, où l'on n'apporte le plus souvent dans les mariages qu'une affection mutuelle avec de la vigueur, et la résolution d'en faire usage pour les jouissances et les besoins communs, et pour ceux de la famille qu'on espère de former. Or, c'est là que la communauté légale s'établit, pour ainsi dire de droit, et que, sous un rapport particulier, elle peut devenir infiniment avantageuse à chacun des époux.

Nos lois nouvelles n'assurent aucun avantage légal à un époux pauvre qui survit à son conjoint mort riche, à moins que celui-ci ne laisse aucun parent au degré successible ; et le droit de successibilité s'étend juqu'au douzième degré. Il est possible que, pendant le mariage, l'un des époux acquière des richesses par une donation ou succession mobilière, ou par tout autre moyen que peut lui procurer la fortune toujours inépuisable en événemens. Il est encore possible que le conjoint enrichi meure sans avoir disposé de rien au profit de sa femme, après avoir vécu avec elle, depuis le changement de son sort, dans un état d'aisance et de représentation d'où elle serait forcée de retomber dans son premier état de misère. Les exemples n'en sont pas rares, et ils peuvent devenir communs après une révolution qui a déplacé tant de choses.

Le droit romain accordait dans ce cas au conjoint délaissé dans la pauvreté le quart des biens de son conjoint mort riche ou dans l'aisance, lorsqu'il ne laissait que trois enfans ou au-dessous, et une portion virile s'il en laissait davantage, le tout en propriété lorsqu'il n'en laissait aucun, et seulement en usufruit dans le cas contraire.

La jurisprudence des pays de droit écrit avait adopté le fond de cette disposition, mais avec tant de modifications, selon le degré de convenance ou de besoin du conjoint survivant ; elle occasionait tant de discussions, presque toujours dispendieuses sur la comparaison des fortunes respectives du mort et du survivant, sur l'état qu'ils avaient tenu pendant leur union, et sur une foule d'autres considérations, que, tout attaché que je suis au droit romain, connaissant d'avance l'esprit de la nouvelle législation sur les donations entre époux, soit par contrat de mariage soit pendant le mariage, et les changemens avantageux qu'elle faisait aux dispositions des lois romaines et à celles des coutumes, quant à la liberté laissée aux époux de se gratifier mutuellement en reconnaissance et à proportion des soins et des égards qu'ils auraient eus l'un pour l'autre, j'abandonnai lors de la discussion du projet de loi sur les successions la résolution prise d'abord de réclamer la disposition de la loi romaine sur le point dont il s'agit.

Le projet de loi dont je m'occupe en ce moment y pourvoit bien mieux en établissant la communauté légale entre les époux à qui leurs moyens mutuels ne permettent pas la dépense d'un contrat, et les appelant ainsi, sans aucune disposition particulière de leur part, au partage égal des produits de leur collaboration commune et des *échoites* casuelles que l'un ou l'autre ont pu tenir de la loi ou de la fortune pendant la durée de leur union.

Je me résume.

La disposition du projet qui forme un droit commun de la communauté légale entre époux en l'absence de toute convention particulière n'a rien qui puisse alarmer ceux qui par goût, réflexion ou habitude, sont le plus attachés au régime dotal, puisqu'il ne faudra à ceux qui partageraient cet attachement, fût-il exclusif, que deux lignes d'écriture pour s'y soumettre et se soustraire à la communauté.

Le système de la communauté, qui a sa racine dans nos plus anciennes lois nationales, et même dans les premières lois romaines, et qui jusqu'ici avait partagé l'empire avec le régime dotal, a d'ailleurs sur celui-ci l'avantage d'être mieux approprié à la nature et à la fin de l'union conjugale; et, dans la nécessité démontrée de choisir entre les deux pour en former un droit commun, lorsque les intéressés ne s'en expliquent pas, il devait être préféré.

Il offre enfin à la classe de la société dans laquelle il importe le plus de faciliter et d'encourager les mariages des avantages que ne leur aurait pas donnés le régime dotal, qui ne peut exister sans conventions, et, dans un cas particulier, un remède légal et assuré contre le caprice ou l'imprévoyance d'un des conjoints parvenu accidentellement à un état inattendu d'aisance ou de fortune.

Je passerai rapidement sur quelques autres dispositions du projet qui peuvent intéresser les pays de droit écrit.

L'article 159 veut que la dot ne puisse être constituée ni même augmentée pendant le mariage.

Le droit romain permettait l'un et l'autre; mais on conçoit aisément combien cette liberté pouvait favoriser de fraude, combien un mari violent ou cauteleux pouvait en abuser pour forcer ou induire sa femme à une constitution ou augmentation de dot qui nuirait à ses intérêts. Il était donc de la sagesse et de la prévoyance de la loi d'y pourvoir.

D'ailleurs la convenance ou la nécessité possible d'une constitution ou d'une augmentation occasionelle ne peut-elle pas être prévue lors du mariage, et prévenue par une constitution des biens à venir, dont le projet laisse la liberté à la femme?

1572 L'article 186 déclare que la femme ni ses héritiers n'ont point de privilége pour la restitution de la dot sur les créanciers antérieurs à elle en hypothèque.

Cette disposition, pleine de justice, ne fait que confirmer ce qui avait déjà été établi par la loi du 11 brumaire an VII sur le régime hypothécaire.

Mais cette loi avait ouvert aux femmes dont les contrats étaient antérieurs à sa publication un moyen de conserver le privilége que leur accordait la loi *Assiduis* (a), scrupuleusement observée dans quelques ressorts du droit écrit, en faisant des inscriptions dans un délai fixe prescrit par son article 38, et successivement prorogé par les lois des 16 pluviose et 19 germinal suivans.

Les femmes qui sont dans ce cas, et qui ont satisfait à la loi, n'ont rien à craindre de cette nouvelle disposition, *le Code civil, comme toute autre loi, ne pouvant avoir d'effet que pour l'avenir, et la validité des conventions matrimoniales antérieures à la publication du Code devant être jugée d'après le droit commun qui existait alors* (b).

(a) XII. Cod. *Qui potiores in pignore habeantur.*

(b) Procès-verbaux du Conseil d'État contenant la discussion du *Projet de Code civil*, séance du 6 vendémiaire an XII.

L'article 190 interdit à la femme la faculté d'aliéner ses   1576
biens paraphernaux sans l'autorisation de son mari, ou, à
son refus, sans la permission de la justice; et cette disposition ne pouvait plus éprouver d'obstacle depuis la loi du 26
ventose an XI sur le mariage (a).

Je n'ajouterai qu'un mot sur l'article qui porte que l'im-   1559
meuble dotal peut être échangé. J'ai entendu traiter d'innovation cette liberté donnée aux époux : ce n'en est pas une.

La loi romaine permet textuellement l'échange de la dot
pendant le mariage; la seule condition qu'elle y met, c'est
qu'il soit utile à la femme, *si hoc mulieri utile sit* (b). Il n'est
pas difficile d'imaginer une foule de cas où cette opération
peut être également utile au mari ou à la femme; mais le
projet y ajoute plusieurs autres conditions, et y exige des
formalités qui doivent faire cesser toute crainte qu'on n'en
puisse abuser. L'immeuble ne peut être échangé qu'avec le
consentement de la femme; il ne peut l'être que contre un
autre immeuble de même valeur, pour les quatre cinquièmes
au moins; il doit être justifié de l'utilité devant la justice,
dont l'autorisation sera nécessaire, et d'après une estimation
par experts nommés d'office par le tribunal; enfin l'immeuble reçu en échange sera dotal : l'excédent du prix, s'il y en
a, le sera aussi, et il en sera fait emploi comme tel au profit
de la femme.

Je termine ici, citoyens collègues, des observations que
j'aurais pu, sans doute, supprimer après l'excellent rapport
qui vous a été fait hier au nom de votre section de législation.

Mais l'intérêt mûrement consulté de ma patrie natale, le
désir bien naturel d'y étouffer tout germe d'inquiétude, et
mon attachement aux lois sous lesquelles j'ai long-temps
vécu, et qu'on ne se lasse pas d'étudier et de méditer quand
on sent le prix de la philosophie civile, ne me l'ont pas permis.

J'ai dû voir avec plaisir le système de ces lois se compléter

(a) Articles 215 et 217.
(b) Leg. XXVI, ff. de Jur. dot.

et se perfectionner, relativement au régime dotal, par des supplémens et des retranchemens ou des modifications analogues à nos mœurs actuelles, et leur empire s'étendre par ce moyen sur toute la France, et jusque dans celles de ses parties où l'on croyait beaucoup faire que de le consulter partiellement dans les occasions où toute autre règle manquait, ou dans le besoin d'en étayer une prétention.

J'ai dû ne laisser aucun doute à mes compatriotes méridionaux sur la conservation des lois et des usages qui leur sont justement précieux ; j'ai dû leur proclamer, de cette tribune, ces motifs d'une entière confiance à cet égard, et leur dire : Vous n'avez connu jusqu'ici que le régime dotal : vos parens ont vécu, vous êtes nés, vous vous êtes mariés sous ce régime ; il vous est cher : eh bien ! il ne tiendra qu'à vos enfans d'y vivre aussi ; ils n'auront qu'à dire, je le veux.

Ce régime n'avait pu éviter le sort de toutes les législations humaines qui s'usent, se compliquent et se déforment toujours en quelques points par l'action sourde et continue de la lime du temps ; par la subtilité, trop souvent intéressée, de leurs interprètes ; par l'inépuisable fécondité de leurs commentateurs : d'où la discordance des opinions, la variété et l'instabilité des jugemens, l'incertitude et la fluctuation des chances dans les luttes judiciaires, leur dispendieuse durée et leurs résultats ruineux.

Le projet de loi le ramène à sa simplicité et à sa pureté originelles ; il en élague tout ce qui pouvait l'altérer ou en embarrasser l'application, et y conserve scrupuleusement tout ce qu'il avait de bon et d'utile.

Vous n'avez, pour vous en convaincre, qu'à chercher son système dans son ensemble, et non dans quelques dispositions isolées ; qu'à vous prémunir surtout dans cette étude contre toute insinuation étrangère, et contre tout ce qu'une position personnelle pourrait y mêler de prévention.

Je vote pour l'adoption du projet.

Le Tribunat émit dans la même séance un vœu d'adoption qu'il fit porter au Corps législatif par MM. Duveyrier, Siméon et Albisson; M. Siméon prononça le discours dans la séance du 20 pluviose (10 février 1804).

DISCUSSION DEVANT LE CORPS LÉGISLATIF.

DISCOURS PRONONCÉ PAR LE TRIBUN SIMÉON.

Législateurs, le mariage est le premier et le plus fort des liens qui rapprochèrent les hommes : sous ce rapport, il est à la tête des contrats. Cher à ceux qui le forment et dont il double l'existence, il est également précieux à la société, qu'il perpétue; il n'appartient pas moins aux Etats qu'aux familles et aux individus; il est à la fois un bien privé et public.

Les conventions dont il est l'occasion se placent comme lui au premier rang des engagemens; plusieurs sont pourtant plus anciennes. L'échange dut naître presque aussitôt que la propriété, au lieu que l'on put long-temps se marier avant de stipuler des dots, des apports, des reprises. La vente, qui est un échange plus perfectionné et plus simple, le louage, le prêt, se présentèrent tout de suite comme d'eux-mêmes aux besoins, aux désirs, aux spéculations, à la bienfaisance. Les conventions matrimoniales ne sont dans le mariage qu'un accessoire dont il peut se passer, et que l'augmentation des richesses, l'inégalité des fortunes et les précautions à prendre contre les défauts, les vices et l'injustice ne durent introduire que dans les sociétés déjà loin de leur adolescence.

Le mariage emporta d'abord, sans qu'il fût besoin de stipulation, communauté de biens, comme il établissait communauté de vie et d'existence. L'épouse mit tout ce qui était en son pouvoir sous la main du protecteur qu'elle avait recherché, ou aux pieds du bien-aimé à qui elle se donnait. L'époux partagea tout ce qu'il possédait avec la plus belle et la meilleure partie de lui-même, avec l'économe, l'ordonnatrice de sa maison, la mère de ses enfans.

Ceux-ci, lorsqu'ils vinrent à perdre l'un des auteurs de leurs jours, ou continuèrent à vivre en communion avec le survivant, ou lui donnèrent en se séparant une part dans les biens dont ils l'avaient vu jouir.

Telle est l'origine de la communauté. Elle remonte aux premiers âges de la société; elle se rattache aux idées les plus simples et à l'instinct primitif.

La dot et ses prérogatives s'éloignent davantage de cette confusion de sentimens, d'intérêts et d'existence qui semble devoir naturellement emporter celle des biens. Il ne s'agit pas de cette dot que l'on paie aux pères pour acheter leurs filles, chez les nations où les femmes sont les premières esclaves de leurs maris; je parle de cette portion de biens que la femme apporte en mariage pour en partager les charges, mais dont elle se réserve, ainsi qu'à ses enfans, la propriété.

Le régime dotal, suivi et soigné avec tant de scrupule par le peuple législateur, a deux bases : la persuasion où étaient les Romains qu'il importait à l'État de conserver les biens dans les familles, et la réserve dans laquelle vivaient les femmes romaines. On ne pensait pas que les devoirs d'économie qu'elles remplissaient dans l'intérieur de leurs maisons leur donnassent des droits sur le pécule que leurs époux acquéraient dans les camps, au barreau, dans le commerce. Brillantes de l'éclat de leur mari, heureuses de ses richesses pendant sa vie, elles n'y avaient d'autre part après sa mort que celle qu'elles avaient mérité qu'il leur donnât par son testament; mais si elles demeuraient étrangères à sa fortune, elles reprenaient toute la leur. Pour la chance de partager ses acquêts, elles n'avaient pas couru le risque qu'il dévorât leurs apports et le patrimoine maternel de leurs enfans.

Dans les contrées où l'on avait craint les séductions de l'amour, même dans le mariage, la communauté était une juste indemnité de l'incapacité des femmes à recevoir des libéralités de leurs maris.

Dans les contrées où l'épouse était susceptible de recueillir à la mort de son époux d'utiles et d'honorables témoignages de sa tendresse, on n'avait pas eu besoin de lui donner d'avance sur la fortune de son mari des droits que peut-être elle ne mériterait pas. Chaque usage, chaque système a ses raisons, ses avantages et ses inconvéniens. S'il eût fallu choisir entre le régime de la communauté et le régime dotal, on n'aurait pas eu seulement beaucoup d'embarras, on aurait violemment heurté une grande masse d'habitudes et de préjugés dans une matière qui intéresse tous les individus. Plusieurs ont un double ou un triple intérêt aux conventions matrimoniales; mais tous y en ont un quelconque, car tous sont pères ou enfans.

C'est ici que la sagesse du projet qui vous est soumis, législateurs, devient principalement remarquable; elle a consisté à ne pas se montrer trop sévèrement jaloux de cette uniformité à laquelle tend si constamment notre législation; à reconnaître que, si l'uniformité plaît à l'esprit, la condescendance pour les mœurs et les usages satisfait les cœurs.

D'ailleurs la variété n'est qu'apparente. Les questions nombreuses que produisent et la communauté et le régime dotal, si diversement jugés jusqu'à présent dans chaque ressort, reçoivent des règles communes; et si l'on se marie à son gré en communauté ou sans communauté, sous une communauté plus étendue ou plus restreinte, avec dotalité ou sans dotalité, le principe d'uniformité n'en sera pas plus altéré qu'il ne l'est par l'immense diversité des conditions des sociétés et des autres contrats. Les conventions matrimoniales sont un contrat; il est de la nature de tout contrat de recevoir toutes les stipulations qui conviennent à ceux qui le forment, pourvu qu'elles n'aient rien de contraire aux lois qui intéressent l'ordre public et aux bonnes mœurs.

Il est indifférent à l'État, pourvu que l'on se marie, que les époux mettent leurs biens en communauté ou sous le régime dotal. Qu'on stipule tout ce qu'on voudra, pourvu qu'on ne stipule rien que ce qui est honnête et permis, et qu'on le stipule clairement, voilà le premier précepte et tout le désir de la loi.

393   Imposer la communauté à ceux qui ne la veulent pas, ou la dotalité à ceux qui la croient moins assortie aux droits respectifs des époux, c'eût été introduire la tyrannie dans le contrat qui doit être le plus libre; c'eût été substituer des abstractions théoriques aux convenances particulières. La loi doit régler la forme des contrats et leurs effets; elle doit en procurer l'exécution; mais les stipulations en appartiennent à la volonté des contractans. Elles font partie de cette liberté que la constitution politique leur garantit, de cette propriété que le Code civil protége et organise.

Des jurisconsultes et des législateurs disputeraient des années entières sur les avantages et les inconvéniens de la communauté et du régime dotal sans pouvoir s'accorder. Pour en être juge impartial et éclairé, il faudrait être né hors des pays où ces régimes sont en vigueur, et cependant y avoir vécu assez long-temps pour y acquérir une grande expérience de leurs résultats; au contraire, l'individu qui se marie se décide en un moment. Il voit plus d'avantage dans ce qu'il préfère : s'il lui reste quelque inconvénient à craindre, il consent à le braver; son contrat termine pour lui et à son gré un problème qui n'aura peut-être jamais de solution.

Le principe qui veut qu'il n'y ait dans les contrats que ce que les parties y déclarent eût peut-être fait désirer que la communauté ne fût pas présumée de droit; et que, comme il n'y a pas de dot sans stipulation, il n'y eût pas de communauté sans convention. Bien que la communauté soit plus naturelle que le régime dotal, elle s'est compliquée de tant d'inventions civiles, de tant d'embarras inconnus dans les pays de droit écrit, qu'on devrait, ce semble, n'y être assujéti que par une volonté expresse. Mais d'abord la communauté légale est plus simple et moins litigieuse que la communauté conventionnelle. De plus, il fallait bien déterminer une règle pour ceux qui ne s'en seraient fait aucune, et qui s'en seraient remis à la providence de la loi.

Quoique en règle générale on ne soit pas obligé de dire ce qu'on ne veut pas faire, et qu'on doive exprimer ce que l'on veut; quoique communément il n'y ait d'engagemens que ceux qu'on a pris, il en est pourtant qui naissent des circonstances et sans convention. Si une moitié de la France ne croit point que le mariage produise entre les époux d'autre communauté de biens qu'une habitation et une jouissance communes, une autre moitié est accoutumée à regarder l'épouse comme associée à la fortune de son mari. S'il est le chef de la maison, l'épouse ne se persuade pas qu'elle y puisse être inutile et étrangère. Elle voit dans ses soins, dans son économie, dans son industrie, quelquefois égale à celle de son mari, une *collaboration* commune dont elle sait par tradition qu'elle partagera les produits. Exiger qu'elle se réservât en se mariant ce partage, qu'elle stipulât la communauté, c'eût été la forcer à faire écrire un contrat; et souvent dans les campagnes on se marie sans contrat. La loi présumera donc que, quand il n'y a ni contrat ni stipulation contraire, on a entendu se marier en communauté.

Cette disposition imposera, il est vrai, aux habitans des anciens pays de droit écrit la nécessité d'un contrat, de laquelle seront affranchis les habitans des pays coutumiers. Mais les contrats étaient plus usités et plus nécessaires sous le régime dotal, puisque la dot exige de sa nature une constitution expresse; les habitans des pays de droit écrit sont donc moins grevés par la nécessité d'un contrat que ne l'auraient été les habitans des pays coutumiers.

Dans cette alternative, faudrait-il un contrat pour dire qu'on veut être en communauté? en faudrait-il un pour dire qu'on n'y veut pas être? On a préféré sans inconvénient réel la présomption de communauté en faveur de ceux qui ne l'écarteront pas.

tit. 5 Ces réflexions préliminaires vous indiquent, législateurs, les deux grandes divisions du projet de loi qui a subi l'examen du Tribunat. Il n'y a rien vu qui ne soit digne de votre sanction. C'est en vous présentant l'analyse de la loi que je vous mettrai à portée de juger les motifs qui ont déterminé le vote du Tribunat.

Je voudrais ne pas fatiguer votre attention, et abréger le compte que je vous dois; mais il s'agit d'un titre bien important. Ce n'est pas à vous, c'est à la France entière, qui a les yeux fixés sur cette tribune, qu'il faut expliquer sommairement des matières nouvelles pour un grand nombre de départemens.

Tandis que le chapitre second de la loi ne portera dans les pays de coutume que des dispositions claires et faciles, il introduira dans les pays de droit écrit des idées, des termes même insolites, qui étonneront, et dont l'intelligence exigera une certaine étude. Réciproquement le troisième chapitre présentera aux contrées dans lesquelles le régime dotal n'était pas pratiqué des notions inconnues; il faut familiariser les deux anciennes divisions de la France avec des conventions qui peuvent y devenir communes; il faut, malgré la différence des usages et des habitudes, rendre le langage de la loi intelligible et facile à tous les Français, expliquer par conséquent aux uns ce qui aux yeux des autres ne paraît pas avoir besoin d'explication.

Le titre *du Contrat de mariage et des Droits respectifs des époux*, dont vous vous occupez, législateurs, contient trois chapitres.

Le premier renferme des dispositions générales; les deux autres traitent de la communauté et du régime dotal.

Dispositions générales.

Les conventions matrimoniales doivent être libres comme   1387
le mariage lui-même ; la loi ne les règle qu'à défaut des contractans ; ils peuvent stipuler leurs intérêts et leurs droits
respectifs comme il leur convient, pourvu qu'ils n'établissent
rien de contraire aux bonnes mœurs, non plus qu'aux lois
publiques et générales.

Ainsi il ne leur est pas permis de déroger aux droits de la   1388
puissance paternelle et maritale. La femme ne pourra stipuler qu'elle agira sans l'autorisation de son mari ; elle ne pourra
consentir à être privée de la tutelle de ses enfans ; elle ne
pourra restreindre les droits qui appartiendront à son époux
comme mari et comme père.

Déjà le titre du mariage a mis toutes les femmes sous la
puissance maritale, comme le titre de la puissance paternelle
a soumis tous les enfans à l'autorité de leurs parens. Il s'est
fait à cet égard une heureuse communication de ce qu'il y
avait de meilleur dans le droit coutumier et dans le droit
romain.

La puissance maritale civile, qui ne résultait dans les pays
de droit écrit que de l'administration des biens dotaux, a
reçu de meilleurs et de plus solides fondemens ; elle est devenue une règle de mœurs, au lieu qu'elle n'était que la suite
d'une convention volontaire, et qui pouvait être limitée. On
ne verra plus des épouses contracter ou se présenter en justice comme *libres en leurs actions.* Ces termes impliquaient,
avec leur état, une contradiction que le cinquième titre du
Code, décrété le 26 ventose de l'année dernière, proscrivit.
La nouvelle disposition pourvoit à ce qu'elle ne se renouvelle
pas, même par un mutuel consentement.

On ne pourra non plus altérer par des conventions matri-   1389
moniales l'ordre légal des successions au-delà de ce que cet
ordre laisse à la volonté et à la disposition des parties.

Mais en faisant écrire les stipulations qui seront à leur gré,   1390 les futurs époux devront spécifier clairement et en détail ce qu'ils veulent, sans se rapporter généralement à des lois ou à des coutumes dont souvent ils ne connaissent pas suffisamment les dispositions, et qui d'ailleurs sont abrogées. Au lieu de s'en remettre à des interprètes banaux et oubliés, on devra énoncer précisément ses intentions. Il n'y aura de stipulations générales permises que pour se placer sous l'un des deux régimes dont les règles sont tracées dans les chapitres II et III.

1393   A défaut de contrat de mariage ou de déclaration du régime sous lequel il est passé, les règles de la communauté détermineront les droits respectifs. La communauté sera le droit commun de la France. J'en ai déjà donné les raisons. Personne ne peut s'inquiéter ou se plaindre d'être soumis à un droit qui ne l'obligera que parce qu'il n'aura pas daigné déclarer qu'il veut s'en affranchir et se marier sous d'autres règles.

1394   Les conventions matrimoniales devront être reçues par des notaires antérieurement au mariage; l'usage conservé dans quelques contrées de les rédiger sous seing privé est abrogé. Si l'on prive les familles de l'avantage d'épargner des frais d'enregistrement auxquels le fisc avait pourtant autant de droits que sur les autres actes dont la foi publique a la sauvegarde, elles en sont bien dédommagées par le nombre des fraudes que l'on prévient, par la meilleure garantie que l'on donne aux droits et à la fortune des époux et de leurs enfans.

1395 à 1397   Le même motif de leur sûreté réciproque, de celle de leurs parens et des tiers, écarte tous changemens, dérogations ou contre-lettres aux conventions matrimoniales. On ne pourra y toucher qu'avant la célébration du mariage, du consentement et avec le concours de toutes les parties. Les amendemens seront écrits à la suite de la minute du contrat, pour ne faire qu'un corps avec elle, pour être insérés dans les expéditions qui en seront faites, sans pouvoir jamais en être séparés, à peine de dommages et intérêts, et même de plus grande peine contre les notaires qui les omettraient.

Comme il n'y a pas de minorité pour le mariage, il n'y en a pas pour les conventions qui en sont l'accessoire. Il serait étrange que celui qui dispose de sa personne ne pût pas, dans cette occasion, disposer de ses biens. L'autorisation du tuteur ou des parens, qui consacre son engagement, suffit à plus forte raison pour en affermir les pactes, et exclure tout regret et toute restitution. *398*

De ces principes communs à tous les contrats de mariage, nous descendrons maintenant à ce qui est particulier, à ce qui dépend de la volonté des époux. *ch. 2.*

S'ils n'ont pas stipulé le contraire, ils sont en communauté.

Il y a deux sortes de communauté : la communauté légale et la communauté conventionnelle.

Communauté légale.

La communauté entre époux est une espèce de société fondée sur le mariage même. Puisque les Romains l'avaient définie l'union d'un homme et d'une femme qui se proposent de mener à toujours une vie commune, ils avaient posé dans cette définition le principe de la communauté, que cependant ils ne connurent pas. Ils admettaient bien les femmes à partager le rang, l'éclat, les avantages de leurs époux, mais ce n'était qu'en usufruitières, ou plutôt en usagères. Comme les enfans, elles étaient dans la main du mari, n'ayant à elles que ce que sa tendresse ou son orgueil leur accordait, à moins qu'elles ne se fussent réservé des biens paraphernaux.

Des peuples moins avancés en législation, les uns veulent que ce soient les Gaulois, les autres les Germains, pensèrent que de l'union des personnes s'ensuivrait la confusion du mobilier des époux, de leurs revenus, des fruits de leurs épargnes et de leur commune collaboration.

La loi détermine dans la section première ce qui compose la communauté légale activement et passivement. *sect. 1*

La communauté n'est point une société universelle de tous *401* les biens, elle ne comprend que le mobilier et les immeubles acquis pendant le mariage.

Le mobilier commun se compose de tout celui que les époux possédaient au jour du mariage, et de tout celui qu'ils ont acquis, ou qui leur est échu depuis.

Les meubles, fruits, revenus, intérêts, arrérages, dettes actives, même les capitaux de rentes constituées, font partie du mobilier.

Jusqu'à présent, les rentes constituées, réputées immeubles n'entraient pas dans la communauté, si ce n'est pour le revenu. Il y a donc ici un changement dans la législation.

Il a été déterminé, 1° par l'article 523 (529) du titre premier, livre II, du nouveau Code, qui a déclaré *meubles* les rentes perpétuelles ou viagères, soit sur la République, soit sur les particuliers;

2°. Depuis que les rentes foncières ont été déclarées rachetables, et que le prêt à intérêt a été permis, il n'y a plus de différence bien marquée entre les capitaux de rentes constituées et les obligations à terme. L'usage des constitutions de rente est même presque entièrement tombé, et s'effacera bientôt tout-à-fait. Il n'en restera plus que sur l'État; mais la facilité et l'avantage de les négocier les ont rendues le plus mobile de tous les biens;

3°. Il n'y avait pas de jurisprudence générale et uniforme sur la nature des rentes; toutes les coutumes ne s'accordaient pas. Il a fallu établir une règle générale. On a pris le parti le plus simple, il est sans danger. Ceux qui ne voudront pas mettre en communauté leurs capitaux à constitution de rente, les excepteront.

1404   Hors de la communauté se trouvent et les immeubles que les époux possédaient avant leur mariage et ceux qui leur obviennent par succession ou donation; car ceux-là ne sont point le produit de la collaboration commune; ils sont dus à la libéralité d'un tiers ou à des droits de succession, étrangers aux gains de la communauté.

Le capital de la communauté légale se forme donc de tout i40i
le mobilier des époux, et de tout ce qu'ils achètent ou acquièrent en mobilier de quelque manière que ce soit; il
s'accroît des immeubles qu'ils achètent ou conjointement ou
séparément, mais non de ceux qui étaient propres à l'un
d'eux avant le mariage ou qui lui obviennent depuis.

Cette règle, que les immeubles achetés pendant le mariage i4o8
font partie de la communauté, avait donné lieu à une
question.

L'un des époux avait en propre la moitié dans un immeuble qu'il possédait par indivis avec un tiers.

Cet immeuble était licité; l'époux copropriétaire en devenait acquéreur.

La moitié par lui acquise entrait-elle en communauté?

Elle semblait devoir y entrer, puisque l'acquisition faite
pendant le mariage avait le caractère d'un *conquêt* de communauté.

Mais alors l'indivision que la licitation devait faire cesser
aurait continué; l'époux copropriétaire de la moitié et acquéreur de l'autre aurait eu en commun avec son conjoint
l'autre moitié acquise.

On décidait que l'époux acquéreur se rendait propre la
portion qu'il achetait, à la charge d'indemniser la communauté de la somme qu'il y avait prise pour son acquisition.

Cette décision, que la jurisprudence avait bornée au seul
cas de la licitation sur une succession, a été justement étendue à tous ceux où l'un des époux réunit une part d'immeuble à celle qui déjà lui était propre.

Mais lorsque c'est la femme qui avait une part indivise,
et que le mari, comme chef de la communauté, a réuni
l'immeuble, attendu qu'il ne doit pas faire le préjudice de sa
femme, elle aura le choix ou ses héritiers, à la dissolution
de la communauté, de prendre l'immeuble entier, en payant
le prix de l'acquisition, ou de l'abandonner en se faisant
indemniser de la portion qu'elle y avait.

1409   Le passif de la communauté se compose de toutes les dettes qui grevaient au jour du mariage les biens entrés en communauté, et de toutes celles dont ils ont été chargés depuis, ou par le mari seul, ou par la femme du consentement du mari, sauf récompense ou indemnité lors du partage de la communauté contre le conjoint débiteur s'il y a lieu.

1410   Les dettes que la femme avait contractées avant le mariage doivent résulter d'actes authentiques ou ayant date certaine, afin qu'elle ne puisse pas éluder par des antidates la défense d'engager la communauté sans le consentement de son mari.

Cette règle est particulière à la femme; elle n'est pas réciproque à l'égard du mari, qui, en sa qualité de maître de la communauté, peut s'en jouer et la dissiper. Nous verrons dans la suite les remèdes que la loi accorde à son épouse contre sa mauvaise administration.

1409   Puisque les immeubles propres, c'est-à-dire appartenant à l'un des conjoints avant le mariage, n'entrent point dans l'actif de la communauté, les dettes de ces immeubles n'en grossissent pas le passif.

1411 à 1414   Quand les successions échues à l'un des époux sont en partie mobilières et en partie immobilieres, la communauté en supporte les dettes proportionnellement à ce dont elle profite, d'après l'inventaire du mobilier que le mari doit faire.

1415   A défaut de cet inventaire, la femme ou ses héritiers seront reçus, lors de la dissolution de la communauté, à faire preuve de la consistance du mobilier. Le mari ne sera jamais admis à une semblable preuve; elle n'est réservée qu'à la femme comme supplément d'un devoir que le mari n'a pas rempli envers elle, et de l'omission duquel il doit souffrir passivement et activement.

Administration de la communauté.

1421-1422   Que la société des époux soit légale, qu'elle soit conventionnelle, elle a un chef; ce ne peut être que le mari sous la puissance duquel la femme est mise par la nature et par la loi.

Le mari administre donc seul les biens de la communauté. Il peut les aliéner, les hypothéquer sans le concours de son épouse : mais il ne peut, si ce n'est pour l'établissement des enfans communs, disposer à titre gratuit ni des immeubles de la communauté, ni même de l'universalité ou d'une quotité du mobilier ; la raison en est évidente.

Lorsqu'il hypothèque ou aliène, on présume que c'est par besoin. Il reçoit un prêt ou le prix d'une vente ; on croit qu'il en fera un emploi utile. Hypothéquer, vendre, c'est administrer, mais donner sous certains rapports, c'est perdre. La disposition à titre gratuit excède les pouvoirs de l'administration ; car administration et conservation sont des termes corrélatifs ; et si l'administration exige des sacrifices, ils doivent avoir une indemnité que la disposition à titre gratuit ne peut pas donner.

L'hypothèque ou l'aliénation des biens de la communauté par le mari, sans le concours de sa femme, est l'une des plus grandes différences qui se font remarquer entre le régime dotal et celui de la communauté. Dans l'un et l'autre, le mari est également chef et administrateur ; mais, dans le premier, il ne peut hypothéquer, ni aliéner, même du consentement de sa femme, les biens dotaux ; il n'a que les pouvoirs d'un tuteur. La dot dont il est le gardien est immuable comme la pierre angulaire sur laquelle reposent la maison des époux et la fortune de leurs enfans. La femme, pour la chance de profiter dans la communauté, ne court pas le risque de perdre ses immeubles. On a préféré moins d'espérance et plus de sécurité, on s'est défié davantage du mari.

Il jouit de plus de confiance dans le régime de la communauté. On a moins redouté ses dissipations qu'on n'a craint que, par l'inaliénabilité des immeubles de la communauté, il ne perdît des occasions d'améliorer le sort de sa femme, le sien et celui de ses enfans. D'ailleurs, n'y ayant dans la communauté que les immeubles achetés pendant sa durée, ou qu'on a voulu y mettre, comme le mari chef de la communauté a pu les acquérir, il peut les hypothéquer et les aliéner ; ils ne sont jamais propres à la femme comme le sont les biens dotaux. C'est par une suite de ce principe, que la disposition des immeubles de communauté doit appartenir au mari qui en est copropriétaire.

1428 1554   Une conséquence plus hardie et plus dangereuse de l'administration du mari en communauté, c'est qu'il peut hypothéquer et aliéner les immeubles personnels à sa femme, en prenant son consentement. On a mieux présumé de la force de la femme et de la sagesse du mari, que dans le régime dotal, où aucun consentement de la femme ne peut valider les aliénations que son mari ferait des biens dotaux. Mais qu'on ne se hâte pas de condamner des règles sanctionnées par l'usage de plus de la moitié de l'ancienne France, et par l'autorité de jurisconsultes et de magistrats respectables. Les immeubles personnels à la femme qui ne sont point en communauté peuvent être comparés aux biens extra-dotaux ou paraphernaux des pays de droit écrit, si ce n'est que dans les pays coutumiers le mari avait l'administration des biens personnels de sa femme, tandis que dans les pays de droit écrit il était absolument étranger aux biens paraphernaux, et que la femme en était maîtresse absolue comme si elle n'était pas mariée. Or, si dans les pays de droit écrit la femme mariée pouvait seule, et sans le concours de son mari, hypothéquer et aliéner ses paraphernaux, il ne faut pas s'étonner que dans le régime de la communauté elle puisse consentir à ce que son mari fasse une aliénation de ses biens personnels qu'elle aurait faite seule dans le régime dotal. Il y a ici plus de protection pour elle contre l'inexpérience et la faiblesse de son sexe.

1436   Au reste, la femme a garantie, indemnité ou récompense sur les biens de son mari, en cas d'insuffisance de ceux de la communauté, toutes les fois qu'il n'a pas été fait emploi à son profit de la valeur de ses biens personnels aliénés ; au lieu que, si le mari a aliéné un immeuble personnel à lui, il n'exerce son indemnité ou sa récompense que sur les biens de la communauté. En effet, la communauté qui est censée avoir profité de l'aliénation en est garante, mais jamais la femme personnellement, qui n'a pu veiller au remploi, et qui n'est que passive dans l'administration de la communauté.

Un des actes les plus importans de l'administration conju- 1438
gale est l'établissement des enfans. Les Romains en avaient fait un devoir spécial aux pères : *Paternum est officium dotare filiam*. La mère n'était obligée de doter qu'à défaut du père. De là, il était de la jurisprudence romaine que si le père constituait seul une dot à sa fille, quoiqu'il déclarât que c'était pour droits paternels et maternels, la dot se prenait tout entière sur son patrimoine, à moins que la femme ne l'eût constituée avec lui, ou qu'il n'eût désigné quelle portion il constituait sur les biens maternels.

Dans les coutumes, au contraire, quoique le mari eût, ainsi que dans le régime dotal, la prépondérance pour l'établissement des enfans, en force de sa puissance maritale et pater-
nelle, comme les biens étaient communs, le devoir naturel de doter était commun aussi aux deux époux ; je dis le de-
voir naturel, car on n'en avait pas fait une obligation civile, au lieu qu'elle existait dans le droit écrit : la fille majeure pouvait demander une dot, disposition que vous avez abrogée par l'article 198-204 de la loi sur le mariage.

On a consacré dans le projet de loi l'ancienne et sage jurisprudence coutumière : si le père et la mère dotent con-
jointement l'enfant commun, sans exprimer la portion pour laquelle ils entendent y contribuer, ils seront censés avoir doté chacun pour moitié.

Cette règle a été étendue au régime dotal ; on n'y a con- 1544
servé la disposition du droit romain que pour le cas où la dot aura été constituée par le père seul. Quoiqu'il dise qu'il constitue *pour droits paternels et maternels*, et que sa femme

soit présente, si elle n'a pas parlé dans le contrat, si sa contribution n'est pas déterminée, elle n'est obligée à rien.

Dissolution, acceptation, renonciation, partage de la communauté.

1441   Comme toutes les autres sociétés, la communauté se dissout par la mort naturelle ou civile, et par le fait des associés dans trois cas : le divorce, la séparation de corps et celle de biens.

1442   A la dissolution d'une société il en faut connaître la consistance ; de là l'obligation d'en faire inventaire.

La coutume de Paris, étendue par la jurisprudence à d'autres pays, punissait le défaut d'inventaire par une continuation de communauté avec le conjoint survivant, s'il convenait à ses enfans mineurs de la prétendre : cette institution avait beaucoup d'inconvéniens et entraînait des procès, elle est justement abrogée. Il n'y aura plus de continuation de communauté ; le défaut d'inventaire, auquel on suppléera par titres et par enquête de commune renommée, entraînera pour le conjoint négligent la perte de l'usufruit que la loi de la puissance paternelle lui accorde sur les biens de ses enfans, et contre le subrogé tuteur la solidarité des dommages ou restitutions qui seront adjugés aux enfans.

1443   La dissolution de la communauté par séparation de corps ou de biens ne peut être volontaire ; il faut un jugement de séparation rendu en connaissance de cause.

1444 et
suivans,   De sages précautions sont prises pour qu'on n'élude pas la surveillance des tribunaux, pour rendre les séparations plus publiques et plus solennelles, pour qu'elles ne deviennent pas un moyen de fraude contre les créanciers.

1449   La communauté étant dissoute par séparation de corps ou de biens, la femme recouvre la libre administration de ses biens ; mais elle ne peut les aliéner sans le consentement de son mari, ou sans l'autorisation de la justice : la séparation ne détruit pas la puissance maritale, elle en diminue seulement les effets : la femme séparée est à l'instar d'un mineur émancipé qui peut gérer ses biens, consommer ses revenus, mais sans disposer des fonds.

La dissolution de la communauté par séparation ayant une 1451 cause qui peut cesser, la communauté peut revivre entre les époux rapprochés, pourvu qu'ils en conviennent par un acte qui devra être authentique, afin de prévenir les contestations et les fraudes.

C'est une règle particulière à la société entre époux, 1453 que lors de sa dissolution la femme a la faculté de l'accepter ou d'y renoncer : ce privilége, que l'autre associé ne partage point, est un secours qu'il a fallu donner à la femme pour qu'une communauté désavantageuse ne la ruinât pas. Il s'ensuit que la communauté, qui l'associe à la moitié des profits, ne l'expose point à la moitié des pertes ; elle s'en décharge en renonçant à toute espèce de droit sur les biens de la communauté, même sur le mobilier qu'elle y a versé, sauf le linge et les hardes à son usage qu'elle reprend.

La renonciation exige un inventaire préalable, et que la 1454-1456. femme ne se soit pas immiscée dans les biens de la commu- 1460 nauté ; à plus forte raison, si elle en avait diverti ou recélé les effets, elle serait privée d'une prérogative dont sa mauvaise foi la rendrait indigne.

La faculté de renoncer se transmet aux héritiers de la 1453 veuve avec les mêmes charges et conditions.

Lorsque la communauté est acceptée il en faut partager 1467 l'actif et le passif.

Dans le partage de l'actif, les époux ou leurs héritiers rap- 1468 portent tout ce qu'ils doivent à la communauté, à titre de récompense ou d'indemnité, pour les choses qu'ils en ont retirées à leur profit ou disposition personnelle.

Ils rapportent également les sommes ou les biens qu'ils y 1469 ont pris personnellement pour doter leurs enfans.

Sur l'actif ainsi composé, et de ce qu'ils rapportent et de 1470 ce qui existe en nature, les époux ou leurs héritiers prélèvent,

1° chacun leurs biens personnels, qui n'étaient en communauté que pour leurs revenus;

2°. Le prix des immeubles qui ont été aliénés et dont il n'a pas été fait remploi;

3°. Les indemnités qui leur sont dues par la communauté.

1471-1472

Les prélèvemens de la femme s'exercent avant ceux du mari. Elle lui est préférable, parce qu'il a joui des avantages de l'administration, et qu'il doit, en fin de cause, en avoir la responsabilité.

Par la même raison, tandis que la femme exerce ses prélèvemens, d'abord à défaut d'argent comptant et de mobilier sur les immeubles de la communauté, et ensuite sur ceux de son mari, celui-ci ne peut jamais porter ses reprises sur les biens personnels de la femme.

1474

Après les prélèvemens faits, le surplus se partage. Ce partage est sujet aux mêmes formes, aux mêmes effets, aux mêmes règles que les partages de successions.

1482

Quant aux dettes, elles se divisent par moitié. On met au rang des dettes tous les frais que la dissolution et le partage de la communauté entraînent.

1481

Le deuil seulement de la veuve est comme partie des frais funéraires, une dette des héritiers. La femme, qu'elle accepte la communauté ou qu'elle y renonce, a droit de le leur demander.

1485-1487

Dans le partage des dettes, la femme a encore sur son mari des prérogatives qui dérivent de ce même principe, qu'elle ne doit pas souffrir trop notablement de l'administration qu'il a eue.

Ainsi, elle ne peut être poursuivie par les créanciers de la communauté que pour la moitié des dettes, à moins qu'elle ne se soit obligée solidairement.

1484

Ainsi, elle n'est tenue même de la moitié des dettes que jusqu'à concurrence de son émolument, tandis que son mari est tenu de leur totalité, sauf d'exiger d'elle ou de ses héritiers sa contribution.

Telles sont les principales règles de la communauté légale : elles peuvent être modifiées par la volonté des parties ; alors la communauté devient conventionnelle.

Communauté conventionnelle.

Outre les modifications particulières dont il était impossible que la loi s'occupât autrement qu'en disant qu'elle permet tout ce dont on voudra convenir, l'usage a introduit huit modifications principales qui avaient leurs règles. Il a fallu rappeler ce qui en sera conservé : **1497**

1°. On peut convenir que la communauté sera réduite aux acquêts. **1498-1499**

Dans ce cas, rien n'entre en communauté au jour de la célébration du mariage. C'est une société de biens à acquérir pendant sa durée ; mais le mobilier dont l'existence avant le mariage, ou dont la survenance par succession n'aurait pas été constaté, serait réputé acquêt.

2°. On peut exclure de la communauté le mobilier en tout ou en partie. **1501 à 1502**

Point de difficulté s'il est exclu en totalité.

S'il y en a une partie mise en communauté, l'apport doit en être justifié de la part du mari, par la déclaration qu'il en fait dans le contrat de mariage ; la quittance que la femme ou ceux qui l'ont dotée en auraient reçue du mari serait suffisante pour elle.

Lors du partage de la communauté, chacun reprend dans le mobilier la part qui excède ce qu'il a voulu y mettre. **1503**

Le mobilier qui échoit à l'un des époux pendant le mariage doit être inventorié. **1504**

A défaut, il est présumé acquêt contre le mari ; la femme a la ressource des preuves et de la commune renommée.

3°. Les immeubles propres aux futurs époux n'entrant pas dans la communauté légale, qui ne se compose que de leur mobilier présent et à venir, de leurs revenus et des immeubles qu'ils achèteront pendant leur union, lorsqu'ils veulent **1505** mettre en communauté leurs immeubles propres, ils les *ameublissent.*

1506 L'ameublissement est déterminé ou indéterminé.

L'ameublissement déterminé désigne les immeubles qui en sont frappés ou totalement, ou jusqu'à concurrence d'une telle somme.

1507 L'ameublissement déterminé de la totalité d'un immeuble donne le droit au mari d'en disposer comme d'un meuble.

Si l'ameublissement n'est que jusqu'à concurrence d'une somme, l'immeuble ne peut être aliéné que comme le serait un bien personnel à la femme, de son consentement ; mais il peut être hypothéqué par le mari seul jusqu'à concurrence de la portion ameublie.

1508 L'ameublissement indéterminé, qui est l'apport en communauté des immeubles en général du conjoint, jusqu'à concurrence d'une certaine somme, ne rend point la communauté propriétaire de ces immeubles. Son effet se réduit à obliger l'époux qui l'a consentie à comprendre dans la masse, lors de la dissolution de la communauté, quelques-uns de ses immeubles jusqu'à concurrence de la somme par lui promise.

1510 4°. On peut convenir que les époux, quoique communs en biens, paieront chacun séparément leurs dettes.

Ib.et1512 Cette clause exempte leurs apports des dettes antérieures au mariage, mais ne les dispense pas des intérêts et arrérages qui ont couru pendant le mariage. Ils ont dû être acquittés par la communauté, puisqu'elle a joui des revenus.

1514 5°. La femme peut stipuler qu'elle reprendra son apport *franc et quitte,* c'est-à-dire qu'elle peut avoir part aux gains, si la communauté prospère ; et que, dans le cas contraire, elle ne supportera aucune perte. La faveur due aux contrats de mariage a seule pu faire admettre ce pacte si contraire aux règles ordinaires des sociétés. Aussi est-il de droit très-étroit.

Ainsi la faculté de reprendre le mobilier que la femme a

apporté lors du mariage ne s'étend point au mobilier qui serait échu pendant le mariage.

Ainsi la faculté accordée à la femme ne s'étend point aux enfans ; et celle accordée aux enfans ne profite pas aux héritiers.

6°. Souvent on convient que le survivant fera avant partage un prélèvement; c'est *le préciput conventionnel.* Cet avantage est une véritable donation de survie, qui n'est point sujette aux formalités de l'insinuation exigée pour les donations absolues. **1515-1516**

Les créanciers de la communauté ont toujours le droit de faire vendre les effets compris dans le préciput, sauf le recours de l'époux donataire sur les autres biens de la communauté. **1519**

Le préciput n'est dû que lorsqu'on accepte la communauté, à moins que le contraire n'ait été stipulé. Il ne se comprend donc que sur les biens de la communauté, et point sur les biens propres au survivant, à moins qu'il ne les y ait soumis. **1515**

7°. Quoique de droit commun la communauté se partage par moitié, on peut convenir que les conjoints ou leurs héritiers y auront des parts inégales. Dans ce cas, la contribution aux dettes suit la même proportion. **1520-1521**

Si, au lieu d'une part on convient d'une somme pour tout droit de communauté, c'est un forfait qui donne droit à la somme, que la communauté soit bonne ou mauvaise, suffisante ou non pour acquitter ce qui a été promis. **1522**

Si c'est le mari qui retient toute la communauté moyennant une somme payée à la femme ou à ses héritiers, les créanciers de la communauté n'ont aucune action contre la femme ni contre ses héritiers. **1524**

Si c'est la femme qui a le droit de retenir toute la communauté moyennant une somme convenue, elle a le choix de payer aux héritiers de son mari cette somme en demeurant obligée à toutes les dettes, ou de renoncer à la commu-

nauté, et d'en abandonner aux hériters du mari les biens et
les charges.

1526   8°. Enfin les époux peuvent établir entre eux une communauté universelle de tous leurs biens présens seulement, ou
de tous leurs biens à venir.

Cette communauté n'a pas d'autres règles que celles des
sociétés universelles.

1527   Nous avons déjà dit que ces diverses modifications ou am-
pliations de la communauté ne sont exclusives d'aucun pacte
qui serait à la convenance et au gré des époux, sauf ce qui
leur est enjoint au commencement du titre, de ne point
contrarier les bonnes mœurs et les lois d'ordre public. Par
le même motif, l'article 141 défend toutes les conventions
dans les seconds mariages qui seraient contraires aux droits
des enfans p remier lit.

Exclusion de la communauté.

1529   Si lorsqu'on se marie on se soumet par le fait seul à la
communauté légale; si l'on peut déroger à la communauté
légale, la restreindre ou l'étendre par telle stipulation qu'on
veut, on peut aussi exclure la communauté qui est de droit
commun, mais qui n'est pas forcée.

C'est le sujet de la section IX du chapitre second.

L'exclusion de la communauté n'établit pas seule le régime
dotal auquel il faut se soumettre expressément.

1530   Elle ne donne pas à la femme l'administration de ses
biens, car les droits du mari à cette administration sont in-
dépendans de la communauté ; elle ne pourra donc aliéner
ses immeubles sans son consentement ou sans l'autorisation
de la justice.

1531   Il percevra tout le mobilier qu'elle apporte en dot ou qui
lui écherra pendant le mariage, sauf la restitution qu'il en
devra lors de la dissolution du mariage.

Puisqu'il jouit des biens, il acquittera toutes les charges
des usufruitiers.

On peut non seulement exclure la communauté, mais se marier avec clause de séparation de biens.

Cette clause a plus d'effet que l'exclusion de la communauté; elle laisse à la femme l'entière administration de ses biens et la jouissance libre de ses revenus. En ce cas, le mari n'a que la puissance qui résulte du mariage seul, et qui défend toujours à sa femme d'aliéner sans son autorisation, ou à son refus sans celle de la justice.

L'analyse de tout ce qui concerne le régime de la communauté est terminée. Elle aura montré combien ce régime est susceptible de combinaisons desquelles il est impossible qu'il ne naisse pas des questions et des difficultés, combien il exige de formalités, d'inventaires, de liquidations, de partages : il lui reste néanmoins plus d'avantages que d'inconvéniens, puisqu'il est en usage dans tant de contrées; puisque des hommes dont les talens et l'expérience font autorité y sont attachés jusqu'à s'étonner que la communauté entre époux ne soit pas universellement adoptée.

Nous parvenons au régime dotal, non moins cher à ceux qui en ont l'habitude, et auxquels il se présente sous des formes plus simples. Ici la femme est créancière de sa dot, le mari en est le débiteur; elle la reprend sans qu'il soit besoin ni d'inventaire ni de liquidation. Il n'est pas nécessaire de recourir à des hommes de loi pour régler les intérêts des époux, et de faire intervenir souvent à grands frais des étrangers dans les secrets de la famille.

Je n'ai garde pourtant d'adjuger une préférence que la loi n'a pas prononcée. Ainsi que je l'ai dit en commençant, la sagesse de la loi brille éminemment dans l'option qu'elle offre aux contractans. D'une part, une dot inaliénable dont la conservation est garantie par tous les moyens possibles, qui sera certainement transmise aux enfans, mais sans autre profit pour leur mère que l'assurance qu'ils trouveront dans ses biens les ressources qui peuvent leur manquer quelquefois dans les biens paternels.

De l'autre côté, une association qui, en faisant courir à la femme quelques chances de perte, lui en promet de plus grandes de gain, et peut lui recommander plus d'économie, plus d'attention aux intérêts de la maison et de la famille.

Ce ne sont pourtant pas des prodigues et des dissipatrices, ces femmes qui, dans nos départemens méridionaux et dans tout le sud de l'Europe, n'ont d'autres droits sur les biens de leurs maris que la reprise de leurs dots; ce n'est pas en elles que l'on remarque moins d'économie, de tendresse conjugale et d'amour maternel; ce n'est pas dans ces contrées que l'esprit de famille est le plus éteint, que l'union entre les parens, les enfans et les frères, est le plus affaiblie. L'épouse, lorsqu'elle y perd son guide et son appui, n'est pas distraite de sa douleur par l'attention qu'elle doit donner à des intérêts compliqués; l'amour de ses enfans n'est pas refroidi par un partage qui entraîne souvent des discussions, et presque toujours des ventes scandaleuses pour des hommes qui n'en ont pas l'habitude, et qui portent un sentiment si vif et si tendre aux lares paternels, au patrimoine de la famille et à tout ce qui en fait partie.

Régime dotal.

Il me reste peu de choses à dire, législateurs, pour développer les principes du projet sur le régime dotal.

1549   L'épouse n'y est pas moins que dans la communauté la compagne de son mari. Elle lui confie sa personne et sa dot; il la reçoit au partage de son état, de sa dignité, de ses richesses; il l'associe à son existence. Comme dans la communauté, les revenus sont confondus; mais lorsque la mort sépare les époux, les biens se séparent aussi et retournent à leurs propriétaires.

1562   Le mari était usufruitier; il rend la dot.

La femme avait un droit d'usage des biens de son mari

et sous son administration ; ce droit finit avec le mariage.

Le mari, puisqu'il n'est qu'usufruitier, ne peut aliéner ce qui ne lui appartient pas. De là l'inaliénabilité de la dot. Il n'y a pas de prétexte à ce que le mari vende, puisque, si la vente était à vil prix, il blesserait les intérêts de son épouse, et si la vente était avantageuse il en profiterait seul. 1554

L'inaliénabilité de la dot, modifiée par les causes qui la rendent juste et nécessaire, et que la loi exprime, a l'avantage d'empêcher qu'un mari dissipateur ne consume le patrimoine maternel de ses enfans ; qu'une femme faible ne donne à des emprunts et à des ventes un consentement que l'autorité maritale obtient presque toujours, même des femmes qui ont un caractère et un courage au-dessus du commun.

L'inaliénabilité de la dot a tous les avantages des substitutions sans aucun des inconvéniens qui les ont fait proscrire. Elle conserve les biens dans les familles sans en empêcher trop long-temps la disposition et le commerce. Sans gêner l'administration du mari, elle oppose une barrière salutaire à ses abus.

La dot embrasse au gré des parties tous les biens présens et à venir de l'épouse, ou les biens présens seulement, ou telle espèce de biens. Ceux que la femme ne se constitue pas en dot lui restent libres, et forment ce qu'on appelle des paraphernaux, c'est-à-dire des biens hors de la dot : elle en a l'administration et la jouissance. 1542-1574-1576

Elle pouvait même les aliéner ou les hypothéquer, elle pouvait agir en justice pour les défendre ou les revendiquer comme elle l'aurait fait avant d'être engagée dans les liens du mariage. La loi nouvelle lui ôte cette faculté. La puissance maritale, à laquelle il n'est pas permis de se soustraire pour tout ce qui sort des bornes de l'administration, exige que la femme soit autorisée par son mari ou par justice, même à raison de ses paraphernaux, comme doit l'être hors du régime dotal la femme séparée de biens. La réserve des paraphernaux est une séparation de biens limitée.

1543   Le droit écrit permettait des augmentations de dot pendant le mariage. La nouvelle loi les prohibe, afin de prévenir les abus et les fraudes : cette disposition est plus sage.

1542   Si la dot a été constituée de tous les biens présens et à venir, tout ce qui surviendra sera dotal.

Si la dot a été bornée aux biens présens, tout ce qui survient après le contrat est extra-dotal. Il n'y a aucun inconvénient à se régler par le contrat ; c'est une loi que l'on s'est faite, elle doit être irréfragable.

1551   La dot consiste en argent, en meubles ou en immeubles.

Si elle est constituée en argent, le mari en est débiteur ; si c'est en effets mobiliers mis à prix, le mari en est censé acheteur, à moins qu'on ne déclare que l'estimation n'a pas été faite pour opérer vente. Les effets mobiliers estimés sans cette clause seront donc à son profit et à ses périls et risques : le cas de restitution de dot arrivant, il ne devra que le prix porté au contrat.

1552-1555   La règle est contraire si la dot consiste en immeubles estimés. Leur estimation n'opérera pas vente en faveur du mari, à moins qu'on ne déclare que l'estimation a été faite pour le rendre acheteur.

On tarit ici une grande source de procès. La maxime du droit romain était que l'estimation du bien constitué en dot opère vente, et que le mari est débiteur du prix de l'estimation.

Mais les Romains n'avaient pas des droits d'enregistrement qui les obligeassent à des estimations. Chez eux elles étaient libres, chez nous elles sont forcées.

De là il arrivait que l'on disputait souvent dans les pays de droit écrit sur l'intention dans laquelle l'estimation avait été faite.

Avait-elle eu pour but la perception des droits fiscaux ? elle ne devait pas investir le mari et le rendre acheteur.

Quelquefois aussi l'estimation pouvait être faite dans la

vue d'exprimer comment la dot était payée : par exemple, un père constituait 100,000 francs à sa fille ; savoir, un immeuble évalué 80,000 francs et 20,000 francs comptant. L'immeuble était-il dotal ou le mari en était-il acheteur ?

Il fallait discuter et deviner quelle avait été l'intention des parties ; ces controverses n'auront plus lieu. Les immeubles constitués en dot seront toujours dotaux, nonobstant qu'on leur ait donné une valeur dans le contrat, à moins qu'on ne déclare que cette valeur est mentionnée pour rendre le mari acheteur et propriétaire.

Les immeubles constitués en dot sont donc dotaux de leur 1554 nature, c'est-à-dire inaliénables.

Ni le mari seul, ni la femme seule, ni tous les deux ensemble, ne peuvent aliéner le bien dotal.

Des tiers ne peuvent le prescrire, à moins que la prescrip- 1561 tion n'eût commencé avant le mariage.

Le bien dotal aliéné sans juste cause peut être revendiqué 1560 même par le mari pendant le mariage. Il peut l'être par la femme après le mariage seulement, parce que ce n'est qu'à ce moment qu'elle peut agir.

A la dissolution du mariage, la femme rentre de plein droit en possession de ses biens dotaux, comme un propriétaire grevé d'usufruit y rentre par le décès de l'usufruitier.

Si la dot consiste en sommes ou en effets estimés qui n'é- 1565-1570 tablissent qu'une dot en argent, les héritiers du mari ont un an pour la restitution : pendant cette année, ils doivent les intérêts de la dot ; ou, si la veuve l'aime mieux, ils lui fourniront des alimens proportionnés à l'état et à la fortune du défunt. La veuve a de plus, dans tous les cas, le droit de continuer pendant un an son habitation dans la maison conjugale, et de faire payer son deuil.

L'empereur Justinien avait accordé aux sollicitations de 1572 son épouse Théodore, qu'il aimait éperdument, plusieurs lois favorables aux femmes. On distingue parmi ces lois celle qui donnait aux dots une hypothèque préférable aux créanciers du mari, antérieurs au mariage même : cette loi n'était observée que dans l'ancien mais vaste ressort du parlement de Toulouse ; elle était exorbitante : pour favoriser la dot, elle faisait injustice à des tiers. Elle est spécialement abrogée par le titre du Code que nous vous présentons.

1573   Une disposition plus digne de la sagesse de la législation romaine a été conservée. Si un père a marié sa fille à un insolvable, s'il a livré la dot à un époux qui ne présentait aucune sûreté, ni dans ses biens, ni dans l'exercice d'un art ou d'une profession, sa fille ne rapportera pas dans sa succession l'inutile don qu'elle a perdu par l'imprudence de son père ; elle n'y rapportera que l'action qu'elle a contre son mari pour se faire rembourser.

1581   Enfin, dans quelques pays attachés au régime dotal, notamment dans le ressort de Bordeaux, on formait souvent entre les époux une société d'acquêts : l'usage en aurait été tacitement conservé par la faculté si positivement accordée de faire telles conventions que l'on voudra ; mais afin de marquer encore plus d'égards pour les habitudes dans une matière aussi importante que les conventions matrimoniales, la loi a soin de réserver expressément la *société d'acquêts :* c'est une espèce de communauté restreinte, et qui sera régie par les dispositions énoncées dans le chapitre du régime de la communauté, pour la communauté réduite aux acquêts.

Tels sont, législateurs, les règles que le Code civil donne aux conventions matrimoniales.

Ce titre termine tout ce que la nouvelle législation devait au plus important, au plus nécessaire des contrats, à celui sans lequel la société se dissoudrait, ou ne se perpétuerait que par des unions vagues, obscures et fugitives.

Les solennités civiles du mariage et ses preuves ont été augmentées et consolidées, les autels relevés en faveur des époux, pour qui ce n'est pas assez d'appeler les hommes en témoignage de leurs sermens, et dont la délicate sollicitude réclame la garantie du ciel.

Le divorce, ce dangereux auxiliaire de l'inconstance et des passions, ce terrible remède des unions malheureuses, et qui en avait scandaleusement dissous un si grand nombre de tolérables, environné maintenant de sages difficultés, arraché aux allégations et aux abus qui en avaient fait une véritable prostitution, confié au jugement des familles, à l'examen des tribunaux, est uniquement réservé à ces cas graves et rares où la faiblesse humaine implore un secours extraordinaire.

La séparation de corps est rendue aux époux à qui leur religion défend de rompre un nœud qu'elle déclare indissoluble, mais que, d'accord avec les lois civiles et d'après leur jugement, elle permet de relâcher.

Les femmes sont rappelées à l'obéissance qu'elles doivent à leurs maris, les maris à la protection, à la fidélité, au secours, à l'assistance que leurs femmes méritent.

La puissance maritale et la puissance paternelle rétablies, proclamées, étendues, promettent un meilleur ordre, des mariages plus heureux, plus d'union et de félicité dans les familles.

La paix intérieure y reçoit une nouvelle sanction par les dispositions dont je viens de vous rendre compte. En présidant avec tant de soins et de clarté aux conventions des époux, elles pourvoient aux intérêts de fortune, comme les lois de l'année dernière ont pourvu à l'intérêt des mœurs.

Que manque-t-il donc pour qu'on s'empresse de donner à la République des enfans, et de leur transmettre ce beau nom de Français, devenu plus glorieux que jamais? Auguste excita au mariage par des récompenses en faveur des époux, et par des peines contre les célibataires ; nous y serons plus puissamment encouragés par de bonnes lois : espérons qu'elles ramèneront entièrement les bonnes mœurs, l'union, l'économie domestique, véritable source de la prospérité des États.

Le Tribunat a voté, législateurs, l'adoption du titre X, livre III du Code civil, *sur le contrat de Mariage et les Droits respectifs des époux;* il l'a cru digne de votre sanction.

Le même jour le projet fut décrété en loi et la promulgation eut lieu le 30 pluviose an XII (20 février 1804).

FIN DU TREIZIÈME VOLUME.
8ᵉ DES DISCUSSIONS.